기독교문서선교회(Christian Literature Center: 약칭 CLC)는 1941년 영국 콜체스터에서 켄 아담스에 의해 시작되었으며 국제 본부는 미국 필라델피아에 있습니다.
국제 CLC는 59개 나라에서 180개의 본부를 두고, 약 650여 명의 선교사들이 이동도서차량 40대를 이용하여 문서 보급에 힘쓰고 있으며 이메일 주문을 통해 130여 국으로 책을 공급하고 있습니다. 한국 CLC는 청교도적 복음주의 신학과 신앙 서적을 출판하는 문서선교기관으로서, 한 영혼이라도 구원되길 소망하면서 주님이 오시는 그날까지 최선을 다할 것입니다.

추천사 1

이 승 진 박사
합동신학대학원대학교 설교학 교수

삼위 하나님이 신자들을 구원하시고 교회로 이끄시는 최고의 목적은 예배하는 삶을 위함이다. 이 땅에서 교회로 모인 신자들이 삼위 하나님을 높여 찬송하고 경배하는 것이 신자로 부름받은 최고의 존재 이유이고 사명이다. 영원히 찬송받기에 합당하신 삼위 하나님은 요한복음을 통하여 말씀하신다.

> 하나님은 영이시니 예배하는 자가 영과 진리로 예배할지니라 (요 4:24).

하나님의 말씀인 성경은 기독교 신자들이 성령과 진리로 예배할 것을 교훈하고 있다. 하지만 현대의 세속 문화의 영향 때문에 적지 않은 교회들이 성령과 진리 안에서 예배하라는 성경의 교훈을 등한시하고 있다. 성령과 진리 안에서 드리는 예배는 예수 그리스도의 복음 선포와 성령의 감화 감동하심으로 거룩하신 성부 하나님의 보좌 앞으로 담대하게 나아가 교회와 신자들의 죄악을 토설하고 회개한다. 그리고 다시금 그리스도의 말씀 안에서 영원한 언약을 새롭게 갱신하고 더욱 하나님과 이웃을 사랑하기로 결단하고 헌신하며 자신의 모든 존재와 사명을 삼위 하나님께 드리는 언약 갱신의 사건이다.

  본서 『종교개혁자들의 예배 예전』(*Reformation Worship*)은 중세 시대 성령과 진리로부터 벗어난 로마가톨릭의 미사 관행을 타파하고 예수 그리스도 중심의 복음 안에서 예배 정신과 예배 예전을 새롭게 복원했던 종교개혁자들의 예배 개혁 저변에 깔린 신학적 사상과 실제적 예배 예전을 자세히 소개하고 있다. 종교개혁자들이 주목했던 예수 그리스도 복음의 재발견은 거룩하신 삼위 하나님을 향한 예배 실제와 나눌 수 없는 동전의 양면과 같다. 기독교 예배 갱신이 나아갈 길과 방향을 상실한 이 시대에 본서를 통하여 종교개혁자들의 예배 정신과 예배 갱신의 실제 모습을 선명하게 그려볼 수 있기를 기대한다.

추천사 2

주 종 훈 박사
총신대학교 신학대학원 예배학 교수

　종교개혁 시대의 예배는 오늘날 예배 실천의 방향과 과제를 제시하기 위한 토대이자 안내를 제공해 줍니다. 우리 시대의 예배 갱신은 단순한 호기심과 실험에 의한 접근이 아니라, 종교개혁 시대의 예배 원리와 실천을 새로운 상황에서 구현하기 위한 노력으로 볼 수 있습니다. 지금까지 종교개혁자들의 예배를 연구하기 위해서는 개혁자들이 남긴 문헌을 별도로 접하거나, 바드 톰슨(Bard Thompson)의 『서방 교회의 예전』(Liturgies of the Western Church)에 의존해 왔습니다. 하지만, 『종교개혁자들의 예배 예전』은 기독교 예배 역사와 개혁주의 예배 연구를 위한 독보적 의미를 지닙니다.

　우선 이 책은 16세기 종교개혁자들의 예배 실천을 정확히 제시하는 '예배 모범'을 담고 있습니다. 17세기 이후의 개신교 예배와는 달리, 16세기 종교개혁 시대의 예배 실천은 '예배 모범'과 일치합니다. 이 책은 16세기 예배 실천의 구체적 형태와 방식에 대한 가장 상세한 내용을 모두 담아내고 있습니다. 16세기 종교개혁자들의 예배 이해를 위해서 별도의 전집이나 개별적인 문헌을 찾을 필요가 없습니다.

　이와 아울러, 이 책은 종교개혁자들의 예배가 고정된 방식으로서 하나의 모델이나 모범이 아니라, 역사적 맥락에서 주어진 상황에 대한 신학적 예전적 대응과 대안으로 주어진 것임을 명확히 제시합니다. 각각의 '예배 모범' 앞에 주어진 개괄적 해석은 종교개혁자들의 예배가 예배 실천의 구체적 상황에서 주어진 도전과 위협에 대한 신학적, 실천적 대응이라는 점을 명확히 설명합니다. 이런 역사적이고 상황적 맥락에서 예배 모범의 의미를 파악할 수 있도록 설명을 담아낸 것은 이 책의 중요한 기여입니다.

이처럼 이 책 『종교개혁자들의 예배 예전』은 16세기 종교개혁의 예배 모습을 하나의 문헌으로 접하고 연구할 수 있는 새로운 가능성을 열어 준 '선물'입니다. 종교개혁자들의 예배에 담긴 구성 요소들의 구체적 실천을 상세하게 살펴보고, 오늘날 우리 시대의 예배를 위한 개혁의 원리를 발견하게 하는 이 책이 신학도들과 예배 연구자들뿐 아니라 목회자들의 서가에 반드시 놓여질 수 있기를 강력하게 추천합니다.

추천사 3

최 승 근 박사
장로회신학대학교 예배설교학 교수

　종교개혁자들은 복음에 대한 바른 신학적 이해가 반영된 예배가 올바른 예배라고 믿었습니다. 그들은 복음을 진정으로 이해하게 될 때, 하나님께 영광을 돌리고 성도를 바로 세우는 참된 예배가 가능하다고 생각했습니다. 그래서 교회는 모든 성도가 이해하고 적극적으로 참여할 수 있는 올바른 예배를 제공해야 한다고 강조했습니다. 『종교개혁자들의 예배 예전』은 활동했던 지역은 달랐지만, 예배에 대한 이런 믿음과 생각을 공유했던 종교개혁자들이 만든 다양한 예전을 소개하고 설명하는 책입니다.
　『종교개혁자들의 예배 예전』은 종교개혁자들의 예전들을 모아 놓은 귀한 자료입니다. 그렇다고 몇몇 책이 보여 주는 것처럼 단순히 예전들의 순서나 설명을 간략하게 서술하는 정도가 아니라 그 예전들을 만들었던 종교개혁자들에 대한 소개는 물론이고, 그들이 해당 예전들을 만들게 된 역사적 배경, 그 예전들에 반영하고자 했던 신학적 의의 그리고 그 예전들이 어떻게 실천되었는지에 대한 묘사와 설명을 구체적이고 이해하기 쉽게 제공하는 자료입니다.
　몇 년 전 이 책을 원서로 접했을 때, 한 권의 책에 담겨 있는 풍성한 내용에 감탄하면서 개혁주의 예배를 공부하는 이들이 소장해야 할 또 한 권의 책이 되겠다고 생각했던 기억이 있습니다. 국문으로도 번역되어 한국에서 예배를 연구하고 공부하는 이들이 조금 더 쉽게 접하게 되면 좋겠다고 바랐지만, 책의 분량이 만만치 않아 번역 출판이 쉽지는 않을 것 같다고 혼자 생각하며 아쉬워했습니다. 그런데 김상구, 배영민 박사님의 공역과 CLC 출판사의 수고로 그 바람이 예상외로 빨리 이루어지게 되어 감사를 드립니다. 예배에 관심을 가지고 연구하는 이들에게 이 책을 꼭 소장하고 읽기를 권합니다. 이 책을 통해 다른 책에서는 쉽게 얻을 수 없는 종교개혁자들의 예배에 대한 귀중한 정보와 통찰을 얻게 될 것입니다.

종교개혁자들의 예배 예전
(Reformation Worship)

현재를 위한 과거로부터의 예전

아버지께 영광

성부와 성자와 그리고 성령께 영광이 있을지어다.
그 영광은 창세에 있었고, 지금도 있으며,
앞으로도 영원히 있을 것입니다.
아멘, 아멘.

묘비명

2016년 3월 17일 케임브릿지[Cambridge]에서 39주째에 사산된
레일라 쥬디스 그레이스 깁슨(Leila Judith Grace Gibson)을 기리며

멀리 떨어진 곳에 천국이 있네.
성도들은 영광 속에서 낮처럼 밝게 서 있네.
오, 그들은 얼마나 달콤하게 노래하는지,
"우리 구세주 왕은 합당하시도다!"
큰 소리로 그분의 찬양이 울리게 하라,
영원히 찬양하고 찬송하라.
(앤드류 영[Andrew Young], 1838)

주의 집에 사는 자들은 복이 있나니
그들이 항상 주를 찬송하리이다 (셀라)
(시 84:4).

헌정

항상 즐겁고, 상냥하며, 기도하시는
나의 부모님 웨슬리(Wesley)와 에블린(Evelyne)께,
하나님의 나라는 말에 있지 아니하고, 오직 능력에 있다는 것을
나에게 보여 주신 것을 감사드립니다(고전 4:20).
깊은 사랑을 담아,

조니(Jonny)

그분들이 계시지 않았다면(*Sine quibus non*)

항상 지지해 주시고, 항상 인내하며, 항상 친절하신
나의 부모님 리처드(Richard)와 조이스(Joyce)께,
믿음과 소망과 사랑이 어떤 것인지 보여 주신 것에 감사드립니다.
"함께 구름 속으로 끌어 올려 … 공중에서 주를 영접하게 하실 것"을
간절히 기다리며(살전 4:17).
감사와 사랑으로,

마크(Mark)

내가 아니라 그리스도이십니다(*Non ego sed Christus*).

Reformation Worship: Liturgies from the Past for the Present
Edited by Jonathan Gibson, Mark Earngey.
Translated by Sang Koo Kim, Young Min Bae

Copyright © 2018 by Jonathan Gibson and Mark Earngey.
Originally published in English under the title REFORMATION WORSHIP
by New Growth Press, Greensboro, NC 27404
www.newgrowthpress.com
All rights reserved.

Translated and printed by permission of New Growth Press.

Korean Edition Copyright © 2022 by Christian Literature Center, Seoul, Korea

종교개혁자들의 예배 예전
현재를 위한 과거로부터의 예전

2022년 7월 24일 초판 발행

엮 은 이	|	조나단 깁슨, 마크 언지
옮 긴 이	|	김상구, 배영민
편 집	|	한명복
디 자 인	|	박성숙
펴 낸 곳	|	(사)기독교문서선교회
등 록	|	제16-25호(1980. 1. 18.)
주 소	|	서울특별시 서초구 방배로 68
전 화	|	02-586-8761~3(본사) 031-942-8761(영업부)
팩 스	|	02-523-0131(본사) 031-942-8763(영업부)
이 메 일	|	clckor@gmail.com
홈페이지	|	www.clcbook.com
송금계좌	|	기업은행 073-000308-04-020 (사)기독교문서선교회
일련번호	|	2022-76

ISBN 978-89-341-2455-9(93230)

이 책의 출판권은 (사)기독교문서선교회가 소유합니다.
신저작권법에 의하여 한국 내에서 보호를 받는 저작물이므로 무단 전재와 무단 복제를 금합니다.

REFORMATION WORSHIP
Liturgies from the Past for the Present

종교개혁자들의
예배 예전

현재를 위한 과거로부터의 예전

조나단 깁슨, 마크 언지 엮음
김상구, 배영민 옮김

CLC

목차

추천사 이 승 진 박사 합동신학대학원대학교 설교학 교수   1
        주 종 훈 박사 총신대학교 신학대학원 예배학 교수   3
        최 승 근 박사 장로회신학대학교 예배설교학 교수   5

머리말   17

서문   23

역자 서문   28

감사의 글   30

기고자들   37

규약(Conventions)   42

완전한 영어 제목과 축약된 영어 제목표   44

라틴어 성가에 대한 제목   47

라틴 용어에 대한 용어   48

예전 용어 사전   49

제1장   예배 – 하늘에서처럼 땅에서 드리는 예배   52
      – 조나단 깁슨
      1. 시작하는 글   53
      2. 에덴동산의 예배   54
      3. 에덴동산의 우상 숭배   56
      4. 제물을 통한 예배   56
      5. 에덴동산, 시내산, 시온의 예배   58
      6. 아담, 이스라엘 그리고 솔로몬-우상 숭배에 빠진 자손들   60

7. 돌이킬 수 없는 우상 숭배	62
8. 예수님 – 온전한 예배자	64
9. 온전해진 예배 – 지금	64
10. 온전해진 예배 – 지금 … 그러나 아직은 아닌	66
11. 하늘의 예배	68
12. 땅의 예배	72
13. 예배는 중요하다	74
14. 하늘에서 드리는 예배처럼	75

제2장 오직 하나님께 영광 – 예배 개혁   77
– 마크 언지

1. 시작하는 글	78
2. 예배 개혁의 과정	80
3. 종교개혁자들의 예전 개혁의 공통점들	83
4. 종교개혁자들의 예전의 다양성들	91
5. 일치, 자유, 관용	102

제3장 전통에서 예배하기 – 현재를 위해 과거로부터 나온 원리들   105
– 조나단 깁슨 & 마크 언지

1. 시작하는 글	106
2. 예배 전쟁	106
3. 모든 성도와 함께 예배하기	108
4. 어머니인 교회	109
5. 기독교 예배는 삼위일체의 일하심이다	111
6. 기독교 예배는 성육신하신 말씀에 초점을 맞춘다	112
7. 기독교 예배는 기록된 말씀으로 가득 차 있다	114
8. 기독교 예배는 선포된 말씀을 중심에 둔다	115
9. 기독교 예배는 가시적 말씀을 포함한다	117
10. 기독교 예배는 교회의 권징과 연결된다	119
11. 기독교 예배는 단번에 구원받았다는 믿음을 확언한다	121
12. 기독교 예배는 풍성한 영적 연회이다	125
13. 기독교 예배는 진지하고 구조화되며 세심하게 계획된 기도를 포함한다	126
14. 기독교 예배에는 찬양이 있다	128
15. 기독교 예배는 잘 준비되고 잘 수행된다	130
16. 전통에서 예배하기	133
17. "그렇다면 우리는 어떻게 예배해야만 할까?"	135

| 제4장 | 미사의 형식 · 독일어 미사 | 136 |

- 마틴 루터

1. 예배 순서   141
2. 비텐베르크 교회를 위한 미사와 성찬의 형식(1523)   142
3. 비텐베르크에서 1526년에 채택된 『독일어 미사』와 『하나님의 예배 규범』   163

| 제5장 | 예수 그리스도의 언약 · 형식과 태도 | 202 |

- 요하네스 외콜람파드

1. 예배 순서   207
2. 『이전에 미사라고 불렸고, 아델른베르그(Adelnberg)의 설교자 요하네스 외콜람파드에 의해 모든 복음주의의 유익을 위해 독일어로 번역된 예수 그리스도의 언약』(1523)   209
3. 『바젤에서 사용되고 유지되었던 주의 만찬, 유아 세례 그리고 환우 심방에 대한 형식과 태도』(1526)   219

| 제6장 | 독일어 미사 | 227 |

- 디볼트 슈바르츠

1. 예배 순서   231
2. 『독일어 미사』(1524)   232

| 제7장 | 주의 만찬의 행위 혹은 관습 · 기도의 형식 | 240 |

- 훌드리히 츠빙글리

1. 예배 순서   245
2. 『1525년 부활절에 취리히에서 시작될 것과 마찬가지 만찬의 행위 혹은 관습, 그리스도의 기념 혹은 그리스도에 대한 감사례』(1525)   246
3. 『1525년 부활절에 취리히에서 시작될 것과 마찬가지의 만찬의 행위 혹은 관습, 그리스도의 기념, 그리스도에 대한 감사례』(1525)   249
4. 『디모데전서 2장에 있는 바울의 가르침에 따르고, 지금 취리히에서 설교의 시작 시에 사용되는 기도의 형식』(1525)   257

| 제8장 | 태도와 방식 | 259 |

- 기욤 파렐

1. 예배 순서   264
2. 『하나님이 은혜로 방문하셨던 장소들에서 준수되었던 태도와 방식: 프랑스 개혁교회의 첫 번째 예전』(1533)   265
3. 『사람들이 하나님의 말씀을 들으려고 모였을 때 설교에서 준수되는 태도』   272

제9장 기독교 규범과 관습·예식과 규정에 관한 단문   276
    – 하인리히 불링거·루드비히 라바터
  1. 예배 순서   281
  2. 『취리히 교회의 기독교 규범과 관습』(1535)   283
  3. 주의 만찬의 행위 혹은 관습: 예수 그리스도의 죽음에 대한 기념 혹은 감사   291
  4. 『취리히 교회의 예식과 규정에 관한 단문』(1559)   300

제10장 덴마크 교회 규범(1537)·덴마크 교회 규범(1548)   314
    – 요한 부겐하겐과 피터 팔라디우스·밀스 카버데일
  1. 예배 순서   319
  2. 『덴마크와 노르웨이 왕국 그리고 슐레스비히, 홀슈타인 공국들
     등등의 교회 조례 등』(1537)   321
  3. 『덴마크와 많은 장소 그리고 독일의 국가와 도시들에 있는
     그리스도의 회중과 교회가 거룩한 주의 만찬뿐만 아니라, 축복받은
     세례 성례전과 신성한 결혼 목회에서 사용하는 규범』(1548)   333

제11장 교회의 관례들   344
    – 마틴 부처
  1. 예배 순서   349
  2. 『모든 교회의 관례와 더불어 시편 찬송가』(1539)   350

제12장 교회 기도의 형식   367
    – 존 칼빈
  1. 예배 순서   373
  2. 『교회 기도의 형식과 찬송들』(1545, 1542, 1566)   375

제13장 공동 기도서·본기도   406
    – 토마스 크랜머
  1. 예배 순서   414
  2. 『공동 기도와 성례전과 교회의 다른 의식과 격식에 대한 책:
     영국 국교회의 사용 후』(1549)   416
  3. 『영국 국교회의 공동 기도서와 성례전, 다른 예식들과 의식들』(1552)   462
  4. 『주의 만찬과 성만찬의 기념에 사용되어야 할 본기도들』(1552)   513

제14장 형식과 방법 · 기독교 조례 533
― 존 아 라스코 · 마틴 미크로니우스
1. 예배 순서 538
2. 『이방인 교회, 특별히 가장 경건한 영국 왕, 에드워드 6세 왕이 주후 1550년 영국 런던에 설립한 네덜란드 교회의 교회 사역에 대한 완전한 형식과 방법: 폐하의 특권으로 책의 끝부분에 추가됨』(1555) 540
3. 『1550년 런던에서 그리스도인인 왕, 에드워드 6세 왕에 의해 설립된 그리스도의 네덜란드인 교회의 기독교 조례』(런던, 1554) 599

제15장 주의 만찬의 관례 · 기도의 형식 · 공동 규범서 626
― 존 녹스
1. 예배 순서 634
2. 『버윅 오폰 트위드 교회 회중의 설교자 존 녹스에 의해 그 교회에서 사용되었던 주의 만찬의 관례』(1550) 635
3. 『제네바의 영국인 회중에 사용되고, 고명하고 경건하며 박식한 존 칼빈에 의해 승인된 기도의 형식과 성례전의 집행 등』(1556) 641
4. 『제네바의 영국인 교회에서 사용되고 스코틀랜드 교회에 의해 인정되고 승인된, 기도의 형식과 성례전 집행 등』(1564) 641
5. 『기도의 형식』(1556만) (*The Form of Prayers only*, 1556)] 641

제16장 팔츠 교회 예전 · 다윗의 시편 694
― 피터 다테누스
1. 예배 순서 700
2. 『팔츠 교회 예전』(1563) 702
3. 『팔츠 교회 예전에서 성만찬 기념을 위한 형식』(1563) 709
4. 『프랑스어로부터 네덜란드어로 번역된 다윗의 시편과 다른 찬송가들』(1567) 718

제17장 미들버그 예전 739
― 미들버그의 영국 청교도들
1. 예배 순서 744
2. 『하나님의 말씀과 개혁파 교회의 의식에 합당한 공동 기도 형식, 성례전의 집례 등등에 관한 책』(1586) 745

부록 예배 순서 767

원저의 출처 777

머리말

싱클레어 퍼거슨 박사
리폼드신학교 총장, 조직신학 교수

지금 여러분들의 손에 들려 있거나, 책상 위에 있는 본서는 이 분야에서 거의 비교할 수 없이 풍부한 자원으로서 편집자들과 번역가들의 엄청난 사랑의 노고를 보여 준다. 한 권으로 모아서 펴낸 이 방대한 책은 종교개혁 지도자들이 공들여 만든 예전들이다. 이것은 다양한 장소와 교회에서 예배를 돕기 위한 개혁자들에 의해서 사용되었다.

우리는 이 프로젝트에 참여했던 분들에게 말할 수 없는 큰 은혜를 입었다. 나는 그들이 "그 은혜를 갚을 수 있는 최선의 방법은 이 책을 신중하게 읽고, 성경적으로 평가한 다음, 과거의 예전들에서 다양하게 표현된 예배의 기본 원리들을 깨달아 현재 우리가 드리는 예배에서 그 원리들을 지혜롭고 섬세하게 적용하는 것"이라고 우리에게 말할 것을 확신한다.

이것은 삼위일체 하나님을 예배하는 새로운 개혁으로 이어질 수밖에 없다. 성령의 능력 안에서 성자로 말미암아 성부에게 나아가는 이런 접근만이 오직 하나님의 백성인 회중이 자신들이 사용하는 시간과 장소 안에서 새로운 마음, 완전히 변화된 사랑과 거룩한 기쁨으로 예배할 수 있도록 도울 수 있다.

『종교개혁자들의 예배 예전』(*Reformation Worship*)은 여러 가지 이유로 중요한 책이다. 먼저, 너무나 명백해서 우리가 강조할 필요도 없지만, 그것은 여러 나라의 종교개혁자들이 예배라는 주제에 그토록 많은 관심을 기울인 방식에 대해 인상적 증언을 제공한다는 것이다. 그들은 복음의 재발견과 예배의 개혁이 동전의 양면이라는 사실을 잘 이해하고 있었다. 왜냐하면, 찬송, 죄의 고백과 신앙 고백, 기도 그리고 성경을 낭독하고 설교하는 것은 말씀이라는 한 사역의 다양한 측면이기 때문이다.

그러한 이유로 종교개혁자들은 교회 예배의 틀을 세우는 예전들을 성경 적용의 중요한 측면으로 간주했다. 따라서 예배 순서는 그저 대충 붙여 넣어서는 안 된다. 그것은 아마도 **아디아포라**(*adiaphora*)¹일지 모른다. 그러나 전반적인 성경 교육에서 "아디아포라"는 절대 무관심하게 다루어져서는 안 된다(이후에 웨스트민스터 회의에서 천명할 것처럼).²

1544년(아직 30대 중반이었던) 존 칼빈(John Calvin)은 스파이어스 제국의회(Imperial Diet at Spires)를 준비하기 위해서 『교회 개혁의 필연성』(*The Necessity of Reforming the Church*)이라는 책자를 저술했고, 여기에서 복음의 재발견과 예배의 변화 사이의 통합을 천명했다. 그는 "찰스 5세 황제께 드리는 겸손한 권면"(Humble Exhortation to the Emperor, Charles V)이라는 서문에서 다음과 같이 강하게 진술했다.

만약 기독교가 주로 어떤 것들에 의해서 우리 가운데 존속되고 그 진리가 유지되느냐는 질문을 받는다면, 다음과 같은 두 가지, 즉 첫째, 하나님이 합당한 절차에 따라 예배를 받으시는 방식에 대한 지식과 둘째, 구원을 얻을 수 있는 근원에 대한 지식이 주된 위치를 차지할 뿐만 아니라, 또한 그 둘 아래에 있는 다른 모든 부분들, 그리고 결과적으로 기독교의 온전한 본질을 포함하고 있다는 사실을 알게 될 것이다. 비록 우리가 그리스도인이라는 이름을 자랑하더라도 이 둘을 고려하지 않는다면, 우리의 고백은 무의미하고, 헛된 것이다.

… 만약 누군가 보다 더 명확하고, 익숙한 실례를 원한다면, 나는 교회와 목회의 법규 그리고 모든 다른 규범에 관한 사안들은 몸과 유사하며, 반면에 하나님이 당연히 받으셔야 하는 예배를 규정하고, 인간의 양심이 구원에 대한 자신들의 소망을 두어야 하는 토대를 가리키는 교리는 영이라고 말할 것이다. 영은 몸에 생기를 불어넣고, 몸을 활력 넘치고 활동적으로 만들며 그리고 요컨대, 몸이 죽거나 무익한 시체가 되지 않도록 한다.

내가 지금까지 진술한 것에 대해서 경건하거나 올바르고 분별 있는 사람들 사이에서는 어떠한 논쟁도 없다.³

---

1 성경에서 구체적으로, 혹은 상세하게 지시하지 않는다는 의미에서 "무관심한 것들"이다.
2 The Confession of Faith, Ⅰ. ⅵ.
3 John Calvin, *The Necessity of Reformong the Church*(1544), in *Tracts*, ed. and trans. Henry Beveridge (Edinburgh: Calvin Translation Society, 1844). 1:126.

여기에서 바로 눈에 띄는 것은 '예배와 복음'이라는 핵심들의 결합뿐만 아니라 또한 예배에 중요한 위치가 주어진다는 사실인데, 아마도 복음을 올바르게 이해하게 될 때 얻게 되는 첫 열매가 진정한 예배**이기**(is) 때문이다. 그것은 **그만큼**(that) 중요하다.

이런 이유 때문에, 우리는 본서의 내용을 예배의 고고학적 발굴로 취급하면서 저평가해서는 안 된다. 그런 것은 단지 유물이나 미학에 흥미가 있는 사람들의 관심이다. 왜냐하면, 이런 예전은 하나님의 영광을 위한 열정으로 공들여 만들어진 것이기 때문이다. 그리고 이 편집본이 한 시대의 책자로서 공식화되지 않았지만, 그것은 현대 교회에 중요하고 강력한 메시지를 전해 준다.

16세기의 종교개혁자들은 중세 말의 예배가 관중들을 위한 일종의 행사가 되었다는 깊고도 근본적 우려를 공유했다. 회중은 주로 수동적이었다. 만약 그들이 그렇게 묘사될 수 있다면, '예배자들'은 근본적으로 미사라는 드라마의 관전자였고, 찬양대 가사를 듣는 청중들이었다. 거룩한 예배의 예식에서 회중들은 참여자라기보다는 오히려 행사의 관중이었다. 따라서 예배의 '질'은 예배자들의 거룩한 기쁨에 의해서가 아니라 제의, 종, 향초들 그리고 물론 미사에서 사용되는 라틴어와 더불어 음악의 기준, 찬양대 찬양의 탁월성, 미사라는 드라마의 미학적 장엄함에 의해서 평가를 받았다. 모든 실용적 목적에도 불구하고, 예배는 **당신을 위해서**(for you), 당신 대신으로 드려지는 것이었다.

종교개혁은 이 모든 것을 예배자와 회중 개개인이 마음과 영으로 기도하고 노래하면서 (또한, 말씀 듣고, 성례전을 보고, 받으면서) 적극적으로 참여하고 이해하도록 완전히 탈바꿈시켰다.

교회 컨설턴트가 '오전 주일 예배의 질'을 평가하는(예배를 받으시는 신성하신 수령자[Divine Recipient] 외에 다른 누구도 생각할 수 없는 직무) 시대에 이런 개혁이 또다시 필요하다고 생각하기 쉽다.

우리의 시선이 수직적으로보다 수평적으로 더 고정되어 있는가?

그리고 엎드리고 풀어져서 손으로 입을 막고 경배하는 이사야 같은 혹은 요한 같은 경험에 대한 열망이 멈춰 버렸는가?

예배에 대한 바울의 관점은 우리의 것과 얼마나 달랐던가?

그러나 … 믿지 아니하는 자들이나 알지 못하는 자들이 들어와서 모든 사람에게 책망을 들으며 … 판단을 받고 … 그 마음의 숨은 일들이 드러나게 되므로 엎드리어 하나님께 경배하며 하나님이 참으로 너희 가운데 계시다 전파하리라(고전 14:24-25).

현대 예배가 서둘러 채우려는 교회의 전통적인 예전에서 누락된 것이 무엇이건 간에 현대의 '예배 개혁'은 보통 예배라는 이 비전에는 거의 관심을 보이지 않았다. 종교개혁자들을 움직이게 했던 그런 종류의 질문들은 현재 우리를 움직이지 않고 있다.

하나님은 예배에서 받으시는 하나님의 기쁨이 무엇인지 우리에게 어떻게 보여 주셨는가?

모든 것이 하나님의 영광을 위해서 그리고 성도의 덕을 세우기 위해서 행해지도록, 우리는 어떻게 이것을 우리 회중 안에서 실용적인 면으로 해낼 수 있을까?

우리가 이런 근본적 질문을 하지 못하고, 결과적으로 답을 찾기 위해서 성경을 살펴보지 않는다면, 예배에 (즉, 하나님께[to God]) 대한 우리의 접근은 단순히 실용적이 되거나, 심지어 비교적 생각 없이 '효과가 있는 것'이나 혹은 심지어 다른 교회에서 볼 때 '멋지게' 보일 수 있는 것을 모방하는 위험에 처하게 될 것이다.

예를 들면, 심지어 우리가 성시와 찬송가 책(psalm and hymn books)에서 부르는 가사들을 큰 화면에서 보여 주는 것과 같이 명백히 좋은 의도와 순진한 변화조차도 쉽게 예상치 못한 결과를 가져올 수 있다는 것을 거의 알아채지 못한다. '덕을 세움'이라는 목표를 이루기보다는, 오히려 결과적으로 그 목표에 해를 끼치는 경우가 종종 있다.

예를 들자면, 젊은 그리스도인들은 단지 화면에 있는 찬송가나 찬양의 한 구절만 보게 된다. 그래서 그들은 전체 흐름을 놓치고, 지금 불리는 노래가 성시인지, 찬송가인지 혹은 영적 노래인지를 알지 못한다. 그리고 게다가, 현대 예배자들은 150개의 찬양과 비탄을 포함한 성시들, 성경에서 인용된 많은 가사 그리고 문학적 재능과 신학적 통찰력이 우리와 비교할 때, 전혀 과장이 아니라, 깊은 감명을 주는 사람들에 의해 작성된 수백 개의 다른 찬송을 자신들의 조부모가 그랬던 것처럼 거의 외우지는 못할 것이다.

그리고 오늘날, 자신이 참석하는 예배에서 기독교 신앙에 새로운 관심이 있는 어떤 젊은이가 자신에게 복음의 근본적 진리를 처음으로 진술할 수 있게 하는 사도 신경과 같은 기독교 신앙의 개요를 단지 몇 주 만에 거의 힘들이지 않고 쉽게 암송하겠는가?

우리는 모두 '이스라엘을 범죄하게 만든 느밧의 아들 여로보암'에 대해서는 익숙하다. 그러나 구약이 또한 지난 세대의 현명함을 구하지 않고, 자기 또래의 조언을 받아들임으로써 이스라엘을 재앙으로 이끌었던 '솔로몬의 아들 르호보암'의 죄를 우리에게 소개한다는 사실을 너무 쉽게 잊어버린다.

이런 문화 속에서 본서에 제시된 예전들은, 아침에 하는 찬물 샤워처럼 보일 수 있지만, 찬물 샤워는 놀랍게도 활기를 회복시킨다. 그것은 주로 대중음악만을 평생 들어왔던 사람이 그것을 정상적이고 더 좋은 것으로 간주하는 것이 보통 그 개인의 잘못은 아니지만, 그들이 우연히 클래식 음악 라디오 방송을 만나게 되고 바흐와 베토벤, 멘델스존 그리고 하이든의 세계에 입문하게 된다면, 풍성함과 깊이에 대한 새로운 취향이 발달하게 된다. 그리고 더욱 영양가 있고 더욱 만족스러운 세계를 발견하게 되는 것처럼 우리 예배에 뼈대와 흐름과 리듬을 주는 옛날 예전들도 마찬가지로 그렇다.

이것은 여기에 모아 놓은 어떤 예전이나, 혹은 모든 예전에 대한 융통성 없는 채택이나, 혹은 독창성이 없는 모방을 하라고 간청하는 것이 아니다. 또한, "종교개혁자들이 그것들을 사용했기 때문에" 그것들을 사용해야만 한다고 협박하거나 무섭게 고집하는 것도 아니다. 그것은 우리 예배를 무기력하게 할 수—거의 확실히 그럴 것이다—있다. 우리 중 대부분은 유럽 대륙에 살지 않고, 우리 중 아무도 16세기에 살지 않는다.

오늘날(today) 우리에게 가장 필요한 것은 **영**(Spirit)과 진리로 예배하는 것이다. 그러나 여기에 나오는 예전들은 우리가 신중한 생각을 하도록 자극하고, 종교개혁자들의 삼위일체적이고, 그리스도 중심적이며, 성경적 내용을 반영하는 방식으로 그들의 원칙들을 오늘날 어떻게 적용할 수 있는지 질문하게 함으로써 우리의 장소와 시간에서 우리의 예배가 그들이 보여 주는 복음의 내용과 리듬을 반향시킬 수 있게 될 것이다.

이것은 절대 쉬운 과업이 아니고, 그것은 지혜, 지략, 민감성 그리고 원칙과 목표에 대한 신중한 소통을 요구한다. 그러나 결국 사람들은 언어 교육만큼 경험을 통해서도 배우고 성장하는 경향이 있는 것 또한 사실이다. 그들은 더욱 좋은 방식에 대한 도움과 가치를 느끼고 맛볼 필요가 있다.

그리고 현대적 식단으로 그들의 미각이 둔해졌기 때문에 조금씩 전진하는 것이 중요하다. 우리는 또한 성경의 중심성과 바른 해석, 그리스도 중심, 은혜의 경이로움, 믿음의 필요성, 성령의 사역 그리고 하나님 한 분 만의 영광을 위한 열망이라는 종교개혁의 중요한 핵심을 잊어서는 안 된다. 이런 실재들이 없다면 결국 우리의 예배가 최고의 예전으로 진행된다 할지라도 그것은 하나님의 임재의 거룩한 능력이 결여된 사실상 죽은 예배가 될 것이기 때문이다.

나의 어린 시절에, 거의 모든 예배는 "하나님께 예배합시다"라는 동일한 말로 시작했다. 그러나 요즘 우리는 그런 말을 거의 듣지 못한다. "하나님께 예배합시다"라는 말은 "편안해집시다" 또는 "서로 환영합시다"를 의미하는 기능적으로 다양한 형태의 말에 의해서 밀려났다. 우리의 환영은 실제로 따뜻하고 진심이어야 한다. 그러나 예배는 거룩한 분에게 가까이 가는 것이다.

그분의 임재는 엄숙한 기쁨과 겸손한 경외감을 일으킨다. 이것이 바로 그분이 우리를 자신의 임재로 환영하는 특권에 대한 우리의 압도적 느낌이다. 왜냐하면, 예배는 우리가 서로를 환영하는 것이 아니라, 무엇보다도 하나님이 우리를 환영하는 것이기 때문이다. 우리는 성경과 종교개혁의 이런 관점으로 돌아갈 필요가 있다. 이런 놀라운 예전들의 모음은 우리에게 옳은 방향을 가리킨다. 누구라도 그것을 현명하게 잘 사용하는 사람을 만난다면, 그것은 분명히 교회에 대한 축복이 될 것이다.

서문

조나단 깁슨 박사(웨스트민스터신학교 교수)
마크 언지(옥스퍼드대학교 박사 과정)

1520년대 초반 케임브리지(Cambridge)에서, 복음주의자 그룹이 백마(White Horse)라는 지역 선술집(pub)에서 만나기 시작했다. 그들은 에라스무스(Erasmus)의 새로운 신약 번역과 새롭게 전파된 독일 종교개혁자 마틴 루터(Martin Luther)의 사상에 관해 토론하기 위해서 모였다.

얼마 후인 1525년, 로버트 반즈(Robert Barnes)는 성 에드워드 왕과 순교자 교회(St. Edward King and Martyr)의 크리스마스 자정 미사에서 영국에서 최초의 복음주의 설교 중 하나를 설파했다. 그 이후 케임브리지는 영국 '종교개혁의 요람'으로 알려지게 되었다.

대주교 토마스 크랜머(Archbishop Thomas Cranmer)의 지도로, 1549년 마틴 부처(Marin Bucer)는 케임브리지신학교의 레기우스 의장직(Regius Chair of Divinity in Cambridge)을 맡으라는 초청을 받았다. 종교개혁의 주요한 신학자 중 한 사람인 부처가 케임브리지에 머물렀던 짧은 기간은 훗날 영국 국교회의 핵심 지도자가 될 젊은 학생들의 세대에 지울 수 없는 흔적을 남겼다.

옥스퍼드(Oxford)에서는 종교개혁의 대의가 조금 다르게 일어났다. 대주교 크랜머가 순교자 피터 버미글리(Peter Martyr Vermigli)를 영국으로 초청했고, 1548년 버미글리는 옥스퍼드신학교의 레기우스 직(Regius Chair of Divinity in Oxford)으로 임명받았다. 이 권위 있는 직위에서 버미글리는 활발하게 강의했고, 대학의 개혁 작업을 후원했다. 그해 후반에 그는 대학에서 기념된 주의 만찬에 대한 중요한 논쟁에 참여했다. 이것이 다음 해에 출판되었고, 그를 개혁의 전국적인 무대로 밀어 넣었다.

부처와 다른 이가 그랬듯이, 그는 크랜머에게 1549년판 『공동 기도서』(Book of Common Prayer, 1549)의 개혁을 어떻게 할 것인가를 조언했다. 하지만, 옥스퍼드시는 또한 종교개혁 운동에 반대하는 명백한 가톨릭 승리의 중심지가 되었다. 다른 사건 중에서, 휴 라티머(Hugh Latimer)와 니콜라스 리들리(Nicholas Ridley)가 '피의 메리 여왕'(bloody Mary) 통치 때인 1555년 10월 16일에 자신들의 복음주의적 신념 때문에 화형을 당했던 곳도 옥스퍼드시였다.

다음 해에 캔터베리 대주교직에서 쫓겨난 크랜머 또한 로마가톨릭과 다른 자신의 교리적 이탈 때문에 1556년 3월 21일 화형을 당했다. 불신자들의 눈에는 라티머와 리들리 그리고 크랜머의 죽음은 영국 제도와 유럽 대륙에서 로마가톨릭교회가 승리하고, 종교개혁자들은 상당한 타격을 받을 것으로 보였을 것이다. 그러나 그들의 죽음은 영국에서 오늘날까지 여전히 밝게 타오르는 불길을 일으켰다.

옥스퍼드와 케임브리지에는 오늘날 성공회, 장로교, 자유 복음주의 등 활기찬 복음주의 교회들이 존재한다. 더욱이 영어권 세계 전역에 걸쳐서 크랜머가 죽음에 이르기까지 포용하고 방어하려고 했던 복음은 여전히 『공동 기도서』의 예전 리듬을 통해서 매주 전달되고 있다. 본서인 『종교개혁자들의 예배 예전』(Reformation Worship)은 이런 종교개혁자와 그들의 작업과 동일한 전통에 서 있다. 본서가 영국의 종교개혁이 진출하기 시작했던 케임브리지와 옥스퍼드라는 동일한 두 대학 도시들에서 일어났던 것은 신의 섭리이다. 2016년 1월 한 편집자(조나단)는 케임브리지 장로교회로부터 저술 휴가를 즐기고 있었다. 그동안 그는 자신의 교단인 국제장로교회(International Presbyterian Church [UK])를 위한 예배 자료들을 개발하는 일을 하고 있었다. 현대 교회를 위해 재작업하려고 옛 기도문들을 추적하고 있었을 때, 그는 우연히 종교개혁의 보물 창고를 발견하게 되었다.

그것은 찰스 베어드(Charles Baird)의 『유탁시아, 혹은 장로교 예전: 역사적 스케치』(Eutaxia, or The Presbyterian Liturgies: Historical Sketches, 1855)와 바드 톰슨(Bard Thomson)의 『서방 교회의 예전』(Liturgies of the Western Church, 1961)을 통해서 접근할 수 있었다. 거의 같은 시기에 다른 편집자(마크)는 옥스퍼드대학교에서 존 포네(John Ponet, 1516-1556)에 관한 박사 학위 연구를 하고 있었다. 존 포네는 이전에 토마스 크랜머의 보좌목사였고, 후에 윈체스터의 감독(Bishop of Winchester)이 되었으며, 나중에 메리 여왕 시기의 망명자 중 최고의 영국 종교개혁자였다. 마크는 곧 종교개혁의 신학 문헌과 예전 문헌들의 페이지를 넘나들면서 초기 근대 회귀 도서들과 서기 1500년 이전의 간행물들에 빠져들었다.

우리의 흥미가 딱 들어맞는 것이 분명해졌고, 그래서 우리는 엄선된 종교개혁 문헌들을 합치고 그것들을 현대 교회에 진입시킬 수 있도록 할 방법을 찾기 시작했다. 그리고 2년 후, 이제 하나님의 섭리 결실을 여러분의 손에 쥐게 되었다. 본서는 대가의 종교개혁(Magisterial Reformation)에서 종교개혁자와 그들의 교회 모두를 위해 예배가 수행한 중요한 역할을 회복하고 재확인하는 것을 목표로 한다. 여러 가지 방식으로 본서는 19세기와 20세기의 찰스 베어드와 바드 톰슨의 신학적 작업을 각각 기반으로 한다. 그러나 본서는 여러 가지 면에서 이런 중요한 예전 프로젝트들을 넘어선다.

첫째, 본서는 종교개혁 교회의 예전에 대한 보다 포괄적 목록을 수집했다(모두 26개)[1].
둘째, 본서의 각 예전은 새롭게 번역되거나 현대화되었다.
셋째, 이런 예전의 기원과 역사에 대한 새로운 역사적 분석은 상당히 새로운 통찰력을 가져다주었다.
넷째, 이전에 독일어, 프랑스어, 네덜란드어, 라틴어 그리고 초기 근대 영어 원서로 된 일부 예전들은 이제 현대 영어권 세계에서도 사용할 수 있게 되었다.

이들은 다음과 같다.
요하네스 외콜람파드(Johannes Oecolampadius)의 『예수 그리스도의 언약』(*The Testament of Jesus Christ*, 1523),
디볼트 슈바르츠(Dibold Schwarz)의 『독일어 미사』(*German Mass*, 1524),
하인리히 불링거(Heinrich Bullinger)의 『기독교 규범과 관례』(*Christian Order and Custom*, 1535),
마틴 미크로니우스(Martin Micronius)의 『기독교 조례』(*Christian Ordinances*, 1554),
존 칼빈(John Calvin)의 『교회 기도의 형식』(*Form of Ecclesiastical Prayers*, 1537)의 중요한 초판,

---

[1] 칼빈의 스트라스부르 예전과 제네바 예전을 두 개의 예전으로 센 수.

요한 부겐하겐과 피터 팔라디우스(Johann Bugenhagen and Peter Palladius)의
『덴마크 교회 규범』(*Danish Church Order*, 1537),

존 아 라스코(John à Lasco)의 『형식과 방법』(*Form and Method*, 1550, 1555에 인쇄)[2],

루드비히 라바터(Ludwig Lavater)의 『의식과 규정에 관한 단문』(*Short Work on Rites and Regulations*, 1559),

밀스 커버데일(Milles Coverdale)의 『덴마크 교회의 규범』(*Order of the Church in Denmark*, 1586),

토마스 크랜머(Thomas Cranmer)의 『공동 기도서』(*Book of Common Prayer*, 1549, 1552),

존 녹스(John Knox)의 『주의 만찬의 관례』(*Practice of the Lord's Supper*, 1550),

『기도의 형식』(*Form of Prayers*, 1558),

『공동 규범서』(*Book of Common Order*, 1564),

영국 청교도들의 『미들버그 예전』(*Middelburg Liturgy*, 1586)이다.

본서에 포함된 예전들을 번역하는 데 있어서, 우리는 하나의 기본 원칙을 고수했다. 그것은 원래 의미를 충실하게 전달하지만, 현대의 눈과 귀에 쉽고 현대인의 정서에 도움이 되는 21세기의 영어와 구두점을 사용하여 예전 문서의 번역을 제공하는 것이다. 우리는 또한 필요하다고 생각하는 제목과 법규서에 대해서 서식 조정을 했다.

케임브리지와 옥스퍼드 두 도시에서 각각 우리가 하는 기독교 사역을 감안한다면, 본서는 우리 각자에게 단순히 학술적 관심을 넘는 의미가 있다. 우리는 학자이기 전에 기독교 목사들이다. 한 사람은 국제장로교회(UK)에서 안수를 받은 장로교 목사이고, 케임브리지장로교회(Cambridge Presbyterian Church [영국])에서 협력목사(Association Minister)로 섬기고 있다.

다른 한 사람은 호주의 성공회교회(Anglican Church of Australia[Diocese of Sydney])에서 안수받은 성공회 신부로서 퉁가비성공회교회(Toongabbie An-

---

2　Bryan Spinks는 *From the Lord and "The Best Reformed Churches": A Study of the Eucharistic Liturgy in the English Puritan and Separatist Traditions, 1550-1633* (Roma: C. L. V. Edizioni Liturgiche, 1984), 157-76에 있는 John à Lasco의 『형식과 방법』 부분에 대한 라네(D. G. Lane)의 번역을 제시한다. 우리 번역은 이 부분을 포함하지만, 다른 자료들 준비 예배, 그리고 주의 만찬에 대한 신학적 근거와 같은 다른 자료들을 포함하여 그것을 매우 확장한다.

glican Church [Sydney])에서 부사역자(Assistant Minister)로 섬겼고, 현재는 박사 과정에서 공부하면서 옥스퍼드셔(Oxfordshire)에서 때때로 예배를 인도하고 설교를 한다. 그리스도의 사역자들로서 우리는 말씀과 성례전의 예배를 준비하고 수행하는 것을 포함하는 우리의 안수 서약을 진지하게 받아들인다. 그것은 우리가 매주 교회 사역의 일상에서 그 둘을 일단 보다 학문적 환경으로 옮겨 놓음으로써 가장 많이 놓치는 일 중의 하나이다.

이 프로젝트를 하는 동안 내내, 우리는 대가 종교개혁자(Magisterial Reformers)들에 의해서 만들어진 공 예배를 연구하는 것뿐만 아니라, 우리가 마치 그들의 교회 각각에서 그들에 의해서 인도되는 기독교 예배를 경험한 것처럼 느낄 수 있었던 것은 큰 특권이었다. 우리는 수년간 이런 위대한 사람들의 삶과 신학에 흥미를 느끼고 있었다. 그러나 그들의 예전(그리고 특히 그들의 기도문)을 읽는 것은 어떠한 전기나 혹은 교리에 관한 논문이 그랬던 것보다 훨씬 더 우리가 그들에게 연결되어 있다고 느끼게 했다.

우리의 기도는 불과 500년 전에 집필된 예전들에 그들이 몰두한 것과 마찬가지로, 현대 독자들이 동일한 경험을 하는 것이다. 그 예전들의 구조와 언어, 리듬은 말씀과 성례전에 있는 복음을 오늘날에도 계속해서 효과적으로 전달하기 때문이다. 우리는 이런 예전들이 개인적으로 (그리고 경건하게) 읽힐 뿐만 아니라, 다시 한번 그리스도의 교회에서 공적으로 실행되는 것(전체가 아니더라도, 또는 조정된 예배, 영향력에 따라 최소한 부분적이라도)을 소망한다. 궁극적으로 우리는 존 칼빈이 모든 교회 예배의 목적이 되어야 한다고 묘사했던 것을 독자들이 경험할 것을 기도한다. 우리가 하나님과 연합될 수 없다면 말씀의 설교, 성례전, 거룩한 회중 자신들, 그리고 사실상 교회 전체의 외면적인 체제가 결국 무슨 소용이 있겠습니까?[3] 아멘.

오직 하나님께 영광

2017년 성 미카엘 축일
500주년 종교개혁

---

[3] John Calvin, *Commentary on the Psalm*, Co 31L248: "Quorsum enim verbi praedicatio, sacramenta, sacri ipsi conventus, totumque externum ecclesiae regimen, nisi ut no Deo coniungant?"(CO stands for *Ioannis Calvini Opera Quae Supersunt Omnia*, ed: G. Baum, E. Cunitz and E. Reuss, 59 vols [1863-1900]; also published vols 29-87 of *Corpus Reformatorum*).

역자 서문

김 상 구 박사
백석대학교 실천신학 교수

약 천 년여 동안 중세 시대는 부패하고 타락한 교회로 말미암아 영적 암흑기였다. 마치 우상 숭배의 길에서 헤매는 이스라엘 백성들처럼, 회중들은 감사함으로 삼위일체 하나님을 경배하고 찬양하는 예배자가 아니라, 당신을 위해서, 당신 대신으로 드려지는 미사라는 드라마의 관중일 따름이었다. 16세기 종교개혁자들은 일종의 행사가 되어 버린 이러한 예배에 대해서 깊고도 근본적 우려를 공유했다. 그들은 미사에서 사용되는 라틴어와 더불어 미사의 미학적 장엄함을 완전히 탈바꿈시켜 회중 개개인이 마음으로 기도하고 노래하면서 말씀을 듣고 성례전에 적극적으로 참여하고 이해하도록 진력하였다.

조나단 깁슨과 마크 언지는 예배가 종교개혁자들과 그들의 교회를 위해 수행한 중요한 역할을 회복하고 재확인하는 것을 목표로 본서를 편집했다. 그들은 독일 종교개혁자 루터와 스위스 종교개혁자 츠빙글리와 칼빈, 덴마크 종교개혁자 부겐하겐과 팔라디우스, 영국 종교개혁자 크랜머, 네덜란드 개혁교회에 영향을 준 아 라스코, 스코틀랜드 종교개혁자 녹스 그리고 영국 청교도 예전 등에 이르기까지 방대한 양의 종교개혁 교회의 예전에 대한 포괄적 목록을 수집했다. 그리고 이들을 새롭게 번역하거나 현대화하고, 이러한 예전의 기원과 역사에 대한 분석을 했다.

그들은 "우리는 이를 통하여 성경의 중심성과 바른 해석, 그리스도 중심, 은혜의 경이로움, 믿음의 필요성, 성령의 사역 그리고 하나님 한 분만의 영광을 위한 열망이라는 종교개혁자들의 예배 예전의 핵심 원리를 통해 오늘날 예배 개혁의 지향점을 배워야 한다. 그리고 궁극적으로 우리는 존 칼빈이 모든 교회 예배의 목적이 되어야 한다고 묘사했던 것—'우리가 하나님과 연합될 수 없다면, 말씀의 설파, 성례전, 거룩한 회중 자신들 그리고 사실상 교회 전체의 외면적 체제가 결국 무슨 소용이 있겠습니까'—을 독자들이 경험할 것을 기도한다"라고 피력한다.

그들의 이러한 예배 원리는 한국 교회의 예배 개혁과 갱신을 위해서도 많은 시사점을 주고 있다. 역자 또한 종교개혁자들의 마음을 사로잡았던 다음과 같은 질문들이 우리 안에 더 많이 얼어나기 소망한다.

"하나님은 예배에서 받으시는 하나님의 기쁨이 무엇인지 우리에게 어떻게 보여 주셨는가?"

"모든 것이 하나님의 영광을 위해서 행해지도록, 우리는 어떻게 이것을 우리 회중 안에서 실용적으로 해낼 수 있을까?"

본서가 나오기까지 도움을 주었던 손길을 잊을 수 없다. 예배학 전문가로서 본서를 번역하는 데 참여하신 배영민 박사님께 감사를 드린다. 박사님과는 이미 『예배와 설교』(마이클 J. 퀵, CLC, 2015)와 『기독교 예배학 개론』(제임스 F. 화이트, CLC, 2017), 『성경에 따라 개혁된 예배』(휴즈 올리판트 올드, CLC, 2020)를 협업하면서 출간의 기쁨을 누렸다. 하지만 본서는 이전의 번역물과는 비교되지 않을 정도로 원서의 분량이 많을 뿐 아니라 원서 자체의 난해함으로 힘든 번역 과정을 통해 맺은 결과물이다. 예수 생명으로 충만한 예배 현장을 꿈꾸는 백석대학교 신학대학원 원우들과 기독교전문대학원 예배학 콜로키움(Colloquium) 회원들에게도 고마움과 감사의 마음을 전한다.

끝으로 동역하는 마음으로 추천사를 보내 주신 합동신학대학원대학교 이승진 교수님과 총신대학교 주종훈 교수님, 장로회신학대학교 최승근 교수님 그리고 출판계의 어려운 상황에도 불구하고 『종교개혁자들의 예배 예전』을 출간하는 데 흔쾌히 도움을 주신 기독교문서선교회(CLC) 박영호 사장님께 감사드린다.

2022년 5월
방배동 연구실에서

감사의 글

16세기의 종교개혁 예전에 초점을 둔—그 대부분은 다른 언어(독일어, 프랑스어, 네덜란드어 그리고 라틴어)로부터 번역해야 했고, 나머지는 초기 근대 영어로부터 현대화시켜야 했던—이런 크기의 책은 여러 사람의 도움이 없이는 불가능했을 것이다. 그들에게 은혜를 입었으며, 이에 깊은 감사를 표하고 싶다.

우선, 필라델피아 웨스트민스터신학교(Westminster Theological Seminary)의 총장이신 피터 릴백 박사(Dr. Peter Lillback)는 프로젝트의 초기 단계부터 열정적으로 격려했고, 웨스트민스터신학교출판사가 이 책의 출간에 역할을 할 가능성을 만들어 주었다. 춘 라이(Chun Lai)와 제임스 베어드(James Baird)는 웨스트민스터신학교와 뉴그로스출판사(New Growth Press) 사이의 연결을 제공함으로써 이 책이 비전으로부터 실재가 되는 것을 도왔다. 레이첼 스타우트(Rachel Stout)는 초기 단계에서 신학교 출판사를 대신해서 일하면서 표지 디자인으로 우리를 도왔다.

저작권 문제에 대해서 조언한 자네트 프라이스(Janet Fries)와 제임스 스위트(James Sweet)에게 감사를 표한다. 뉴그로스프레스의 부사장이며 편집장인 바버라 줄리아니(Barbara Juliani)는 원고에서 책의 제본에 이르기까지 책이 출판되는 것을 관리했다. 우리는 칼 시몬즈(Carl Simmons)의 탁월한 편집 작업에 대해, 그레첸 록터만(Gretchen Logterman)과 루스 캐슬(Ruth Castle)의 편집 과정에 대한 감독에 대해서, 톰 템플(Tom Temple)의 표지 디자인에 대해 그리고 세릴 화이트(Cheryl White)에게는 책의 마케팅에 감사하고 있다.

이 밖에도 많은 이가 다양한 방식으로 도움을 주었다. 조교인 존 템플(John Temple)은 책의 장들을 면밀하게 살펴 주었고, 웨스트민스터신학교의 사서인 도나 루프(Donna Roof)는 친절하게도 바드 톰슨(Bard Thompson)이 쓴 중요한 논문들을 추적해 주었다. 각기 다른 이들이 각자의 방식으로 도움을 주었다. 마르틴 코원(Martyn Cowan), 제이슨 페터슨(Jason Patterson) 그리고 차드 판 딕스훈(Chad van Dixhoorn)이 그들이다.

좋은 번역가를 만나기는 어렵다. 그들은 원어에 능할 뿐 아니라, 16세기 종교개혁 연구의 핵심 용어에 대한 역사적 맥락을 이해해야 한다. 그래서 피터 릴백 박사와 교수인 허만 셀더후이스 박사(Dr. Herman Selderhuis)가 우리의 기대를 훨씬 넘는 유능한 사람들—버나드 오브트(Bernard Aubert), 마이클 헌터(Michael Hunter) 그리고 마티아스 맹골드(Matthias Mangold)—을 만나게 해 주어서 너무나 감사했다. 각 번역가와 함께 일하는 것이 기쁨이었다.

어려운 16세기 텍스트들을 다루는 데 있어서 그들의 정밀성과 정확성, 그리고 현대의 눈과 귀 그리고 정서에 쉬운 번역에 대해 여전히 놀라움을 금치 못하고 있다. 각자는 우리가 처음에 요청한 것보다 훨씬 많은 시간을 내어 프로젝트에 헌신했다.

특별히, 우리의 많은 질문을 은혜와 인내로 받아 주고, 프로젝트에 더욱 광범위하고 중요한 조언을 제공한 것에 대해 마티아스 맹골드에게 감사를 표하고 싶다. 마이클 헌터 또한 전체 원고의 편집에 대한 신중한 점검을 제공함으로써 자신의 번역 작업을 넘는 도움을 주었다. 초기 근대 영어의 현대화는 편집자로서 우리가 완성했다.

우리는 또한 친절하게도 자신들의 시간과 전문적 지식을 제공했던 여러 '번역 점검자들'에게 신세를 졌다. 바버라 에드가(Barbara Edgar)와 게틴 존즈(Gethin Jones)는 프랑스어, 셜리 돕슨(Shirley Dobson)은 독일어, 로엘프 얀센(Roelf C.["Karlo"] Janssen)과 허만 셀더후이스는 네덜란드어 그리고 캐롤린 켈리(Carolin Kelly)는 라틴어의 번역에 대해 점검을 했다. 천부적 재능이 있는 교회 음악가인 조셉 와고너(Joseph Waggoner)는 루터의 『독일어 미사』(1526)에 있는 성가를 악보로 기보하는 친절을 베풀었다. 그것은 본서에 독특한 요소를 첨가했다. 그 결과 음악을 아는 사람은 이제 루터의 『독일어 미사』를 읽을 수 있을 뿐만 아니라, 그것을 새롭게 들을 수 있다.

마지막으로 우리가 예전적 질문에 답하고, 더욱 작은 라틴어 번역들을 검사하고 교정하며, 일반적 지혜와 통찰력을 제공하기 위해 우리와 함께했던 많은 친구에게 매우 감사하다.

16세기 종교개혁 예전에 깊이 몰두하는 사람들은 누구나, 곧 자신들이 이런 예전들을 둘러싼 시대와 논쟁이라는 혼란스러운 세상으로 들어섰다는 사실을 깨닫게 된다. 일부 예전들은 시간을 지나면서 발달했고 복잡한 역사를 드러낸다(예를 들어, 칼빈의 『교회 기도의 형식』[Form of Ecclesiastical Prayer], 『팔츠 교회 규범』[Palatin Church Order]과 피터 다테누스[Peter Dathenus]가 개작한 네덜란드의 『다윗의 시편』[Psalms of David] 사이의 관계이다).

다른 이들은 심지어 그들의 자국어로도 어려운 언어들과 문장 구조를 사용한다(예를 들어 마틴 부처의 『교회 관례들』[Church Practices]). 더 나아가서, 이런 예전들의 일부에 대한 영어권 학문에 상당한 빈틈이 있으므로, 다음과 같은 것들을 포함하는 것이 더욱 중요해졌다(예를 들어, 디볼트 슈바르츠의 『독일어 미사』[German Mass], 요하네스 외콜람파드의 『예수 그리스도의 언약』[The Testament of Jesus Christ], 하인리히 불링거의 『기독교 규범과 관례』[Christian Order and Practice], 그리고 루드비히 라바터의 『의식과 규정에 관한 단문』[Short Work on Rites and Regulations]이다). 그래서 우리는 각 예전의 역사적인 소개에 대해 피드백을 해 준 몇 분의 학술 전문가에게 너무나 감사하다.

그들을 장(chapters)들에 의한 순서로 말하자면, 마틴 루터에 대해서는 로버트 콜브(Robert Kolb)와 데이비드 루이(David Luy), 기욤 파렐에 대해서는 데오도르 반 랄트(Theodore van Raalte), 요하네스 외콜람파드에 대해서는 디안느 포이트레스(Dianne Poythress), 디볼트 슈바르츠에 대해서는 스콧 아모스(Scott Amos), 하인리히 불링거와 루드비히 라바터에 대해서는 에미디오 캠피(Emidio Campi), 롤란드 디델름(Roland Diethelm) 그리고 에이미 넬슨 버넷(Amy Nelson Burnett), 요하네스 부겐하겐과 피터 팔라디우스에 대해서는 피터 올 그렐(Peter Ole Grell), 마틴 부처에 대해서는 스콧 아모스(Scot Amos), 존 칼빈에 대해서는 글랜 클레리(Glen Clary), 테리 존슨(Terry L. Johnson), 스콧 마네취(Scott Manetsch), 토마스 크랜머에 대해서는 다이어미드 맥컬록(Diarmaid MacCulloch), 가빈 던바(Gavin Dunbar), 스테판 통(Stephen Tong) 그리고 존 아 라스코에 대해서는 마이켈 스프링거(Michael Springer), 존 녹스에 대해서는 도날드 존 맥린(Donald John Maclien)과 스테판 통, 『팔츠 교회 규범』과 피터 다테누스에 의한 네덜란드식 개작인 『다윗의 시편』을 위해서는 세바스챤 해크(Sebastian Heck), 로엘프 얀센, 마티아스 맹골드 그리고 허만 셀더후이스, 영국 청교도와 『미들버그 예전』을 위해서는 폴리 하(Polly Ha)와 매튜 페인(Matthew Payne)이다.

시작하는 장(chapter)인 "하늘에서 드리는 것처럼 땅에서 드리는 예배"의 초기 사상들은 처음에 『국제 장로교회 예전서』(*The International Church Book of Liturgy*, 2017)에 저술되었고, 허락을 받고 여기에서 확장되었다. 그 장은 종교개혁의 성경적 예배신학에 대한 시도로서 웨스트민스터신학교에서 수년간 가르쳐 왔던 구속사적 해석학이라는 게할더스 보스의 전통(Vosian tradition)에 그 기원을 두고 있다. 나(Jonathan)는 멀리서 그 교수들의 저술과 강의를 통해서, 지금은 동료 교수진으로서 서서히 터득함에 의해 (그리고 특권으로) 그것을 흡수했다. 레인 팁톤(Lane Tipton)의 미간행 강의는 각각 아담, 이스라엘, 솔로몬 그리고 예수님과 관련하여 하나님의 아들들의 원형적, 유형학적, 종말론적 측면에 대한 내 자기 생각을 결정화시키는 것에 도움을 주었다. 덧붙여서 몇 분은 도움이 되는 피드백을 제공해 주었고, 그중 많은 것이 완성된 책에 통합되었다.

그들은 글렌 클레리(Glen Clary), 이안 두귀드(Iain Duguid), 데이브 가너(Dave Garner), 스테픈 젠킨스(Steffen Jenkins), 베른 포이트레스, 피터 월리스(Peter Wallace)이다. 카슨(D. A. Carson)이 편집한 『성경에 따라 드리는 예배』(*Worship by the Book*[Zendervan], 2002)에 있는 예배에 대한 그의 광범위한 정의는 예배를 정의하고자 하는 나의 시도에 정보를 제공했다.

예배하는 인간(*Homo liturgicus*)이라는 절은 제임스 스미스(James K. A. Smith)의 책인 『하나님 나라를 욕망하라』(*Desiring the Kingdom Worship: Worldview, and Cultural Formation* [Baker Academic, 2009]) 박세혁 역 [서울: IVP, 2019]로부터 차용했다.

제2장 "**오직 하나님께 영광: 예배에 대한 종교개혁**"(*Soli Deo Gloria : Reformation of Worship*)은 우리가 선택한 예전들의 렌즈를 통한 종교개혁 예배의 발전을 요약하고, 역사적이고 신학적 종합을 제공하기 위한 시도이다. 이것은 결코 쉬운 일이 아니었으며, 전문가들은 내(Mark)가 다른 사람들보다 어떤 전통들에 더 친숙한지를 빠르게 식별할 것이다. 예전의 개별적 소개에 대한 탁월한 번역 작업과 학술적 기여는 이 너무나 간결한 종합의 근거를 형성했다.

나의 요약 장이 이런 예전들과 참고 문헌에서 찾을 수 있는 추가 자료들에 관한 향후 연구에 자극이 되길 소망한다. 때때로 하는 질문에 최선의 답을 주었던 다이어미드 맥컬록과 제랄드 브레이 박사(Dr. Gerald Bray)에게 감사하다. 이런 종합적인 예전적 서문에 대해서 앤드류 아델스톤(Andrew Athestone), 글렌 클레리, 가빈 던바(Gavin Dunbar), 테리 존슨(Terry L. Johnson), 로버트 콜브, 데이비드 피터슨 그리고 스테판 통은 따뜻한 피드백을 해 주었다. 그렇지만, 이 서문이나 혹은 개별적인 역사적 소개에서 어떤 지속적 잘못이 있다면, 그 책임은 나에게 있다.

본서는 우선, 출판 비용을 상당 부분 맡아 준 두 후원자 부부의 풍부한 경제적 지원이 없었다면, 불가능했을 것이다. 그리스도를 사랑하고 회개와 믿음과 예배로 이 세상 사람들이 그분을 품는 것을 간절히 바라는 헌신된 그리스도인으로서, 그들은 우리와 협력하면서 참된 희생적 사랑의 마음을 보여 주었다. 익명으로 남겠다는 그들의 소망은 그들의 겸손과 영광이 오직 하나님께만 있다는 종교개혁의 위대한 진리에 대한 헌신임을 입증한다. **다른 사람들은 알지 못하지만, 하나님은 아십니다**(*Ignoti aliis, sed Deo cogniti*).

우리의 아내들인 재클린(Jacqueline)과 타냐(Tanya)는 수개월 동안 우리에게 너무나 많은 격려를 했고, 우리가 늦은 밤까지 일하는 많은 날을 인내하면서 참아 주었다. 그들의 격려의 말들과 가정과 자녀들에 대한 보살핌은 하나님을 위한 우리의 작업을 재충전시키고, 새롭게 해 주었다. 그들이 우리에게 얼마나 소중한 의미인지, 또한 매 주일에 하나님의 백성과 함께 예배드리기 위해서 그들(그리고 우리 자녀들)과 함께 교회에 가는 것이 우리에게 얼마나 축복인지 말로는 다 표현할 수 없다.

그들을 위해서 우리는 말씀에 근거한 예전과 함께 매주 드리는 공예배의 리듬—신중하고 아름답게 만들어진—이 그들의 마음에 깊이 스며들고, 그들의 양심을 강건하게 만들어서 그들의 삶이 끝날 때까지, 혹은 그리스도께서 재림하실 때까지 그리스도의 신실한 군사들로서 계속될 수 있도록 기도한다.

비록 그들이 그 내용을 완전히 평가하기에는 아직 어린이지만, 우리는 본서에서 우리 자녀들—벤저민 아서(Benjamin Arthur), 그레이스 엘리자베스(Grace Elisabeth), 시므온 루이스(Simeon Lewis), 그리고 소피아 캐서린(Sophia Katherine), 각자—을 위해서도 고심했다. 그들 각자는 하나님의 언약 약속을 받았다("나는 너희들의 하나님이 되고, 너희들은 나의 백성이 될 것이라"). 그것은 그들이 기독교 세례에서 받은 표지이며 인침이다. 그리고 이제 우리는 그들이 그리스도에게 믿음과 순종으로 응답하며 매 주일 예배의 리듬과 그 우선 순위의 중요성을 온몸으로 받아들여, 시편 저자와 함께 말하고 노래할 수 있기를 기도한다.

> 사람이 내게 말하기를 여호와의 집에 올라가자 할 때에 내가 기뻐하였도다(시 122:1).

우리는 각 예배가 시작될 때, 그들이 하나님께 그들의 마음을 높이 들고("우리는 주님께 그들을 높이 들어 올린다") 예배의 마지막에, 그들의 머리를 높이 들고 믿음으로 하나님의 축도를 받을 수 있도록 기도한다.

> 여호와는 네게 복을 주시고 너를 지키시기를 원하며
> 여호와는 그의 얼굴을 네게 비추사 은혜 베푸시기를 원하며
> 여호와는 그 얼굴을 네게로 향하여 드사 평강 주시기를 원하노라(민 6:24-26).

우리 부모님이신 웨슬리와 에블린(Wesley and Evelyne) 그리고 리처드와 조이스(Richard and Joyce)에게 본서를 바친다. 우리 각자는 진정한 영적 경건성이 가식 없이 행해지는 신실한 그리스도인 가정에서 자라는 커다란 특권을 누렸다. 그들은 우리를 경건한 교육과 사랑의 규율로써 하나님의 방식으로 키우셨다.

매 주일 그들은 모든 성도와 더불어 하나님께 예배를 드리기 위해서 자신들의 아들들을 교회로 충실히 데리고 가셨다. 하나님의 친절한 섭리 안에서 우리의 양육은 하늘로부터 우리에게 온 달콤한 은혜의 방도들이었다. 우리는 본서가 그리스도의 왕국에서 그들의 고된 노동에 대한 기쁨의 보상이 되기를 기도한다.

> 여호와께서 시온에서 네게 복을 주실지어다
> 너는 평생에 예루살렘의 번영을 보며
> 네 자식의 자식을 볼지어다
> 이스라엘에게 평강이 있을지로다(시편 128:5-6).

마지막으로 본서는 사산된 소녀 레일라 주디스 그레이스 깁슨(Leila Judith Grace Gibson)을 **기리며**(*in memoriam*) 저술되었다. 그녀의 짧은 생애와 갑작스러운 죽음은 그녀의 부모들이 평생 이해했던 것보다 복음에 대한 더 많은 것들을 가르쳐 주었다(복음 전도자 레일라[Leila the Evangelist]). 그녀는 또한 그들이 이전에 맛보았던 것보다 천국의 예배에 관해서 더 많은 것을 그들에게 가르쳐 주었다. 매 주일, 그녀의 부모와 오빠는 자신들의 딸과 여동생이 이제 천국에서 직접 보는 것을 믿음으로 엿볼 수 있도록 땅에서 성도들과 함께 모인다.

> 그러나 너희가 이른 곳은 시온산과 살아 계신 하나님의 도성인
> 하늘의 예루살렘과 천만 천사와
> 하늘에 기록된 장자들의 모임과
> 교회와 만민의 심판자이신 하나님과
> **및 온전하게 된 의인의 영들과**
> 새 언약의 중보자이신 예수와
> 및 아벨의 피보다 더 나은 것을 말하는 뿌린 피니라(히 12:22-24).

비록 그렇다 하더라도, 오소서, 주 예수시여.

기고자들

1. 편집자들

조나단 깁슨(Jonathan Gibson[케임브리지대학교, Ph.D.])은 영국의 국제장로교 교회(International Presbyterian Church[UK])에서 안수받았고, 웨스트민스터신학교에서 구약과 히브리어 조교수로 있다. 이전에 그는 영국 케임브리지장로교교회에서 부목사로 섬겼다. 그는 시드니의 무어신학대학교(Moore Theological College, Sydney)에서 신학을 공부했고, 그 후에 케임브리지 걸톤(Girton)대학교에서 히브리어 연구로 박사 학위를 받았다. 그는 『그분이 오셨고 그리고 그녀를 찾았던 하늘로부터: 역사적, 성경적, 신학적 그리고 목회적 관점에서 본 명확한 속죄』(*From Heaven He Came and Sought Her: Definite Atonement in Historical, Biblical, Theological, and Pastoral Perspective*[Crossway, 2013])의 기고자이며, 데이비드 깁슨과 함께 공동 편집자이다.

또한, 성서 문학 저널(*Journal of Biblical Literature*, *Tyndale Bulletin*)인 「테멜리오스」(*Themelios*)의 역사적이고 성경적 기사들의 저자이며, 『NIV 선포 성경』(*NIV Proclamation Bible*)에서 오바댜서의 저자이기도 하다. 그의 박사 학위 논문은 『언약의 연속성과 충실성: 말라기서의 성경 내적 암시와 주해 연구』(*Covenant Continuity and Fidelity: A Study of Inner-Biblical Allusion and Exegesis in Malachi*[Bloomsbury, 2016])로 발간되었다. 그는 재클린과 결혼했고, 자녀로는 벤저민과 레일라가 있다.

마크 언지(Mark Earnegy[옥스퍼드대학교의 철학 박사 수료자])는 호주 성공회의 시드니 교구(Anglican Church of Australia[Diocese of Sydney])에서 안수를 받고, 현재는 옥스퍼드대학교의 위클리프 홀(Wycliffe Hall, University of Oxford)에서 역사신학 박사 과정 중이다. 그의 논문 "존 포네 감독(1516-1556)의 삶과 신학에 대한 새로운 조명"(New Light on the life and Theology of Bishop John Ponet[1516-1556])은 초기 영국 종교개혁 신학자 중, 주도적이었지만 매우 주목받지 못한 한 사람과 관련된 중요하고 새로운 사본의 증거를 가져오는 것을 목표로 한다.

이전에 그는 시드니 퉁가비성공회교회(Toongabie Anglican Church, Sydney)에서 협력목사로 섬겼다. 그는 시드니의 무어신학대학교(Moore Theological College, Sydney)에서 연구했고, 옥스퍼드대학교에서 교회사로 석사 학위를 끝마쳤다. 그는 타냐(Tanya)와 결혼했고, 그들은 그레이스(Grace), 시므온(Simeon) 그리고 소피아(Sophia)라는 세 자녀가 있다.

2. 영어 현대화

밀스 커버데일(Miles Coverdale), 『덴마크 교회의 예전』(Order of the Church in Denmark, 1548)

토마스 크랜머(Thomas Cranmer), 『공동 기도서』(Book of Common Prayer, 1549)

토마스 크랜머, 『공동 기도서』(Book of common Prayer, 1552)

토마스 크랜머, 『본기도』(Collects, 1552)

존 녹스(John Knox) 『주의 만찬의 관례』(Practice of the Lord's Supper, 1550)

존 녹스, 『기도의 형식』(Form of Prayers, 1556)

존 녹스, 『교회 규범서』(Book of Church Order, 1564)

영국 청교도(English Puritans) 『미들버그 예전』(Middelburg Liturgy, 1586)

3. 독일어와 네덜란드어 번역가

마티아스 맹골드(Mathias Mangold[루벤신학교 철학 박사 후보자])는 처음에 스위스의 바젤에서, 이후에는 벨기에의 루벤(Leuven)에서 신학을 공부하고, 2013년에 신학과 종교학(Theology and Religious Studies)으로 석사 학위를 받았다. 그 이후 그는 루벤의 복음신학 학부(ETF[Evangelisch Theolgische Faculteit])에서 조기 근대 신학에 관한 박사 과정에 있다. 네덜란드의 신학자인 살로몬 반 틸(Salomon van Til[1643-1713])에 관한 그의 프로젝트는 ETF의 포스트 종교개혁 연구 기관(Institute of Post-Reformation Studies)과 관련이 있고, 그곳에서 그는 현재 역사신학에서 연구 조교로서, 또한 역사신학의 열린 대학(Open University) 프로그램의 코디네이터로서 일하고 있다. 국제 연구 단체인 "고전적 개혁주의신학"(Classic Reformed Theology)의 다른 회원과 함께, 그는 개혁주의 스콜라 철학에 대한 획기적 논문인 "신학 개요"(*Synopsis Purioris Theologiae*)의 새로운 이중 언어 편집본의 출판에 관계하고 있다.

4. 독일어 번역

마틴 루터(Martin Luther), 『독일어 미사』(*German Mass*, 1526)

요하네스 외콜람파드(Johannes Oecolampadius), 『예수 그리스도의 언약』(*The Testament of Jesus Christ*, 1523)

요하네스 외콜람파드, 『형식과 태도』(*Form and Manner*, 1526)

디볼트 슈바르츠(Diebold Schwarts), 『독일어 미사』(*German Mass*, 1524)

홀드리히 츠빙글리(Huldrych Zwingli), 『만찬의 행위 혹은 관습』(*Act or Custom of the Supper*, 1525)

홀드리히 츠빙글리, 『기도의 형식』(*Form of Prayer*, 1525)

하인리히 불링거(Heinrich Bullinger), 『기독교 규범과 관습』(*Christian Order and Custom*, 1535)

마틴 부처(Matin Bucer), 『교회 관례들』(*Church Practices*, 1539)

차카리아스 우리시누스(Zacharias Ursinus), et al., 『팔츠 교회 규범』(*Palatinate Church Order*, 1563)

5. 네덜란드어 번역

마틴 미크로니우스(Martin Micronius), 『기독교 조례들』(*Christian Ordinances*, 1554)

피터 다테누스(Peter Dathenus), 『다윗의 시편』(*Psalms of David*, 1567)

6. 프랑스어 번역가

버나드 오베르(Bernard Aubert[웨스트민스터신학교 Ph.D.])는 필라델피아의 웨스트민스터신학교와 자카르타의 국제개혁주의복음주의신학대학에 기반을 둔 국제 저널인 『그리스도와의 연합』(*Unio cum Christo*)의 관리 편집자이다. 그리고 캐나다 몬트리올 개혁신학의 파렐 학부(Farel Faculté de Théolgie Réformée, Montréal Canada)에서 신약 연구의 방문 교수이다. 그는 액상 프로방스의 존 칼빈 학부(Faculté de Jean Calvin, Aix-en Provence)에서 신학을 공부했고, 필라델피아의 웨스트민스터신학교에서 해석학과 신약으로 박사 학위를 취득했다.

그는 『밀레도(행 20:17-38)의 담론에서 그 역사적 배경에 반하는 목자-양떼 주제』(*The Shepherd-Flock Motif in the Miletus Discours(Acts 20:17-38) against Its Historical Background*[Peter Lang, 2009])의 저자이고, 『당신의 말씀은 여전히 진리입니다: 종교개혁부터 오늘날까지의 성경 교리에 관한 핵심 저술들』(*Thy Word is Still Truth: Essential Writings on the Doctrine of Scripture from the Reformation to Today*[P&R, 2013])의 기고자이다. 그는 아네트(Annette)와 결혼하여 슬하에 파스칼(Paschal)이란 아들 하나를 두었다.

7. 프랑스어 번역

기욤 파렐(Buillaume Farel), 『태도와 방식』(*The Manner and Way*, 1533)

존 칼빈(John Calvin), 『교회 기도의 형식』(*Form of Ecclesiastical Prayers*, 1545, 1542, 1566)

8. 라틴어 번역가

마이켈 헌터(Michael Hunter[MSt, Oxford])는 신학대학원생으로 필라델피아 웨스트민스터신학교에서 조교로 일하고 있다. 그는 학부생으로서 웨이크 포리스트대학(Wake Forest University)에서 헬라어와 철학을 공부했고, 2015년 옥스퍼드대학교에서 헬라어와 라틴어 그리고 헬라와 라틴 문학 전공으로 석사 학위를 받았다.

9. 라틴어 번역

마틴 루터(Martin Luther), 『독일어 미사』(*German Mass*, 1523)

루드비히 라바터(Ludwig Lavater), 『의식과 규정에 관한 단문』(*Short Work on Rites and Regulations*, 1559)

요한 부겐하겐과 피터 팔라디우스(Johann Bugenhagen and Peter Palladius), 『덴마크교회 규범』(*Danish Church Order*, 1537)

존 아 라스코(John à Lasco), 『형식과 방식』(*Form and Method*, 1555)

10. 음악가

조셉 와고너(Joseph Waggoner[밥 존즈대학교의 음악 학사])는 펜실베이니아주의 필라델피아 제10장로교회(Tenth Presbyterian Church)의 음악 교육 감독이다. 그는 펜실베이니아주의 하트필드 홈 스쿨 찬양대(a home school choir in Hartfield)인 쏠라 그라시아 뮤지션(Sola Gratia Musicians)들을 위한 주빌레이트 찬양대(Jubilate Choir)와 고등학교 고급 앙상블(High School Advanced Ensembles)을 지휘하고 있다.

스즈키의 성악 교사로서, 그는 모라비아대학교의 공동체 음악 프로그램(Community Music Program for Moravian College)에서 가르치고, 개인 스튜디오를 소유하고 있으며, 펜실베이니아 글렌사이드의 갈보리정통장로교회(Calvary Orthodox Presbyterian Church in Glenside) 음악위원회의 위원장이기도 하다. 조셉은 능숙한 성악의 재능으로 교회 음악 학사 학위를 취득했다.

그는 스티븐스 포인트에 있는 위스콘신대학교(University of Hartford, Stevens Point)에서 메리 호퍼(Mary Hofer)에게서 그리고 하트포드대학교의 하트음악학교(Hartt School of Music at the University of Hartford)에서 성악 공부를 계속해 왔다. 그는 또한 웨스트민스터찬양대학(Westminster Choir College)과 웨스트 체스터대학교(West Chester University)에서 평생교육을 끝마쳤다. 그는 부인인 레베카(Rebekah)와 그들의 세 자녀인 캐서린(Katherine), 디도(Titus) 그리고 미가(Micah)와 함께 펜실베이니아 와인코트(Wyncote)에서 살고 있다.

11. 표기

마틴 루터, 『독일어 미사』(*German Mass*, 1526)

규약(Conventions)

1. 대문자 사용에 관한 규약

대문자 사용에 관해서, 신성한 대명사는 대문자를 사용하지 않았지만, 말씀(Word[Scripture])과 성례전(Sacrament[Lord's Supper/Communion/Eucharist, Mass])은 공 예배에 대한 그들을 중요성을 보여 주기 위해서 대문자를 사용했다. 종교개혁이 진행되는 동안과 그 이후 예배에서의 중요성을 반영하기 위해서 십계명(the Decalogue/The Commandments), 주기도문(the Lord's Prayer), 신경(the Creed/Confession of Faith[Apostle's or Nicene])과 같이 다른 중요한 예전 용어를 대문자로 사용했다.

또한, 아침 기도(Matins/Morning Prayer)와 저녁 기도(Vespers/Evensong/Evening Prayer)와 같은 다양한 성무일과에 대해서도 대문자 사용을 유지했다. 공 예배를 포함하여 공 예배의 모든 다른 "순서"에 대해서 소문자를 유지했다. 예배 순서들(elements)의 정의는 예전 용어의 용어 사전에 포함되어 있다.

보편적 교회(universal Church)에 대해 대문자 '교회'(Church)를 사용했고, 어떠한 지역 교회, 혹은 신학적 교회의 묘사(예를 들어 루터파, 취리히, 제네바, 로마가톨릭), 혹은 지역 교회의 묘사는 소문자 '교회'(church)를 사용했다. 종교개혁(Reformation)은 16세기 유럽에서 일어났던 역사적인 사건을 표시하지만, 반면에 개혁(reformation)은 보다 일반적인 개념으로 사용된다. 대문자 복음서(Gospel)는 성경에 있는 네 개의 복음서 중 하나를 나타내지만, 소문자 복음(gospel)은 구원이라는 좋은 소식의 메시지를 의미한다.

다른 교회학적 용어들(예를 들어 대주교, 감독, 사제, 사역자[minister], 목사[pastor], 집사[deacon], 교회 서기[clerk], 봉사자[servants], 교황권[papacy], 적그리스도[antichrist]) 등등은 대문자를 사용하지 않았다. 결정이 어느 정도 임의적이긴 하지만, 대문자의 사용 원칙은 본서의 종교개혁 초점과 일치하기를 바란다.

2. 이름에 관한 규약

장소에 대해서는 현대 영어 이름을 사용하려고 시도했지만, 16세기 지역사회를 더 잘 반영하고 영어 독자가 방해받지 않는 곳에서만 가능한 한 원래 철자를 유지하는 것을 목표로 했다(예를 들어 스트라스부르를 Strasbourg가 아니라, Strassburg로, 취리히를 Zurich가 아니라, Zürich로, 미들버그를 Middelburgh 혹은 Middleburgh가 아니라, Middelburg로 그로스민스터를 Großmünster가 아니라 Grossmünster로). 더욱 관례적 형식을 가지고 있는 주요한 인물들의 경우를 제외하고(예를 들어 마틴 루터[Martin Luther], 마틴 부처[Martin Bucer], 존 칼빈[John Calvin], 피터 다테누스[Peter Dathenus]), 개인들의 이름은 그들의 모국어에 따랐다.

다른 개인들은 라틴화한 이름이나 그들의 출생지로부터 온 헬라화한 이름을 채택했고, 그것을 영어권 학문 안에서 일반적으로 받아들여지는 형식에 비추어서 제공했다(예를 들어 Johann Hussgen 대신에 Johannes Oecolampadius로, Zaxharias Baer대신에 Zacharias Ursinus로 그리고 Jan Laski 혹은 Johannes à Lasco 대신에 John à Lasco로).

몇몇 유럽 대륙의 예전들(루터의 『독일어 미사』[German Mass], 칼빈의 『교회 기도의 형식』(Form of Ecclesistical Prayer), 녹스의 『기도의 형식』(Form of Prayer)과 『공동 규범서』[Book of Common Order], 우르시누스와 그 외(Ursisus et al.'s)의 『팔츠 교회 규범』[Palatine Church Order], 다테누스의 『다윗의 시편』[Psalms of David], 그리고 영국 청교도의 『미들버그 예전』[Middleburg Liturgy])에는 "터키족"들에게 받았던 반대와 박해에 관한 기도들이 있다. 이것은 근대 초기 유럽에 있었던 오스만 전쟁(Ottoman war), 또는 터키 전쟁(Turkish Wars)에 대한 역사적 언급이며, 원래 명칭을 유지했다.

3. 예전 제목에 관한 규약

본서에서는 세 가지 예전 제목이 사용되었다. 출처의 텍스트와 함께 **원어로 된 완전한 제목**(*The Full Title in the original language*)은 참고 서적에서 찾을 수 있다. **영어로 된 완전한 제목**(*The Full English Title*)은 예전 자체의 제목을 위해서 사용된다. 각 예전의 **축약된 제목**(*Abbreviated title*)은 목차 표(Table of Contents) 장의 제목 페이지 그리고 주 텍스트에 사용된다. 뒷면의 완전한 영어 제목과 축약된 영어 제목은 독자들이 적응하는 데 도움을 줄 것이다.

완전한 영어 제목과 축약된 영어 제목표

저자(Author)	날짜	완전한 제목(Full Title)	축약된 제목(Abbreviated Title)
마틴 루터 (Martin Luther)	1523	『비텐베르크 교회를 위한 미사와 성찬의 형식』 (Form of the Mass and Communion for the Church at Wittenberg)	『미사의 형식』 (Form of the Mass)
	1526	『비텐베르크에서 채택된 독일어 미사와 하나님의 예배의 예전』(German Mass and Order of God's Service: Adopted in Wittenberg)	『독일어 미사』 (German Mass)
요하네스 외콜람파드 (Johannes Oecolampadius)	1523	『이전에 미사라고 불렸고, 요하네스 아델른 베르크의 설교자인 외콜람파드가 모든 복음주의자의 유익을 위해 독일어로 번역한, 예수 그리스도의 언약』 (The Testament of Jesus Christ Which has Previously been Called Mass, translated into German by Johannes Occalmpadius Preacher in Adelnburg, for the Benefits of All Evangelicals)	『예수 그리스도의 언약』 (The Testament of Jesus Christ)
	1526	『바젤에서 사용되고 지키는 것과 같은 주의 만찬, 유아 세례 그리고 환우 심방에 대한 형식과 태도』 (Form and Manner of the Lord's Supper, Infant Baptism, and the Visitation of the Sick as They are Used and Held in Basel)	『형식과 태도』 (Form and Manner)
디볼트 슈바르츠 (Diebold Sxhwarz)	1524	『독일어 미사』(German Mass)	『독일어 미사』 (German mass)
훌드리히 츠빙글리 (Huldrich Zwingli)	1525	『1525년 취리히에서 부활절에 시작될 것과 같은 주의 만찬, 그리스도에 대한 감사의 기념의 행위 혹은 관례』 (Act or Custom of the Supper, Remembrance of Thanksgiving of Christ, as Will Be Initiated in Zürich as Easter in the year 1525)	『만찬의 행위 혹은 관례』(Act or Custom of the Supper)
	1525	『취리히에서 현재 설교의 시작 시 사용되고 있는, 바울의 디모데전서 2장의 가르침에 따른 기도의 형식』 (A Form of Prayer According to Paul's Teaching in 1 Tim 2, Which is now Used in Zürich at the beginning of the Sermon)	『기도의 형식』 (Form of Prayer)
기욤 파렐 (Guillaume Farel)	1533	『하나님이 은혜로 찾아오신 곳에서 준수되는 태도와 방식: 프랑스 개혁교회의 첫 번째 예전』 (The Manner and Way Observed in the Places That God Has Visited By His Grace: First Liturgy of the Reformed Church of France)	『태도와 방식』
하인리히 불링거 (Heinrich Bullinger)	1535	『취리히 교회의 기독교 규범과 관례』 (Christian Order and Custom of the Church in Zürich)	『기독교 규범과 관례』(Christian Order and Custom)

저자(Author)	날짜	완전한 제목(Full Title)	축약된 제목 (Abbreviated Title)
루드비히 라바터 (Ludwig Lavater)	1559	『취리히 교회의 의식과 규정에 관한 단문』 (A Short Work on the Rites and Regulations of the Zürich Church)	『의식과 규정에 관한 단문』 (A Short Work on the Rites and Regulations)
요한 부겐하겐 과 피터 팔라디우스 (Johann Begenhagen and Peter Paladius)	1537	『덴마크와 노르웨이 왕국 그리고 슐레스비그, 홀슈타인 공국의 교회 조례』 (Ecclesiastical Ordinance of the Kingdom of Denmark and Norway, and the Duchies of Schleswig, Holstein, etc.)	『덴마크 교회 예전』 (Danish Church Order)
밀스 카버데일 (Miles Coverdale)	1548	『덴마크와 많은 다른 장소, 나라, 독일의 도시에 있는 그리스도의 교회와 회중이 주의 성만찬뿐만 아니라, 송축받을 세례 성례전과 거룩한 결혼식에서 사용하는 규범』 (The Order That the Church and Congregation of Christ in Denmark and in Many Places, Countries and Cities in Germany Do Use, Not Only at the Holy Supper of the Lord, but Also at the Ministration of the Blessed Sacrament of Baptism and Holy Wedlock)	『덴마크의 교회 규범』 (Order of the Church in Denmark)
마틴 부처 (Martin Bucer)	1539	『모든 교회 관례와 함께하는 시편 찬송가』 (Psalter with All Church Practice)	『교회 관례들』 (Church Practices)
존 칼빈 (John Calvin)	1545 1542 1566	『교회 기도와 노래들의 형식』 (The Form of Ecclesiastical Prayers and Songs)	『교회 기도의 형식』 (Form of Ecclesiastical Prayers)
토마스 크랜머 (Thomas Cranmer)	1549	『공동 기도와 성례전과 교회의 다른 의식과 격식에 대한 책: 영국 국교회의 사용 후』 (The Book of Common Prayer and the Sacraments and Other Rites and Ceremonies of the Church: After the Use of the Church of England)	『공동 기도서』 (Book of Common Prayer, 1549)
	1552	『영국 국교회의 공동 기도와 성례전과 교회의 다른 의식과 격식에 대한 책』 (The Book of Common Prayer and the Sacraments and Other Rites and Ceremonies in the Church of England)	『공동 기도서』 (Book of Common Prayer, 1552)
	1552	『주의 만찬과 성만찬의 기념에 사용될 본기도들』 (The Collects to Be Used at the Celebration of the Lord's Supper and Holy Communion)	『본기도』 (Collects, 1552)

저자(Author)	날짜	완전한 제목(Full Title)	축약된 제목 (Abbreviated Title)
존 아 라스코 (John à Lasco)	1555	『이방인 교회, 특별히 가장 경건한 영국 왕 에드워드 6세가 영국 런던에 설립한 네덜란드 교회의 교회 사역에 대한 완전한 형식과 방법: 주후 1550년 폐하께서 책의 끝 부분에 추가한 특권과 함께』 (The Complete Form and Method of Ecclesiastical Ministry, in the Strangers' Church, Especially in the Dutch Church: Established in London, England, by the Most Pious Prince of England, etc, King Edward VI: In the Year after Christ was born 1550. with the Privilege of His Majesty Added to the End of the Book)	『형식과 방법』 (Form and Method)
마틴 미크로니우스 (Martin Micronius)	1554	『1550년 영국 런던에 그리스도인 왕, 에드워드 6세가 설립한 네덜란드 교회의 기독교 조례』 (The Christian Ordinances of the Dutch Church of Christ Which Was Established in the Year 1550 in London by the Christian Prince, King Edward VI)	『기독교 조례』 (Christian Ordinances)
존 녹스 (John Knox)	1550	『버윅 어폰 트위드 교회의 회중에 대한 설교자 존 녹스에 의해 그 교회에서 사용되었던 주의 만찬의 관례』 (The Practice of the Lord's Super Used in Berwick-Upon-Tweed by John Knox, Preacher to that Congregation in the Church There)	『주의 만찬의 관례』 (Practice of the Lord's Supper)
	1556	『제네바의 영국인 교회에서 사용되었고, 고명하며, 경건하고, 박식한 존 칼빈에 의해 승인된 기도의 형식과 성례전에서 목사의 의무 등등』 (The Form of Prayer and Ministration of the Sacraments, etc., Used in the Efnglish Congregation at Geneva, and approves by the famous and Godly Learned Man, John Calvin)	『기도의 형식』
	1564	『제네바의 영국인 교회에서 사용되고, 스코틀랜드 교회에 의해 인정되고 승인된 기도의 형식과 성례전의 목사의 의무 등등』 (The Form of Prayer and Ministration of the Sacraments, etc., Used in the English Church at Geneva, Approved and Received by the Church of Scotland)	『공동 규범서』 (Book of Common Order)
마카리우스 우르시누스와 그 외 (Zacharius Ursinus, et al)	1563	『팔츠 교회 규범』 (Palatinate Church Order)	『팔츠 교회 규범』 (Palatinate Church Order)
피터 다테누스 (Peter Dathenus)	1567	『프랑스어로부터 네덜란드어로 번역된 다윗의 시편과 다른 찬송가들』 (Psalms of David and Other Hymns Translated from French into Dutch)	『다윗의 시편』 (Psalms of David)
미들버그의 영국 청교도들(The English Puritans of Middelburg)	1586	『하나님의 말씀과 개혁교회의 사용에 합당한 공동 기도, 성례전의 집행 등등의 형식에 관한 책』 (A Book of the Form of Common Prayers, Administration of the Sacraments, etc., Agreeable to God's Word and the Use of the Reformed Churches)	『미들버그 예전』 (Middelburg Liturgy)

라틴어 성가에 대한 제목

Agnus Dei	"하나님의 어린양"
Alleluia	"할렐루야"
Benedicamus Domino	"주님을 송축합시다"
Benedictus Dominus Deus Israel	"이스라엘의 하나님이신, 여호와께서 송축받으시기를"
Benedicitus Omnia Opera Domini Domino	"오 너희 하나님이 만드신 모든 것이여, 여호와를 송축하라"
Benedictus	"송축 받으실"
Cantate Domino	"오 여호와께 노래하라"
Deus Misereatur	"하나님이 자비를 베푸시기를"
Gloria in Exelsis et in Terra Pax	"지극히 높은 곳에는 영광, 그리고 땅에는 평화"
Grates Nunc Omnes	"이제 우리 모두 감사를 드립시다"
Haleluia	"할렐루야"
Jubilate Deo	"하나님께 기쁨으로 외쳐라"
Kyrie Eleison/Eleyson	"주여 자비를 베푸소서"
Mgnificat Anima Mea Dominium	"내 영혼이 주님을 찬양합니다"
Nunc Dimittis Seruum Tuum	"이제, 당신의 종이 평안히 떠나게 하십시오"
Pater Noster	"우리 아버지"
Sanctus	"거룩"
Sancti Spiritus	"성령님의"
Te Deum Laudamus	"하나님, 당신을 찬양합니다"
Veni Creator Spiritus	"오소서, 창조주 성령이시여"
Venite Exultemus	"오라, 기뻐하자"
Veni Sancte Spiritus	"오소서, 위대한 성령이시여"
Vicumae Paschall Lauder	"유월절의 희생자를 찬양하라"

라틴 용어에 대한 용어

Capitulum   장(Chapter)
Catechumenos   세례 예비자(Catechumen)
Communo   성찬(Communion)
Complenda   성찬 후(Post-Communion)
Deo Gratias   "하나님께 감사를"
Dominos vobiscum   "하나님이 여러분과 함께하십니다"
Homilia   설교
Introits   (성찬의) 시작
Ite Missa   "가십시오. 해산합니다"
Loci communes   일반적인 장소
Offertorium   봉헌(Offertory)
Oratio   기도
Oremus   "기도합시다"
Qulcumque Vult   원하는 사람 누구든지 (아타나시우스 신경의 시작 말씀)
Sursum Corda   "여러분의 마음을 드높이"
Votum   기도

예전 용어 사전

Absolution	복음을 통한 회개의 용서에 대한 목회적 선포(개신교), 사제의 권위를 통한 공식적 죄 사함(로마가톨릭)
Advent	성탄절 전 기간에 그리스도의 오심을 위한 준비 절기
Alb	일상 성직복의 길이의 흰 마로 된 의복, 『공동 기도서』(1552)에서는 성찬(Holy Communion) 기간 동안에는 사용이 금지됨
Almsgiving	가난한 자를 위한 헌금
Anamnesis	그리스도의 수난, 부활 그리고 승천을 기억하는 예전적 진술
Ante-Communion	말씀과 성례전이라는 완전한 예전으로부터 떼어 내어 단독으로 사용되는 말씀 예배
Antiphon	다른 그룹에 대한 응답으로 한 그룹에 의해서 불리는 절
Benediction/ Blessing	축도
Breviary	매일 성무일과를 포함한 책으로서 종교개혁자들의 교회에 의해서 개혁하거나 거부됨
Calendar	연간 예전 정보를 보여 주는 표(축제일, 낭독들, 본 기도들 등등)
Canon	(1) 표준 혹은 규칙 (2) 성찬으로 이어지는 로마가톨릭의 미사 섹션에 대해 지명된 이름
Canticle	노래 혹은 찬송가
Catechism	기독교 신앙의 핵심 교리를 배우기 위한 질문과 답들
Cauda	라틴어의 "꼬리"(영어, "coda"). 다성 가곡 음악의 선율 부분. 악곡의 끝에 발생한다
Chasuble	미사를 주재하는 성직자가 입는 소매 없는 겉옷
Collect	하나 혹은 몇 개의 목적을 가진 짧은 기도
Communion	주의 만찬, 성찬식
Complenda	미사에서 사용되었던 성찬 후 기도. 이 용어의 제사적 의미로 인해서 마틴 루터의 1523년 『미사의 형식』에서 거부됨
Compline	breviary에 있는 마지막 기도 일과. 크랜머가 Vespers와 이것을 합하여 저녁 기도 일과로 만듦
Confession	죄에 대한 회개의 기도

Confiteor	("나는 고백합니다")라는 고백의 기도를 소개함
Consecration	주의 만찬을 하는 동안 떡과 포도주를 따로 두거나 성화시키는 것
Cope	가슴 주위를 밴드나 걸쇠로 주인 망토 같은 의복. 『공동기도서』(1552)에서는 성찬을 하는 동안 사용이 금지됨
Creed	(1) 사도 신경 (2) 니케아 신경 (3) 아타나시우스 신경
Elements	(1) 주의 만찬에서 사용되는 떡과 포도주 (2)예배 순서의 단계
elevation of host/cup	미사/주의 만찬에서 떡 혹은 잔을 높이 듦
Epiclesis	떡과 포도주에 또는 어떤 경우에는 회중에 복을 주시도록 성령께 요청하는 성별 기도의 부분(예를 들어, 아라스코 와 다테누스)
Eucharist	주의 만찬, 성찬의 동의어(그리스어 εὐχαριστία[감사]로부터 유래)
Exercitation	연습, 종종 음조의
Exhortation	진지한 훈계
God's board	주의 만찬을 위해 사용되는 식탁
Gradual	성경(보통 시편으로부터)의 찬송가 혹은 성가 루터의 『미사의 형식』(1523)은 단지 두 절만 제안함
Homily	설교
Hours	시간의 예전은 성무일과서(Breviary)의 또 다른 이름이다
Introit(Introitus)	(성찬식의 기념에서) 들어가는 찬송
Lavabo	미사가 시작되기 전 손을 씻는 것
Lent	재의 수요일부터 부활절 철야까지의 40일간. 부활절 기념 준비를 위한 금식과 회개의 기간으로 지켜짐
Lesson	예배 중 성경의 낭독
Lord's Prayer	회중의 주기도문 낭송
Matins	아침 기도
Nocturns	성경이나 다른 교부들로부터 나온 성시들과 낭독들의 모음, 그리고 아침 기도 일부로 간주됨
Offertory	예배 중에 돈을 모음
Office	(1) 예배의 승인된 형식 (2) 성무일과서(breviary)의 매일 예배
Order	(1) 예배의 형식 (2) 예배의 형식 안에 있는 일반적인 연속 또한 의식이라고 불림
Ordinal	(1) 예배의 형식을 포함하는 종교개혁 이전의 책 (2) 집사와 사제의 안수를 위한 그리고 영국 국교회에서 감독의

	성별을 위한 예배 형식들
Pardon	absolution과 유사함: 죄의 사면에 대한 보증
Paten	성찬의 떡을 담을 때 사용하는 작은 접시
Post-Communion	(1) 사룸(Sarum) 의식에서 교송으로 불리는 성시의 부분 (2) 성찬 후에 사용되는 예전
Postil	성서정과 낭독의 연간 주기에 대한 설교 모음
Prayer for Illumination	성경 낭독이나 설교 전에 하는 기도
Preface	주의 만찬을 위한 Canon의 시작 혹은 예전의 중심 부분에 하는 기도. 일반적으로 **수르숨 코르다**(Sursum Corda)로 시작되고 삼성송(Sanctus)으로 끝난다
Quier	혹은 "Choir", 전통적으로 성직자와 찬양대(가수들)가 앉는 교회 구역 내의 건축 용어
Quinquagesima	부활절 전 일곱 번째 주일, 사순절 전 주일
Responsory	절과 후렴으로 이루어진 캔티클(Canticle) 혹은 성시로서 다른 그룹 사이에서 불림(예를 들어 선창자와 찬양대)
Rite	예배의 예전 혹은 형식의 또 다른 용어
Rochet	성직자의 흰 제의. 감독과 추기경들이 입는 중백의와 유사 영국 국교회(현대 성공회) 감독들이 쉬메르(chimere)와 함께 입음
Rubric	예전 책에서 기록된 예배의 진행을 위한 지시. 종종 '¶' 라는 상징으로 표시함
Secret	사제가 낮은 목소리로 하는 기도
Septuagesima	부활절 전 아홉 번째 주일, 사순절 전 셋째 주일
Sermon	(1) 성경에 근거하고 목회자에 의해서 전달되는 연설 (2) *parpro toto*의 방식에 의한 말씀 예전 전체
Sexagesima	부활절 전 여덟 번째 주일, 사순절 전 두 번째 주일
Surplice	때때로 발까지 닿는 긴 소매를 가진 마로 된 흰색 의복, cassock 위에 입음
Tunicle	부제가 입는 제의들(1549년 BCP의 "tunacles")
Vespers	저녁 기도
Vestment	목사 혹은 성가대 지휘자가 거룩한 예배 동안 입는 의복
Whitsunday	성령강림절의 축일
Words of Consecration	주의 만찬에서 떡과 포도주의 성별을 위해 사용되는 말들의 형식
Words of Institution	주의 만찬 성례전에 대한 그리스도의 제정(설립)을 이야기하는 말들의 형식

제1장

예배

하늘에서처럼 땅에서 드리는 예배

조나단 깁슨

예배는 도덕적 존재들—천사와 인간—이 창조주(Creator)이시고, 구세주(Redeemer)이시며, 완성자(Consummator)이신 하나님께 그분이 성부, 성자, 성령의 삼위로 계신 영원한 하나님이심과 그분이 창조와 구속에서 하셨던 것 그리고 앞으로 다가올 완성에서 하실 것에 대해 합당하고 적절하게 그리고 기쁘게 응답하는 것이다. 이제로부터 영원히 세세토록 찬송과 존귀를 받으실 분께, 아멘.

1. 시작하는 글

태초부터 하늘과 땅에는 계속 예배가 있었다. 태초에 하나님이 천지를 창조하셨을 때, 하나님은 하늘 전에서 그분을 소리 내어 찬양하도록 천사들을 만드셨다. 스랍들은 밤낮으로 하나님 앞을 날아다니며 "거룩하다 거룩하다 거룩하다 만군의 여호와여 그의 영광이 온 땅에 충만하도다"(사 6:3)라고 노래하고, 천사들은 그 앞에서 "거룩하다 거룩하다 거룩하다 주 하나님 곧 전능하신 이여 전에도 계셨고 이제도 계시고 장차 오실 이시라"(계 4:8) 라고 화답하며 날아다녔다. 그리고 이십사 장로들은 하나님 앞에 엎드려 자신들의 면류관을 보좌 앞에 드리며 경배했다.

> 우리 주 하나님이여 영광과 존귀와 권능을 받으시는 것이 합당하오니 주께서 만물을 지으신지라 만물이 주의 뜻대로 있었고 또 지으심을 받았나이다(계 4:11).

태초에 하나님이 천지를 창조하셨을 때, 하나님은 궁창을 만드시고, 거기에 해와 달과 별들을 두셔서 하늘 아래에 있는 모든 육지와 바다 도처에서 하나님을 소리 내어 찬양하도록 하셨다. 밤낮으로 하나님의 영광을 선포하는 하나님의 합창, 삼중주단 소리가 온 땅에 들렸다(시 19:1-4).

> 해와 달아 그를 찬양하며 밝은 별들아 다 그를 찬양할지어다(시 148:3).

태초에 하나님이 천지를 창조하셨을 때 하나님은 하나님의 형상을 따라 하나님의 모양대로 인간을 창조하셔서 하나님의 영광을 나타내고, 온 땅에서 하나님을 소리 내어 찬양하도록 하셨다. 해 돋는 데에서부터 해 지는 데에까지 여호와의 이름이 찬양을 받으시리로다(시 113:3).

> 만국의 족속들아 영광과 권능을 여호와께 돌릴지어다 여호와께 돌릴지어다
> 여호와의 이름에 합당한 영광을 그에게 돌릴지어다
> 예물을 들고 그의 궁정에 들어갈지어다
> 아름답고 거룩한 것으로 여호와께 예배할지어다
> 온 땅이여 그 앞에서 떨지어다(시 96:7-9).

2. 에덴동산의 예배

창조의 시작은 천사들에 의한, 창조된 순서에 의한 그리고 인류의 첫 번째 부부에 의한 하늘과 땅에서의 예배의 시작이었다. 그러나 역사 속에서 펼쳐지는 하나님의 계시에서, 첫 번째 분명한 예배의 부르심은 아담에게 주어졌다. 땅의 흙으로 창조하신 인간임에도, 하나님은 아담을 하나님의 형상에 따라 만들어진 하나님의 아들로서 에덴이라는 동산-성전에 두셔서 하나님의 선지자-제사장-왕으로서 일하게 하시고, 그곳을 지키도록 하셨다.

아담은 선지자로서 하나님의 세상에 하나님의 말씀을 선포해야 했고, 제사장으로서 그는 하나님의 거룩한 성소를 지키며 하나님이 만드신 세상에 하나님이 복 주시기를 중재해야만 했으며, 왕으로서 그는 하나님의 세상을 다스려야만 했다. 하나님의 아들로서—그리고 선지자, 제사장, 왕이라는 그의 구체적인 역할로서—아담은 하나님을 예배하라는 부르심을 그분의 말씀을 통해 받았다.

> 여호와 하나님이 그 사람에게 명하여 이르시되 동산 각종 나무 열매는 네가 임의로 먹되 선악을 알게 하는 나무의 열매는 먹지 말라 네가 먹는 날에는 반드시 죽으리라 하시니라(창 2:16-17).

그것은 하나님의 선하심과 위대하심을 흠모하고, 인정하라는 부르심이었다. 하나님의 선하심은 보기에 아름답고 먹기에 좋은 동산의 모든 나무의 열매를 먹으라는 초대하심에서 나타나셨고, 하나님의 위대하심은 선악을 알게 하는 나무—하나님 한 분만이 하나님이시며 사람은 하나님 외에 다른 신을 두어서는 안 된다는 표지—의 열매를 먹지 말라는 말씀에 나타나셨다. 요컨대, 그것은 하나님을 알고 영원히 하나님을 즐거워하라는 명령이었다.

예배에 대한 부르심은 아담과 그의 모든 후손에게 생명이 약속된 언약의 맥락에서 아담에게 임했으며, 그것은 그의 개인적이고 완전한 순종의 조건 위에 있었다(WCF 7.2 참조). 삶과 죽음이 걸린 약정 안에서 예배하라는 이 부르심은 아담을 동물계와 구별되게 했다. 그는 하나님의 영광 형상을 가진 자일 뿐 아니라, 천국에 연계된 **예배하는 인간**(*homo liturgicus*)으로서 유일한 존재였다.

하나님은 이 생명의 언약 안에서 예배로 부르심으로써 아담 안에서 믿음과 마음과 뜻과 힘을 다한 순종이라는 응답을 끌어내려고 하셨다. 이런 응답을 하는 아담에게 주시는 하나님의 보상은 생명 나무 아래서 하나님과 교제의 식사를 하는 것이었다. 아담에게 주어진 명령은 다른 나무의 열매를 마음껏 즐기고, 다만 하나님과 완전한 연합과 교제로 영생을 누릴 수 있으려면 한 나무만 먹지 말라는 것이었다. 이렇게 아담과 그의 모든 자손을 위해 하나의 예전이 정해졌고 이것은 지상에 있는 인간의 삶의 질서인, 부르심-응답-식사의 구조 속으로 고정되었다.

예배로의 부르심(하나님의 말씀을 통하여)
응답(믿음과 순종, 사랑과 헌신)
교제의 식사(하나님과 연합 그리고 하나님과 교제)

요약하건대, 에덴동산의 예배는 하나님의 말씀과 성례를 통한 하나님과의 가족적이고 언약적 교제였다.

3. 에덴동산의 우상 숭배

이 이례적인 예배로의 초대는 아담이 뱀—하나님이 지으신 것 중 가장 간교한—을 동산의 성전으로 들어오게 했을 때 곧 약화되었다. 뱀은 하와를 통하여 아담에게 대체 예배를 제공했다. 그는 하와(그리고 그녀를 통해서 아담)에게 하나님의 부르심을 저버리고 자신의 부름을 따르라고 요구했다. 즉, 선악을 알게 하는 나무의 열매를 먹고 하나님처럼 되라는 것이었다. 그것은 하나님을 향해서는 불신과 불순종으로, 하지만 마귀를 향해서 믿음과 순종으로 행하라는—창조주 대신 피조물에 절하고 경배하라는—유혹이었다. 하늘에서 하나님을 경배하는 직무를 버린—천사였던 루시퍼—그자가 땅에서 하나님을 경배하는 것을 망치려고 내려왔다.

아담은 경솔하고 사악한 반역으로 아내의 꾐을 따랐고, 금지된 나무의 열매를 먹으라는 뱀의 말에 복종했다. 그는 자신을 시험하는 금식을 유기하고, 하나님의 말씀에 불순종했으며, 뱀에게 절했다. 악과 오류는 항상 선과 진리에 기생하기 때문에 뱀에 대한 경배는 하나님께 대한 거짓된 예배가 되었다. 아담과 그의 모든 후손은 **예배하는 인간**(*homo liturgicus*)으로 여전히 동일한 상태에 있다.

인간을 위한 예배의 구조는 여전히 동일하다. 즉, 부르심-응답-식사이다. 그러나 예배의 대상이 바뀌었다. 사람들의 마음속에서 하나님은 폐위되시고, 마귀가 왕좌에 앉혀졌다. 피조물을 예배하는 것이 창조주에 대한 예배를 대체했다. 대체 예배—우상 숭배—가 세상에 도입되었고, 그것은 모든 아담의 후손들에게 예배의 성향으로 남을 것이다.

4. 제물을 통한 예배

하지만 하나님은 그의 피조물인 천사와 인간으로부터 마땅히 받으셔야 할 옳고 합당하고 기쁜 경배를 포기하기에는 너무나 위대하시고 선하시고 영광스러우시다. 그래서 하나님은 하늘에서 하나님을 찬양하는 헌신적이고 신실한 천사들의 찬양대를 보존하기 위해서 사악한 루시퍼를 제거하셨다(눅 10:18 참조).

하나님은 땅에서 인간과 또 다른 언약—은혜 언약—을 체결하셨다. 창 3:15에서 하나님은 앞으로 오실 다른 아들이 뱀을 궤멸시킬 것과 태초에 하나님이 처음으로 아담을 부르셨던 그 예배를 회복하시고 온전하게 하실 것을 암묵적으로 약속하셨다. 은혜 언약은 그 안에서 하나님이 여자의 후손 중 택하신 백성과 관계하시는 맥락이 되었다. 이 새롭고 은혜로운 합의 속에서 하나님이 처음으로 행하신 것은 아담과 하와에게 가죽으로 만든 옷을 입히신 것인데, 이것은 한 동물이 죽임을 당했다는 것을 암시했다.

범죄한 부부 대신에 무고한 희생물이 죽어야만 했고, 그럼으로써 그들은 비록 일시적이긴 하지만, 하나님 앞에 머물 수 있었다. 거룩하신 하나님의 면전에 있기 위한 전제 조건으로서, 제물의 개념은 기간과 관계없이 선택된 자손의 모든 미래의 예배에 필수적 방도가 되었다. 참으로 하나님의 백성들에게 하나님 앞에서 살고, 하나님을 경배하며, 하나님과의 영원한 교제를 회복시키기 위해서 미래에 여자의 아들이 하나님의 심판의 불 칼—사실상 죽음과 부활을 경험하는 것—을 견뎌야만 하는 것이었다. 그것은 여자의 후손들이 하나님 앞으로 돌아갈 수 있도록 이끌어서 그들이 생명나무의 열매를 먹을 수 있게 하기 위한 것이었다.

하지만 약속된 아들을 통한 영원한 합의가 실현되기까지는 동물을 제물로 바치는 것은 은혜 언약에서 예배의 필수적 부분이 되었다. 하와의 후손들이 셋을 낳은 후 "여호와의 이름을 불렀더라"(창 4:26)라고 언급하는 것은 에덴의 동쪽에서 예배의 새로운 시대가 시작되고 있음을 보여 주었다. 구속사가 펼쳐지면서 선택된 자손들의 삶에 있어서 제물은 중요한 역할을 담당했다. 노아, 아브라함, 이삭 그리고 야곱은 하나님의 부르심(말씀)에 믿음과 순종으로 응답했고, 하나님께 제사를 드렸다.

이 새로운 은혜의 경륜 아래서 하나님께 드리는 예배에서 차지하는 제물의 중요성은 또한 하나님 나라의 대표적 아들인 이스라엘의 삶에서도 볼 수 있다. 거기에서는 제사의 체계가 그들의 종교적 관례에 기본이 되었다. 실제로 출애굽의 목적과 시내산 성막 건축은 하나님의 아들이라는 희생적 예배의 관점에서 묘사된다. 이집트에서 하나님은 바로에게 그분의 백성을 보내서, 그들이 하나님을 '섬기게'(출 3:12; 4:23; 10:7-11) 하고, 하나님께 "제사를 드리게"(출 3:18; 5:1) 하라고 명령하신다.

지성소에서 제사로 드리는 예배는 하나님의 왕(대표적인)손인 솔로몬 왕 시대에 절정에 이른다. 솔로몬은 시온산에 세운 성전을 위한 '봉헌 예배'에서 셀 수 없이 많은 양과 소를 바치며(대하 5:6 참조), 지성소에서 이스라엘을 예배로 이끌었다.

5. 에덴동산, 시내산, 시온의 예배

그런 후에 구약은 하나님의 자녀가 예배로 부르심을 받는 세 개의 "산 정상들"을 보여 준다. 즉, 에덴동산의 아담, 시내산의 이스라엘 백성, 시온산의 솔로몬이다. 각각의 예배 환경에서 예배 순서는 유기적으로 발전했다. 예를 들면, 이집트의 노예 생활로부터 구원받고 구출된 후에 이스라엘이 시내산에 모였을 때 하나의 예전이 형성되었다. 그 예전은 이후 이스라엘 예배의 기본적 패턴이 되었다.

그 예전은 부르심-응답-식사라는 에덴 예배의 구조를 반영했다. 이제야 그것은 제물을 통한 성결과 선지자-제사장이 중재하는 접근을 필수적 요소로 포함했다. 출애굽기 19-24장은 이스라엘의 예배에 대해서 다음과 같은 패턴을 나타낸다.

모임(시내산에, 19:1-3a)
부르심(하나님의 말씀으로, 19:3b-9)
성결(제물을 통한, 19:10-15)
중재자를 통한 접근(지명된 선지자-제사장을 통한, 19:16-25)
하나님의 전언 (십계명과 언약 법규, 20:1-24:2)
성별(순종의 약속. 24:3)
제사(번제와 화목제, 24:4-5)
신성한 교제(언약서, 24:7)
성결(번제물과 화목제물의 피가 뿌려짐, 24:6, 8)
하나님의 임재에 중재자를 통해서 접근함(24:9-10)

교제의 식사(하나님과 함께, 24:11)

하나님이 아담과 하와에게 동물의 가죽으로 지은 옷을 입혔을 때 암시되었던 것—하나님께 예배드릴 때 제물이 필수적이라는 것—이 이제 시내산에서는 분명해졌다. 그러나 선지자와 제사장의 중재라는 새로운 요소 역시 도입되었다. 이스라엘이 시내산에서 하나님의 목소리를 들었을 때, 그들은 두려움에 떨면서 자신들이 죽지 않도록 모세에게 중재를 요청했다(출 20:18-19). 따라서 은혜 언약 안에서 선지자와 제사장의 중재가 예배의 핵심 요소로 확립되었다(신 5:5 참조).

역대하 3-7장에 솔로몬이 성전 봉헌을 위해서 이스라엘을 모았을 때, 출애굽기 19-24장에 유사한 패턴이 보인다. 또다시 제물과 선지자-제사장의 중재라는 핵심 요소가 나타난다.

모임(시온산에, 5:2-3)
성결(제물을 통해, 5:4-6)
중재자를 통한 접근(제사장들을 통해서, 5:7-10)
찬송(노래와 음악과 함께, 5:11-13)
하나님의 영광이 성전을 가득 채움(5:14)
하나님의 전언(솔로몬을 통한 하나님의 말씀, 6:1-11)
중보 기도(솔로몬에 의한, 6:12-42)
불과 영광(하늘로부터, 7:1-2)
찬양(엎드리고 감사드림, 7:3)
성결/성별(제사를 통한, 7:4-7)
식사(축일, 7:8-10)
축도와 해산(7:9-10)

이것은 시내산에서 하나님 나라의 (대표적인) 아들 이스라엘과 다음으로 시온산에서 하나님의 왕(대표적인)손인 솔로몬을 들어 구약의 '예배'가 유기적으로 발전되었음을 보여 준다. 은혜가 자연 그리고 그와 더불어 예배를 회복한 이후, 부르심-응답-식사라는 에덴의 일반적 예배의 구조가 보존되었다. 그렇기는 하지만 죄 때문에 은혜 언약 안에 있는 하나님이 구속하신 백성의 예배에 새롭고 필수적 요소들이 추가되었다.

즉, 모임, 성결, 중재자를 통한 접근, 하나님의 전언, 성결/성별이라는 요소이다. 각각의 경우에 새로운 요소들은 행위 언약 아래에 있는 죄의 영향을 차단했다. 모임은 동산-성전으로부터 추방되었을 때 일어났던 '흩어짐'을 막았다. 말씀을 듣기 전과 후에 제사로 성결하게 됨은 죄의 오점을 떨쳐 내었다. 에덴의 동쪽에 두루 도는 불 칼을 가진 그룹들에서 그리고 성막과 성전에 있는 입장이 제한된 지성소의 벽에 새겨진 그룹의 형상에서 볼 수 있는 하나님의 임재에 대한 제한된 접근은 중재자를 통한 접근으로 대응했다.

하나님의 전언은 우상 숭배에 대한 대응을 그리고 성결/성별은 이스라엘이 불신과 불순종으로 하나님을 저버렸던 것을 상쇄시켰다. 이런 요소는 구약의 은혜 언약 안에 있는 회복된 예배의 필수적 부분으로 남았다.

6. 아담, 이스라엘 그리고 솔로몬-우상 숭배에 빠진 자손들

아담과 함께 시작되고 실패했던 예배는, 적어도 부분적으로 실현되었다는 의미로 볼 때, 이스라엘과 솔로몬에서 회복되었다. 이스라엘과 솔로몬의 예배는 비록 여러모로 불완전했지만, 은혜 언약이라는 자비로운 계약 안에서 한 그들의 응답이었기 때문에 하나님이 받아들일 만한 것이었다.

하지만 원래 에덴에서 의도되고 이스라엘과 솔로몬에 의해 회복된 것과 같은 하나님께 드리는 예배는, 백성(대표적인)들 혹은 왕(대표적인)손들 속에서 결코 완전하게 실현된 적은 없었다. 아담처럼, 이스라엘과 솔로몬도 하나님께 드리는 온전한 예배의 실현에는 완벽히 실패했다. 이스라엘은 시내산에서 하나님을 경배하고, 섬기기 위해서 자신들을 성별하자마자, 곧 우상 숭배를 범하면서 첫 번째와 두 번째의 계명을 어겼다.

그리고 하나님은 모세의 중보로 그들과의 언약을 자비롭게 갱신하고, 이방인과의 통혼의 결과로서 그들이 장래에 우상 숭배할 위험성을 경고했음에서 불구하고, 그들은 약속의 땅으로 가는 행로에서 또다시 우상 숭배

빠져 버렸다. 그들은 브올에서 모압의 딸들과 음행했고, 그녀들의 신들에게 제사를 지냈다. 하나님의 아들인 이스라엘이 시내산에서 하나님(창조주-구세주[Redeemer])께 드리는 예배를 금송아지(피조물-가짜 대속자[redeemer]) 숭배와 맞바꾸었다. 하나님의 아들인 이스라엘은 여자로 말미암아 브올에서 우상 숭배로 끌려들어 갔다(아담의 **부활**[Adam *redivivus*]).

이스라엘이 약속의 땅에 정착한 후, 영원하고 완전한 예배를 실현할 가능성이 통일 이스라엘의 초기에 보이기 시작했다. 다윗왕은 하나님이 거하실 성전 건축에 대한 소망을 두고 예배 프로젝트를 착수했다. 비록 하나님이 그 소망을 거부하셨지만, 그런데도 다윗은 자신의 통치 기간이 거의 끝날 무렵에 성전 건축을 위한 준비를 시작했다. 그는 여부스 사람 오르난에게서 모리아산에 있는 타작마당을 사고, 거기서 하나님께 제사를 드렸다.

하늘로부터 불이 내려와서 그의 제물을 다 태운 후, 다윗은 그곳을 향하여 "이는 여호와 하나님의 성전이요 이는 이스라엘의 번제단이라"(대상 22:1)고 했다. 그러나 그 비전은 다윗의 시대에는 결코, 실현되지 않았다. 오히려 다윗이 시작했던 성전 건축 프로젝트를 완성할 사람은 솔로몬이었다. 다윗 왕좌와 언약의 상속자로서 솔로몬은 하나님이 다윗에게 "나는 그에게 아버지가 되고 그는 내게 아들이 되리니"(삼하 7:14)라고 말씀하셨던 사람이었다.

하나님의 왕(대표적)손으로서, 솔로몬은 하나님의 백성(대표적인) 이스라엘을 다스릴 지혜를 구했다. 아담이 우매했던 그 지점에서, 솔로몬은 지혜롭게 되기를 기도했다. 하나님은 솔로몬의 기도에 자비롭게 응답하셨고, 지혜의 복을 주셨다. 솔로몬은 예루살렘의 성벽과 자신의 궁전을 재건했을 뿐만 아니라, 모리아산에 여호와의 성전 건축도 시작했는데, 그곳은 전에 여호와께서 그의 아버지 다윗에게 나타나신 타작마당이었다(대하 3:1).

솔로몬의 성전 "봉헌 예배"는 시온산에서 드린 이스라엘 예배 중 가장 중요한 부분이다. 에덴에서 드러나고 시내산에서 유형화되었던 예배는 시온에서 실현되기 시작했다. 그런데도 시온에서 하나님께 드리는 예배는 얼마 가지 않아서 하나님의 왕손인 솔로몬 자신에 의해서 변질되었다. 하나님이 은혜의 선물인 지혜를 주셨음에도 불구하고, 솔로몬은 여자들의 영향으로 말미암아 우상 숭배라는 어리석음으로 끌려들어 갔다.

솔로몬의 우상 숭배는 각각 모압과 암몬의 신인 그모스와 몰렉을 위해서 그가 건축한 산당에서 극에 달한 것을 보여 준다. 그가 예루살렘 동쪽에 건축한 것들은 에덴의 지리와 성전의 건축 양식을 고려할 때, 아주 중요한 의미가 있다(아담의 **부활**[Adam *redivivus*]).

7. 돌이킬 수 없는 우상 숭배

솔로몬의 통치 이후로 왕국은 분열되었을 뿐만 아니라 이스라엘과 유다로 분열된 나라들은 점점 더 깊어지고 돌이킬 수 없는 우상 숭배의 길로 빠져들기 시작했다. 이것은 그 두 나라를 모두 유배로 몰아넣었다. 이스라엘에서는 여로보암이 남쪽의 베델과 북쪽의 단에 대안적 예배 장소를 만들었을 때 우상 숭배가 시작되었다. 그는 두 장소에 각각 절할 금송아지를 놓아두었다.

그는 또한 새로운(경쟁적) 제사장을 통해서 제사를 지낼 수 있도록 벧엘과 단에 산당을 건축했다. 은혜가 풍성하신 하나님이 선지자들을 보내셔서 이스라엘을 그들의 악한 길에서 돌이키도록 명령하셨음에도 불구하고, 이스라엘은 들으려 하지 않았다. 마침내 하나님은 그들을 하나님 앞에서 쫓아내셨다(왕하 17:14-18).

르호보암의 통치 아래 있는 유다도 별반 나은 것이 없었다. 그들은 자신들의 우상 숭배로 하나님의 질투를 유발했다. 그들은 그 땅의 예배 가능한 모든 곳에 산당과 비석과 아세라 목상을 만들고, 사교의 남창 제도까지 시행했다. 수년 후 히스기야가 시행한 예배 개혁에도 불구하고, 유다에서 예배는 계속해서 타락의 길로 내려갔다. 므낫세왕 치하에서 유다는 완전히 우상 숭배의 길로 돌아섰다.

> 그의 아버지 히스기야가 헐어 버린 산당들을 다시 세우며 이스라엘의 왕 아합의 행위를 따라 바알을 위하여 제단을 쌓으며 아세라 목상을 만들며 하늘의 일월성신을 경배하여 섬기며 여호와께서 전에 이르시기를 내가 내 이름을 예루살렘에 두리라 하신 여호와의 성전에 제단들을 쌓고 또 여호와의 성전 두 마당에 하늘의 일월 성신을 위하여 제단들을 쌓고 또 자기의 아들을 불 가운데로 지나게 하며 점치며 사술을 행

하며 신접한 자와 박수를 신임하여 여호와께서 보시기에 악을 많이 행하여 그 진노를 일으켰으며 … 므낫세의 꾐을 받고 악을 행한 것이 여호와께서 이스라엘 자손 앞에서 멸하신 여러 민족보다 더 심하였더라(왕하 21:3-6, 9).

므낫세를 이은 요시아왕은 성전을 수리하고 예배 개혁을 향한 중요한 조처들을 시행했다. 사실상 그는 일생을 이스라엘이 환란을 겪지 않도록 막았다. 그러나 결국, 그것은 하나님의 진노를 막기에는 여전히 충분하지 않았다. 시드기야 치하에서 바벨론의 침공이라는 형식으로 하나님의 진노가 유다에게 내려졌고, 그들은 하나님 앞에서 쫓겨났다(왕하 24:20).

이렇게 하나님 나라의 (대표적) 아들 이스라엘의 통일(혹은 분열)의 역사는 아담의 우상 숭배를 반복하는 것 중의 하나였다. 아담과 마찬가지로, 이스라엘도 대체 예배로의 부름—바알과 아세라로부터의 초대의 말—을 들었고, 창조주가 아닌 피조물에 믿음과 순종으로 응답했다. 그들은 단 한 분 진정한 하나님의 성전이 아니라, 다른 신들의 제단과 산당에서 마음껏 즐겼다. 그래서 이스라엘과 유다의 우상 숭배는, 아담과 마찬가지로, 동쪽으로 추방되는 것으로 귀결되었다.

70년 후에, 이스라엘이 그 땅으로 귀환하고, 시온산에서 완전한 기능을 하는 성전과 함께 하나님과 맺은 언약 속에서 하나님의 자녀로 재천명되었을 때, 유배가 이스라엘의 마음을 본질적으로 바꾼 것은 아니라는 사실이 곧 분명해졌다. 귀환하자마자 즉시, 그들은 안식일을 더럽히고 흠 있는 제물로 제사를 오염시켰으며, 이방인들과 통혼함으로써 우상 숭배를 행했다(느 13장; 말 1:6-14).

에스겔이 유배 중에 했던 예언—하나님이 그들에게 새 마음을 주시고, 그들 속에 새 영을 두셔서 그들에게 하나님의 길로 행하게 하실 것—속에 있는 마음의 변화는 아직 구체화되지 않았다. 그 변화는 은혜 언약의 사자인 하나님 자신이 그분의 성전에 오셔서 레위 자손을 정결하게 하고 시온에서 올바른 예배를 회복하실 것을 요구할 것이다.

그 때에 유다와 예루살렘의 봉헌물이 옛날과 고대와 같이 나 여호와께 기쁨이 되려니와(말 3:4).

8. 예수님-온전한 예배자

구약은 우리가 유일하신 참 하나님 앞에 온전한 예배로 하나님의 백성을 인도할 하나님의 아들을 바라는 방식으로 전개된다. 그 기대는 마지막 아담이시고, 진정한 이스라엘이시며, 다윗의 자손인 하나님의 마지막(최후의 날들) 아들(Son)이신 예수 그리스도가 오심으로써 이루어진다. 성자로서 예수님은 선지자, 제사장 그리고 왕이라는 삼중의 직을 성취(그리고 완전하게)하셨다.

예수님은 출생하면서 요셉에 의해서 왕가의 계승자로 입양되어 '다윗의 자손'이 되었고, 세례받으실 때 성부로부터 하나님의 '사랑하는 아들', '하나님이 기뻐하는 자'라고 공식적으로 확인받으셨다. 그러나 '사랑하고 기뻐하는 아들'이라는 확언은 시험을 통한 증거가 필요했다. 그래서 성령께서 성자를 이끌고 광야로 가서, 그곳에서 그분의 마음속에 있는 것을 알기 위해서 뱀(사탄)에게 예수님을 시험하도록 했다. 예수님의 사역은 아담의 사역이 끝난 곳이고, 이스라엘이 시험받았던 곳인 광야에서 시작되었다.

그곳에서 하나님은 예수님이 성부와 왕(Father and King)이신 하나님 한 분만을 경배할 것인지 알아보기 위해서 그분의 마지막 아들인 예수님을 시험하셨다. 금식을 깨고, 하나님의 임재를 시험하고, 다른 '신'에게 절하고 경배하라는 사탄의 유혹에 대한 예수의 승리는 여기에 마침내—본질이 밝혀지는 결정적인 순간—온 마음과 뜻과 힘을 다해 하나님 한 분만을 경배하는 아들이 계셨다는 것을 의미했다. 여기에 이스라엘이 기다려 왔던 진정한 선지자-제사장-왕이 계셨다. 여기에 온전한 예배자가 계셨다.

9. 온전해진 예배-지금

예수님께서 성자로서 온전한 예배를 제시하셨지만, 하나님 백성의 예배는 아직 온전해지지 않았다. 온전한 예배를 위해서는 단번(a once-for-all)에 모두의 죄를 해결할 수 있는 제물이 필요했을 뿐만 아니라, 하늘의 지성소에 계신 하나님의 임재 안으로 들어가서 앉아서 자기 백성을 위해 영원히 중보할 수 있는 온전한 대제사장이 필요했기 때문이다.

흠 없는 제물과 온전한 대제사장으로서 예수님은 자신의 죽으심으로 하나님의 심판이라는 불 칼을 통과하셨고, 그런 후에 부활하심으로써 하나님의 임재이신 생명 나무로 돌아갈 수 있는 길로 인도하셨다. 온전하고, 순종적 삶의 마지막 순간에 예수님이 마지막 숨을 거두실 때, 성전의 휘장이 둘로 찢어졌다.

이것은 옛 예배의 방식이 끝나고, 하늘 위의 진정한 지성소에서 새로운 예배의 방식이 시작되었음을 의미한다.

> 지금 우리가 하는 말의 요점은 이러한 대제사장이 우리에게 있다는 것이라 그는 하늘에서 지극히 크신 이의 보좌 우편에 앉으셨으니 성소와 **참 장막에서 섬기는 이시라**[a minister in the holy places] 이 장막은 주께서 세우신 것이요 사람이 세운 것이 아니니라 (히 8:1-2).

그곳에서 예수님은 성부의 오른쪽에 앉으셔서 하늘의 예배를 지휘하시고, 그곳으로부터 땅에 있는 그분의 교회 예배를 정화하신다.

> 그러므로 형제들아 우리가 예수의 피를 힘입어 성소에 들어갈 담력을 얻었나니 그 길은 우리를 위하여 휘장 가운데로 열어 놓으신 새로운 살길이요 휘장은 곧 그의 육체니라 또 하나님의 집 다스리는 큰 제사장이 계시매 우리가 마음에 뿌림을 받아 악한 양심으로부터 벗어나고 몸은 맑은 물로 씻음을 받았으니 참 마음과 온전한 믿음으로 하나님께 나아가자 (히 10:19-22).

히브리서 기자는 계속해서 구속사 속에서 이 예배를 정의하는 순간의 중요성을 기록한다.

> 너희는 만질 수 있고 불이 붙는 산과 침침함과 흑암과 폭풍과 나팔 소리와 말하는 소리가 있는 곳에 이른 것이 아니라 그 소리를 듣는 자들은 더 말씀하지 아니하시기를 구하였으니 이는 짐승이라도 그 산에 들어가면 돌로 침을 당하리라 하신 명령을 그들이 견디지 못함이라 그 보이는 바가 이렇듯 무섭기로 모세도 이르되 내가 심히 두렵고 떨린다 하였느니라 그러나 너희가 이른 곳은 시온산과 살아 계신 하나님의 도성인 하늘의 예루살렘과

> 천만 천사와 하늘에 기록된 장자들의 모임과 교회와 만민의 심판자이신 하나님과 및 온전하게 된 의인의 영들과 새 언약의 중보자이신 예수와 및 아벨의 피보다 더 나은 것을 말하는 뿌린 피니라 … 그러므로 우리가 흔들리지 않는 나라를 받았은즉 은혜를 받자 이로 말미암아 경건함과 두려움으로 하나님을 기쁘시게 섬길지니 우리 하나님은 소멸하는 불이심이라(히 12:18-24, 28-29).

그래서 하나님의 백성인 우리는 순전한 마음과 깨끗한 양심으로 이제 하나님이 기뻐하시는 예배를 드릴 수 있다. 그리고 우리는 이제 두려워하지 않고 예배로 부르시는 하나님의 음성을 들을 수 있으며, 또한 우리는 이제 소멸하는 불이신 하나님의 임재를 두려워하지 않고 하늘의 시온산에서 모일 수 있다. 왜냐하면, 다음과 같은 이유 때문이다.
[그리스도]는 율법이라는 큰 천둥소리를 조용하게 하셨다.

> 그분은 시내산의 불꽃을 끄셨다.
> 그분은 자신의 피로 우리를 씻으셨다.
> 그분은 우리를 하나님께 가깝게 데려오셨다.
> - 존 뉴턴(John Newton)[1]

10. 온전해진 예배-지금 … 그러나 아직은 아닌

하나님의 마지막(심판 날) 아들이신 예수님은 지성소에서 하시는 그분의 사역을 통해서 땅에서 하나님께 드리는 온전해진 예배를 시작하셨다. 그 결과 우리의 예배는 하나님이 보시기에 깨끗해지고 온전해졌다. 어떤 면에서 구약의 성도들이 드렸던 예배는 그렇지 못했다. 왜냐하면, 다음과 같은 이유 때문이다.

---

1 "Let us Love and Sing and Wonder" (John Newton, 1774).

유대교의 제단에서 죽임당한
모든 짐승의 피가
반드시 죄책감에 평안을 주거나
오점을 씻어 낼 수는 없네.
그러나 하나님의 어린양이신 그리스도는,
우리의 모든 죄를 없애 주시네,
짐승들보다 고귀한 이름의 제물
그리고 더욱 풍성한 피
- 아이작 왓츠(Isaac Watts)[2]

그런데도 우리의 예배는 아직 완전히 새 하늘과 새 땅에서 드리는 영화롭고 완성된 형식으로는 실현되지 않고 있다. 지금으로서는 여기 이 땅에서 우리는 많은 결점과 불완전함으로 예배를 드리지만(WCF 16:6 참조), 곧 후에는 하나님의 의가 거하시는 저 높은 곳에서 지극히 온전한 예배를 드릴 것이다(벧후 3:13).

> 우리가 지금은 거울로 보는 것 같이 희미하나 그때에는 얼굴과 얼굴을 대하여 볼 것이요 지금은 내가 부분적으로 아나 그때에는 주께서 나를 아신 것 같이 내가 온전히 알리라 (고전 13:12).

지금은 성자 안에서 의롭게 된 아들들로서 우리는 믿음으로 예배한다. 그러나 후에는 성자 안에서 영화롭게 된 아들들로서 우리는 얼굴을 대면하고 그렇게 예배드릴 것이다. 예배가 어떠해야 하리라는 것은 태초에 에덴 동산에서 부분적으로 드러났고, 그런 후에 시내산과 시온에서 예시되었다(히 8:5 참조). 그러나 천상에서 드려질 예배의 완전한 엿봄은 요한계시록에 있는 요한의 환상이 이루어질 때까지 남겨질 것이다.

---

2 "Not All the Blood of Beasts" (Isaac Watts, 1709).

11. 하늘의 예배

'예배'라는 단어가 성경의 어느 다른 책보다 계시록에서 더 집중되어 있다는 사실(24번)과 요한이 주의 날에 성령에 감동되어 그의 비전을 받았다는 사실은 요한계시록이 예배에 관련해 그 기조를 설정하고 있다는 것을 우리에게 보여 준다. 그리스도는 우리에게 충성된 증인, 죽은 자들 가운데에서 제일 먼저 나신 분(Firstborn), 땅의 임금들의 머리(Ruler)가 되신 분, 처음(First)과 마지막(Last)이요, 전에 죽었지만 이제 세세토록 사시는 살아 계신 분(living One)으로 소개된다.

그리고 부활하신 그분(Risen Christ)은 그분의 모인 교회들(일곱 촛대) 사이를 운행하시며, 그들의 죄를 회개하라고 요구하신다(계 2-3장). 그 후, 요한은 하늘 보좌가 있는 방으로 초대되어 모든 영광 중에 보좌에 앉아 계신 하나님을 보게 된다(계 4장). 하나님의 위대하심을 나타내는 정황은 시내산에서 있었던 하나님의 현현―번개, 우레 그리고 불―을 생각나게 한다. 하나님은 하늘에서 보좌 주위를 둘러싸고 경배받기에 합당하신 하나님을 경배하는 천사들에 의해서 예배를 받으신다. 그들은 밤낮 노래하기를 멈추지 않는다.

> 거룩하다 거룩하다 거룩하다 주 하나님 곧 전능하신 이여 전에도 계셨고 이제도 계시고 장차 오실이시라(계 4:8).

또한, 하늘의 이십사 장로들도 창조주 하나님께 자신들의 면류관을 드리며 목소리를 높여 경배한다.

> 우리 주 하나님이여 영광과 존귀와 권능을 받으시는 것이 합당하오니 주께서 만물을 지으신지라 만물이 주의 뜻대로 있었고 또 지으심을 받았나이다(계 4:11).

그러나 하늘의 찬양은 하나님 한 분에게만 드리는 것이 아니요, 유다 지파의 사자(Lion of Judah), 죽임 당하신 어린양에게도 드리는 것이다. 왜냐하면, 그분 자신이 속죄의 제물이 되셨기 때문이다. 이십사 장로들은 어린양

뿐만 아니라, 하나님 앞에 엎드려 새 노래를 부른다.

> 두루마리를 가지시고 그 인봉을 떼기에 합당하시도다 일찍이 죽임을 당하사 각 족속과 방언과 백성과 나라 가운데에서 사람들을 피로 사서 하나님께 드리시고 그들로 우리 하나님 앞에서 나라와 제사장들을 삼으셨으니 그들이 땅에서 왕 노릇 하리로다(계 5:9-10).

그들은 셀 수 없이 많은 천사와 함께 큰 소리로 외친다.

> 죽임을 당하신 어린양은 능력과 부와 지혜와 힘과 존귀와 영광과 찬송을 받으시기에 합당하도다(계 5:12).

그 후 천사들과 천사장과 천지의 만물들이 연합하여 곧, 하늘과 땅에 있는 것들과 땅 아래와 바다에 있는 모든 피조물이 선포한다.

> 보좌에 앉으신 이와 어린양에게 찬송과 존귀와 영광과 권능을 세세토록 돌릴지어다(계 5:14).

하나님의 창조 사역(계 4장)과 어린양의 구속 사역(계 5장)을 찬양하는 이 교향곡은 예배의 부르심과 회개의 부르심(계 1-3장)에 이어진다. 하나님의 전언(하나님의 말씀)과 인간의 응답(기도와 찬양)이라는 반복적 순환이 뒤따르고, 제물을 태우는 불 혹은 성전을 가득 채운 영광으로 마침표를 찍는다(계 8:1-19:5). 이 주기는 일곱 인, 일곱 나팔, 일곱 표적, 일곱 대접에 있는 하나님의 말씀을 읽고 선포하는 데 중점을 둔다. 그런 후에 그것은 바벨론의 멸망에서 볼 수 있는 사탄 왕국의 멸망으로 절정을 이룬다.

예배자와 우상 숭배자 각자에 대한 언약의 축복과 저주들은 두 종류의 만찬으로 귀결된다. (성도들을 위한) 어린양의 혼인 잔치(Marriage Supper of the Lamb)와 (죄인들에 대한) 하나님의 큰 잔치(Great Supper of God)이다(계 19:6-10, 17-21). 어린양의 혼인 잔치는 예수님이 다가올 하나님 나라에서 제자들과 함께 즐기실 것이라고 말씀하셨던 그 만찬과 관계가 있다(막 14:22-26).

구약에 있는 예배와 마찬가지로 여기 계시록에 있는 하나님께 드리는 예배는 식사하면서 하나님과 교제하는 것으로 절정에 이른 후에, 하나님을 제대로 경배했던 사람들을 위한 축복이 선언된다(계 21-22장). 신실한 예배자들은 하나님이 함께 계시는 새 창조의 축복을 받을 것이다,

> 그들은 하나님의 백성이 되고 하나님은 친히 그들의 하나님이 되실 것이다(계 21:3).

깨지고 타락한 세상의 이전 것들이 모두 없어질 것이기 때문에 다시는 눈물이나 죽음이나 애통이나 곡하는 것이 없을 것이다. 전능하신 여호와 하나님과 어린양이 성전이 되실 것이므로 다시는 도성에 성전이 없을 것이다. 하나님의 영광이 빛을 주시고, 어린양이 등불이 되실 것이므로 다시는 그곳을 비출 해나 달이 없을 것이다. 어린양의 빛 속에서 열방이 행진하며, 생명 나무의 잎들이 그들을 치유할 것이다. 그들은 하나님의 얼굴을 보고, 그분의 이름은 그들의 이마에 새겨질 것이며, 그들은 그분과 함께 세세토록 다스릴 것이다. 그리고 나면 구속사를 통해 은혜 언약 안에서 선포되었던 축복(민 6:24-26)이 하늘 예루살렘에서 완성되어 실현될 것이다.

하나님의 백성은 복을 받고 보호받을 것이다. 하나님의 얼굴이 그들을 비출 것이고 그들은 하나님의 은혜를 받을 것이다. 하나님은 그들을 향해서 얼굴을 드실 것이며, 그들은 완전한 형태로 그분의 **평강**(*shalom*)을 경험할 것이다.

> 젖과 꿀이 가득한
> 황금의 성 예루살렘아
> 녹아내린 마음과 억눌린 목소리로
> 내 너를 생각할 때;
> 나는 알지 못했네, 알지 못했네.
> 그곳에서 받을 모든 기쁨
> 그 빛난 광채
> 비할 데 없는 복을

향기롭고 복된 나라,
선택받은 자들의 본향이여!
향기롭고 복된 나라
온 마음 다해 그곳을 사모하세!
은혜의 예수님,
하나님 아버지, 성령님과 함께
그 귀한 안식처로
우릴 데려가셔서
영원히 복 받게 하소서
- 클리니의 베르나르(Bernard of Cluny)[3]

'그 향기롭고 복된 나라'의 온전한 예배 속에서 시내산과 시온에서 드렸던 예배의 일반적 요소와 구조가 소개될 것이다.

그리스도 주위로 모임(땅에 있는 교회, 계 1-3장)

예배로의 부르심(땅과 하늘에서, 계 2-4장)

고백/회개(그리스도의 교회에서 드러난 죄, 계 2-3장; 5:3-4)

성결(죽임 당하신 어린양, 계 5:5-7)

중재자를 통한 접근(어린양이 하나님 앞에서 두루마리를 여심, 계 5:9-14)

찬양(천사와 모든 피조물, 계 5:9-14)

하나님의 전언(하나님의 말씀이 열리고 온 땅에 선포됨, 계 6:1-9)

응답: 기도(성도들에 의해, 계 7:9-8:4; 11:15-18)

불/영광(성전을 가득 채움, 계 8:5; 11:19; 15:5-8; 16:17-18)

찬양(성도들에 의해, 계 7:9-8:4; 19:1-5)

식사(계 19:6-10)

축도(계 21-23장)

---

[3] "Jerusalem the Golden" (Bernard of Cluny, 12세기; John M Neale가 1858년 번역).

거시적 관점에서도 에덴동산의 예배 구조—부르심-응답-식사—는 여전히 존재한다. 마찬가지로 구약에서 보여 주는 예배의 새로운 요소—모임, 성결, 중재자를 통한 접근, 하나님의 전언, 성결/성별 그리고 축도—가 은혜 언약에서 도입되었다. 그래서 에덴동산에서 모습을 드러내고, 후에 시내산과 시온에서 모형으로 보여 준 예배(히 8:5 참조)는 하늘의 예루살렘에서 최종적으로 완성되고 실현된다.

구속사에서 나타나는 '세 개의 산 정상'의 예배는 하늘의 시온에서 온전하고 궁극적으로 실현될 것이며, 그곳에서 그리스도는 보좌에 앉으시고 다스리시며 열방이 모여서 그분을 찬양할 것이다.

12. 땅의 예배

그동안, 교회는 하나님이 하늘에서 예배를 받으시는 것처럼 땅에서도 하나님을 예배하고, 열방을 초청하도록 부름을 받았다. 이방인의 예배는 예수님이 탄생했을 때 동쪽에서(방향을 주목하라) 박사들이 유대인의 왕을 경배하러 왔던 모습이 전형적인 형태였다(마 2:2).

그러나 왕이신 하나님을 예배하도록 열방을 직접 부르신 것은 왕이신 그분 자신이었다. 예수님은 땅에서 사역하시던 어느 날 우물가에서 한 사마리아 여인을 만나셨다. 그 여인은 이전에 남편 다섯이 있었고, 지금 그녀와 사는 사람은 그녀의 남편이 아니었다. 예수님은 그녀에게 결혼에 대해서가 아니라, 물과 예배에 관해서 말씀하셨다. 예수님은 그녀에게 마신 후에는 영원히 목마르지 않을 물을 주시겠다고 약속하셨다. 그리고 예수님은 그녀에게 영과 진리로 예배할 것을 요구하셨다. 왜냐하면, "아버지께서는 자기에게 이렇게 예배하는 자들을 찾으시기 때문이다"(요 4:23).

이 말씀과 함께 그녀가 일생 찾아 헤매던 남편이 그녀 앞에 서 있었다. 여기에 자신의 신부를 만족하게 하고, 단 한 분이신 진정한 하나님 앞에서 순전한 예배를 드리도록 신부를 인도하시는 신실한 성자가 계셨다. 사마리아 여인에게 하신 예수님의 초대는 앞으로 다가올 온전한 예배를 가리키셨다.

아버지의 우편으로 승천하신 후, 예수께서는 열방에서 자신을 위하여 신부를 구하도록 그분의 영을 세상에 보내셨다. 성령 하나님은 열방으로부터 죄인들을 불러서서 그들의 우상 숭배 방식을 끊고 성자를 통하여 성부 하나님을 예배하도록 보냄을 받으셨다. 그 예배로의 부르심은 사도 베드로가 오순절에 첫 설교를 했을 때(행 2장) 예루살렘에서 시작하여, 이방인들을 향한 사도 바울의 가르침을 통해 땅끝까지 퍼져 나갔다(행 13:46-48). 하나님의 부르심의 말씀을 듣고 응답하는 모든 사람에게는 축복이 기다린다.

> 자기 두루마기를 빠는 자들은 복이 있으니 이는 그들이 생명 나무에 나아가며 문들을 통하여 성에 들어갈 권세를 받으려라(계 22:14).

회개한 죄인들은 죄 사함의 복과 생명 나무로 나아갈 권세를 받을 것이다. 그들은 에덴과 같은 동산 정도가 아니라, 에덴보다 좋은 도성―하나님과 어린양의 보좌로부터 흘러나온 맑은 생명수의 강이 흐르는―으로 들어갈 것이다. 그래서 성령과 신부가 "'오라' 그리고 듣는 자도 오라 할 것이요 목마른 자도 올 것이요 또 원하는 자는 값없이 생명수를 받으라"(계 22:17)라고 말할 것이다.

그리스도의 신부인 교회의 사명은 예배하고 증언하는 것이다. 성부와 성자와 성령의 삼위일체 하나님을 경배하고, 창조주이신 하나님이 구세주이신 그리스도 안에서 하셨던 역사와 모든 일의 완성자이신 그리스도 안에서 하나님이 행하실 일을 타락한 세상에 증언하는 것이다. 현 세상에서 지금 교회가 하는 증언은 언젠가는 그칠 것이다. 그러나 앞으로 올 세상에서 교회의 예배는 계속될 것이다.

장차 올 새 하늘과 새 땅에서는 누구도 능히 셀 수 없는 큰 무리―모든 열방으로부터 모든 종족과 백성 그리고 다른 언어를 사용하는 사람으로 이루어진―가 보좌 앞에 서서 "구원하심이 보좌에 앉으신 우리 하나님과 어린양에게 있도다"(계 7:10)라고 외치며 엎드려 찬양할 것이다.

> 아멘 찬송과 영광과 지혜와 감사와 존귀와 권능과 힘이 우리 하나님께 세세토록 있을지어다 아멘 하더라(계 7:12).

13. 예배는 중요하다

인간 역사의 이야기는 처음부터 끝까지 예배의 이야기이다. 이것은 하나님이 모든 사람이 아담 혹은 예수 그리스도라는 두 사람 중 한 사람을 통하여 예배하도록 그분의 세상을 그렇게 만드셨기 때문이다. 첫 사람 아담은 **예배하는 인간**(*homo liturgicus*)으로 창조되었고, 아담의 형상을 가진 모든 사람은 그의 타락한 우상 숭배 지향성을 이어받았다. 우리는 창조주가 아니라, 피조물을 숭배하면서 태어났다. 그래서 우리는 진정한 구세주가 아닌 가짜 대속자들 안에서 구원과 만족을 추구하며 살아가고 있다.

우리는 거룩한 성소를 떠나 쉼 없이 '동쪽'을 향하여 방랑하는 족속이다. 그러나 두 번째 사람인 예수 그리스도(the Second Man Jesus Christ)로 말미암아 우리는 하나님의 앞으로 돌아와서 하나님의 영과 진리로 바르게 예배하라는 초대를 받았다. 하나님은 진정으로 **예배하는 인간**(*Homo Liturgicus*)이신 예수님의 성육신, 삶, 죽음, 부활 그리고 승천을 통하여 우리가 그분 앞으로 돌아갈 수 있는 길을 여셨다.

하나님의 첫 번째 아들 아담부터 하나님 나라의 (대표적인) 아들 이스라엘과 하나님의 왕손(대표적인)인 솔로몬을 거쳐 그리고 이제 마지막 날 하나님의 아들 예수와 하나님의 (구속받은) 아들들인 교회까지, 하나님은 그분을 예배할 백성들을 찾으셨고 지금도 찾고 계신다. 우리는 예배로의 부르심을 받았고, 우리가 그 부르심에 믿음과 순종으로 응답하고 그리스도께 가서 마음껏 먹고 마실 때까지 우리의 마음에는 쉼이 없다.

> 예수께서 이르시되 나는 생명의 떡이니 내게 오는 자는 결코 주리지 아니할 터이요 나를 믿는 자는 영원히 목마르지 아니하리라(요 6:35).

이 진리에 대한 완전한 경험은 우리가 어린양의 혼인 잔치에서 영광스럽게 되신 하나님의 아들과 함께 잔치를 베풀 마지막 날을 기다려야만 한다. 지금으로서는, 하나님의 구속받은 백성으로서 예배를 드리는 것이 합당하고 적절하며 즐거운 일이다. 그러면 하나님의 영화롭게 된 백성으로서 우리가 예배를 드리는 것도 합당하고 적절하며 즐거운 일이 될 것이다. 이것이 바로 예배가 지금 중요한 이유이다. 그때는 예배가 세세토록 중요할 것이기 때문이다.

14. 하늘에서 드리는 예배처럼

우리는 지금과 그러나 아직 오지 않은 하나님의 나라 사이에서 매 주일 모여 하나님께 예배드리고 있다. 그러므로 우리의 예배는 성부, 성자 그리고 성령님의 삼위로 계시는 영원한 하나님 그분을 경배하는 것이며, 창조와 구속의 역사에서 하나님이 행하신 일과 그리고 다가오는 완성의 때에 그분이 하실 역사에 대해서 하나님을 경배하는 것이다. 하늘에서 예배받으시는 것과 같이 땅에서도 하나님을 예배하자.

> 하나님을 찬양하라!
> 하늘에서 여호와를 찬양하며,
> 높은 데서 그를 찬양할지어다!
>
> 해와 달아 그를 찬양하며,
> 밝은 별들아 다 그를 찬양할지어다!
> 하늘의 하늘도 그를 찬양하며,
> 하늘 위에 있는 물들도 그를 찬양할지어다!
>
> 그것들이 여호와의 이름을 찬양하게 하라!
> 그가 명령하시므로 그들이 지음을 받았음이로다.
> 그가 그것들을 영원히 세우시고
> 폐하지 못할 명령을 내리셨도다

땅에서 여호와를 찬양하라

너희 용들과 바다여

불과 우박과 눈과 안개와

그의 말씀을 따르는 광풍이며!

산들과 모든 작은 산과

과수와 모든 백향목이여!

짐승과 모든 가축과

기는 것과 나는 새들이여!

세상의 왕들과 모든 백성들

땅의 모든 고관들과 재판관들이여!

젊은이와 처녀와 함께

노인과 아이들이여!

여호와의 이름을 찬양할지어다

그의 이름은 홀로 고귀하심이라.

그의 장엄하심이 땅과 하늘 위에 뛰어나심이라

그가 그의 백성의 뿔을 높이셨으니

그는 모든 성도 곧 그를 가까이 하는 백성 이스라엘 자손의 찬양을 받을 이시로다

여호와를 찬양하라!(시 148편)

아멘 또 아멘

제2장

오직 하나님께 영광

예배 개혁

마크 언지

> 교회 개혁은 반드시 예배 개혁에서 시작되어야 한다. 교회는 예배를 통해서 많은 사람을 하나로 결속시키기 때문이다.[1]

1. 시작하는 글

16세기 유럽에서 일어난 개혁이라는 변화의 조류는 예배 개혁의 파도를 몰고 왔다. 종교개혁 초기에 독일에서, 마틴 루터(Martin Luther)는 저서 『미사 형식』(*Form of Mass*, 1523)에서 복음주의적 노선에 따라 미사를 개혁했다.

그 후, 얼마 지나지 않아 디볼트 슈바르츠(Diebold Schwarz)는 자신의 『독일어 미사』(*German Mass*, 1524)를 통해서 스트라스부르(Strassburg)에 그리고 루터는 『독일어 미사와 하나님께 드리는 예배 규범』(*German Mass and Order of God's Service*, 1526)을 통해 비텐베르크(Wittenberg)에 각각 자국어 미사를 도입했다.

루터의 예배 개혁은 독일 전역과 그 너머까지 퍼져나갔고 지역 예배를 위한 예배의 구조와 방향을 제시하는 수많은 교회 규범(*Kirchenordnungen*)의 제정에 영감을 주었다. 이런 움직임은 덴마크 왕국(the kingdom of Denmark는 노르웨이와 아이슬란드의 영토를 지배)과 같은 북쪽 지역까지 영향을 미침으로써, 그곳에서 요한 부겐하겐(Johann Bugenhagen, 'Pmeranus')과 데인 피터 팔라디우스(Dane Peter Palladius)에 의해 『덴마크 교회 규범』(*Danish Church Order*, 1537)이 만들어졌다.

또한, 남쪽으로는, 안드레아스 오시안더(Andreas Osiander)와 요하네스 브렌츠(Johannes Brenz)가 만든 '브란덴부르크(Brandenburg)-뉘른베르크(Nürnberg) 예전'(1553) 같은 문서들을 통해 독일 남부 지역으로 루터의 예배 개혁의 물결이 퍼져 나갔다.

루터와 같은 시기에 많은 다른 종교개혁 중심지들 역시 자신들만의 예전을 만들어 냈고, 이들은 종종 위대한 비텐베르크 종교개혁자의 것과는 다른 방향으로 나아갔다. 독일 에베른베르크성(Ebernberg Castle)의 요하네스

---

[1] G. J. van de Poll, *Martin Bucer's Liturgical Ideas* (Assen: Van Gocum 1954), 9.

외콜람파드(Johannes Oecolampadius)는 미사를 획기적으로 개혁한 『예수 그리스도의 언약』(The Testament of Jesus Christ, 1523)을 저술했고, 그 후 바젤에서 자신의 예식을 더욱 발전시킨, 『형식과 태도』(Form and Manner, 1526)를 시행했다.

취리히(Zürich)의 훌드리히 츠빙글리(Huldyrch Zwingli)는 『기도의 형식』(Form of Prayer, 1525)에서 중세 설교 예배를 따랐다. 그러나 그는 『성찬의 행위 혹은 관습』(Act or Custom of the Supper, 1525)에서는 미사를 대신할 새로운 성찬 예전을 소개했다. 취리히의 하인리히 불링거(Heinrich Bullinger)는 츠빙글리의 아이디어를 확장하여 『기독교 규범과 관습』(Christian Order and Custom, 1535)을 출간했고, 수년간 동일한 형식을 유지했다.

이런 사실은 1559년에 발간된 루드비히 라바터(Ludwig Lavater)의 『예식과 규정에 관한 단문』(Short Work on Rites and Regulations)에서 입증되었다. 독일어를 사용하는 자유 제국 도시인 스트라스부르에서는 디볼트 슈바르츠의 『독일어 미사』(1524)에 이어, 마틴 부처(Martin Bucer)가 매우 영향력 있는 『교회의 관례』(Church Practices, 1539)를 저술했다. 프랑스 교회의 예배 개혁은 기욤 파렐(Guillaume Farel)과 함께 시작되었는데, 그는 프랑스어로 된 최초의 복음주의 예전인 『태도와 방식』(Manner and Way, 1533)을 저술했다.

존 칼빈(John Calvin)은 스트라스부르에서 그리고 그 후에는 제네바에서 프랑스어 예배 작업을 계속해 나갔다. 그는 『교회 기도의 형식』(Form of Ecclesiastical Prayers)에서 부처의 스트라스부르 예전을 아주 약간만 수정하여 그 기본 내용과 구조를 채택했다. 그 후 스트라스부르 예전(이후 1545년에 발간)과 제네바 예전(1542년 출간 후, 몇 판을 거친 다음 마침내 1566년 최종적으로 완성된 형식이 발간됨)을 만들었다. 본서에서 소개된 번역본들은 예배에 관한 칼빈의 스트라스부르 식과 제네바 식 변형들을 보여 준다.

영국에서는 토마스 크랜머(Thomas Cranmer)가 중요한 영향력을 가진 『공동 기도서』(Book of Common Prayer, 1549과 1552)의 수석 설계자였다. 크랜머와 같은 시기에 존 아 라스코(John à Lasco)는 크랜머의 교회적 감독하에 런던에서 그의 『형식과 방법』(Form and Method, 약 1550, 1555년에 인쇄)을 시작했다. 이것은 얀 위텐호페(Jan Utenhove, 대략 1550년)에 의해 네덜란드어로 번역되었고 후에 마틴 미크로니우스(Martin Micronius)에 의해 『기독교 조례』(Chris-

tian Ordinances, 1554)라는 제목으로 출판되었다.

또한, 같은 기간, 존 녹스(John Knox)는 영국 북부의 버윅 오폰 트위드(Burwick-upon-Tweed)에서 사역하는 동안 크랜머의 기술적이며 교리적 감독 아래 『주의 만찬의 관례』(*Practice of the Lord's Supper*, 1550)[2]를 저술했다. 그러나 메리 여왕의 박해를 피해 영국 청교도들이 대륙으로 망명한 기간에, 녹스와 아 라스코의 예전들은 대륙으로 옮겨져서 새로운 형식을 띠게 되었다.

프랑크푸르트에서 어려움을 겪은 후, 녹스와 다른 개혁파 목사들은 제네바에서 칼빈의 예전과 매우 닮은 『기도의 형식』(*Form of Prayer*)을 만들었다. 그것은 약간의 수정을 거친 이후 스코틀랜드에서 『공동 규범서』(*Book of Common Order*, 1564)로 승인되었다. 아 라스코의 예전은 루터교와 칼빈주의 사상과 함께 독일의 『팔츠 교회 규범』(*Palatinate Church Order*, 1563)에 수렴되었다. 후에 피터 다테누스(Peter Dathenus)는 프랑켄탈(Frankenthal)에 망명한 네덜란드인들을 위해서 『다윗의 시편』(*Psalms of David*, 1567)[3]이란 책을 발간했다. 그것은 팔츠 교회의 예전을 약간 변화시켜 채택한 것으로 네덜란드 개혁교회 예전의 토대가 되었다. 미들버그에 거주하고 있던 영국 청교도들은 주로 존 녹스의 예전을 따랐지만, 네덜란드 예전의 양상을 포함했다. 이런 예전 작업의 통합으로 소위 『미들버그 예전』(*Middleberg Liturgy*, 1586)이 만들어졌다.

2. 예배 개혁의 과정

1) 기도의 법이 곧 믿음의 법이다(*Lex Orandi, Lex Credendi*)

참된 복음의 회복이 예배 개혁을 촉발했지만 이 복음이 사람들에게 전달되고 유럽 본토와 대서양 제도의 교회들이 복음의 충격파를 받게 된 것은

---

[2] 녹스의 버윅 오폰 트위드(Burwick-upon-Tweed) 회중 교회에 관한 더 상세한 부분들은 제15장 역사적 서론(Historical Introduction)을 보라.
[3] 이것은 1566년 처음 출판되었다. 그러나 우리는 똑같은 1567년판을 사용해 왔다.

사실상 매주 시행된 개혁된 예전의 영향이었다. 종교개혁자들에게 일차적인 신학의 원천은 하나님의 말씀(Word of God)이었다.

그러나 종교개혁자들은 예배자들의 기도하는 방식(*lex orandi*)과 믿는 방식(*lex credendi*) 사이의 중요한 상호 작용을 이해했기 때문에, 예전을 신학 소통의 강력한 수단으로 이해했다. 만약 예배의 규칙적 리듬이 잘못된 것들을 퍼뜨리면, 그것은 그들이 지키려고 했고, 때로는 죽음으로 방어하려 했던 바로 그 신학적 진리를 약화시킬 것이고, 다른 한편 기도의 패턴이 성경 진리와 일치한다면, 이것은 종교개혁 교회들 사이에서 신학적 확신을 더욱 새롭게 하고 힘을 불어넣어 줄 것이다.

루터는 『미사 형식』(*Form of Mass*, 1523)을 집필하면서 이 진리를 깨닫고, 미사 개혁에 관해서 이렇게 말했다.

> 우리는 더 이상 이론적인 교리만으로 마음을 다스리지 않을 뿐만 아니라, 또한 공적 행정에서 우리 손으로 그것을 실천하는 방식으로 그렇게 할 것이다.

이처럼, 종교개혁의 새로운 예전—은혜로 흠뻑 젖고, 그리스도 한 분 안에서 자랑하는—은 로마가톨릭교회가 수용해 온 구원의 체계와 그와 함께 과거 수 세기 동안 유럽 전역의 도시와 마을에 스며든 중세 교회에 대한 헌신을 무력화시켰다. 그러나 전통은 쉽게 사라지지 않는다. 이 새로운 복음주의 예전은 죽은 자의 영혼 구원을 위해 미사에 힘들게 번 돈을 소비하며 진심 어린 소망을 품고 있던 예배 공동체에 상당한 트라우마를 안겼다.

중세 후기 예전의 시각적, 청각적 화려함은 극도로 단순화되었지만, 공용어 사용과 운율 시편의 회중 노래로 강화된 새로운 예식 안에는 순수한 복음의 힘이 두드러졌다. 예전에 사용된 독창적이고 세심한 단어들은 예배자들의 마음과 삶에 스며들었다. 예전들은 성경으로 흠뻑 젖어 있어서 더 이상 전처럼 공허하지 않았으며, 그리스도를 신뢰하고 선한 일에 용감하게 반응하도록 사람들을 탈바꿈시켰다. 이렇게 복음주의 교리는 종교개혁의 예전을 통해 출판된 저작물을 통해 배운 것만큼이나 공 예배에서도 사람들을 사로잡았다.

2) 급할수록 천천히 행동하라(Festina Lente)

하지만 이런 간략한 개요로는 느리고 또, 때로는 고통스러웠던 예배 개혁의 과정을 다 설명해 주기 어렵다. 종교개혁은 하루아침에 이루어진 것이 아니었다. 시간이 걸렸고, 앞장섰던 개혁자들은 종종 급할수록 천천히 움직일(Festina Lente) 필요가 있었다. 왜냐하면, 예전은 교리뿐 아니라, 삶에도 관련이 있으므로, 정부 당국의 공식적인 신학적 승인이 필요했다. 수많은 정치적, 교회적 요인들이 개혁의 시간의 변수였다. 예를 들어, 스트라스부르 시 의회는 비교적 짧은 기간인 1524년에 디볼트 슈바르츠의 『독일어 미사』(German Mass)를 승인했지만, 다른 도시의 예배 개혁은 그렇게 빠르지 않았다. 루터는 안드레아스 보덴슈타인 폰 칼스타트(Andreas Bodenstein von Karlstadt)의 성급한 시도의 폐해를 깨닫고 온건한 속도의 개혁을 의도했다.

루터가 『미사 형식』(1523)에서 니콜라스 하우스만(Nicholas Hausman)에 보낸 서문 형식의 편지는 그의 온건한 속도의 개혁에 대한 변증적 형태를 띄우고 있다.

> 더러운 돼지와 같이 믿음도 없고 이성도 없이 달려들어 새로움만 기뻐하는 저 가볍고 간깐한 영들 때문에.

우리는 또한 취리히와 제네바의 위대한 개혁교회들도 하루아침에 세워진 것이 아니라는 사실을 종종 잊는다. 츠빙글리의 예배 개혁은 교회의 반대에 부딪혔고, 시 의회가 그의 『주의 만찬의 행위 혹은 관습』(Act of Custom of the Lord's Supper, 1525)을 승인했을 때조차도, 교회 안의 남녀 성도들이 신조(Creed), 영광송(Gloria) 그리고 성찬 후 시편을 교창으로 암송하는 것을 보기 원하는 그의 바람은 거부당했다.

칼빈의 경우, 그가 제네바 시 의회에서 처음 거절당한 후 스트라스부르에서 보낸 3년 동안의 망명(1538-1541)은 현대인들에게는, 개혁에 대한 중대한 좌절과 의미 없이 지체된 시간으로 보일 수 있다. 그러나 칼빈이, 마틴 부처의 영향을 받게 되고, 그를 더욱 의미 있는 예배 개혁—그 후 수십 년간 제네바에서 예배 방식을 변화시킬—의 길로 인도한 것은 바로 3년간의 스트라스부르 체류 기간이었다.

실제로, 칼빈이 제네바에 돌아왔을 때조차도 그가 소망한 예배 개혁의 여러 가지가 전혀 실현되지 않았었다. 사람들은 죄의 고백 후 칼빈이 변죄 선언을 실행하는 것을 반대했고, 시 의회는 매주 성찬에 대한 그의 바람을 거부했다.

영국에서 전체 영국 국교회의 예배를 완전히 바꾸려는 토마스 크랜머의 시도 또한 몇 년이 걸렸다. "급할수록 천천히 행동하라"(Festina Lente)의 모범 사례인 크랜머가 1549년 『공동 기도서』(Book of Common Prayer)에서, "주의 만찬과 거룩한 성찬"(The Supper of the Lord and the Holy Communion)이라는 제목 뒤에 "일반적으로 미사라고 불리는"(commonly called the Mass)이라는 단어들을 추가한 것은 그의 점진주의자적 접근 방식을 상징한다.

이것은 로마가톨릭의 성체신학에 대한 지지가 아니었다. 오히려 이것은 그가 교회라는 '거대한 배'(Titanic)의 방향을 바꾸기 시작했을 때 보수주의자들을 자신에게 이끌기 위한 전략 일부였다. 크랜머는 1552년에 『공동 기도서』(Book of Common Prayer)가 발간될 때에야 비로소 성찬식(Holy Communion)에서 비 복음주의 성직자들이 의도적으로 잘못 해석할 수 있는 모든 문구를 제거할 수 있었다. 또한, 크랜머(Cranmer)는 그의 최종 예배 법규서(rubric)에 부목사는 그의 주일 만찬을 위해, 아마도 그들이 주일에 먹는 고기구이와 잘 어울리는, 남은 빵을 집으로 가져갈 자유가 있다고 선언하기도 했다.

2. 종교개혁자들의 예전 개혁의 공통점들

1) 말씀 중심의 예배들

종교개혁 교회들은 자국어로 하는 말씀 중심 예배를 권장했다. 사도 바울이 고린도 교회에 보낸 첫 번째 편지(고전 14:10-11)에서 말한 '알아듣기 쉬운 말'의 원리는 말씀이 공용어로 들릴 필요가 있음을 의미했다. 크랜머는 『공동 기도서』(Book of Common Prayer, 1549/1552)의 서문에서 이렇게 한

탄했다.

> 이 영국 국교회(이 수년 동안)의 예배는 라틴어로 읽히고, 사람들은 그것을 이해하지 못해서, 그들은 귀로만 들었고, 마음과 영과 정신은 교화되지 못했다.

비록 성경의 일부 번역판들과 자국어로 된 기도 일부가 중세 후기 예배에 얼마간 도입되었지만, 새로운 종교개혁 예배는 그리스도의 양 떼를 먹이기 위해 자국어로 된 하나님 말씀이라는 연회를 정규적으로 마련했다.

많은 종교개혁 교회 사이에 있었던 중요한 하나의 원칙은 **성경의 연속적 읽기**(Lectio Continua), 즉 거룩한 성경을 순차로 읽는 것이었다. 비록 루터는 전통적으로 정해진 주일 성경 읽기를 유지했지만, 그의 『독일어 미사』(German Mass, 1526)는 수요일(마태복음), 목요일과 금요일(신약 서신서들) 그리고 토요일(요한복음)에 **성경의 연속적 읽기**(Lectio Continua)가 시행되었음을 암시했다. 그러나 크랜머의 경우에는, 교회력을 따랐지만, 그것을 수정하기로 했다.

그의 『공동 기도서』(Book of Common Prayer, 1549/1552)의 서문에는 "한 부분이 다른 부분으로부터 분리되지 않도록 모든 것이 순서대로 이루어져야 한다"라고 진술하고 있다. **성경의 연속적 읽기**(Lectio Continua)에 대한 이런 접근 방식은 교회력을 개혁하여 성자들과 계절보다는 성경과 더욱 긴밀히 연결되도록 했다. 대부분 구약성경은 일 년에 한 번, 신약 대부분은 일 년에 세 번 그리고 시편 찬송가(Psalter)는 한 달에 한 번 낭독되었다.[4]

다른 많은 예배에서는 교회력을 크게 고려하지 않고 성경 전체의 흐름을 반영한 성경 구절을 매주 연속적으로 연결하여 낭독했다. 종교개혁자들은 구원을 위한 기록된 말씀의 필요성과 그리스도인의 삶을 위해서 성경 전체를 읽는 것의 중요성을 이해했다. 그러므로 그들의 예식서—성경 낭독뿐 아니라 성경 말씀을 포함하고 있는 예식의 형식이 들어 있는—가 성경 본문으로 흠뻑 젖어 있는 것을 보는 것은 전혀 놀라운 일이 아니다.

---

4 이것은 정기적 아침과 저녁 기도의 시행을 포함했다.

루터는 『미사의 형식』(*Form of the Mass*, 1523)에서 이 풍부한 말씀이 인근에 있는 모든 성인의 교회([the church of All Saints] 혹은 루터가 모든 악마의 집[House of All Devils]이라 부르는)의 로마가톨릭 사제들로부터 비롯된 '역병'에 대한 '해독제'임을 알았다. 사실상, 위대한 독일인 수사는 자신의 『독일어 미사』(*German Mass*, 1526)에서 "예배의 모든 것은 말씀과 성례전을 위해 이루어져야 한다"라고 진술했다.

2) 설교 중심

종교개혁자들은 모든 범위에 걸쳐 있는 하나님의 말씀을 예배로 되돌리면서, 설교의 위치를 더 높이 올렸다. 이것은 종교적·문화적 찌꺼기를 제거할 뿐만 아니라 성경의 의미를 분명히 밝히고 이 의미를 예배자들의 마음에 적용하기 위해 필수적인 것이었다. 루터는 『독일어 미사』(*German Mass*)에서 "하나님의 말씀을 설교하고 가르치는 것은 예배의 다른 어떤 부분보다 가장 위대하고, 가장 고상한 부분이다"라고 선언했다.

루터의 설교는 회개와 죄 사함을 강조했던 눅 24:46-47 때문에 인도되었으며, 그와 필립 멜란히톤(Philip Melanchthon)은 둘 다 율법과 복음의 차이를 그리스도인의 삶과 양심의 위안을 배양하는 중요한 열쇠로 사용했다. 루터는 일생 다양한 주해서를 남겼으며, 이것들은 설교 노트가 있는 성경 인용문(pericopes) 모음집으로서, 그는 『독일어 미사』(*German Mass*)에서 그 목적을 "광신도와 이단 종파들의 발생을 막기 위해서"라고 설명했다.

사실상 루터는 만약 무능한 설교자들이 어떠한 설교 방향도 없다면, "모든 사람이 제 마음대로 설교할 것이고, 복음과 그 해석 대신에 그들은 또다시 푸른 오리들에 관해서 설교할 것이다"(푸른 오리들에 관한 설교란, 요컨대 성령의 인도를 받지 않고, 설교집보다 나은 설교를 할 수 없는 무능한 설교자들이 성경의 규범적 본성을 무시하며 한 설교는 복음의 선포를 훼손할 것이라는 의미-역주)라고 염려했다.

이런 루터의 고견에 따라, 『덴마크 교회 규범』(*Danish Church Order*)은 "복음의 설교는 성령과 우리의 구원 사역이며, '귀 있는 자는 들으라'고 말씀하신 그리스도를 합당하게 대표하는 사역"이라고 정의했다. 영국에서 크랜머와 그의 신학 팀은 『설교집』(Book of Homilies, 1547)을 출판했는데, 여기에는 "모든 사람이 전능하신 하나님을 공경하고 경배하며, 각 사람이 자신의 상태와 정도와 직업에 따라 부지런히 그를 섬기도록"[5] 하는 건전하고 경건한 권고가 포함되어 있다.

종교개혁 주제를 다룬 인쇄된 모음집에는 12개의 설교가 있었는데, 크랜머 자신이 아마도 "서문"(Preface), "성경 낭독"(The Reading of Scripture), "모든 인류의 구원에 대하여"(Of the Salvation of All Mankind), "참되고 생생한 믿음에 대하여"(Of the True and Lively Faith), "선한 일에 대하여"(Of Good Works)를 집필했을 것이다. 이 설교들을 통해 영국 전역에 확실한 복음 선포가 울려 퍼졌다.

비록 영국의 설교 들은 성경적 주제에 관한 부분 탐구였지만, 많은 다른 개혁교회의 주류는 강해 설교였으며, 그것은 예배 중에 읽은 성경 본문에 의해 형성되었다. 존 아 라스코는 이야기 중심, 인간의 전통 그리고 철학적 교훈에 치중한 설교들에 대해서 경고하고, 설교자의 은사에 따른 1시간 미만의 연속적 강해 설교를 장려했다. 취리히, 스트라스부르, 제네바의 교회들 역시 성경의 강해 설교에 주력했다.

1519년 새해에 취리히의 그레이트 뮌스터(Great Munster in Zürich)에서 츠빙글리는—"개신교의 첫 번째 예배 개혁으로"[6]—마태복음을 본문으로 한 연속적 강해 설교를 시작했다. 연속적 강해 설교는 불링거에게도 이어졌고, 라바터의 『예식과 규정에 관한 단문』(Short Work on Rites and Regulations)에 의하면, "거룩한 책들은 찢어지고 난도질당한 후에 제시되는 것이 아니라, 하나씩 차례대로 그 전부가 설명되어야 한다"라고 진술한 것으로 기록되어 있다.

부처의 예전 법규에서는, 설교자는 "복음서를 소리 내어 읽고, 그는 그것을 곧이어 상세하게 설명한다"라고 명시되어 있다. 칼빈은 능숙하고 박식한 강해 설교로 잘 알려져 있는데, 이 설교들은 후에 주석서로 인쇄되었

---

5   *Certayne Sermon, or homilies appoynted by the kynges Maiestie* (LOndon: Richard Grafton. 1547), RSTC 13640 sig. A. 2ᵛ.

6   Hughes Oliphant Old, *The Reading and Preaching of the Scriptures in the worship of the Christian Church*, 7 vols. (Grand Rapids, Mi: Eerdmans, 1998-2010), 4:46.

다.[7] 칼빈이 3년의 사역 중단 후 스트라스부르로부터 제네바로 돌아왔을 때 전에 중단되었던 부분에서 다시 성경 구절을 고른 것은 사실상 강해 설교에 대한 그의 헌신이 어느 정도인가를 보여 주었다.

> 나는 내가 중단했던 곳에서 강해를 재개했다. 그렇게 함으로써, 나는 나의 교사직을 사임한 것이 아니라, 잠시 멈췄던 것뿐이라는 사실을 보여 주었다.[8]

설교가 주일에만 있다고 생각하지 않도록 설교는 일주일 내내 제공되었으며, 도시와 농촌의 생활 리듬을 모두 수용하도록 구성되었다는 점에 주목해야 한다. 취리히시에서는, 이런 해석학적 노력과 강해 설교에 대한 집중으로 **설교준비모임**(*Prophezei*)을 가졌는데, 이것은 고린도전서 14장에 있는 예언에 대한 사도 바울의 담론을 시행하려는 시도였다. 이것은 목사들과 학자들을 위한 특별한 회합이었다.

여기서 헬라어와 라틴어, 히브리어 성경을 해석했으며, 그것의 정확한 의미에 관한 토론이 이어졌다. 그렇게 해서 보다 광범위한 공동체를 위한 독일어 설교가 만들어졌다. 이런 성경 주해와 번역 형식은 유럽 전역의 비슷한 모임들에 전파되어 제네바에 있는 아 라스코의 『형식과 방법』(*Form and Method*)으로부터 녹스의 『기도의 형식』(*Form of Prayers*)까지 다양한 종교 개혁자들의 예전 작업에서 묘사되었다. 그것은 또한 '설교준비모임'(prophesyings)이라고 알려진 강해 훈련으로 전환되기도 했는데, 이것은 1570년대 영국 엘리자베스 여왕 시대에 논쟁의 대상이 되기도 했다.

일상 예배에서 설교의 필요성과 그 가치는 종교개혁의 초기 50년 안에 깊게 뿌리내리게 되었고, 두 종류의 일반적 접근 방법이 사용되었다. 첫 번째 방법은, 교회력을 따르고 개인의 주해 능력과 더불어 설교 자료를 활용하는 방법이고, 또 다른 방법은 교회력을 따르지 않고 성경을 통해 설교하

---

7   T. H. L. Parker, *Calvin's Preaching* (Louisville: Westminster John Knox Press, 1992) 참조.
8   John Calvin, *CO* 11:366: "locum explicandum assumpsi in quo substiteram: quo indicabam me ad tempus intermisisse magis, quam deposuisse docendi munus."

고 설교자의 주해 능력에 의존하는 방법이다.

무엇보다도 교회력 축제에 관한 관심과 충분히 숙련된 복음주의 설교자에 대한 교육 문제(특히 더 큰 규모의 개혁이 필요한 경우)가 보통 어떤 접근 방식을 취해야 하는지를 결정했다. 그런데도 종교개혁의 모든 교회에 설교는 예배의 중심이었다. 왜냐하면, 예배하는 자들에게 하나님의 말씀은 영생의 중심이었기 때문이었다.

3) 공통적 예배요소들

종교개혁 예배의 또 다른 공통적 중심은 주기도문, 신조, 죄의 고백, 일반적 중보 기도들 그리고 축도였다. 그리스도에 대한 자신들의 경외심을 나타내기 위해서 종교개혁자들은 정기적으로—예배 중에 종종 한 번 이상—예수님이 제자들에게 가르쳐 주셨던 기도인 "하늘에 계신 우리 아버지"를 사용했다. 신조 또한 종교개혁 예전들에 포함되었다. 종교개혁자들은 자신들이 교회 분리론자가 아니라, 오히려 진정한 교회를 개혁하고 있음을 알리기 위해 큰 노력을 했다.

크랜머의 『공동 기도서』(Book of Common Prayer)는 주의 만찬에서 니케아 신조를 사용하고, 아침 기도회에서는 사도 신경이나 아타나시우스 신조의 사용을 요구했다(아타나시우스 신조는 1549년판에서는 6개의 축일에서, 1552년판에서는 13개의 축일에 말하거나 노래로 불렸다).[9] 부처는 사도 신경을 말씀 예전에서 성례전으로 이르는 관문으로 사용했다.[10] 죄의 고백 또한 예배의 주된 부분이었다. 죄의 고백과 면죄 선언(비록 면죄 선언에 관해서는 종교개혁자들 사이에 의견의 차이가 있었지만) 이전에 종종 십계명(Decalogue)이나 혹은 하나님의 율법에 대한 또 다른 선포가 낭독되거나 노래로 불렸다. 부처와 칼빈의

---

[9] 아타나시우스 신조는 아침과 저녁 기도 예식들의 마지막에 위치한다. 그러나 법규서에서는 아침 기도 예식에서 행하는 베네딕투스(Benedictus) 이후에 사용된다고 지적한다. 따라서 아타나시우스 신조가 인쇄본에서는 저녁 기도 마지막에 위치함에도 불구하고, 그것은 아침 기도 예식에서 사용된다.

[10] 비록 명시적으로 진술하지는 않지만, 부처의 예전을 따랐던 칼빈의 스트라스부르 예전에 분명하게 서술되어 있기 때문에 그것은 아마도 사도 신경일 것이다.

예전들은 각각 다른 경우에 진행되는 다양한 죄의 고백 시간을 제공했다.

팔츠 교회와 네덜란드의 예전에서는 설교 이후에 또 한 번의 고백이 있었다. 죄의 고백은 또한 주의 만찬 전의 준비로서 정기적으로—종종 자기 성찰과 성찬 참여 배제(fencing of the table)에 연결된—순서로 행해졌다.

이런 고백의 시간은 죄인으로서 자격 없는 예배자의 위치와 그리스도의 무한한 위엄성을 대비시켰고, 이런 마음이 행위에 일치하도록 무릎을 꿇고 기도하는 것이 일반적이었다. 일반적 중보 기도는 종교개혁 교회들 전체에서 이루어졌다.

이런 기도들은 사도 바울이 디모데전서에서 "기도는 임금과 높은 지위에 있는 사람들을 포함하여 모든 사람을 위해 해야만 한다"(딤전 2:1-2)라고 명령한 것을 따른 것이었다. 마지막으로 이런 예전들은 일반적으로 어떤 형태의 축도나 성경적 해산의 형식으로 마무리되었다. 아론의 축도(민 6:24-26)는 슈바르츠의 『독일어 미사』와 크랜머의 『공동 기도서』에서 사용되었던 것들과 같이 추가적 성경 형식처럼 정기적으로 사용되었고, 츠리히 예전과 외콜람파드의 예전들은 예배를 해산하기 전에 기도와 성경적 권고를 사용하는 경향이 있었다(예를 들어 "그리스도의 평강이 여러분과 함께하시기를 … 아멘"). 따라서 이런 예배요소가 배치된 정확한 방법과 시기의 차이에도 불구하고(부록을 보라), 그것들은 모두 종교개혁 예전의 공통된 특징이었다.

4) 제물되신 그리스도

종교개혁 예전의 전 영역을 통틀어 가장 대표되는 특징은 갈보리에서 완성된 그리스도의 희생에 대한 위대한 복음주의의 강조였다. 이것은 중세 미사 거행의 압도적 역할과 종교개혁을 열망하는 곳 어디서나 울려 퍼진 '오직 그리스도!'라는 외침을 고려할 때 놀라운 일이 아니다. 하지만 이런 예전들에서 주목할 점은 이 진리를 기억에 남기기 위해 사용된 매력적이며 신중하고 정교하게 만들어진 단어들이다.

이것은 주의 만찬 예배에서 가장 분명하게 나타난다. 크랜머의 성찬식 (Holy Communion) 예전에서는 강조된 단어들—"완전한, 완벽한 그리고 충분한 제물, 봉헌 그리고 천하만국의 죄를 위한 충족"—을 들을 수 있다. 주의 만찬에 대한 다테누스(Dathenus)의 사고에서는 "그분은 묶이셨다. 그 결과 그분이 우리를 풀어 주실 수 있다. … 그분은 또한 우리의 저주를 대신 받으셨다. 그럼으로써 그분의 축복으로 우리를 가득 채우실 수 있다"와 같은, 시적으로 균형 잡힌 복음의 서술들이 예배를 강조했다.

외콜람파드는 주의 만찬 예배가 진행되는 동안의 속죄에 대한 권고에서, "마치 우리가 바로 그리스도 옆에 앉아서, 그리스도로부터 그것을 직접 듣는 것처럼", 지금 그리스도의 영광된 사역을 묵상하라고 말한다. 녹스의 제네바 예전(『공동 규범서』[*Book of Common Order*]와 『미들버그 예전』[*Middleburg Liturgy*]에서 반복됨)에서는 분배 전에 사용된 단어들은 수찬자의 구원에 초점을 맞추었다.

> 사람이나 천사도 그 속박에서 우리를 자유롭게 하지 못했사오나, 오직 풍성하신 자비와 선하심이 무한하신 주여, 우리를 대신하여 당신의 지극히 사랑하시는 외아들 안에서 우리의 구원을 준비하셨습니다.

이렇게 그 당시 종교개혁자들은 그들이 열망했던 복음의 메시지가 다가올 세대의 회중들의 마음까지 울려 퍼지기를 원하며, 적절한 언어 선택에 신중한 고심을 했다는 것을 알 수 있다.

5) 찬양의 제사

예전들은 그리스도의 풍성한 은혜를 선포할 뿐만 아니라, 하나님의 영광에 대한 찬양의 응답을 제공했다. 종교개혁의 예전은 철저하게 찬양으로 끝을 맺었고, 특히 주의 만찬 후에도 그러했다. 사실상, 종교개혁자들은 주의 만찬 예전에서 갈보리에서 **화목제물**(*sacrificium propitiatorium*)되신 그리스도와, 이에 대한 그리스도인의 응답으로서 찬양과 감사의 제사(*sacrificium eucharisticum*) 사이의 구별을 분명하게 하도록 큰 노력을 기울였다.

성찬이 시작되기 전, 크랜머는 그리스도의 '완벽하고 충분한 제사'가 십자가 위 '그곳에서 이루어졌음'을 주의 깊게 묘사했다. 성찬 후에, 그는 성부 하나님께 "우리의 찬양과 감사의 제사를 받으소서"라고 탄원했다. 그 점을 강화하기 위해서, 크랜머는 1549년 출간된 『공동 기도서』에는 예배의 시작에 있던 영광송(Gloria)을 1552년판 『공동 기도서』에서는 성찬 이후로 옮겼다.

찬양이 감사를 표현하는 응답이라는 것에 대한 이런 강조는 종교개혁 예전이 확산하는 곳곳에서 발견된다. 아 라스코의 예전인 『형식과 방법』을 추종하는 사람들은 "가장 선하신 하나님 아버지, 당신의 발 앞 땅에 엎드린 우리는 당신께 감사드립니다"라고 기도했다. 녹스의 예전을 따르는 무리는 그리스도를 양식으로 먹은 것에 대한 응답으로서 '찬양과 감사와 영광', '최고의 선물'이라고 외쳤다.

부처는 찬양 기도를 위한 3가지 선택 사항들을 제공하기까지 했는데, 각각은 모두 '영원한 찬양과 감사'를 포함하고 있다. 마틴 루터는 성찬 후에 자신의 찬송가 "찬양받으실 하나님"(God Be Praised; Gott sey gelobet)을 노래하도록 권장했다. "내 영혼아, 여호와를 찬양하라"(시 103편)는 녹스와 미들버그 청교도들의 예전에서 불렸고, 독일 팔츠 교회와 네덜란드 개혁교회로 확장되었다.

취리히 예식에서는 시편 103편이나(불링거, 1535; 라바터, 1559) 혹은 시편 113편(불링거, 1535; 츠빙글리, 1525)이 성찬 후 찬양의 일환으로 제공되었다. 주의 만찬 이후에 찬양에 대한 이런 공통된 강조는 모두를 위한 예수님의 죽음에 대한 공통적 강조와 잘 어울렸다. 그리스도의 완성된 사역이 종교개혁의 핵심이었기 때문에 찬양과 감사는 예배자들의 자연스러운 반응이었다. 마음속의 **오직 그리스도**(Solus Christus)는 입술로 드리는 **오직 하나님께 영광**(soli Deo gloria)을 의미했다.

4. 종교개혁자들의 예전의 다양성들

종교개혁 예전들 사이에 있는 공통성에도 불구하고, 그 내용에 관한 면밀한 연구로부터 또한 다양성을 발견할 수 있다.

1) 장르(Genres)

종교개혁 초기의 예전들은 예전 문서들의 다양한 장르를 보여 주고 있다. 예를 들어 부겐하겐(Bugenhagen)과 팔라디우스(Palladius)의 『덴마크 교회 규범』(*Danish Church Orders*)과 같은 교회 규범들, 예를 들어 부처의 『교회의 관례』(*Church Practices*)처럼 보다 큰 예식서로부터 발췌한 완전한 예배들, 아 라스코의 『형식과 방법』(*Form and Method*)처럼 교회 법령들과 완전한 예전들을 결합한 것들, 또한 라바터의 『예식과 규정에 관한 단문』(*Short Work on Rites and Regulation*)처럼 간단한 예배개요들, 녹스의 『주의 만찬의 관례』(*Practice of the Lord's Supper*)처럼 부분적인 예전들 그리고 크랜머의 교회력과 함께 사용되었던 본기도(*Collects*)처럼, 기도문 모음들이 있다.

비록 이것이 예배 환경을 단지 피상적으로 보여 주기는 하지만―1540년까지 독일에서만 백 개 이상의 교회 조례들이 있었다―예배 개혁을 위한 다양하고 활발한 노력이 있었음을 분명하게 보여 준다.

2) 고정되거나 혹은 자유로운 형식의 예배

종교개혁 예전들의 다양성에 관한 한 측면은 고정된 형태와 자유로운 형태의 예배 사용에 관한 것이다. 루터는 자신의 『독일어 미사』를 지역적 특색에 맞게 변경할 수 있도록 격려했으나, 자신이 의역한 주기도문과 성찬전에 전하는 말씀은 그대로 유지하도록 강력하게 권고했다.

칼빈은 자신의 제네바 『교회 기도의 형식』(*Form of Ecclesiastical Prayers*)에서 두 가지를 제외하고 대체로 고정된 예전을 보여 준다.

첫째, 설교 전에 조명을 위한 설교자의 기도로서, 이것은 "목사의 판단에 맡겨졌다."
둘째, 주중 예배의 시작 기도로서, 목사는 "자신에게 적합하다고 여기는 방식으로" 자유롭게 기도할 수 있었다.[11]

---

[11] 칼빈의 제네바 예전은 고정된 정도에 관해서 일부 모호한 점이 있다. Elsie Ann MaKee

칼빈은 또한 자신의 스트라스부르 예전에서 조명을 위한 **기도**(*Votum*)에 고정된 형식을 사용했으며, 스트라스부르 예전과 제네바 예전 모두에는 주일 예배의 시작에 **기도**(*Votum*)를 고정시킨 것 또한 주목할 만한 가치가 있다. 임종 시에 칼빈은 동료 목사들에게 "아무것도 바꾸지 말 것"을 당부했다. 이 유언은 그의 사역 동료들에 의해서 잘 지켜졌고, 칼빈의 예전은 베자와 다른 리더십하에서 거의 바뀌지 않았다.[12] 그런데도 생전에 칼빈은 다른 회중들에는 자신의 『교회 기도의 형식』을 바꾸는 것을 허락하기도 했다.

존 녹스는 칼빈의 예전을 따랐지만, 칼빈의 예전이 주로 고정된 예배 형식이었기 때문에 녹스는 목사로서의 재량권을 더 많이 도입했다.[13] 그의 제네바 『기도의 형식』(*Form of Prayers*)에서 시작하여 『공동 규범서』(*Book of Common Order*)까지 계속된 것은 "목사가 매일 앞에서 언급한 모든 것을 반복할 필요는 없다"라고 진술하는 법규였다. 목사가 고정된 예배 순서에서 벗어나기로 선택한 경우, 그는 설교 전에는 "어떤 방식의 고백"을 사용하고 나중에는 "성령 하나님이 그의 마음에 감동 주시는 대로" 기도할 수 있다. 『미들버그 예전』에서도 볼 수 있는 이 규정은 매일 예배와 주일 예배를 구별하는 데 필요했을 수 있다. 그것은 목사가 정해진 기도의 형식을 따르도록 지시하는 크랜머의 『공동 기도서』와는 확실히 대조되는 것이었다.

크랜머의 예전 사용에 관련해서는 두 가지 언급이 필요하다.

첫째, 교회력은 다양한 본 기도들(Collects)과 절기에 따르는 성찬 서문(Proper Preface)을 통해 다양한 예배를 제공했다. 교회력에서 제공하는 다양성은 기독교의 일부 절기들(예, 츠빙글리와 불링거)과 마찬가지로 다른 종교개혁가들(예, 루터)에 의해서도 유지되었다.

의 *John Calvin on the Diconate and Liturgical Almsgiving* (Geneva: Droz, 1984), 20; John Frederic Jansen, "Calvin on a Fixed Form of Worship-A Note on Text Criticism," *Scottish Journal of Theology* 15:3(1962): 282-87; Charles W. Baird, *Eutaxia of the Presbyterian Liturgies: Historical Sketches* (Eugene, OR: Wipt and Stock, 2006[1835]), 23을 보라.

12 Scott M. Manetsch *Calvin's Company of Pastors: Pastoral Care and the Emerging Reformed Church*, 1536-1609 (Oxford: Oxford University Press, 2013), 301.

13 Baird, *Presbyterian Liturgies*, 8-9.

둘째, 크랜머를 따르는 사람들조차도 때때로 예배의 정해진 순서에서 벗어난 것으로 보인다. 1553년 6월 젊은 왕 에드워드 6세가 위독했을 때 왕실 예배당에서 그를 위해 기도하라는 명령이 내려졌다. 그 기도문은 나중에 "왕의 모든 신하에게 사용되도록" 인쇄되었다. 크랜머의 전 사제이자 윈체스터(Winchester)의 복음주의 감독이었던, 존 포네(John Ponet)가 소유했던 『공동 기도서』(Book of Common Prayer, 1552)에는 공예배의 맥락에서 사용된 것으로 추정되는 손으로 쓴 이 기도의 수정된 버전이 있다.

> … 하나님이 큰 은혜를 베푸시어 히스기야왕을 극심한 병으로부터 구하시고 하나님의 백성인 이스라엘을 보호하기 위해서 그의 생명을 연장하셔서 그들과 그들의 도시를 아시리아의 폭정으로부터 방어해 주셨던 것처럼, 우리들도 전적으로 하나님의 크신 자비에 호소하노니, 풍성하신 은혜로 당신의 종이며, 우리들의 국왕 폐하인 에드워드에게 다시 건강과 강건함을 회복시켜 주시옵소서.[14]

3) 회중의 참여

이런 다양한 예전을 통해서, 말씀 예배와 주의 만찬에서 회중이 말로 참여하는 다양한 정도를 보여 준다. 이런 것들은 참여의 정도가 적은 것(예를 들어, 회중이 교창으로 응답하는 후렴 부분에 대한 츠빙글리의 요구에 시 의회가 승인하지 않았던 취리)으로부터, 회중의 참여 정도가 많았던(예를 들어, '프랑크푸르트 문제'의 요인이었던 크랜머의 회중 기도 및 응답들) 것까지 그리고 참여 정도가 중간 정도인 다른 예전들(예를 들어, 제네바의 칼빈의 『교회 기도의 형식』)로서 그 범위가 다양하다.

---

14 이 기도의 인쇄 버전인 희귀본이 현존한다. *A Prayer sayd in the kinges chappell in the tyme of hys gtaces sicknes...* (London: William Copland, 1553), RSTC 7508. 기도문의 수정된 버전을 포함하고 있는 존 포네의 『공동 기도서』(Book of Common Prayer)는 맨체스터의 체담도서관(Chetham's Library)에 있다(7.B.3.12). 포네의 『공동 기도서』(Book of Common Prayer)에 있는 이 기도의 존재에 더하여 이 수기로 된 기도문이 삽입된 방식인 "." 표기는 1553년 6월 19일 인쇄된 원래 버전과는 단어 선택이 다름을 나타내고, 예배에서 사용된 것을 암시한다.

그러나 회중 찬송은 종교개혁 예전이 있는 곳이면 거의 어디에나 있는 특징이었다. 루터의 『독일어 미사』는 찬양을 지향했다. 그리고 합창과 회중 참여 사이의 균형에 대해 논쟁이 있었지만, 평신도의 목소리가 어느 정도 관여했던 것이 확실하다.[15] 스트라스부르 신교도의 찬송은 자신의 손으로 프랑스어 시편 찬송가(French Psalter)를 만들려고 했던 칼빈에게 상당한 영향을 끼쳤다. 그것은 결국 다양한 작곡가와 데오도르 베자(Theodore Beza)에 의해서 완성되었다.[16]

초기 스트라스부르 1539년판과 제네바 1542년판에 사도 신경(노래로 불린)이 포함된 칼빈의 시편 찬송가(Psalter)는 녹스와 제네바의 영국 망명자들에 의해 번역되어 스코틀랜드로 이전되었으며(노래로 된 사도 신경 없이), 그리고 후에는 피터 다테누스에 의해 네덜란드의 개혁교회(노래로 불린 사도 신경과 더불어)로 옮겨졌다. 녹스의 제네바 예전 서문에는 성경적 찬송에 대한 광범위한 이론적 근거가 서술되어 있다.

우리가 부르는 찬송의 목적은 "그분의 이름의 영광과 새 창조된 우리의 영혼 그리고 우리가 받는 유익을 위해 기뻐하고 노래하기 위함"이다. 이런 형식의 성경적 찬송은 종교개혁 전반에 걸쳐 널리 퍼졌는데, 두 가지 예외가 있었다. 성경 외 찬송가를 부르는 것을 허용한 교회들과 츠빙글리의 음악적 기술과 다른 교회에서의 찬송을 지지했음에도 불구하고 이례적으로 전혀 노래를 부르지 않았던 취리히였다.

4) 성찬의 빈도

성찬식의 빈도는 개혁자들 사이에 있었던 또 다른 다양성의 한 부분이었다. 루터와 슈바르츠, 부처, 크랜머는 모두 매주 성찬식을 제정했다. 그러나 슈바르츠와 부처는 도시에서 매주 성찬식을 하고 시골 지역에서는 매월 성찬식을 시도했다.

---

15 Joseph Herl, *Worship Wars in Early Lutheranism: Choir, Congregation, and Three Centuries of Conflict* (Oxford: Oxford University Press, 2008), 8-14.
16 그 구절은 다니엘 트로크메-라터(Daniel Trocmé-Latter's)의 **스트라스부르 신교도의 찬송** (*The Singing of Strasbourg Protestants*)의 제목으로부터 신중하게 따온 것이다.

반면에 전국에 매주 성찬이 퍼지는 것이 최선이라는 크랜머의 의도에도 불구하고, 한 달에 한 번 하는 이 빈도는 영국에서 일반적 패턴이 되었다.[17] 칼빈 역시 매주 성찬을 바랐지만, 제네바 시 의회가 이를 막았고, 1년에 4번 성찬을 시행하라고 지시했다. 츠빙글리와 불링거도 이렇게 시행했다 (1559년 발간된 취리히 예식은 단지 1년에 3번이라고 언급).

존 녹스는 매월 성찬(독일의 『팔츠 교회 규범』[Palatinate Church Order]이 그랬던 것처럼)을 생각했지만, 스코틀랜드로 귀환하자마자 그가 저술한 『규율 제1서』(The First Book of Discipline, 1560)에서는 빈도를 1년에 4차례로 변경했고, 이것이 『공동 규범서』(Book of Common Order, 1564)의 관례가 되었다. 이런 장애물 외에 성례전과 교회의 권징 사이에는 '성찬에 울타리 치기'라고 알려진 관계가 있었다. 성찬에 울타리를 치는 것의 중요성은 크랜머의 『공동 기도서』(Book of Common Prayer, 1549와 1552)에 잘 기록되어 있고 이것은 녹스의 제네바 『기도의 형식』(Form of Prayer)에 잘 반영되어있다.

> 만일 우리가 같은 것을 합당하지 않게 받으면 그 위험이 크나니 이는 우리가 우리 구주 그리스도의 몸과 피에 대하여 죄를 범한 것이라. 우리가 주님의 몸을 분멸하지 않고 우리 자신의 저주를 먹고 마심으로써 우리가 우리를 향한 하나님의 진노에 불을 붙이고, 각종 질병과 각종 사망으로 우리를 괴롭히도록 하나님을 자극하기 때문이다.

주의 만찬은 자신이 믿음 안에 있는지, 회개와 사랑을 보여 주는지 아닌지를 스스로 점검해야 하므로 종교개혁 예전에는 합당하지 않은 참여에 대한 권면과 경고의 내용이 포함되어 있다. 교회 역시 훈련의 과정을 통하여 이런 성찬에 울타리 치기 역할을 담당했는데, 그럼으로써 악명 높은 범죄자가 주의 만찬으로부터 배제되었다. 이런 훈련의 과정은 위선자가 참여하는 것을 막았을 뿐만 아니라, 죄인들에게 회개하고, 자신들의 삶을 고칠 기

---

17 Daniel MacCulloch, *Thomas Cranmer: A Life* (New Haven, CT: Yale University Press, 1996), 510-13; Brian Cummings, *The Book of Common Prayer: The Texts of 1549, 1599, and 1662* (Oxford: Oxford University Press, 2011), 727을 보라.

회를 제공했다. 이렇게 각 교회는 성찬 전에 미리 회중에 경고했고, 성례전에 대한 이런 준비는 교회에 따라 그 기간이 각각 달랐다.

성찬식이 자주 예정된 곳에서는 준비 기간이 더 짧았다. 크랜머의 『공동기도서』(1552)에는 수찬자는 전날 밤에나 아니면 예배가 시작되기 전 아침에 보좌 목사에게 자신들의 이름을 알리도록 하고 있다. 아 라스코의 격월 성찬은 2주가 소요되었으며 심지어 전날 특별 준비 예배가 포함되었다. 따라서 종교개혁 교회들 도처에서 주의 만찬의 각기 다른 빈도를 결정하는 중요한 요인은 빈번한 성찬에 대한 열망과 철저한 교회 권징에 대한 열망 사이의 균형이었다.

5) 물리적 관행, 제스처 그리고 제의

종교개혁 예전들에 관한 여러 가지 차이점들은 물리적 관행들을 포함하여 다른 영역으로 확장될 수 있다. 주의 만찬 예배는 그리스도의 속죄 희생과 대제사장 직분에 대한 복음주의 교리를 반영하는 다양한 물리적 차이를 보여 주었다. 루터의 예전과 『덴마크 교회 규범』(*Danish Church Order*)은 제단의 전통적 위치와 용어를 유지했으나, 다른 예전들(예를 들어, 츠빙글리와 크랜머, 부처 등)은 본당이나 성단소에 위치했던 돌로 된 제단들을 이동할 수 있는 나무로 된 테이블로 대체했다.

목사의 위치는 일반적으로 테이블 뒤에서 회중을 향하고 있었지만 몇 가지 흥미로운 변형이 있었다. 『덴마크 교회 규범』에서는 성직자들이 제단의 서쪽 끝에 서서 예식의 다른 순서에 따라, 자주 제단을 향하기도 하고, 도로 회중쪽으로 향하기도 한다. 부처의 예전은 목사가 테이블 앞에서 사람들을 향하여 서도록 했고, 크랜머의 예전(1552년판에만 해당)은 성직자의 몸이 회중과 주님의 성찬 사이에 끼어들지 않기 위해서 목사를 북쪽에 서도록 요구함으로써 목사의 본질이 사제가 아니라는 사실을 강조한다.

그리고 아 라스코의 예전은 목사, 장로, 집사들에게 테이블 앞에 벽처럼 서게 하고, 설교 목사는 강단에서 회중을 권면하고 훈계했다. 아 라스코의 예전에서 이것은 말 그대로 교회 권징의 물리적 구현이었다.

종교개혁자들은 또한 신체적 제스처에 대해서도 다양한 접근 방식을 취했다. 마틴 부처는 『근거와 이유』(Ground and Reason, 1524)에서 로마가톨릭 미사 중에 행하는 외적 행동(예: 가슴을 물리적으로 두드리는 것)이 명백한 쇼맨십이라고 비난했다. "젊은 숙녀나 노부인들은 능숙한 사제들이 집도하는 이런 행동을 선호"했으나 다른 많은 사제는 이 복잡한 제스처를 "상대방 없이 혼자 권투 연습을 하는 것(shadowboxing)"이라고 비난했다.[18]

그런데도 연약한 형제들을 위해 다양한 신체적 제스처(예: 십자가 서명)가 종교개혁 기간에도 유지되기도 했지만, 다른 것들은 기회가 생겼을 때 복음주의를 반영하기 위해 개조되거나 제거되었다. 크랜머는 흥미롭게도 1552년판 『공동 기도서』에 있는 성찬식에서 손으로 떡을 떼는 것과 잔을 잡는 행위를 제거한 반면, 1535년과 1539년판 취리히 예식은 두 가지 행위를 다 유지했다.

잔을 올리는 것은 슈바르츠의 초기 예전을 제외하고는 일반적으로 폐하여졌다. 그러나 루터와 덴마크 왕국의 예전은 그 행위를 선택적 사항으로 남겨 두었다. 떡과 포도주는 테이블에서나, 혹은 좌석에서 분배되었다. 수찬의 자세는 앉거나 서거나 무릎을 꿇는 것이었다. 꿇어 앉아서 받는 것에 대해서는 사제직과 성물에 대한 경배 그리고 화체설 교리에 대한 개혁되지 않은 관점을 닮는 것을 염려하는 사람들 사이에서 논쟁이 없지 않았다(그래서 1552년판 『공동 기도서』에 소위 '검정색 법규서'[Black Rubric]가 삽입됨). 주의 만찬을 분배하는 동안에 때때로 찬송이나 성경 낭독 또는 침묵으로 일관했는데, 침묵은 취리히의 엄숙하고 경건한 예식의 특징이었다.

성직자의 복장에 대한 형식은 다양하고 때로는 예전의 차이에서 곤란한 영역이다. 루터는 『미사의 형식』(1523)에서 성직자의 복장에 관해 "화려하고 호화롭지만 않다면, 자유롭게 사용하도록 허락하자"라고 말했다. 『덴마크 교회 규범』도 비슷한 태도를 보였다. 그러나 제의는 "종교의 가장 큰 가식이 될 것이다"라고 언급하면서도, 주의 만찬에서는 관례적 복장 사용을 제안하기도 했다.

---

18 Ottomar Frederick Cypris, *Martin Bucer's Ground and Reason: English Translation and Commentary* (Yulee: Good Samaritan Books, 2017), 127.

의복에 관한 루터교회의 이런 유연성은 스웨덴과 알버르트 작센주(Albertine Saxony) 일부에서는 가장 중세적 예복을 그리고 비텐베르크와 에른스트 작센주(Ernstine Saxony)에서는 상당히 단순한 예복을 입었던 사실로도 알 수 있다. 영국에서는 크랜머의 1549년판 『공동 기도서』가 장백의, 제의 그리고 긴 사제복을 주의 만찬에서 사용하도록 했지만, 이런 것들은 1552년의 수정판에서는 단순한 중백의로 완화되었다.

마틴 부처의 『근거와 이유』(1524)는, 제의에 대해서 "연약한 신자들을 위해서 … 말씀을 통하여 하나님의 뜻을 충분히 알 수 있을 때까지" 유지되어야 할 것을 언급한다. 나중에 제의는 스트라스부르에서 폐지되었고, 말씀과 주의 만찬 예전 모두에서 중백의로 대체되었다.[19]

검은색 학위 가운, 흰색의 설교 밴드, 검은 모자를 착용하는 제네바의 관행은 목사들이 성직의 중재자가 아니라 말씀의 교사임을 의도적으로 나타내었다. 이런 의복들은 성직자의 제의로 간주하지 않았고, 다만 성직자들이 공적 예배 중이나 밖에서 입는 표준 복장이었다.[20] 라바터의 『예식과 규정에 관한 단문』(Short Work on Rites and Regulations)은 "성직자는 평범하면서도 품위 있는 복장(다른 존경받는 시민들처럼)을 과장되지 않게 입어야 한다"라고 말하고 있다. 이것은 츠리히의 성직자 복장과 비슷한 접근법을 묘사하고 있지만 칼빈의 것보다 더 격식에 얽매이지 않았다.

존 녹스는 프랑크푸르트의 영국 망명자들 가운데서 미니멀리즘에 유사한 접근법을 취했는데 이것은 중백의를 유지하려는 크랜머에 대한 불만의 표시였다. 술에 취한 노아와 숨겨야 할 것과 숨기지 말아야 할 것에 대한 설교에서 녹스는 영국 성직자 존 후퍼(John Hooper)가 성직자의 제의 입기를 거부했던 민감한 문제에 대해 언급했다.[21]

---

19 Cypris, *Martin Bucer's Ground and Reason*, 119-20, '남성 성직자의 짧은 백의'(chorrock)를 "찬양대 가운"으로 번역했는데, 이것은 중백의에 상당하는 것이다.
20 Manetsch, *Calvin's Company of Pastors*, 19, William D. Maxwell, *John Knox's Genevan Service Book*, 1556 (Westminster: Faith Press, 1963), 210-13.
21 Jane Dawson, *John Knox* (New Haven, CT: Yale University Press, 2016), 101.

1550년 초에 후퍼는 부분적으로는 자신이 개혁되지 않은 제의("아론의 전통에 따른")라고 인식했던 것 때문에 감독으로 서임되는 것을 거부했다.[22] 이에 대해, 마틴 부처와 순교자 피터 버미글리(Peter Martyr Vermigli) 두 사람 모두 제의는 **무해하다**(adiaphorous)라는 사실에 근거해서 그의 입장을 반박했다. 버미글리는 "중요하지 않은 것들이 순수한 마음과 성실한 양심을 가진 사람들을 부패시킬 수 없다"라고 조금 역설적 말을 했다.[23] 잠시 수감되었던 것이 도움이 되어, 후퍼는 선상에서 마지못해 그 조언을 받아들였고, 그해 말에 글로스터의 감독으로 서임되었다.

이처럼 녹스와 그의 동료들이 프랑크푸르트에 있는 영국 회중을 떠나 칼빈이 있는 제네바로 갔을 때는 성직자의 복장이 그들의 접근 방식에 더 잘 어울린다는 것을 알게 되었다. 그러나 메리 여왕이 사망한 후 제네바 망명자들이 고향으로 돌아왔을 때, 그들은 원하는 성직자의 복장을 구현하는 데 반쯤 성공을 거두었다. 녹스는 제네바의 가운이 표준이 되어 있었던 스코틀랜드로 돌아왔고, 반면에 크리스토퍼 굿맨(Christopher Goodman)과 다른 이들은 제의(사실상 1549년의 규격에 맞는)가 유지되고 있었던 영국으로 돌아왔다. 제의를 둘러싼 논쟁은 다시 불이 붙었고, 이는 영국 청교도들이 『미들버그 예전』(Middleburg Liturgy, 1586)을 만들어 내는데 기여했다.

요약하자면, 위에서 언급한 종교개혁 예배 예전의 다양성은 특정 관행을 전체 전통에 귀속시키는 것이 어렵다는 것을 보여 준다. 예를 들어, "취리히가 성탄절을 기념하고 찬송을 제외했다는 사실은 전체 개혁주의 전통이 이전의 전통을 반대하고 개혁된 전통을 온전히 따른 것"이라고 주장하기는 어렵다는 것이다. 게다가, 크랜머와 부처의 예배 중 노래로 불린 성경

22　John Hooper to Heinrich Bullinger, June 29, 1550. Heistings Robinson, *Original Letters Relative to the English Reformations*, 2 vols. (Cambridge University Press, 1846-1847), 1:87을 보라.

23　부처와 순교자 버미글리 그리고 조지 코르넬리우스 고람(Gorge Cornellius Gotham)에 있던 후퍼 사이의 서신 『종교개혁 시기 영국에 산재했던 일화 모음집』(*Gleaning of a Few Scattered Ears During the Period of the Reformation in England* [London; Bell and Daldy, 1867])이다. 추기경 파커(Archbishop Parker)는 엘리자베스 1세 여왕 치세 시의 베스테리안 논쟁(Vestarian Controversy)에 대한 답으로서 부처와 순교자가 후퍼에게 한 답장을 사용하였다. Matthew Parker, *A Brief Examination for Tyme* ... (London: Richard Jugge, 1566), RSTC 10587, sig. C.2ʳ 인용.

외 찬송의 존재—사실상, 칼빈과 다테누스의 시편 찬송가에서 노래한 사도 신경조차도—는 개혁주의 전통이 모든 시대와 장소에서 오로지 찬송가(Psalmody)만을 요구했다고는 볼 수 없게 만든다.

오로지 찬송가만 고집하는 것과 기독교 축제의 배제가 개혁교회들인 스코틀랜드와 청교도의 특징이 된 것은 사실이다. 그러나 이런 관행이 종교개혁 초기의 전체 개신교 혹은 개혁교회를 대표하는 것은 아니다. 실제로, 아베 마리아(*Ave Maria*)의 전반부와 주간 예배에서 고인을 추모하는 내용을 포함한 것은 루터교 비텐베르크가 아니라, 오히려 개혁파 취리히였다.

하나의 종교개혁 안에 여러 형태의 개혁이 있었다는 사실은 종교개혁에 대한 우리의 관점을 좀 더 다양하게 넓히는 것을 방해하지는 않는다. 불신자들도 주의 만찬에서 그리스도의 떡과 포도주를 진정으로 먹을 수 있다고 믿는 사람들(예를 들어, 루터)과 주의 만찬을 참으로 먹으려면 믿음이 필요하다고 주장하는 사람들(예를 들어, 츠빙글리)을 구분하는 명확한 신학적 경계가 있었다.

그 노선은 종교개혁 기간에 달라지지 않았고 합의하려는 훌륭한 시도에도 불구하고 이 기준은 후에 '루터파(Lutheran)' 교회와 '개혁파(Reformed)' 교회로 나누는 척도가 되었다. '개혁파' 교회 안에는 다양한 개혁 장소(취리히, 제네바, 바젤, 잉글랜드, 스코틀랜드 등)에서 나온 다양한 관행과 전통이 있었다. 따라서 '개혁파' 교회의 다양한 관행을 인정하는 것은 중요한 예배 장소를 무시할 수 있는 전면적 일반화를 막는 것이며, 하나의 복음주의 종교개혁의 초기 단계에 있는 많은 '개혁파' 개혁 사이에서 예전적 창의성과 혁신을 강조하는 것이다.

이런 종교개혁의 풍요한 형성 과정 안에 있었던 예전의 다양성에도 불구하고, 느리고, 종종 복잡한 교파화(confessionalization) 과정은 예전적 관행에 굳건한 실천적 단결을 가져오기도 했다. 필립 멜랑히톤(Philip Melanchthon)에 의해 작성된 『아우구스부르크 신앙 고백』(*Augsburg Confession*, 1530)은 비텐베르크에서 유래한 신학적, 예전적 입장의 상징이 된 반면, 마틴 부처와 볼프강 카피토(Wolfgang Capito)의 『테트라폴리탄 신앙 고백』(*Tetrapolitan Confession*, 1530)은 스트라스부르와 콘스탄스(constance), 멤밍엔(Memmingen), 랑도(Lingdau)의 신학적 입장을 대표했다.

『일치 신조』(Consensus Tigurinus, 1549)는 주의 만찬에 관해서 제네바와 취리히 사이에 공통적 토대를 세웠고, 어떤 특정한 예전 관례(예를 들어 떡과 포도주를 경배하는 것)에 대해서는 반대하는 판결을 내렸다. 단명했던 『종교의 42개 조항』(42 Articles of Religion, 1553)은 나중에 『종교의 39개 조항』(39 Articles of Religion, 1571)으로 수정되었고, 이후에 '규범적 원칙'(Normative Principle)으로 알려지게 될 것을 분명히 적었다. 이로써 영국 국교회는 성경에 어긋나지 않는 한 예배의 예식을 결정할 권한을 가지게 되었다.

스코틀랜드에서는 다른 무엇보다도 『규율 제1서』(The First Book of Discipline, 1560)가 십자가 성호를 폐지했고, 주의 만찬을 받기 위해서 앉는 것을 권장했다. 『팔츠 교회 규범』(Palatinate Church Order, 1563)은 후에 개혁파의 일련의 권위 있는 신학적, 예전적 입장을 제시하는 『하이델베르크 교리문답』(Heidelberg Cathechism)으로 알려질 것을 포함했다. 『일치서』(The Book of Concord, 1580)는 신학적 문제뿐만 아니라 예전적 문제에 관한 루터파의 확립되고 분명한 입장을 표명했다.

따라서 본서에 나타난 기간 전반에 걸쳐서 작성된 고백에 관한 문서의 아주 작은 표본에서도 신학적 입장과 관련된 예배 관례들이 어느 정도 정착된 것을 관찰할 수 있다. 비록 예전에 관한 논쟁은 다음 세기에도 계속될 것이지만, 『웨스트민스터 예배 모범』(Directory of Public Worship, 1645)과 『사보이 예전』(Savoy Liturgy, 1661)의 작성에서 분명히 입증되었던 것처럼, 종교개혁의 이 초기 단계에서조차 예전적 혼란을 피하고 예배 질서를 추구하려는 신학적, 정치적 열망이 있었다.

5. 일치, 자유, 관용

1) "사랑이 우리의 안내자가 되게 하라"

종교개혁 예전들의 공통적이고 다양한 특징은 많은 요인의 산물이었다. 그중 두 가지가 중요하다.

첫째, 주일 예배에 대한 성경 자체의 가르침에 대한 다른 해석이 있었다. **둘째**, 특정한 종교개혁자들 각자의 상황에 따라 영향력 있는 정치적, 사회적 요인이 있었다.

그러나 불가피한 다양성에도 불구하고 종교개혁 대가(Magisterial Reformers)들은 마틴 루터의 인도에 따라 복음 안에서는 일치를 그리고 교회 예전에서는 자유와 사랑의 실천을 열심히 추구했다.[24] 위대한 종교개혁자들인 토마스 크랜머와 존 칼빈 두 사람은 모두 교회 개혁에 있어서 예전의 다양성이라는 상황적 본질을 이해하고, 필요한 경우 자유와 사랑을 현명하게 권장했다.

> 왜냐하면, 우리는 모든 나라가 자신들이 하나님의 존귀와 영광을 제시하고, 사람들을 가장 완벽하고 경건한 삶으로 이르게 하는 데 최선이라고 여기는 격식을 사용하는 것이 합당하다고 생각하기 때문이다. 그리고 사람들의 규례들이 여러 나라에서 다양하게 변하는 것처럼 때때로 정말 상황에 맞지 않는다고 여겨지는 방법들은 버려야 한다.[25]
> 내 말은 주님이 그의 신성한 신탁의 사역에서 참된 의의 전체와 그분의 주권에 대한 경배의 모든 측면과 구원에 필요한 모든 것을 신실하게 포용하고 분명하게 표현하셨다는 것을 의미한다. 그러므로 이 안에서 오직 주(主)만이 들려야 한다. 그러나 그분은 외면적 권징과 의식에서 우리가 해야만 할 것을 상세하게 규정하려고 하지 않으셨기 때문에(왜냐하면, 그분은 이것이 시대 상황에 달려 있음을 예상하고, 한 가지 형식이 모든 시대에 적합하다고 여기지 않았기 때문이다), 여기에서 우리는 그분이 주셨던 저런 일반적인 규칙에서 위안을 찾아야 한다. 교회의 질서와 품위를 위해 필요한 것은 무엇이든지 이런 것에 대해

---

24 자주 루페르토스 멜데니우스(Rupertus Meldenius)에 기인한다고 하는 일치, 자유, 관용의 언급은 1522년 3월 10일 마틴 루터의 다음 설교로부터 나온다. "Ein ander Sermon D. M. Luthers Am Montag nach invocabit"(1522) in *D. Martin Luthers Werke: Kritische Gesamtausgaben*, Band 14 (Weimar: Hermann Böhlaus Nachfolger, 1905), 14.

25 Thomas Cranmer, "Of Ceremonies, Why Some Be Abolished, and Some Retained," 『공동기도서』(*Book Of Common Prayer*, 1552).

서 점검받아야 한다. … 사실상 나는 불충분한 이유로 성급하게, 갑자기 혁신으로 뛰어들어서는 안 된다는 것을 인정한다. 그러나 사랑은 무엇이 해를 주는지 혹은 덕을 세우는지를 가장 잘 판단할 수 있다. 그러므로 우리가 사랑을 우리의 안내자로 삼는다면 모든 것이 안전할 것이다.[26]

2) 하나님의 말씀에 따라, 오직 하나님의 영광을 위하여

이 책은 대가들의 종교개혁(Magisterial Reformation) 전반에 걸친 예전 스펙트럼의 모범들을 제시한다. 그것은 "하나님의 순전한 말씀"에 기초하고 주 예수 그리스도의 영광스러운 사역에 강렬하게 초점을 맞춘 루터, 츠빙글리, 부처, 칼빈, 크랜머, 불링거와 같은 선각자들의 펜에서 나온 놀랍도록 활발한 예배 개혁의 기간을 보여 준다. 그들의 다양성에도 불구하고 이 종교개혁자들의 예전은 주로 한 가지 공통된 열망을 보여 준다.

그것은 주 예수 그리스도의 복음에 기초하고 하나님 한 분의 영광을 위해 행해지는 정기적이고 기억에 남는 예배의 패턴을 통해서 성경의 가르침으로 일반 사람들을 교육하기 위해 하나님의 말씀에 따라 기독교 예배를 개혁하는 것이다.

---

26 John Calvin, *The Institues of the Christian Religion*, ed. John 1: Mcneill; trans. Ford Lewis Battles; 2 vols. (Philadelphia: Westminster Press, 1960). Ⅳ. x .30.

제3장

전통에서 예배하기

현재를 위해 과거로부터 나온 원리들

조나단 깁슨 & 마크 언지

> 전통은 죽은 자의 산 믿음이고 전통주의는 산 자의 죽은 믿음이다. 그리고 덧붙이자면, 전통에 그런 나쁜 이름을 주는 것은 전통주의이다.[1]
>
> 역사는 그 주제에 대해 단 하나의 진술만을 제시한다. 개신교 성찬들이 행해지는 곳에서는 어디서나 예배 제도가 예식서에 의해 보장되었으며, 그것을 만들기 위해서 가장 유능한 사람들이 동원되어 작업했다.[2]

1. 시작하는 글

종교개혁 예배에 관한 본서의 주장은 평화적이다. 여기에서 분석되고 제시되는 예전들은 오늘날의 현대 교회들에 자신들의 예배를 비평하고 성찰할 수 있도록 하는 절묘한 격려이다. 16세기 유럽에서 종교개혁 복음이 신자들의 마음과 생각에 자리 잡기 시작했을 때, 예수님이 주님이시라는 성경적 진리는 완전히 새로운 의미를 띠게 되었다.

예술, 문화, 음악, 민법, 행정 체계, 학교 교과 과정, 교회 건축 그리고 심지어 교회의 가구까지 모든 것이 영향을 받았으며, 복음은 교회 생활을 포함한 신자들의 삶 전체에 스며들었다. 교회 건물의 외부와 내부의 물리적 구조가 변경되었을 뿐만 아니라 교회 내부의 영적 구조도 변경되었다. 교회의 예배 예전은 개회 말씀부터 폐회 축도까지 종교개혁 복음이 빛을 발할 수 있는 방식으로 새롭게 변화되었고 활력으로 채워졌다.

2. 예배 전쟁

종교개혁자들에게 종교개혁은 단순히 참된 교리를 회복하는 것만은 아니었다. 그것은 궁극적으로 참되고 완전한 예배를 회복하는 것이었다. 이

1　Jaroslav Pelikan, *The Vindication of Tradition* (New Haven, CT: Yale University Press, 1984), 65.
2　Charles W. Baird, *Eutaxia, or The Presbyterian Liturgies : Historical Sketches* (Eugene, OR: Wipf and Stock, 2006[1855]), 254.

것은 존 칼빈이 자신의 회심에 대해 진술한 것에서 알 수 있다. 사들레토(Cardinal Sadoleto) 추기경에게 보내는 회답에서(1539), 칼빈은 행위의 의뿐만 아니라, 거짓 예배로부터 구원을 받는 것에 관해서 썼다.[3]

칼빈에게 있어서 그의 회심과 개혁의 사역은 우상 숭배(면죄부와 미사)로부터 참 하나님께 드리는 참된 예배(오직 그리스도 안에서 오직 믿음으로 말미암아 오직 은혜로 얻는 칭의의 복음에서 하나님이 자신을 드러내셨던 것처럼)로의 이동에 관한 것이었다. 종교개혁자들이 핵심적인 교리들—(**오직 성경**[*sola Scriptura*], **오직 믿음**[*sola fide*], **오직 그리스도**[*solus Christus*])와 같은—을 회복하고 개선하기 위해서 에너지와 시간을 쏟아부었던 반면에, 이런 교리들 자체는 결코 궁극적 목표는 아니었다.

예를 들어, **오직 믿음**(*sola fide*)은 종교개혁 대가들에게 즉각적 관심사였을지 모르지만, **오직 하나님께 영광**(*soli Deo gloria*)이 그들의 최종적 관심사였다. 그리고 하나님의 영광이 그들의 궁극적 관심사였기 때문에, 하나님이 **어떻게**(how) 예배를 받으시는가가 주된 관심사가 되었다. 바로 이것 때문에 종종 조각상들이 파괴되고, 벽들에 회칠하며, 칸막이가 철거되고, 제단이 테이블로 대체되며, 공 예배의 요소들이 제거되고, 새로운 요소들이 도입되었다. 왜냐하면, 하나님은 자신이 직접 명령하신 대로 영과 진리로, 영적이고, 성경적 단순함으로 예배를 받으셔야 하기 때문이었다.

하나님을 예배하는 것은 인간의 상상이나 혁신에서 나온 변덕과 소원에 의해서가 아니라, 하나님의 말씀으로 규정되어야만 했다. 종교개혁에서 복음을 회복한 것은 궁극적으로 예배 전쟁—우상에 맞서는 전쟁, 하나님께 드리는 순전한 예배를 위한 전쟁—이었다.[4]

---

[3] Hans L. Hillerbrand, *The Protestant Reformation* (London: Macmillan, 1968), 170-72. 칼빈 개종의 두 가지 이유에 대해 도움을 주는 논의는, Bruce Gordon, *Calvin* (New Haven, CT: Yale University Press, 2009), 33-35를 보라.

[4] Carlos M. N. Eire, *War against the Idols: The Reformation of Worship from Erasmus to Calvin* (Cambridge: Cambridge University Press, 1986).

3. 모든 성도와 함께 예배하기

종교개혁의 대가들이 우상 숭배에 대항하여 싸울 때 그들은 성령의 검, 곧 하나님의 말씀으로 전쟁에 임했다. 그러나 그들은 **오직 성경**(*sola scriptura*[the Bible alone])만을 믿고 이 진리를 예배 개혁에 적용했지만, 그들은 **단지 성경만**(*nuda scriptura*[Bible only]) 믿은 것은 아니었다. 종교개혁자들은 자신들의 예전을 무(*ex nihilo*)에서나, 혹은 **백지상태**(*tabula rasa*)에서 저술하지 않았다. 오히려 그들은 초대 교회 교부들의 고대 예배의 예를 따랐다. 개혁자들은 로마가톨릭의 잘못된 신학으로 손상된 초대 교회의 예배를 성경에 비추어 개혁하기 시작했다. 따라서 마틴 루터는 『미사의 형식』(*Form of Mass*) 서문에서 다음과 같이 썼다.

> 그러므로 우선, 우리는 하나님께 드리는 모든 공식적 예배를 완전히 폐지하는 것이 현재 우리의 의도가 아니며, 결코 우리의 의도가 아니었다는 사실과 그러나 가장 악한 첨가 때문에 부패한, 현재 사용 중인 것을 성결하게 하여 경건한 사용을 보여 주기 위한 것이라는 사실을 공개적으로 선언한다.

칼빈은 자신의 제네바 예전을 『교회 기도의 형식 … 고대 교회의 관습에 따른』(*The Form of Ecclesastical Prayers … According to the Custom of the Ancient Church*)이라고 명명했다. 그리고 루드비히 라바터는 취리히에 있는 하인리히 블링거 교회의 관행들을 비슷한 방식으로 묘사했다.

> 그것은 가능한 한 많이, 가장 오래된 그리고 실제로 사도적 교회의 최초이자 가장 단순한 형태로 모든 것을 복원시켰다.

종교개혁자들에게 전통은 중요했다. 왜냐하면, 그것은 산 자의 죽은 믿음이 아니라 죽은 자의 산 믿음이었기 때문이다. 그래서 그들은 조상들이 믿음으로 세운 고대의 경계석을 옮기지 않기로 결심했다(참조, 잠 22:26). 이와 같이 종교개혁자들은 십계명, 주기도문, 사도 신경과 같은 일부 고대 예배 요소를 공 예배에서 유지했다. 그들은 교회가 지상에서 예배할 때, 교회는 초대 교회 교부들(사도 신경)과 그리스도(주기도문)뿐만 아니라 시내산에서 모세와 이스라엘(십계명과 함께) 시대까지 거슬러 올라가는 자신의 역사를 보여 주어야 한다고 믿었다.

역사를 통틀어 이런 기독교 예배의 흐름에서 벗어나는 교회는 자신의 유산과 자신의 머리(Head)로부터 단절되는 위험을 무릅쓰는 교회이다. 왜냐하면, 그리스도는 교회의 역사와 유산의 주님(Lord)이시기 때문이다. 다시 말하면 그리스도는 그분의 몸인 교회의 머리(Head)이시며 그분의 교회는 하나님이 에덴동산에서 처음으로 언약의 말씀(창 3:15)을 하신 이후 6년이 아니라 지난 6천 년에 걸쳐 형성되었기 때문이다. 따라서 오늘날 교회가 예배로 모일 때 교회의 역사적 뿌리를 드러내야 한다.

우리는 우리보다 앞서 예배를 드렸던 이들의 어깨 위에서 예배드린다. 우리는 현재와(and) 과거의 모든 성도와 함께 예배드린다(히 12:22-24).

4. 어머니인 교회

초대 교회 교부인 키프리아누스는 "당신이 어머니로서 교회를 가지지 않는다면, 당신은 더 이상 아버지로서 하나님을 가질 수 없다"고 말했다.[5] 현대 개신교의 일부는 이런 인식이 너무 얇아져서 이런 진술이 이상하게 보이고, 적지 않은 신경과민증을 일으킨다. 그러나 칼빈은 그 중요성을 인식했고, 키프리아누스의 비유를 확장했다. 우리는 칼빈에게서 다음과 같이 배워야 한다.

'어머니' 라는 단순한 칭호에서조차 어머니는 우리에게 얼마나 필요하고 생명을 주는 존재인지 배운다. 그것이 바로 우리가 어머니를 반드시 알아야 한다는 사실이다. 왜냐하면, 이 어머니가 자신의 태에 우리를 임신하고, 우리를 출산하며, 자신의 모유를 먹이지 않는다면, 우리가 생명으로 태어날 다른 길이 없기 때문이다. 마지막으로 어머니가 죽음으로 그 육체를 벗어버릴 때까

---

5 Cyprian, *De catholica ecclesiae unitate* 6; PL. 4:503: "Hebere Jam non potest Deum patren, qui Ecclesiam non habet matrem."

지 반드시 우리를 자신의 보호와 인도하에서 지키지 않는다면, 우리는 천사처럼 될 것이다. 우리의 연약함 때문에 우리는 평생 어머니라는 학교의 학생으로 남아 있어야 한다. 그녀의 품으로부터 멀리 떠나서 우리는 어떠한 죄 사함과 어떠한 구원에 대한 소망도 품을 수 없다.[6]

우리는 스스로 사람들에게 통치와 가르침을 받도록 허용해야 한다. 이것이 가장 높은 자로부터 가장 낮은 자에게까지 다 적용되는 보편적 규칙이다. 교회는 왕이나 농부나 동일하게 자녀들을 낳고, 양육하며 그리고 그 자녀들을 하나님께 데려가는 모든 경건한 자의 공통적 어머니이다. 그리고 이것은 사역으로 행해진다. 이런 명령을 게을리하거나, 경멸하는 자들은 그리스도보다 현명하기를 원하는 것이다. 이런 사람의 교만에 화 있을진저![7]

가장 기본적으로, 칼빈은 "우리 어머니로서의 교회"를 교회의 사역이 그리스도인의 삶의 발전에 필수적이라는 의미로 이해했다. 하나님은 교회에 목사를 주셨고 교회 안의 모든 사람들은 목양받아야만 했다. 따라서 사유화되거나 개인화된 헌신이 영적 자양분을 유지하기에 충분하다고 생각할 수 없다.

오히려 영적으로 영양을 공급받기 위해서는 어머니인 교회(Mother Kirk)의 예배를 통하여 정기적으로 전달된 말씀과 성례전의 일반적인 은총 수단에 겸손하게 복종해야 한다. 교회의 이런 사역은 국가와 문화, 상황에 따라 교회마다 당연히 다르다. 그러나 개혁자들이 성경에 비추어 정확히 무엇을 회복하고 정화했는지에 대한 숙고는 현대 교회에 몇 가지 변하지 않는 원칙을 드러낸다.

다음은 과거로부터 수집되어 현재에 적용 가능한 기독교 예배를 위한 몇 가지 예배 원리이다.

---

[6] John Calvin, *The Institutes of the Christian Religion*, ed. John T. Mcneill; trans. Ford Lews Battles; 2 vols. (Philadelphia: Westminster Press, 1960), IV. 1.4.

[7] John Calvin, *Commentaries on the Epistles of Paul to the Galatians and Ephesians*, trans. William Pringle (Edinburgh: Calvin Translation society, 1854), 282.

5. 기독교 예배는 삼위일체의 일하심이다

종교개혁의 예전들은 삼위일체 하나님과 관련하여 스며들었다. 기도들은 자주 성부, 성자, 성령 하나님의 이름을 존귀하게 하고 찬양하는 것을 언급했다. 기도는 일반적으로 삼위일체의 양식을 따랐다. 그래서 기도들은 성령의 권능과 성자이신 예수 그리스도를 통하여 하늘에 계신 전능하시고 영원하신 성부께 드려졌다. 크랜머의 『공동 기도서』(Book of Common Prayer, 1552)에 나타나는 성찬식의 시작 기도는 삼위 하나님의 일하심 삼중 구조를 잘 보여 주고 있다.

> 전능하신 하나님, 당신 앞에는 모든 마음이 열려 있고 모든 욕망이 알려져 있어 당신에게 감출 수 있는 비밀은 아무것도 없습니다. 당신의 거룩한 성령의 감동으로 우리 마음의 생각을 깨끗이 하사, 우리가 우리 주 그리스도로 말미암아, 당신을 온전히 사랑하고 당신의 거룩한 이름을 합당하게 찬양할 수 있도록 하시옵소서. 아멘.

청원 기도는 종종 삼위일체 공식(Trinitarian formula)으로 마무리되었다. "당신과 세세토록 영원한 하나님이신 당신의 성령과 함께 다스리시는 예수 그리스도로 말미암아, 아멘." 공 예배에서 역사적 신조의 암송은 계속해서 삼위일체에 초점을 맞추었고, 신앙 조항(Articles of Faith)들은 성부, 성자, 성령의 세 위격으로 계신 한 하나님을 확증하고, 창조주(Creator)이신 성부, 구세주(Redeemer)이신 성자 그리고 생명을 주시는(Life Giving) 성령이라는 각 위격의 고유한 역할에 관해 설명한다.

마지막으로 고린도후서 13:14에 근거한 축도인 "주 예수 그리스도의 은혜와 하나님의 사랑과 성령의 교통하심이 너희 무리와 함께 있을지어다"는 예배가 끝날 때까지 삼위일체에 대한 초점을 유지했다.

6. 기독교 예배는 성육신하신 말씀에 초점을 맞춘다

16세기 복음주의 예전은 그리스도의 삶, 죽음, 부활, 승천 그리고 중보 기도에서 성육신하신 말씀인 그리스도에 대한 분명한 초점과 함께 '오직 그리스도'라는 종교개혁의 외침을 보여 주었다. 그리스도는 종교개혁자들의 예배에 철저히 스며들었다. 『독일어 미사』에서 디볼트 슈바르츠는 그분을 주님(Lord), 지극히 높으신 주님(Lord Most High), 주 하나님(Lord God) 그리고 세상 죄를 지고 가는 하나님의 어린양(the Lamb of God)으로 찬양했다.

그리스도는 "우리 주 예수 그리스도로 말미암아"와 같은 말로 끝나는 고백 기도와 더불어 **그분으로 말미암아**(through whom) 우리가 우리의 죄를 고백하는 분이셨다. 그리스도는 또한 **그분에 의해서**(by whom) 우리가 하나님께 용서를 구하는 분이셨다. 성찬 기도에서, 슈바르츠는 아담이 한 일과 그리스도께서 하신 것을 비교함으로써 '오직 그리스도'를 보여 주었다.

> 오, 주님, 거룩하고, 전능하신 아버지, 영원하신 하나님, 당신은 나무 십자가를 통해서 우리를 위한 구원을 얻었사오니 이는 죽음이 나왔던 동일한 근원에서 생명도 나게 하려 하심이며, 또한 우리 주 그리스도로 말미암아 나무의 범죄로 아담 안에서 우리 모든 사람을 이긴 원수를 이긴 원수를 나무에서 드린 순종으로 이기게 하려 함이라.

칼빈도 『교회 기도의 형식』(*Form of Ecclesiastical Prayers*)에서 유사한 말을 하고 있다. 일반적인 중보 기도에서 그는 "주님, 우리가 아니라, 당신의 그리스도 얼굴을 보소서. 그분의 중보에 의해서 당신의 진노가 진정되고, 기쁨과 구원 가운데 주님의 얼굴이 우리에게 비추게 하소서."

일부 예전에서, 그리스도는 **그분께**(to whom) 우리가 기도하며 우리의 죄를 고백하는 분(One)이시기도 했다. 이것은 **자비송**(*Kyrie Eleison*)에 포함된 그리스도에 대한 직접적 가사에서 볼 수 있다.

"오 그리스도여! 우리에게 자비를 베푸소서."

이런 '오직 그리스도'에 관한 실천들은 다른 기도문에서도 나타난다. 『예수 그리스도의 언약』(*The Testament of Jesus Christ*)에서 요하네스 외콜람파드는 다음과 같이 기도했다.

> 주님이신 예수 그리스도시여!
> 당신은 당신의 사도들에게 "평안을 너희에게 끼치노니 곧 나의 평안을 너희에게 주노라 내가 너희에게 주는 것은 세상이 주는 것과 같지 아니하니라"라고 말씀하셨습니다. 그러므로 내 주여 내 죄를 보지 마시고, 비록 내가 그것을 이해하지 못하더라도 내가 믿는 주의 거룩한 기독교 교회의 믿음을 보소서. 당신의 거룩한 뜻에 따라서 교회에 평화를 허락하시옵소서. 하늘에 계신 당신의 아버지와 성령님과 더불어 교회를 보존하시고, 연합시키시며, 통치하시옵소서. 왜냐하면, 그분들과 더불어 당신은 영원히 사시기 때문입니다.

그리스도의 중심성은 사죄 선언에서 계속되었다. 마틴 부처는 『교회의 관례들』(*Church Practices*)에서 아마도 용서의 확신을 주기 위해 낭독되었을, 그리스도의 대속적 행위에 초점을 맞춘 몇 구절들(요 3:18; 3:35-36; 행 10:43; 요일 2:1-2)을 제공했다. 칼빈의 『교회 기도의 형식』(*Form of Ecclesiastical Prayers*)에서는 용서를 받을 때 하나님의 백성이 그들의 "주님이시고, 왕이시며, 율법의 제정자이신" 그리스도께 영광과 경의를 표하도록 성령의 도움을 간구했다.

그리스도는 또한 역사적으로 중요한 신조에서도 인정과 경배를 받으셨다. 그리스도는 하나님의 독생자이시지만, 그런데도 성부와 동격이시다.

> 빛에서 나신 빛,
> 참 하나님에서 나신 참 하나님,
> 나셨으나 지음 받지 않으신 분,
> 성부와 한 본체이신 분,
> 만물이 그에게서 창조되었음이라.
> (니케아 신경)

『덴마크 교회 규범』(*Danish Church Order*)의 성찬 기도가 보여 주는 것처럼, 성찬식은 가장 집중되고 애정 어린 초점을 그리스도께 맞춘다.

오 우리의 구세주이신 예수 그리스도이신 주님이시여, 이 영적 하늘의 음식으로 우리의 영혼을 먹이시니 당신께서 항상 존귀와 찬양을 받으시옵소서. 그리고 당신이 우리에게 지속적인 감사의 혹은 일상적 기념과 자애로운 일치의 성례전을 위해서 우리에게 주셨던 당신의 부드러운 긍휼을 요청합니다. 그래도, 지극히 자비로운 구세주시여, 우리에게 당신의 은혜를 베풀어 주셔서 우리가 당신에게 그 은혜 주심을 감사하고, 그 은혜로 당신의 죽음과 피 흘리심으로 사셨던 우리의 구속을 끊임없이 유념할 뿐만 아니라 그것을 고려하여 당신을 위해서 당신과 모든 인류를 향한 사랑이 증가하도록 해주시옵소서.

이처럼, 고백에서 신조까지, 본 기도로부터 성찬에 이르기까지, 성육신하신 말씀인 그리스도는 종교개혁 전통에서 예배의 중심이었으며 지금도 여전히 예배의 중심이다.

7. 기독교 예배는 기록된 말씀으로 가득 차 있다

종교개혁의 예전들에 성경이 스며들었다. 예배에는 구약과 신약, 복음서 그리고 시편의 다양한 낭독이 포함되었다. 실제로, 교회의 고대 찬송가 책인 시편 찬송가(Psalter)는 다양한 음악적 선율로 설정되었으며 많은 종교개혁 예배의 근간을 형성했다. 그러나 성경은 단순히 시편을 노래하고 성경을 낭독하는 것 이상으로 예배에 존재했다. 그것은 거룩한 예배의 각 요소에 조심스럽게 엮여 있었다.

예배는 종종 시편이나 성경 문장으로 시작되었다. 권면, 고백, 용서의 선언은 내용 면에서 성경적이었다. 그리고 본 기도와 더 긴 중보 기도는 성경적 용어로 넘쳐났다. 종교개혁자들은 성경에 대해 높은 식견을 가지고 있었을 뿐만 아니라, 매주 예배에서 그것을 실천했다. 그들은 여호와의 교훈은 정직하여 마음을 기쁘게 하고, 여호와의 계명은 순결하여 눈을 밝게 하신다는 사실(시 19:8)을 이해했다. 종교개혁자들은 구원을 위한 기록된 말씀의 필요성과 그리스도인의 삶을 위한 성경 이해의 중요성을 받아들였다.

말씀은 교회에서 '자유로운 순서'(free course)로 진행되어야만 했다. 왜냐하면, 루터가 말했던 것처럼 그렇게 함으로써 "우리는 사탄을 괴롭히기" 때문이다. 이것은 시편 46편의 유명한 버전인 "내 주는 강한 성이요"에서 그가 파악했던 진리다.

> 비록 이 땅에 마귀 들끓어
> 우리를 삼키려 하나,
> 우리는 겁내지 않네.
> 이는 그분의 진리로 이길 것을
> 하나님이 정하셨기 때문이라네.
> 어둠의 지배자는 위협하지만
> 우리는 떨지 않네.
> 우리는 견딜 수 있네, 그의 분노를
> 하! 이는 그의 파멸이 확실하고.
> 한마디 작은 말로도 반드시 그를 이기기 때문이라네.[8]

8. 기독교 예배는 선포된 말씀을 중심에 둔다

종교개혁자들은 예수님의 사역(눅 4:18)과 사도들의 사역(행 6:2)에서 설교의 우선 순위를 이해했고, 성경을 설교하고 가르치는 일(딤전 4:13; 딤후 4:1-2)에 헌신하기로 했다. 종교개혁 설교의 목적은 이제 자국어로 들을 수 있는 기록된 말씀의 의미를 설명하는 것이었다. 그렇게 하면서, 종교개혁자들은 진리를 이해시키고, 자신들의 무리를 오류로부터 보호하는 방식으로 말씀을 바르게 다루는 데 열심이었다.

종교개혁자 설교와 설교문집들은 성경의 가르침을 요약했고 교리를 시대의 많은 당면 문제에 적용했다. 그들의 연속적 강해 설교의 방식도 마찬가지였지만, 설교자뿐만 아니라 청중들도 하나님의 말씀 전체에 묶이도록

---

8   제3연.

주의 깊게 말씀을 분석했다.

현대 설교자들에게는 미리 작성된 설교문과 공인된 설교를 사용할 의무는 거의 없다. 이것은 사려 깊은 설교 프로그램의 필요성을 더욱 중요하게 만든다. 교회력에 맞춘 좋은 성서정과는 성경 색을 관통하는 연속적 강해 설교에 대한 현명한 계획들이 그런 것과 같은 틀을 제공한다.

왜냐하면, 성경의 전체 교훈을 설교하기 위해 성경을 주의 깊게 다루지 않는다면 설교의 주제와 내용은 주로 목사의 개인적 선호와 관심 때문에 좌우될 것이기 때문이다. 따라서 그 결과는 루터가 『독일어 미사』에서 언급했던 '푸른 오리'(제2장 종교개혁자들의 예전 개혁의 공통점 중 설교 중심, 참조. 역주)나 혹은 존 아 라스코가 『형식과 방법』에서 말했던 관행들과 아주 비슷해질 가능성이 크다.

> 때때로 거두절미하여 훼손된 성경의 이야기나 장소들이 사람들에게 다음과 같은 식으로—제시된 이런 것들은 충분히 설명되지 않고, 제시되지 않은 것들은 일반적으로 무시되며, 사람들과 접촉되는 일이 거의 없는 식으로—제시된다.

성경에 대해서 높은 식견을 가진 사람들은 자연히 예정된 본문을 신중하게 분석하고 설교하는 강해 설교의 방법을 선호하는 경향이 있을 것이다. 왜냐하면, 하나님 말씀의 풍성함을 주의하여 탐구하면 언제나 놀라운 보물을 산출하기 때문이다. 그러나 이 말씀의 탐구에는 종교개혁자들이 너무나 잘 알고 있었듯이 고대 성경 언어에 대한 진지한 훈련과 준비 시간이 필요하다.

칼빈은 설교 준비를 너무나 잘해서 매주 노트 없이 히브리어나 헬라어 성경만 가지고 강단에 올라갈 정도였다. 하지만 그가 자신의 설교에서 결코 원어를 언급한 적이 없다는 사실은 흥미로운 일이다.[9] 그의 준비는 깊고 철저했으며, 설교는 단순하고 명확했고 또한 실리적이었다. 많은 개혁자와

---

9 Scott M. Manetsch, *Calvin's Company of Pastors: Pastoral Care and the Emerging Reformed Church, 1536-1609* (Oxford: Oxford University Press, 2013), 162.

마찬가지로, 칼빈도 매주 여러 차례 설교했기 때문에 말씀이 역사하기 위해서는 성령에 크게 의존해야 했다. 이런 일부 종교개혁자들의 관행은 오늘날 우리가 따라 하기 어려울 수 있지만, 공 예배에서 설교된 말씀을 중심에 두는 것은 어느 시대의 교회에도 필수 불가결한 요건일 것이다.

9. 기독교 예배는 가시적 말씀을 포함한다

그리스도의 임재에 대한 루터파와 개혁파 교회 진영 사이의 중요한 신학적 논쟁 그리고 개혁파 교회 진영 자체의 내부적 논쟁을 뒷받침하는 것은 주의 만찬이라는 성례전의 중요성에 대한 보편적 합의였다. 기독교 예배는 말씀 예전과 주의 만찬 예전이라는 두 종류의 예전을 수반한다. 두 예전은 별개의 것이지만, 많은 개혁자에게 있어서 그것들은 떼려야 뗄 수 없는 관계였다. 사실상, 말씀 예전은 자연스럽게 성례전으로 연결되었다. 주의 만찬은 말씀 예전의 '끝'에 서둘러서 '덧붙여지는 것'이 아니었다. 이것은 현대 복음주의 교회들이 개선해야 할 관례이다.

오히려 종교개혁자들은 주의 만찬이 귀중한 은혜의 수단으로서 목회적으로 매우 중요하고, 그 중요성에 있어서 말씀 예전과 동등하다고 이해했다. 왜냐하면, 주의 만찬은 그리스도의 몸이 찢기고, 그리스도가 피를 흘리셨다는 표징일 뿐만 아니라, 그것은 또한 동일한 우리 주 예수님으로 말미암는 영적 강화의 수단이었기 때문이다. 성찬의 빈도에 대한 다른 접근법은 반드시 그 중요성에 대한 다른 이해를 반영하지는 않았다.

이것은 주의 만찬에서 선택된 신중하고 공들인 단어들에서 볼 수 있다. 그 선택된 단어들은 성찬이 행해지는 동안 주님의 수난과 죽음을 반영하고 다양한 형태의 분배로 절정에 이르게 하며 성찬 후 찬양의 부드럽고 진심 어린 말을 통하여 성찬의 대단원의 끝을 장식했다.

종교개혁 예전들이 의도한 것은 주의 만찬에서 그리스도와의 깊은 만남이 있어야만 한다는 것이었다. 예를 들어 『형식과 태도』(*Form and Manner*)에서 외콜람파드는 주의 백성은 "마치 그들이 그리스도 옆에 앉아서 그분으로부터 그것을 직접 듣는 것처럼", 주의 만찬에서 제정사의 말들을 숙고해야만 한다고 말했다. 크랜머는 주의 만찬에서 그리스도를 만나는 영적 심오함을 잘 포착했다.

> 우리[our] 구주 그리스도는 우리의 귀로 들을 수 있도록 이런 것들을 그분의 거룩한 말씀으로 가장 분명하게 제시하셨을 뿐만 아니라, 또한 물로 영적 갱생을 하는 가시적 한 성례전과 그리고 떡과 포도주로 영적 자양분을 얻는 또 다른 가시적 성례전을 명하셔서 인간이 할 수 있는 한 많이, 그리스도를 우리 눈으로 보고, 우리의 코로 그분의 냄새를 맡으며, 우리의 입으로 그분을 맛보고, 우리 손으로 그분을 만지고, 우리의 모든 감각으로 그분을 인지할 수 있도록 하셨습니다. 왜냐하면, 선포된 하나님의 말씀이 우리 귀에 그리스도를 넣어 주는 것처럼, 마찬가지로 하나님의 말씀에 결합된 물, 떡 그리고 포도주라는 이런 요소가 성례전의 방식을 따라서 그리스도를 우리 눈과 입, 손과 모든 우리의 감각에 넣어 주기 때문입니다.[10]

이런 효과적인 (그리고 감동적인) 말은 현대 목회자들이 가시적 말씀을 어떻게 규정하는지를 숙고하도록 도전한다.

주의 만찬이라는 성례전이 크랜머가 말했듯이 "우리의 모든 감각"에 그러한 목회적 심오함으로 그리스도를 그분의 백성에게 제시하는 것이라면, 왜 교회가 주의 만찬의 실행을 소홀히 하거나 제한함으로써 이 목회적 사역을 축소하겠는가?

잡히셨던 날 밤에 우리 주 예수님의 "받아서 먹어라", "마시고 기억하라"라는 명령은 최후의 만찬을 위해서 만났던 그 작은 사도 교회에 그랬던 것과 마찬가지로 오늘날의 현대 교회에도 관련이 있다. 영국 종교개혁자인 존 후퍼(John Hooper)는 "그것은 하나님과 사람 사이의 평화를 전파하고, 서로를 사랑하며 경건한 삶을 권면하고, 내세에 대한 소망을 위해 세상을 정죄하도록 훈계하는 가시적 말씀이다"라고 말했다.[11]

10　Thomas Cranmer, *A defence of the true and catholike doctrine of the sacrament of the body and blood of our sauiour Christ* ... (London: Reginald Wolfe, 1550), RSTC 6000, sig. C. ii ^{r}.

11　John Hooper, *A godly confession and protestation of the christian faith* ... (London: John Day, 1550), RSTC 13757, sig. G.iii^v.

10. 기독교 예배는 교회의 권징과 연결된다

많은 종교개혁자는 주의 만찬을 교회의 권징과 교회의 정결함에 연관시켰다. 그들에게는 회개하지 않는 죄인들로부터 식탁을 보호하는 것은 회개하는 죄인들과 함께 식탁에서 식사하는 것만큼 중요했다. 많은 예전에서 다양한 종류의 죄인들의 긴 목록이 낭독되고, 그러한 사람들에게 회개하지 않으면 주의 식탁에서 환영받지 못한다고 경고했다. 칼빈은 『교회 기도의 형식』(Form of Ecclesiastical Prayers, 1566)에서 성찬 제정사에 대한 서론에서 다음과 같은 사람들이 식탁에 참여하는 것을 금했다.

> 모든 우상 숭배자, 신성 모독자, 하나님을 멸시하는 자, 이단 그리고 교회의 일치를 깨뜨리는 분당을 조성하는 자, 모든 위증자, 자신의 아버지와 어머니 그리고 자신의 상급자에게 대항하는 모든 자, 폭동, 혹은 반란을 조성하는 자, 간음한 자, 방탕한 자, 도둑, 부를 축재한 자, 약탈자, 주정뱅이, 탐식하는 자 그리고 수치스러운 삶을 사는 모든 자.

칼빈은 이런 사람들에게 "우리 주 예수 그리스도께서 그분의 종들과 신실한 사람들에게만 주시는 거룩한 음식을 오염시키고 더럽히지 않도록 이 거룩한 식탁에서 멀리하라"고 명령했다.

많은 종교개혁 교회에서는 주의 만찬이 거행되기 훨씬 전에 공고해서, 모든 수찬자가 자신들의 마음과 삶에 숨겨진 죄가 있는지 살피고, 신성한 신비에 참여하기 전에 회개하도록 격려했다. 그들은 또한 식탁으로 오기 전에 어떤 위법 행위나 혹은 자신들 사이에 있는 불화를 해결하도록 종용받았다. 칼빈은 '그러므로' 다음과 같이 말했다.

> 사도 바울의 권고에 따라 각 사람은 자신의 잘못을 진정으로 회개하고 후회하는지 이제부터 거룩함과 하나님과 일치하게 살기를 원하는지 자신의 양심을 시험하고 성찰하십시오. 그리고 무엇보다도 그가 하나님의 자비를 신뢰하고 자신의 구원을 전적으로 예수 그리스도로부터 구하는지와 또한 모든 적대감과 악의를 버리고, 이웃과 화목하고 형제애로 살겠다는 선의와 용

기를 가졌는지를 살펴보십시오.

합당하지 않게 그리스도의 몸과 피에 참여하는 것에 대한 경고는 엄숙하고 분별력이 있었다. 그러나 와서 참석하라는 초대의 말들은 따뜻하고 다정했다. 믿지 않고 회개하지 않는 죄인들이 식탁에 앉는 것은 환영받지 못했지만, 반면 믿고 회개하는 죄인들은 환영을 받았다. 그래서 칼빈은 다음과 같이 기록했다.

> 만약 우리가 하나님 앞에서 우리의 마음에 이런 간증이 있다면, 하나님이 우리를 그분의 자녀로 인정한다는 사실과 주 예수께서 우리를 그분의 식탁으로 데리고 가셔서 우리에게 그분의 제자들에게 맡기셨던 이런 거룩한 성례전을 제공하시면서 우리에게 말씀하신다는 것을 조금도 의심하지 맙시다.
>
> … 우리 안에 있는 악과 결함들은 그분이 우리를 받으시는 것을 막지 못할 뿐만 아니라, 우리가 이 영적 식탁에 참여할 자격을 얻는 것을 막지도 못한다는 사실을 우리 모두 확신합시다. 왜냐하면, 우리는 우리가 완벽하거나 의롭다고 주장하면서 오는 것이 아니라, 오히려 예수 그리스도 안에서 우리의 생명을 추구하면서 우리가 죽었다는 사실을 고백하기 때문입니다. 그러므로 이 성례전은 가난하고 영적으로 병든 사람들에게 약이라는 사실과 우리 주님이 우리에게 요구하는 단 하나의 자격은 악을 싫어하며, 오로지 그분 안에서만 우리의 모든 즐거움과 기쁨과 만족을 찾을 만큼 충분히 우리 자신을 잘 아는 것이라는 사실을 이해합시다.

종교개혁자들에게는, 교회의 규율과 교회의 순결을 더 이상 주의 만찬에 연관시키지 않는 교회는 만찬에 참여함으로써 얻는 혜택과 위험성을 간과한 교회였다. 크랜머는 『공동 기도서』(*Book of Common Prayer*, 1552)에서 두 종류의 참여에 대해 충분한 개요를 제공했다.

> 만약 진실로 뉘우치는 마음과 살아 있는 믿음으로 우리가 저 거룩한 성례전을 받는다면 (그렇다면 우리는 영적으로 그리스도의 살을 먹고, 그분의 피를 마시는 것이다. 그렇다면 우리는 그리스도 안에 거하고, 그리스도는 우리 안에 거하신다. 우

리는 그리스도와 하나이고, 그리스도는 우리와 하나이다.), 유익이 큰 것과 마찬가지로, 우리가 동일한 것을 자격 없이 받는다면 (그렇다면 우리는 우리의 구세주이신 그리스도의 몸과 피에 죄를 범하는 것이다. 그리스도의 몸을 중히 여기지 않으면서 우리는 우리 자신의 저주를 먹고 마시는 것이다. 우리는 우리에 대한 하나님의 진노에 불을 붙이는 것이며, 다양한 질병과 모든 종류의 죽음으로 우리를 괴롭히시도록 하나님을 자극하는 것이다.), 그 위험도 그만큼 크다.

존 녹스와 미들버그 청교도들(Middleburg Puritans)이 각자의 예전에서 크랜머의 이런 말을 거의 그대로 차용했다는 사실은 교회의 권징과 교회의 순결함을 주의 만찬(Church's Meal)에 결부시키는 것의 중요성을 반영한다. 그 당시에도 있었고, 지금도 남아 있는 경고와 환영은 기독교 예배의 필수적 부분이다.

11. 기독교 예배는 단번에 구원받았다는 믿음을 확언한다

종교개혁자들은 성경을 교회의 유일하고 궁극적 권위로 회복하는 과정에서, 역사적 신경과 같은 하위 권위를 버리지 않고 재확인했다. 실제로 이것은 그들이 공 예배에서 신앙 고백의 요소를 유지했음을 의미했다. 그들에게 신경은 기독교 신앙의 주요 교리를 재확인하는 간결하고도 명료한 방법이었다. 주로 문맹인 회중과 함께 일을 하면서 종교개혁자들은 정기적 행사에서 기독교 신앙의 내용을 암송하는 것의 유익함을 알고 있었다.

그러나 그 이상으로, 그들은 종교개혁 교회는 어떤 일탈이 아니라, 성도들에게 단번에 주신 구원의 믿음의 도에 있는(유 1:3) 참된 교회 일부라는 사실을 보여 주기 원했다. 종교개혁자들에게 신조를 고백하는 것은 종교개혁 교회와 진정한 기독교 교회(Christian Church)를 결부시키는 것이고, 하나님의 백성에게 시대를 관통한 하나님의 교회에 대한 그분의 섭리적 돌보심을 상기시켜 주었다. 신조들은 이단에 맞서는 전쟁 중에 구축되었고, 교회는 과거를 기억해야만 했다.

근대에 있어서, 목회자들에게 현대 교회는 단순한 '오직 성경'의 입장에 여전히 충실할 수 있다고 믿는 것이 일반적으로 되었다. 궁극적으로, 하나님의 말씀은 충분할 뿐 아니라, 권위가 있다.

그렇다면 왜 우리의 공 예배는 (성경 외의) 신조가 있어야 하는가?

하지만, 그렇게 주장하는 것은 기본적이고 피할 수 없는 실재, 즉 하나님의 피조물로서 우리가 누구인지에 대한 근본적 실재를 파악하는 데 실패하는 것이다. 하나님은 인간을 **예배하는 인간**(*homo iturgicus*)으로 만드신 것과 마찬가지로, 그분은 인간을 **고백하는 인간**(*homo confessionalis*)으로 만드셨다.

그리고 우리가 타락으로 인하여 예배하는 피조물—하나님 아닌 다른 이나, 다른 것을 경배하는—임을 중단하지 않았던 것과 마찬가지로, 우리는 타락으로 신조를 고백하는 피조물—하나님 아닌 다른 이나, 다른 것을 고백하는—임을 중단하지 않았다.

> 예배와 마찬가지로 신조는 인간 삶의 근본적 실재 중 하나이며 예배(및 우상숭배)에 필수적이다. 그러므로 그것은 우리가 우리의 믿음을 고백할 것인지 말 것인지의 문제가 아니라 우리가 누구 또는 무엇을 고백할 것인지의 문제인 것이다. 그래서 "신조가 아니라, 다만 성경"을 고백하는 사람들조차도 자신들의 **신조**(*Credo*)를 방금 진술한 것이다. 더욱이 교회는 진리의 기둥과 버팀목으로서(딤전 3:15) 항상 고백하는 교회였다. 우리는 우리의 죄를 고백하며, 또한 우리의 구주를 고백한다.
>
> 크도다 경건의 비밀이여, 그렇지 않다 하는 이 없도다[we confess],
> 그는 육신으로 나타난 바 되시고
> 영으로 의롭다 하심을 받으시고
> 천사들에게 보이시고
> 만국에서 전파되시고
> 세상에서 믿은 바 되시고
> 영광 가운데서 올려지셨느니라(딤전 3:16).

역사적으로 중요한 신조들을 정기적으로 낭송하지 않는 교회는 자기 나라의 '독립 전쟁'(War of Independence)이나, '자유를 위한 투쟁'(Fight for Freedom)을 기억하지 않는 국가와 같다. 그런 교회는 자신이 어디에서 시작되었는지, 자신이 누구인지를 잊어버린 교회이며 또한 자신의 어머니를 업신여기는 교회이다(잠 15:20). 왜냐하면, 위대하며, 역사적으로 중요한 신조들은 수 세기와 천 년에 걸쳐 전해진 어머니 교회의 지혜이기 때문이다.

무지는 어느 정도 용서받을 수 있지만, 배은망덕한 것은 그렇지 않다.[12] 우리의 어머니인 교회(Mother Kirk)는 우리에게 풍성한 유산을 남겨 주었고, 우리는 그것을 맡겨 주신 것에 감사하며 지키는 것이 당연하다.

우리가 하나님께 우리의 감사함을 표현할 방법의 하나는 매 주일(Lord's Day)에 신조를 말하는 것이다. 매주—그리고 거의 마지막 한 사람까지—종교개혁자는 그렇게 했다. 사용되는 주된 신조는 사도 신경이었다, 그러나 루터, 슈바르츠 그리고 크랜머는 니케아 신조도 사용했다. 아침 기도회에서 때때로 아타나시우스 신조를 사용했던 사람은 크랜머가 유일했다. 각 신조의 내용은 단순하지만, 깊이가 있었다.

사도 신경에는 성부 하나님은 만물을 창조하시는 분, 하늘과 땅을 만드신 분으로 확언된다. 하나님의 아들이신 우리 주 예수 그리스도는 독생자로서, 성령으로 잉태되시고, 동정녀 마리아에게서 나시며, 모태로부터 무덤과 보좌에 이르기까지 우리를 위해 구원을 얻으신 분으로 확증된다. 예수님은 지금 보좌에 앉으셔서 다스리시며, 곧 산 자와 죽은 자를 심판하러 돌아오실 것이다.

성령님은 하나의 거룩하고 보편적이며 사도적 교회(Church)를 존재하게 하시고, 우리가 모든 성도와 친교를 누리게 하시는 분으로 확언된다. 성령님은 또한 다가올 세상에서 죽은 자와 산 자의 부활에서 우리의 미래를 보증하는 역할을 하신다.

---

12 Douglas Jones and Douglas Wilson, *Angels in the Architecture: A Protestant Vision for Middle Earth* (Moscow, ID: Canon Press, 1998), 99.

니케아 신조는 성자와 성령의 신성을 확장하면서 동일한 믿음을 재확인한다.

> [성자는] 창세 전에 아버지로부터 나셨으며
> 빛의 빛이시오
> 참 하나님에게서 나신 참 하나님
> 나셨으며, 창조되지 않으신
> 아버지의 본질에서 나셨으며,
> 그분으로 말미암아 모든 것이 만들어지신 분이시다.

> [성령은] 하나님이시고, 생명을 주시는 분이시고,
> 성부와 성자로부터 비롯되었으며,
> 성부와 성자와 함께 경배받고, 영화롭게 되시는 분이시며
> 선지자들이 이야기했던 분이시다.

아타나시우스 신경 안에서 우리는 삼위일체를 철저히 방어한다. 여기서 신앙 고백은 신성에 대한 진리를 확증하고 신성에 대한 거짓을 부인함으로써 본질에서 상반된다. 삼위일체의 각 위격은 창조되지 않고, 이해할 수 없고, 영원하고, 전능하고, 하나님이시며, 주님이심이 확증된다. 또한, 삼신론(tritheism)에 대한 부정이 곳곳에서 발견된다.

성부와 성자, 성령은 세 분의 영원한 분들이거나, 혹은 세분의 창조되지 않는 분들이거나, 혹은 세분의 이해할 수 없는 분들이거나, 세분의 전능자들이거나, 또한 세분의 하나님이시거나 세 분의 주님들이 아니다. 그분들은 세 위격으로 계신 한 분 하나님이시고, 세 위격이 한 하나님 안에 계신다. 이것이 보편적 믿음이다. 다음과 같은 것이 보편적 믿음이다.

"우리는 삼위일체 안에서, 한 분 하나님을 그리고 한 분 하나님 안에서 삼위일체(Trinity in Unity)를 경배하고 위격을 혼동하지 아니하며 본질을 나누지 않는다."

이런 믿음이 보편적 믿음을 구성하고, "그것을 신실하게 믿지 아니하는 사람은 구원받을 수 없다."

신조를 처음 만든 사람들이 그랬듯이, 종교개혁자들에게 신조를 고백하는 것에 걸린 것은 생사의 문제였다. 『교회 기도의 형식』에서 칼빈은 "신조를 말(노래)함으로써 하나님의 백성은 자신들은 '모두 기독교 교리와 기독교 종교 안에서 살고 죽기를 바란다'고 증언한다"라고 기록했다.

따라서 주일에 목회자가 우리에게 서서 한목소리로 높여서, 그리스도인으로서 우리가 믿는 것을 말하라고 요구할 때, 우리는 머리를 높이 들고 확신에 불타는 마음으로 그렇게 해야만 한다. 왜냐하면, 그 순간에 우리는 우리의 삶이 달린 핵심적인 진리들―과거에 하늘과 지옥을 떨게 했고, 미래에 또다시 그렇게 할 진리들―을 진술하기 때문이다.

12. 기독교 예배는 풍성한 영적 연회이다

초대 교회의 주일 예배에 다양한 요소가 포함된 것처럼(행 2:42-47), 종교개혁 예배 또한 성경 전체로부터 권장되었던 다양한 요소를 반영했다. 예전의 초안을 잡았던 사람들은 죄의 고백과 죄 사함에 대한 확신(요일 1:8-10), 감사와 일반적 중보 기도(딤전 2:1-2), 권면(골 3:16a), 시와 찬송들(골 3:16b), 조명을 위한 기도(시 19:14; 43:4; 엡 3:18-19), 성경 낭독과 설교(딤전 4:13), 신조들(신 6:1; 고전 15:3; 딤전 3:16), 십계명(출 20:1-17; 마 5:17; 고전 9:21), 주기도문(마 6:9-13) 그리고 끝맺는 축도(민 6:24-26; 고후 13:14; 빌 4:7)와 같은 성경에 근거한 각각의 요소들을 포함하는데 신중했다.

비록 종교개혁의 예전에는 이런 요소의 정해진 순서는 없었지만, 그런데도 그들은 예배 중에 복음의 다른 측면을 나타내기 위해 유사한 목적을 달성했다. 그 요소들이 과도한 예배 시간을 도입하지 않고도 주일 예배의 리듬에 포함되었다는 사실은 특별히 주목할 만하다. 그리고 종교개혁자들은 예배 시간에 관심을 가졌다. 『덴마크 교회 규범』과 존 아 라스코의 『형식과 방법』(*Form and Method*)에서 설교는 1시간을 넘기지 말 것을 주장했다.

종교개혁 예전들에 있는 천재성 일부는 예배 중에 사용된 단어들의 절약이다. 반복적 찬송과 끊임없는 안내 논평은 눈에 띄게 사라졌지만, 요소들 사이를 연결해 주는 해설은 최소화하여 유지되었다. 종교개혁자들은 그러한 것들이 예배의 흐름을 깨도록 내버려 둘 준비가 되지 않았다.

요컨대, 하나님에 대한 합당한 예배와 그분 백성들의 덕을 세우기 위해서는 당시—그리고 지금도 여전히—참석자들의 마음이나 정신을 산만하게 하는 방해 요인 없이 참석자의 마음과 생각을 산만하게 하는 것이 전혀 없이 잘 계획된 순서로 제시되는 풍성한 예전적 식단을 요구했다.

13. 기독교 예배는 진지하고 구조화되며 세심하게 계획된 기도를 포함한다

종교개혁 예전 전반에 걸쳐 사용된 기도들을 대충 살펴보면 매우 진지한 기도임을 알 수 있다. 그 기도들은 공동 기도의 행위와 그리고 거룩하고 전능하신 하나님께 접근하는 것과 관련되는 경외에 합당한 엄숙함이 특징이었다. 경각심을 일으키게 만드는 죄의 본질과 그 결과는 죄의 고백 기도에서 전달되었다.

블링거는 "우리(We)는 당신의 백성으로 부름을 받을 자격이 없으며, 하늘을 향해 눈을 들어 올릴 수도 없습니다"라고 기도했다. 그리고 칼빈은 "우리는 죄악과 부패 속에서 잉태되어 태어난 불쌍한 죄인들"이라고 썼는데, 아마도 그중 가장 유명한 것은 다음과 같은 크랜머의 기도문일 것이다.

> 우리 주 예수 그리스도의 아버지이시고, 만물을 만드신 분이시며, 모든 인간의 심판자이신 전능하신 하나님이시여, 우리는 거룩하시고 존귀하신(Divine Majesty) 당신께 맞서서 때때로 생각과 말과 행동으로 너무나 엄중하게도 수많은 죄와 사악함을 범했으며, 그래서 너무나 당연하게도 우리에 대한 당신의 진노와 분노를 촉발했다는 사실을 인정하고 통곡합니다. 오 하나님, 우리는 우리의 비행에 대해 진실로 회개하고 통회합니다. 그런 죄를 기억하는 것은 우리를 고통스럽게 하고 그 죄의 무게는 견딜 수가 없습니다.

이런 기도들의 어조는 자기 혐오나 지나간 시대의 산물이 아니라, 회개의 경건한 영이 수반된, 성경적 이해와 죄에 대한 정직한 평가의 산물이었다.

종교개혁 예전의 기도들은 규칙적 방식으로 배치되었다. 말씀 예전을 시작할 때, 죄의 고백 시에, 설교 전 조명을 위한 기도에서, 주의 만찬 예전에서 그리고 예배자들이 해산함으로써 예배가 끝을 향할 때이다. 일반적 중보 기도가 공통으로 제시되는 것은 사도 바울의 촉구인 "모든 사람을 위하여 간구와 기도와 도고와 감사를 하되 임금들과 높은 지위에 있는 모든 사람을 위하여 하라"(딤전 2:1)에 순종하면서 행해졌다.

이것은 종종 중보 기도를 위한 오중 패턴의 형식—공권력, 기독교의 사역, 모든 사람, 하나님의 백성을 세움 그리고 병든 자와 고통받는 자를 위한 것—을 취했다. 이런 일반적인 중보 기도 구조는 성경의 가르침을 따랐을 뿐 아니라, 공중 기도가 교구의 일이나, 목회자의 개인적 선호도에 집착하게 되는 것을 막아 주었다. 물론 일반적 중보 기도를 이런 다섯 가지 문제들에만 제한하라는 성경의 지시는 없다. 종교개혁자들 자신도 하나님께 가져올 많은 추가적 문제들을 가지고 있었다. 그러나 목회자와 평신도가 모두 알고 있듯이, 구조화된 기도는 모든 사람이 잘 이해할 수 있고, 결국에는 그들의 진심 어린 '아멘'이 들릴 수 있도록 돕는다.

종교개혁 예전 모음 전체에 있는 모든 기도가 고정된 형식은 아니었다는 사실에 주목하는 것이 중요하다. 대부분이 고정된 형태였지만, 또한 즉석에서 하는 다양한 자유로운 기도도 포함되었다. 우리는 이런 기도에 거의 의지하지 않지만, 그 관례를 칼빈의 『교회 기도의 형식』과 제네바에 거주하는 망명자들을 위한 녹스의 예전인 『공동 규범서』(Book of Common Order), 영국 청교도의 『미들버그 예전』(Middelburg Liturgy) 등등에서 어느 정도 관찰할 수 있다.[13]

기도의 고정된 형식은 그 기도들이 연구되어 준비된 기도였음을 보여 준다. 즉 그것들은 성경 묵상을 통해서 사려 깊게 준비된 기도이다. 그들은 예배의 관련 요소에 대한 영적 관심에 초점을 맞추었고, 성경의 언어로 가득 차 있었으며, 상대적 간결함과 적절한 진정성을 특징으로 했다. 이런 기도가 성경을 강조하는 것은 준비 없이 즉석에서 하는 기도에서 흔히 생길

---

13 Elsie Ann McKee, *John Calvin: Writings on Pastoral Piety* (New York: Paulist Press, 2001)에는 칼빈의 즉흥적 기도 중 일부가 기록되어 출판되었다.

수 있는 방향성 잃은 중언부언의 기도를 예방할 수 있기 때문이다.

또한, 진정성에 대한 질문은 종교개혁자들에게 매우 중요했다. 결국, 그들은 모든 방식과 모양 그리고 형태에서 나타나는 위선에 열렬히 반대했다. 궁극적으로 종교개혁자들에게 중요한 것은 기도문이 기록된 것인지 아닌지가 아니라, 그것이 성경에 의해 알려지고 성령으로 말씀되었는지의 여부였다.

14. 기독교 예배에는 찬양이 있다

종교개혁의 모든 교회는—특별히 취리히를 제외하고—매주 예배에서 노래로 찬양하는 것이 특징이었다. 종교개혁자들은 찬송에 대한 성경의 관심(엡 5:19; 골 3:16; 약 5:13)과 성경이 말씀하는 찬송의 예(눅 1:46-55; 2:29-32; 빌 2:5-11; 골 1:15-26)들을 반영했다. 성경 자체의 찬송가 책(hymnbook)에는 많은 회중 예배의 바탕을 이루었던 다양하고도 많은 시편 찬송가가 수록되었으며, 그중 가장 유명한 것은 칼빈의 『제네바 시편 찬송가』(*Psalter*)이다.

회중 찬송의 주목적은 하나님의 이름을 찬양하고 송축하는 것이지만, 또한 회중에게는 이전에는 없었던, 적극적 참여를 하고 있다는 느낌을 전달하기도 했다. 찬송은 찬양이라는 수직적 차원과 서로 간에 덕을 세우는 수평적 차원을 달성했다. 성경의 가사 형식과 성경 외의 가사 형식의 사용에 관해서 이견이 있었던 것과 마찬가지로, 기악 또는 무반주 음악의 사용에 관한 의견 차이가 있었다.

그런데도 종교개혁자들은 찬양 예배에 대해 높은 식견을 가지고 있었다. 루터는 "하나님 말씀 다음으로, 음악은 최고의 찬사를 받을 가치가 있다"라고 말했다.[14] 그것은 설교 전에 공백 메꾸기가 아니라, 오히려 하나님의 말씀이 하나님의 백성 마음에 풍성하게 자리 잡게 만드는 수단 중의 하나

---

14 Martin Luther, "Preface to George Rhau's Symphniae Lucundae," in *Liturgy and Hymns of Luther's Works*, ed. Ulrich S. Leupold; trans. Paul Zeller Strodach; 73 vols. (Philadelphia: Fortress, 1965), 53:323.

였다(골 3:16).

그런데도 개혁자들은 찬송이 신학적으로 풍성한 것만큼 음악적으로도 풍요롭게 만들기 위해 헌신했다. 이것은 루터와 칼빈의 예전에 가장 잘 예시되어있다. 예를 들어, 루터는 『독일어 미사』에서 시편 34편과 자비송(*Kyrie Eleyson*, **주여 자비를 베푸소서**) 그리고 서신서와 복음서 낭독 등을 음악에 담았다. 그는 다음과 같이 설명했다.

> 살아 있고 거룩한 하나님의 말씀을 부르고 찬양하고 존귀하게 하려고, 우리는 그 말씀으로 이 음악을 만들었다. 우리는 음악이라는 아름다운 예술이 사랑하는 자신의 창조주와 그 창조주의 그리스도인들을 섬기는데 적절하게 사용되기를 원한다. 그분의 거룩한 말씀이 감미로운 음악에 의해서 우리의 마음에 깊이 새겨질 때 하나님이 찬양과 존귀함을 받으시고, 우리의 믿음은 더 좋아지고 강해지게 된다.[15]

칼빈은 스트라스부르에서 부처의 예전으로부터 강력한 찬양 예배를 경험함에 따라, 음악의 중요성에 대한 높은 견해를 발전시켰고, 이를 위해 교회 음악가를 고용하여 『시편 찬송가』(*Psalter*)를 교회의 찬송가로 회복하는 데 중점을 두었다.

종교개혁 예전 전반에 걸쳐서 발견되는 기도들 또한 공 예배에서 찬양의 수단이었다. 종교개혁자들은 자신들의 기도로 하는 찬양의 기원을 하나님의 속성—"온유하심, 선하심, 자비, 평화, 영원하심, 전지하심, 위엄 그리고 영광"—에서 확인했다. 하나님의 놀라운 성품에 그 뿌리를 두고 있는 하나님의 창조적 구원 행위는 자주 기도로 하는 찬양이 되었다.

크랜머가 "우리는 당신을 찬양합니다"(*Te Deum*)와 "오, 너희 주님의 모든 작품이여, 주님을 송축하라"(*Benedicite Omnia Opera Domini Domino*)를 아침 기도회의 규칙적 리듬으로 포함했다는 것은 이 점을 더욱 명확하게 해 주고 있다.

---

15 Martin Luther, "Preface to the Burial Hymns," in *Liturgy and Hymns of Luther's Works*, 53:328.

무엇보다도, 그리스도의 위격과 행하심이 찬양과 숭배와 영광을 받으셨다. 주의 만찬 예전들 또한 영혼의 구주를 진심으로 찬양하는 것으로 채워졌다. 그분의 백성들을 대신하여 그리스도께서 화목제물이 되신 것은 찬양의 제사로 응답받으셨다.

요약하면, 종교개혁자들은 하나님을 찬양하는 두 가지 주요 방안을 확립했고, 이 두 가지는 모두 칼빈의 제네바 예전의 제목인 『교회 기도의 형식과 노래들』(*The Form of Ecclesiastical Prayers and Songs*)에서 볼 수 있다. 다른 종교개혁자들과 마찬가지로, 칼빈에게도 기독교 예배는 기도와 노래로 된 찬양이 있어야 했다.

15. 기독교 예배는 잘 준비되고 잘 수행된다

종교개혁 예배들은 탁월한 목회적 돌봄에 의해 감독을 받았다. 예배는 안수받은 목사에 의해 준비되고 진행되었다. 그리고 이것은 성경 낭독과 선포되는 설교의 선택뿐만 아니라, 성시와 찬송, 기도의 선택과 예배 요소의 순서를 포함했다. 주의 만찬 예배에서만은 때때로 집례 목사를 돕기 위해 다른 수행 목사가 고용되었다.

예를 들어 아 라스코의 『형식과 방법』—그리고 미크로니우스(Micronius)의 『기독교 조례』(*Christian Ordinances*)에서, 독일의 『팔츠 교회 예전』(*Palatine Church Order*), 네덜란드 교회의 『다윗의 시편들』(*David's Psalms*)이 그 뒤를 따랐다—에서는 집례 목사가 사람들과 함께 주의 만찬을 진행하는 동안, 또 다른 목사가 성경의 분량(종종 요한복음 6장이나 혹은 13-17장)을 낭독하거나, 노래를 진행했다.

이 외에는 집례 목사가 모든 것을 진행했다. 이것은 물론 모든 지체의 사역을(엡 4:7-16) 헐뜯는 것을 암시하지는 않는다. 왜냐하면, 종교개혁자들은 평신도들에게 권한을 부여하는 것을 간절히 원했기 때문이다. 부처는 그의 예전을 만들기 전(前) 해에 다음과 같이 말했다.

각 지체는 그리스도의 지체이고 성령의 도구이기 때문에, 그리스도의 몸 안에서 특정하고 유익한 일과 활동에 임명받고 그 역할을 수행하기 위한 적합성과 능력을 부여받았다. 게으른 사람이나, 다른 사람의 유익을 위해서 끊임없이 활동하지 않고 자기 자신의 유익을 위해서 다른 사람을 필요로 하지 않는 사람은 아무도 없다. 그들은 자신들이 받은 은혜에 따라 다양한 은사를 가지고 있다.[16]

하지만, 예배를 위한 사역을 성도들에게 맡기는 이런 초점이 안수받은 목사들의 지위를 성도들과 동등하게 만드는 것은 아니었다. 왜냐하면, 종교개혁자들은 모든 성도의 사역은 안수받은 목사들과 양 떼의 교사들의 지도로 번성해야 한다고 생각했기 때문이다.

교회 음악가들은 하나님 백성들의 찬양을 돕기 위해 고용되었지만, 그들의 주된 일은 성시들과 찬송가들을 음악으로 표현하는 것이었다. 그러나 예배에서 노래를 선택하는 것은 종종 목사의 직무였다. 목사들에게 말씀과 성례전의 사역은 목회적 의무의 하나이었다. 그리고 하나님의 말씀은 찬양을 통해 (골 3:16) 그분의 백성들 안에 거했기 때문에 노래의 선택 또한 하나님의 말씀을 그분의 백성에게 전하도록 부름을 받은 자들인 목사의 책임이었다. 더구나 실제로 예배의 인도는—교회 입구에서부터 찬양과 기도하는 법의 본보기를 보이는 것까지—목사가 자신의 양 떼를 목양하는 한 방식이었다.

종교개혁자들이 자신들의 예전을 기록했다는 사실은 그들이 만든 예배 순서와 그 안에 포함된 단어들이 미래의 목사들에게 도움이 되기를 원했다는 것을 보여 준다. 그것은 또한 찰스 베어드(Charles W. Baird)가 후에 "도움받지 못한 목사의 특성"[17]이라고 불렀던 것에 대한 대비책이었다. 다른 예배 순서들을 사용했던 사람들과의 조화를 위한 관대한 유연성이 있었던 반면에, 그런데도 종교개혁자들은 예배에 포함된 요소들은 물론, 그들이 행해지는 순서들도 중요하다고 믿었다.

---

16 Martin Bucer, *Concerning the True Care of Souls*, trans. Peter Beale (Edinburgh: Banner of Truth, 2009[1538]), 5-6, 우리는 벤 윌킨슨(Ben Wilkinson)이 이 언급을 지적해 준 것에 감사한다.

17 Baird, *Presbyterian Liturgies*, 252.

예배의 내용과 구조는 복음의 이야기를 전했다.[18] 종교개혁자들은 복음이 예배 중에 선포되어질 뿐만 아니라, 예배 자체가 복음을 선포한다고 믿었다. 예배의 핵심 요소들은 그리스도의 삶, 죽음, 부활 그리고 승천이라는 복음뿐만 아니라, 그리스도인과 동일한 주님이신 예수님과의 연합을 전달했다. 종교개혁 예전들이 모두 동일한 순서를 가지고 있지는 않았던 반면에, 구조의 다양함에도 불구하고 일반적이고 포괄적인 '복음 논리'가 있었다.

예전을 통해 전달되는 복음의 중요성을 고려할 때, 예전의 역동성에 대해 현대 교회를 교육해야 하는 중요성은 아무리 강조해도 지나치지 않는다. 이것에 대한 일부의 책임이 신학교와 신학대학들에 있다. 말씀과 성례전을 위한 목회자 훈련에 진지한 목회 신학교와 신학대학들은 찬송학과 예배학이 설교와 함께 목회신학의 필수적 부분이 되도록 해야 할 것이다.

사람들은 어떻게 설교해야 하는 것 못지않게 공 예배에서 어떻게 찬양하고 기도하는가를 훈련받아야만 한다. 위에서 언급했듯이 공동 예배에 대한 목사의 궁극적 책임은 목사에게 말씀과 성례전 예배의 감독이 의미하는 것의 일부이다.

그러한 임무를 완전히 위임한다는 것은 안수받은 목사의 직분에서 말씀 사역의 핵심 요소를 분리하고 잠재적으로 기껏해야 어리석음에 그리고 최악의 경우 거짓 가르침에 기회를 주는 것이다. 이 점에 있어서 초대 교회에서 아리우스가 찬송을 통해서 자신의 치명적 이단들을 퍼뜨렸던 것[19]을 기억할 가치가 있다.

그러나 세심하게 조직된 종교개혁 예배는 신학적 정통을 위한 것일 뿐만 아니라, 아름다움과 리듬 그리고 설득을 위한 것이었다. 신중하고 아름답게 만들어진 이 예전의 말씀은 예배가 끝난 한참 후에도 오랫동안 예배자들의 마음과 생각에 하나님의 말씀이 남아 있도록 하는 방식으로 작성되었다.

---

18   더 많은 연구를 위해서 Bryan Chapell, *Christ-Centered Worship: Letting the Gospel Shape Our Practice* (Grand Rapids, MI: Baker Academic, 2009)을 보라.
19   아타나시우스에 따르면, 아리우스(Arius)는 그의 추종자들이 부른 '탈리아'(Thalia)로 알려진 곡들을 편집했다고 한다. William G. Rusch, *The Trinitarian Controversy* (Mineapolis: Fortress Press, 1980), 64-66을 보라.

매주 드리는 예배의 의식과 리듬은 그 주일의 단 하루를 넘어 복음이 주는 위안을 제공하기 위한 것이었다. 기록되고 암송된 기도와 노래는 당시에도, 지금도, 기록되어 있기 때문이 아니라, 친숙하고 점점 익숙해지기 때문에 가치가 있다. 그것들은 필요할 때 기도하라는 말과 위기에 처할 때 노래할 단어들을 심령에 기억시켜 준다.[20]

16. 전통에서 예배하기

본 장의 시작 부분에서 언급했듯이, 본서의 주장은 평화적이다. 하나의 정해진 예배 순서에 대한 제안은 없다. 부록에 포함된 예전 표(Table of Liturgy)를 그대로 따르는 것은 그러한 작업이 기껏해야 환원주의적이고 최악의 경우 무익한 것임을 드러내는 것이다. 특정 예배 전통은 종교개혁 이후 수십 년과 수 세기 동안 형성되기 시작하여 다양성 일부가 제거되기도 했지만, 어느 한 순서도 지배적이지 않았다.

이것은 예상되었던 것이었다. 왜냐하면, 크랜머가 관찰했듯이, 사람들이 만든 조례들은 '다양한 나라에서 다양하게' 바뀌기 때문이다. 이런 다양성은 루터와 칼빈과 크랜머를 밝혀 주었던 정신의 동일한 보편성으로 포용하고 존중받아야만 한다. 그런데도, 각각의 나라와 교회를 지배했던 것은 예배 전통(tradition)이었다.

그런 점에서 이 책은 종교개혁의 전통 안에 있다고 주장하는 교회와 기독교인들이 종교개혁에서 그랬던 것처럼 예배하도록 권장한다. 이것은 그 예배가 16세기에 속한 것처럼 보이거나, 들리거나, 느끼도록 제안(혹은 권장)하기 위한 것이 아니다. 예배를 모든 면에서 자국어로 해야 한다는 종교개혁자들의 주장은 그러한 관행에 강력하게 반대한다. 오늘날 십계명이나 주기도문이나 신조들을 '고대 영어'로 말하는 것은 감상주의에 근거한 의고주의에 지나지 않고, 현대 교회를 종교개혁의 지혜로부터 더 멀어지게 할 뿐이다.

---

20 *The International Presbyterian Church Book of Liturgy* (2017), 17.

그렇다면 우리에게 "전통에서 예배하기"는 무엇을 의미하는가?

간단히 말해서, 우리는 고대 교회로부터 중세 교회로 전해져 왔고, 그 당시에 종교개혁자들에 의해서 성경을 고려하여 정제된, 성경적 예배의 요소들이 다시 한번 그리고 이후에도, 매주 기독교 예배의 필수적 부분이어야만 한다는 것을 의미한다. 현대 교회는 전통적 예전을 즐기는 법을 다시 배워야 한다.

이런 점에서 예배 순서는 종교개혁 교회들의 예배 전통에서 어떤 '고정된' 규칙성을 반영시켜야만 한다. 그러나 매주 예배의 리듬에는 새로움에 대해 본질에서 주의를 산만하게 하는 무언가가 있다. 루이스(C. S. Lewis)는 다음과 같이 예리하게 관찰했다.

> 모든 예배는 우리가 성찬을 받거나, 회개하거나, 간구하거나, 경배를 통한 행위와 말의 구조이다. 그리고 오랜 친숙함을 통해 그것에 대해 생각할 필요가 없을 때, 우리는 이런 일을 가장 잘 할 수 있다. 만약 괜찮다면, 그것은 가장 "효과적이다." 신경을 쓰고, 동작을 세어야만 하는 한 당신은 춤을 추는 것이 아니라, 단지 춤추는 것을 배우는 것뿐이다. 좋은 구두는 신고 있는 것을 느끼지 못하는 구두이다. 좋은 책 읽기는 당신이 의식적으로 눈, 빛, 인쇄, 혹은 철자를 생각할 필요가 없을 때 가능해진다. 완벽한 교회 예배는 우리가 계속해서 하나님께 집중하고 있었다는 사실을 거의 인식하지 못하는 예배일 것이다.[21]

예배의 참신함에 관한 문제는 루이스에 따르면 다음과 같다.

> 그것은 우리가 예배는 예배를 드리는 것과는 다르다고 생각하면서, 우리의 관심을 예배 자체에 고정하는 것이다.[22]

그리고 마지막으로 이것은 우리를 본서의 목적으로 이끈다.

---

21 C. S. Lewis, *Letters to Malcolm: Chiefly on Prayer*, 1st ed. (1964; New York: Harcourt, 1992), 4.
22 Lewis, *Letters to Malcolm: Chiefly on Prayer*, 4.

17. "그렇다면 우리는 어떻게 예배해야만 할까?"

"그러면 우리는 어떻게 예배해야 하는가?"

이것은 2천 년 전부터 교회(특히 교회의 목사들)에게 던지는 질문이다. 본서는 그들에게 이 질문에 다시 참여하도록 촉구하는 평화적 간청이다. 과거의 종교개혁 예전들을 살펴봄으로써 현재를 위한 풍부한 보물을 발견할 수 있을 뿐만 아니라 교훈을 얻고 그것의 원리를 적용할 수 있다. 앞에서 설명한 원리들이 실행된다면, 미래의 교회는 과거의 교회처럼 보일 것이다. 교회는 현대 의복을 입고 나타날 수도 있고 그렇게 보여야 하지만, 또한 자신이 태어났다고 주장하는 자신의 어머니의 본질적 특징들을 반영해야만 한다.

그러나 모든 예배 개혁은 궁극적으로 아름다운 예식보다는 아름다운 구세주에 더 많은 관심이 있는지를 보여 줌으로써 그 가치를 증명한다. 물론 잘못된 이분법은 피해야 한다. 하지만 동시에 오늘날의 교회에서 예배 개혁을 추구하는 사람들에게는 경고가 필요하다. 단순히 다른 시대로부터 온 특정 예배 형식으로 돌아가는 것을 목표로 하는 종교개혁은 결국 아무 소용이 없을 것이다. 그것은 산 자의 죽은 믿음인 전통주의일 뿐이다.

그러나 성령의 은혜와 능력으로, 그분의 아들을 통하여, 그분의 말씀과 성례전을 통하여, 사람들의 마음을 성부 하나님의 마음으로 고양하려는 목표를 가진 종교개혁은 많은 도움이 될 것이다. 그것은 기독교 교회의 전통 안에 있는 기독교 예배이며, 그것은 죽은 자의 살아 있는 믿음이다. 이런 예배가 하나님 백성의 유익과 하나님의 이름의 영광을 위한 것이다.

그렇게 되기를 간절히 소망한다.

제4장

미사의 형식
·
독일어 미사

마틴 루터

> 그러나 어떤 이는 수도원과 종교 재단에서 영적 속박 상태에 있고, 잘못된 헤롯 숭배에 빠진 사람들은 무엇을 해야만 하느냐고 물을지도 모르겠다. 나는 다음과 같이 대답한다. 여러분은 단지 다음과 같은 것만 할 수 있다. 여러분은 그 잘못된 우상 숭배를 치우고, 하나님의 말씀에 매달려 진정한 예배를 추구하든지, 아니면 마법사가 하는 것처럼 독극물이 여러분에게 아무런 해도 가하지 않을 것이란 믿음으로 그것을 마시는 것이다. 하나님의 말씀은 영원히 변치 않을 것이고, 여러분은 다른 어떤 치료책도 찾을 수 없다.¹

1521년에서 1522년 사이의 겨울에 마틴 루터(Martin Luther, 1483-1546)는—이전에 어거스틴회의 수사였고 최근에 이단적 불법을 선언했던—바르트부르크(Wartburg)성에서 작센주의 선제후 현인 프레데릭(Elector Frederick the Wise of Saxony)의 보호를 받고 있었다. 루터가 성경을 독일어로 번역하는 데 여념이 없을 동안, 그가 사랑하던 비텐베르크에서는 거센 논란이 일고 있었다.

교회 개혁에 대해 학생들과 시민들의 긴박하고 종종 다루기 힘든 요구에 안드레아스 보덴슈타인 폰 칼슈타트(Andreas Bodenstein von Karlstadt)가 경망한 행동으로 응했다. 그는 1521년 성탄절에 자신의 모국어인 독일어로 미사를 집전했다. 그런데 이 예배의 중요성은 단순히 예전의 일부가 독일어로 진행되었다는 것에 기인한 것이 아니라 그 전후에 행해진 성상 파괴에 있었으며, 그 대부분은 칼슈타트의 무례한 태도와 방식 때문이었다.

루터는 은둔하던 바르트부르크성에서 나와 1522년 2월 비텐베르크에 도착하여 질서 있는 예배를 보존하고 칼슈타트의 급진주의를 비난했다.² 그 결과 칼슈타트는 후에 대학과 마을로부터 쫓겨났다. 루터는 예배의 세심한

---

1 Martin Luther, "The Gospel for the Festival of the Epiphany, Matthew 2" (1522) in *Sermons: Volume Two of Luther's Works*, ed. Hans J. Hillerbrand; 73 vols. (Philadelphia: Fortress Press, 1974), 52:250.

2 Amy Nelson Burnett, *Karlstadt and the Origins of the Eucharistic Controversy: A Study in the Circulation of Ideas* (Oxford: Oxford University Press, 2011), 6-7에서는 칼슈타트(Karlstadt) 리셉션에 대한 유용한 역사학적 개요를 제공한다.

개혁이 과격한 우상파괴주의에 대한 목소리를 억누를 뿐만 아니라 복음의 변혁적 힘을 도시에 불러일으킬 것이라는 사실을 이해했고, 그의 예전들은 유럽 종교개혁의 미래 진원지에 매우 필요한 절제와 안정성을 제공했다.

루터는 미사 기념을 위한 자신의 첫 번째 개요를 『비텐베르크 교회를 위한 미사와 성찬 규범』(*An Order of Mass and Communion for the Church at Wittenberg*, 1523)에서 제시했다. 이 소논문은 옛 예전을 없애려는 의도가 아니라 올바른 사용을 회복하려는 복음적 예배에 대한 지침을 제공했다. 이 논문은 특히 하나님의 말씀이 부족하여 침투한 남용을 바로잡는 것을 목표로 삼았다.

> 이것이 문제의 요점들이다. 지금까지의 규칙이었던 떠들고 덜컥거리는 소리가 아니라, 말씀이 자유로운 행로를 가지도록 모든 일을 하자. 우리는 말씀을 제외하고 모든 것을 양보할 수 있다. 다시 말하지만, 우리에게 말씀보다 앞서는 것은 없다. 말씀보다 유익한 것은 없다. 왜냐하면, 성경 전체가 우리에게 보여 주고자 하는 것은 그리스도인들 사이에서 자유로운 행로를 가지는 말씀이기 때문이다. 누가복음 10:42에서 그리스도께서는 마리아에게 "한 가지만 필요하다"라고 말씀하셨다. 즉, 예수님께서는 마리아가 그분의 발치에 앉아 매일 그분의 말씀을 듣는 것을 옳다 하셨다. 이것은 최선의 선택이며 영원히 빼앗기지 않을 것이다. 그것은 영원한 말씀이다. 마르다에게 아무리 많은 관심과 어려움을 준다 해도 다른 모든 것은 사라지기 때문이다.[3]

이러한 예배 개요는 이후 루터의 예전에 대한 두 가지의 제안, 즉 『미사의 형식』(*Form of the Mass*, 1523)과 『독일어 미사』(*German Mass*, 1526)에서 확장되고 발전되었다. 이런 제안은 청중과 상황에 따라 다르다.

『미사의 형식』(1523)은 훈련받은 찬양대가 있는 대학이나 도시 교회들을 목표로 한 것이었다(예배는 합창으로 이루어졌고, 예배자는 말씀과 성례전을 받음

---

[3] Martin Luther, "Concerning the Order for Public Worship," in *Liturgy and Hymns of Luther's Works*, ed. Ulrich S. Leupold; trans, Paul Zeller Strodach; 73 vols. (Philadelphia; Fortress, 1965), 53:9-14.

으로 참여했다). 『독일어 미사』(1526)는 구체적으로 비텐베르크를 목표로 한 것이 아니라, 그 지역에 있는 전체 교회를 위한 것이었다. 왜냐하면, "독일어로 된 미사와 예배에 대한 광범위한 요구와 새로운 미사들의 지나친 다양성으로 야기되었던 일반적 불만과 불쾌함으로, 모든 사람이 자신들만의 예배 순서를 만들었기 때문이었다."

『미사의 형식』은 칼슈타트의 급진적 혁신의 여파 속에서 구축되었고, 보수적 개혁과 목양적 민감성을 추구했던 지역에 초점을 맞추었다. 『독일어 미사』는 보다 넓은 초점을 가지고 지역들에 혼란만 가중하는 형식의 다양성보다는 단일한 예배 순서를 가지도록 권장했다. 여기에는 유연성이 가능했고, 그리스도인의 자유가 유지되도록 단어들이 신중하게 사용되었다.

> 우선, 내가 또한 하나님의 이름으로 정중히 요청하는 것은 예배에서 이 순서를 이해하거나 따르기 원하는 모든 사람이 그것을 불가피한 법으로 바꾸지 말고, 어떤 이의 양심을 여기에 묶지도 않으며, 오히려 그것을 그리스도인의 자유와 자신들의 선한 기쁨과 상황이 허락하거나, 혹은 요구하는 방법, 장소, 때 그리고 기간에 따라서 사용하는 것이다.

루터의 두 개의 예전 모두에 흐르는 일관된 주제는 의식 절차에 대한 복음의 우위였다. 이것은 예배 예전의 자유(예를 들어 성직자의 복장)와 예전의 본질적 요소들(예를 들어 개인 미사 없음, 물로 희석되지 않은 포도주, 회중을 마주한 면죄 선언)이라는 루터의 비전을 뒷받침했다. 갈보리에서 그리스도께서 완성하셨던 일을 도둑질했던 예배 요소들—무엇보다도, 미사 전문(Canon of the Mass)—은 폐기되었지만, 복음에 부합하는 그런 요소들은 유지되었다.

복음의 진리들을 강화하기 위해서 루터의 두 가지 예전들은 성경으로 가득했다. 『미사의 형식』은 젊은이들이 성경을 더 잘 알 수 있도록 라틴어, 독일어, 헬라어 그리고 히브리어로 훈련받는 것을 보고자 하는 루터의 염원을 표현했다. 그리고 『독일어 미사』는 아이들을 성경으로 교리 교육하는 방법을 "마음, 즉 믿음과 사랑이라는 두 주머니에 돈을 넣는 것"에 비유했다.

아이들이 성경을 잘 이해하고, 부모 앞에서 그 성경들을 낭송했을 때, 그들은 천천히 그러나 확실히 자신들의 주머니를 기독교 교육의 전체 내용으로 가득 채울 것이다. 사실상 목회자로서 루터의 민감성을 움직였던 것은 복음이라는 좋은 소식이었다. 그는 복음을 가르치기 위해서 미사에서 떡과 포도주를 둘 다 받게 하도록 강력하게 권장했다. 그러나 그는 『미사의 형식』에서는 양심이 연약한 사람들에게 신경을 써서, 그들에게 자신들의 양심이 받아들일 수 있는 것만 받으라고 조언했다.

루터의 두 가지 예전에 관한 저술은 비텐베르크시 너머에서도 중요했다. 다른 교회가 그 저술들을 그대로 들여오지는 않았지만, 다양한 시와 지역에서 시행되었던 다양한 공식적 교회 규범들(Kirchenordnungen)에게 영향을 미쳤다. 안드레아스 오시안더(Andreas Osiander)와 요하네스 브렌쯔(Johannes Brenz)가 만들었던 『브란덴부르그-뉘른베르크 교회 규범』(Brandenburg-Nürnberg Church Order, 1533)은 『미사의 형식』의 예전 패턴을 따랐고, 남부 독일에 큰 영향을 끼쳤다.

루터의 친한 친구이자, 비텐베르크에 있는 교구 교회인 성모교회(St. Mary)의 목사 요한 부겐하겐(Johann Bugenhagen)은 루터의 예배에 관한 아이디어를 자신의 저서인 『덴마크 교회 규범』(Danish Church Order)에 가져와서 북부 독일과 덴마크 왕국에 다양한 예전적 예배 순서들에 관련되도록 했다.

비텐베르크의 고명한 신학자요, 루터의 친구인 필립 멜랑히톤(Philipp Melanchthon)은 마틴 부처가 콜론(Cologne)에서 추기경 헤르만 폰 비트(Archchbishop Hermann von Wied)의 루터교회 개혁을 발전시키는 것을 도왔다(1543). 루터주의가 퍼지는 곳에서는 어디서나, 루터의 예배에 관한 사고방식이 어느 정도 감지될 수 있었다.

1. 예배 순서

1) 『미사의 형식』(1523)

입당송(introit)
"자비송"(Kyrie)
영광송(Gloria)
본기도(Collect)
서신서 낭독(Epistle)
층계송 혹은 알렐루야(Gradual or *Alleluia*)
시퀀스, 혹은 속창(續唱) [드물게](Sequence or Prose [rare])
복음서 낭독(Gospel)
니케아 신조(Nicene Creed)
설교(Sermon)
수르숨 코다(*Sursum Corda*)
서문경(Preface)
성찬 제정 (Words of Institution)
"**삼성송**"(*Sanctus*)
"**송축받으실**"과 거양(*Benedictus and Elevation*)
주기도문(Lord's Prayer)
평화의 인사(The Peace)
선택적 기도(Optional Pryer)
분배(Distribution) 그리고 하나님의 어린양(and *Agnus Dei*)
본기도(Collect)
"**송축합시다**"(*Benedicamus*)
축도(Benediction)

2) 『독일어 미사』(1526)

시편 혹은 찬송가(Psalm of Hymn)
"**자비송**"(*Kyrie*)
본기도(Collect)

서신서(Epistle)
독일어 찬송가(German Hymn)
복음서(Gospel)
신조(Creed)
설교(Sermon)
주기도문의 해설(Lord's Prayer Paraphrase)
훈계(Exhortation)
성찬 제정사(Words of Institution)
거양과 분배(Elevation and Distirbution) 하나님의 어린양 혹은 다른 찬송가를 부르면서(with Agnus Dei or another Hymn)
"거룩"의 해설 혹은 찬송가(Sanctus Paraphrase or Hymn)
본기도(Collect)
축도(Benediction)

2. 비텐베르크 교회를 위한 미사와 성찬의 형식(1523) - 마틴 루터 -

그리스도 안에서 거룩한 츠빅카우(Zwickau) 교회의 감독이시며, 그리스도 안에서 존경하는 니콜라스 하우스만(Nicholas Hausman) 박사님께

하나님은 그가 그리스도 안에서 은혜와 평강을 누리기를 바라십니다. 지금까지 저는 먼저 책과 설교를 통해 경건치 못한 예식으로부터 사람들의 마음을 돌리려고 노력했습니다. 왜냐하면, 사탄이 죄인인 인간을 이용하여 거룩한 장소에 세웠던 그 가증함이 나로 인해서 폭력 없이 궤멸될 수 있다면, 제가 기독교적이고 유익한 일을 하는 것으로 생각했기 때문입니다. 그러므로 저는 강제로나 명령으로는 아무것도 시도하지 않았고, 낡은 것을 새 것으로 바꾸지도 않았으며, 믿음이 연약한 영혼들 때문에 다만 두려워하는 마음으로 늦추면서 했습니다.

이런 사람으로부터는 하나님을 예배하는 익숙했던 형식을 갑자기 제거할 수도 없고, 그들 사이에 하나님을 예배하는 이런 경험을 해 보지 못했던 새로운 형식을 갑자기 도입할 수도 없기 때문이었습니다. 그리고 특별히

더러운 돼지처럼 믿음도 없고, 까닭도 없이 참신함에만 덤벼들고 반색하는, 저 경망하고 까다로운 영혼들 때문이었습니다.

그리고 그들은 그 참신성이 끝나자마자 곧 싫증을 냅니다. 다른 일에서 이런 유형의 사람보다 더한 골칫거리는 없는 것처럼, 거룩한 일들에서도 그들은 가장 골칫덩어리이고 가장 참을 수 없는 자들입니다. 그렇기는 해도, 비록 화가 폭발할 것 같지만, 또한 사람들에게서 복음 자체를 제거하기를 바라지 않는다면, 저는 그런 사람을 견딜 수밖에 없습니다.

그러나 지금은 하나님의 은혜로 많은 사람의 마음이 밝혀지고 강건해질 소망이 있고, 문제 자체가 마침내 그리스도의 왕국에서 걸림돌을 제거해야 한다고 요구하므로, 그리스도의 이름으로 담대하게 무엇인가를 도전해야 합니다. 왜냐하면, 그 사람들이 행하는 경솔함과 권력의 남용을 끊임없이 두려워함으로써 결국 우리가 아무도 돌볼 수 없게 되고, 그 비열한 사람들이 만들어 낼 장래 걸림돌을 막고자 하면서도 그들의 모든 가증한 것을 강화하게 되지 않도록, 우리가 소수의 사람을 돌보는 것이 옳기 때문입니다.

그러므로 니콜라스 각하 당신께서 여러 번 요청했기 때문에, 우리는 미사를 드리는 것(그들이 부르는 것처럼)의 경건한 형식과 성찬의 집행을 다룰 것입니다. 그래서 이제 더 이상 교리의 단어만으로 마음을 지배하지 않을 것이고, 거기에 손을 대지도 않을 것이며, 그것을 공적으로 실행하지도 않는 식으로 행할 것입니다. 그리고 동시에 우리는 누구라도 다른 형식을 따르거나 포용하는 것을 허용하지 않기 위해서 누구에게도 편견을 가지지 않을 것입니다.

만약 우리 이전에 있었던 사람들에게 더 좋은 어떤 것이 드러난다면, 우리는 오히려 진심으로 그리스도를 통하여 그들이 우리에게 침묵하라고 명령하기를 간청합니다. 그렇게 함으로써 우리는 공동 작업에 의한 공동의 선을 도모하겠습니다.

따라서 우선 우리는 하나님께 드리는 예배의 전체 형식을 완전히 폐지하는 것이 우리의 의도가 아니고, 결코 우리의 의도인 적도 없었으며, 다만 가장 사악한 첨가로 오염되었던, 현재 사용 중인 것들을 정화하고, 그 경건한 사용법을 보여 주기 위한 것이 우리의 의도라는 사실을 공개적으로 선언합니다. 왜냐하면, 우리는 미사(Masses)와 떡과 포도주의 성찬(Communion)

은 그리스도께서 거룩하게 제정하셨던 의식이라는 사실을 부인할 수 없기 때문입니다. 이 의식은 처음에 그리스도 그분 아래에서, 그런 후에 사도들 하에서 가장 단순하고 경건하게, 어떠한 덧붙임도 없이 지켜졌습니다. 그러나 시간이 지남에 따라 그것은 너무나 많은 인간적 고안이 첨가되어 우리 시대에 그 이름을 제외하고는 미사와 성찬의 어떤 것도 전해져 온 것이 없습니다.

이제 떡과 포도주를 축사하기 전에 부드러운 목소리로 한 개 혹은 두 개의 성시들을 기도했다고 알려졌던 초대 교부들의 첨가는 칭찬받을 만합니다. 아타나시우스(Athanatius)와 키프리아누스(Cyprian)는 이런 부류였다고 생각됩니다. 그런 후에 자비송(Kyrie Eleison)을 첨가한 사람들도 만족스럽습니다. 우리는 대 바질(Basil the Great)하에서 자비송이 모든 사람에 의해서 공적 용도로 사용되었다는 사실을 읽었기 때문입니다.

이제 서신서와 복음서의 낭독이 있었고, 보통 사람들이 이해하지 못하는 언어로 낭독하는 것이 잘못이라는 사실 외에는 그것이 필요합니다. 그 후에 성가가 시작되었을 때, 성시들이 입당송으로 바뀌었습니다. 그런 후에 천사들의 찬송가인, 하늘에는 영광 그리고 땅에는 평화(Gloria in Excelsis, Et in Terra Pax)가 첨가되었고, 마찬가지로 층계송(Graduals)과 **알렐루야**(Alleluia), 니케아 신조(Nicene Creed), **삼성송**(Sanctus), **하나님의 어린양**(Agnus Dei) 그리고 **성찬**(Communio)이 첨가되었습니다.⁴ 이 모든 것, 특별히 **절기**(de tempore)⁵, 혹은 주님의 날에 불리는 것들은 비난받을 것이 없는 종류입니다. 미사 전문(Canon)을 제외하고는, 오늘날 이들 모두는 고대의 순수성이 여전히 증거하고 있습니다.

그러나 이제 누구나 원하는 대로 추가하고 변경할 수 있는 권한이 생겼을 때, 금전적 이득과 성직자의 야망이라는 폭정이 들어왔기 때문에, 우리의 불경한 왕들, 즉 주교와 목사들이 바알과 모든 신의 제단들과 형상들을 주님의 성전에 두기 시작했습니다. 여기서 불경한 아하스는 놋 제단을 제

4　루터는 일관되게 신조를 '상징'(*symbolum*, 'symbol')으로 언급한다. 이해를 돕기 위해서 *symbolum*은 내내 '신조'(Creed)로 번역되었다.

5　문자적으로, '절기의' 이다. 그 용어는 성자들의 날들(saint's days)과는 별개로 교회력(liturgical calendar)에 관계된다.

거하고 다메섹에서 가져온 다른 제단을 세웠습니다.

지금 저는 많은 연못 쓰레기에서 모아들인, 망가지고 가증한 미사 전문 (Canon)에 대해 말하고 있습니다. 그다음에 미사는 제사가 되기 시작했고, 그다음에 봉헌(Offertories)과 이를 위한 본기도(Collects)가 첨가되었으며, 그런 후에 속창(續唱)과 산문(Prose)들이 **삼성송**(*Sanctus*)과 **하늘에는 영광**(*Gloria in Excelsis*) 사이에 삽입되었습니다. 그러자 미사는 온 세계의 부를 다 써 버리는 성직자의 전유물이 되기 시작했습니다. 그리고 광활한 사막과 같은 이 땅 전체를 부유하고, 게으르며, 힘 있고, 그리고 쾌락주의적인, 더러운 독신주의자들로 가득하게 했습니다. 그 후 죽은 자와 여정과 부자들을 위한 미사가 들어왔습니다.

그리고 누가 표제들만으로, 미사를 제사라고 생각할 수 있겠습니까?

이제 이런 행위들과 그 후에 어떤 축일이나 다른 것을 위해 다른 수찬자를 용납하는 것처럼, 오늘날에도 미사 전문(Canon)은 계속해서 첨가되고 있습니다. 저는 아직 끝이 나지 않은 산 자와 죽은 자를 기념하는 것에 관해서는 아무 말도 하지 않겠습니다.

그러나 외면적 첨가물들―복장들, 그릇들, 양초들, 관을 덮는 보들, 그런 후에 오르간과 음악적인 모든 것, 형상들―에 관해서는 무엇이라고 해야 합니까?

온 세상에서 그 대부분이 미사에 의해서 지원받지 않고 미사로부터 파생되지 않는 사업이나 미사로부터 이득을 보지 않는 직업은 거의 없었습니다. 따라서 이런 비열한 일을 너그럽게 봐 주고―왜냐하면, 복음이 이런 가증스러운 것들의 정체를 드러낼 것이기 때문에―그것들이 완전히 폐지될 때까지 계속 봐 줍시다. 그 사이에 우리는 모든 것을 시험하고 좋은 것을 굳게 잡을 것입니다. 그러나 우리가 다른 곳에서 이에 관해 충분히 가르쳤기 때문에, 이 작업에서는 미사가 제사이거나(아니거나), 혹은 선한 행위라는 것을 주장하는 것을 생략할 것입니다.

그것이 '제사' 혹은 '행위'라는 표제로 더럽혀지지만 않는다면, 미사를 성례전(Sacrament), 혹은 언약(Testament), 축복(blessing[라틴어로]), 감사례(Eucharist[헬라어로]), 혹은 주의 식탁(Lord's Table), 주의 만찬(Lord's Supper), 주의 기념(Lord's Memorial), 성찬(Communion), 당신께서 만족하는 어떠한 경건한 이름으로든지 그것을 받아들입시다. 그리고 그 의식이 우리가 채택할 만한 좋은 것이라는 것을 보여 줍시다.

첫째, 우리는 주일과 그리스도의 축일, 즉, 부활절, 성령강림절 그리고 성탄절에 입당송을 승인하고, 보존합니다. 옛 관습에서 그랬던 것처럼, 비록 우리는 입당송의 원천인 성시들을 선호하지만, 지금은 이렇게 용인된 관례로 허락할 것입니다. 이제 만약 사도들의, 동정녀, 다른 성자의 입당송을 승인하기를 바라는 어떠한 바람이라도 있다면 (만약 그것들을 성시들이나 다른 성경들에서 따 왔다면), 우리는 이것을 책망하지 않을 것입니다.

비텐베르크에 있는 우리는 오로지 주일과 주님의 축일들에만 안식일(Sabbath)을 지킬 것입니다. 우리는 모든 다른 성자의 축일은 완전히 폐지되거나, 그들 중에 어떤 것이라도 가치 있는 것이 있다면, 그것은 주일 설교 속에 섞여져야만 한다고 생각합니다. 주현절(Epiphany)과 할례일(Circumcision)처럼, 우리는 결례(Purification)와 수태고지(Annunciation)의 축일들은 그리스도의 축일로 간주합니다.

성탄의 예전(The Office of the Nativity)은 스데반 집사(St. Stephen)와 사도 요한(John the Evangelist)의 축일을 대신한다면 용인될 수 있습니다. 성 십자가 축일을 저주합시다. 다른 사람이 성령께서 인도하시는 대로, 자신들의 양심에 따라서든지, 혹은 다른 사람들의 연약함에 맞추어 행동하도록 합시다.

둘째, 우리는 자비송(*Kyrie Eleison*)을 포용합니다. 그것이 각기 다른 절기를 위한 다양한 멜로디로서, 뒤따르는 천사들의 찬송가인 **하늘에는 영광**(*Gloria in Excelsis*)과 함께 지금까지 관습적으로 사용되어 왔기 때문입니다. 그렇기는 하지만, 그것이 얼마나 자주 생략되기를 원하는지는 감독의 결정에 달려 있습니다.

셋째, 묵상 기도(*Oratio*)와 뒤를 잇는 본기도(Collect)는 만약 경건하다면 (보통 주일에 정해진 것처럼), 그 의식에 따라 계속합시다. 그러나 단 한 가지만 하도록 합시다. 이것 후에 서신서의 낭독이 있습니다. 불경스러운 것은 하나도 낭독되지 않기 때문에, 이것을 수정할 시기는 아직 아닌 것이 확실합니다. 믿음을 가르쳐 주는 바울 서신서의 부분들은 드물게 낭독되기는 하지만, 대개는 도덕적이고 충고하는 부분들이 낭독됩니다.

서신서를 배열한 사람은 아주 무식하고 미신적으로 일을 저울질하는 자였던 것으로 보입니다. 왜냐하면, 대부분의 경우에, 예전은 오히려 그리스도 안에 있는 믿음을 배우는 곳에 이러한 부분들이 지정되도록 요구했기 때문입니다. 이러한 낭독의 창시자가 누구였든, 이것은 분명히 복음서에서 더 자주 관찰됩니다. 하지만 그동안 자국어로 하는 설교가 이 필요성을 충족시킬 것입니다. 미사가 자국어로 행해지는 일이 일어난다면 (그리스도께서 이것을 좋아하시기를 빕니다!), 미사에서 서신서와 복음서 중의 가장 좋고, 가장 중요한 부분들이 낭독되도록 주의를 해야만 합니다.

넷째, 두 개의 연으로 된 층계송은, **알렐루야**(*Alleluia*)와 함께, 혹은 둘 중 하나를 감독의 결정에 따라 불리게 하십시오. 더욱이 원하는 사람은 누구든 두 개가 넘는 연을 가지고 있는 사순절의 층계송(Graduals of Lent)과 유사한 노래들을 자신의 집에서 부를 수 있습니다.

우리는 교회의 지루함 때문에 신자의 신실한 영이 꺼지기를 원하지 않습니다. 우리가 반쪽-미사(half-Mass)와 성례전의 일부로써 그리스도를 더 무시하거나, 조롱하기를 원하는 것처럼 보이지 않도록, 사순절이나, 고난 주간(Holy Week)이나 성금요일(Good Friday)을 다른 것들과는 다른 의식으로 구별하는 것은 적절치 않습니다. 왜냐하면, 그리스도의 수난과 승리의 기념이 영속적인 것과 마찬가지로, **알렐루야**(*Alleluia*)는 교회의 영속적 목소리이기 때문입니다.

다섯째, 우리는 그리스도의 탄생일에 사용되는 간결한 "우리 모두 지금 감사드립시다"(*Grates Nunc Omnes*, 이것은 성찬식을 예찬하는 찬송가를 시작하는 노랫말: 역주)가 감독을 기쁘게 하지 않는다면, 어떤 속창(續唱)과 운문들도 허락하지 않습니다. 그리고 성령님에 관한 **성령님**(*Sancti Spiritus*)과 **오소서 성령님**(*Veni Sancte Spiritus*) 외에 성령님을 생각나게 하는 것은 거의 없습니다. (감독이 괜찮다면), 이것들을 아침 식사 후나, 혹은 저녁 기도(Vespers), 혹은 미사 중에 부르려고 가할 것입니다.

여섯째, 복음서 낭독이 따릅니다. 여기서 양초나 향을 금지하지는 않지만, 그것들을 요구하지는 않습니다. 이것은 자유의 문제로 둡시다.

일곱째, 니케아 신조를 노래하는 관습은 불쾌하지는 않습니다. 그렇기는 하지만, 이것 역시 감독이 마음대로 정할 수 있습니다. 마찬가지로 설교를 자국어로 하는 문제에 관해서, 이것을 신조 이후에 하든지, 혹은 미사의 입당송 전에 하든지 문제가 되지 않는다고 생각합니다. 그렇지만 미사 전에 설교하는 것이 보다 적절할 것이라는 이유는 복음서가 광야에서 불신자를 믿음으로 부르고 외치는 목소리이기 때문입니다.

그러나 미사는 바로 그 복음서를 행하는 것이며, 오직 신자들에게만 속한 주의 식탁 교제(Communion)이어야만 하고, 분리해서 적절하게 행해져야 합니다. 하지만 그런데도, 그런 이유가 자유로운 우리를 속박하지 않습니다. 왜냐하면, 특별히 신조에 이르기까지 미사에서 행해지는 모든 일은 우리의 것이고 자유로운 것이며, 하나님이 요구하신 것이 아니기 때문이고, 그런 이유로 그것들은 반드시 미사에 속한 것은 아니기 때문입니다.

여덟째, 미사에서 앞에 행했던 모든 것이 섬기도록 강요받았던 저 가증스러운 것이 뒤를 따릅니다, 거기로부터 나온 것이 또한 **봉헌송**(*Offertorium*)이라고 불립니다. 그리고 이런 이유로 거의 모든 일이 봉헌인 것 같고 봉헌의 냄새가 납니다. 이전에 여호와의 궤를 우상들의 전인 다곤 옆에 두었던 것과 마찬가지로, 이런 일을 하는 중에 생명과 구원이라는 저 단어들이 위치했습니다.

그리고 언약궤가 적들의 후방을 영원한 수치가 되도록 침으로써 그들이 악명을 떨치게 만들어, 언약궤를 돌려보낼 수밖에 없게 만들 때까지, 언약궤에 접근하거나 그것을 도로 가지고 올 이스라엘 백성이 한 명도 없었던 것은 현재를 위한 비유입니다. 그러므로 봉헌으로 들리는 저 모든 것이 전체 미사 전문과 더불어 거부된 후에, 참된 봉헌의 소리가 순수하고 거룩한 것들을 보존할 수 있도록 우리의 미사를 집전합시다.

I. 신조의 도중이나 미사 전문(Canon) 이후에는 축사를 위해 빵과 포도주를 익숙한 의식에 따라 준비하십시오. 단, 물과 포도주를 섞어야 하는지 여부는 결정하지 않았습니다. 그러나 나는 이사야 1:22에서 이사야 선지자가 제시했던 "당신의 포도주는 물과 섞여 있다"라고 한 표현에 신경이 쓰이기 때문에[6] 포도주를 물과 혼합하지 않고, 오히려 혼합되지

---

6   루터의 성경 인용은 일반적으로 불가타(Vulgate) 성경을 따른다.

않은 포도주를 준비할 의향이 있습니다.

그 이유로는 혼합되지 않은 포도주는 복음주의 교리의 순수성을 아름답게 상징하기 때문입니다. 그 외에도 지금 우리가 여기서 기념하는, 우리의 피와 섞이지 않은 그리스도의 피 외에는 우리를 위해서 흘린 것은 아무것도 없었습니다. 결과적으로 여기에서 우리와 그리스도와의 연합이 상징된다고 말하는 자들의 망상은 설 곳이 없습니다.

우리는 여기서 이 연합을 기념하지 않습니다. 그뿐만 아니라, 우리는 그분이 피를 흘리시기 전에는 연합되지도 않았습니다. 그렇지 않다면, 그리스도의 피와 함께, 동시에 또한 우리를 위해서 흘린 우리의 피가 기념될 것입니다. 그렇다고 해서 자유에 반대되는 미신적인 법을 도입하지 않을 것입니다. 그리스도는 이런 일들에 별로 개의치 않으실 것이고, 그것은 논쟁할 가치가 있는 이슈도 아니기 때문입니다.

로마와 헬라의 교회들은 물론 다른 이들도 이런 어리석은 싸움을 충분히 했습니다. 이제 어떤 이들이 그리스도의 옆구리로부터 피와 함께 물이 흘러나왔다고 주장하는 사실은 아무것도 증명하지 않습니다. 왜냐하면, 그 물은 그들이 혼합된 물로 상징되기를 바라는 그것이 아니라, 다른 어떤 것을 상징하기 때문입니다. 그리고 그것은 피와 혼합되지 않았습니다. 게다가, 그 모습은 아무것도 증명하지 않고, 그 예는 맞지도 않습니다. 그러므로 그것은 인간의 발상으로서, 그것을 자유의 문제로 취급되도록 둡시다.

II. 빵과 포도주가 준비되면 다음과 같이 미사를 진행합니다.

"주께서 당신과 함께."

응답(Response): "또한 당신의 영과 함께."

"당신의 마음을 드높이."

응답(Response): "우리의 마음을 주께로 높이."

"우리 하나님이신 주님께 감사합시다."

응답(Response): "그것이 합당하고 옳은 일입니다. 우리가 거룩한 주님 (Holy Lord), 전능하신 아버지(Almighty Father), 영원하신 하나님(Eternal God)을 우리 주 그리스도로 말미암아 항상 그리고 모든 곳에서 당신께 감사를 드리는 것이 진실로 합당하고 옳으며, 당연하고, 유익합니다."

III. 그런 후에: 예수께서, "그날 잡히시기 전에, 떡을 떼어 축사하시고 그것을 제자들에게 주시며 이르시되 이것을 받아서 먹으라 너희에게 전한 이것은 내 몸이니라." 식사 후에 잔도 이와 같이 하여 이르시되, "이 잔은 많은 사람의 죄를 위한 내 피로 세우는 새 언약이니 너희는 이것을 행할 때마다 나를 기억하라."
나는 그리스도의 이 말씀이 서문경(Preface) 다음에 적당한 쉼표를 두고 미사 전문(Canon)의 다른 곳에서 주기도문을 부를 때와 같은 어조로 낭독되기를 원합니다. 비록 이 모든 과정 동안 경건한 마음으로 묵상하거나 공개적으로 암송할 자유가 주어지겠지만 주위에 서 있는 사람들이 들을 수 있도록 하기 위한 것입니다.

IV. 축사가 끝난 후에 찬양대가 **삼성송**(Sanctus)을 부르게 하십시오. 그리고 축복송(Benedictus)을 부르는 동안 의식에서 거양된 떡과 잔은 여기까지 보이게 하십시오. 왜냐하면, 특별히 자국어 설교를 통해서 이 거양이 목표로 하는 것을 배웠고, 미사에서 이런 고귀한 의식이 갑자기 변화하는 것 때문에 불쾌하게 생각할 수도 있는 연약한 자들 때문입니다.

V. 이러한 일 후에 주기도문이 낭독되도록 하십시오. 그래서 다음과 같이 "기도합시다. 당신의 유익한 계명으로 훈계를 받았습니다" 등등 이라고 한다. 이때 떡과 잔 위에서 행하는 것이 익숙했던 모든 표지와 함께 "당신께 간청드리오니, 우리를 해방해 주시옵소서"라는 기도는 생략된다. 그리고 떡을 떼거나 잔에 섞지 마십시오. 다만 주기도문 후 즉시 "주님의 평화를" 등등을 기도해야 합니다.
그것은 그리스도의 입으로 말씀하시는 것을 제외하고는, 만약 믿음으로 붙든다면, 수찬자의 죄에 대한 공적 사죄 선언의 일종이고, 명확하게 죄의 사면을 선언하는 복음의 음성으로서 주의 만찬을 위한 단 하나의 가장 합당한 준비입니다. 이런 이유 때문에 감독들이 익숙한 방식으로 사람들에게 얼굴을 향한 채로 이것을 선언하기 바랍니다. 그것은 우리 감독들 사이에 있는 고대 감독들의 단 하나의 자취입니다.

Ⅵ. 그런 후에 그가 참여하고, 다음에 사람들이 참여하게 하십시오. 그러는 동안 하나님의 어린양(*Agnus Dei*)을 부르도록 하십시오. 만약 그가 참여하기 전에 "주 예수 그리스도, 살아 계신 하나님의 아들, 아버지의 뜻에 의해서" 등등을 기도하기 원한다면, 그는 잘못 기도하지 않아야 합니다. 그렇기 때문에 오직 단수를 복수로, 즉 "나의 것"과 "나에게"를 "우리의 것"과 "우리에게"로 바꿔서만 기도할 수 있습니다.

또한, 다음과 같은 기도인 "주님의 몸 등등이, 나의 영혼, 혹은 여러분의 영혼을 영원한 생명으로 지켜 주시옵소서"도 마찬가지로, "그리고 우리 주님의 피가 여러분의 영혼을 영생에 이르도록 지켜 주시옵소서"라고 해야 합니다.

Ⅶ. 그가 성찬 노래를 부르기를 좋아한다면, 그것이 불리게 하십시오, 그러나 **성찬-후**(*Complenda*)나 혹은 마지막 본기도—그들이 일반적으로 제사의 개념을 표현하기 때문에—대신에 불리게 하십시오. "주님, 우리가 입으로 받은 것은"과 같은 기도를 동일한 어조로 낭독하게 하십시오.

다음에 나오는 "우리가 받은 것은 주님, 당신의 몸입니다"는 단수에서 복수로 바꾸어서, "주께서 당신들과 함께하시기를", "살아 계시고 다스리시는 분" 등등이 낭독될 수 있습니다. "가십시오. 해산합니다"(*Ite Missa*) 대신에, (적당한 곳과 때에) **알렐루야**(*Alleluia*)가 첨가된 **주님을 송축합시다**(*Benedicamus Domino*)와 같은 것이 원래의 곡조로 불리든지, 혹은 저녁 기도로부터 **송축합시다**(*Benedicamus*)를 빌려 올 수도 있습니다.

Ⅷ. 관례적 축도를 하십시오. 아니면 하나님이 직접 정하셨던 민수기 6장의 축도를 받도록 하십시오.

> 여호와는 우리게 복을 주시고 우리를 지키시기를 원하며 여호와는 그의 얼굴을 우리에게 비추사 우리에게 은혜 베푸시기를 원하며 여호와는 그 얼굴을 우리에게로 향하여 드사 평

강 주시기를 원하노라 할지니라(민 6:24-26).

혹은 다음의 시편 66편으로부터 "우리 하나님이신 하나님 우리에게 복을 주시고 하나님이 우리에게 복을 주시고 땅끝까지 그분을 두려워하기를 축원하노라"[7]로 축도하십시오. 나는 그리스도께서 하늘로 승천하시면서 그분의 제자들을 축복하실 때 이런 종류의 축복을 사용했다고 믿습니다.

그리고 감독이 두 가지 형식을 어떤 순서로 취하고 집행하기를 바라는가라는 문제 또한 그의 자유에 맡기십시오. 왜냐하면, 그는 떡을 취하기 전에 둘 다 즉, 떡과 포도주를 연속적으로 축사할 수 있기 때문입니다. 혹은 떡과 포도주의 축사 사이에 그와 원하는 많은 사람들이 떡에 참여할 수 있습니다. 그런 후에 그는 포도주를 축사하고 마지막으로 그것을 모두에게 마시도록 줄 수 있습니다. 복음서가 표현한 말들처럼, 그리스도께서 잔을 축사하시기 전에 떡을 먹으라고 명령하셨을 때 이 의식을 사용하셨던 것으로 보입니다.

여러분이 그리스도께서 먼저 잡수신 후에 잔이 축복을 받았다고 인식하도록, 그런 후에 복음서는 "그가 떡을 잡수신 후 같은 방식으로 포도주를 마십니다"라고 명시적으로 말합니다, 그러나 우리가 지금까지 말해 왔던 이 매우 새로운 의식은, 그들 또한 바꾸어야 할 필요가 없는 한, 축사 후에 이런 일들을 행하는 것을 허락하지 않습니다.

이것이 우리가 미사에 관해서 생각하는 것입니다. 이 모든 일에서 그들이 축복의 단어들을 손대지 않고 내버려 두거나 여기서 믿음으로 행하기만 한다면, 우리는 자유로부터 법을 만들거나, 혹은 다른 방식으로 하려고 하든지 어떤 것들을 빼려고 하는 사람들에게 죄를 짓게 만드는 일이 없도록 주의를 해야 합니다. 왜냐하면, 이런 것은 그리스도인들의 의식, 다시 말하면, 자발적으로 그리고 진심으로 이런 일을 지키기를 원하며, 그것들을 자신들이 원하는 대로 자주 그리고 무슨 방식으로든지 바꿀 자유로운 자녀들

---

[7] 루터는 시편 96편을 인용하지만, 그의 인용 부호는 불가타 성경의 시편 66편으로부터 온 것이다.

의 의식이어야만 되기 때문입니다. 그러므로 이런 문제에 있어서 누구든지 법으로 어떤 필요한 형식을 세우거나 요구하고, 그에 의해서 자신이 덫에 걸리거나 양심이 괴롭게 되는 것은 옳은 일이 아닙니다.

또한, 이런 이유로 우리는 로마 교회(Roman church)에서 했던 것을 제외하고, 고대 교부들이나 초대 교회에서 했던 이런 의식의 어떤 완전한 예도 낭독하지 않습니다. 그러나 만약 이 문제에 있어서 법으로 제재한 것이 있다면 그것을 지키지 않을 필요가 있습니다. 왜냐하면, 이런 일은 법에 얽매일 수도 없고, 얽매어서는 안 되기 때문입니다. 그리고 각기 다른 사람이 각기 다른 의식을 사용한다 하더라도 누구도 다른 사람을 판단하거나 경멸하지 않고, 서로가 자기 자신의 견해를 가지도록 하십시오. 그리고 비록 우리가 각기 다른 일들을 행한다 하더라도, 우리는 동일한 마음과 동일한 감정을 가집시다.

그리고 로마 교회에서 일어났던 것처럼 다양한 의견과 분파가 의식의 다양성에 뒤따르지 않도록, 각자의 의식을 다른 사람들도 기꺼이 동의합시다. 음식과 물 없이 살 수 없는 것과 마찬가지로 우리는 외적 의식 없이 살 수 없지만, 그런데도 음식이 하나님께 우리를 칭찬하지 못하는 것처럼, 외적 의식이 하나님께 우리를 칭찬하지 못하기 때문입니다. 그러나 믿음과 사랑은 하나님께 우리를 칭찬합니다. 그러므로 다음에 나오는 바울 사도의 진술을 여기에 적용되도록 합시다.

> 하나님의 나라는 먹는 것과 마시는 것이 아니요 오직 성령 안에 있는 의와 평강과 희락이라 (롬 14:17).

따라서 어떠한 의식도 아니고, 다만 여러분 안에 있는 믿음이 하나님의 나라입니다.

지금까지 복장에 관해서는 언급하지 않았습니다. 그러나 다른 의식들에 관해서 생각하는 것처럼 복장에 관해서도 생각할 필요가 있습니다. 현란하고 화려한 것을 없앤다면 그들을 자유롭게 사용하도록 허락합시다. 왜냐하면, 여러분들이 복장으로 축복을 선포한다고, 여러분이 더 받아들여질 수 없고, 복장 없이 축복을 선포한다고 여러분이 덜 받아들여지는 것도 아니기 때문입니다. 왜냐하면, 복장이 하나님께 우리들을 칭찬하지 않기 때문입니다.

그러나 나는 하나님의 모든 선한 피조물이 말씀과 기도로 거룩하게 된다는 일반적 축복을 제외하고는 이런 옷이 다른 의복과 비교할 때 신성한 것으로 여겨지는 것처럼 성별되거나 축복받기를 바라지 않습니다. 그렇지 않다면, 그것은 다른 것들과 마찬가지로 교황의 가증한 행위를 통해 도입된 완전한 미신과 불경건한 행위입니다.

공동체와 함께하는 성찬

미사와 목사나 감독의 직무에 관한 일들을 서술했으므로 이제 성도들이 성찬을 받는 의식에 관해서 말하려고 합니다. 왜냐하면, 그들을 위해서 특별히 주의 만찬이 제정되었고, 이런 이름으로 불리기 때문입니다.

목사가 너무 어리석어서 청중이 아무도 없는 곳에서 공적 사역으로 말씀을 선포하고, 바위들과 나무들 사이에서나 열린 하늘 아래에서 홀로 자신에게 소리치는 것이 대단히 터무니없는 것과 마찬가지로, 목사들이 먹고 마실 손님이 아무도 없는 곳에서 사람들에게 속한 주의 만찬을 준비하고 꾸민다면 그리고 만약 다른 사람에게 사역해야 할 그들이 텅 빈 테이블과 텅 빈 홀에서 혼자 먹고 마셔야만 하는 것도 이상한 일입니다.

그러므로 만약 우리가 그리스도께서 제정하신 것을 진실로 포용하기를 원한다면, 교회에서 어떠한 사적 미사도 허락되어서는 안 됩니다. 그러나 여기서조차 연약함이나 부족한 것은 잠깐 관용되어야 합니다. 여기에 더욱이, 세례에서 지켜지는 의식이 준수되어야 합니다. 다시 말하자면,

먼저, 감독이 그들의 이름과 삶의 방식을 알 수 있도록, 수찬자가 누구인지 그에게 알려야 하고, 그들은 직접 주님의 만찬에 참여하기를 요청해야만 합니다. 그다음에 참여하기를 요청하는 사람들이 자신들의 믿음에 관해 설명하지 못하고, 그들이 질문을 받았을 때 주의 만찬이 무엇인지, 주의 만찬은 무엇을 보여 주는지 주의 만찬으로부터 얻기를 바라는 이점이 무엇인지를 이해하고 있는지의 여부를 대답하지 못한다면 감독은 그들을 받아들

이지 말도록 하십시오.

다시 말하자면, 그들이 축복의 단어들을 암송할 수 있고 자신들이 이런 이유로, 즉 자신들의 죄에 대한 자각이나, 혹은 죽음이나 육신이나 세상 혹은 마귀의 유혹과 같은 다른 어떤 악에 대한 두려움으로 괴로웠기 때문에, 자신들이 위로를 받고 안락함을 얻을 수 있도록, 감독의 사역을 통해서 하나님 그분에게서 나온 말씀과 은혜와 구원의 표지에 굶주리고 목말라서 나왔다는 것을 설명할 수 있다면 그들을 받아들이십시오. 그것은 그리스도께서 그분의 측정할 수 없는 사랑으로 "받아서 먹어라" 등등을 말씀하셨을 때 이 만찬에서 세우고 제정하셨던 그 같은 사역입니다.

더욱이 이 질문이나 시험은 참가를 신청한 사람에게 일 년에 한 번이면 충분하다고 생각합니다. 실제로, 참여를 요청하는 사람이 너무나 잘 알고 있으므로 평생에 한 번의 질문으로 만족하거나 전혀 질문하지 않을 수 있습니다. 우리가 지금까지 로마가톨릭교회에서 일어났던 것을 본 것처럼 합당한 자와 합당하지 않은 자가 주의 만찬에 돌진하지 않도록 경계하기 위해서 이 의식을 합니다. 그곳에서는 주의 만찬에 참여하는 것 외에 다른 어떤 것도 추구되지 않고, 믿음, 위로 그리고 주의 만찬의 전체적 용도와 열매에 대해 심지어 언급이나 생각조차 하지 않습니다.

사실상, 그들은 심지어 축복의 바로 그 단어들, 당연히, 바로 생명의 떡을 열심히 숨겨 왔습니다. 그리고 비록 그들이 발휘할 수 있는 모든 열정으로써 수찬자들이 그 나름대로 선한 행위를 하게 만들려고 노력하지만, 그런데도 그들은 그리스도의 선하심으로 수찬자들의 믿음을 키우고 강화시키지 않습니다. 또한, 위에서 말한 질문과 시험에 대답하지 못하는 사람들은 예복을 입지 않은 것과 같이 만찬 참여에서 완전히 배제되고 소외될 것입니다.

그다음, 감독은 그들이 이 모든 것을 이해하는 것을 보았을 때, 그들이 자신들의 생활과 도덕으로 그의 믿음과 이해를 입증하는지 여부를 관찰할 것입니다. 이는 사탄도 이 모든 것을 이해하고 말할 수 있기 때문입니다. 따라서 만약 그가 음행한 자, 간음한 자, 주정뱅이, 도박꾼, 고리대금업자, 중상모략 자, 혹은 명백한 범죄로 악명이 높은 자를 발견한다면, 그 사람이 자기 삶의 방식을 바꿨다는 것을 명확한 증거로써 보여 주지 않는 한 그를 주의 만찬으로부터 완전히 제외하십시오. 왜냐하면, 주의 만찬은 때때로 타락하고 되돌아와서 자신들의 타락에 대해 슬퍼하는 사람들에게 거부되어서는 안 될 뿐만 아니라, 오히려 주의 만찬이 바로 이런 사람들이 회복되고 강건해지도록 특별히 제정되었다는 것을 인식할 필요가 있기 때문입니다.

"왜냐하면, 많은 일에서 우리는 모두 죄를 범하기 때문입니다."

그리고 우리 또한 서로에게 짐을 지우기 때문에, 우리는 서로의 짐을 나누어집니다. 나는 부끄러움도, 두려움도 없이 죄를 짓고 복음에 관한 위대한 일들을 자랑하는 일은 조금도 없는 저 경멸하는 자들에 관해서 말하고 있습니다.

그런 다음 미사를 집전할 때 참여하려는 사람들은 다른 사람들과 떨어져 한 장소에 한 그룹으로 모이는 것이 합당합니다. 이 목적을 위해 성찬대와 성가대가 만들어졌습니다. 왜냐하면, 여기서 있는 것이 하나님 앞에서 아무것도 아니요, 이 일로 말미암아 우리의 믿음에 무엇을 더함도 아니며, 오직 참여하는 자나 참여하지 아니하는 자에게 공개적으로 보이고 알려야 함이 마땅하기 때문이며, 그렇게 함으로 그들의 삶이 더 잘 보이고 시험 되고 드러날 수 있기 때문입니다.

이 만찬에 참여하는 것은 그들이 하나님과 천사들과 사람들 앞에서 자신들이 그리스도인임을 고백하는 일이기 때문입니다. 그러므로 그들이 주의 만찬을 남몰래 훔치지 않도록, 말하자면, 그렇게 해서 그들이 다른 사람과 섞인 후에는 그들이 선한 삶을 살았는지 혹은 악한 삶을 살았는지 알 수가 없게 되기 때문에 반드시 주의를 기울여야 합니다. 그런데도 저는 이것조차 법으로 정하는 것을 바라지 않습니다. 제가 바라는 것은 단지 자유로운 그리스도인들에 의해서 자유롭게 행해지는 것이 훌륭하고 적절하다는 것을 보여 주는 것입니다.

이제 성찬 전의 사적 고백에 관해서, 저는 지금까지 가르쳐 왔던 것과 마찬가지로, 그것이 분명히 필요하지도, 필수적이지도 않다고 생각합니다. 그런데도 그것은 유용하고, 경멸되어서는 안 됩니다. 왜냐하면, 주님이 주의 만찬 자체를 필요한 것이라고 요구하거나 법으로 강화하지도 않으셨고, "너희들이 이런 일할 때마다" 등등을 말씀하시면서 모든 사람에게 자유를 허락하셨기 때문입니다.

　따라서 이 만찬을 위한 준비에 관해서 우리는 사람들이 스스로 기도와 금식으로 준비하는 것은 자유의 문제라는 것을 이해합니다. 비록 전혀 금식하지 않거나 거의 기도를 하지 않았더라도, 그들은 당연히 주의 깊고 부지런해야 할 뿐만 아니라, 맑은 정신으로 와야만 합니다.

　이제 맑은 정신이란, 다시 말해서, 가톨릭교도들의 미신적 관례가 아니지만, 다만 여러분들이 취해서 트림하지 않고, 여러분의 배가 가득 차서 둔해지지 않도록 이것을 요구합니다. 왜냐하면, 최선의 준비는 (내가 말했던 것처럼) 죄, 죽음 그리고 유혹, 치유와 힘에 대한 갈망과 목마름으로 인해서 괴로운 영혼이기 때문입니다. 그러나 이런 일에 관련된 것을 무엇이든지 사람들에게 가르치는 것은 감독에게 속한 것입니다.

　이제 사람들에게 두 가지 형태(그들이 그것들을 부르는 대로)를 집행하는 것이 필요한지 어떤지 하는 것이 남았습니다. 여기서 저는 말합니다. 복음이 이제 2년 내내 우리에게 심어졌기 때문에, 지금쯤은 연약한 자들에게 충분한 은혜가 주어졌습니다. 이제부터 우리는 바울의 "무지한 자는 무지하게 내버려 두십시오"라는 진술에 따라 행동해야만 합니다.

　이는 그렇게 오랜 시간 후에도 복음을 이해하지 못했던 사람들이 둘 중 어느 형식을 새롭게 받아들이는지 아닌지는 상관이 없고, 그들의 연약함에 대한 우리들의 지속적 관용으로 인해 그들의 완고함을 키우고 복음에 반대되는 규칙들을 정하지 않도록 하기 위함입니다. 그러므로 두 가지 형식이 단순히 그리스도의 제정에 따라서 요청되고 집행되도록 하십시오. 이렇게 하는 것을 원하지 않는 사람들은 내버려 두십시오. 그리고 그들에게 아무것도 집행되지 않도록 하십시오. 왜냐하면, 우리는 미사의 이 형식을 복음이 선포되었던 사람들을 위한 안내서로써 준비했고, 그들은 그것을 적어도 부분적으로는 이해했을 것이기 때문입니다. 그러나 아직 이것을 듣지 못했거나, 그것을 이해할 수 없는 사람들에게는 이 일에 관한 어떠한 충고도 아직 줄 수 없습니다.

　그들이 이 관례를 다시 재가하기 위해서 제안한 이 공의회(council)를 아무도 기다려서는 안 됩니다. 우리에게는 그리스도의 법이 있습니다. 그리고 우리는 명백하게 복음에 속한 이런 일에 대해서 공의회를 기다리는 것도, 공의회에서 듣는 것도 바라지 않습니다. 사실상, 우리는 더 이상을 말합니다. 만약 어떤 경우에 공의회가 세워지고 이런 관례를 허락하려고 한다면, 무엇보다 우리는 기꺼이 두 가지 모두에 참여할 것입니다.

반대로, 그러한 상황에서, 공의회와 그 법령을 둘 다 무시하여, 우선 둘 중의 단 하나만 참여하거나, 둘 다 참여하지 않기를 바랄 것이며, 결코 둘 다 참여하려고 하지 않을 것입니다. 그리고 우리는 이런 공의회의나 법령의 권위 때문에 참여하려고 하는 사람들을 철저하게 혐오할 것입니다.

여러분들은 왜 그럴까 하고 이유를 물어보십니까?

들으십시오. 우리의 적들조차 이것을 고백하지 않을 수 없도록 복음과 바울이 명확하게 증언한 것처럼, 만약 여러분이 떡과 포도주가 그리스도에 의해서 제정되었다는 사실과 둘 다를 당연히 모든 사람이 받아야만 한다는 사실을 알고 있다면 그리고 그런데도 만약 여러분이 두 가지를 모두 받기 위해서 감히 그를 믿지 않고 신뢰하지 않으며, 다만 그들의 공의회에 있는 사람들이 이것을 결정했기 때문에 둘 다를 감히 받아들입니다.

그렇다면 여러분은 그리스도보다 사람을 더 선호하는 것이 아닙니까?

여러분은 하나님이라고 불리시고 그렇게 경배받으시는 분보다 죄인인 인간을 더 높이지 않습니까?

여러분은 하나님의 말보다 인간의 말을 더 신뢰하지 않습니까?

사실상, 오히려 여러분은 하나님의 말씀을 완전히 불신하고 인간의 말만 믿지 않습니까?

그것은 지극히 높으신 하나님(God Most High)께 대해 얼마나 큰 가증스러운 짓이고 거부입니까?

그렇다면 어떤 우상 숭배가 인간의 공의회에 대한 여러분의 미신적 복종과 같을 수 있겠습니까?

여러분들은 차라리 천 번을 죽어야만 하지 않겠습니까?

그처럼 신성 모독적이고 신앙에서 배도한 그런 종류의 순종으로 두 가지를 다 받는 것보다 차라리 한가지나 혹은 아무것도 받지 않아야 하지 않겠습니까?

그래서 그들에게 자신들의 공의회를 제안하는 것을 중단시키십시오. 그러나 우선 그들에게 이것을 하게 하십시오. 그들이 훔쳤던 신성한 영광을 회복시키도록 하십시오. 그들이 그들의 주인인 사탄과 함께했던 삶의 방식을 억제하고, 자신을 하나님보다 높였으며, 그의 말씀을 반역했으며, 여러 세대에 걸쳐 그토록 많은 사람을 멸망시켰다는 것을 고백하도록 하십시오. 그리고 그들이 이 극도의 잔인함과 하나님을 부정하는 폭정을 회개하도록 하십시오.

그리고 우리로서는, 심지어 그들의 신조들(dogmas)에 대항해서 두 가지 형식을 모두 가르쳤고 받아들였으며 그들의 공의회를 기다리지 않았다는 점에 있어서 우리가 옳게 행했다는 것을 그들이 확인하도록 하십시오.

우리가 그들의 멸망과 가증스러움을 따르는 것을 거부했기 때문에, 그들이 감사하도록 하십시오. 그들이 이런 일을 한 후에, 우리는 서슴없이 그리고 기꺼이 그들의 공의회와 법령을 존중하고 포용할 것입니다. 그러는 동안 그들이 이것을 하지 않고, 우리에게 그들의 권위를 기다리라고 요구하는 한, 우리는 아무것도 듣지 않고, 다만 그들에게 반대되는 것, 특별히 그들에게 가장 불쾌한 것이라고 우리가 알고 있는 것을 계속해서 가르치고 또한 행할 것입니다.

우리가 그들을 하나님보다, 그들의 말을 하나님의 말씀들보다 높여야만 하고, 우리가 그들의 악마 같은 괴물을 하나님 대신에 우상으로 세워야만 하는 것이 아니라면, 그들은 왜 이 악마 같은 주장을 요구하는 것입니까?

그러나 우리는 전 세계가 하나님께 종속되고 그분에게 순종하는 것을 바랍니다. 나는 또한 사람들이 미사 중에 층계송(Graduals) 직후나, 혹은 마찬가지로 **삼성송**(Sanctus)**과 하나님의 어린양**(Agnus Dei) 직후에 부를 수 있는 자국어로 된 노래들을 가능한 한 많이 가지기를 바랍니다.

이제는 감독이 축복하는 동안 단지 찬양대가 부르거나 응답하는 이 노래들이 오래전에는 모든 사람의 부르짖음이었다는 사실을 누가 의심하겠습니까?

그러나 전체 미사가 자국어로 드려질 때까지 감독은 이런 노래를 라틴어 노래 후에 불리거나, 혹은 격일제로 라틴어 노래를 한 번, 다음 날에는 자국어 노래를 하는 식으로 배열할 수 있습니다. 하지만, 우리에게는 하나님의 교회에서 자주 사용될 만한 경건하고 영적 노래들(바울이 그들을 그렇게 불렀던 것처럼)을 작성할 수 있는 시인이 부족하거나, 그런 시인들이 아직 알려지지 않았습니다.

그러는 동안, 성찬 후에는 "우리에게 직접 영양분을 공급하셨던 하나님이 찬양과 송축을 받으시옵소서"("Gott sey gelobet und gebenedeyet, der uns selber hatt gespeyset"/"God be praised and blessed, who himself has nourished us") 등등 같은 것을 부르는 것이 허용됩니다.

이것과 더불어 "그리고 우리의 최후에 성별된 성직자의 손으로부터 받는 거룩한 성례전"("Und das heylige sacramente, an unserm letzten ende, aus des geweyeten priesters hende"/"And the Holy Sacrament at our final end, from the hands of the consecrated priest")과 같은 작은 부분은 생략됩니다. 이것은 자신의 전 생애를 통해서 성찬에 대해 거의 주의를 기울이지 않고, 임종 시에 믿음도 없이 이런 선행으로 영생으로 들어가기를 바랐던 성 바르바라(St. Barbara)의 일부 추종자에 의해 첨가된 것입니다.

왜냐하면, 음악의 운율과 구조 모두 그 절이 불필요하다는 것을 증명해 주기 때문입니다. 이것 외에도 "지금 우리는 성령님을 요청합니다"("Nu bitten wyr den heyligen geyst"/"Now we ask the Holy Spirit")와, 마찬가지로, "그렇게 칭찬할 만한 어린아이"("Eyn kindelin so lobelich"/ "A little child so praiseworthy")라는 노래가 좋습니다. 왜냐하면, 여러분은 그런 깊은 영혼의 맛을 내는 많은 노래를 발견하지 못할지도 모르기 때문입니다. 제가 이런 일을 말하는 것은, 만약 독일인 시인들이 있다면, 그들이 자극을 받고, 고심하여 우리를 위한 경건한 시를 만들 수 있도록 하기 위함입니다.

지금까지 우리는 미사와 성찬에 관한 것들에 대해 충분히 말했습니다. 하나님의 말씀이 교회 안에서 활발하고 신실하게 선포된다면, 실행과 문제 자체가 남아 있는 것들을 가르칠 것입니다. 혹시라도 어떤 이가 이 모든 일이 성경과 교부들의 예에서 증명되기를 요구한다 하더라도, 우리는 별로 개의치 않을 것입니다. 왜냐하면, 우리는 위에서 이런 일들에서는 자유가 지배해야 하고, 누구도 법이나 혹은 명령으로 그리스도인의 양심을 인질로 삼아서는 안 된다고 말했기 때문입니다.

또한, 이런 이유로, 성경은 이런 문제들에 관해서 아무것도 주장하지 않고, 장소, 시간 그리고 사람들의 편의에 따라서 그 자체의 풍부한 의견에 대한 영의 자유를 허락합니다. 지금 교부들의 예들은 부분적으로 알려지지 않았습니다. 알려진 사람들은 각기 너무 달라서 우리는 확실한 어떤 것을 확립할 수 없습니다. 왜냐하면, 분명히 그들 스스로가 자신들의 자유를 사용했기 때문입니다. 그러나 비록 그들이 가능한 한 확실하고 명확했다고 하더라도, 우리에게 자신들을 모방하기 위한 법이나 필요성을 강요하지 않을 것입니다.

저는 미사가 폐지되기만 한다면, 우리가 평일이라고 부르는 날들에는 관용되지 못할 것은 아무것도 없다고 봅니다. 만과(Vespers)와 종과(Compline de tempore[성인의 축일은 제외됨])는 물론, 3개의 성경 낭독(lessons)과 시과(Hours)가 있는 조과(Matins)는 오직 신성한 성경의 말씀이기 때문입니다. 자녀들을 거룩한 성경의 성시들과 정과들을 읽고 듣는 데 익숙해지도록 하는 것은 참으로 멋지고도 필수적인 것입니다.

만약 여기서 어떤 것을 수정해야만 한다면, 감독의 결정에 따라서 장황함을 제거하여, 조과에 3개의 성시 그리고 만과에 세 개의 성시가 1개나 두 개의 응창으로 끝낼 수 있게 합니다. 이제 이런 일은 최고의 응창과 교송(Antiphones)을 선정하고, 주일부터 주일까지 일주일 동안 그것들을 배열하는 것이 자신의 임무인 감독이 결정하는 것이 최선입니다.

그 결과 같은 일의 반복으로 넌더리를 내지 않도록 하며, 너무 다양하고 많은 노래와 성경 낭독이 지루함을 유발하지 않게 될 것입니다. 그러나 전체 시편 찬송가는 부분들로 나누어서 계속 사용되게 하고, 전체적 성경은 낭독들로 나누어 교회의 귀에 계속 들리게 하십시오.

이렇게 찬송이 단지 혀로만 하는 것이거나, 또는 오히려 파이프나 하프 소리처럼 거의 의미 없이 되지 않도록, 이제 내가 다른 곳에서 했던 것을 여기서도 해야만 합니다. 그러므로 아침에 신약이나 구약에서 하나, 저녁에는 아침과는 다른 언약에서 다른 것을 자국어 설명과 함께하는 매일 낭독이 반드시 제정되어야 합니다.

그 일 자체와 조과의 **설교**(Homilia in Matins), 그리고 만과의 **장**(Capitulum[Chapter] in Vespers)과 다른 시과(Hours)들의 단어들이 이 의식이 고대

것이라는 것을 증명합니다.

다시 말하자면, 그리스도인들은 함께 모일 때마다 바울이 고린도전서 14장에서 묘사하는 방식으로 어떤 것을 읽고, 그것을 자국어로 설명했습니다. 그런 후에 더 나쁜 시기가 도래함으로써 선지자들과 통역자들이 필요할 때 성경 낭독들과 장(chapter)들 후에 남은 단 하나의 목소리는 "하나님께 감사"(Deo Gratias)였습니다.

이후에 강해 대신에 성경 낭독들, 성시들, 찬송가 그리고 다른 것이 이런 지루한 장황함을 배가시켰습니다. 하지만 찬송가와 "오 하나님 우리가 당신을 송축합니다"(Te Deum Laudamus)가 "하나님께 감사"(Deo Gratias)가 증언하는 것에 대해 같은 방식으로 증언합니다. 다시 말하자면, 강해와 설교 후에 그들은 하나님께 찬양하고, 하나님의 말씀에서 계시된 진리에 대해 감사를 하곤 했습니다. 우리의 자국어 찬송가들도 이런 종류가 되었으면 좋겠습니다.

니콜라스 각하, 비텐베르크에 있는 우리 교회에서 부분적으로 이미 제정되었고, 그리스도께서 원하신다면 곧 완성될 의식들과 격식들에 관해서 당신께 이 글을 써야만 했습니다. 당신과 다른 사람의 마음에 드신다면 각하께서는 이 예를 참고하실 수 있습니다. 만약 그렇지 않다면 우리는 당신으로부터 그리고 다른 사람으로부터 더 적합한 것들을 받을 준비가 되어 있으므로 기꺼이 당신의 성원에 따를 것입니다.

또한, 우리 비텐베르크에서 작센주의 군주들에게 불경하고 타락한 이득 수단인 신성 모독적인 지옥(Tophet)—저는 모든 성인의 교회(Church of All Saints)에 대해서 말하고 있습니다—이 여전히 존재한다는 사실이 여러분이나 다른 사람을 실망하게 하거나 포기하게 해서는 안 됩니다. 왜냐하면, 우리에게는 하나님의 자비로 인한 풍성한 하나님의 말씀이 너무나 큰 해독제로 작용하고 있어서 이 재앙은 그 자체로 쇠약해지며 그 자체 외에는 전염병이 아니라는 사실 때문입니다.

요약하자면, 저 멸망의 집에는 그 부를 숭배하는 돼지와 탐식가가 서너 마리도 되지 않습니다. 나머지 모두와 모든 사람에게 그것은 엄청난 메스꺼움이자 가증스러움입니다. 그러나 당신도 아시다시피 그리스도인들이 성령의 검의 능력 외에 다른 것으로 싸우는 것은 적절하지 못하기 때문에,

무력이나 명령으로 그들을 공격하는 것은 옳지 않습니다.

따라서 저는 매일 사람들을 저지시킵니다. 그렇지 않았다면 저 모든 성인의 교회—사실상 오히려 모든 마귀의 굴혈(House of All Devils)—는 얼마 있지 않아 세상에서 다른 이름으로 알려질 것입니다. 그러나 저는 그것에 대항해서 하나님이 우리에게 주셨던 성령의 능력을 사용하지 않았습니다. 왜냐하면, 혹시라도 하나님이 그들에게 회개를 허락하실지 모르기 때문에, 그들의 저 수치를 인내로 견디고 있기 때문입니다.

그러는 동안에, 저는 보다 진실하게 모든 성도의 집(House of All Saints)인 우리 집이 모든 마귀의 집(House of All Devils)에 대항하는 레바논의 탑으로 지배하고 견디는 사실에 만족합니다. 따라서 비록 사탄이 웃음을 가장하지만 우리는 말씀으로 그를 괴롭힙니다. 그러나 그리스도께서 그의 소망을 실패하게 하실 것이고 모든 사람이 보는 가운데 그의 파멸을 허락하실 것입니다.

거룩한 하나님의 사람인 저를 위해서 기도해 주십시오.
은혜가 당신과 당신의 모든 이와 함께하기를. 아멘.

3. 비텐베르크에서 1526년에 채택된 『독일어 미사』와 『하나님의 예배 규범』

마틴 루터의 서문

우선, 나는 이 규범을 보거나 예배에서 이것을 채택하기를 원하는 사람들 모두가 이것을 필수적인 법으로 바꾸지도 말고, 어느 사람의 양심도 그것에 속박당하지 말며, 오히려 상황이 허락하거나 요구하는 대로 그리스도인의 자유와 자신들의 선한 기쁨, 방식, 장소, 시간에 따라서 그것을 사용하기를 하나님의 이름으로 요청합니다.

더욱이 우리가 이 책을 출판한 것은 법의 수단에 의해서 누군가를 비난하거나 지배할 목적 때문이 아니라, 오히려 독일어 미사와 예배에 대한 폭넓은 요구가 있고, 새로운 미사들의 수많은 형식으로 인해 불평과 불쾌함이 발생했기 때문입니다.

왜냐하면, 어떤 이는 좋은 의도로, 다른 이들은 오만함으로 새로운 어떤 것을 만듦으로써 자신들이 다른 사람들 앞에서 빛나고, 평범한 교사처럼 보이지 않도록, 모든 사람이 자신들만의 것을 만들어 내고 있기 때문입니다. 이는 그것이 모든 곳에 있는 그리스도인의 자유 운명이고, 하나님의 영광과 이웃의 유익을 위해서가 아닌, 자신들의 기쁨과 이익을 위한 것 외에 그것을 사용하는 사람이 거의 없기 때문입니다.

그러나 이 자유를 사용하는 방법은 모든 사람의 양심에 달려 있지만, 누구도 막거나 금지해서는 안 됩니다. 우리는 자유가 사랑과 이웃의 종이며 앞으로도 그럴 것이라는 점을 명심해야 합니다. 그러므로 이런 다양한 관례 때문에 사람들이 불쾌하거나 화가 나는 일이 생긴다면, 우리는 사실상 자유를 포기해야만 하고, 가능한 한 불쾌감을 유발하는 대신 사람들의 유익을 찾아야만 합니다.

왜냐하면, 이런 예배의 외면적 순서는 하나님 앞에서 우리의 양심에 영향을 미치지 않고, 그런데도 성 바울이 가르친 것처럼 우리 이웃에게 도움이 될 수 있으므로, 모든 그리스도인이 하나의 세례와 하나의 성례전을 받고 하나님으로부터 그 자신만의 특별한 어떤 것을 받은 사람은 아무도 없는 것과 마찬가지로, 우리는 가능한 한 사랑으로 한마음이 되고, 동일한 관습과 관례들을 지키기 위해서 노력해야만 합니다.

하지만, 나는 이것으로 이미 좋은 규범을 가지고 있거나, 하나님의 은혜로 그것을 개선할 수 있는 사람들이 그것을 포기하고 우리 것에 자리를 내주어야 한다고 말하려는 의도는 없습니다. 왜냐하면, 독일 전체가 우리 비텐베르크 규범을 반드시 채택해야만 한다는 것은 내 뜻이 아니기 때문입니다.

결국, 오늘날까지, 모든 관구와 수도원과 교구가 관례에 있어서 완전한 균일성을 가졌던 적은 결코 없었습니다. 그러나 모든 공국의 공 예배가 한 규범에 따라 열리고, 주변의 읍과 마을들이 시의 관례에 순응한다면 좋을 것 같습니다. 다른 지역에 있는 사람들이 같은 관례를 지키거나, 특별한 어떤 것을 첨가하려고 한다면, 그들은 여전히 자유롭게 할 수 있고 책망을 받아서는 안 됩니다.

요약하자면, 우리는 이미 그리스도인인 자들을 위해서 이 규범을 만든 것이 아닙니다. 왜냐하면, 그들에게는 이런 것들이 필요 없기 때문입니다. 사람들은 이런 것들을 위해서 살지 않고, 오히려 그런 것들이 아직 그리스도인이 아닌 우리를 위해서 존재합니다. 그렇게 하여 우리 중에서 그리스도인으로 만들 수 있도록 하려는 것입니다. 그리스도인들은 영으로(in the Spirit) 드리는 자신들의 예배가 있습니다.

그러나 여전히 그리스도인이 되어야 하거나, 혹은 강화될 필요가 있는 사람들을 위해서 이런 규범들이 필요합니다. 왜냐하면, 그리스도인은 그리스도인으로서 세례와 말씀과 성례전이 필요 없지만—왜냐하면, 그것이 이미 모두 그의 것이기 때문입니다—다만 죄인으로서 필요하기 때문입니다. 우선, 그들은 교육받지 못한 자들과 젊은이들을 위해 필요합니다. 그들은 성경과 하나님의 말씀으로 반드시 매일 훈련과 양육을 받아야만 합니다.

그래서 그들이 성경에 친숙해지고, 능숙해지며, 조명을 받고, 성경을 잘 알게 되어 자신들의 믿음을 방어하고, 마침내는 그리스도의 왕국을 증대시키도록 가르치고 도움을 주게 될 것입니다.

그들을 위해서 우리는 낭독하고, 노래하며, 설교하고, 저술하며 그리고 작곡합니다. 그리고 만약 그것이 도움이 되거나, 유익하다면, 나는 모든 종을 울리게 할 것이고, 모든 오르간이 연주되게 할 것이며, 추가 있는 모든 것이 울리게 할 것입니다. 이런 점에 있어서 교황의 예배는 너무나 지독합니다. 왜냐하면, 그들이 그런 것을 법과 행위와 공로로 만듦으로써 신앙을 파괴하기 때문입니다.

더욱이, 그들은 젊은이와 교육받지 못한 자들을 성경과 하나님의 말씀으로 훈련하기 위한 요구에 부응하지 못했습니다. 대신에 그들 자신이 그런 것에 집착하고, 예배가 그 자체로 유용하고 구원을 위해서 필수적이라고 생각합니다. 이것은 마귀의 생각입니다. 고대인들은 이런 목적으로 그것들을 정하거나 제정하지 않았습니다.

예배와 미사에는 세 가지 유형이 있습니다.

첫째, 라틴어로 된 것으로서 일찍이 『미사의 형식』(*Form of the Mass*)이라는 제목으로 발간되었습니다. 제 의도는 이로써 이 예배를 폐지하거나 바꾸려는 것이 아니라, 다만 오히려, 그것이 우리 사이에서 지금까지 사용되어 왔기 때문에, 우리가 원하는 장소와 시간에 혹은 우리가 할 수 없이 해야 할 때 그것을 여전히 사용할 수 있도록 하는 것입니다. 왜냐하면, 나는 명백히 예배로부터 라틴어를 완전히 사라지게 하고 싶지 않기 때문입니다.

젊은이들은 나의 주요 관심사입니다. 만약 라틴어처럼 헬라어와 히브리어가 우리에게 친숙하고, 라틴어로 된 것과 같이 많은 아름다운 음악과 노래들이 있다면, 우리는 연이은 4주일에 독일어, 라틴어, 헬라어 그리고 히브리어의 네 가지 언어로 미사를 드리고 노래하고 찬양할 것입니다. 나는 단일 언어로 정하고 다른 모든 것을 경멸하는 사람들에게 전혀 동감하지 않습니다.

나는 차라리 외국에서 또한 그리스도에게 도움이 될 수 있고, 그곳에 있는 사람들에게 말할 수 있는 젊은이와 사람을 교육해서, 자신들의 믿음을 너무나 자신들의 언어에 국한해서 우선 그들의 언어를 습득하지 않는 누구에게도 자신들을 명확하게 이해시킬 수 없었던 보헤미아의 발도파(Waldensians in Bohemia)의 전철을 밟게 되지 않도록 할 것입니다. 하지만 이것은 성령께서 처음에 행하셨던 방식이 아니었습니다. 성령님은 온 세상이 예루살렘에 와서 히브리어를 배울 때까지 기다리지 않으셨습니다.

성령님은 사도들이 가는 곳마다 말할 수 있도록, 설교의 직무를 위하여 모든 종류의 언어를 주셨습니다. 이것이 내가 따르기 원하는 예입니다. 더구나, 젊은이들은 많은 언어로 교육을 받아야만 하는 것이 당연합니다.

시간이 지남에 따라 하나님이 그들을 어떻게 사용하실지 누가 알겠습니까!

이런 목적을 위해서 우리 학교들이 설립되었습니다.

둘째, 우리가 관심이 있고, 단순한 평신도를 위해서 도입되어야만 할 독일어 미사와 예배가 있습니다. 우리는 이런 [예배의] 두 종류가 모든 사람을 위해서 교회에서 공적으로 열리도록 허락해야만 합니다. 그 사람 중에는 아직 믿지 않고, 아직 그리스도인이 아닌 사람들이 많이 있습니다. 우리가 마치 광장이나 야외에서 터키족들이나 혹은 이교도 사이에서 예배를 열고 있는 것과 마찬가지로, 다수는 새로운 어떤 것을 기대하면서 그곳에 그냥 서서 하품을 합니다. 거기에는 우리가 복음에 의해서 사람들을 통제할 수 있을 만큼 잘 조직되고 견고한 회중들이 아직 없습니다. 이런 예배는 믿음과 기독교에 대한 공적 성과급입니다.

셋째, 예배는 복음주의 규범에 정말로 일치해야만 하고, 모든 종류의 사람들이 있는 공적 공간이 아니라, 오히려 그리스도인이 되기를 진심으로 원하고 복음을 손과 입으로 고백하는 사람들을 위해서 열려야 합니다. 그들은 자신들의 이름을 기록하고, 기도하고, 낭독하며, 세례를 받고, 성례전을 받으며 다른 그리스도인의 일을 행하기 위하여 집 안의 어느 곳에 따로 모여야 할 것입니다.

만약 이 규범이 뒤를 잇는다면, 그리스도인의 삶을 살지 않은 사람들은 그리스도의 규정(마 18장)에 따라서 그 죄가 인정되거나, 책망받거나, 교화되거나, 쫓겨나거나, 성찬에서 배제(excommunicate)될 수 있습니다. 이런 종류의 예배와 더불어 우리는 가난한 자들에게 기꺼이 주고 나누었던 성 바울의 예(고후 9장)에 따라서 그리스도인들 사이에 일반적 자선을 설정할 수 있습니다. 정교하고 많은 찬송은 필요하지 않습니다.

세례와 성찬은 단순하고 아름다운 방식으로 기념될 수 있고, 모든 것은 말씀과 기도와 사랑에 집중될 수 있습니다. 여기에 신조, 십계명 그리고 주기도문에 대한 훌륭한 소요리 문답(short catechism)이 필요할 것입니다.

요약하자면, 진심으로 그리스도인이 되기를 원하는 사람들이 있다면, 규범과 관례는 곧 확립될 수 있다는 것입니다. 그러나 나는 아직 이런 회중이나 모임을 정하거나 세울 수 없었고, 그렇게 하는 것을 바라지도 않습니다. 왜냐하면, 내게는 그것을 성취할 필요성이 있는 사람들이 없기 때문입니다. 그리고 또한 그것을 강력하게 열망하는 사람도 많이 보지 못했습니다. 그런데도 내가 선한 양심으로 그것을 막을 수 없도록 만약 상황이 내가 그렇게 만든다면, 나는 기쁘게 내 역할을 하겠고, 할 수 있는 한 최선을 다해 도울 것입니다.

당분간은 언급했던 두 종류의 예배에 그것을 맡길 것입니다. 설교 외에, 나는 하나님의 말씀을 진지하게 여기는 그리스도인들이 함께 모여서 서로 훈계할 때까지 젊은이들을 훈련하고, 다른 이를 믿음으로 부르며 믿음을 일으키기 위하여 사람들 사이에서 공 예배를 증진하는 것을 도울 것입니다. 만약 내가 나 자신의 노력으로 그것을 성취하려고 노력한다면, 그것은 반란으로 끝날 것입니다. 왜냐하면, 우리 독일인들은 만약 필요가 크지 않은 한, 함께 어떤 것도 가볍게 시작해서는 안 되는 야성적이고, 거칠며, 사나운 민족이기 때문입니다.

　이제 그러면 하나님의 이름으로, 우선 우리는 독일어 예배에 확실하고, 분명하며 단순한 교리 교육이 필요합니다. 교리 교육이란 기독교인이 되고자 하는 이교도들이 기독교인으로서 믿고, 행하고, 하지 말아야 할 것과 알아야 할 것을 가르치고 지시하는 가르침을 의미합니다. 그러므로 세례를 받기 전에 그러한 가르침을 받고 신앙을 공부한 이 학습자들을 **세례 예비자**(Catechumenos)라고 불렀습니다. 나는 이런 가르침이나 교육을 더 명확하거나 더 낫게 할 방법을 알지 못합니다. 그것은 기독교가 시작할 때부터 확립되었고, 그 이후로도 죽 십계명, 신조 그리고 주기도문과 같은 세 부분으로 남아 있었기 때문입니다.

　이런 세 가지는 그리스도인들이 알아야 할 필요가 있는 거의 모든 것을 분명하고 간단하게 포함하고 있습니다. 별도의 회중이 없는 한, 이 교육은 다음과 같이 해야 합니다. 시간이 요구하는 대로 정해진 시간이나, 혹은 매일 그것을 강단에서 가르쳐야 합니다. 더욱이, 만약 우리가 자녀들과 하인들을 그리스도인으로 훈련하기를 원한다면, 그들을 위해서 집에서 아침저녁으로 그것을 큰 소리로 낭송하거나 낭독해야 합니다.

　이전에 그랬던 것처럼 단순히 단어들을 암기하고 그것들을 낭송하지 말고, 그것이 무엇을 의미하는지, 그것을 어떻게 이해하고 있는지 그들에게 한 번에 한 부분씩 택해서 질문해야만 합니다. 만약 모든 것을 한 번에 할 수 없다면, 하루에 한 단락 그리고 다음 날에 두 번째 단락을 취해서 물어보아야만 합니다. 젊은이의 부모들이나 보호자들이 이 직무를 맡기를 원하지 않거나 다른 사람에게 하도록 부탁하기를 원하지 않는다면, 앞에서 말했던 것처럼 혹시 별도의 회중이 세워지지 않는 한 교리 교육은 결코 없을 것이기 때문입니다.

　그들에게 이처럼 질문해야만 합니다.

　당신은 무엇을 기도합니까?
　대답: 주기도문.

당신이 "하늘에 계신 우리 아버지"라고 말한 것은 무엇을 의미합니까?

대답: 하나님은 땅에 속한 분이 아니시며 하늘에 계신 아버지이시며 하늘에서 우리를 부요하게 하시고 복이 되게 하시기를 원하시는 분이십니다.

"이름이 거룩히 여김을 받으시고"는 무엇을 의미합니까?

대답: 우리는 그분의 이름을 존귀하게 여기고 그 이름이 모독받지 않도록 해야만 합니다.

어떻게 그 이름이 모독을 받고 훼손됩니까?

대답: 그분의 자녀여야만 하는 우리가 악한 삶을 살고, 잘못된 것을 가르치고 믿는다면 그렇게 됩니다. 그리고 기타 등등. 하나님의 나라는 무엇을 의미하고, 어떻게 도래하며, 하나님의 뜻과 일용할 양식은 무엇을 의미합니까, 등등. 신조 또한 같은 방식으로 질문합니다.

당신은 무엇을 믿습니까?

대답: "나는 하나님 아버지를 믿습니다."

이런 식으로 끝까지 가십시오. 그리고 나중에 시간이 허락한다면 한 단락씩 차례로, 한 번에 한 단락이나, 두 단락씩 시도하십시오.

예를 들자면, 전능하신 하나님 아버지를 믿는다는 것은 무엇을 의미합니까?

대답: 시간과 영원 속에서 마음으로 완전히 하나님을 신뢰하고 그분의 모든 은혜, 호의, 도움과 위로에 견고하게 의지하는 것을 의미합니다.

그분의 아들인 예수 그리스도를 믿는다는 것은 무엇을 의미합니까?

대답: 만약 그리스도께서 우리를 위해 죽지 않으셨다면, 우리는 영원히 잃어버린 자가 되었을 것이라는 사실을 마음으로 믿는 것을 의미합니다.

마찬가지로 십계명으로도 우리는 첫째 계명은 무엇을, 둘째 계명은, 셋째 계명은, 그리고 다른 계명들은 무엇을 의미합니까?

이렇게 질문해야 합니다. 이런 질문들은 세 개의 주요 부분들이 간략하게 설명된 우리의 **소기도서**(Betbüchlein)⁸로부터 취하거나, 우리가 두 부분으로 이루어진, 심장의 두 주머니, 즉 믿음과 사랑 안에 들어있는 기독교 교육의 총합을 이해할 때까지 우리 자신의 방식을 따를 수 있습니다. 믿음의 주머니에는 두 개의 지갑이 있습니다. 한쪽 지갑에는 우리는 아담의 죄로 말미암아 우리 모두 타락했고, 죄인이며 정죄를 받았다(롬 5장; 시 51편)라는 사실을 믿는 것입니다.

다른 쪽 지갑에는 예수 그리스도로 말미암아 우리는 모두 타락하고, 죄로 가득하며, 정죄를 받은 본성(롬 5장; 요 3장)으로부터 구속받는다는 사실을 믿는 것이 있습니다. 사랑의 주머니 또한 두 개의 지갑이 있습니다. 한쪽에는 그리스도께서 우리에게 하셨던 것처럼(롬 13) 우리는 모든 사람을 섬기고 그들에게 친절해야만 한다는 것입니다. 다른 쪽 지갑에는 우리는 기꺼이 모든 악에 괴롭힘을 당하고, 모든 악을 견뎌야만 한다는 것입니다.

자녀가 이것을 이해하기 시작하면, 라틴어 본문들을 암송한 후에 펜니게(Pfennige), 그로쉔(Groschen), 혹은 굴덴(Gulden)⁹을 지갑에 넣는 것과 꼭 마찬가지로 그 본문들을 주머니와 지갑에 넣었던 과거의 관습처럼, 그는 설교의 성경 본문을 집으로 가져가서 식사 중에 부모들을 위해서 암송하도록 훈련을 받아야 합니다.

첫 번째 지갑 속에는 이 본문이 들어갑니다(롬 5장).

> 한 범죄로 많은 사람이 정죄에 이른 것 같이(롬 5:19).
> 내가 죄악 중에서 출생하였음이여 어머니가 죄 중에서 나를 잉태하였나이다(시 51:5).

이런 것은 두 개의 라인 유역의 금화가 이 지갑에 들어가는 것입니다. 다른 지갑에는 "그리스도는 우리 죄 때문에 죽으셨고 우리의 의로움을 위해

---

8 작은 기도서.
9 이들은 그 시대에 독일 통화의 각기 다른 액수를 위한 용어이다. 미국 통화의 페니(pennies), 다임(dimes) 그리고 달러(dollars), 혹은 영국 통화의 파딩(farthihgs), 페니(pennies) 그리고 파운드(pounds)/기니(guineaaaas)에 해당한다.

서 다시 살아나셨습니다"라는 이 본문과(롬 4장) "보라, 세상 죄를 지고 가시는 하나님의 어린양(요 1장)"의 본문과 같은 헝가리의 금화가 들어갑니다. 이것은 헝가리의 멋진 금화 두 개가 지갑에 들어가는 것입니다. 사랑의 주머니가 은 주머니가 되게 합시다.

첫 번째 지갑에는 갈라디아서 5장의 "사랑으로 서로 종노릇하라"와 마태복음 25장 "내 형제 중에 지극히 작은 자 하나에 한 것이 곧 내게 한 것이니라"처럼 선행에 관한 본문이 들어갑니다. 이것은 두 개의 은 그레쉔(Groschen)이 지갑에 들어가는 것입니다. 다른 지갑에는 "나를 위하여 박해를 받은 자는 복이 있나니"(마 5장)와 "주께서 그 사랑하시는 자를 징계하시고 그가 받아들이시는 아들마다 채찍질하심이라"(히 12장)라는 본문이 들어갑니다.

이것은 두 개의 슈렉켄베르거(Schreckenberger, 루터 당시 오버작센주 통화명: 역주)가 지갑에 들어가는 것입니다. 아무도 자신이 너무 똑똑하다고 생각해서 이런 아이들의 놀이를 무시하지 않도록 하십시오!

그리스도께서는 사람들을 훈련하기 위해서 인간이 되셔야만 했습니다. 그래서 만약 자녀들을 훈련하기를 원한다면 우리가 어린아이들이 되어야만 합니다. 만약 이런 아이들의 놀이가 진정으로 행해진다면 얼마나 좋을까요. 얼마 안 가서 우리는 그리스도인들이라는 훌륭한 보물과 영혼이 그 지갑 안에 있는 모든 성경을 이해하기 위해서 스스로 **일반적 논제들**(*Loci communes*)과 같은 이런 지갑을 더 많이 만들 때까지 성경과 하나님을 아는 지식으로 풍성해지는 것을 볼 수 있을 것입니다.

그렇지 않다면, 사람들은 매일 설교를 들으러 갔다가, 왔던 그대로 떠나게 됩니다. 왜냐하면, 그들은 설교를 끝까지 듣는 것만이 중요하다고 생각하고, 아무도 어떤 것을 배우거나 간직할 생각을 하지 않기 때문입니다. 매일 경험해 봐서 알지만, 어떤 사람들은 설교를 3-4년 듣지만, 아직 신앙 조항(Article of Faith)의 어떤 것도 대답할 수 있을 정도로 충분히 배우지 않습니다. 수많은 책이 저술되었지만, 핵심을 찌른 적은 없었습니다.

예배에 대하여

하나님의 말씀을 설교하고 가르치는 것은 어느 예배에서도 가장 중요하고 고귀한 부분이기 때문에, 우리는 설교와 낭독에 관해서 다음과 같은 것을 결정했습니다. 거룩한 날 혹은 주일에 관례적 서신서와 복음서를 유지하고 3개의 설교를 합니다. 조기 미사에 관해서 말하자면, 아침 일찍 5시나 6시에 몇 개의 성시를 부릅니다. 그 후에 주로 하인들을 위해서, 그들이 만약 다른 설교에 참석할 수 없다면 그들 또한 보살핌을 받고 하나님의 말씀을 들을 수 있도록 그날의 서신서가 설교 됩니다. 그런 후에 교송 하나와 "주님 당신을 찬양합니다"(*Te Deum*) 혹은 **축복송**(*Benedictus*), 교대로 주기도문, 본기도 그리고 "주님을 송축합시다"(*Benedicamus Domino*)를 부릅니다. 8시나 9시의 미사에는 그 해의 특정한 날을 위해 정해진 복음서가 설교됩니다.

오후 만과에는 **송가**(*Magnificat*) 이전에 구약이 적절한 순서로 연속해서 설교됩니다. 우리는 그해의 시간에 따라 나누어진 서신서와 복음서의 관례를 유지하고 있습니다. 왜냐하면, 여기에서 어떤 비난받을 만한 것도 찾지 못했기 때문입니다. 이것이 현재 비텐베르크 교회에서 행해지는 방식입니다. 이곳에서는 설교하는 것을 배우기로 되어 있는 많은 사람이 있고, 서신서와 복음서의 이런 분할이 여전히 존재하며, 아마도 계속될 것입니다.

우리에게 어떤 불리한 점이 없이 그들을 돕고 섬길 수 있으므로 이런 관습을 그대로 둡니다. 그런데도 복음서 전체를 맡은 사람들에 대한 어떠한 묵시적 비난도 없습니다. 우리는 우리 관례가 평신도들을 위한 충분한 설교와 교육을 준비한다고 평가합니다. 누구든지 더 이상을 원한다면 다른 날에 충분히 필요를 채울 수 있습니다.

예를 들면 월요일과 화요일 아침에, 십계명, 신조, 주기도문, 세례와 성례전에 대한 독일어 성경 낭독이 있습니다. 이 두 날에는 교리 교육을 유지하고 그것에 대한 올바른 이해를 강화하도록 집중합니다. 수요일 아침에는, 독일어 성경 낭독을 위해서 복음서 기자 마태가 전적으로 지정되어 이날이 마태의 날이 되도록 합니다. 왜냐하면, 그는 회중의 교육을 위한 탁월한 전도자로서 그리스도의 위대한 산상수훈을 묘사하고, 사랑과 선행을 실행하기를 강력하게 촉구했기 때문입니다. 토요일 오후 만과 시간에는 거룩한 열정을 가진 복음서 기자 요한의 날입니다.

이같이 우리에게는 매일 두 명의 복음 전도자들이 전하는 성경 낭독이 있습니다. 목요일과 금요일 아침 일찍, 사도들의 서신서와 신약의 나머지 부분으로부터 평일 성경 낭독들이 있습니다. 목요일과 금요일 이른 아침에는 사도들의 서신서와 신약의 나머지 부분에 대한 평일 성경 낭독이 있습니다. 심지어 고등교육 기관들의[10] 학자들을 위한 성경 낭독이 없어도, 이렇게 하나님의 말씀이 우리 사이에서 자유로운 코스를 취하시도록 충분한 성경 낭독과 설교들이 확립되어 있습니다.

소년들과 생도들을 성경으로 훈련하기 위해서 다음과 같은 것을 행합니다. 평일에는 매일 성경 낭독 전에, 이전의 조기 미사의 관습대로 라틴어로 된 몇 개의 성시들을 노래합니다. 왜냐하면, 위에서 말했던 것처럼, 우리는 젊은이들이 성경을 배우면서 라틴어를 지키고 훈련받기를 원하기 때문입니다. 성시 후에 길이에 따라 두 명, 혹은 세 명의 소년들이 라틴어로 각각 신약에서 한 장을 낭독합니다.

낭독 후에 연습과 거기에 참석하여 듣고 있을 수도 있는 평신도들을 위해서 다른 소년이 같은 장을 독일어로 낭독합니다. 그런 후에 위에서 서술했던 대로, 그들은 교송으로 독일어 성경 낭독을 진행합니다. 성경 낭독 후에 전체 그룹은 독일어 찬송가를 부릅니다. 모두가 개인적으로 주기도문을 하고, 그런 후에 목사나 교목이 본기도를 하고 평소대로 "주님을 송축합니다"(*Benedicamus domino*)로 마무리를 짓습니다.

동일한 방식으로 만과에서 그들은 이전에 불렀던 것처럼, 몇 개의 만과 성시들을 부릅니다. 만약 가능하다면 라틴어로 교송을 하고 그 뒤에 찬송가가 뒤를 따릅니다. 그런 후에 두 명, 혹은 세 명의 소년들이 다시 차례대로 라틴어로 구약에서 한 장 전체나, 만약 길이가 길면 한 장의 반을 낭독합니다. 그런 후에 한 소년이 같은 장을 독일어로 낭독하고, 그 후에 교송이나 찬송가로 **송가**(*Magnificat*)를 부릅니다. 이것이 학교가 있는 도시의 주중 매일 예배입니다.

---

[10] 호호슐레(Hochschule)는 대학교를 포함하는 고등 교육에 대한 언급이다. 그러나 만약 박사 학위를 수여하는 권한이 없는 전문 학교가 포함되었다면 보다 넓은 의미이다.

성도를 위한 주일에 대하여

여기서 제의와 제단과 초들은 가지고 있는 것을 다 쓸 때까지 또는 우리가 바꾸고 싶을 때까지 유지하는 것을 허락합니다. 우리는 다른 식으로 하기를 바라는 누구도 막지 않습니다. 그러나 그리스도인들만 있는 진정한 미사에는 제단은 남아 있어서는 안 되며, 의심의 여지없이 그리스도께서 최후의 만찬에서 하셨던 대로 사제는 항상 사람들을 향해야 합니다. 이제 그것이 자기의 때를 기다리게 하십시오.

시작할 때에, 영적 노래나 독일어 성시를 다음과 같은 방식으로 **첫 번째 음에 맞추어** 부릅니다.

Psalm 34

Psalm 34

¶ 그런 후에 "주여 자비를 베푸소서"(Kyrie Eleison)를 같은 음조로, 다음과 같이 아홉 번이 아니라 세 번을 부른다.

Kyrie
자비송

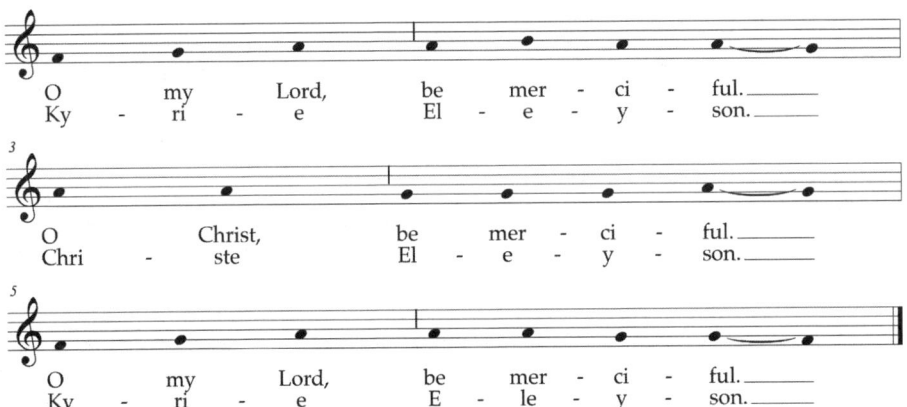

¶ 그런 후에 사제는 힘 있게 리듬을 살려(F-faut) 본기도를 낭독하고 다음과 같이 제창합니다.

당신께 소망을 가진 모든 사람의 보호자(Protector)이신 전능하신 하나님, 당신의 은혜 없이는 누구도 당신의 존전에 강한 사람은 아무도 없고, 가치 있는 것은 아무것도 없습니다. 당신의 풍성한 자비를 우리에게 더하여 주셔서, 당신의 거룩한 영감으로 말미암아 우리가 옳은 일을 생각하고, 당신의 권세로 말미암아 우리가 옳은 일을 성취할 수 있도록 해 주시옵소서. 우리 주 예수 그리스도를 위해서, 아멘.

¶그런 후에 서신서를 8번째 음조로, 그는 본기도의 제창을 동일한 높이로 유지한다. 규칙은 다음과 같다.

문장의 마지막에는 마침표.
콜론은 마침표의 일환이다.
쉼표는 콜론의 세분 혹은 콜론의 일환이다.

Rules for the Epistle
서신서를 위한 규칙

제4장 미사의 형식 · 독일어 미사 181

Example: The Epistle

Example: The Epistle

¶ 그는 사람들을 향하고 서신서를 낭독해야 하지만, 본기도는 제단을 향하고 해야 한다.

¶ 서신서 후에, 독일어 찬송가 하나를 부른다. "이제 우리는 성령님을 요청합니다"("Nun bitten wir den Heiligen Geist"), 혹은 전체 찬양대와 함께 딴 찬송가를 부릅니다.

¶ 그 이후에, 그는 또 사람들을 향한 채로 복음서를 다섯 번째 음조로 낭독합니다.

이 성가를 위한 규칙은 다음과 같습니다.

Rules for the Gospel

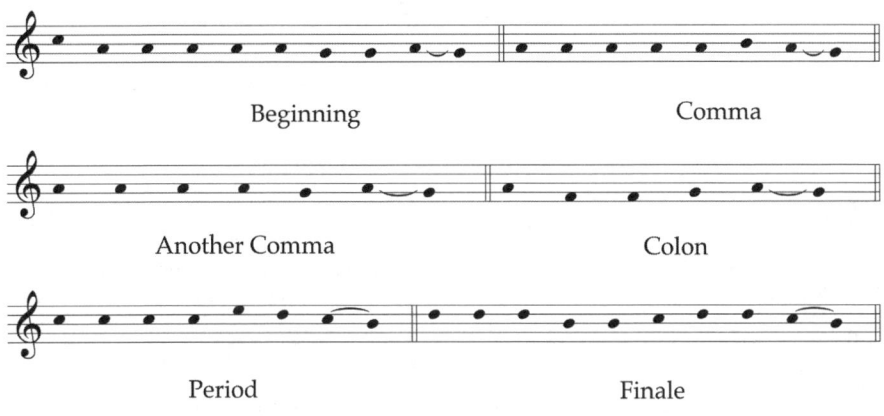

The Voice of Persons:

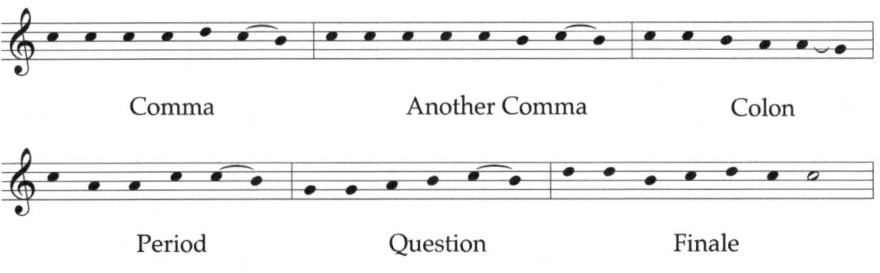

The Voice of Christ:

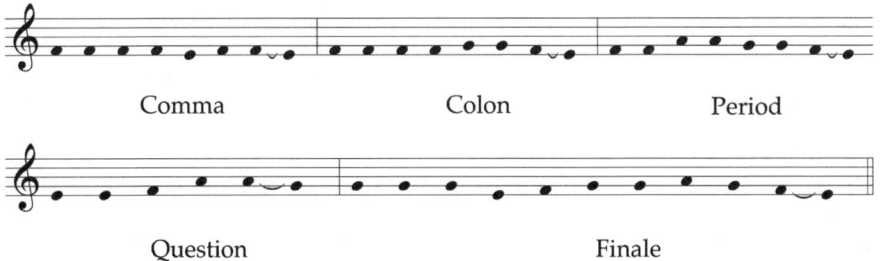

Example: The Gospel of the Fourth Sunday in Advent as follows:

Example: The Gospel
복음서를 위한 규칙

Example: The Gospel

Example: The Gospel

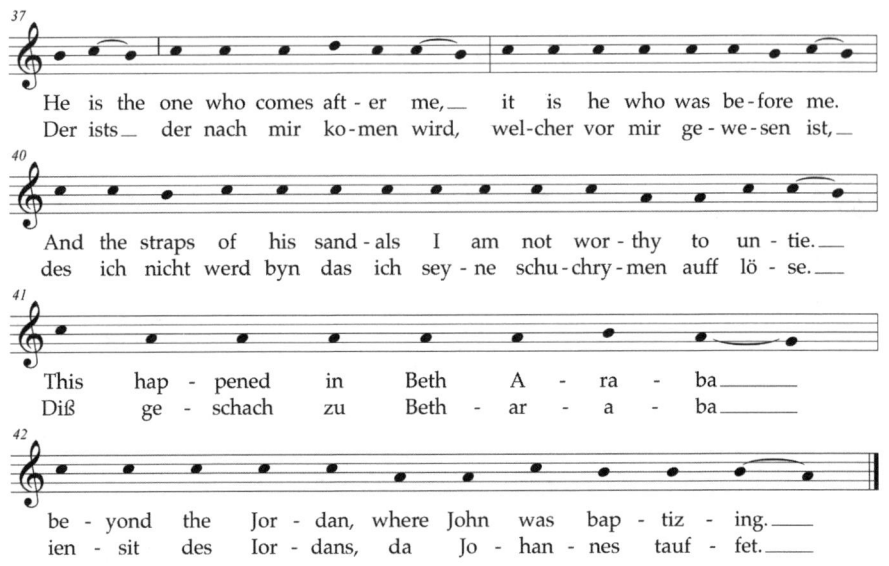

¶ 복음서 후에 전체 교회는 독일어로 신조를 노래한다.

"우리는 모두 한 분 하나님을 믿습니다"("Wir glauben all an einen Gott").

그런 후에 주일이나 축일을 위한 복음서에 대한 설교가 뒤를 따릅니다. 만약 한 해를 위한 독일어 주해서(postil)를 가지고 있다면, 그 책에서 그날의 설교를 전체나 혹은 부분적으로 큰 소리로 낭독하는 것이 더 이상 잘 할 수 없는 설교자를 위해서 뿐만 아니라, 열광적 지지자와 분파의 발흥을 막기 위해서도 최선이라고 생각합니다.

사람들은 조기 미사의 설교에서 설교가 그러한 방식으로 사용된다는 것을 이해하고 느낄 수 있습니다. 만약 영적 이해와 그리고 성령님이 직접 설교자들(나는 그들을 이로써 제한시키기를 원하지 않습니다. 모든 주해와 설교보다 성령님이 말하는 것을 더 잘 가르치십니다)을 통해서 말씀하시지 않는다면, 그것의 끝은 모든 사람이 자신이 하고 싶은 대로 설교할 것이 될 것입니다. 그리고 복음서와 그 강해 대신에, 그들은 또다시 푸른 오리에 대해서 설교할 것입니다. 그런데도 주해서에서 배열한 대로 서신서와 복음서를 유지하는 또 다른 이유는 전체 복음서나, 성경의 다른 책을 강력하고 유익한 방식으로 다룰 수 있는 재능이 있는 설교자들이 거의 없기 때문입니다.

¶설교 후에 성례전에 참석하기를 원하는 사람들에게 대한 권면은 물론이고, 주기도문에 대한 공적 해석이 다음과 같이(혹은 더 나은 방식으로) 뒤를 이어야 합니다.

사랑하는 그리스도의 친구 여러분들!
우리는 우리 주님의 이름으로 그분의 거룩한 언약을 받기 위하여 여기 모였고 우리 주 그리스도께서 우리에게 가르쳐 주시고, 우리의 기도를 반드시 들으실 것이라는 위로의 약속을 주셨으므로, 여러분들에게 우선 여러분의 마음을 주께로 들어서 나와 함께 주기도문으로 기도드리기를 촉구합니다.

하늘에 계신 우리 아버지 하나님, 땅에 있는 당신의 비참한 자녀들인 우리를 긍휼히 여겨 주시옵소서. 그리고 당신의 말씀에 대한 순전하고 의로운 가르침과 우리의 삶에 대한 열정적 사랑을 통해서 하나님의 거룩한 이름이 우리 사이와 온 세상에서 거룩히 여김을 받으시고, 주님이 그분의 고귀한 이름을 모독하고 더럽히는 그릇된 교리와 악한 삶을 바꾸시도록 우리에게 은혜를 베푸시옵소서.

또한, 하나님의 나라가 임하시고 확장되어서, 그분이 눈먼 자와 마귀의 왕국의 속박에 갇혀 있는 모든 죄인을 하나님의 아들이신 예수 그리스도를 진정으로 믿는 믿음에 대한 지식으로 데려오시고, 그리스도인들의 수를 크게 배가시키실 것입니다. 우리 또한 그분의 영으로 강화되어 그분의 뜻을 행하고, 언제나, 살아서도 죽어서도, 좋을 때도 나쁠 때도 참고 견디며, 우리 자신의 뜻을 죽기까지 깨뜨리고 희생할 것입니다.

그분은 또한 우리에게 일용할 양식을 주시며, 우리를 탐욕과 폭식으로부터 지켜 주십니다. 그래서 우리는 우리의 모든 필요를 그분께 의지합니다.

우리가 우리에게 죄지은 자를 용서해 준 것처럼, 그분은 우리의 죄를 용서해 주십니다. 그분 앞에서 우리의 마음에는 신뢰와 기쁜 양심을 누릴 수 있고, 어떠한 죄에 의해서도 결코 두려워하거나 놀라지 않을 것입니다.

그분은 우리를 시험으로 이끌지 않을 것이며, 다만 그분의 영으로 말미암아 육신을 정복하고 세상과 세상의 방식을 경멸하며, 그분의 모든 책략으로 마귀를 정복하도록 도우실 것입니다.

그래서 결국 우리는 지금부터 영원에 이르기까지 모든 악으로부터 육체와 영이 구함을 받을 것입니다. 이 모든 일을 진지하게 갈망하는 사람들은 그것이 "예"이고, 그리스도께서 우리에게 약속하셨던 것처럼 하늘에서 들으실 것이라고 확실하게 믿으면서, 진심으로 "아멘" 하고 말하십시오.

무엇이든지 너희가 기도하고 구하는 것은 받은 줄로 믿으라 그리하면 너희에게 그대로 되리라. 아멘.

그런 후에, 그리스도의 이름으로 여러분이 참된 믿음으로 그리스도의 언약을 분별하고, 특히 그리스도께서 죄의 사면을 위해서 자신의 몸과 피를 주셨던 그 말씀들을 여러분의 마음으로 굳게 잡으십시오. 그리스도께서 그분의 피로 말미암아 우리를 하나님의 진노와 죄와 죽음과 지옥으로부터 해방하셨을 때, 그런 후에 보증과 서약으로서 여러분들을 외면적으로 떡과 포도주, 즉 그분의 몸과 피로 데려가셨을 때, 그분이 우리에게 보여 주셨던 헤아릴 수 없는 사랑을 마음에 새기고 그에게 감사하십시오.

이런 식으로, 그리스도의 명령과 그 자신의 말씀에 따라 그분의 이름으로 그 언약을 다루고 활용하기를 원합니다. 이런 해석과 훈계를 설교 직후에 강단에서 하든지, 혹은 제단에서 하든지 여부는 사람들의 자유로운 분별에 맡깁니다. 고대인들은 강단에서 한 것으로 보입니다. 이런 이유로 일반 기도나 혹은 주기도문이 강단에서 드려지는 관습이 여전히 통용되고 있습니다. 그러나 훈계는 공적 고백으로 바뀌었습니다. 왜냐하면, 이런 식으로 주기도문과 그에 대한 짧은 강해가 사람들 사이에 남아 있었고, 주님은 그분이 주의 만찬에서 명령하신 대로 기념될 것이기 때문입니다.

오늘 어떤 사람이 그것을 자기식으로 만들고 내일은 또 다른 사람이 그것을 다르게 공식화하는 것을 막기 위해서, 나는 이 해석과 훈계가 사람들을 위해서 미리 결정되고 규정된 단어들로 만들어지며 또 그것들이 명확한 방식으로 공식화되기를 여러분들에게 강력하게 촉구합니다. 만약 모든 사람이 자신의 기량을 보여 주고자 한다면, 사람들은 혼란스러워져서 어떤 것도 배우거나 기억할 수 없게 되기 때문입니다.

가장 중요한 것은 사람들을 가르치고 안내하는 것입니다. 그래서 비록 특별히 한 교회나 회중이 단독으로 자신들의 자유를 위해서 다른 회중을 따르지 않기로 결정한다 하더라도, 여기서 그 자유를 깨고 이런 해석과 훈계의 형태로 유지하는 것이 필요합니다.

¶ 그런 후에 성찬식의 전례문(Office)과 성별(Consecration)이 다음과 같은 식으로 따릅니다.

Office and Consecration

전례문과 성별의 예

잔을 축사하기 전에, 떡의 성별 직후에 떡을 나눠 주고 성례전을 집행하는 것은 주의 만찬의 본질과 일치하는 것으로 보입니다. 왜냐하면, 이것이 누가와 바울이 "식후에 또한 이와 같이 잔을 가지시고" 등등 이라고 그에 관해 말한 방식이기 때문입니다. 이것을 하는 동안 독일어 **삼성송**(*Sanctus*)이나, 찬송가 "주여 찬양을 받으시옵소서" 혹은 존 후스(John Hus)의 찬송가인 "우리의 구세주이신 예수 그리스도"를 노래해야 합니다.

그 후에 위에 언급했던 찬송가 중에 남은 것이나 혹은 하나님의 어린양(*Agnus Dei*)을 독일어로 부르면서 잔을 축사하고 집행해야 합니다. 그리고 남자와 여자가 함께 서게 하지 말고, 여자는 남자들 후에 질서 있고, 적당한 방식으로 접근하게 하십시오. 따라서 그들은 정해진 장소에서 서로 떨어져 서 있어야 합니다. 나는 사적 고백을 어떻게 다룰지를 다른 곳에서 충분히 기록했고, 내 의견은 『소기도서』(*Betbüchlein*)에서 볼 수 있을 것입니다.

거양은 독일어 **삼성송**(*Sanctus*)에 어울리고 그분을 기념하라는 그리스도의 명령을 암시하기 때문에 그것이 폐지되지 않고 유지되기를 원합니다. 왜냐하면, 성례전이 신체적으로 들리는 것과 마찬가지로(그렇지만 그리스도의 몸과 피가 그 안에 보이지는 않습니다), 그리스도께서 설교의 말씀(Word)을 통하여 기념되고 높아지시고, 이에 덧붙어 성례전을 받는 것을 통해서 그리스도께서 고백되고 대단히 존귀하게 여겨지는 데 덧붙여서 높아지시기 때문입니다.

그리고 사실상 그것은 모두, 다시 말하자면 그리스도께서 어떻게 그분의 몸과 피를 우리를 대신해서 주셨는지 그리고 여전히 매일 우리를 위한 은혜를 얻기 위해서 하나님의 존전에서 그것을 보여 주시고 제공하시는지는 보는 것이 아니라 믿음으로 이해되기 때문입니다.

The German Sanctus

독일어 삼성송

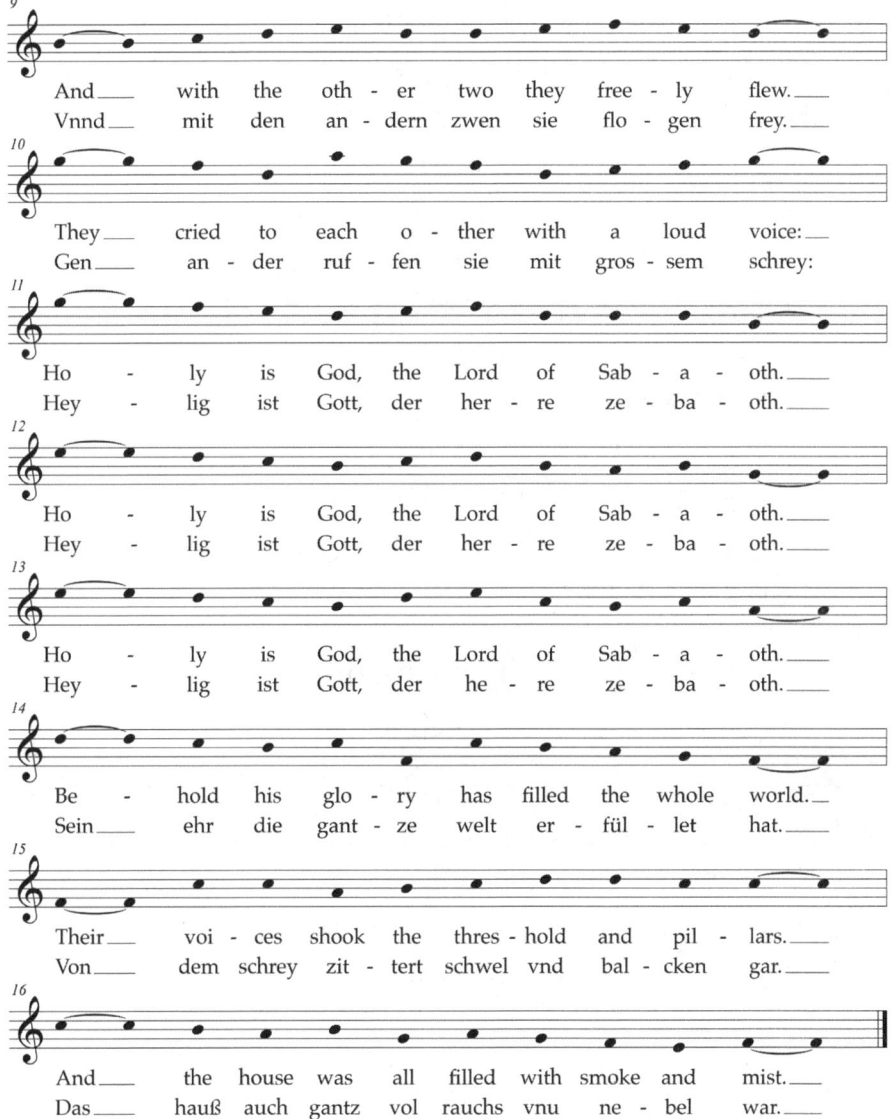

¶ 그런 후에 축도와 함께 본기도가 뒤를 따른다.

　전능하신 주 하나님 당신의 유익한 선물로 말미암아 우리를 새롭게 하심을 감사드립니다. 우리는 당신의 자비를 구하고, 그 자비를 우리 주 예수 그리스도를 위해서 당신을 향한 믿음과 우리 모두 사이에 있는 열렬한 사랑을 강화하시는 데 사용하시기를 요청합니다.

　여호와는 네게 복을 주시고 너를 지키시기를 원하며
　여호와는 그 얼굴로 네게 비추사 은혜 베푸시기를 원하며
　여호와는 그 얼굴을 네게로 향하여 드사 평강 주시기를 원하노라.

¶ 훈련, 혹은 음조의 연습

　사람들이 음조에 친근해지고 콜론, 쉼표 그리고 유사한 멈춤에 익숙해지는 것을 돕기 위해서 여기에 또 다른 예를 덧붙입니다. 다른 사람들은 다르게 선택할 수 있습니다.

The Epistle
서신서

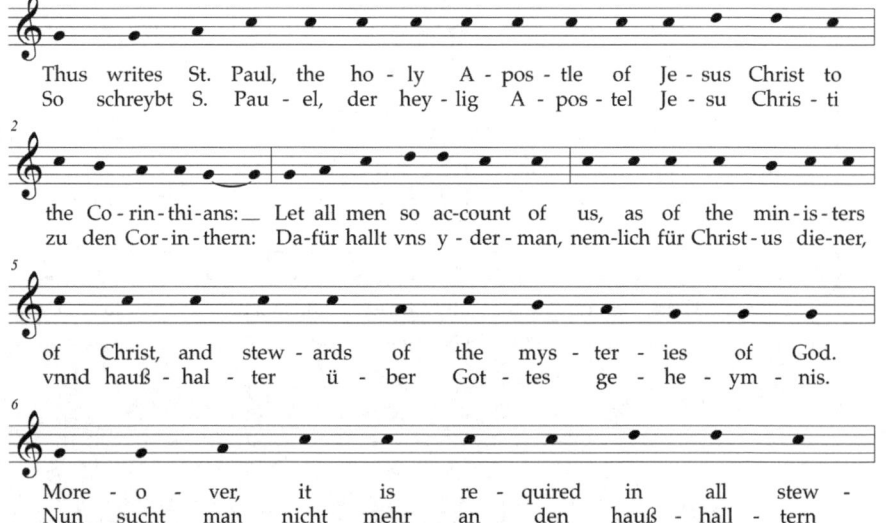

제4장 미사의 형식 · 독일어 미사   195

¶ *The Gospel:*

The Gospel
복음서

The Gospel

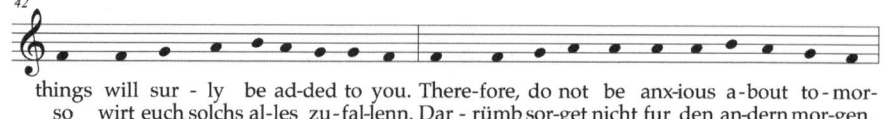

    이것은 매일 예배와 하나님의 말씀을 가르치는 데 관해서 내가 말해야만 하는 것입니다. 그 첫 번째 목표는 젊은이들을 교육하고 교육받지 못한 자들을 끌어들이는 것입니다. 왜냐하면, 호기심으로 빠져들고 새로운 것에 대한 갈망으로 오는 사람들은 이전에 라틴어 예배에서 그랬던 것과 마찬가지로, 곧 지치고 싫증을 낼 것이기 때문입니다.

    매일 교회에서 찬양하고 낭독했지만, 이런 교회는 여전히 무의미하고, 공허했습니다. 그들은 이미 독일어 예배에서 동일한 것을 하려고 준비하고 있습니다. 따라서 이런 예배를 젊은이들과 아마도 올지 모르는 교육을 받지 못한 자들에게 맞추는 것이 최선입니다. 그들에게는 법이나 규범이나, 경고나 촉구도 도움이 되지 못할 것입니다.

    예배에서 자신들이 하고 싶지 않은 것과 마지못해서 하는 것은 무엇이든지 기꺼이 그리고 자유롭게 생략할 수 있도록 그들을 내버려 두어야만 합니다. 어쨌든, 하나님은 강제로 드리는 예배는 절대 기뻐하시지 않습니다. 그것은 헛되고 쓸모가 없습니다.

    성탄절, 부활절, 성령강림절, 성 미카엘 축일(Michaelmas), 결례일(Purification) 그리고 기타 같은 종류의 것 등과 같은 축일들에 관해서는 충분한 독일어 찬송가를 구할 수 있을 때까지 이전처럼 라틴어로 계속해야만 합니다.

이 일은 이제 막 시작되었기 때문에 요구되는 모든 것이 아직 준비된 것은 아닙니다. 그러나 우리는 다양한 용도가 규정되고 통제되도록 그것이 일관된 방식으로 행해지는지를 확인해야만 합니다.

금식일, 종려 주일 그리고 고난 주간(Holy Week)은 계속될 것입니다. 그 이유는 사람들에게 금식을 강요하기 위함이 아니라 오히려 이 기간에 할당된 수난 본문과 복음서를 낭독하는 것이 계속되기 때문입니다. 그러나 우리는 금식의 베일, 종려나무 던지기, 그림 가리기 및 기타 모든 속임수가 포함된 활동들을 유지하지 않으며 성 금요일에 네 가지 수난을 노래하거나 여덟 시간 동안의 수난에 대해 설교도 하지 않습니다. 성 주간은 일주일 내내 하루에 한 시간 또는 원하는 만큼 여러 날에 그리스도의 수난이 설교된다는 점을 제외하고는 여느 주간과 동일하며 누구든지 원하는 사람은 성사를 받을 수 있습니다.

요약해서 말하자면, 이것과 다른 어떤 규범은 이스라엘의 자녀들이 놋뱀을 오용했기 때문에 히스기야왕이 그것(하나님이 직접 그렇게 만들라고 명령하셨던 것)을 부수고 없앴던 것과 꼭 마찬가지로, 무엇이든지 오용된다면 그것은 즉시 폐지되고 다른 것이 만들어지는 식으로 사용되어야 합니다. 규범들은 믿음과 사랑을 증진하는 것을 달성해야 하고, 신앙에 해를 끼쳐서는 안 됩니다.

만약 예전들이 이 목적을 더 이상 달성시킬 수 없다면, 그들은 좋은 동전이 위조되었을 때와 꼭 마찬가지로 이미 폐기되고 쓸모가 없으며 그리고 더 이상 아무런 가치도 없습니다. 혹은 새 구두가 낡아지고 죄기 시작하면 더 이상 신지 않고 던져 버리고 다른 것을 사는 것과 같습니다. 어떤 규범도 외형적인 것입니다. 아무리 좋더라도 그것은 여전히 오용으로 빠질 수 있습니다. 그러므로 교황의 규범이 이전에는 고려되었지만 이제 그 자체는 존재하지 않으며 작동하지 않습니다. 오히려 모든 규범의 생명, 가치, 능력 그리고 장점은 그들을 적절하게 사용하는 데 있고, 만약 그렇지 않다면 그 예전들은 완전히 무가치하고 쓸모가 없습니다. 하나님의 성령님과 은혜가 우리 모두와 함께하시기를. 아멘.

제5장

예수 그리스도의 언약
·
형식과 태도

요하네스 외콜람파드

세 가지 언어에 가장 능숙한 전문적 신학자이자 이 도시의 복음주의 교육의 주 저자이며, 교회의 진정한 감독인 요하네스 외콜람파드 박사. 교리에서와 마찬가지로 거룩한 삶으로도 높이 평가받았던 그는 이 작은 비석 아래 묻혀 있다.[1]

바젤의 뮌스터 대성당(Munster Cathedral of Basel)에 있는 요하네스 외콜람파드(Johannes Oecolampadius, 1482-1531)의 비문은 '종교개혁의 등대'(Light of Reformation)로 알려졌던 사람의 위상을 드러낸다.[2] 외콜람파드는 바젤의 복음주의 개혁의 배후에서 주된 영향을 끼친 사람 중의 한 사람이었으며, 초기 교부에 관한 학문적 성취뿐만 아니라, 매우 중요한 종교개혁의 형성기에 선도적인 복음주의 주석자였다.

그는 독일어, 헬라어, 라틴어, 히브리어, 아람어, 이탈리아어 그리고 프랑스어를 자유롭게 사용했던 것으로 여겨진다.[3] 그의 학문적 명성은 아주 뛰어나, 초기의 반-종교개혁자 요하네스 마이어(Johannes Maier von Eck)는 (심지어) 그를 마틴 루터보다 훨씬 위험하다고 여겼다.

외콜람파드는 하일브론(Heilbronn)에서 교장의 지도로 라틴어와 인문주의적 원칙에 따라 삼학과(Trivium, 즉 문법, 논리학, 수사학)의 기본을 배웠다. 그는 하이델베르크 대학으로 진학해서(1499-1503) 교회(Church)의 도덕적 개혁의 필요성을 강조했던 인문주의자 야콥 빔펠링(Jakob Wimpfeling)의 가르침을 받았다. 학업을 성공적으로 마친 후에 외콜람파드는 어떤 귀족에게 네 아들의 개인 교사로 고용되어 자신의 학문적 능력을 사용했다.

1510년 그는 바인스베르그(Weinsberg) 마을로 귀향하여 설교 직을 맡고, 자신의 초기 복음주의 신념을 나타내었다. 그는 그리스도의 수난을 면밀하게 검토했던 일련의 설교를 했는데, 동시대 성직자의 복장과 화려함을 비

---

1 Diane Poythress, *Reformer of Basel: The Life, and Influence of Johannes Oecoampadius* (Grand Rapids, MI: Reformation Heritage Books, 2001), 34. 이 소개의 장은 포이스레스의 저술 덕분입니다.
2 그의 원래 독일어 성이 하우스샤인(Hausshein)이거나 혹은 호이제겐(Heusegen)인지에 관해서 전자가 그의 라틴어식의 이름에 깔끔하게 일치한다거나, 혹은 후자가 더 비슷하다는 일부 추측이 있다.
3 Poythress, *Reformer of Basel*, 5.

판했을 뿐만 아니라, 오직 믿음으로만 의롭게 됨[4]의 예로서 아브라함과 십자가 위의 강도에 관해서 담대하게 설파했다.

외콜람파드는 삶의 다음 단계로서 학문적 추구로 돌아가, 다양한 종교개혁자들의 궤도로 진입했다. 그는 튀빙겐대학에 가서(1513), 필립 멜랑히톤(Philip Melanchton)과 친구가 되었고, 멜랑히톤의 종조부인 고명한 히브리어 학자 요한 로이힐린(Hebraist Johann Reuchlin)을 만났다. 그리고 1514년 하이델베르크대학으로 돌아와서 볼프강 카피토와 평생의 우정을 시작했고, 또 한 요하네스 브렌츠(Johannes Brenz)도 만났다.

1515년, 화란의 위대한 인문주의자 에라스무스(Erasmus)가 그를 바젤로 불러서 **신약성서**(*Novum Instrumentum*)에 대한 히브리어 컨설턴트와 편집장을 담당하도록 했다. 그곳에 있는 동안 외콜람파드는 통상 12년 걸리는 박사 학위를 놀랍게도 3년 만에 끝냈다(1518). 아우구스부르크(Augsburg) 대성당 설교자로서 복음주의 사역 기간(1518-20)과 알토뮌스터(Altomünster)의 어거스틴 수도원에서의 갑작스러운 실패의 시기(1520-22) 후에, 그는 에베른베르크성(Ebernberg Castle)의 상주 목사로 피난하여 크리소스톰(Chrysostom)의 설교 150편을 포함한 다양한 교부의 글들을 번역했다(1522).

성벽 뒤의 안전한 예배당 안에서 목회하면서 외콜람파드는 종교개혁 최초의 복음주의 예전을 구현했다. 후에 『예수 그리스도의 언약』(*The Testament of Jesus Christ*, 1523)이란 제목으로 발간되었던 이 혁명적인 예전은 로마가톨릭의 의식을 복음주의 예배로 변형시켰다.[5] 그것은 고백 기도(*Confiteor*), 입당송(*Introit*), 층계송(Graduals), 삼성송(*Sanctus*), 미사 전문(Canon)을 유지했다. 그리고 이제 모든 성찬의 제사 개념이 제거된 미사 전문은 자국어로 큰 소리로 낭독되었다. 그 후 얼마 지나지 않은 1525년, 외콜람파드는 사랑하는 바젤로 돌아가서 곧 대학에서 이사야 강의를 했고, 동시에 자신의 교회인 성 마틴(St. Martin) 내에서 복음주의 개혁을 지원했다.

---

4   *Declamationes Io, Oecolampadii de passione et ultimo Sermon* (Strassburg: Schurer, 1512). 참고, Poythress, *Reformer of Basel*, 4.
5   그것의 혁명적 영향에 관한 논평은 Karl Hammer, "Der Reformator Oekolampad (1482-1531)," *Zwingliana* 19:1 (1992): 165를 보라.

외콜람파드의 두 번째 예전 창작물인 『형식과 태도』(Form and Manner)는 바젤에서 1525년 11월 1일부터 사용되었고, 대부분의 남부 독일 개혁파 교회에 원고로 유포되었다. 그것은 1526년 5월 공식적 승인 없이 간행되었고,[6] 1526년 7월경에 바젤에서 수정을 거쳐 공식적으로 발간되었다.[7] 외콜람파드의 회중들은 새로운 자국어 예전으로 예배를 드리는 것이 너무나 기뻐서, 1526년 부활절 예배 도중에 자발적으로 갑자기 독일어 찬양을 불렀다.

일찍이 1525년 그는 회중 찬송을 촉구하면서 시편 77편을 설교했지만, 이것은 시 의회에 의해서 금지당했다. 그런데도, 외콜람파드는 의회에 노래를 부를 수 있는 허가를 청원했는데, 이는 주로 회중이 찬송 중단을 거부했기 때문이었다. 의회는 마침내 누그러져서 회중이 주께 목소리를 높여서 찬양하는 것을 허락했다.[8]

외콜람파드의 『형식과 태도』는 주의 만찬, 유아 세례 그리고 환우 심방을 위한 예전을 포함하고 있다. 주의 만찬을 위한 예배 구조는 『예수 그리스도의 언약』과는 놀라울 정도로 다르다. 그것은 단순히 한 편의 설교와 주의 만찬을 위한 획기적 예전을 포함하면서, 다양한 측면의 로마가톨릭 의식(예를 들면, 입당송, 층계송, 삼성송 등등)을 제거했다. 그는 1524년 주의 만찬에 대한 개혁주의 관점에 비추어, 1524년 신자에게 떡과 잔을 제공했고, 갈보리에서 그리스도께서 희생제물이 되신 예전에 초점을 맞추었다.

'성례전의 신비'(Mystery of the Sacrament)에 대한 외콜람파드의 이해는 그가 성물(signa)이 아니라 오히려 그리스도의 위격(person)과 행위(res)에 초점을 맞추게 했다. 그가 『형식과 태도』에서 기록했던 "우리의 신비"(Our Mystery)는 그리스도께서 우리의 생명의 떡(Bread of Life)이시고, 우리는 이 성찬의

---

6 이 책에 포함된 번역의 기초를 형성하는 것은 이 버전이다.
7 1526년에 수정된 버전의 완전한 제목은 Form und gstalt wie der kinder tauff, Des herren Nachtmal, und der krancken heymsuochung, jetz zuo Basel von etlichen Predicanten gehaten warden (Basel, 1526)이다. 이 수정본은 성경으로부터 다양한 선택적 낭독을 첨가하고 있다. 버전의 역사를 알기 위해서는 Alfred Schindler and Wolfram Schneider-Lastin, Die Badener Disputation von 1526: Kommentierte Edition Des Protokolls (Zürich: Theologischer Verlag), 85를 보라.
8 Poythress, Reformer of Basel, 19-20.

떡으로 감사함으로써 그것을 증언하는 것이다.

이런 초점에 따라, 성찬에 접근할 때의 주요 고려 사항은 그리스도의 고난을 깊게 숙고하는 것이었다. 그는 이런 이유로 이사야 53장과 마태복음 27장의 구절을 포함했다. 외콜람파드에게 "그분의 피가 우리의 심금을 울리게 해 주시옵기를"이라는 청원을 뒷받침하는 것은 이 기념이었다.

그는 1521년 주의 만찬에서 그리스도를 만나기 위해서 신자가 천국으로 이끌림을 받는 것에 대해 말했는데, 칼빈이 그것을 재천명한 것은 아주 유명하다.[9] 사실상 칼빈(John Calvin)은 심지어 인생의 끝자락에서도, 자신이 주의 만찬이라는 주제를 철저히 다루지 않았던 이유가 부분적으로는 외콜람파드가 이미 능숙하고 정확하게 그것을 했기 때문이라고 언급했다.[10]

『형식과 태도』를 관통하는 다른 중요한 주제는 수찬자의 자성이다. 비록 파렐(Farel)의 『태도와 방식』(Manner and Way)에서 한 경고처럼 엄격하고 철저하지는 않지만, 외콜람파드의 예전은 자성을 위한 세 가지 요구로 분류되었다.[11] 이것은 그가 특별히 교회의 자치와 성찬에 울타리치기의 필요성에 높은 가치를 두고 있다는 점을 가리킬 수 있다.[12]

이것은 또한 존 칼빈과 마틴 부처(Martin Bucer)의 사상에서 교회의 권징에 그가 영향력을 끼친 것을 가리킬 수도 있다.[13] 그러나 외콜람파드가 그리스도의 십자가와 그분의 추종자들에 대한 그리스도의 부르심을 가리키

---

9   Poythress, *Reformer of Basel*, 47. 츠빙글리(Zwingli) 또한 자신의 1525년 데 게누니아 베르보룸 데이(*De Genunia Verborum Dei*)에서 주의 만찬에 대한 해석은 "학식이 많고 경건한 외콜람파드"가 이미 다루었다고 언급했다. Diane Poythress, "Johannes Oecolampadius's Exposition of Isaiah, Chapters 36-37" (Doctoral Dissertation, Westminster Theological Seminary, 1992), 148을 보라.

10 John Calvin, "Partaking of the Flesh and Blood." in *Calvin: Theological Treatises*, trans. with notes by J. K. S. Reid (Philadelphia : Westminster Press, 1954), 292.

11 외콜람파드는 파렐에게 미사의 단어들을 바꾸라고 썼다. Poythress, *Reformer of Basel*, 13을 보라; Aimé Louis Herminard, ed., *Corrspondance der Réformateurs dana les pays de langue française*, 9 vols. (previously printed in Geneva, 1878; repr. Nieuwkoop: DeGraat, 1965-68). 1: 335를 참조.

12 Akira Demura, "Church Discipline According to Johannes Oecolampadius in the Setting of His Life and Thought" (Doctoral Dissertation, Princeton Theological Seminary, 1964).

13 데무라(Demura)의 제안처럼 ; Bard Thompson, *Liturgies of the Western Church* (Philadelphia : Fortress Press, 1980 [1961]), 186을 참조.

고 있었다는 것 한 가지는 확실하다.

"마치 여러분이 그리스도께 가까이 앉아 있고, 그리스도로부터 그것을 듣는 것처럼, 그것을 지금 숙고하라."

사실상 그의 임종 시에, '종교개혁의 등대'는 세상의 빛(the Light of the World)을 가리켰던 것으로 알려졌다. 외콜람파드가 병들어 누웠을 때, 그의 친구들이 그에게 빛이 그를 방해하지 않는지 물었다. 그는 자신의 가슴을 가볍게 두드리고 **"여기에 충분한 빛이 있다"**(*Hic sat lucis*)라고 말했다.[14]

1. 예배 순서

1) 『예수 그리스도의 언약』(1523)

주의 만찬 예전
고백의 기도(Confitor)
입당송(Introit), 빌 2장
성경 구절(Sentence of Scripture), 롬 8:32
평화의 인사(Peace)
본기도(Collect)
서신서 고전 11:18-29(Epistle 1 Cor. 11:18-29)
층계송 벧전 2:21-23(Gradual 1 pet. 2:21-23.)
평화의 인사(Peace)
복음서 요 11:1-12(Gospel John 11:1-12),
평화의 인사(Peace)
봉헌(Offertory)
목사가 낮은 목소리로 기도(Secret)
서문경(Preface)
삼성송(Sanctus)

---

14 As recounted by Jeremiah Burroughs, *The Excellence of gracious spirit Delivered in a treatise upon the 14. of Numbers, verse* 24 (London: Miles Fisher, 1639), RSTC 4128, 77.

주기도문(Lord's Prayer)
미사전문(Canon)
기도(Prayer)
분배(Distribution)
평화의 인사(Peace)
감사 기도(Prayer of Thanksgiving)
해산(Dismissal)

2) 『형식과 태도』(1526)

주의 만찬 예전
성경(Scripture)
설교(Sermon)
권면(Exhortation)
사도 신경(Apostle's Creed)
성찬 배제(Excommunication)
중보 기도(Intercessions)
주기도문(Lord's Prayer)
죄의 고백(Confession)
시편 130:1-8(Psalm 130:1-8)
자비송(Kyrie)
용서의 선언(Absolution)
이사야 53:1-7(Isaiah 53:1-7)
마태복음 22:33-50(Matthew 22:33-50)
아남네시스(*Anamnesis*)
성찬 제정사(Words of Institution)
주기도문(Lord's Prayer)
간단한 권면(Brief Exhortation)
분배(Distribution)
해산(Dismissal)

2. 『이전에 미사라고 불렸고, 아델른베르그(Adelnberg)의 설교자 요하네스 외콜람파드에 의해 모든 복음주의의 유익을 위해 독일어로 번역된 예수 그리스도의 언약』(1523)

† 고백의 기도(*Confiteor*)

불쌍한 죄인인 나는 나의 주님이신 하나님과 나의 형제인 여러분 앞에 많은 사악한 생각과 말과 행동을 통하여 하나님과 이웃에 맞서 교만하게 죄를 지었음을 고백합니다. 그러므로 나의 형제여, 그분의 독생자 예수 그리스도의 이름으로 하나님이 내게 자비를 베푸시기를 간구하도록 나를 도와주십시오. 아멘.

† 입당송 빌립보서 2장

주 예수님은 자기를 낮추시고, 자신을 비우셔서 종의 형체를 가지사 사람들과 같이 되셨고, 사람의 모양으로 나타나셨습니다. 예수님은 자신을 낮추시고 십자가에서 죽기까지 하나님 아버지께 복종하셨습니다.

그러므로 하나님이 그분을 지극히 높이시고 모든 이름 위에 뛰어난 이름을 주사 하늘에 있는 자들과 땅에 있는 자들과 땅 아래에 있는 자들로 모든 무릎을 예수의 이름에 꿇게 하시고, 모든 입으로 예수 그리스도를 주라 시인하여 하나님 아버지께 찬양을 드리도록 하셨습니다.

† 운문(*Verse*)

하나님은 그분의 독자를 아끼지 않으시고 우리 모두를 위해서 죽음에 내어 주셨습니다.

평강이 여러분과 함께하시길 빕니다.

† 본기도

오 하나님, 유다는 자신의 죄로 인하여 하나님으로부터 벌을 받았으며, 살인자는 하나님으로부터 그의 인정과 고백에 대한 보상을 받았습니다. 우리에게 당신의 분별과 당신의 은혜에 대한 이해 그리고 주 예수 그리스도께서 극심한 고통 속에서 어떻게 그들의 공적에 따라 보상하셨는지에 대한 이해를 허락하시옵소서. 또한, 부활의 은혜를 허락하셔서 우리가 옛 잘못을 버리고, 당신과 함께 영원히 다스리시는 당신의 아들 이름으로 의의 옷을 입도록 하시옵소서. 아멘.

† 바울 서신과 고린도전서 11장

우선 여러분이 교회에 모일 때 여러분 중에 분쟁이 있다 함을 듣고 있습니다. 그리고 내가 그것을 어느 정도 믿는 것은 여러분 중에 파당이 있어야 여러분 중에 옳다 인정함을 받은 자들이 나타나게 되기 때문입니다. 그런즉 여러분이 함께 모여서 주의 만찬을 먹을 수 없으니 이는 먹을 때에 각각 자기의 만찬을 먼저 갖다 먹기 때문입니다. 어떤 사람은 시장하고 어떤 사람은 취합니다.

여러분이 먹고 마실 집이 없습니까?
아니면 여러분이 하나님의 교회(Church of God)를 업신여기고 빈궁한 자들을 부끄럽게 하는 겁니까?
내가 여러분에게 무슨 말을 하겠습니까?
내가 이것 때문에 여러분을 칭찬하겠습니까?

나는 이 문제로 여러분을 칭찬하지 않습니다. 내가 여러분에게 전한 것은 주께 받은 것이니, 곧 주 예수께서 잡히시던 밤에 떡을 가지사 축사하시고 떼어 이르시기를

받아 먹어라 이것은 너희를 위하여 주는 는 내 몸이다 이것을 행하여 나를 기념하라.

식후에 또한 그와 같이 잔을 가지시고, 이르시되

이 잔은 내 피로 세운 새 언약이다 이것을 행하여 마실 때마다 나를 기념하라.

왜냐하면, 여러분이 이 떡을 먹으며 이 잔을 마실 때마다 주의 죽으심을 그분이 오실 때까지 전하는 것이기 때문입니다.

그러므로 누구든지 주의 떡이나 잔을 합당하지 않게 먹고 마시는 자는 주의 몸과 피에 대하여 죄를 짓는 것입니다. 사람이 자기를 살피고 그 후에야 이 떡을 먹고 이 잔을 마시게 하십시오. 왜냐하면, 주의 몸을 분별하지 못하고 먹고 마시는 자는 자기의 죄를 먹고 마시는 것이기 때문입니다.

† 층계송

그리스도께서는 우리를 위해서 고통을 당하시고, 본을 보이셔서, 우리가 그분의 발자취를 따르도록 하셨습니다. 그분은 죄가 없으시고, 그분의 입에서는 아무런 속임수도 찾을 수 없었습니다. 그분은 욕을 들었을 때도 그에 대한 반응으로 욕을 하지 않으셨습니다. 그분은 고통을 받았을 때도 위협하지 않았습니다. 그러나 그분은 의롭게 판단하시는 분이신 하나님께 그것을 맡기셨습니다.

그분 자신이 나무에서 자신의 몸으로 우리의 죄를 담당하셔서, 우리가 죄에 대해서 죽고, 의에 대해서 살도록 하셨습니다. 그분이 채찍을 받음으로 여러분은 나음을 받았습니다. 왜냐하면, 여러분은 그릇 행한 양과 같았지만, 이제 여러분의 영혼의 목자이시고, 감독자이신 분께 돌아왔기 때문입니다.

평강이 여러분과 함께하기를 빕니다.

† 요한복음 13장

유월절 전에 예수께서 자기가 세상을 떠나 아버지께로 돌아가실 때가 이른 줄 아시고, 세상에 있는 자기 사람들을 사랑하시되 끝까지 사랑하셨습니다. 식사 후에 마귀가 벌써 시몬의 아들 가룟 유다의 마음에 예수를 팔려는 생각을 넣었습니다. 예수님은 아버지께서 모든 것을 자기 손에 맡기신 것과 또 자기가 하나님에게서 오셨다가 하나님께로 돌아가실 것을 아시고, 저녁 잡수시던 자리에서 일어나 겉옷을 옆에 두고, 수건을 가져다가 허리에 두르셨습니다. 그런 후에 대야에 물을 떠서 제자들의 발을 씻으시고 그 두르신 수건으로 닦기 시작하셨습니다.

예수님께서 시몬 베드로에게 이르시니 베드로가 이르되 "주여 주께서 내 발을 씻으시나이까?"

예수께서 대답하여 이르시되 "내가 하는 것을 네가 지금은 알지 못하나 이후에는 알리라."

베드로가 이르되 "내 발을 절대로 씻지 못하시리이다."

예수께서 대답하시되 "내가 너를 씻어 주지 아니하면 네가 나와 상관이 없느니라." 시몬 베드로가 이르되 "주여 내 발뿐 아니라 손과 머리도 씻어 주옵소서."

예수께서 "이미 목욕한 자는 발밖에 씻을 필요가 없다. 그러나 그는 온몸이 깨끗하니라. 그리고 너희가 깨끗하나 다는 아니니라."고 하셨습니다. 왜냐하면, 예수께서는 자기를 팔자가 누구인지 너무나 잘 아시기 때문이었습니다. 그러므로 그것이 "다는 깨끗하지 아니하다"라고 말씀하신 이유였습니다. 예수께서 그들의 발을 씻으신 후에 옷을 입으시고 다시 앉아 그들에게 이르시되,

> 내가 너희에게 행한 것을 너희가 아느냐 너희가 나를 선생[Teacher]이라 또는 주[Lord]라 하니 너희 말이 옳도다 내가 그러하다 내가 주와 또는 선생이 되어 너희 발을 씻었으니 너희도 서로 발을 씻어 주는 것이 옳으니라 내가 너희에게 행한 것 같이 너희도 행하게 하려 하여 본을 보였노라 내가 진실로 진실로 너희에게 이르노니 종이 주인보다 크지 못하고 보냄을 받은 자가 보낸 자보다 크지 못하나니 너희가 이것을 알고 행하면 복이 있으리라.

평강이 여러분과 함께하기를 빕니다

✝ 봉헌(*Offertory*)

내 백성들아, 내가 너희들에게 무엇을 했느냐?

내가 너희를 어떻게 불쾌하게 했느냐?

나에게 대답하라!

내가 너희를 너희의 적인 이집트로부터 끌고 나와서, 사막에서 40년 동안 하늘의 떡으로 먹이고, 약속의 땅으로 데려가지 않았느냐?

더욱이, 나는 너희를 해방하려고 왔고, 너희의 하나님이 십자가 위에서 나를 죽이도록 너희는 나를 위한 십자가의 교수대를 준비했다.

내가 너희를 참는 것 외에 너희를 위해서 무슨 더 할 일이 거기에 있었는가?

나는 나 자신을 위한 포도원인 너희를 심었다. 너희는 식초로 나의 갈증을 풀고자 했고, 너희는 강건함을 주고자 쓸개즙으로 내 입에 넣었으며, 그리고 게다가 너희는 내 심장을 창으로 찔렀다.

✝ 기도(*Secret*, 사제가 낮은 목소리로 말하는 기도)

당신이 우리에게 요구하는 봉헌은 당신의 자비와 거룩한 은혜에 의해서 우리의 몸을 당신에게 제물로서 드리는 것입니다. 그들이 당신의 독생자 예수 그리스도의 중보를 통하여 살아 있는 거룩한 제물이 되게 하셔서, 당신이 그들을 기뻐하시고, 그들이 당신과 더불어, 영원히 강하고, 거룩하며 흔들리지 않는 하나님이신 당신의 아들과 성령님과 함께 거룩하게 거할 수 있게 될 것입니다.

✝ 서문경

하나님의 은혜가 지금부터 세세토록 여러분과 함께하시기를 빕니다

여러분의 마음을 하나님께로 들어 올리십시오. 그분은 하늘과 땅을 창조하셨고, 그분의 신성한 사랑으로 우리를 구원하도록 아들이신 예수 그리스도를 보내셨습니다. 예수 그리스도는 하늘에 계시는 성부와 영원히 한 분

이십니다.

그러므로 오 주님, 나를 괴롭히는 자가 어찌 그리도 많은지요. 일어나 나를 치는 자가 많으니이다. 많은 자가 내 영혼에 대고 말하기를, "그는 하나님께 구원을 받지 못한다" 하나이다.

그러나 여호와여 주는 나의 방패시요 나의 영광이시요 나의 머리를 드시는 자이시니이다. 내가 나의 목소리로 여호와께 부르짖으니 그의 성산에서 응답하시는도다. 내가 누워 자고 깨었으니, 여호와께서 나를 붙드심이로다. 천만인이 나를 에워싸 진 친다 하여도 나는 두려워하지 아니하리이다. 여호와여 일어나소서, 나의 하나님이여!

나를 구원하소서!

주께서 나의 모든 원수의 뺨을 치시며 악인의 이를 꺾으셨나이다.

구원은 여호와께 있사오니, 주의 복을 주의 백성에게 내리소서.

† 삼성송

거룩하다, 거룩하다. 전능하신 여호와는 거룩하시도다. 온 땅이 그의 영광으로 가득하도다.

오 하나님, 높은 곳으로부터 나를 도와 주시옵소서.

여호와의 이름으로 오는 자가 복이 있음이여.

즐거움과 구원을 허락하시옵소서.

¶ 이제 주위에 서 있는 사람들이 주기도문을 낭송합니다.

† 미사 전문

오 전능하시고, 자비로우신 아버지, 우리는 당신의 독생자 예수 그리스도의 이름으로 우리의 선물, 즉 우리가 당신으로부터 받았던 우리의 몸과 영혼을 받아 주셔서, 당신의 거룩한 은혜로 말미암아 그들을 성화시키도록 겸손하게 기도합니다. 당신의 거룩한 은혜는 우리의 선물과 우리의 제사를 성화시키고, 만약 그 은혜가 없다면 우리는 다만 저주받은 제물이고, 피로 더럽혀진 옷일 따름입니다.

당신의 독생자가 당신의 극심한 고통으로 들어가셨을 때, 그분이 우리를 위해서 견디신 고통을 보시옵소서. 그리고 그것이 시작되었을 때, 그분의 제자들을 보내셔서 만찬을 준비하도록 하셨습니다. 이제 유월절의 양이 희생당하셔야 할 무교절(day of Unleavened Bead)이 되었을 때, 주님은 베드로와 요한을 보내시면서, "가서 우리를 위하여 유월절을 준비하여 우리로 먹게 하라"고 말씀하셨습니다.

그들이 예수께 "그것을 어디서 준비하기를 원하시나이까?" 여쭈었습니다. 예수께서 "보라, 너희가 성내로 들어가면 물 한 동이를 가지고 가는 사람을 만나리니 그가 들어가는 집으로 따라 들어가서, 그 집 주인에게 이르되 '선생님이 네게 하는 말씀이 내가 내 제자들과 함께 유월절 양을 먹을 방이 어디 있느냐?'" 그리하면 "그가 자리를 마련한 큰 다락방을 보이리니 거기서 준비하라"고 하셨습니다. 그들이 나가 그 하신 말씀대로 만나 유월절을 준비했습니다. 때가 이르자, 예수께서 열두 사도들과 함께 비스듬히 앉으셨습니다. 그리고 "내가 고난을 받기 전에 너희와 함께 이 유월절 먹기를 간절히 원했노라"라고 말씀하셨습니다. 내가 너희에게 이르노니, "이 유월절이 하나님의 나라에서 이루기까지 다시 먹지 아니하리라." 그런 후에 주 예수 그리스도께서는 하늘로 눈을 드시고, 아버지 하나님께 감사 기도를 드렸습니다.

그리고 주님은 떡을 가지시고, 하나님을 찬양하시고, 그것을 떼어 제자들에게 주시면서 "받아 먹어라. 이것은 너희를 위해 죽기까지 내어 준 나의 몸이다. 이것을 행하여 나를 기념하라"라고 말씀하셨습니다. 그리고 잔을 드시고, 하늘에 계신 그분의 아버지께 감사 기도를 드리신 후에 그 잔을 제자들에게 주시고, "너희들 모두 그것을 마셔라. 이것은 너희들과 많은 자의 죄를 용서받기 위해서 흘린 내 피로 맺은 새롭고 영원한 언약의 잔이다. 그러나 나는 너희에게 이르노니 내가 이제부터 하나님의 나라가 임할 때까지 포도나무에서 난 것을 다시 마시지 아니하리라. 그러므로 너희가 이것을 행할 때마다 나를 기억하며 그것을 행하라"라고 이르셨습니다.

† 기도

주 예수 그리스도시여, 당신은 당신의 사도들에게 말씀하셨습니다.

> 평안을 너희에게 끼치노니 곧 나의 평안을 너희에게 주노라 내가 너희에게 주는 것은 세상이 주는 것과 같지 아니하니라.

그러므로 나의 주님, 내 죄를 보지 마시고, 비록 이해하지는 못하지만 내가 믿는 당신의 거룩한 기독교 교회의 믿음을 보시옵소서. 당신의 신성한 뜻에 따라서 교회에 평강을 허락하시옵소서. 하늘에 계신 당신의 아버지와 성령님과 함께 교회를 보존하시고, 연합시키시며 다스리시옵소서. 이는 그분들과 함께 당신은 영원히 사시기 때문입니다.

예수 그리스도시여, 당신의 몸과 피를 받을 때, 불쌍한 죄인인 내가 내 죄를 용서받기 위해서 그것에 참여할 수 있도록 허락해 주시옵소서. 그것이 나의 판단과 정죄에 대한 것이 되지 않게 하시고 여기와 저기 그리고 영원히 나의 구원에 대한 것이 되게 하시옵소서.

† 사람들에 대해

오 나의 그리스도인 형제자매들이여!

여러분들이 하나님의 식탁에 부름을 받았으므로, 모든 사람이 이것을 생각하도록(자각하도록) 하십시오. 오 전능하시고 긍휼히 많으신 하나님, 나는 인간의 잘못으로 인하여 접근할 수 없는, 여기 당신의 식탁에 있습니다. 그런데도 당신의 거룩한 몸과 당신의 거룩한 피가 떡과 포도주에 임재하신다는 것을 믿습니다.

더욱이, 나는 완전히 그리고 진심으로 아담과 그의 모든 자손을 영원한 죽음으로부터 구원하시기 위해서 당신이 몸과 피를 취하셨다는 사실을 믿습니다. 나는 또한 당신의 거룩한 몸이 나를 위해서 죽음으로 넘겨졌다는 사실과 당신이 나를 위해서 피를 흘리셨다는 사실을 믿고, 절대 의심치 않습니다.

나의 주님이신 하나님, 당신이 당신의 신성한 말씀을 확증하시기를 원하시기 때문에, 나는 당신의 임재를 아무런 의심 없이 믿습니다. 더욱이, 단지 여기 이 당신의 식탁에서, 당신이 당신의 몸과 영혼을 함께 나누셔서 우리가 우리 죄의 용서를 받기 위해서 그것에 참여할 수 있도록 하십니다. 왜냐하면, 당신이 "너희의 언약을 받으라"고 말씀하셨기 때문입니다.

오 나의 형제자매들이여!

여러분의 마음속 깊은 곳으로부터 그 언약을 듣기를 갈망하기를 바랍니다! 그러면 언약을 만드신 분(Maker)은 누구입니까?

그분은 극심한 고난으로 들어가심으로써 우리를 떠나서, 우리가 이처럼 그분을 기념하는 우리의 맏형(Brother)이신 예수 그리스도가 아닙니까?

나는 또한 내 주 하나님이 그들에게 말씀하셨던 언약의 말들을 듣기 원합니다. 그 말씀을 통하여 나는 내 유산을 진정으로 알게 되었습니다. 이처럼, 우리 죄의 용서를 위해서, 나와 많은 죄인을 위해 흘리셨던 잔의 말씀에서 명확하게 표현된 것처럼, 내가 받을 유산은 내 죄의 용서입니다.

이 이유 하나만으로도 나는 모든 신자와 함께 상속자가 되기를 소망합니다. 그러므로 은혜에 의해서 당신에게서 나온 나의 유산을 받으려고 나는 여기에 있습니다. 당신이 기꺼이 주실 것이고, 나도 기꺼이 받을 것이기 때문에 아무도 그것을 막을 수 없습니다. 내 안에서 미사의 열매가 맺어질 것입니다. 그러므로 영원히 당신께 찬미와 감사를 드립니다.

이제, 천사들의 떡을 받아들고 다음과 같이 말하십시오.

죽음으로 넘겨지신 바 된 우리 주 예수 그리스도의 몸이 내 영혼을 영생에 이르도록 보존하소서.

✝ 잔에 대해

십자가 위 형벌의 대관식에서 죽기까지 흘리셨고, 내 죄를 용서받기 위해서 내가 지금 참여하고 있는 우리 주 예수 그리스도의 피가 영생에 이르기까지 나를 지켜 주시옵기를.

† 성찬식

우리를 위해서, 주 예수 그리스도께서는 우리의 스스로 고통을 짊어지시고, 우리의 고통을 견디셨습니다. 그분은 우리를 대신하시고, 우리를 위해서 하나님에 의해서 버림받으시고, 고통과 수치를 당하셨습니다. 그분이 찔림은 우리의 허물을 인함이요, 그분이 상함은 우리의 죄를 인함이며, 그분이 상함은 우리의 죄를 인함입니다. 그분이 징계를 받음으로 우리가 평화를 누리고, 그분이 채찍에 맞음으로 우리는 나음을 입었습니다. 우리는 모두 양 같아서 그릇 행하여, 각기 정죄를 받는 제 길로 갔습니다.

그러나 그분의 하늘 아버지께서는 우리 모두의 죄악을 그분에게 담당시키셨습니다. 그분이 제물이 되신 것은 그분의 뜻이었고, 그분은 입을 열지 않았습니다. 그리고 베드로는 자신이 "주님, 당신을 위해 죽을 것입니다"라고 말했지만, 그분을 위해서 고통을 당하려고 나서지 않았습니다. 더욱이 그분은 그때 "주님과 함께 우리 모두 죽읍시다"라고 말했던 도마에 의해서도 버림받았습니다. 그러므로 주님 홀로 세세토록 영광을 받으시옵소서.

평강이 여러분과 함께하기를 빕니다.

† 기도

오 주님이신 하나님, 당신의 풍성한 자비를 당신의 백성에게 부어 주시도록 탄원합니다. 이는 당신과 함께 세세토록 다스리실 당신의 아들이신 예수 그리스도께서 그들을 위하여 사악한 자의 손에 넘겨져서 십자가의 죽임을 당하는 것을 거부하지 않으셨기 때문입니다.

† 가십시오, 해산을 선포하다

그러므로 성부와 성자와 성령의 이름으로 나아가라. 아멘.

3. 『바젤에서 사용되고 유지되었던 주의 만찬, 유아 세례 그리고 환우 심방에 대한 형식과 태도』[15]

(*Form and Manner of the Lord' Supper, Infant Baptism, and the Visitation of the Sick as They Are Used and Held in Basel*, 1526)

진리는 영원하다 - 요하네스 외콜람파드 -

그리스도의 몸과 피의 거룩한 성찬 집례를 위한 사용

¶ 설교에서 하나님의 말씀을 선포한 후에, 설교자는 다음과 같은 이런 경고를 한다.

성찬을 받기를 원하는 모든 사람에게, 나는 그리스도의 사랑으로 자신들이 성찬의 신비를 알고, 그 신비가 있는지에 대해 미리 자신을 살펴보도록 훈계한다. 그렇게 해야 진주가 돼지에게 던져져서, 그들이 그리스도의 몸과 피에 대해 유죄가 되는 일이 없게 될 것이다. 우리의 신비는 그리스도께서 우리를 위한 생명의 떡이라는 사실이고, 우리는 이 성찬의 떡으로 감사함으로써 그것을 증언한다.

그러므로 무엇보다도, 만찬의 모든 참여자는 자신의 죄가 그리스도의 고난으로 말미암아 용서받는다는 사실을 알아야만 한다. 그는 또한 이런 믿음과 신뢰가 이제 자신을 새롭고 평화로우며 하나님을 경외하는 삶으로 독려할 것이라는 사실을 스스로 입증해야 한다.

나아가서, 우리는 신앙(Faith)의 연합에서 드러난 것처럼 우리 자신이 그리스도의 한 몸으로 연합되어 있다는 것을 입증한다. 그리고 우리 신앙의 내용은 이것이다.

우리는 전능하신 아버지, 하늘과 땅의 창조주이신 한 분 하나님을 믿습니다.
우리는 그분의 아들이신 우리 주 예수 그리스도를 믿습니다.

---

15 본서의 목적을 위해서 『형식과 태도』에서 주의 만찬만 여기에 제시했다.

예수 그리스도는 성령으로 잉태되시고, 동정녀 마리아에게서 나셨습니다.

그분은 본디오 빌라도에게 고난을 받으시고 십자가에 못 박혀 죽으시고 장사 되셨습니다.

그분은 지옥으로 내려가셨습니다.

사흘 만에 죽은 자 가운데서 다시 살아나셨습니다.

그분은 하늘에 오르셔서 그분의 하늘 아버지의 우편에 앉아 계십니다.

그곳으로부터 그분은 산 자와 죽은 자를 심판하러 오실 것입니다.

우리는 성령님을 믿습니다.

우리는 하나의 기독교 교회, 즉 성도들의 교통을 믿습니다.

우리는 죄를 사하여 주시는 것과

몸의 부활과

그리고 이 삶의 후의 영생을 믿습니다.

우리는 누구도 다른 이유로 죄 있다고 판단하지 않고, 그것을 이 조항에 맡길 것이다. 마찬가지로, 우리는 또한 단지 하나님의 말씀 때문에 추방받은 자들과 그리스도의 몸을 건강하지 못하고 시들어가는 지체로서 위협하는 자들만 추방했다. 여기 이 만찬에서, 우리는 우상 숭배자들, 마법사들, 신성 모독자들, 혹은 하나님의 말씀과 거룩한 세례와 주의 만찬 성례전을 경멸하는 자와 교제를 해서도 안 되고 할 수도 없다.

부모를 공경하지 않는 자들, 세상의 권세들에 불순종하는 자들, 자신들의 세금과 관세 내기를 반항하고 거부하는 자들 등등, 믿음의 문제에서 오직 말씀을 따르기를 거절하는 자들은 추방되도록 하라.

모든 살인자와 자신의 질투를 포기하지 않는 자들, 음란으로 인하여 갈등을 야기하는 자들, 무자비한 자, 간음한 자, 주정뱅이, 방탕한 자, 도둑, 강도, 고리대금업자 혹은 부도덕한 이익, 교활함 그리고 누구도 다른 사람에게 요구하거나 자신이 맡아서는 안 되는 사업에 관련된 자들, 자신들의 게으름 때문에 이웃에게 짐이 되는 게으름뱅이들은 모두 추방되도록 하라. 거짓된 혀와 불의한 억압자는 추방되어야 한다. 왜냐하면, 그들 모두는 믿음이 없고, 거룩하고 덕 있는 사람을 바라시는 하나님을 조롱하는 자이기 때문이다.

만약 모든 사람이 이런 것이나 다른 악에 얽힌다면, 그는 형제의 교정을 기꺼이 받아들이도록 하라. 그리고 그가 만약 회중의 감정을 상하게 하면 그는 새로운 삶을 통해서 회중과 화해해야 한다. 이제부터 앞으로는 기독교 회중이 기도하라고 명령받은 것 모두를 기도해야 한다.

먼저, 하나님이 교회와 사람들에게 우리 주 예수님에 대한 지혜와 능력과 송축받으실 지식의 영을 주시고, 그것으로 다스리시고 보호해 주시기를 구합니다. 또한, 공동 정부 즉 완전히 연합된 연맹을 위해서, 존경할 만한 시장, 길드의 조합장, 의회, 공동 시 그리고 바젤 지방을 위해 우리가 함께 하나님을 두려워하고, 평화로운 그리스도인의 삶을 영위하고, 이생 이후에 영생을 얻을 수 있도록 하나님이 그분의 뜻에 따라 그들 모두를 지시하고 다스리시기를 기도합시다.

게다가, 하나님의 말씀을 위해서 두렵고 억압받는 삶을 사는 사람들 모두가 당신께 칭찬을 받게 하시고, 그들이 진리에 대한 고백을 지속할 수 있도록 하나님이 그들을 돌보아 주시옵소서. 또한, 하나님은 그의 긍휼로 우리에게 몸과 영혼이 필요로 하는 모든 것을 제공하실 것입니다. 아멘.

† 주기도문 낭송

¶ 이것을 한 후에, 제단 앞에서, 점화된 초와 함께 떡과 잔이 준비된다. 더 이상의 의식은 없다.

> 그리스도 안에서 사랑받는 여러분!
> 우리가 그리스도의 몸과 피의 거룩한 성례전을 감사함으로 더욱 유익하게 받을 수 있도록, 우선 우리의 죄를 다음과 같이 고백합시다.

전능하신 하나님 그리고 하늘에 계신 아버지, 우리 불쌍하고 비참한 죄인들은 어린 시절부터 바로 이 시간까지 무엇보다도 광범위한 불신 때문에, 우리가 헤아릴 수조차 없는 악한 생각, 말, 뜻 그리고 행위로 당신의 계명들에 맞서서 죄를 범했음을 고백합니다. 따라서 우리는 당신의 자녀라고 불릴 자격도 없고, 우리의 눈을 하늘로 들 수도 없습니다.

오 하나님 아버지, 우리는 당신을 결코 격노하게 하지 않기를 바랍니다. 당신의 영광을 위해서 당신의 자비로, 우리의 죄를 용서하심으로써 우리를 당신의 은혜 안으로 받아 주시기를 요청합니다.

† 성시 듣기[16]

여호와여 내가 깊은 곳에서 주께 부르짖었나이다.
오 주여! 오 주여, 내 소리를 들으소서.
나의 부르짖는 소리에 귀를 기울이소서.
여호와여 주께서 죄악을 지켜보실진대 주여 누가 서리이까?
그러나 사유하심이 주께 있음은 주를 경외하게 하심이니이다.
나 곧 내 영혼은 여호와를 기다리며 나는 주의 말씀을 바라는도다.
매일 아침 내 영혼이 주를 기다리는도다.
이스라엘아 여호와를 바랄지어다.
여호와께서는 인자하심과 풍성한 속량이 있음이라.
그가 이스라엘을 그의 모든 죄악에서 속량하시리로다.

주여, 자비를 베푸소서.
그리스도시여, 자비를 베푸소서.
오 주님, 우리에게 언제까지나 영원히 자비와 은혜를 베푸시옵소서.

† 죄 용서의 선포 듣기

전능하신 하나님이 우리에게 자비를 베푸실 것입니다. 하나님은 우리를 위하여 그분의 아들을 확실한 맹세로써 세상에 보내셨습니다. 그리스도는 죄 없는 양으로서 우리의 죄를 담당하시고, 그 죄를 충족시키기 위한 제물이 되셨습니다. 주의 자비하심과 우리 주 예수 그리스도를 믿는 사람은 그

---

[16] 시편 130편.

의 죄를 용서받고 영생을 얻을 것입니다. 만약 여러분에게 이런 믿음이 있다면, 나는 이런 믿음의 권세로 여러분에게 모든 죄를 사면할 것입니다. 성부와 성자와 성령의 이름으로. 아멘.

성례전을 받는데 관해서 하나의 중요한 점 — 즉, 그리스도의 고난을 깊이 숙고하는 것 — 이 있으니 오래전에 그것을 성령으로 보았던 이사야가 어떻게 말하는지 듣고 숙고하라.

우리가 전한 것을 누가 믿었느냐 여호와의 팔이 누구에게 나타났느냐 그는 주 앞에서 자라나기를 연한 순 같고 마른 땅에서 나온 뿌리 같아서 고운 모양도 없고 풍채도 없은즉 우리가 보기에 흠모할 만한 아름다운 것이 없도다 그는 멸시를 받아 사람들에게 버림 받았으며 간고를 많이 겪었으며 질고를 아는 자라 마치 사람들이 그에게서 얼굴을 가리는 것 같이 멸시를 당하였고 우리도 그를 귀히 여기지 아니하였도다 그는 실로 우리의 질고를 지고 우리의 슬픔을 당하였거늘 우리는 생각하기를 그는 징벌을 받아 하나님께 맞으며 고난을 당한다 하였노라 그가 찔림은 우리의 허물 때문이요 그가 상함은 우리의 죄악 때문이라 그가 징계를 받으므로 우리는 평화를 누리고 그가 채찍에 맞으므로 우리는 나음을 받았도다 우리는 다 양 같아서 그릇 행하여 각기 제 길로 갔거늘 여호와께서는 우리 모두의 죄악을 그에게 담당시키셨도다 그가 곤욕을 당하여 괴로울 때도 그의 입을 열지 아니하였음이여 마치 도수장으로 끌려 가는 어린양과 털 깎는 자 앞에서 잠잠한 양 같이 그의 입을 열지 아니하였도다.

† 마태복음 구절[17] 듣기와 성찰

그들이 예수를 십자가에 못 박은 후에 그 옷을 제비 뽑아 나누어서 "그들이 내 겉옷을 나누며 내 속옷을 제비뽑나이다"라는 했던 선지자의 말이 성취되었다. 그리고 그들은 거기 앉아서 지키더라. 그리고 그 머리 위에는 "이는 유대인의 왕 예수라"라고 쓴 죄 패를 붙였더라. 이때 예수와 함께 강도 둘이 십자가에 못 박히니 하나는 우편에, 하나는 좌편에 있더라. 그러나 지나가는 자들은 자기 머리를 흔들며 예수를 모욕하여 "성전을 헐고 사흘에

---

17 마 27:35-50.

짓는 자여 네가 만일 하나님의 아들이어든 자기를 구원하고 십자가에서 내려오라" 라고 말하더라.

그와 같이 대제사장들도 서기관들과 장로들과 함께 "그가 남은 구원했으되 자기는 구원할 수 없도다. 그가 만약 이스라엘의 왕이라면 지금 십자가에서 내려올지어다. 그리하면 우리가 믿겠노라. 그가 하나님을 신뢰하니 하나님이 원하시면 이제 그를 구원하실지라. 그의 말이 '나는 하나님의 아들이라' 했도다" 하며 희롱하더라. 함께 십자가에 못 박힌 강도들도 이처럼 욕하더라. 그리고 제육 시로부터 온 땅에 어둠이 임하여 제구 시까지 계속되더라. 그리고 제구 시쯤에 예수께서 크게 소리 질러 이르시되 "엘리 엘리 라마 사박다니"[18] 하시니 이는 곧 "나의 하나님, 나의 하나님, 어찌하여 나를 버리셨나이까" 하는 뜻이라. 거기 있던 자 중 많은 이들이 듣고 "이 사람이 엘리야를 부른다" 라고 말했다. 그중의 한 사람이 곧 달려가서 해면을 가져다가 신 포도주에 적시어 갈대에 꿰어 예수께 마시도록 주었다. 그러나 그 남은 사람들이 "가만 두라 엘리야가 와서 그를 구원하나 보자" 하더라. 그러나 예수께서 다시 크게 소리 지르시고 영혼이 떠나시니라.

오! 사랑받는 여러분은 하나님의 말로 표현할 수 없는 자비에 관해서 들었습니다. 하늘에 계신 아버지는 우리를 위해서 그분의 독생자를 가장 수치스러운 죽음에 내주셨습니다. 목자(Shepherd)께서 양을 위해서 죽으셨습니다. 지체의 머리이신 무죄한 분이 죄인을 위해 고통을 당했습니다. 대제사장(High Priest)께서 말로 표현할 수 없는 사랑으로 우리를 대신해서 아버지께 자신을 번제로써 드렸습니다. 그리고 그분의 피로 그분은 성부 하나님과 함께 맺은 우리의 언약을 충분히 확언하고 인치셨습니다.

그러므로 이런 축복을 영원하고 생생한 기념으로 지킵시다. 그분의 피가 우리의 마음을 감동하게 하소서. 그분께서 영원히 찬양받으소서. 이제 우리는 더 이상 우리 자신이 아니라 주의 것이 되기를 원합니다. 우리는 그분의 종들의 노예와 종이 되기를 원합니다. 이제 우리는 그리스도를 위해서 살기를 원하며, 우리를 위해 살기를 원하지 않습니다. 그렇게 해서 우리는 지체로서 그분과 통합되고, 구속받으며, 그분의 피로 정화되기를 바랍니다.

---

[18] 원래 히브리어에 대한 번역 (시편 22:1).

그러므로 심지어 그분이 그분의 만찬이라는 이런 가장 거룩한 의식에 의해서 그것을 우리에게 기억시키고자 한 대로, 우리는 또한 그분의 몸과 피가 주는 유익을 감사함으로 기념합니다. 마치 여러분이 그리스도 가까이 앉아서 그분으로부터 그것을 듣는 것처럼, 지금 그것을 성찰하십시오.

> 곧 주 예수께서 고난을 받으시기 전 날에 손에 떡을 가지사 축사하시고 떼어 이르시되 "받아 먹으라. 이것은 너희를 위하는 내 몸이라. 이것을 행하여 나를 기념하라." 식후에 또한 그와 같이 잔을 가지시고 축사하시며, 그것을 그들에게 주고 이르시되 "너희 모두가 이것을 받아 마시라. 이 잔은 내 피로 세운 새 언약이니 이것을 행하여 마실 때마다 나를 기념하라" 하셨습니다. 이는 너희가 이 떡을 먹으며 이 잔을 마실 때마다 주의 죽으심을 그가 오실 때까지 전하는 것이니라.

다만 우리의 감사가 더욱 진실하게 되도록 기도합시다.

> 하늘에 계신 우리 아버지, 아버지의 이름을 거룩하게 하시며
> 아버지의 나라가 오게 하시며,
> 아버지의 뜻이 하늘에서와 같이 땅에서도 이루어지게 하소서.
> 오늘 우리에게 일용할 양식을 주시고,
> 우리가 우리에게 잘못한 사람을 용서하여 준 것 같이 우리 죄를 용서하여 주시고, 우리를 시험에 빠지지 않게 하시고, 악에서 구하소서. 아멘.

판단을 받지 않도록 모든 사람이 미리 스스로를 살핍시다. 하나님은 모든 규율과 헌신에서 거룩하고 덕 있는 사람들을 바라시기 때문입니다. 여러분으로 인해 하나님의 이름이 거룩히 여김을 받으시도록, 위선 없이 그리스도인의 사랑과 화합을 보여 주는 데 전념하십시오.

¶ 떡을 나누면서, 그는 다음과 같이 말한다.

그리스도의 죽음에 대한 여러분의 확실한 믿음이 여러분을 영생으로 인도할 것입니다.

¶ 마찬가지로, 잔도 나누면서 그렇게 한다.

그리스도께서 흘리신 피에 대한 여러분의 믿음은 여러분을 영생으로 인도할 것입니다.

서로 사랑하고 무엇보다 가난한 이들에게 사랑을 베풀어 주십시오. 그리스도의 평강이 여러분과 함께 있기를 빕니다. 아멘.

제6장

독일어 미사

디볼트 슈바르츠

> 아무도 우리 교회의 좌석이 그렇게 열정적이고, 통찰력이 풍부하며, 가르침을 열망하는 사람들로 가득 찬 것을 본 적이 없다. 목사가 강단으로 가기 전에, 무수한 군중이 하나님의 말씀을 토론하거나, 곧 해설될 구절이 낭독되는 것을 집중해서 듣고 있는 것을 본다. 군중이 도착할 때의 웅성거림은 사람들이 곧 감독이 성별될 것이라고 말했을 수도 있을 정도이다.[1]

스트라스부르(Strassburg) 교회의 삶에 관한 위의 설명은 1524년 디볼트 슈바르츠(Diebold Schwarz)가 선두에 섰던 예배 개혁의 영향을 반영한다. 비록 슈바르츠는 오늘날 대체로 잊혀진 인물이지만, 그의 복음주의 사역의 과정은—매튜 젤(Mattew Zell)을 도운 것으로부터 메리 여왕으로 인한 망명자들을 돕기까지—스트라스부르시의 종교개혁을 위한 근간을 제공했다.

슈바르츠는 1484/85년에 하게나우(Hagenau)에서 태어났다. 그의 아버지 한스(Hans[스트라스부르 시민])는 철공 노동자였는데, 1501년 디볼트를 비엔나대학으로 유학을 보낼 만큼 여유가 있었다. 그는 그곳에서 도미니크회에 들어가서 1508년 예술학 석사 과정으로 진학했다. 그는 1516년 베른에서 성령의 의료 봉사 수도회(Hospitallers of Holy Spirit)의 회원이 되었고, 그 후 1520년에는 스데판스펠트(Stefansfeld)에 있는 도미니크회를 책임지게 되었다. 수년 후 그는 복음주의에 확신하고 스트라스부르로 돌아와, 성모 대성당(Cathedral of our Lady)에서 매튜 젤의 조수로 일했다.

1524년 그는 구 성 베드로(Old St. Peter)의 스트라스부르 교구의 목사(pastor)가 되었다. 그는 아우스부르크(Ausburg)에서 1년(1531-32) 동안 볼프강 무스쿨루스(Wolfgang Musculus)와 함께 지냈고, 1538년 비텐베르크에 있는 마틴 루터를 한 번 방문한 것을 제외하고는 25년 이상 그곳의 목사직을 유지했다.[2]

---

1 William D. Maxwell, *An Outline of Christian Worship: Its Development and Forms* (Oxford: Oxford University Press, 1936), 98에서 인용.

2 Johannds Ficker and Otto Winckelmann, eds., *Handschriftenproben des sechzehnten Jahrhunderts: nach Strassburger Originalen*, 2 vols. (Strassurg: Karl J. Trübner, 1905), 2:61.

1554년, 그는 성 아우렐리아(St. Aurelia)의 가난한 교구교회(마틴 부처가 1523년 스트라스부르에 도착하면서 사역했었던)의 목사가 되었다. 그 교회는 도시를 둘러싸고 있는 제3강(river Ill)의 반대편에 위치하고 있었다. 구 성 베드로교회의 지도자들은 그에게 집 한 채('Zum Holderstock'라고 불렸고, 바인마르크트[Weinmarkt] 근처에 위치했다)를 빌려 주었는데, 그는 메리 여왕 당시의 망명자들 사이에서 가장 연장자인, 영국 종교개혁자 존 포네(John Ponet) 감독에게 아낌없이 그 집을 넘겨주었다.[3]

나이든 슈바르츠는 1558년 은퇴했다. 그러나 이것이 목회에 대한 그의 열정에 종지부를 찍은 것은 아니었다. 1560년에 새로 문을 열었던 구 성 베드로교회에서 첫 설교를 하도록 그는 강단에 섰으나, 이듬해 소천했다.

디볼트 슈바르츠는 1524년 2월 16일 스트라스부르 대성당 북쪽 트랜셉트에서 성 로렌스교회의 회중을 위한 최초의 완전한 독일어 미사를 인도한 것으로 가장 잘 기억된다.[4] 이 『독일어 미사』는 "루터가 제안하거나 가했던 다른 어떤 수정보다 훨씬 덜 급진적이지만, 근본적으로 훨씬 더 창의적인 것"으로 평가되어 왔다.[5]

슈바르츠는 로마가톨릭의 미사 구조를 활용했고, **세수식(라바보**[Lavabo, 미사 전에 손 씻기])과 잔의 거양과 같은 눈에 띄는 많은 특징을 유지했다. 하지만, 그는 수찬자의 몸이 산제사가 되기를 바라는 기도(롬 12장)를 제외하고는 제사의 개념을 가진 모든 예전의 요소를 제거했다.

사실상 마리아와 성자들의 중보 기도는 완전히 없어졌다. 죄에 대한 공동 고백의 제공과 목사가 자신의 양 떼를 향해야 한다는 잦은 주장뿐만 아니라, 슈바르츠 예전의 가장 중요하고 지속적 특징은 예전의 완전한 자국어 진행이었다. 이것은 교인들이 예전 중에 일어나고 있는 일을 해석하기 위해 더 이상 의식의 광경을 필요로 하지 않는 것을 의미했다.

---

3 Christian H. Garett, *Marian Exiles: A Study in the Origins of Elizabethan Puritanism* (Cambridge: Cambridgd University Press, 2010[1966]), 367.

4 스트라스부르의 대부분 교구는 자신의 교회를 가지고 있었다. 그러나 성 로렌스는 대성당의 북쪽 수랑을 사용했고, 성 스테판은 수녀원과 교회를 공유했다. 며칠 후에 안토니우스 펌(Antonius Firm)이 성 토마스(St, Thomas)의 교회에서 두 번째 독일어 미사를 열었다.

5 Maxwell, *Outline of Christian Worship*, 88.

오히려 그들은 주의 만찬에서 발견되는 "크고 깨뜨릴 수 없는 확신"을 이해하기 위해 그들 자신의 언어를 듣고, 간헐적으로 사용했다. 마틴 부처가 스트라스부르에 체류하면서 『근거와 이유』(Ground and Reason, 1523)를 발간한 것은 슈바르츠로 하여금 『독일어 미사』(German Mass)에서 복음주의를 발전시키도록 고무시켰다. 9개와 18개 사이의 예전 편집본이 1524-25년에 발행되었는데, 각각에는 점진적 수정이 가해졌다.[6]

'미사'(Mass)라는 용어는 '주의 만찬'(Lord's Supper)이 되었고, '제단'(altar)은 '식탁'(table)으로 변화되었으며, '사제'(priest)는 '교구 주임목사'(parson)로 되었다가, 결국 '목사'(minister)로 바뀌었다.

목사(장백의나 스톨 혹은 제의복과 같은 제사를 지내는 제의 없이 중백의를 입고)[7]는 식탁 뒤에서 사람들을 향하고 있었다. 이때 사람들은 식탁 주변에서 꿇어앉기보다는 서서 성례전을 받았다. 이런 것이 다볼트 슈바르츠의 예전에 의해서 시작되었던 괄목할 만한 변화였다. 그리고 마틴 부처의 작업에 의해서, 즉 한 프랑스인 학생이 1525년 자신의 친구이자 후원자인 모(Meaux)의 개혁적 감독 기욤 브리소네(Guillaume Briçonnet)에게 편지한 것에 의해 계속되었다.

> 그들이 축제로 지키는 유일한 날인 주의 날에 … 그들은 이렇게 주의 만찬을 기념했다. 교회 전체가 잘 볼 수 있는 곳에 테이블을 미리 잘 준비하여, 모든 사람이 그것을 볼 수 있게 한다. 그들이 어떤 식으로든지 주의 만찬을 제사로 만드는 사람들처럼 여겨지지 않도록, 그들은 그것을 제단이라고 부르지 않는다. 그러나 테이블은 보통의 제단과 어떤 식으로든 다르지 않다. 이 테이블에 목사가 오지만, 그는 사람들을 향하고 그들에게 등을 돌리지 않는다. … 자신의 얼굴을 사람들에게 향한 채 테이블에 서서 모든 사람의 눈이 자신을 보고 있는 가운데, 그는 우선 어떤 간단한 기도를 한다. … 그

---

6 Frank C. Senn가 2018년 1월 8일 온라인에서 "*Reformation Liturgies*," *Oxford Encyclopaedia of Religion*을 접속하고 18편집본이 있다고 시사했다. 반면에 Maxwell은 *Outline of Christian Worship*, 90에서 9혹은 10편집본이 있음을 추정했다.

7 Martin Bucher, *Grund und Ursach auß gotlicher Schrifft der Neuerungen an dem Nachtmal des Herren so man die Mess nennet* … (Strassburg: Köpfel, 1525), sig: C.ii^r: "중백의"(chorrock).

런 후에 모든 사람이 성시를 부른다. 이것이 끝나면 목사는 다시 기도하고, 강단으로 올라가서 자신이 설명하기를 원하는 성경을 낭독한다. 이런 식으로 모든 사람이 그것을 이해할 수 있도록 한다. 설교가 끝나면 그는 테이블로 돌아오고, 모든 사람이 신조를 노래한다. 이 이후에 그는 사람들에게 그리스도께서 왜 우리에게 그분의 만찬을 남기셨는지를 설명한다. … 그런 후에 복음서 기자들이나 바울이 기록한 대로 그리스도의 말씀을 말한다. 그후 즉시 그는 앞으로 나오기를 원하는 사람들에게(왜냐하면, 아무도 강요당하지 않지만, 모두가 권함을 받기 때문이다) 그분의 죽음으로 인 쳐지고 그분의 사도들에게 남겨 주신 그리스도의 몸과 피의 진정한 상징인 떡과 잔을 준다, 각자가 만찬에서 자신의 분량을 받는 동안 모두가 **주여 자비를 베푸소서**(*Kyrie Eleison*)를 부른다. 이 찬송가로 그들은 자신들이 받은 유익에 대한 감사를 드릴 수 있다. 그리고 성찬은 이런 순서로 진행되어 목사는 남은 모든 것을 다 먹도록 마지막으로 참여한다. 이것이 끝나면 각자는 자신의 집으로 돌아간다.[8]

1. 예배 순서

『독일어 미사』(1524)

기도(Invocation)
죄의 고백(Confession)
용서의 선언(Absolution)
자비송(Kyrie)
영광송(Gloria)
인사(Salutation)와 본기도(Collect)
서신서(Epistle)
복음서(Gospel)
니케아 신조(Nicene Creed)

---

[8] Maxwell, *Outline of Christian Worship*, 97-98에서 인용.

탄원(Petition)
인사(Greeting)
서문경(Preface)
삼성송과 축복송(Sanctus and *Benedictus*)
세수식(*Lavabo*)
중보 기도(Intercession)
[거양과 함께] 성찬 제정사(Words of Institutionnn[with Elevation])
감사 기도(Prayer)
주기도문(Lord's Prayer)
짧은 기도(Short Prayer)
하나님의 어린양(Agnus Dei)
훈계(Admonition)
분배(Distribution)
끝맺는 기도(Concluding Prayer)
인사와 축도(Salutation and Benediction)

2. 『독일어 미사』(1524) - 디볼트 슈바르츠 -

복음주의 미사의 시작

성부와 성자와 성령의 이름으로. 아멘.

¶ 무릎을 꿇고 다음과 같이 말한다.

주 하나님께 고백합시다. 이는 그분이 선하시고, 그분의 자비는 영원히 계속되기 때문입니다. 불쌍한 죄인인 나는 전능하신 하나님 앞에서, 그분의 계명을 위반함으로써 무거운 죄를 지었고, 하나님께 대한 불신과 나의 동료 종들을 향한 연약한 사랑으로 인하여 저지르지 말아야 할 많은 일을 저질렀으며, 내가 행해야만 할 일들을 행하지 않았음을 고백합니다. 하나님은 내가 자초했던 죄책감을 알고 계시고, 나는 그것 때문에 몹시 슬프니다. 주님 나에게 은혜를 베푸시옵소서. 불쌍한 죄인인 나에게 자비를 베푸시옵소서. 아멘.

그리스도 예수께서 죄인들을—나는 그 죄인 중의 괴수입니다—구하시기 위해서 세상에 오셨다는 사실은 신뢰할 수 있는 귀한 말입니다. 나는 이것을 믿습니다. 주여, 나의 불신을 도와 주시고 나를 구원해 주옵소서. 아멘.

¶ 사람들을 향해서

하나님이 우리 모두에게 은혜를 베푸시고 자비를 베푸시기를 빕니다. 아멘.

시작(*Introitus*)

¶ 다음과 같이 자비송(*kyrie Eleison*)을 부른다.

주여, 우리에게 자비를 베푸소서.

¶ 그리스도께 다음과 같이 자비송을 부른다.

그리스도여, 우리에게 자비를 베푸소서.

¶ 다음과 같이 자비송을 부른다.

주여, 우리에게 자비를 베푸소서.

가장 높은 곳에 계시는 하나님께 영광 그리고 땅에는 평화, 인간에게는 기쁨을. 우리는 당신의 위대한 존귀하심으로 인해서 당신을 찬양하고 경배하며, 당신께 인사드리고, 감사드립니다. 주 하나님, 하늘의 왕이시며, 전능하신 아버지 하나님. 지극히 높으신 주님이고, 주 하나님이시며, 하나님의 어린양이시고, 성부의 외아들이시며, 세상 죄를 지고 가시는 독생자이신 예수 그리스도시여, 우리에게 자비를 베푸소서. 세상 죄를 지고 가시는 당신께서 우리의 기도를 받아 주십니다.

성부의 우편에 앉아 계시는 당신은 우리에게 자비를 베푸십니다. 이는 당신 홀로만이 거룩하시고, 당신 홀로만이 주님이시며, 당신 홀로만이 성부 하나님(God the Father)의 영광 안에서 성령님(Holy Spirit)과 더불어 지극히 높으신 예수 그리스도(the Highest Jesus Christ)이시기 때문입니다. 아멘.

¶ 하나님이 여러분과 함께하시기를 빕니다.

¶ 본기도

¶ 사람들을 향한 채 서신서와 복음서를 낭독한다.

¶ 나는 한 분 하나님을 믿습니다.

나는 하늘과 땅 그리고 보이는 것과 보이지 않는 모든 것의 창조주이신 전능하신 아버지이신 한 분 하나님을 믿습니다.
그리고 하나님의 아들이시고, 모든 세상 이전에 아버지로부터 나신 독생자이시며,
하나님으로부터 나신 하나님, 빛으로부터 나신 빛, 진정한 하나님으로부터 나신 진정한 하나님이신 한 분 주님 예수 그리스도를 믿습니다.
그분은 나시고, 만들어지지 않으셨으며, 아버지와 동일 본질이십니다.
그분을 통하여 모든 것이 존재하게 되었습니다.
우리 인간을 위하여 우리의 구원을 위하여 하늘로부터 오셨습니다.
그리고 성령에 의해서 육체로 되시고, 동정녀 마리아에게서 인간으로 나셨습니다.
그분은 우리를 위해 본디오 빌라도에 의해서 십자가에 못 박히시고, 매장되셨습니다.
성경에 따라 사흘 만에 부활하셔서 하늘로 올라가셨습니다.
그리고 아버지의 우편에 앉아 계십니다.
그리고 그분은 산 자와 죽은 자를 심판하기 위해서 영광 속에서 다시 오실 것입니다.

그분의 왕국은 영원할 것입니다.
나는 생명을 주신 분이시며 주님이신 성령님을 믿습니다.
그분은 성부와 성자로부터 발하시고,
그분은 성부와 성자와 더불어 경배와 영광을 받으십니다.
그분은 선지자를 통해서 말씀하셨습니다.
나는 하나의 거룩하고, 보편적이며, 사도적 교회를 믿습니다.
나는 죄의 용서를 위한 한 세례를 믿습니다.
나는 죽은 자의 부활과 도래할 세상의 삶을 소망합니다.
아멘.

¶ **사람들을 향한 채, 다음과 같이 말한다.**

사랑하는 형제자매 여러분! 우리 주 예수 그리스도로 말미암아 성부 하나님께 기도합니다. 우리에게 위로자이신 성령님을 보내주셔서 우리의 몸이 거룩하며 주님이 받아들이실 만하신 산 제물이 되기를 기도합시다. 이것이 하나님을 기쁘시게 하는 합당한 예배입니다. 이것이 우리에게 일어나기를 빕니다. 아멘.

¶ **여전히 서 있는 사람들을 향한 채, 그는 다음과 같이 말해야 한다.**

하나님이 여러분과 함께하시기를 빕니다!

¶ **서문경**

여러분의 마음을 높이 드십시오. 우리의 하나님이신 주님께 감사를 드립시다. 우리가 언제 어디서나 당신께 감사드리는 일은 진실로 합당하고, 옳으며, 의롭고, 유익합니다. 오 주님, 거룩하고 전능하신 아버지, 영원하신 하나님, 당신은 나무 십자가를 통해서 우리를 위한 구원을 성취하셨습니다. 생명은 사망의 근원이 되었던 곳과 같은 곳에서 나와야 하며 이는 나무에 대한 범죄함으로 아담 안에서 우리 모든 사람을 이긴 원수를 우리 주 그리스도 예수로 말미암아 나무에 드린 순종을 통하여 이기게 하려 하심입니다. 그분의 위엄과 영광으로 말미암아 천사들과 하늘의 모든 무리가 함께 기뻐하고 한목소리로 당신을 찬양합니다. 겸손으로 드리는 우리의 모든 기도의 소리를 받아 주시옵소서.

¶ 삼성송

거룩, 거룩, 거룩, 만군의 주 하나님, 하늘과 땅이 당신의 영광으로 가득합니다.
오 가장 높은 곳에서 우리를 구원해 주시옵소서.

¶ 축복송

주의 이름으로 오시는 분을 찬양하라!
오, 가장 높은 곳에서 우리를 구원해 주시옵소서.

¶ 그는 조용히 자신의 손을 씻는다. 만약 그가 원한다면, 그런 후에 일어서서. 기도하는 사람의 방식으로 자신의 손을 들고, 말해야 한다.

전능하신 하나님, 자비로우신 아버지, 하나님 아들이신 우리 주 예수님이 우리가 그분의 이름으로 무엇을 기도하든지 당신께서 우리에게 허락하실 것이라고 약속하셨기 때문에, 더욱이, 하나님의 성령께서 또한 우리의 권세들을 위해서 기도하라고 명령하셨기에 우리는 전심으로 황제와 군주들과 영주들과, 특별히 존경하는 평의회의 영주들과 지도자들에게 당신의 선하심과 복음에 대한 지식을 주시기를 기도합니다.

우리는 또한 하나님의 성령님으로 모든 사람을 당신 아들의 다스림하에 데리고 오셔서 그들 스스로가 기꺼이 그분의 약속을 인정하고, 받아들이고 보존하기를 기도합니다. 그리고 무엇보다도, 이 회중에 주의 복음과 그의 선하신 멍에와 가벼운 짐에 대한 지식이 더하도록 허락하시옵소서.

전능하시고 영원하신 하나님!
사랑하는 자비로운 아버지!

당신의 독자이신 우리 주 예수께서 건강한 자들을 위해 오신 것이 아니라, 병자를 위한 의사로서 이 땅에 오셨고, 우리의 맹목으로 인하여 우리 스스로 현재 죄에 대한 수치를 볼 수 없고, 그것을 병으로 인식할 수도 없으므로—왜냐하면, 사실상 우리는 중독되어서 우리의 잘못과 범죄를 기뻐하고, 계명을 싫어하며, 악을 사랑하기에—우리는 하나님이신 성령님을 통해서 당신의 법을 우리의 가슴에 새겨 주세요.

우리 안에 있는 숨어 있는 죄를 각성시켜 주시며, 우리가 어떤 선을 행하는 것이 얼마나 불가능한 일인지를 깨닫게 해 주셔서, 당신 앞에서 만이 가능하고, 우리가 우리 주 예수 그리스도로 말미암아 당신이 세상에 주셨던 은혜와 의로움에 대한 갈증과 배고픔을 느낄 수 있도록 해 주시기를 기도합니다.

잡히시던 밤에, 그분은 그분의 거룩한 손에 떡을 집으시고, 그분의 하늘에 계신 아버지이신 하나님께 감사를 드리시면서, 그것을 축사하시고, 떼어서 제자들에게 주시고, 말씀하셨습니다.

받아서 먹으라 이것은 너희에게 준 내 몸이다.

¶ 잔에 관하여 다음과 같이 말한다.

만찬 후에 이처럼 그 잔을 거룩한 손에 가지사 감사하시고 이르시되 너희가 이것을 받아 마시라 이는 너희와 다른 많은 사람의 죄 사함을 위해 내 피로 부어진 새 언약의 잔임이라.

¶ 잔을 거양하고, 다음과 같이 말한다.

너희가 이것을 행할 때마다 나를 기념하여 행하라.

¶ 잔을 내린 후, 다음과 같이 말한다.

우리의 아무 공로 없음에도 우리의 모든 죄를 사해 주셨고, 다른 모든 약속을 항상 외적 표징으로 확증하신 것과 같이 떡과 포도주 아래 우리 주 예수 그리스도의 몸과 피를 보증으로 주셨으니 어찌 그리 선하신지요. 그러므로 우리는 이제 당신의 은혜의 위대하고 깨어질 수 없는 보증했고, 또한 우리가 당신의 자녀이고, 당신의 상속자이며, 그리스도와 함께 공동 상속자라는 사실을 알고 있습니다. 그리고 당신의 독생자가 우리에게 가르쳐 준 대로 우리가 자유롭게 기도할 수 있다는 것을 알기 때문에 우리는 다음과 같이 기도합니다.

    하늘에 계신 우리 아버지,
    아버지의 이름을 거룩하게 하시며
    아버지의 나라가 오게 하시며,
    아버지의 뜻이 하늘에서와 같이 땅에서도 이루어지게 하소서.
    오늘 우리에게 일용할 양식을 주시고,
    우리가 우리에게 잘못한 사람을 용서하여 준 것 같이
    우리 죄를 용서하여 주시고,
    우리를 시험에 빠지지 않게 하시고, 악에서 구하소서.
    아멘.

    주님, 우리 주 예수 그리스도로 말미암아 모든 보이는 원수와 보이지 않는 원수로부터, 마귀로부터, 세상으로부터 그리고 우리 자신의 육신으로부터 우리를 구하옵소서. 아멘.

¶ **하나님의 어린양**
    세상 죄를 지고 가시는 하나님의 어린양은 우리에게 자비를 베푸십니다.
    세상 죄를 지고 가시는 하나님의 어린양은 우리에게 자비를 베푸십니다.
    세상 죄를 지고 가시는 하나님의 어린양은 우리에게 평강을 허락하십니다.

¶ **사람들에게 간단한 경고.**

¶ **성찬**
    다음과 같이 기도합시다.

    살아계신 하나님의 아들 주 예수 그리스도시여! 당신은 아버지의 뜻과 성령의 도우심으로 당신의 죽음을 통하여 세상에 생명을 주셨습니다. 당신의 거룩한 몸과 피를 통해 우리의 모든 불의와 사악함에서 우리를 구속하시고, 우리가 항상 당신의 계명에 순종하고 영원히 당신에게서 분리되지 않게 하소서. 아멘

¶ 마침 기도

　주여 우리에게 허락하사 우리가 깨끗한 마음으로 입으로 마신 것을 받게 하시고 또 지금의 선물이 우리 주 그리스도 예수로 말미암아 우리에게 영원한 약이 되게 하소서. 아멘.

¶ 혹은 다른 신자들을 위한 기도

¶ 사람들에게

　주께서 여러분과 함께하시길 빕니다.

¶ 축도

　성부와(†) 성자와(†) 성령(†) 하나님의 축복이 우리와 함께하시고 영원히 있을지어다. 아멘.[9]

9　†기호는 십자가를 그리는 손의 행위를 나타내는 것이다.

제7장

주의 만찬의 행위 혹은 관습

기도의 형식

훌드리히 츠빙글리

> 그리고 그리스도의 유월절은 주의 만찬(Lord's Supper), 준비(Preparation), 부활 (Resurrection)의 3일 동안 내가 한 번도 본 적이 없는 광경으로 거행되었다. 그 옛날 애굽의 마늘과 가마를 뒤돌아보던 자들의 수는 이들보다 훨씬 적었을 것이다.[1]

취리히의 첫 복음주의 주의 만찬(Lord's Supper) 예배는 1525년의 성 주간 동안 극적 형식으로 일어났다. 세족식 목요일 새벽에, 홀드리히 츠빙글리(Huldrich Zwingli, 1484-1531)는 그 주일 초 취리히 시 의회가 미사를 폐지하기로 한 획기적 결정의 원인이 되는 한 꿈을 꾸었다.

이 꿈의 내용에는 성찬(Eucharist)의 정확한 의미에 대해서 보수파 차관 요하킴 암 그뤼트(Johachim Am Grüt)와 했던 토론의 논쟁이 포함되어 있었고, 츠빙글리가 잠자는 동안 그 논쟁이 다시 생생하게 나타났다. 그의 꿈속에서 한 고문이 나타나서 나른해 하는 그를 불러서, 유월절과 주의 만찬 사이를 비교하게 했다.[2]

츠빙글리는 즉시 깨어서 성경을 꼼꼼하게 조사했고, 그날 아침 참석한 거의 모두를 설득할 수 있는 그런 힘으로 회중 앞에서 그 구절을 상세하게 해설했다. 뒤이어 일어난 부활절 삼일(Easter Triduum)에 걸친 예배는 너무나 많은 군중을 끌어들여서 츠빙글리가 이런 일을 결코 본 적이 없다고 언급할 정도였다. 츠빙글리의 예배 혁명은 그 자신뿐 아니라, 취리히의 거주자들에게도 깊은 인상을 남겼고, 그것은 앞으로 몇 년 동안 지울 수 없는 자취를 남길 것이었다.

---

1 Huldrich Zwingli, *Subsidium sive coronis de eucharistia* (Tiguri: Frouscher, 1525), sig. D. iii[r]: "Factumque est, ut tribus istis dibus coenae domini Parasceues ac Resurrectionis tantum pascha Christi celebratum sit, quantum ipse nunquam vidi: eorumque numerrus, qui ad allia ollasque Aegyptias respectarent opinione longe minor esset." 또한 성삼일(Holy Triduum) 혹은 대삼일(Great Triduum)으로 알려져 있는 부활절 삼일(Easter Tridium)은 세족식 목요일(Maunday Thursday), 성금요일(Good Friday), 성토요일(Holy Saturday)과 부활절날(Easter Day)에 걸친 기간에 대한 예전의 약어이다.

2 Zwingli, *Subsidium sive coronis de eucharistia*. "Ibi απο μηχανης visus est monitor adesse (ater fuerit an albus, nihil memini, somnium enim narro), qui diceret: Quin ignave respondes et, quod Exodi 13. scribitur: Est enim Phase, hoc est: transitus domini."

츠빙글리는 1484년 1월 1일, 스위스의 토겐부르크(Togenburg) 계곡 지역에 있는 빌트하우스(Wildhaus)에서 태어났다. 바젤과 베른에서 학업을 끝낸 후, 그는 1498년 비엔나대학(University of Vienna)에 진학하여 예술학 학사 과정을 끝냈다. 그곳에서 그는 요하킴 바디안(Johacjim Vadian)과 친구가 되었다(그리고 디볼트 슈바르츠와도 만났을 것이다).

1502년 그는 바젤대학으로 옮겨서, 레오 쥬드(Leo Jude)와 콘라드 펠리칸(Konrad Pellikan)을 만났고, 예술학 석사 과정으로 진학했다. 그는 1506년 안수를 받았고, 글라우스에서 목회를 했으며, 그곳에서 헬라어를 독학했고, 읽었으며, 위대한 에라스무스(Erasmus)와 편지 왕래를 했다.

1516년 그는 아인시델른(Einsideln)에 있는 베네딕트회 수도원으로 옮겨 주민들의 성직자가 되었고, 점점 성경을 사랑하게 되어, 심지어 면죄부와 마리아 숭배에 맞서서 복음서의 진리를 설교하기까지 했다. 그의 가장 중요한 목회적 임명은 1519년에 있었는데, 그때 그는 취리히의 그레이트 민스터(Great Minster[Grossmünster])에서 시민들의 성직자가 되었다.

다음 5년간 츠빙글리의 증대되는 복음주의의 세 가지 가장 중요한 표명이 있었다.

첫째, 그는 성경에 대한 능숙한 강해자로서 자리 잡았다. 1519년 1월 1일(그의 36세 생일날)에 한 그의 첫 번째 설교는 마태복음 1장으로 시작되었고, 그는 성경 전체를 연속적으로 설교했다.

둘째, 그는 금식으로부터의 복음주의 자유에 대한 공개적 태도를 보였다. 1522년 사순절 기간 출판업자 크리스토퍼 프로샤하우어(Christopher Froschauer)의 집에는 12명의 사람이 있었다. 생선 값이 비싼 관계로, 프로샤우어는 아내에게 고기를 좀 사달라고 부탁했고, 그녀는 훈제 소시지를 사 와서 그것을 잘라 12명에게 나눠 주었다(어느 정도 최후의 만찬에 상당히 유사한).

비록 츠빙글리는 거부했지만, 목사인 레오 쥬드와 로렌스 켈러(Lawrence Keller)를 포함한 나머지 모든 사람은 그 소시지를 먹었다. 이런 뉴스가 시에 충격을 주었기 때문에 츠빙글리는 금식에 대해 설교를 하고 그리스도인들의 자유를 방어했다.³ '소시지 사건'(Sausage Affair)이 잠잠해질 바로 그때, 츠빙글리의 증대되는 복음주의의 세 번째 표명이 그 해에 있었다.

그는 그해 봄 비밀리에 안나 라인하르트(Anna Reinhard)와 결혼했고, 여름에 『연맹에 보내는 우호적인 청원과 권고』(*A Friendly Petition and Admonition to the Confederates*)라는 책의 발행을 통하여 성직자의 강제적 독신주의를 공개적으로 비난했다.

이때쯤, 츠빙글리는 그리스도께서 갈보리에서 단번에 제물되심을 굳게 확신했다. 그는 두 번의 저작물인 『미사 전문에 대한 비판』(*An Attack on the Canon of the Mass*, 1523)과 『진실한 종교와 거짓 종교에 관한 해설』(*Commentary about the True and False Religion*, 1525)로 미사의 소위 제사를 맹공격했다. 이런 복음주의 의견들이 급속도로 퍼져 나갔다. 시 의회가 1525년 성 주간의 목요일에 복음주의 예배로 미사를 대체하자는 그의 제안을 승인한 후에, 그는 겨우 며칠 후에 부활절 기념 기간에 자신의 획기적 예배 개혁들을 시행했다.

1년 내내 4번(부활절, 성령강림절, 가을 그리고 성탄절)⁴ 주의 만찬을 기념하려는 츠빙글리의 결정은 매주의 말씀 예전(『기도의 형식 … 설교의 시작에』[*A Form of Prayer … At the Beginning of the Sermon*])과 절기의 성례전(『만찬의 행위 혹은 관습』[*Act or Custom of the Supper*])이라는 두 개의 예배 규범들을 새로 만드는 것을 의미했다.

그의 『기도의 형식』은 중세의 프로나우스 의식서(Office of Pronaus)에 따라 하나님의 말씀을 설교하는 데 중점을 둔 예배로 발전시켰던 존 울리히 수르간트(John Ulrich Surgant)의 『감독자의 입문서』(*Manuale Curatorum*, 1502)에 근거했다.⁵

---

3   『음식의 선택과 자유에 관한 연구』(*as Regarding the Choice and the Freedom of Foods*)로 4월 16일에 인쇄되었다.
4   '가을'에 관한 언급은 펠릭스와 레굴라 축제(Feast of Felix and Regula)나 혹은 만성절(All Saint's Day)을 암시할 수도 있다.
5   Bard Thompson, *Liturgies of the Western Church* (Philadelphia: Portress Press, 1980 [1961]), 147 에서는 구조와 스타일에서의 유사성뿐만 아니라, 죽은 자에 대한 기념과 고백에 대한 끝맺는 기도의 사용으로 관심을 끈다. 학자들은 일반적으로 주기도문 혹은 아베 마리아(Ave Maria [Hail Mary])가 뒤따랐을 것이라고 추정한다. 이런 정보에 비추어서 톰슨은 아베

그 예배는 죄의 고백과 용서를 위한 기도와 함께 끝맺음의 해산 없이 갑자기 끝난다. 이것은 츠빙글리가 자신의 회중에 복음의 단순성과 조용한 반향을 남겨 주려고 의도한 분위기를 반영한다. 하지만, 그것은 또한 주의 만찬을 요구했던 그 시대에 독립형의 예배를 적절한 예비 성찬(ante-Communion)으로 바꾸는 역할을 했다.

츠빙글리의 『만찬의 행위 혹은 관습』(1525)의 구성은 전적으로 그 자신이 한 것이었다. 서문은 "거룩한 말씀에 일치하지 않는 모든 것은 예배로부터 제거해야 할 것"이라는 그의 예전(liturgy)적 목표를 제시했다. 비록 츠빙글리가 다른 교회에서는 찬송하는 것을 권했지만(단 그것이 사람들의 덕을 세우고, 그리스도를 위해서 사람들을 얻을 수 있다면), 그 예배에는 찬송이 전혀 없었다. 그의 예전의 에토스는 조용한 경배를 지향하는 경향이 있었다.

츠빙글리는 신조, **영광송**(Gloria), 성찬 후 성시(post-Communion psalm)를 교송으로 암송하는 것을 구상했다. 하지만 시 의회는 이것이 회중의 남녀들보다는 목사와 보조자들이 해야 한다고 고집했다.[6] 분배하는 동안 내내, 전달에 대한 어떤 말도 사용하지 않고, 말없이 앉아 있는 수찬자들에 나무로 된 기본적 기구들만을 전달했다. 자아 성찰(self-examination)에 관련된 몇 마디의 말들이 (예를 들어, 파렐과 칼빈의 보다 긴 경고들에 비교하면) 비교적 조용하고 단순한 광경은 (받는 사람보다 더) 그리스도에게 집중하도록 하고, 츠

마리아를 자신의 영어 번역에 덧붙인다. 우리 번역은 최초의 1525년판본을 따른 것으로 주기도문의 첫 단어들만 제공한다(어떠한 다른 표시가 없지만 아베 마리아 또한 불렸을 것으로 추정된다). 이 예전에 아베 마리아가 암묵적으로 포함되었을 가능성이 있지만, 츠빙글리가 그것을 기도가 아니라, 인사와 찬양으로 이해했다는 사실을 염두에 두어야만 한다. Rebecca A. Giselbrecht, "Reforming a Model: Zwingli, Bullinger, and the Virgin Mary in Sixteenth-Century Zürich." in *Following Zwingli: Applying the Past in Reformation Zürich*, eds. Luca Baschera, Bruce Gordon, and Christian Moser (London: Routledge, 2016), 148을 보라. 이런 이해는 츠빙글리의 보다 성숙한 1535년판 예전에 반영되어 있다. 그 판본에서는 아베 마리아가 다음과 같은 식으로 소개되어 있다. "우리는 가브리엘 천사가 동정녀 마리아에게 알려 준 그리스도의 성육신과 그 직후에 성령에 의해서 그 사실이 이런 말들, 즉 아베 마리아 … 찬양되고 찬송된 것(엘리사벳을 통해)을 명심해야 한다."

[6] 시 의회는 이후에 교송 형식을 거부했다. 츠빙글리의 교회 음악에 대한 흥미, 즉 일반적으로 인정되는 전통의 많은 것에 반대하는 음악에 대한 그의 부정성을 더 상세히 알기 위해서는 Daniel Trocmé-Latter, *The Singing of the Strasbourg Protestants, 1523-1541* (London: Routledge, 2016), 58-59를 보라.

빙글리의 성찬신학을 지지했다.

이 기념은 전능하신 하나님 앞에서 그분의 아들을 통하여 우리에게 베푸신 은혜에 대하여 감사하고 즐거워하는 것이다. 그분은 이 잔치, 식사 혹은 감사례에 나타나셔서 우리 주 예수 그리스도의 죽음과 피로서 구속을 받았다는 사실을 믿는 자들에게 속해 있음을 증명하신다.

성찬신학에 대한 츠빙글리와 루터 사이의 의견충돌은 잘 알려져 있다. 1529년의 마르부르크 회담(Marburg Colloquy)은 라틴어 단어인 **이스트**(*est.* 이것은 내 몸이다[this *is* my body])의 의미를 어떻게 해석할 것인가에 대한 암초에 부딪힌 것이었다. 츠빙글리와 루터의 예전에 관한 저술들은 의식의 유지 그리고 예배에서 찬송과 침묵의 위치 등과 같은 다른 점들을 입증한다. 하지만, 예배에 대한 그들의 저술들은 그들의 공통적 관심사를 보여 준다, 그것은 바로 십자가에서 그리스도의 행하심에 대한 영광을 명확하게 전달하려는 공동의 노력이다.

1. 예배 순서

1) 『만찬의 행위 혹은 관습』(1525)

준비 기도(Prayer of Preparation)
서신서 고전 11:20-29(Epistle[1 Cor. 11:20-29])
찬양의 응답(Response of Praise)
영광송(*Gloria*)
인사말(Salutation)
복음서 요 6:47-63(Gospel [John 6:47-63])
용서의 선언(Absolution)
사도 신경(Apostle's Creed)
권면(Exhortation)
주기도문(Lord's Prayer)
강건함을 위한 기도(Prayer for Strength)

성찬 제정사(Words of Institution)
분배(Distibution)
시편 113편(Psalms 113)
감사 기도(Prayer of Thanksgiving)
평화로운 해산(Dismissal with Peace)

2)『기도의 형식』(1525)

일반적 기도(General Prayer)
조명을 위한 기도(Prayer for Illumination)
중보 기도(Intercession)
주기도문(Lord's Prayer)
성경(Scripture)
설교(Sermon)
죽은 자를 위한 기념(Remembrance of the Dead)
죄의 고백(Confession)
권면(Exhortation))
용서를 위한 기도(Prayer for Forgiveness)
시편 113편(Psalms 113)
감사 기도(Prayer of Thanksgiving)
평화로운 해산(Dismissal with Peace)

2.『1525년 부활절에 취리히에서 시작될 것과 마찬가지 만찬의 행위 혹은 관습, 그리스도의 기념 혹은 그리스도에 대한 감사례』(1525)[7]
- 훌드리히 츠빙글리 -

그리스도를 믿는 모든 사람에게,
취리히에서 하나님의 말씀을 맡은 사람들과
목사들인 우리는 하나님으로부터 임한 은혜와 평강을 드립니다.

---

[7] 제목에 있는 '감사례'라는 단어는 '성찬'(Eucharist)에 대한 번역으로 사용된다.

지극히 사랑하는 형제들이여, 오랫동안의 오류와 어둠 후에 우리는 하늘에 계신 우리 아버지께서 그분의 은혜로 우리에게 알게 하셨던 옳은 길과 빛에 대해서 기뻐합니다. 그리고 그 많은 오류가 해로웠으며, 위험했기 때문에, 우리는 그것을 훨씬 더 높게 평가했고, 훨씬 더 큰 갈망으로 그것을 받았으며, 포용했습니다. 그러나 비록 지금까지 믿음과 사랑에 해를 끼치는 셀 수 없이 많은 오류가 발생했음에도 불구하고, 그들 중의 아주 작은 것도 이 만찬을 오용시키지는 못한 것으로 보입니다.

히스기야왕과 요시아왕 시대에 이스라엘 백성이 유월절 양을 재도입한 것과 꼭 마찬가지로, 우리가 소망하던 대로 우리도 하나님의 도우심으로 오랜 포로 기간 후에 부활절 양을 되찾고, 그것을 원래 사용했던 대로 복원했습니다. 그리고 이것은 만찬 자체와 많은 관련이 있습니다. 부수적 의식들에 관해서 어떤 이는 우리가 너무 많은 것을 행했다고 생각할 수 있습니다.

또 다른 이에게 그것은 너무 적은 것일 수도 있습니다. 이 문제에 관해서 모든 교회는 자신들의 의견이 있을 것입니다. 그리고 우리는 그것에 관해서 누구와도 다투기를 원하지 않습니다. 왜냐하면, 오늘날까지 얼마나 많은 해로움과 하나님에게서 멀어짐이 많은 의식으로부터 야기되었다는 사실을 모든 신자가 확실히 알고 있기 때문입니다. 그러므로 주의 만찬을 사용하는 데 있어서(그것 또한 의식이고, 그리스도에 의해서 제정된 의식), 우리는 할 수 있는 한 소수의 의식과 교회의 화려함이 최소화되도록 규정하는 것이 우리 성도들을 위해서 최선이라고 생각했습니다. 그렇게 시간이 지나면 옛 오류가 다시 일어나지 않게 될 것입니다.

하지만, 행위가 무미건조하고 성의 없어 보일 수도 있는 것을 막고, 또한 인간적 연약함을 일부 감안해서 우리는—여기서 결정한 것처럼—이 목적을 달성하는 이런 의식들, 다시 말하자면, 인간의 마음에 그리스도의 죽음에 대한 영적 기억을 불러일으키는 데 유용하고 더 적절하다고 생각했던 조치들, 믿음과 형제애의 증대, 삶의 개선 그리고 악의 예방을 규정합니다.

이것으로 우리는 다른 교회가 찬송과 다른 요소처럼 자신들의 예배에 적합하고 유익하게 보일 수 있는 부가적 의식들을 행하는 것을 비난하고 싶지 않습니다. 왜냐하면, 우리는 모든 장소의 모든 감독자가 항상 주님을 위해서 세우고 많은 사람의 마음을 얻는 데 열심을 내기를 바라기 때문입니다.

그리스도의 고난을 기념하고 그분의 죽음에 대해서 감사하는 것은 모든 그리스도인에게 공통적이어야만 하고, 그것으로부터 순전하고 경건한 삶이 뒤를 이어야 되기 때문에, 우리는—하나님의 뜻에 따라—그리스도의 몸을 참을 수 없는 얼룩과 오점으로 더럽히는 자는 모두 이 만찬으로부터 배제하도록 준비되어 있습니다. 지금은 시간이 없으므로, 어떤 방식으로 이것을 행할지는 이후에 다른 책에서 설명할 것입니다. 그리스도의 은혜가 여러분 모두와 함께하기를 빕니다.

서문

오랫동안 그리스도의 만찬이 심각하게 오용되었다는 사실이 하나님의 말씀으로부터 강력하고 명확하게 입증되었습니다. 그러므로 신성한 말씀과 일치하지 않은 모든 것은 만찬으로부터 제거되어야 합니다.

이 기념은 전능하신 하나님 앞에서 그분께서 그분의 아들을 통하여 우리에게 부여하셨던 선함에 대한 감사와 기쁨입니다. 그리고 그분의 아들은 이 잔치(Feast), 식사(Meal) 혹은 감사례(Thanksgiving)에 나타나셔서 우리 주 예수 그리스도의 죽음과 피로 말미암아 자신들이 구원받았다는 사실을 믿는 사람들에게 속한다는 사실을 입증하십니다.

따라서 성 목요일에 이제 하나님과 그분의 말씀에 관한 믿음과 지식으로 나와서 이 감사례와 만찬을 기념하기를 원하는 젊은이들은 본당의 앞에 그리고 찬양대와 수랑(transept) 사이에, 남자는 오른쪽으로, 여자는 왼쪽으로 나와야 합니다. 나머지 사람들은 회랑의 아치형 입구나 다른 장소에 머물러 있어야 합니다.

그리고 설교를 하는 동안 본당의 앞에 있는 테이블에 무교병과 포도주가 놓일 것입니다. 그런 후에 그리스도께서 이 기념을 제정하셨던 것과 마찬가지로, 그분의 의미와 행위를 명확하고 이해할 수 있는 독일어로 설명할 것입니다(다음과 같이). 그런 후에 지명된 봉사자들이 나무로 된 넓은 그릇에 담긴 떡을 한 좌석으로부터 다음 좌석으로 나릅니다.

그리고 그곳에서 모든 사람은 손으로 한 조각이나 한입 크기로 잘라서 그것을 먹을 수 있습니다. 그 후에 그들은 아무도 자기 자리로부터 움직일 필요가 없도록 같은 방식으로 포도주를 전달합니다.

그리고 이것을 행할 때, 하나님께 명확하고 분명한 단어들과 감사로써 크고 알아들을 수 있는 목소리로 기도를 드립니다. 그런 후에 예배의 마지막에 전체 군중과 회중은 "아멘"으로 끝을 맺습니다. 성금요일에는 중년들이 본당의 특정한 장소에 물러나 있습니다. 이 감사례(Thanksgiving)가 같은 방식으로 열리고, 위에 기록된 대로 남자와 여자는 따로 앉습니다. 부활절에는 노인들이 마찬가지 방식으로 참여합니다. 그릇과 잔은 다시 화려함이 돌아오지 않도록 나무로 만들어져야 합니다.

그리고 그것이 우리 교회를 기쁘게 하는 한, 우리는 일 년에 네 번, 부활절, 성령강림절, 가을 그리고 성탄절에 이 규범을 사용해야 합니다.

4. 『1525년 부활절에 취리히에서 시작될 것과 마찬가지의 만찬의 행위 혹은 관습, 그리스도의 기념, 그리스도에 대한 감사례』(1525)

¶ 감독자 혹은 목사는 사람들을 향해서 돌아서고 크고 명확한 목소리로 다음과 같은 이런 기도를 한다.

† 기도

오 전능하시고 영원하신 하나님!

모든 피조물을 만드신 창조주이신 아버지께 마땅한 경배와 찬양을 올려드립니다. 영광 받으시옵소서. 불쌍한 죄인들인 우리가 참된 충실함과 믿음으로 당신께 찬양과 감사를 드릴 수 있도록 허락해 주시옵소서.

이것은 당신의 독생자이신 우리 주 곧 구주 예수 그리스도께서 동일한 그분으로 말미암아 우리 믿는 자들에게 그분의 죽음을 기념하라 명령하신 것입니다. 당신의 아들 우리 주 예수 그리스도는 당신과 더불어 사시고, 성령과 하나됨으로 다스리시는 영원한 하나님이십니다.

¶ 봉사자나 낭독자가 큰 목소리로 다음을 읽는다.[8]

이제 읽을 내용은 바울이 고린도인들에 보낸 첫 번째 편지 11장(20-29절)이다.

그런즉 너희가 함께 모여서 주의 만찬을 먹을 수 없으니, 이는 먹을 때에 각각 자기의 만찬을 먼저 갖다 먹으므로 어떤 사람은 시장하고 어떤 사람은 취함이라.

너희가 먹고 마실 집이 없느냐?
혹은 너희가 하나님의 교회를 업신여기고 빈궁한 자들을 부끄럽게 하느냐?
내가 너희에게 무슨 말을 하랴?
너희를 칭찬하랴?

이것으로 나는 너희를 칭찬하지 않노라. 내가 너희에게 전한 것은 주께 받은 것이니 곧 주 예수께서 배반당하시고 죽음으로 넘겨지셨던 밤에 떡을 가지시고, 축사하시고 떼어 이르시되 "받아서 먹어라. 이것은 너희를 위하는 내 몸이니 이것을 행하여 나를 기념하라."
식후에 또한 그와 같이 잔을 가지시고 축사하신 후에 이르시되, "너희 모두 이 잔을 마셔라. 이 잔은 내 피로 세운 새 언약이니 이것을 행하여 마실 때마다 나를 기념하라."
너희가 이 떡을 먹으며 이 잔을 마실 때마다 주의 죽으심을 그가 오실 때까지 전하는 것이니라. 그러므로 누구든지 주의 떡이나 잔을 합당하지 않게 먹고 마시는 자는 주의 몸과 피에 대하여 죄를 짓는 것이니라. 그러므로 사람이 미리 자기를 살피고 기억하고, 자신을 증명한 그 후에야 이 떡을 먹고 이 잔을 마실지니라. 합당치 않게 먹고 마시는 자는 곧 옳지 않고 적절치 아니함과 같으니 만일 그가 주의 몸을 분별하지 못한다면 자기에 대한 심판과 정죄를 먹고 마시는 것이니라.

---

8   이 점에 대한 방주는 다음과 같다. 만약 봉사자가 없다면, 목사 혼자 이 모든 것을 할 수 있다.

¶ 여기서 봉사자는 전체 회중과 함께 다음과 같이 말한다.
하나님께 찬양을.

¶ 이제 목사는 다음 찬양 찬송가의 첫 번째 절을 시작하고, 그런 후에 사람들은 남자와 여자들이 교대로 한 번에 한 절씩 말해야만 한다.
목사: 가장 높은 곳에 계시는 하나님께 영광을.
남자들: 그리고 땅에는 평화를
여자들: 사람들에게 옳은 영을.
남자들: 우리는 당신을 찬양하고, 당신을 송축합니다.
여자들: 우리는 당신을 경배하고, 당신께 영광을 올려드립니다.
남자들: 우리는 당신의 크신 존귀와 선하심에 감사드립니다. 오 주 하나님, 하늘의 왕, 전능하신 아버지이시여.
여자들: 오 주님, 독생자이신 예수 그리스도 그리고 성령님.
남자들: 오 주 하나님, 성부의 성자이신 하나님의 어린양, 세상 죄를 지고 가시는 당신은 우리에게 자비를 베푸소서!
여자들: 세상 죄를 지고 가시는 당신은 우리의 기도를 받으소서!
남자들: 성부의 오른편에 앉아 계시는 당신은 우리에게 자비를 베푸소서!
여자들: 이는 당신 홀로만이 거룩하시기 때문입니다.
남자들: 당신 홀로만이 주님이십니다.
여자들: 오 예수님, 성부 하나님의 영광 안에서 성령님과 더불어, 당신 홀로만이 지극히 높으십니다.
남자들과 여자들: 아멘

¶ 이제 집사 혹은 낭독자가 다음과 같이 말한다.
주께서 여러분과 함께.

¶ 사람들이 다음과 같이 응답한다.
그리고 당신의 영과 함께.

¶ 낭독자는 다음과 같이 말한다.

이제 복음서로부터 낭독될 부분은 요한복음 6장입니다.

¶ 사람들은 다음과 같이 응답한다.

하나님께 찬양을!

¶ 이제 낭독자는 다음과 같이 시작한다.

진실로, 진실로 너희에게 이르노니 믿는 자는 영생을 가졌나니 내가 곧 생명의 떡이니라. 너희 조상들은 광야에서 만나를 먹었어도 죽었거니와 이는 하늘에서 내려오는 떡이니 누구든지 이것을 먹는 사람이 먹고 죽지 아니하게 하는 것이니라. 나는 하늘에서 내려온 살아 있는 떡이니 누구든지 이 떡을 먹으면 영생하리라. 내가 줄 떡은 곧 세상의 생명을 위한 내 살이니라 하시니라.

그러므로 유대인들이 서로 다투어 이르되 "이 사람이 어찌 능히 자기 살을 우리에게 주어서 먹게 하겠느냐?"

그러나 예수께서 이르시되

> 내가 진실로 진실로 너희에게 이르노니 인자의 살을 먹지 아니하고 인자의 피를 마시지 아니하면 너희 속에 생명이 없느니라 내 살을 먹고 내 피를 마시는 자는 영생을 가졌고 마지막 날에 내가 그를 다시 살리리니 내 살은 참된 양식이요 내 피는 참된 음료로다 내 살을 먹고 내 피를 마시는 자는 내 안에 거하고 나도 그의 안에 거하나니 살아 계신 아버지께서 나를 보내시매 내가 아버지로 말미암아 사는 것 같이 나를 먹는 그 사람도 나로 말미암아 살리라 이것은 하늘에서 내려온 떡이니 조상들이 먹고도 죽은 그것과 같지 아니하여 이 떡을 먹는 자는 영원히 살리라.

이 말씀은 예수께서 가버나움 회당에서 가르치실 때에 하셨느니라. 제자 중 여럿이 듣고 말하되, "이 말씀은 어렵도다. 누가 들을 수 있느냐" 하더라. 예수께서 스스로 제자들이 이 말씀에 대하여 수군거리는 줄 아시고 이르시되,

이 말이 너희에게 걸림이 되느냐 그러면 너희는 인자가 이전에 있던 곳으로 올라가는 것을 본다면 어떻게 하겠느냐 살리는 것은 영이니 육은 무익하니라 내가 너희에게 이른 말은 영이요 생명이라.

¶ 그런 후에 낭독자는 책에 입맞춤하고 다음과 같이 말한다.

이것에 대해서 하나님께 찬양과 감사를. 이 거룩한 말씀에 따라 그분이 우리의 모든 죄를 용서하시기를 빕니다.

¶ 사람들은 다음과 같이 말한다.

아멘.

¶ 이제 첫 번째 봉사자는 다음과 같이 첫 번째 절을 시작한다.

나는 한 분 하나님을 믿습니다.

남자들: 전능하신 아버지를

여자들: 그리고 그분의 독생자 우리 주 예수 그리스도를

남자들: 성령으로 잉태되신 분

여자들: 동정녀 마리아에게서 나신 분

남자들: 본디오 빌라도에게 고난을 받으시고 십자가에 못 박히시고 죽으시고 장사되신 분

여자들: 그분은 지옥으로 내려가셨습니다.

남자들: 제 삼일에 그분은 죽은 자 가운데서 다시 살아나셨습니다.

여자들: 그분은 하늘로 올라가셨습니다.

남자들: 그분은 전능하신 아버지 하나님 우편에 앉아 계십니다.

여자들: 그곳으로부터 그분은 산 자와 죽은 자를 심판하러 오실 것입니다.

남자들: 나는 성령님을 믿습니다.

여자들: 거룩하고, 보편적 기독교 교회와 성도의 교통을

남자들: 죄를 용서하심과

여자들: 몸의 부활과

남자들: 그리고 영생을

남자들과 여자들: 아멘.

¶ 그런 후에 봉사자는 다음과 같이 말한다.

이제 사랑하는 형제들이여!

우리 주 예수 그리스도의 명령과 제정에 따라서 떡을 먹고 잔을 마십시다. 이것은 그분께서 우리를 위해 고통스러운 죽임을 당하셨고, 우리의 죄를 씻기 위하여 그분의 피를 흘리셨다는 것을 기념하고 찬양하며 감사하기 위해 행하라 명령하신 일입니다.

그러므로 신자가 아닌 누구든지 신자인 척하여 주의 죽음에 죄를 짓는 일이 없도록, 모두 바울이 한 말—그가 동일한 우리 주 예수 그리스도 안에서 받았던 위로와 믿음과 보장—에 따라서 기념합시다. 더욱이, 아무도 그리스도의 몸인 전체 기독교 교회에 대항해서 죄를 짓지 않도록 합시다. 따라서 무릎을 꿇고 기도하십시오.

> 하늘에 계신 우리 아버지,
> 아버지의 이름을 거룩하게 하시며
> 아버지의 나라가 오게 하시며,
> 아버지의 뜻이 하늘에서와 같이 땅에서도 이루어지게 하소서.
> 오늘 우리에게 일용할 양식을 주시고,
> 우리가 우리에게 잘못한 사람을 용서하여 준 것 같이
> 우리 죄를 용서하여 주시고,
> 우리를 시험에 빠지지 않게 하시고, 악에서 구하소서.
> 아멘.

¶ 사람들은 다음과 같이 말한다.

아멘.

¶ 이제 두 번째 봉사자가 다음과 같이 기도를 계속한다.

오 주님! 전능하신 하나님, 당신은 우리를 당신의 영으로 믿음 안에서 당신의 몸과 하나로 연합하게 하셨습니다. 당신은 우리 죄를 위하여 당신의

독생자 우리 주 예수 그리스도를 죽음에 넘겨주셨고 당신의 선하심과 거저 주시는 선물로 말미암아 이 몸이 당신을 찬양하고 감사하게 하셨나이다. 우리가 이처럼 신실하여 어떤 위선이나 속임수로도 속일 수 없는 이 진리를 거스르지 않게 하시옵소서.

또한, 우리가 주의 몸과 가족과 자녀들에 합당하게 흠 없이 살게 하셔서, 믿지 아니하는 자도 주의 이름과 영광을 알게 하시옵소서. 주님, 우리의 삶으로 인해 주님의 이름과 존귀가 절대 모독당하지 않도록 저희를 보호해 주시옵소서. 주님, 항상 우리의 믿음, 즉 영원히 살아 계시고, 다스리시는 하나님에 대한 우리의 신뢰를 나날이 더하여 주시옵소서. 아멘.

그리스도께서 이 만찬을 제정하셨던 방식

¶ 봉사자는 다음과 같이 읽는다.

> 예수께서 잡히시고, 죽음으로 넘겨지셨던 밤에 떡을 가지사 축사하시고 떼어 이르시되 받아먹으라 이것은 내 몸이니 이것을 행하여 나를 기념하라 하시니. 이처럼 만찬 후에 또 한 잔을 가지사 축사하시고 저희에게 주시며 이르시되 너희가 다 이것을 마시라 이 잔은 내 피로 세우는 새 언약이니 너희 이것을 행할 때마다 나를 기념하라 이 떡과 이 잔을 마실 때마다 주의 죽으심을 전파하고 그에게 영광을 돌리라.

¶ 그런 후에 지명된 봉사자가 무교병을 나르고 모든 신자는 자신의 손으로 그것을 한 조각 혹은 한입 크기로 떼거나 혹은 그 떡을 돌리는 봉사자가 자신에게 그것을 주도록 한다. 그리고 떡을 가진 사람들이 거기까지 나아갔을 때, 모든 사람이 자신의 조각을 먹고, 잔을 가진 다른 봉사자들이 그들 뒤를 따라서 같은 방식으로 모든 사람이 마시도록 준다. 그리고 이 모든 것이 하나님의 교회와 그리스도의 만찬에 어울리는 그런 경외감과 규율로 행해져야 한다.

¶ 모든 사람이 먹고 마시는 것 둘 다를 한 후에, 그리스도의 예에 따라서 시편 112편과 함께 감사를 드린다. 그리고 목자, 혹은 목사가 다음과 같이 시작한다.

목사: 찬양하라, 오 주님의 종들아, 주님의 이름을 찬양하라.
남자들: 이제로부터 영원히 주의 이름이 송축받을지어다.
여자들: 해 뜨는 곳에서부터 지는 데까지, 주님의 이름을 높이 찬양할지어다.
남자들: 열방 위 높은 곳에서 주의 이름이 높임을 받고, 그분의 영광은 하늘 위에서 높임을 받습니다.
여자들: 누가 높은 곳에 앉아서 하늘과 땅을 내려다 보시는 우리의 하나님이신 주님과 같습니까?
남자들: 누가 먼지로부터 천한 것을 일으키며, 오물로부터 불쌍한 자를 올립니까?
여자들: 그분을 군왕들과 그분의 백성의 군왕들과 함께 앉히기 위해서
남자들: 그분은 그 집의 잉태하지 못하는 여자들이 아이들을 기뻐하는 어머니가 되게 하십니다.

¶ 그런 후에 목자는 다음과 같이 말한다.

우리는 당신의 모든 선물과 유익에 대해서 감사를 드립니다. 영원히 사시고 통치하시는 하나님이신 당신께.

¶ 사람들은 다음과 같이 응답한다.

아멘.

¶ 목자는 다음과 같이 말한다.

편안히 가십시오.

3. 『디모데전서 2장에 있는 바울의 가르침에 따르고, 지금 취리히에서 설교의 시작 시에 사용되는 기도의 형식』(1525) - 훌드리히 츠빙글리 -

하나님께 진심으로 간청합시다. 당신의 거룩하고 영원한 말씀을 우리 불쌍한 인간들에게 자비롭게 계시하시고, 당신의 뜻을 알게 하시며, 당신의 말씀에 잘못을 범하는 모든 자를 또 다시 바른 길로 인도하셔서 우리가 당신의 신성한 뜻에 따라 살 수 있도록 허락하옵소서.

그다음에, 모든 기독교 통치자와 공동 연맹의 명예로운 정부를 위해서, 특별히 경건한 시장들, 의회들 그리고 이 도시와 그 주변의 모든 공동체를 위해서, 하나님의 뜻에 의해서 그들을 지휘하고 인도하셔서, 우리가 모두 하나님을 경외하면서 평화로운 그리스도인의 삶을 영위하고, 이 비참한 삶 이후에 영원한 안식을 소유하도록 하나님께 요청합시다.

말씀을 위해서 위협받고 억압받는 모든 사람에게 하나님이 은혜와 확고함을 주시고, 그들이 하나님을 고백함에 있어서 흔들리지 않고 견고해지며, 그분의 자비로부터 우리의 몸과 영혼의 모든 필요한 것이 공급되고 채워지도록 기도합시다.

다음과 같이 말하라. 우리의 아버지 등등.

¶ 만약 어떤 사람이 그 주중에 죽었다면, 주일 설교 후에 다음과 같은 형식으로 공고한다.

죽음보다 더 많이 자기 자신에 관해서 인간을 훈계하는 것은 아무것도 없기 때문에, 우리가 주님의 경고(마 24:42; 25:13; 막 13:33)에 따라서 항상 준비하고, 늘 경계하게 되도록, 우리 회중들 가운데 진정한 그리스도인의 믿음 안에서 죽은 사람들에 관한 통지를 받는 것은 좋은 일입니다. 그리고 이 이름들은 이번 주에 하나님이 이 기간 중에 부르셨던 형제자매들입니다. 즉, OOO형제 혹은 OOO자매.

하나님이 진정한 믿음과 소망 안에 있는 이런 우리 동료 형제자매들을 이 비참함으로부터 데리고 가셨고, 모든 슬픔과 수고로부터 그들을 구해내셔서 영원한 기쁨에 두셨다는 사실을 찬양하고 감사합시다. 이와 함께 하나님이 우리도 그렇게 살도록 허락하셔서, 우리 또한 진정한 믿음과 은혜로 이 슬픔의 골짜기를 벗어나 그분의 택하심을 받은 자들의 영원한 친교 안으로 인도되도록 하나님께 기도합시다.

¶ 설교의 끝에, 죄의 고백[9] 후에 설교자가 다음과 같이 말한다.

전능하시고 영원하신 하나님! 우리의 죄를 용서하시고, 우리 주 예수 그리스도로 말미암아 우리를 영생으로 인도해 주시옵소서!

아멘!

---

9   Fritz Schmidt-Clausing, *Zwingli als Liturgiker* (Göttingen: Vandenhoeck & Ruprecht, 1952), 103에 의하면, 츠빙글리는 레오 쥬드(Leo Jud)의 세례 예식서(Baptismal Book, 1525)에서 "우리 모두 우리의 하늘 아버지이신 하나님 앞에 겸손하게 엎드려야 하고, 우리 마음속 깊은 곳으로부터 '오 아버지, 나는 하늘과 당신에 대항해서 죄를 지었고, 당신의 아들로 불릴 자격도 없습니다'라고 말해야 한다"는 말들로부터 차용했음이 거의 확실하다.

제8장

태도와 방식

기욤 파렐

> 이에, 복음을 전진시키기 위해서 대단한 열정으로 불타오른 파렐은 즉시 나(칼빈)를 붙잡아 두기 위해 온갖 노력을 다했다. 나는 그에게 개인 연구에 헌신하기로 마음 먹었고 그것을 위해 다른 일로부터 자유롭게 되기를 바란다는 뜻을 알렸다. 그러자 그는 자신의 간청이 소용이 없다는 것을 알고, 이렇게 절박하게 필요로 할 때 만약 내가 회피하고 도와주기를 거절한다면, 하나님이 나의 은퇴와 내가 추구하는 평온한 연구들을 저주하실 것이라는 말까지 서슴없이 내뱉었다. 이 저주가 너무 무서워서 나는 이미 시작했던 여정을 그만두었다.[1]

존 칼빈(John Calvin[1509-1564])의 제네바의 하룻밤 체류가 보다 항구적인 합의—기독교 역사를 바꾸게 될 합의—로 바뀌었던 1536년의 사건을 상세히 이야기했을 때, 그는 프랑스인 최초의 위대한 종교개혁자 기욤 파렐(Guillaume[William] Farel[1489-1566])의 열정과 솔직함을 적절하게 묘사했다.

비록 파렐이 어떤 때는 칼빈에 대한 역사적 각주로서 취급을 받지만, 최근 연구들에 의하면 파렐은 칼빈이 제네바에 머물도록 기여했을 뿐만 아니라 칼빈의 사상에도 많은 영향을 미쳤음을 입증한다.[2]

파렐은 파리대학의 학생이었을 당시 인문학자인 자크 르페브르 데타플(Jacques Lefèvre d'Étaples)의 영향을 받았다. 파렐은 종교개혁자인 모 지방의 감독(Bishop of Meaux) 기욤 브리소네(Guillaume Briçonnet)의 주위에 형성되었던 복음주의적 사제들의 모임으로 옮겨 갔다. 그는 복음주의 논쟁을 들었을 때, "조금씩, 조금씩 교황주의가 내 마음으로부터 떨어져 나갔다"라는 표현으로 자신의 변화를 설명했다.[3]

성경의 최고 권위를 확신한 그는 소르본느(Sorbonne)가 루터교 서적과 자신의 친구들이 읽고 배포한 사상을 비난한 후 프랑스를 떠날 수밖에 없

---

1 John Calvin, *Commentary on the Book of Psalms*, trans. J. Anderson. 5 vols (Edinburgh: Calvin Translation Society, 1845; Grand rapids, MI: Eerdmans, 1949), 1:xIii-xIiii.
2 파렐과 칼빈에 대한 탁월한 역사적 토론에 대해서는 Jason Zuidema and Theodore van Raalte, *Early French Reform: The Theory and Spirituality of Guillaume Farel* (Farnham: Ashgate, 2011), 3-7을 보라. 이 서론은 주이테마(Zuidema)와 판 랄테(van Raalte)의 덕분이다.
3 Zuidema and van Raalte, *Early French Reform*, 8에서 인용.

었다. 프랑스를 떠난 후 그의 사역은 오히려 소요학파의 특징을 띠게 되었다. 여러 곳 중에서, 그는 바젤에서 요한네스 외콜람파드(그가 에라스무스를 "발람"이라고 부르고, 떠날 수밖에 없게 될 때까지)와 스트라스부르에서는 마틴 부처, 취리히에서는 훌드리히 츠빙글리와 시간을 보냈고, 아이글(Aigle)에서는 성경을 가르치고 설교했으며, 제네바에서는 종교개혁의 대의를 이끌었고 그리고 마침내 노이샤텔(Neuchâtel)에서는 1565년 죽을 때까지 목회했다.[4]

1524년 파렐은 르페브르의 『신약성경 번역』(L'Epistre Chrestienne Tresutile)에 서문을 썼고, 시과서(Book of Hours)를 대체하고 기도의 실전을 가르치기 위한 목적으로 『주기도문과 신조』(Le Pater Noster et le Credo)를 만들었다. 이런 저술들은 파렐의 신학적 관점의 실용적 본질을 반영했다.

성경은 일반 사람들에 의해서 이해되어야 했고, 미신을 중얼거리는 것은 경건한 열정으로 대체되어야 했다. 실제로 『주기도문』(Le Pater Noster)의 놀라운 한 측면은 그 저술 자체가 기도로서 기록된 것이다.[5] 1529년 그의 『요약과 간단한 강해』(Summary and Brief Exposition[Summaire et brève déclaration])가 발간되었다. 이것은 프랑스 교회에서 인기가 있었고, 적어도 여섯 번은 재발간된 초기의 교리 교본이었다.

비록 1533년에 발간되었지만, 파렐의 예배서인 『태도와 방식』(The Manner and Way)이 처음 기록된 것은 아마도 1528/9년 이었다.[6] 이 예배서는 서문, 세례 예전, 결혼식, 성만찬(Holy Supper), 공 예배 그리고 환우 심방을 포함하고 있다. 파렐은 츠빙글리와 동일한 접근 방식을 취하고 있어서, 그로 인해 말씀 예전은 주의 만찬 기념과 분리되어(중세 후반의 **프로나우스**[Pronaus] 예배에서처럼) 있었다.

---

4 파렐에 관한 전기로서 도움이 되고 얻을 수 있는 자료로서는 Jason Zuidema, *William Farel* (Darlington: Evangelcal Press, 2014)를 보라.
5 Zuidema and van Raalte, *Early French Reform*, 50-56을 보라.
6 Bard Thompson, *Liturgies of the Western Church* (Philadelphia: Fortress Press, 1980[1961]). 186에서는 *The Manner and Way*는 파렐이 Montbéliard에 있을 동안인 1525년에 만들어졌다고 단언한다. 그러나 van Raalte는 Zuidema and van Raalte, *Early French Reform*에서 그것은 많은 부분이 1529년의 Bermese Liturgy에 근거했다고 설득력 있게 주장한다.

이것은 반드시 주의 만찬을 무시한다는 것을 암시하는 것이 아니라, 오히려 다양한 상황에서 말씀 예전에 더 큰 유연성을 주었다(예를 들어, 설교 사역들-파렐이 피에르 비레[Pierre Viret]와 앙투안 마르쿠르[Antoine Marcourt]와 함께 참여했던 일). 말씀 예전과 성례전은 둘 다 파렐에게 가장 중요한 관심사인 두 가지, 즉 성경과 경건의 특징을 보여 준다.

파렐은 자신이 성경의 절대적 권위에 의존한다는 사실을 입증하고 또 교회에 동일한 확신을 심어 주기 위해서 『태도와 방식』에 성경의 글들로 가득 채웠다. 사실상, 『요약과 간단한 강해』(Summaire) 안에 있는 "교리와 인간의 전통"에 관한 장에서 그는 인간의 전통들은 결코 중립적이 될 수 없거나 혹은 편파적으로 되지 않을 수 없다는 자신의 의견을 개진했다.

그는 "더 많은 인간적 교리가 거룩함의 외모와 형태를 갖출수록, 그것은 더 위험하다"라고 기술했다.[7] 이것은 복잡하고 이상한 사람인 종교개혁자 피엘 카롤리(Pierre Caroli)의 분노를 촉발했던 인간적 전통에 대한 경멸이었다. 피엘 카롤리는 1537년 칼빈, 파렐 그리고 피에르 비레를 삼위일체와 기독론적 이단으로 몰고 그들에게 자신들의 정통성을 입증하기 위해서 신조에 서명하라고 요구했었다.

칼빈은 파렐의 저술이 충분한 정통성을 입증했다는 사실에 만족했고 카롤리에 의해서 괴롭힘을 받는 것을 거부했다. 파렐은 『태도와 방식』에서 자신이 주기도문과 신조를 대단히 자주 포함한 것을 쉽게 가리킬 수도 있었다. 결국, 카롤리는 그의 야비한 고발로 인해 목회직에서 해고되었다. 그런데도 그는 그 후에도 수년간 계속해서 논쟁을 불러일으켰으며 이것은 성경에 대한 파렐의 뛰어난 위치를 의식했기 때문이었다. 카롤리는 그의 제네바 대담자들을 "불경스러운 파렐주의자"라고 비난했고 이것은 칼빈과 파렐 모두를 끝없이 자극했을 것이다.

파렐의 예전에서 다른 놀라운 특징은 그의 실용적 경건이었다. 그는 성경을 설명한 후에, 설교자들에게 같은 본문의 구절을 활용하여 청중을 권면하고 훈계하라고 촉구했다. 파렐은 그런 후에 설교자들이 그 구절을 청중의 삶에 적용할 수 있도록 예외적으로 긴 일련의 성경적 명령을 제공했

---

7 Zuidema and van Raalte, *Early French Reform*, 130에서 인용.

다. 흥미 있는 것은 영주들과 군주들에 대한 순종에 관한 일련의 긴 권면들이다. 이런 생각과 그것을 지지하는 본문들은 그의 생애의 끝 무렵에 생성되었던 정치적 저항 문학에서 깊게 토론되었다.

『태도와 방식』은 또한 그리스도인의 순종에 관해서 많은 강조를 했다. 파렐의 성찬신학은 강한 기념주의적 경향을 보여 주었지만 그런데도 신자들과 하나님 그리고 신자들 서로 간에 연합하는 것을 강조했다.[8] 따라서 '성만찬'(Holy Supper)에 참여하기 전에 시험해 보는 것은 예배자들에게 하나님과 이웃 앞에서 자신들의 위치를 숙고해 보기 위한 광범위한 시험들을 제공했다.

진정한 믿음이 없는 자들과 그들의 삶의 형태가 시험의 목록들 중 어떠한 불경건의 범주에 들어 있는 사람도 주의 식탁에 접근하는 것이 허락되지 않았다. 이런 신중한 권징에 대한 강조는 1537년 1월에 제네바의 목회자 의회가 칼빈과 파렐의 "제네바 교회의 조직과 예배에 관한 조항"(Articles Concerning the Organization of the Church and Worship at Geneva)들을 받아들이기를 거부하는 원인이 되었다.[9]

목사들이 주의 만찬을 집행하기 전에 모든 제네바 시민에게 신앙 고백을 확언하라는 요구는 제네바 의회에 너무 무리한 것이었다. 칼빈, 파렐과 제네바 의회의 관계는 결국 그 두 종교개혁자가 1538년 제네바로부터 추방될 정도로 악화했다.

파렐의 예배 저술은 네 가지 이유로 중요하다.

첫째, 그것은 프랑스어를 사용하는 교회들 사이에서 사용될 최초의 복음주의 예전이었다.

둘째, 그것은 고대 **마음을 드높이**(*Sursum Coda*)의 수정판을 프랑스의 개혁주의 성찬 사상에 도입했다.

---

8   Zuidema and van Raalte, *Early French Reform*, 5. Todd J. Billings, *Calvin, Participation, and the Gift* (Oxford University Press, 2007), 72-74도 보라.

9   Discussion and source for Farel's primary authorship of the 1537 "Articles" (contra the prevalent view that Calvin was the primary author)는 Zuidema and van Raalte, *Early French Reform*, 6에서 찾을 수 있다.

셋째, 파렐이 1537년 제네바 목회자들의 이사회에 제출되었던 '조항들'(Articles)에 관련된 것은 그가―그리고 단순히 칼빈만이 아니라―종종 제네바 개혁과 관련된 교회 권징과 잦은 성찬에 대한 강조에 일부 책임이 있었음을 나타낸다.[10]

넷째, 그의 결혼 예배들과 환우 방문은 칼빈의 제네바『교회기도의 형식』(1542)을 유지했다. 열렬하고 솔직한 종교개혁자로서 파렐의 공통적 성격을 묘사하는 것은 그의 성경적 위치와 실용적 경건과 깔끔하게 어울린다. 하지만 프랑스 종교개혁가의 예전적 의미는 아마도 그를 기억하는 많은 사람에게 더욱 풍성한 감사의 마음으로 남을 것이다.

1. 예배 순서

『태도와 방식』(1533)

준비 기도(Prayer of Preparation)
권면(Exhortation)
성찬에서 배제(Excommunication)
죄의 고백(Confession)
죄 용서를 위한 기도(Prayer for Forgiveness)
주기도문 (Lord's Prayer)
사도 신경(Apostle's Creed)
용서의 선언(Declaration of Forgiveness)
성찬 제정사(Words of Institution)
마음을 드높이의 해설(Sursum Corda Paraphrase)
분배(Distribution)
감사 기도(Prayer of Thanksgiving)
축도(Benediction)
해산(Dismissal)

---

10 Zuidema and van Raalte, *Early French Reform*, 6.

말씀 예전

훈계(Admonition)
통치자를 위한 기도(Prayer for Rulers)
조명을 위한 기도(Prayer for Illumination)
주기도문(Lord's Prayer)
성경(Scripture))
설교(Sermon)
십계명(Decalogue)
죄의 고백(Confession)
주기도문(Lord's Prayer)
사도 신경(Apostle's Creed)
강건함을 위한 기도(Prayer for Strength)
해산(Dismissal)

2. 『하나님이 은혜로 방문하셨던 장소들에서 준수되었던 태도와 방식: 프랑스 개혁교회의 첫 번째 예전』[11](1533) - 기욤 파렐 -

우리 주님의 만찬[12]

우리 하나님 그리고 가장 자비로우신 아버지(렘 29:10-14)[13]는 고통(즉, 벌)이 아니라 평강과 은혜와 용서를 생각하십니다. 그것은 우리의 선하거나 옳은 행위 때문이 아니라, 그분 자신의 사랑 때문(사 43:25)에 또한 그분이

---

11 원 자료는 참고 문헌을 보라, 다음의 두 번역은 번역 과정의 끝에 상의된 것이다: Theodore Van Raalte, "Liturgical Practices and Forms(1533)," in Jason Zuidema and Raalte, *Early French Reform: The theology and Supremacy of Guillaume Farel* (Burlington, VT: Ashgate, 2011), 191-223; and "La Maniere et fasson," in Bard Thompson, *Liturgies of the Western Church* (Philadelphia: Fortress, 1980 [1961]), 211-24.
12 말씀 예전 앞에 주의 만찬 예전을 둔 것은 『태도와 방식』에서 배열된 순서를 반영한다.
13 다른 16세기 편집본들과 마찬가지로 이 편집본에서 성경의 언급은 단지 장들의 숫자만 포함한다. 그래서 본서에서는 각각 언급하는 맥락에 가장 맞는 구체적인 절들을 제공했다.

우리의 죄를 씻어 버리고, 우리에게 자비를 베푸시며, 우리의 더러움과 오점들을 씻어내기 위해서 우리에게 맑은 물과 성령님을 주실 것이라는 그분의 거룩한 약속들을 성취하시며, 우리 마음에 그분의 거룩한 법을 새김으로써 새 마음을 주시기를(겔 38:25-27) 원하시기 때문입니다.

때가 찼을 때, 하나님은 우리 주 예수 그리스도이신 사랑하는 독자를 아끼지 아니하시고 우리에게 주심으로써(롬 5:8; 8:32), 우리에 대한 그분의 크신 연민과 사랑을 입증하시려고, 사랑하는 아들을 보내셨습니다(갈 4:4).

그래서 이 좋으신 구세주는 바로 아버지와 그분이 하나인 것과 마찬가지로, 우리가 모두 한 몸 안에서 하나가 되도록 흩어진 우리를 모으시기 위해서 죽으심으로써(요 10:16; 17:20-21), 우리를 자신과 화해시키시려는 그분의 아버지의 선하신 기쁨에 따라 우리를 구속하시기 위해서 단번에 아버지께 자신을 드렸습니다(히 7:27; 9:28; 10:10, 12-14; 요 11:50-52).

이렇게 하심으로써 우리 아버지께서는 그분의 선하심과 자비라는 크나큰 보물을 우리가 표현할 수 있는 것보다 훨씬 더 크게 나타내셨습니다. 왜냐하면 하나님은 죄와 그분의 원수 안에서 죽은 우리(롬 5:10)를 이 선하신 아버지를 위한 살아 있고 기뻐하시는 자녀로 만들기 위해서(벧전 3:18) 그분의 아들이 죽기를 바라셨기 때문입니다(롬 5:10). 그래서 우리의 선하신 구세주는 우리를 위해서 그분의 생명을 내려 놓고(요 15:9, 13; 요 13:16), 그분의 피로 우리를 씻기고 깨끗하게 하심으로써 (히 9:14; 요 11:7; 계 1:5) 그분의 위대하신 사랑을 크게 보여 주셨습니다.

그리고 이 이유 때문에, 이 필멸의 삶에서 그분이 다 드셨던 그리고 그분이 고난당하시기 전에 드시기를 많이 원하신다고 말씀하셨던 마지막 식사에서, 주님은 그분의 거룩한 만찬(Holy Supper, 눅 22:15-18)을 제정하셨습니다. 그리고 십자가에서 우리를 위해서 그분의 몸을 주셨고, 우리 죄의 용서를 위해서 피를 흘리셨던 그분의 이 크신 사랑을 기념할 때, 그분이 차별 없이 모두를 위해서 죽으셨기 때문에, 우리 모두가 아무 차별 없이 한 떡을 먹고 한 잔에서 마시기를 바라셨습니다.

그리고 주님은 그분의 만찬을 받아서 먹고 마시도록 우리 모두를 초대하셨습니다(마 26:26-28; 눅 22:17-20; 막 14:22-25). 그러므로 우리 주 예수 그리스도를 확고하게 믿고, 그분이 우리를 위해서 죽으신 사실을 진정으로 믿는 모든 참된 그리스도인과 신자들을 이 식탁으로 오게 하십시오 (고전 11:27-29). 그들 모두 함께 자신들의 믿음을 증언하면서(마 10:18), 그분이 우리에게 보여 주셨던(롬 4:24-25) 크나큰 선하심에 대해서 하나님께 감사를 드리게 하십시오.

왜냐하면, 그들은 우리가 흠 없는 어린양의 죽음에 의해서 원수로부터 해방되었다는 사실을 믿기 때문입니다. 그리고 이런 방식으로, 그들로 하여금 이 선하신 구세주께 감사하도록 하십시오. 그분의 선하신 기쁨은 우리를 향한 그분의 크신 사랑으로 인하여 죽으시는 것이었고. 그것은 우리의 온유하고 친절하신 구세주께서 우리를 위해 그분의 생명을 내려놓고 주심으로써(요 13:16) 우리를 사랑했던 것처럼, 모두가 온전한 사랑으로 서로 간에 사랑하면서 모방하고 따라야 하는 것입니다.

각자는 자신이 주 예수 그리스도를 진정으로 믿는지(고전 11:29-30; 고후 13:5)에 대한 여부와 하나님의 자비하심으로 인해 예수님의 죽음과 수난이 우리에게 하나님과의 화평한 관계를 주셨으며 그래서 그분의 진노가 구세주 예수님에 의해서 풀어졌다는 사실(엡 1:7-10; 2:13-16; 골 1:20-22; 2:14-15)과, 그로 인해 우리가 하나님의 아들이신 예수 그리스도와 함께 공동 상속자가 되었습니다.

그분의 피로 우리의 죄가 깨끗하게 지워지고 완전히 용서받았다는 사실(요 11:7, 9; 벧후 2:20)과 그래서 우리 구세주 예수님이 이 모든 것에 대한 완전한 충족을 이루셨다는 사실을 진실로 믿는지를 숙고하고 자신을 살펴보아야 합니다. 그러나 자신들이 예수님의 지체가 아니면서, 예수 그리스도의 몸의 일부분인 것처럼 거짓으로 입증하고 가장하는, 진정으로 믿지 않는 자들은 거룩한 식탁에 올 생각을 하지 못하게 합시다(고후 6:14-18).

한 분 하나님 외에 다른 것을 경배하고 섬기는 모든 우상 숭배자(고전 5:11; 6:9-10), 모든 위증자(능력은 있지만 아무짝에도 쓸모가 없는 게으름뱅이[살후 3:6-7, 11-12]), 부모에게 불순종하는 모든 자 그리고 하나님이 우리의 선을 위하고 하나님의 계명을 범하지 말라고 우리 위에 두셨던 자(딤전 1:9-10), 모든 전투사, 자신들의 이웃을 부당하게 때리고 치면서 이웃을 증오하는 싸움꾼, 방탕한 자들, 방종하게 먹고 마시는 주정뱅이, 이웃에게 잘못하고 상처를 주는 모든 도둑, 모든 거짓된 증인과 범죄자 그리고 하나님의 거룩한 계명에 대항해서 사악하게 사는 자, 거룩한 복음을 따름으로써 하나님의 거룩한 율법에 따라 살기를 원하지 않는 모든 자도 거룩한 식탁에 올 생각을 하지 못하게 합시다.

그들이 진정한 하나님의 자녀들처럼 이 거룩한 식탁에 올 생각을 하지 못하게 합시다. 이 식탁에는 사랑으로써 역사하는 살아 있는 진실한 믿음으로 그분 안에서 연합되고 뿌리를 내리면서(고전 11:28-34; 비교, 갈 5:6) 그리스도의 몸에 진정으로 속한 사람들만이 와야 합니다. 만약 이 거룩한 식탁에서 배제되어야 할 자들이 온다면 그것은 자신들에게 심판이고 유죄가 될 것이며, 그들은 반역자이고, 유다의 계승자로서 거절될 것이기 때문입니다.

그러나 우리가 이 세상에 사는 동안은 이런 죽음의 몸과 죄에 둘러싸여 있기 때문에(요 13:10-11; 전 2:20; 롬 7:24), 우리는 모두 불쌍한 죄인이고, 이 거룩한 식탁에 오기 전에 우리에게 죄가 없다고 말할 수 없습니다(요 11:8, 10). 그래서 우리의 잘못을 겸손하고 애통하는 마음으로 인정하면서 우리 죄를 위해서 죽으시고 우리 의로움을 위해서 부활하셨던 우리 구세주를 기념할 때, 우리는 우리 구세주이시고 대속자이신 예수 그리스도로 말미암아 완전한 신뢰와 진정한 믿음으로 지극히 존엄하신 우리 하나님 앞에 나아가서 우리를 하나님께 맡깁니다.

그리고 그분 앞에서 우리가 그분의 거룩한 율법을 범하고, 온전히 영과 진리로 그분을 경배하지 않았으며(참고, 요 4:24), 그분만을 예배하지 않았고, 그분의 거룩한 이름을 헛되게 함이 없이 그분의 거룩한 이름을 명예롭게 함으로써 누구보다도 그분을 사랑해야 함에도 불구하고 그러지 않았으며, 그분의 명예와 우리 이웃을 돕기 위해서 거룩하게 살지 않고, 진리와 거룩함으로써 악을 말하고 행하며 생각하는 것을 멈추지 않았습니다.

우리 위에 권위를 가진 자들을 존귀하게 여기지 않고, 모든 증오, 음탕함, 훔침, 거짓말을 피하지 않고 그리고 우리 이웃과 하나님을 위한 사랑을 어기는 것은 무엇이건, 다른 사람들이 우리에게 행하면 싫어할 일을 다른 사람에게 행함으로써 우리는 가장 중대하고 크게 그분에게 범죄를 저질렀음을 고백하면서 하나님께 은혜를 구합니다.

이렇게 우리의 선하신 아버지의 거룩한 율법을 범함으로써, 우리는 모두 크게 범죄했고, 이런 배은망덕으로 그분의 거룩한 뜻을 거역함으로써 우리가 표현하거나 말할 수 있는 것보다 훨씬 더한 우리 하나님의 진노와 분개를 받아 마땅합니다. 우리의 허물과 죄가 너무 많아 셀 수 없을지라도 (시 18편) 다만 그분의 사랑하는 아들 우리 주 예수의 의와 거룩함과 순결을 생각하시기를 요청하면서 겸손과 상한 마음으로 우리의 선하신 아버지께 은혜와 긍휼을 구합니다.

예수님은 우리의 모든 허물과 악행을 용서하시고, 우리가 더 이상 죄에 빠지지 않게 하시며, 우리 안에서 그분의 거룩한 이름을 영화롭게 하시고, 우리 안에서 다스리시며, 우리 안에서 그의 거룩한 뜻을 온전히 이루어 주시도록 구하시면서 하나님께 대한 그분의 사랑 때문에 우리를 위하여 죽으셨습니다. 온유하신 구세주께서는 또한 우리에게 다음과 같이 말하면서, 구하라고 가르치셨습니다.

> 하늘에 계신 우리 아버지, 아버지의 이름을 거룩하게 하시며 … (마 6:9-13; 눅 11:2-4).

우리에게 견고하고 살아 있는 온전한 믿음을 주시기를 요청하고, 그 믿음이 우리 안에서 자라고 증대되도록 하셔서 그 믿음으로 우리가 우리 원수의 모든 악의를 타파할 수 있도록(요일 5:4-5) 우리 아버지께 기도합니다. 그 믿음 안에서 우리는 다음과 같이 고백하면서 살기를 바랍니다.

> 나는 전능하신 아버지(Father Almighty), 하늘의 창조주(Creator of heaven) 하나님을 믿습니다.

나의 사랑하는 형제자매들이여!

여러분은 우리의 선하신 아버지께서 죄인의 죽음을 바라지 않으시고, 그들이 회개하고 살기를 바라신다는(겔 18:23, 32) 사실을 압니다. 이는 모든 선하심과 자비로 가득하신 그분은 이런 큰 사랑으로 세상을 너무나 사랑하사 세상을 구원하시기 위해 독생자를 주셨고(요 3:16). 성자는 잃어버린 자들을 구하기 위해서 오셨다고 공개적으로 말씀하셨기 때문입니다(마 18:11; 눅 19:10).

참으로 예수 그리스도께서는 죄인을 구원하러 오셨다는 말씀은 옳습니다(딤전 1:15). 그리고 이 선하신 구세주는 우리가 그분의 이름으로 구하는 모든 것을 받을 것과(비교, 마 7:7; 요 14:13) 만약 우리가 다른 이의 죄를 용서하면, 성부 하나님이 우리 죄를 용서해 주실 것을 우리에게 약속하셨습니다(마 6:14-15). 따라서 우리 각자가 자신의 이웃을 선한 마음으로 용서하며, 우리 주 예수 그리스도의 이름으로 하나님께 자비를 구하면, 우리 주님은 우리를 용서하시고, 예수 그리스도를 믿는 믿음으로 우리의 마음이 깨끗해진다(행 15:8-9, 11)는 사실을 믿으십시오.

고린도전서 11장에서 우리 주 예수 그리스도께서 어떻게 성만찬을 제정하셨는지 들어 보십시오.

> 주 예수께서 잡히시던 밤에 떡을 가지사 축사하시고 떼어 이르시되 이것은 너희를 위하는 내 몸이니 이것을 행하여 나를 기념하라 하시고, 식후에 또한 그와 같이 잔을 가지시고 이르시되 이 잔은 내 피로 세운 새 언약이니 이것을 행하여 마실 때마다 나를 기념하라 하셨으니 너희가 이 떡을 먹으며 이 잔을 마실 때마다 주의 죽으심을 그가 오실 때까지 전하는 것이니라(마 26:26-29; 막 14:22-25; 눅 22:17-20; 고전 11:23-26).

여러분 우리는 모두 주님의 거룩한 성찬 앞에 있습니다. 이 성찬은 어떤 허물도 없으시고, 그분이 우리에게 명하지 아니한 것을 주제넘게 가르치거나 행하지 않아야 하는 오직 한 분이신 구세주께서 제정하셨던 것입니다(요 8:46-47). 그분은 식탁에 오는 사람은 모두 그분의 제자들이어야만 하고 자신을 부인하며 진정한 사랑으로 예수 그리스도를 따라야만 한다(마 16:24)는 것을 우리에게 보여 주시면서, 제자들을 위해서 떡을 떼시고, 그것을 그들에게 주십니다.

주님은 그분의 식탁에서 먹고 마실 때, 주님을 기념해야 한다고 명령하십니다(눅 22:19). 우리가 떡을 먹고 잔을 마실 때마다, 우리는 우리 주 예수 그리스도의 죽음을 선포하는 것입니다(고전 11:24-25). 이는 떡이 나타내는 것처럼 그분이 우리를 위해서 그분의 몸을 주심으로써 죽으셨고, 잔이 나타내는 것처럼 우리를 위해서 그분의 피를 흘리셨기 때문입니다.

그러므로 여러분의 마음을 높이 들어 올려서, 잠시 사용하면 없어질 보이는 일들에 멈추지 말고(고전 4:5; 골 2:22), 예수 그리스도께서 성부의 오른편에 앉아 계시는 곳인 하늘의 일을 구하십시오(골 3:1-2; 마 6:19-20). 기쁜 마음과 형제의 연합으로 그분이 우리에게 보여 주셨던 크신 사랑에 감사하면서, 모든 사람이 우리 주님의 식탁에서 먹게 합시다.

이 선하신 구세주의 죽음이 여러분의 마음에 영원한 기념으로 기록되어, 여러분의 마음이 감동하여 다른 사람들이 하나님을 사랑하도록, 다시 말하면 그분의 거룩한 말씀을 따르도록 합시다.

¶ 목사가 떡을 줄 때, 그것을 형상이 없게 하라. 그 형상이 경배받지 않게 하기 위해서이다. 그리고 모두가 자신이 떼어서 먹도록 떡을 그들의 손에 주도록 하라. 그런 후에 목사가 다음과 같이 말한다.

우리를 위해 죽으시고 성부의 오른편에 영광 속에서 앉아 계시는 세상의 진정한 구세주이신 예수 그리스도께서 성령님에 의해서 여러분의 마음에 거하사 살아 있는 믿음과 온전한 사랑으로 말미암아 여러분을 그분 안에서 완전히 살아 있게 만드시기를 바랍니다. 아멘.

¶ 모든 사람이 참여한 후.

우리 주님의 거룩한 식탁에 오셔서 그분이 우리에게 주셨던 크나큰 유익들을 감사하는, 우리 주 예수 안에서 사랑하는 형제자매들이여, 우리 자비로우신 아버지께 땅에 있는 모든 사람과 모든 왕(딤전 4:1-2), 군주들, 영주들 그리고 권위에 세움받은 모든 이가 선을 보호하고 악한 자를 벌주도록 기도합시다(롬 13:1, 3-4; 벧전 2:13-14).

우리가 살아 있는 진실한 믿음으로(엡 4:4-6) 인하여 진정으로 한 몸(고전 10:16-17; 행 4:32)이 되어 연합하도록 그리고 우리 안에 있는 이 믿음이 자라는 것을 하나님이 기뻐하시도록, 그분의 크나큰 선하심과 친절하심으로 인하여 그분의 성령으로 우리를 채우시도록 간청하면서, 선하신 하나님이 모든 이에게 그분의 은혜와 자비를 베푸시기를 기도합시다.

그리고 우리가 식탁에서 외면적으로 그리고 겉으로 예수 그리스도의 제자임을 증언했으므로, 모든 불성실과 세상으로부터 분리되어, 모두가 참된 사랑 안에서 살고 마음으로, 말로, 또한 행위로써 모든 선한 일에 서로가 권면하면서 우리가 참으로 그분의 거룩한 가르침으로 인내하는 그러한 자가 되는 은혜를 우리에게 주시옵소서. 그 목표를 향해서 우리를 그렇게 사랑하셨던 그분을 위해 사랑으로 힘써 일하고 애써서 나아갑시다.

그리고 여러분이 예수 그리스도의 지체인 것과 마찬가지로, 우리 주님의 식탁에 참여하는 자로서 불신자들의 불성실함에 참여하지 말고(고후 6:14-15), 세상을 본받지 말며(롬 12:2), 하나님의 자녀로서 술 취하지 말고 합당하게 살도록 하십시오(엡 5:1-2). 그리고 하나님과 그분의 거룩한 말씀에 일치하는 방식으로(신 15:4-5) 여러분의 모든 삶을 살고 행함으로써 모든 사람, 특히 신자들에게 자비롭고 관대함으로(갈 6:10) 누구도 가난한 채 내버려 두지 말며, 모든 사람을 도우면서(행 4:34-35), 모든 순전함과 거룩함과 무죄함으로 행하십시오. 이는 모든 사람의 덕을 세우고(살전 5:11), 우리 주님이 우리 모두에게 따라서 살라고 주셨던 그분의 거룩한 복음을 전진시키기 위해서입니다. 아멘.

편안히 가십시오. 하나님의 은혜와 평강과 축복이 여러분 모두에게 함께하실지어다. 아멘.

3. 『사람들이 하나님의 말씀을 들으려고 모였을 때 설교에서 준수되는 태도』

말씀에서 사람들의 봉사자는(고전 4:1) 모든 사람에게 우리의 가장 자비로우신 아버지 하나님께 달려가서 그분의 성령님을 모두에게 보내 주실 것과 모든 왕, 군주, 영주 그리고 그분께서 악한 자를 벌하시고 선한 자를 보호하기 위한 검을 주심으로서 위엄과 권위로 세우셨던 모든 자에게(딤전 2:1-2) 자비를 베푸시는 것을 기뻐하십니다.

그리고 그분의 선하심으로 그들에게 그분의 성령님을 주시면서(민 11:29; 신 34:9) 자비를 베푸실 것과 그리고 그들이 우리 주님의[14] 명예와 영광 그리

---

[14] Thompson, *Liturgies of the Western Church*, 218, n. 2에 의하면 "By the expression, 'our fa-

고 백성의 유익과 선을 위해서 자신들의 직위를 거룩함으로 행할 것을 기도하도록 훈계한다.

진리의 말씀을 들으려고 모인 모든 사람을 위해서 기도하는 것은 우리 주님이 모든 범죄와 죄를 용서해 주시고, 우리가 모든 진리를 완전히 이해하도록 그분의 은혜와 성령님을 주셔서, 이 선하신 성부의 뜻을 성취하기 위하여 그분의 거룩한 말씀을 순전함과 거룩함으로 다루고 해설하며, 선포하고, 들으며, 귀를 기울여 듣고, 받으며, 지킬 수 있도록 구하는 것이다. 예수 그리스도께서 우리에게 다음과 같이 말씀하시면서 가르쳐 주셨던 대로 그분의 독자인 예수님의 이름으로 모든 것을 그분께 구한다.

하늘에 계신 우리 아버지, 이름이 거룩히 여김을 받으시며 등등.

기도가 끝나면, 설교자는 성경의 한 본문을 선택함으로써 시작하고, 우리 주님이 나사렛에서 하셨던 것처럼(눅 4:16-21), 그 본문을 명확하게 낭독한다(느 8:1-3). 낭독 후에 그는 인간의 거부로 하나님의 순전한 말씀을 모호하게 만들지 않도록, 말씀을 신실하게 가져와서 단지 하나님의 말씀만 말하면서, 자신이 해설하는 본문을 성경에서 벗어남 없이 설명하도록 유용한 성경 구절을 가져와 단어 하나하나를 하나도 빠짐없이 설명한다(신 4:2).

그리고 하나님이 은혜를 주신대로 성경을 벗어나는 일 없이(렘 23:16; 벧전 4:11) 명확하게 설명한 후에, 그는 본문이 인도하는 대로 청중들에게 모든 죄, 오류, 미신 그리고 허영심을 버릴 것(렘 25:5-6; 행 14:15; 겔 18:21, 31), 그분을 완전하고 온전하게 믿고 확신하며, 자신들의 온 마음을 하나님께 맡길 것을(시편 62:8; 사 26:4; 잠 3:5; 23:17; 시편 55:22) 당부한다.

그리고 다른 무엇보다도 더 그분을 사랑하며, 그분의 사랑 때문에 우리 이웃을 우리 자신처럼 사랑하면서(신 10:12, 18-19; 요 13:1, 11, 16, 23; 마 22:37-39) 하나님께 완전히 돌아올 것(신 30:16, 20; 욜 2:12-13), 남에게 해를 끼치지 않고, 다른 사람들을 좌절시키거나 감정을 상하게 하지 말며, 덕을 세우고 모두를 우리 주님께 데리고 오도록 노력하면서(벧전 3:8-9, 15) 정직하게

---

ther'는 보통 성부 하나님을 의미한다."

살 것과 선하든지 악하든지(벧전 2:17-18) 하나님의 뜻에 반하지 않는 모든 것에 의해 명령받고(행 4:19-20), 당연히 해야 하는 것들은 주고 지불하면서 영주들과 군주들에게 순종할 것(롬 13:1)을 권면하고 훈계한다(딛 2:1).

우리는 그들이 하나님으로부터 받은 검에 대한 두려움과 그들에게 형벌과 고통을 받을까 두려워서 순종해야 할 뿐만 아니라 그들의 양심을 위해서도(롬 13:4-5) 순종해야 한다. 권위를 거스르는 자는 하나님의 규례를 거스르는 자이며 하나님의 규례와 허락 없이는 권위가 없기 때문이다. 하나님은 그분의 자비로 자신들의 눈앞에 계신 하나님을 경외하고 하나님의 말씀을 따르며 하나님의 명예와 백성의 유익을 전진시키는데 관심이 있는(창 45:7-8; 출 3:10; 사 2:16) 선한 군주들을 주시기도 하며 혹은 사람들의 죄에 맞서서 진노로 행하거나 자신들의 뜻과 무엇이든지 자신들을 기쁘게 하는 일에만 관심을 가진 악한 독재자(호 13:11; 욥 34:24)를 주시기도 한다.

그들이 선하든지 혹은 악하든지, 우리는 우리 주님이 명하신 대로(렘 29:7) 그들에게 순종하고, 그들을 위해서 선과 화평을 구해야 한다. 주님이야말로 그분의 선하신 기쁨에 따라(단 2:21; 4:31) 군주들을 일으키고 그들을 낮추시며, 왕국을 통치하시는 분이시다. 따라서 설교자는 그리스도인들이 육신의 방종과 자유를 구하지 말고, 다만 영과 혼의 자유(딛 3:1; 벧전 2:17; 갈 5:13)를 구하도록 권면해야만 한다. 이는 만약 우리의 왕이신 예수께서 순종하시고 그분이 다른 이에게 받은 것으로부터 황제에게 지불하셨다면(마 17:27), 진정한 그리스도인들과 신자들은 모두 마찬가지로 행해야 하기 때문이다.

그리고 모든 진리의 설교자는 (만약 그럴 경우가 생긴다면), 또한 권세를 가지고 있는 군주들에게 자신들의 의무를 행하고, 하나님이 모든 군주 위에 계시다는 것과 그분이 그들이 받을 만한 것에 따라서 심판하실 것을 앎으로써, 백성들을 자신들의 형제와 자녀들처럼 대하도록(신 17:14-20; 렘 22:3; 엡 6:4; 골 3:21) 가르쳐야 한다. 마찬가지로 모두가 하나님의 거룩한 계명을 지키도록 훈계하고, 우리 주님께 자신들을 지키는 은혜를 달라고 기도하면서, 설교자는 하나님의 율법과 거룩한 계명들을 출애굽기 20장에 기록된 것과 위에서 세례의 형식으로 서술했던 대로 제시한다.

그런 후에 그는 만찬의 형식에 포함되었던 것처럼 자신들의 죄를 고백함으로써 하나님께 자비를 구하도록 모든 사람을 격려한다. 그리고 주기도문을 한 후에, 그는 모든 사람에게 신조를 낭송함으로써, 모두가 고백했던 믿음에서 견고해지도록 우리 주님께 은혜를 구하라고 권면한다.

나는 하나님 아버지를 믿습니다, 등등.

이처럼 모든 사람을 가르치고, 그는 하나님이 그분의 은혜로 무지한 모든 자를 진리를 아는 지식으로 고취하시고 인도하시도록 그리고 검을 가진 모두에게 그 검을 거룩함으로 휘두를 수 있는 은혜와 능력을 주시도록, 고통받는 모든 자를 위로하신다.

무엇보다도 하나님이 우리 주 예수님을 믿는 믿음(행 12:1, 5)과 그분의 거룩한 복음 때문에 고통을 당하는 자들을 도와주시고 강건하게 해 주시도록, 하나님의 은혜로 하나님이 그들이 그분의 이름을 고백하고, 어떤 일에도 우리 주님의 말씀에 따르지 않는 어떤 일도 행하거나 말하지 않도록 그들을 인내하게 해 달라고 기도한다(딤전 2:1). 이렇게 하여 사람들은 편안히 해산한다.

제9장

기독교 규범과 관습

하인리히 불링거

·

예식과 규정에 관한 단문

루드비히 라바터

제9장 기독교 규범과 관습 · 예식과 규정에 관한 단문

> 불링거의 저술에 대한 타당한 관심 없이 16세기 중반의 취리히 교회에 관한 연구는 확실히 왕자 없는 햄릿이 될 것이다.[1]

위대한 스위스인 종교개혁자 하인리히 불링거(Heinrich Bullinger, 1504-1575)는 가장 중요한 제2세대 종교개혁자 중 한 사람으로서 존 칼빈과 순교자 피터 버미글리(Peter Martyr Vermigli) 사이에 자리매김한다. 그는 아르가우(Argau)의 브렘가르텐(Bremgarten)에 있는 캐피툴라교회(Capitular Church)의 주임사제(Dean)였던 하인리히 불링거 시니어(Heinrich Bullinger Sr.)에게서 태어났다.

그는 1516년 아버지의 뒤를 이어 기독교 목회자의 직업을 가지려고 고등 교육을 받았고, 에머리히의 짐나지움(Gymnasium of Emmerich)에 진학했다. 그 학교는 데벤테르의 유명한 인문학자 알렉산더 헤기우스(Alexander Hegius of Deventer)의 영향을 크게 받은 곳이었다. 하지만 1519년 불링거는 쾰른(Cologne)의 대학으로 옮겨 가서 루터 사상의 세상으로 빠져들어 갔다. 이런 새롭고도 논란의 소지가 있는 사상들을 조사하기 위해서 불링거는 롬바르드(Lombard)의 『문장』(Sentences)과 그라티아누스(Gratian)의 『법령』(Decretum)을 깊이 파고들어 교부들의 자료로 향했고 그다음에는 신약과 마태에 대한 제롬의 주석에 관심을 돌렸다. 그는 멜랑히톤(Melanchton)의 『신학 강요』(Loci Communes)를 읽은 후, 1522년 로마가톨릭 신앙으로부터 떠났다. 불링거는 이런 신학 여정을 통해서 루터의 사상이 중세의 스콜라 철학보다는 사도들과 교부들의 사상에 더 조화를 이룬다는 결론을 맺었다.[2] 1523년 그는 수도자의 서약과 미사 참석을 거부할 수 있다는 조건으로 카펠(Kappel)에 있는 수도원 학교를 감독하게 되었다.

---

1 Bruce Gordon, *Clerical Discipline and the Rural Reformation: The Synod in Zürich, 1532-1580* (Bern: Peter Lang, 1992), 21.

2 John Backus, "Bullinger and Humanism," in *Heinrich Bullinger: Life, tjought, Influence: Zürich, Aug. 25-29, 2004, International Congress Heinrich Bullinger* (1504-1575), eds. Emidio Campi amd Peter Opitz, 2 vols. (Zürich: Theologischer Vertag Zürich, 2007), 2:647.

그리고 그는 성경 읽기와 주해의 방법을 가르쳤는데 그것은 후에 취리히 설교(prophezei)에 깊은 영향을 미쳤다. 불링거는 자신의 주해와 신학적인 은사들을 통하여 츠빙글리 모임으로 들어가서 마틴 부처(Martin Bucer), 암브로시우스 블라우러(Ambrosius Blaurer) 그리고 베르히톨드 할러(Berchtold Haller) 같은 다른 중요한 종교개혁자를 만났다. 츠빙글리가 1531년 11월 카펠의 전투(Battle of Kappel)에서 죽었을 때 당시에 브렘가르텐에서 아버지의 목사직을 맡았던 불링거는 취리히의 그로스뮌스터의 목사로서 츠빙글리의 뒤를 이어 달라는 요청을 받아들였다.

불링거는 취리히에서 43년간 목회를 하면서 많은 열매를 맺었다. 카펠 전투의 재앙 이후, 그는 취리히를 유럽을 가로지르는 인문주의 학문의 요새와 미래의 종교개혁 운동의 기둥으로 세우기 위해서 열심히 일했다. 그는 수많은 신학 논문들을 저술했고, 그중 많은 것이 광범위한 갈채를 받았으며, 지속적으로 영향을 끼쳤다. 그는 유럽 곳곳에 있는 통치자들, 정치가들, 학자들, 종교개혁자들 그리고 다른 많은 사람과 서신 왕래를 하면서 주목할 만한 네트워크를 구축했다(대략 12,000장의 편지가 현존한다).[3]

그는 1532년부터 1538년까지 매일 그리고 이후 주일과 다른 두 평일에 성경책을 통하여 연속적으로 설교했다(취리히 중앙 도서관은 현재 그의 설교에 대한 6000장 가량의 초안과 구술을 글로 옮긴 것을 보유하고 있다).[4] 신학과 실천 모두에 있어서 불링거는 자신의 전임자인 츠빙글리의 작업을 발전시켰고 심화시켰다.

불링거의 예배 개혁들은 츠빙글리식 예배의 강한 연속성을 증명한다. 사실상 1535년과 1563년 약간의 수정 후에 발행되었던 『기독교 규범과 관습』(Christian Order and Custom)은 츠빙글리가 1528년에 저술한 것을 불링거가 개정한 것이었다.[5] 이런 예배 예전—"모든 종교개혁 교회 중에서 가장

---

3 Bullinger의 Database of Letters는 http.//www.irg.uzh.ch/en/hbbw/datenbank.html에서 가능하다. Carrie Euler의 *Couriers of the Gospel England and Zürich, 1531-1558* (Zürich: Theologischer Verlag Zürich, 2006)에서 이 편지들을 탁월하게 활용했다.

4 Emidio Campi, "The Reformation in Zürich," in *A Companion to the Swiss Reformation*, eds. Amy Nelson Burnett and Emidio Campi (Leiden: Britt, 2010), 100.

5 Heinrich Bullinger and Huldrich Zwingli, *Christennlich Ordnung und Brüch der kilchen Zürich* (Zürich: Froschauer, 1535).

오래된"⁶—은 16세기 중반에 취리히의 기도와 예배에 대한 접근 방식을 반영한다.

그 서문에서 "이 작은 책"(this little book)의 목적 중 하나는 취리히시가 성례전을 경멸하고 교회 예전이 없다고 비난받는 것은 전혀 사실이 아니라는 것을 보여 주기 위함이라고 지적한 것이 흥미롭다. 따라서 불링거는 예배의 성경적 골자를 개설하고 "이 모든 것은 취리히 교회도 가지고 있다"고 진술했다.

『기독교 규범과 관습』 안에 있는 예배 형식은 오후 설교 예배인 설교(Prophezei)의 말씀 예전과 결혼, 세례 그리고 주의 만찬을 위한 예전들이었다. 비록 말씀 예전이 츠빙글리의 『기도의 형식』(1525)에 다양한 첨가(예를 들어 십계명과 신조)들을 포함하고 있지만, 예배의 설교 중심성과 일반적 단순성은 주목할 만한 유사함이다.⁷

루드비히 라바터가 저술한 『예식과 규정에 관한 단문』(Short Work on Rites and Regulations, 1559)은 교회 예전의 배경에 있는 실제 사례들에 대한 중요한 창문을 제공함으로써 취리히 예전에 대한 이런 묘사를 증대시킨다. 라바터의 예전은 개혁주의 설교자이자 출판업자인 갈루스 후스자(Gallus Huszár)가 불링거에게 요청한 응답으로서 기록되었다. 후스자는 헝가리의 복음주의 교회들이 직면한 예전적인 문제들에 대한 도움을 구했고, 이에 대한 답변으로서 라바터의 『예식과 규정에 관한 단문』을 받았다.

그것은 안수, 의복, 결혼, 도서관, 학교, 교회 회의, 장례식과 공동 묘지와 같은 다양한 주제를 포함하고 있는 취리히 교회 관례들에 대한 변증을 제공했다. 의식의 유지는 "가능한 한 많이" 고대와 사도 교회로의 회귀로 추진되었다. 기독론에 초점을 맞춘 중요한 축제는 유지되었고(성탄절, 할례일, 부활절, 승천일, 성령강림절), 성찬은 거의 츠빙글리의 원래 비전에 따라 기념되었다(거기에는 "가을"에 대한 언급은 없었다).

---

6   Campt, "Reformation in Zürich," 98.
7   십계명과 신조가 츠빙글리의 예배의 일환이라는 사실은 아주 가능성이 있지만, 그의 『기도의 형식』에는 명확하게 표명되지 않았다.

시내에 있는 네 교회는 주일에 세 번의 설교가 있었고("누구도 설교로부터 몰래 빠져나가지 않도록" 같은 시간에 열렸다), 매일 두 번의 설교가 있었다 (금요일을 제외하고).[8] 훨씬 적은 성직자가 있는 시골 교회들은 주일에 단 두 번의 설교가 있었고, 아이들의 교리 교육은 두 번째 예배에 있었다.

아베 마리아가 빠진데 대한 설명은 개혁에 대한 취리히의 접근 방식에 관한 점을 보여 준다. '천사들의 인사'(angelic salutation)는 그것을 제거할 기회와 필요성이 있을 때까지 유지되었다. 라바터는 "그것은 기도가 아니고 많은 사람이 오용하게 된다"라고 진술했다. '공개수업'(Lectiones Publicae)이라는 주제에서 **설교모임**(Prophezei)이라는 용어가 빠진 것 역시 드러난다. 그것은 불링거가 이 의식(office)을 주해 세미나의 형식으로부터 주해를 위한 훨씬 더 전문적 학술 환경으로 일신한 것을 가리킨다.[9]

『예식과 규정에 관한 단문』에 있는 말씀 예배의 순서는 츠빙글리의 『기도의 형식』(1525)보다는 불링거의 『기독교 규범과 관습』(1535)과 공통점이 더 많다. 우리가 교회의 공지들이라고 부르는 것에 관련해서 재미있는 것이 포함되어 있다. 그것은 팔 물건의 목록, 분실물과 습득물, 결혼의 부정 행위 그리고 치안 판사의 법령 공포를 포함한다.

주의 만찬 예배의 순서는 기본적으로 츠빙글리의 『만찬의 행위 혹은 관습』(1525)에 부합하지만, 다수의 독특한 첨가들을 포함했다. 주의 만찬 주제에 관한 설교는 기념 훨씬 전에 선포하기로 되어 있었다. 그리고 미리 간략한 권고를 해야 한다. 이동할 수 있는 성찬 식탁과 나무 기구들에 대한 근거는 약간 진전되었다.

"모든 것들은 소박하지만, 그럼에도 깨끗하며, 초대 교회의 단순성과 일치한다."

---

[8] 시 벽 안에 성베드로 교회(St. Peter), 그로스뮌스터교회(Grossmünster) 그리고 프라우뮌스터 교회(Fraumünster)라는 세 교구 교회가 있었다. 불링거는 이전 도미니크 회의 Dominical Spitalkirche Predigern을 완전한 교구 교회로서 받아들이지 않았다(그곳에서는 일부 설교 예배가 있었지만 세례 예식은 없었다). 본 저자는 이런 통찰력을 제공한 로란트 디텔름(Roland Diethelm)에게 감사를 표한다.

[9] Daniël Timmerman, *Heinrich Bullinger on Porphecy and the Prophetic Office* (1523-1538) Göttingen: Vandenhoeck &Ruprecht, 2015), 298.

또한, 주목할 것은 성찬 제정사를 할 동안 규정된 단순한 손동작이다. 예를 들어, 단순히 떡과 잔을 들고 있는 것 그리고 다른 이에게 전달하는 것은 제사의 개념을 피하고 복음적 단순성을 유지했던 성찬 기념의 형식을 규정했다. 『예식과 규정에 관한 단문』에 있는 예배의 단순성이 불링거와 츠빙글리의 초기 예전들에 있는 예배의 단순성과 유사하다는 사실은 전혀 놀랍지 않다. 왜냐하면, 라바터는 예전적인 보수주의를 명시적으로 권장했기 때문이다.

> 계속해서 새로운 기도 형식을 고안하고 그것들을 거룩한 집회에서 낭송하는 것이 관습이 아니라, 일반적으로 사용되는 것들을 유지하는 것이 관습이다.[10]

취리히의 예배가 츠빙글리의 개혁 이후 그렇게 오랫동안 복음주의의 단순성을 유지한 것은 바로 이 이유 때문이다.

1. 예배 순서

1) 『기독교 규범과 관습』(1535)

『말씀 예전』	『주의 만찬 예전』
인사(Greeting)	복음서와 주의 만찬의 강해(Exposition of Gospel and Lord's Prayer)
조명을 위한 기도(Prayers for Illumination)	죄의 고백(Confession)
중보 기도(Intercessions)	용서를 위한 기도(Prayer Forgiveness)
주기도문(Lord's Prayer)	삼위일체께 간구(Trinitarian Invocation)
성경(Scripture)	찬양의 기도(Prayer of Praise)
설교(Sermon)	서신서[고전 11:20-29](Epistle[1 Cor. 11:20-29])

---

10 비록 Roland Diethelm, "Bullinger and Worship: 'Thereby Does One Plant and Sow the True Faith'," in *Architect of Reformation: An Introduction to Heinrich Bullinger, 1504-1575*, eds. Bruce Gordon and Emidio Campi (Grand Rapids, MI: Baker Academic, 2004), 150-51에서는 당대의 목적을 위한 불링거 자신의 예전적 첨가라고 지적했다.

죽은 자의 기념(Remembrance of the Dead)	영광송(Gloria)
죄의 고백(Confession)	인사(Salutation)
용서를 위한 기도(Prayer for Forgiveness)	복음서[요 6:47-63](Gospel[John 6:47-63])
주기도문(Lord's Prayer)	용서를 위한 찬양과 기도(Praise and Prayer for Forgiveness)
아베 마리아 첫 번째 중단 (*Ave Maria* [first halt]))	사도 신경(Apostle's Creed)
십계명(Decalogue)	권면(Exhortation)
사도 신경(Apostle's Creed)	주기도문(Lord's Prayer)
가난한 자를 위한 기도(Prayer for the Poor)	강건함을 위한 기도(Prayer for Strength)
축도(Benediction)	성찬 제정사(Words of Institution)
해산(Dismissal)	합당한 기념을 위한 기도 (Prayer for Worthy Remembrance)
	분배(Distribution)
	요한복음 13-17장(John 13-17)
	짧은 감사 기도(Short Prayer of Thanks)
	시편 113편 혹은 감사(Psalms 113 or Thanksgiving)
	권면과 위로의 말씀 (Words of Exhortation and Comfort)
	감사 기도(Prayer of Thanksgiving)
	해산(Dismissal)

2) 『예식과 규정에 관한 단문』(1539)[11]

『말씀 예전』	『주의 만찬 예전』
공고(Announcement)	설교(Sermon)*
인사(Greetings)	간단한 권면(Brief Exhortation)
조명을 위한 기도(Prayers for Illumination)	삼위일체께 간구(Trinitarian Invocation)
중보 기도(Intercessions)	준비 기도(Preparatory Prayer)*
주기도문(Lord's Prayer)	성경[고전 11장] (Scripture [1cor.11])
성경(Scripture)	영광송(Gloria)
설교(Sermon)	인사(Salutation)

---

11 제시되었을 것으로 추정되는 항목들(그러나 원래 예전에서는 진술되지 않은)은 *로 표시된다.

죽은 자의 기념(Remembrance of the Dead)	복음서 [요 6장] (Gospel [John 6])
죄의 고백(Confession)	사도 신경(Apostle's Creed)
용서를 위한 기도(Prayer for Forgiveness)	용서를 위한 찬양과 기도(Praise and Prayer for Forgiveness)
주기도문(Lord's Prayer)	사도 신경(Apostle's Creed)
사도 신경(Apostle's Creed)	격려와 경고의 말씀(Words of Encouragement and Warning)
천사의 인사(Angelic Salutation)	주기도문(Lord's Prayer)
가난한 자에 대한 위탁(Commendation of the Poor)	준비 기도(Prayer of Preparation)
축도(Benediction)	성찬 제정사(Words of Institution)
해산(Dismissal)	분배 [그리고 요한복음 13장부터 낭독] (Distribution [and reading of John's Gospel, from chapter 13])
	시편 113편(Psalm 113)
	위로의 말씀(Words of Comfort)
	축도(Benediction)
	감사 기도(Prayer of Thanks)
	해산(Dismissal)
	시편 113편 혹은 감사 기도 (Psalms 113 or Prayer of Thanksgiving)
	해산(Dismissal)

2. 『취리히 교회의 기독교 규범과 관습』(1535) – 하인리히 불링거 –

기독교 독자에게 드리는 서문

친애하는 독자 여러분!

여러분에게는 이 작은 책의 서두에 열거된 예배 형식과 요소들에 관한 교회 예전이 있습니다. 이 예전은 취리히에서 성경에 의해서 적절한 기독교식 방식으로 사용되는 것입니다. 그 예전 속에서 여러분은 이 교회가 이른바 예전, 권징, 거룩한 성무일과 그리고 교회 예배가 없으므로 거룩한 성례전과 모든 낭독, 기도, 중보 기도를 경멸한다는 전혀 사실이 아닌 이유로 비난받는 것을 확실히 알게 될 것입니다.

사람들은 그곳에서는 죽은 자가 죽은 개와 마찬가지로 버려지고, 어떠한 공경도 받지 못한다고 말합니다. 하나님의 첫 번째 거룩한 사도 교회는 교리 혹은 예언, 기도, 떡을 뗌, 세례, 고백, 회개, 교정 그리고 죄에 대한 용서가 있었습니다(눅 24장; 행 2:1). 취리히 교회에도 이 모든 것이 있습니다. 따라서 가장 오래된 고대 교회에 필요했던 관습들은 무엇이든지 취리히 교회에도 역시 있습니다.

결혼식은 질서 정연한 방식과 진지한 기도로 승인됩니다. 성자들은 그들의 신앙과 사랑이 본받아야만 된다는 사실을 지적하면서 명예롭게 기념됩니다. 죽은 자는 품위 있게 매장되지만, 하나님의 말씀에서 가르치지 않는 관습은 어떤 것도 지키지 않습니다(살전 4장). 또한, 취리히에서도 여전히 고대인들이 높은 가치를 두었던 자선과 자비는(행 4장; 고전 16장) 특별하게 존귀하며, 기독교적 규범을 가지고 있습니다.

그들의 교회에 비단, 금과 은, 그림과 새기고 조각한 작품들로 된 것으로 드러나는 장식이 없다는 사실은 고대 교회에 그런 것이 없었을 뿐만 아니라, 그들이 그런 것들을 정죄했기 때문입니다. 사실상, 고대 교회에서는 다른 어떤 귀한 의식은 없었습니다. 그러므로 취리히 교회도 의식들을 없앴고 고대의 단순성을 고수했습니다.

따라서 위에서 언급했던 예배의 형식들과 요소들은 부속품이나 추가 사항들이 거의 없습니다. 사실상 그것들은 가능한 한 적은 수로 준수됩니다. 하나님은 믿음, 사랑 그리고 순전함, 영과 진리 없이 외모로 섬기는 것을 바라지 않으십니다. 예수 그리스도로 말미암아 항상 하나님 한 분께 영원히 영광과 찬양을. 아멘.

설교의 시작을 위한 형식

¶ 매일 아침 동튼 후에 사람들은 하나님께 기도하고 말씀을 듣기 위해 교회로 온다. 거기에서 설교하는 목사는 다음과 같은 방식으로 진행한다.

디모데전서 2장에서 바울의 가르침에 따른 공동 중보 기도

전능하신 하나님의 은혜와 평강과 자비가 불쌍한 죄인인 우리와 항상 함께하시옵소서. 아멘.

하나님께 헌신한 우리는 그분의 거룩하시고 영원하신 말씀을 우리 불쌍한 인간들에게 은혜롭게 드러내시고, 그분의 뜻을 아는 지식을 우리에게 가르쳐 주시며, 그분의 말씀에서 잘못을 범하는 모두를 다시 옳은 길로 인도하셔서 우리가 그분의 신성한 뜻에 따라 살도록 하나님께 진심으로 간청합시다.

그다음 모든 통치자, 모든 권위자, 공동 연합의 명예로운 정부, 특별히 경건하고 현명한 시장들, 의회들 그리고 이 취리히시 전체와 그 주변의 지역 사회들을, 하나님이 그분의 뜻에 따라 그들 모두를 지시하고 인도하셔서 우리가 함께 하나님을 경외하고, 화평한 그리스도인의 삶을 영위하며, 이 비참한 삶 이후에 영원한 안식을 소유하도록 하나님께 요청합시다.

말씀 때문에 협박당하고 억압받는 모든 자에게 하나님이 은혜와 확고함을 허락하셔서 그들이 하나님을 고백하는 데 있어서 끝까지 신실함과 믿음을 유지할 수 있도록 기도합시다.

하나님이 비참함에 있는 모든 자의 필요를 채워 주실 뿐만 아니라 그분의 교회들을 돌보아 주시고, 그분의 자비로 우리의 몸과 영혼의 필요한 모든 것을 은혜롭게 공급하시도록 기도합시다.

경건하게 말하십시오: 우리 아버지, 등등.

¶ 기도가 끝난 후, 목사는 자신이 복음 전도자, 사도, 혹은 선지자를 설명하려고 하는지 아닌지에 따라 구약과 신약으로부터 한 본문을 낭독한다. 이 본문에 근거하여, 그는 하나님의 영광과 찬송을 위해서 그리고 교회의 덕을 세우기 위해서 교회의 상황이 요구하는 대로 가르치고, 권면하고, 책망하거나 혹은 위로한다.

설교를 끝맺는 형식

¶ 가르침이 끝난 후에, 모두 다시 죄를 고백하고, 기도하며 하나님께 진정으로 요청하기 위해서 무릎을 꿇는다. 목사는 다음과 같이 말한다.

죄의 공동 고백, 기도 그리고 진정으로 하나님께 요청

여러분의 범죄함을 고백하고 말하십시오.

불쌍하고 죄 많은 인간인 나는, 나를 만드신 분이시며 나의 주님이신 하나님께 나의 죄를 고백합니다. 영원하신 하나님 당신께서 너무나 잘 아시는 것처럼, 슬프게도 나는 나의 감각, 생각, 말 그리고 행동으로 많은 죄를 지었습니다. 나는 나의 죄를 회개하며 당신의 은혜를 간청합니다.

마음속으로 다음과 같이 말하십시오.

전능하시고 영원하시며 자비로우신 하나님, 다음과 같이 기도하라고 우리에게 가르쳐 주셨던 (마 6장) 예수 그리스도를 통하여 우리 죄를 용서하시고, 우리를 영생으로 인도하여 주시옵소서.

하늘에 계신 우리 아버지,
아버지의 이름을 거룩하게 하시며
아버지의 나라가 오게 하시며,
아버지의 뜻이 하늘에서와 같이 땅에서도 이루어지게 하소서.
오늘 우리에게 일용할 양식을 주시고,
우리가 우리에게 잘못한 사람을 용서하여 준 것 같이
우리 죄를 용서하여 주시고,
우리를 시험에 빠지지 않게 하시고, 악에서 구하소서.
아멘.

우리는 또한 천사 가브리엘이 동정녀 마리아에게 전한 그리스도의 성육신과 또 얼마 지나지 않아 성령님이 (엘리사벳을 통해) 그리스도의 성육신을 찬양하고 드높인 것을 깊이 생각해야 합니다.

은혜가 가득한 마리아에게 인사드립니다. 주께서 당신과 함께하십니다. 당신은 여자 중에 가장 복받은 분이십니다. 그리고 당신의 몸에서 나온 예수 그리스도는 가장 복받은 분이십니다.

다시 한번 하나님께 요청하고 기도합니다.

> 전능하신 주 우리 하나님!
> 주님의 거룩하고 존귀한 이름이 우리의 죄로 인하여 더럽혀지지 않도록 하옵소서. 당신의 영원하신 말씀을 순종하지 아니하고 무지와 배은망덕과 원망으로 날마다 당신의 노를 격동하여 많은 죄를 범했기에, 우리는 벌을 받아 마땅한 존재입니다.
> 그러나 오 주님!
> 당신의 신성한 자비를 기억하시고 우리에게 당신의 긍휼을 베푸소서. 우리가 우리 죄를 깨닫고 회개하며 죄된 삶을 고치게 하옵소서. 당신의 백성과 그들의 종들과 권위를 가진 자들을 강건하게 하셔서 그들이 신실하고 견고하게 당신의 말씀을 선포하고 의와 공의로 정의의 검을 휘두를 수 있게 하옵소서.
> 모든 잘못과 불신으로부터 우리를 막아 주시옵소서. 당신의 말씀과 교회에 맞서서 잉태된 우리의 모든 불의와 사악한 조언을 파괴하시옵소서.

오, 주님!
당신의 성령과 말씀을 우리로부터 제거하지 마옵시고, 다만 진정한 믿음, 인내와 지구력을 갖게 하옵시고, 오셔서 당신의 교회를 도우시옵소서. 모든 억압, 조롱 그리고 폭정으로부터 교회를 해방하옵소서. 우리 주 예수 그리스도로 말미암아 연약하고 고통에 빠진 모든 자를 강건하게 하시고, 당신의 평강을 보내 주시옵소서.

하나님을 위해서 항상 여러분들의 자선으로 가난한 자를 돌보십시오. 나를 위해서 하나님께 기도하십시오. 나도 여러분들을 위해서 동일하게 기도할 것입니다. 그리고 편안히 가십시오. 주께서 여러분과 함께하시기를.

¶ 위에서 묘사했던 설교의 시작과 끝을 위한 이런 형식은 설교를 행하는 모든 날에 동일한 방식으로 사용된다.

¶주일에 봉사자들은 마지막 기도 대신에 십계명과 기독교 신앙의 조항들을 낭독한다.

¶ 만약 어떤 이가 그 주중에 죽었다면 죄의 고백과 교회의 기도 전, 설교 직후에 다음과 같은 방식으로 공지한다.

고인의 기념

사람들에게 죽음보다 자신에 관해서 더 많이 경고하는 것은 없으므로 우리가 주님의 경고(마 24:42; 25:13; 막 13:33)에 따라서 항상 준비하고 늘 깨어 있도록 우리 회중들 중에 진정한 기독교의 믿음 안에서 죽은 사람들에 관해서 알리는 것은 좋은 일입니다. 그리고 이런 것은 이번 주일에 하나님이 이번 생으로부터 부르신 형제자매들입니다. 즉, 고인이 된 ○○○ 형제, ○○○ 자매.

이제 믿음과 소망에 있던 우리 동료 형제자매들을 이런 비참함으로부터 데리고 가셔서 그들을 모든 슬픔과 고역으로부터 해방하시고 영원한 기쁨 안에 두신 것에 대해서 하나님을 찬양하고 하나님께 감사를 드립시다. 이와 더불어 우리 또한 그런 삶을 살도록 허락하셔서 우리가 진정한 믿음과 그분의 은혜로 이 슬픔의 골짜기로부터 그분의 택하심을 받은 자의 영원한 친교 안으로 인도될 것을 하나님께 기도합시다.

하나님의 계명

이것들은 하나님이 그분의 종 모세를 통해서 우리에게 주셨던 우리 주 하나님의 계명들입니다. 하나님 입에서 나온 그 계명들을, 다음과 같이 읽습니다(출 20장).

Ⅰ. 나는 너를 애굽 땅, 종 되었던 집에서 인도하여 낸 네 하나님 여호와니라. 너는 나 외에는 다른 신들을 네게 두지 말라

Ⅱ. 너를 위하여 새긴 우상을 만들지 말고 또 위로 하늘에 있는 것이나 아래로 땅에 있는 것이나 땅 아래 물속에 있는 것의 어떤 형상도 만들지 말며, 그것들에게 절하지 말며 그것들을 섬기지 말라. 나, 여호와 네 하나님은 질투하는 하나님인즉, 나를 미워하는 자의 죄를 갚되 아버지로부터 아들에게로 삼사 대까지 이르게 하거니와 나를 사랑하고 내 계명을지키는 자에게는 천 대까지 은혜를 베푸느니라.

Ⅲ. 너는 네 하나님 여호와의 이름을 망령되이 부르지 말라 여호와는 그의 이름을 망령되게 부르는 자를 죄 없다 하지 아니하리라.

Ⅳ. 안식일을 기억하여 거룩하게 지키라. 엿새 동안은 힘써 네 모든 일을 행할 것이나, 일곱째 날은 네 하나님 여호와의 안식일인즉, 너나 네 아들이나 네 딸이나 네 남종이나 네 여종이나 네 가축이나 네 문안에 머무는 객이라도 아무 일도 하지 말라. 이는 엿새 동안에 나 여호와가 하늘과 땅과 바다와 그 가운데 모든 것을 만들고 일곱째 날에 쉬었음이라. 그러므로 나 여호와가 안식일을 복되게 하여 그날을 거룩하게 했느니라.

Ⅴ. 네 부모를 공경하라 그리하면 네 하나님 여호와가 네게 준 땅에서 네 생명이 길리라.

Ⅵ. 살인하지 말라.

Ⅶ. 간음하지 말라.

Ⅷ. 도둑질하지 말라.

Ⅸ. 네 이웃에 대하여 거짓 증거하지 말라.

Ⅹ. 네 이웃의 집을 탐내지 말라 네 이웃의 아내나 그의 남종이나 그의 여종이나 그의 소나 그의 나귀나 무릇 네 이웃의 소유를 탐내지 말라.

우리 기독교 신앙의 조항들

이것은 우리의 참되고 오래되고 거짓 없는 기독교 신앙입니다:

나는 한 분 하나님을 믿습니다.
하늘과 땅의 창조주이신 전능하신 성부이신
그리고 성령으로 잉태되시고 동정녀 마리아에게서 나셨으며,
본디오 빌라도에게 고난받으시고 십자가에 못 박히시고 죽으셨으며 매장되셨고
지옥으로 내려가셨으며
제 삼일에 죽은 자 가운데서 다시 살아나셔서
하늘에 오르사, 전능하신 하나님 우편에 앉아 계시고
거기서부터 산 자와 죽은 자를 심판하기 위해서 다시 오실
그분의 독생자 우리 주 예수 그리스도를 믿습니다.
나는 거룩한 성령님과 거룩하고 보편적 기독교 교회를 믿고,
다시 말하면 성도들의 교통과
죄를 사하여 주시는 것과
몸이 다시 사는 것과
영원히 살 것을 믿습니다. 아멘.

설교를 시작하고 끝내기 위한 보다 간단한 형식

전능하신 하나님의 은혜와 평강과 자비가 불쌍한 죄인인 우리와 늘 함께 하시기를 기원합니다. 아멘.

헌신된 백성인 여러분!
우리가 하나님의 뜻에 따라 그분의 거룩하고 영원한 말씀을 이해할 수 있도록 간절히 기도합시다. 하나님은 우리 삶에서 그분의 말씀을 따를 수 있는 은혜도 주실 것입니다. 하나님으로부터 이런 은혜를 얻기 위해서 기도 합시다.

우리 아버지, 등등.

여러분의 기도가 하나님께 더욱 열납되도록 여러분의 범죄함을 고백하고 다음과 같이 하나님의 자비를 청합시다.

하늘에 계신 아버지!
전능하신 하나님, 우리는 당산께 맞서서 큰 죄를 지었으며, 더 이상 당신의 자녀라고 불릴 자격이 없습니다. 그러나 우리 주 당신의 사랑하는 아들 예수 그리스도로 말미암아 우리에게 은혜를 베푸시옵소서. 경외함으로써 다음과 같이 기도하십시오.

우리 아버지, 등등.

3. 주의 만찬의 행위 혹은 관습: 예수 그리스도의 죽음에 대한 기념 혹은 감사

¶ 무엇보다도 좋은 복음으로부터 하나님이 인간에게 보여 주셨던 위대한 신실하심, 사랑 그리고 자비에 관해서, 그분의 사랑하시는 아들인 예수 그리스도의 죽음으로 그분이 어떻게 그들을 죄로부터 깨끗하게 하셨으며 그들을 영생의 상

속자로 만드셨는지요. 더욱이 그분이 어떻게 예수님을 생명의 양식(Food of Life)으로 임명하셨는지, 영생에 이르기까지 우리는 어떻게 인자의 살과 피를 참으로 먹고 마시는지, 거기에는 어떻게 우리의 육적 배부름을 위한 가시적 음식이 없는지, 어떻게 하늘의 음식은 단지 믿음으로만 취할 수 있는지를 신실하게 가르쳐야 한다. 마찬가지로, 주님은 어떻게—그분의 언약과 규범을 제정하시면서—진정한 믿음과 흠 없는 사랑, 크나큰 찬양과 많은 감사와 그리고 대단한 진지함과 적절한 규범으로써 그분의 하늘의 선물을 받고, 그분의 쓰라린 죽음에 대한 기념을 지키며, 그분의 거룩한 몸과 피의 성례전을 지키고 활용하도록 세우고 명령하셨는지를 가르쳐야 한다.

¶ 설교 후에 보통 행해지는 것처럼, 그 이후에 모든 사람은 자신들의 죄를 인정하고 고백하며 하나님께 용서하심을 다음과 같이 기도한다.

¶ 교회의 앞쪽에, 이전에 미사의 제단이 있었던 곳에는 이제 깨끗한 세마포로 덮인 식탁이 있고, 그 위에는 무교병과 포도주가 담긴 잔이 있다. 가증스러운 것 불결한 것, 쓸모없는 것은 하나도 없고, 모든 것에는 호화롭거나 화려한 것이 없다. 비단, 금, 혹은 은이 없지만, 모든 것은 깔끔하고 청결하다. 식탁 주위에는 교회의 봉사자들이 서 있다. 그들은 회중에게 줄 감사의 떡이 담겨있는 그릇과 잔을 들고 그것들을 주위로 건네는 일을 한다. 교회의 모든 곳에 회중이 무릎을 꿇고 있는데 남자와 여자는 따로 있다. 만찬의 행위를 듣고 볼 수 있도록 모든 사람이 각자의 자리에 있다.

¶ 그다음에 목사는 두 명의 집사와 함께 식탁 뒤에서 회중을 향한 채 서 있다. 그곳에서 한 집사는 목사의 오른쪽에, 다른 집사는 그의 왼쪽에 선다. 목사는 크고 명확한 목소리로 다음과 같이 말하면서 시작한다.

성부와 성자와 성령 하나님의 이름으로.

¶ 집사들이 전체 교회를 대신해서 다음과 같이 응답한다.
아멘.

¶ 목사는 다음과 같이 말한다.

기도합시다.

모든 피조물이 마땅히, 즉 자신들의 조물주, 창조주 그리고 아버지로서 경배하고, 숭배하며, 찬양하는 전능하시고 영원하신 하나님, 우리 비참한 죄인들에게 성실한 믿음으로 이 찬양과 감사를 이루도록 허락하시옵소서.

그것은 당신의 독생자이신 우리 주 예수 그리스도께서 우리에게 영원하신 하나님이신 성령님과의 연합으로 당신과 함께 살아 계시고 다스리시는 당신의 아들이신 동일한 예수 그리스도로 말미암아 기념하라고 가르치셨던 것입니다. 아멘.

전능하시고 영원하신 하나님!

모든 피조물이 창조주 되신 아버지 하나님을 경배하고 찬양합니다. 우리 불쌍한 죄인들에게 당신의 찬양과 감사를 참된 신실함과 믿음으로 지킬 수 있도록 허락하시옵소서. 그것은 당신의 독생자이신 우리 주, 곧 구주이신 예수 그리스도께서 우리 신자들에게 동일하신 그분으로 말미암아, 그분의 기념으로서 행하도록 명하셨던 것입니다. 당신의 아들 우리 주 예수 그리스도께서는 당신과 더불어 사시고 성령님과의 연합으로 다스리시는 영원한 하나님이십니다. 아멘.

¶ 왼편에 있는 봉사자는 큰소리로 다음과 같이 말한다.

지금 낭독되어야 하는 것은 사도 바울이 고린도 교회에 보내는 첫 번째 서신서의 11장에 있습니다[20-29절].

그런즉 너희가 함께 모여서 주의 만찬을 먹을 수 없으니 이는 먹을 때에 각각 자기의 만찬을 먼저 갖다 먹으므로 어떤 사람은 시장하고 어떤 사람은 취함이라 너희가 먹고 마실 집이 없느냐 너희가 하나님의 교회를 업신여기고 빈궁한 자들을 부끄럽게 하느냐 내가 너희에게 무슨 말을 하랴 너희를 칭찬하랴 이것으로 칭찬하지 않노라 내가 너희에게 전한 것은 주께 받은 것이니 곧 주 예수께서 잡히시던 밤에 떡을 가지사 축사하시고 떼어 이르시되 이것은 너희를 위하는 내 몸이니 이것을 행하여 나를 기념하라 하시고 식후에 또한 그와 같이 잔을 가지시고 이르시되 이 잔은 내 피로 세운 새 언약이니 이것을 행하여 마실 때마다 나를 기념하라 하셨으니 너희가 이 떡을 먹으며 이 잔을 마실 때마다 주의 죽으심을 그가 오실 때까지 전하는 것이니라 그러므로 누구든지 주의 떡이나 잔을 합당하지 않게 [즉, 옳고 적절하지 않게] 먹고 마시는 자는 주의 몸과 피에 대하여 죄를 짓는 것이니라 사람이 자기를 살피고 그 후에야 이 떡을 먹고 이 잔을 마실지니 주의 몸을 분별하지 못하고 먹고 마시는 자는 자기의 죄를 먹고 마시는 것이니라.

¶ 여기서 봉사자는 다음과 같이 말해야만 한다.
하나님께 찬양을.

¶ 이 이후에, 목사는 하나님께 드리는 다음과 같은 찬양[의 찬송가]의 첫 번째 구절로 시작해야만 한다. 그다음에 봉사자들은 다음과 같은 방식으로 교대로 말해야만 한다.
지극히 높은 곳에 계시는 하나님께 영광을
그리고 땅에는 평화를.
사람들에게는 옳은 영을.
우리는 당신을 찬양하고, 당신을 송축합니다.
우리는 당신을 경배하고, 당신께 영광을 올려드립니다. 우리는 당신의 크신 존귀함과 선하심에 감사를 드립니다. 오 주 하나님, 하늘의 왕이시고 전능하신 아버지.
독생자 예수 그리스도이신 주님, 그리고 성령님.
하나님의 어린양, 성부의 성자이신 오 주님, 세상의 죄를 지고 가시는 분이신 당신은 우리에게 자비를 베푸십니다.
세상의 죄를 지고 가시는 분이신 당신은 우리의 기도를 받으십니다.
성부의 오른편에 앉아 계신 당신은 우리에게 자비를 베푸십니다.
이는 당신 홀로만이 거룩한 분이시기 때문입니다.
당신만이 홀로 주님이십니다.
오 예수 그리스도시여, 당신만이 홀로 성부 하나님의 영광 안에서 성령과 함께 지극히 높으신 분이십니다.
아멘.

¶ 오른편에 있는 봉사자는 큰 목소리로 다음과 같이 말해야만 한다.
주께서 여러분과 함께하십니다.

¶ 응답
그리고 여러분의 영과 함께.

¶ 봉사자
지금 복음서로부터 읽어야 하는 것은 요한복음 6장에 있습니다.

¶ 응답
하나님께 찬양을.

¶ 봉사자
그러므로 주 예수께서 말씀하십니다.

진실로 진실로 너희에게 이르노니 믿는 자는 영생을 가졌나니 내가 곧 생명의 떡이니라 너희 조상들은 광야에서 만나를 먹었어도 죽었거니와 이는 하늘에서 내려오는 떡이니 사람으로 하여금 먹고 죽지 아니하게 하는 것이니라 나는 하늘에서 내려온 살아 있는 떡이니 사람이 이 떡을 먹으면 영생하리라 내가 줄 떡은 곧 세상의 생명을 위한 내 살이니라 하시니라 그러므로 유대인들이 서로 다투어 이르되 이 사람이 어찌 능히 자기 살을 우리에게 주어 먹게 하겠느냐 예수께서 이르시되 내가 진실로 진실로 너희에게 이르노니 인자의 살을 먹지 아니하고 인자의 피를 마시지 아니하면 너희 속에 생명이 없느니라 내 살을 먹고 내 피를 마시는 자는 영생을 가졌고 마지막 날에 내가 그를 다시 살리리니 내 살은 참된 양식이요 내 피는 참된 음료로다 내 살을 먹고 내 피를 마시는 자는 내 안에 거하고 나도 그의 안에 거하나니 살아 계신 아버지께서 나를 보내시매 내가 아버지로 말미암아 사는 것 같이 나를 먹는 그 사람도 나로 말미암아 살리라 이것은 하늘에서 내려온 떡이니 조상들이 먹고도 죽은 그것과 같지 아니하여 이 떡을 먹는 자는 영원히 살리라 이 말씀은 예수께서 가버나움 회당에서 가르치실 때에 하셨느니라 제자 중 여럿이 듣고 말하되 이 말씀은 어렵도다 누가 들을 수 있느냐 한대 예수께서 스스로 제자들이 이 말씀에 대하여 수군거리는 줄 아시고 이르되 이 말이 너희에게 걸림이 되느냐 그러면 너희는 인자가 이전에 있던 곳으로 올라가는 것을 본다면 어떻게 하겠느냐 살리는 것은 영이니 육은 무익하니라 내가 너희에게 이른 말은 영이요 생명이라.

하나님께 찬양과 영광을. 하나님이 그분의 거룩한 말씀 때문에 우리의 모든 죄를 용서해 주시기를 빕니다. 아멘.

¶ 이제 목사는 다시 신앙의 첫 번째 조항으로 다음과 같이 시작해야만 한다.
나는 한 분이신 하나님을, 전능하신 아버지를 믿습니다. 등등.

설교의 끝맺는 형식으로 위에서 묘사된 대로

¶ 신앙 조항의 고백 후에, 목사는 다음과 같은 방식으로 그리스도의 만찬을 위해서 준비하고 사람들을 권면한다.

이제 사랑하는 형제들이여 주 예수 그리스도의 명령과 제정에 따라서 떡을 먹고 잔을 마십시다. 그것은 예수께서 그분이 우리를 위해서 죽임을 당하시고 우리 죄를 씻어내기 위하여 피를 흘리셨다는 사실을 기념하고 찬양하며 감사하기 위해 행하라 명하신 것입니다. 그러므로 누구든지 신자가 아니면서 신자인 척하여 주님의 몸에 죄를 짓지 말고, 더욱이 누구도 그리스도의 몸인 전체 기독교 교회에 맞서서 죄를 짓지 않도록 각 사람은 바울의 말을 좇아 자기에게 어떤 위로와 믿음과 확신이 있는지 돌아보아야 합니다. 다 함께 무릎을 꿇고 다음과 같이 기도하십시오.

우리 아버지, 등등.

설교의 끝을 맺는 형식으로 위에서 묘사된 대로

여러분의 마음을 하나님께 들어 올리고 다음과 같이 말하십시오.
오 주님!

전능하신 하나님, 당신은 당신의 성령님을 통하여 믿음의 연합으로 우리를 당신과 한 몸으로 만드셨고, 우리 죄를 위하여 당신의 독생자 우리 주 예수 그리스도를 죽음에 넘겨 주신 그 선하심과 거저 주시는 선물로 말미암아 이 몸이 당신을 찬양하고 감사하라고 명령하셨습니다. 우리가 이처럼 신실하여 어떤 위선이나 속임수로도 속일 수 없는 진리의 당신께 거슬리지 않게 하시며, 또한 주의 몸과 가족과 자녀들에 합당하게 흠 없이 살게 하셔서 믿지 않는 자들도 주의 이름과 영광을 알게 하시옵소서. 주님, 우리의 잘못된 삶으로 인해 주님의 이름과 존귀가 절대 모욕당하지 않도록 저희를 보호해 주시고, 항상 우리의 믿음, 즉 영원히 살아 계시며 통치하시는 하나님에 대한 우리의 신뢰가 매일 자라나게 하옵소서. 아멘.

이제 그리스도 예수께서 어떻게 만찬을 지키시고, 우리가 어떻게 믿음과 감사로 그것을 지키게 하셨는지 진정과 믿음으로 들으십시오.

주 예수께서 배반당하시고 죽음으로 넘겨지셨던 밤에 떡을 가지사 축사하시고 떼어 이르시되, "받아서 먹어라. 이것은 너희를 위하는 내 몸이니 이것을 행하여 나를 기념하라" 하시고, 식후에 또한 그와 같이 잔을 가지시고 이르시되 " 너희들 모두 그것을 마셔라. 이 잔은 내 피로 세운 새 언약이니 이것을 행하여 마실 때마다 나를 기념하라" 하셨으니, 너희가 이 떡을 먹으며 이 잔을 마실 때마다 주의 죽으심을 그가 오실 때까지 전하는 것이니라.

하나님이 우리가 합당한 태도와 믿음과 사랑으로 그분의 기념을 지킬 수 있게 하시옵소서.

¶ 여기서 그리스도의 만찬의 마지막 말들은 한 단어씩 읽어야 할 뿐 아니라, 공개적으로 행동으로 옮겨야 한다는 사실을 주목해야 한다. 이는 목사가 "그분이 떡을 집으시고"를 읽을 때, 그도 또한 그것을 집어서 "그분이 떡을 떼시고"를 읽을 때, 그도 그것을 뗀다. "받아서 먹어라, 이것은 내 몸이다"를 읽을 때, 그 또한 떡을 두 봉사자에게 주고, 그들은 그것을 식탁 주위에 서 있는 사람들에게

준다. 동일한 봉사자들 또한 그것을 집어서 전체 교회에 준다. 그래서 한 사람은 떡을 가지고 앞에서, 다른 사람은 잔을 가지고 따른다. 이는 떡에 관해서 설명된 것과 마찬가지로, 목사는 잔도 또한 그렇게 하기 때문이다. 회중들은 그릇에 넣은 것을 교회를 가로질러서 가지고 다니는 봉사자로부터 떡을 받는다. 거기서 한 신자가 무교병 한 덩이를 자신의 손으로 집어서 자신을 위해서 한 조각을 잘라내고, 그다음에 그 덩이를 옆에 있는 사람에게 준다. 그래서 그것은 교회 전체에 퍼진다. 떡 이후에 그는 또한 잔을 받아서 그것을 마시고, 그다음에 그것을 자신의 옆에 있는 사람에게 준다. 이 모든 것이 겸손함과 경외심을 가지고 행해진다. 그리고 그에 덧붙여서, 교회가 이렇게 함께 떡을 뗄 때, 낭독자가 강단에서 요한복음 13장의 다락방 이야기의 처음부터 시작해서 낭독한다. 그는 떡을 떼는 것이 완전히 끝나고 모든 잔을 가진 봉사자들이 식탁으로 돌아올 때까지 계속 낭독한다. 그런 후에 목사가 다음과 같이 말한다.

무릎을 꿇으십시오. 그리고 하나님을 찬송하고 그분에게 감사를 드립시다.

¶ 그 후에 그는 히브리인들도 그들의 유월절 잔치 동안 낭송했던, 다음과 같은 성시를 시작한다. 집사는 한 구절을 한 번에 말한다. 목사는 다음과 같이 말한다.
여호와의 종들아 찬양하라 여호와의 이름을 찬양하라.
이제부터 영원까지 여호와의 이름을 찬송할 지로다.
해 돋는 데에서부터 해 지는 데에까지 여호와의 이름이 높이 찬양받으시리로다.
여호와는 모든 나라보다 높임을 받으시며, 그분의 영광은 하늘보다 높으시도다.
여호와 우리 하나님과 같은 이가 누구리요 높은 곳에 거하셨으나 스스로 낮추사 천지를 살피시고, 가난한 자를 먼지 더미에서 일으키시며 궁핍한 자를 거름 더미에서 들어 세워 지도자들 곧 그의 백성의 지도자들과 함께 세우시며, 또 잉태하지 못하던 여자를 잉태하게 하사 자녀들을 기뻐하는 어머니가 되게 하시는도다.

¶ 감사의 다른 형식

나는 나의 하나님을 찬양하고 여호와의 이름을 영원히 찬양할 것이라.

이는 온 땅이 당신의 선하심과 신실하심, 영광과 자비로 가득 찼음이라.

내 영혼아 여호와를 송축하라, 내 속에 있는 것들아 다 그의 거룩한 이름을 송축하라.

그분은 네 모든 죄악에 은혜를 베푸시고, 네 모든 병을 고치시며, 주께서는 긍휼히 많으시고 은혜로우시며 노하기를 더디 하시고 인자하심이 풍성하시도다.

그분은 우리의 죄를 따라 우리를 처벌하지 아니하시며, 우리의 죄악과 우리가 받아 마땅한 대로 우리에게 그대로 갚지 아니하셨으니,

이는 하늘이 땅에서 높음같이, 해 뜨는 곳이 해지는 곳에서 먼 것같이 그의 선하심과 인자하심이 우리의 죄악보다 크심이로다.

아버지가 자식을 긍휼히 여김같이 여호와께서는 우리를 긍휼히 여기시나니, 이는 우리가 아직 죄 안에 거하고 그분의 원수였을 때, 그분은 우리에게 그분의 독생자를 주셔서 우리가 그로 말미암아 살도록 하셨음이라.

그분은 그분의 살과 피를 우리를 위한 진정한 양식으로 만드셨으며, 그분의 죽음으로 우리에게 영생을 가져오셨도다.

그분은 하나님의 어린양이시고, 우리의 죄를 위한 화목이시며, 은혜에 대한 단 하나 완전한 맹세이시라.

이는 하나님이 그분의 사랑하는 아들을 주시고, 우리를 위해서 그분을 죽음으로 넘겨 주셨다면, 그분은 더 이상 우리를 버리지 않을 것이며, 그때부터 계속해서 은혜롭고 신실하시고 긍휼하실 것이기 때문이라.

그러므로 내 입술과 마음은 여호와의 찬양을 선포하고 그분을 높여 드려야 할지니. 모든 인간은 우리 주 예수 그리스도로 말미암아 그분의 선하심과 자비하심을 영원히 찬양할 지어다. 아멘.

¶ 목사는 사람들을 다음과 같이 권면하고 위로한다.

이제 우리가 주의 훈계를 좇아 지킨 크고 거룩한 비밀, 곧 불쌍한 죄인인 우리가 넘기신 바 된 몸과 흘린 피에 의해서 죄에서 깨끗함을 받고 영원한 사망에서 건지심을 받은 것을 믿음의 감사한 기념으로 증언했음을 깊이 묵

상하십시오.

또한, 우리는 그리스도인의 사랑, 신실함 그리고 서로를 향한 섬김을 실행하기 시작했습니다. 따라서 하나님이 우리 안에서 영광을 받으시고, 우리의 이웃이 덕을 세움받고 사랑받게 될 수 있도록, 우리가 모두 확고한 믿음으로 그분의 쓰라린 죽음을 기념할 것을 마음에 새기고, 항상 그것을 지니며, 그분의 성령님에 따라서 매일 악에 대해서 죽고 강건해지며 모든 선한 일로 인도하시기를 허락하시도록 하나님께 진정으로 간청합시다. 하나님이 여러분에게 복 주시고, 여러분을 지키시며, 그분의 얼굴을 여러분 위에서 비추사 여러분에게 은혜로우시기를 기원합니다.

살아 계시고 다스리시는 영원한 하나님이신 주님, 우리는 당신의 모든 선물과 선하심에 대해서 감사드립니다.

아멘.

편안히 가십시오.

4. 『취리히 교회의 예식과 규정에 관한 단문』(1559) - 루드비히 라바터 -

> 고린도전서 14장
> 모든 일을 품위 있고 질서 있게 하라[12]

Ⅰ. 의복

교회의 성직자들은 거리에 있을 때뿐만 아니라, 설교할 때와 성례전을 집행할 때도 과장된 의복이 아니라, 평범하지만 (다른 점잖은 시민들이 입는 것처럼) 점잖은 옷을 입어야 한다.

---

12 라바터의 원래 저술로부터 교회 예배에 관련된 선택된 목록만 번역했다. 그래서 일부 부분이 빠져 있다.

Ⅱ. 의식들

취리히 교회는 소수의 필요한 의식들만 유지했다. 교회는 가능한 한 많이 모든 것을 가장 오래된, 사실상 사도 교회의 최초의 형식과 가장 단순한 형식으로 회복했다. 성직자 중 누구든 폐지되었던 것 중의 어떤 것이라도 재도입하는 것은 합법적이지 않다.

Ⅲ. 휴일들 혹은 축제일

종교개혁의 시작부터 어느 시기까지, 취리히 교회는 교황 제도에서 지정되었던 기념을 위한 휴일 중의 소수를 유지했다. 그러나 마침내 적당한 순간이 나타나자, 교회는 그런 것들을 폐지했고, 주일 외에 몇 개의 축제일, 즉 그리스도의 탄생일과 다음 날들을 유지한다. 그날에는 누가복음 2장에 있는 그리스도의 탄생 이야기, 마찬가지로 디도서 2장 등등의 구절이 설명되고, 성찬 성례전(Sacrament of the Eucharist)이 기념된다.

할례일에는 아침에 누가복음 2장으로부터 할례가 제시되고, 반면에 저녁에는 예레미야 4장의 할례에 관한 구절이 설명된다. 부활절 축일과 그다음 날은 마가복음 16장으로부터 그리스도의 부활 이야기, 마찬가지로 골로새서 3장의 구절, 어떤 때는 시편 113편과 유사한 다른 구절이 설명된다. 큰 잔치로 진행되는 목요일에는, 아침 설교에서 발을 씻으시는 이야기를 큰 소리로 낭독하고, 이를 자세히 설명한다.

그리고 한편 1시부터 3시까지 혹은 대략 그 시간에 수난 이야기의 첫 번째 부분이 간단하게 취급된다. 금요일에는 다른 부분을 5시부터 8시까지 끝내고, 그 두 날에 성찬 성례전이 기념된다. 토요일에는 보통 아침에 그리스도의 매장 이야기가 설명된다. 그런데도 부활절로 진행되는 그 3일에는 자신들의 일로 돌아가기를 바라는 사람들은 그렇게 할 수 있다. 누구도 강제로 설교를 듣지 않지만, 모두가 자신들의 뜻으로 그곳에 서둘러 온다.

마찬가지로, 교회는 그리스도의 승천일도 유지한다. 그날 아침에는 사도행전 2장으로부터 그 이야기를 설명하고, 저녁에는 보통 에베소서 4장이나 그리스도의 승천에 관한 다른 유사한 구절을 설명한다. 성령강림절에는 사도행전의 성령께서 강림하시는 부분에 관한 설교를 한다. 다음 날에는 요한복음 3장 "하나님이 세상을 이처럼 사랑하사"라는 저 놀라운 구절이 설명된다.[13] 그 두 날 모두 성찬이 기념된다. 이런 그리스도의 축일들은 엄숙한 의식으로 지켜지고, 그분이 주신 유익들에 대한 기념은 경건하게 수행된다.

그러나 많은 이유로 우리 교회는 동정녀 마리아, 거룩한 사도들 그리고 그리스도의 거룩한 순교자들을 위한 휴일을 폐지했다. 그런데도, 설교하는 성직자들은 사람들에게 무엇보다도 그들의 믿음과 덕을 열심히 칭찬하고, 또한 그들을 본받으라고 자극한다.

IV. 거룩한 설교와 기도들

주일에는 시내에 있는 4개의 성전에서 동시에 설교와 기도가 전달된다(누구든지 그들로부터 빠져나가지 않도록). 여름철에는 7시에서 8시까지 행해진다. 그런 후에 아침에 집안일 때문에 거룩한 설교를 들을 수 없는 사람들을 위해서 첫 번째 성전에서 11시에 예배가 있다. 그 후에 거룩한 설교가 저녁 무렵, 3시에 전달된다. 마찬가지로 일주일 내내 5시에 한 번, 8시에 또 한 번, 하루에 두 번 설교가 전해진다(공적인 일과 사업 때문에 이른 아침 외에는 설교가 허락되지 않는 금요일을 제외하고).

그 외에 다음과 같은 과정이 지켜진다. 주일에, 사람들은 종으로 알려 주는 세 개의 신호로 소집된다. 세 번째 신호가 있기 조금 전에, 어떤 젊은이가 사람들에게 어떤 집, 농장, 밭, 혹은 포도원들이 매물로 나왔다는 것을 알려 주고, 마찬가지로 분실물과 습득물도 알려 준다. 자신의 부인이나 남편을 떠난 사람들도 결혼 법원에 대답하기 위해서 소환된다. 세 번째 신호가 있고 난 뒤에 치안 판사가 때때로 모든 사람이 알아야 할 중요한 자신의 법령을 선포한다. 그런 후에 말씀을 맡은 성직자가 연단에 올라가서 다음과 같은 말들로 설교를 시작한다.

전능하신 하나님의 은혜와 평강과 자비가 우리 비참한 죄인들에게 항상 허락되기를 빕니다. 아멘.

---

[13] 라바터가 인용한 성경은 일반적으로 불가타 성경을 따른다.

하나님의 사랑을 받는 여러분, 하나님께 다음과 같이 열심히 간청하고 탄원합시다.

자비로우신 하나님, 비참한 필멸의 존재인 우리들에게 당신의 거룩하고 영원한 말씀을 여시고 알려 주시며, 당신의 거룩한 뜻에 대한 지식으로 인도하시며, 당신의 말씀에 관해서 잘못을 범한 모든 자를 참된 길로 되돌리셔서, 우리가 당신의 거룩한 뜻에 따라 살 수 있도록 하시옵소서.

그다음에 군주와 권세를 맡은 모든 자, 모든 헬베티아(Helvetia. 스위스의 라틴어 이름: 역주)의 거룩한 치안 판사들, 하지만 특별히 명예롭고 신중한 집정관과 상원의원들 그리고 취리히 시내와 지방의 모든 대중을 위해서 하나님이 그분의 뜻에 따라 모든 사람을 지도하고 다스리셔서 우리가 모든 경건하고 평화로운 그리스도인의 삶을 살아 이 비참한 삶 이후에 영원한 안식을 얻을 수 있도록 하나님께 간청합시다.

덧붙여서, 그분의 말씀 때문에 다양한 괴로움을 지고 있는 모든 자에게 은혜와 견고함을 부여하셔서 그들이 끝까지 믿음의 고백을 견고하게 지속하도록 기도합시다. 그리고 그분이 성부로서 그분의 교회의 모든 환난과 고통받는 모든 자의 재앙들을 기억하시도록 기도합시다. 그리고 그분이 연민으로 우리 모두에게 우리 영과 몸에 필요로 하는 것들을 자비롭게 수여하시기를 기도합시다. 여러분의 온 마음을 다해서 "우리 아버지"라고 기도하십시오."

이 시점에, 말씀을 맡은 성직자는, 괴로움을 당하고 교회의 기도를 요청하는 사람들을 전체 교회의 기도에 맡긴다.

경건하고 열렬한 기도가 끝난 후에 교회의 성직자는 하나님이 주신 데까지 구약이나 신약으로부터 일부 구절을 큰 소리로 낭독하고, 청중들의 덕을 세우기 위해서 장소, 시간, 사람들의 본질에 따라 교회에 가르치고, 권면하며, 책망하고 위로하며 또한 적에게는 온건하게 반박한다.

그밖에, 거룩한 책들은 분리되어 순서 없이 제시되지 않고, 전체가 차례로 설명된다. 교회의 역사와 특별히 선지서와 사도들의 책들에 관해서 기록되고 간행되었던 그렇게 많은 설교를 이런 식으로 가르치는 것이 익숙하고 좋았던 그 시절에 고대 교부들 때문에 종종 활용되었다는 사실을 확실하게 입증한다. 사실상 우리 교리의 총합은 다양한 기록에 포함되어 있는데, 그들은 한 언어로 된 것이 아니었다. 설교가 끝난 후에 지난 8일 동안에 세상을 떠난 사람들의 이름을 큰 소리로 읽는다. 그 이후에 성직자는 다음과 같이 덧붙인다.

하나님이 우리 교회의 이런 지체들을 비참한 세상으로부터 빼앗아서 영원한 기쁨으로 옮기신 것을 감사드립시다. 우리도 항상 깨어 있고 죽음을 염두에 두며, 진정한 믿음으로 인내할 것을 하나님께 요청합시다.
그런 후에 그는 다음과 같이 죄의 고백과 기도를 덧붙인다.

> 비참한 죄인인 나는—오 나의 슬픔이여!—생각, 말 그리고 행동으로 심하게 죄를 지었음을 창조주 하나님이신 나의 주님께 고백합니다. 영원하신 하나님이신 당신은 이것을 너무 잘 아십니다. 저는 비탄에 빠졌고, 당신의 은혜를 간청합니다.

이렇게 말하면서 하나님께 여러분의 죄를 고백하십시오. 여러분의 마음으로 다음과 같은 방식으로 말하십시오.

전능하시고, 영원하시며 자비로우신 하나님, 우리의 죄를 용서해 주시고, 우리 주 예수 그리스도로 말미암아 우리를 영생으로 인도해 주시옵소서. 그분은 우리에게 다음과 같은 식으로 기도하라고 가르쳐 주셨습니다.

"하늘에 계신 우리 아버지, 이름이 거룩히 여김을 받으시오며" 등등 (마 6장).

그다음에 그는 다음과 같이 사도 신경을 덧붙인다.

나는 한 분 하나님을 믿습니다, 등등.[14]

---

[14] 본문은 *Symbolum apostolicum*이라고 되어 있는데, 그 단어들은 "나는 한 분 하나님을 믿

천사의 인사는 시작부터 어떤 시간까지 낭송되었다. 그러나 그것은 기도가 아니고 많은 이에 의해서 오용되었기 때문에, 기회가 오고, 필요성이 요구할 때 생략되기 시작했다. 게다가 더 나은 시기에는 성자들의 이름이 불리기 이전에, 기도들 사이에서 자리를 찾을 수 없었다는 사실이 아주 분명하다.

집회는 다음과 같은 말로 해산된다.

당신의 자선에서 가난한 자를 생각하십시오. 왜냐하면, 그들은 하나님의 명령을 통하여 당신에게 맡겨졌기 때문입니다. 나를 위해서 기도하십시오, 나도 여러분을 위해서 기도할 것입니다. 편안히 가십시오. 주께서 당신과 함께하실 것입니다.

주일에는 남녀 하인들을 위한 11시 설교가 끝난 후에, 교회의 성직자는 또한 십계명의 열 개 계명들을 낭송한다. 우상에 관한 계명은 생략되지 않는다.

그러나 다른 날에는 아침 설교에서 위에서 자리했던 기도는 생략되고, 설교가 끝난 후에 죄의 고백과 주기도문이 낭송된다. 그 후에 사도 신경 대신에 다음과 같은 형식의 기도가 덧붙여진다.

전능하신 하나님!
당신의 거룩한 영광이 우리 죄 때문에 오용되지 않게 하시옵소서. 이는 우리가 당신에 맞서서 당신의 영원하신 말씀에 순종하지 않고, 배은망덕과 성급함으로 매일 우리에 대한 당신의 진노를 촉발하는 등 많은 방식으로 죄를 지었기 때문입니다. 그러므로 당신이 우리를 벌하시는 것은 정당하십니다. 그러나 오 하나님, 당신의 신성한 자비를 기억하시고 우리에게 연민

습니다"(*Credo in unum Deum*)라는 니케아 신조의 예전 버전에 속하고, "나는 하나님을 믿습니다"(*Credo un Deum*)라고 시작하는 사도 신경이 아니다.

을 가져 주시옵소서.

 당신 백성의 성직자들과 치안 판사들을 세우시고 강건하게 하셔서 그들이 신실하고 확신을 두고 당신의 말씀을 설교하고, 국가라는 검을 합법적이고 정당하게 사용하도록 하시옵소서. 모든 책략과 반역으로부터 우리를 방어해 주시옵소서. 당신의 말씀과 교회에 맞서서 획책하는 모든 악과 파괴적인 의회들을 흩어 주시옵소서.

 오 하나님!

 우리에게서 당신의 영과 말씀을 빼앗지 마시고, 우리에게 진정한 믿음과 인내와 끈기를 주시옵소서. 오셔서 당신의 교회를 도와주시고, 폭력, 미혹과 폭정으로부터 교회를 해방해 주시옵소서. 또한, 우리 주 예수 그리스도로 말미암아 모든 두려워하고 괴로운 마음을 강건하게 하시고, 우리에게 당신의 평강을 보내소서. 아멘.

 또한, 설교를 시작하는 보다 간단한 다른 형식이 있는데, 그것은 보통 다른 설교에서 지켜진다. 그것은 다음과 같다.

 전능하신 하나님의 은혜와 평강과 자비를 우리 비참한 죄인들에게 허락해 주시옵소서. 아멘. 사랑받는 이여, 하나님이 그분의 뜻에 따라 우리에게 그분의 거룩하고 영원하신 말씀을 열어 주시도록 열정적으로 요청하고 기도합시다. 그런 후에 또한 은혜를 부어 주셔서, 우리 삶에서 그분을 나타낼 수 있도록 기도합시다. 이는 우리가 하나님으로부터 "우리 아버지" 등등을 말하는 이 은혜를 얻으려 함입니다.

 설교가 끝난 후에 다음과 같은 일들이 덧붙여진다.
 여러분의 기도가 하나님을 더욱 기쁘시게 하도록, 여러분의 죄를 고백하고 다음과 같은 말들로 하나님의 자비를 구하십시오.

 하늘에 계신 아버지!
 전능하신 하나님, 우리는 당신에 맞서서 잔인하게 죄를 지었고, 우리는 당신의 아들이라고 불릴 자격이 더 이상 없습니다. 그러나 당신의 사랑하는 아들이신 우리 주 예수 그리스도로 말미암아 우리에게 자비롭고 은혜로 우시기를 기원합니다.

"우리 아버지"를 말하십시오.

화요일과 목요일에는 공적 간청이 9시로 정해져 있다. 성직자들은 이렇게 더욱 단순한 형식으로 설교를 시작하지만, 설교가 끝난 후에 그들은 다음과 같은 형식을 사용한다.

나는 여러분 모두에게 전능하신 하나님께 그분이 우리가 받아 마땅한 대로 갚지 마시고, 예수 그리스도로 말미암아 그분의 광대한 자비에 의해서 자비롭고 은혜로우시며 그리고 그분의 영원한 말씀을 열심히 하고, 그 말씀을 경외하는 자 모두에게 도움과 원조를 주시기를 요청하고 기도하기를 권면합니다. 그분께서 우리 모두를 배신과 속임으로부터 구하시고, 그분의 말씀을 방어하시고 지키시며, 우리에게 진정한 평화를 허락하시고, 우리의 모든 박해자의 손으로부터 해방하시도록 기도하십시오.

그 후에, 죄의 고백, 주기도문 그리고 "전능하신 하나님 우리가 우리의 죄 때문에 당신의 거룩한 영광을 오용시키지 않도록 하시옵소서"로 시작하는 기도가 덧붙여진다.

그 외에, 지속해서 새로운 형식의 기도를 창안하고, 그들을 성회에서 낭송하는 것이 아니라, 일반적으로 사용하는 것들을 유지하는 것이 관습이다.

이제 취리히 지방의 각 교구에서 여름에는 주일에 설교를 아침에 한 번, 오후에 또 한 번, 적어도 두 번 전한다. 그때 성직자들은 아이들을 교육한다. 그런 후에 그들은 또 평일 내내 설교와 기도를 위해 교회 집회로 모인다.

교회는 어떠한 금식도 강요하지 않는다(금식은 더욱 열렬한 기도로 이끈다). 이는 교회가 자유를 허락하기 때문이다. 그런데도 반면에 성직자들은 청중들에게 그들이 하늘의 일들을 묵상하는 데 방해될 수 있는 일들을 삼가라고 훈계한다.

V. 주의 만찬에 관해서

성찬이 기념되도록 정해지고 지정된 날들 전에 사람들에게 성찬의 가치와 유용성에 관한 설교를 전한다. 마찬가지로 이런 수단에 의해서 모두가 자신들이 거룩한 양식을 받을 준비를 해야만 한다. 또한, 성찬을 행하는 바로 그날들에는 누구도 그리스도의 몸과 피를 합당하지 않게 취하지 않도록 사람들에게 간단한 권면을 한다.

설교가 끝난 후에, 성직자들이 이동 식탁을 성소로 가져와서 찬양대 자리(그들이 그것을 부르는 대로) 앞에 둔다. 식탁은 매우 깨끗한 천으로 덮여 있다. 교병을 바구니에 담아서 이 식탁 위에 둔다. 나무로 된 깨끗한 잔이 포도주로 채워져 있다. 금이나 은 혹은 귀한 보석들로 된 화려함과 사치스러움은 전혀 없다.

모든 것이 빈약하지만 그런데도 깨끗하며 초대 교회의 간소함과 일치한다. 교회의 성직자들과 보다 성숙한 학생들이 식탁 주위에 서 있다. 그런 후에 교회의 목사가 두 집사와 함께 식탁으로 온다. 그리고 그들의 한 가운데 서서 모든 사람이 목사의 말을 이해할 수 있도록 큰 소리의 자국어로 다음과 같은 방식으로 시작한다.

하나님의 이름으로, 아멘. 기도합시다.

모든 피조물이 마땅히, 즉 자신들의 조물주, 창조주 그리고 아버지로서 경배하고, 숭배하고 찬양하는, 전능하시고 영원하신 하나님, 우리 비참한 죄인들이 성실한 믿음으로 이 찬양과 감사를 주님께 드리도록 허락하시옵소서. 그것은 당신의 독생자이신 우리 주 예수 그리스도께서 우리에게 영원하신 하나님이신 성령님과의 연합으로 당신과 함께 살아 계시고 다스리시는 당신의 아들이신 동일한 예수 그리스도로 말미암아 기념하라고 가르치셨던 것입니다. 아멘.

왼쪽에 있는 성직자는 다음과 같이 말한다.

지금 낭독되는 것은 고린도전서 11장에 기록된 것입니다.

그런즉 너희가 함께 모여서 주의 만찬을 먹을 수 없으니.

그리고 그는 이 지점까지 나머지를 낭독한다.
주의 몸을 분별하지 못하고.

그 후에 목사는 다음과 같은 찬송가를 시작한다. **지극히 높은 곳에서는 하나님께 영광**(Gloria in Excelsis Deo). 그런 후에 성직자들이 교대로 그것을 끝낸다. 오른쪽의 집사가 "그리고 땅에는 평화"라고 말한다. 왼쪽에 있는 집사는 "사람들에게는 깊고 평화로운 마음을"이라고 말한다. 오른쪽의 집사가 "우리는 당신을 찬양하고 당신을 송축합니다" 그리고 등등을 말한다.

찬송가가 끝난 후에, 오른쪽에 있는 집사는 "주께서 여러분과 함께하시기를"이라고 큰 목소리로 말한다. 목사는 집사와 함께 "그리고 여러분의 영과 함께"라고 응답한다. 집사는 계속해서 "지금 낭독하는 것은 요한복음 6장에 기록된 것입니다"라고 말한다. 목사는 집사와 함께 "주님 당신에게 영광을"이라고 응답한다. 집사는 "그러므로 예수께서 말씀하시되 진실로 진실로 너희에게 이르노니 믿는 자는 영생을 가졌나니"라고 말한다.

그리고 그가 나머지를 이 지점까지 낭독한다.
"내가 너희에게 이른 말은 영이요 생명이라."

이런 말들 후에 목사는 "하나님께 영광"이라고 말한다. 집사들이 "아멘" 하고 응답한다. 목사는 신앙의 신조를 시작한다.

"나는 한 분 하나님을 믿습니다."

오른쪽에 있는 집사가 "전능하신 아버지, 하늘과 땅을 만드신 분"이라고 말한다. 왼쪽에 있는 집사가 "그리고 그분의 독자 우리 주 예수 그리스도를 믿습니다"라고 말한다.

그리고 그들은 조항의 나머지를 교대로 끝까지 낭송한다. 신앙의 조항이 낭송된 이후에 목사는 거룩한 만찬을 위해 사람들을 준비시키기를 시작하고 그들에게 다음과 같은 말들로 권면한다.

이제 우리 사랑하는 형제들은 우리 주 예수 그리스도의 의식과 제정에 따라서 이 떡을 먹고 이 잔을 마시기를 바랍니다. 이것은 그분이 우리의 죄를 씻어내기 위하여 자신의 피를 흘렸기 때문에, 그분이 기념하고 찬양하며 그분께 감사하기 위해서 다음과 같은 방식으로 행하도록 명령하셨던 것입니다.

그러므로 모두 바울 사도가 우리 주 예수 그리스도께 어떤 종류의 신뢰와 확신을 가졌는지를 말한 것에 따라 자신을 시험하고 살펴보아야만 합니다. 그런데도 만약 그가 믿음을 가지고 있지 않다면, 누구도 마치 자신이 그리스도를 믿는 것처럼 행해서 주님의 죽음에 죄를 지어서는 안 됩니다. 어떤 이도 그리스도의 교회 전체(그것은 그분의 몸입니다)에 맞서서 죄를 지어서는 안 됩니다. 따라서 무릎을 꿇고 "하늘에 계신 우리 아버지"를 끝까지 기도하십시오.

성직자들이 "아멘"하고 응답할 때 목사는 계속해서 말한다.
다음과 같이 말하면서, 여러분의 마음을 하나님께로 들어 올리십시오.

전능하신 하나님, 당신은 당신의 영으로 우리를 믿음의 연합 안에서 당신의 한 몸으로 합류시키셨습니다. 그리고 당신이 우리의 죄 때문에 당신의 독생자, 우리 주 예수 그리스도를 죽음에 내어 주신 이런 관대함과 친절하심에 대해 당신과 한 몸이 된 우리에게 당신께 감사하고 당신을 찬양하라고 명령하셨습니다.

우리가 이런 믿음으로 당신의 계명을 성취할 수 있도록 허락하셔서, 오류 없는 진리이신 당신에게 어떠한 부정직한 위선으로 죄를 짓거나, 당신을 자극하지 않도록 하시옵소서. 또한, 우리가 당신의 몸, 당신의 아들들 그리고 당신의 가족으로서 살기에 적합할 만큼 거룩하게 살도록 허락하셔서, 불신자들 또한 당신의 이름과 영광을 인정하는 것을 배울 수 있도록 하시옵소서.

주님! 우리 삶이 타락함으로 인하여 당신의 이름과 영광이 모욕당하지 않도록 우리를 지켜 주시옵소서. 주님 항상 우리의 믿음, 다시 말하자면, 살아 계시고 다스리시는 영원하신 하나님이신 당신께 대한 확실한 신뢰를 증대시켜 주시옵소서.

성직자들은 "아멘"이라고 응답한다. 목사는 다음과 같이 계속한다.

이제 그리스도 예수께서 만찬을 어떻게 기념하셨고 우리에게 그것을 믿음과 감사로서 기념하라고 어떻게 가르치셨는지를 참된 믿음으로 들으십시오. 예수님은 잡히시던 밤에 떡을 집었습니다 [여기서 목사는 자신의 손에 무교병을 집는다.] 그리고 그분은 축사하시고 그것을 떼고 말씀하셨습니다.

받아서 먹어라. 이것은 너희들을 위해서 넘겨 준 내 몸이다. 나를 기념하여 이것을 행하라 [여기서 동시에 목사는 오른쪽과 왼쪽에 서 있는 성직자들에게 떡을 준다. 그들은 경건하게 그것을 받아서 식탁에 서 있는 사람들에게 준다.] 식사가 끝난 후에, 유사한 방식으로 그분은 또한 잔을 집었고 [여기서 목사는 자신의 손으로 잔을 집는다], 축사하신 후에 말씀하셨습니다.
너희 모두는 이것을 마셔라 [동시에 그는 오른쪽에 있는 성직자에게 잔을 준다. 그 또한 그것을 자신의 옆에 서 있는 사람에게 준다.] 이 잔은 내 피로 세운 새 언약이다. 너희가 이것을 행할 때마다 나를 기념하면서 그것을 행하라.

이는 여러분들이 이 떡을 먹고 이 잔을 마실 때마다 그분이 오실 때까지 주님의 죽음을 선포하고, 찬양하며 그것에 대해서 감사할 것이기 때문입니다. 주께서 우리에게 믿음과 사랑으로 합당하게 그분을 기념할 수 있도록 허락하시기를 기원합니다. 아멘.

이 이후에 성직자들은 접시에 있는 무교병을 교회 전체에게 나른다. 그리고 모두는 제공된 떡 조각을 자신의 손으로 집고 난 후에 남은 분량을 자신의 옆에 앉아 있는 사람에게 준다. 그런 후에 다른 성직자들이 잔과 마실 기구들을 가지고 뒤를 따른다. 그리고 각 사람은 다른 사람에게 주의 잔을 준다. 그래서 모두가 한 떡과 한 잔에 참여한다.

이제 주의 만찬이 이렇게 기념되는 동안, 다른 성직자가 강단에서 큰 소리로 성 요한이 발을 씻는 것을 묘사했던 13장부터 시작하여 몇 장으로 서술했던 만찬의 담론을 낭독한다. 모든 잔과 그릇이 돌아오면, 전체 교회는 하나님께 그분의 측량할 수 없는 유익들에 대해 감사를 드리기 위해 다시 무릎을 꿇는다. 목사는 다음과 같이 말한다.

"하나님께 감사합시다."

그리고 동시에 그는 시편 113편을 시작한다. 그것은 이스라엘 백성들이 유월절 양을 기념하면서 고대 전통대로 "너희 자녀들아 여호와를 찬양하라 너희는 여호와의 이름을 찬양하라"라고 낭송했던 것이다. 집사들이 교대로 성시를 끝낸다. 이 이후에 목사는 교회를 격려하고 다음과 같은 말들로 그들을 위로한다.

사랑하는 형제들이여!
이제 여러분은 우리가 방금 그리스도의 명령에 따라서 성취했던 것이 얼마나 큰 신비인지를 명심해야 합니다. 왜냐하면, 우리는 믿음으로 이루었던 이 감사로써 우리가 사실상 비참한 죄인이지만, 그리스도께서 십자가에 넘겨지시고 우리를 위해서 흘리셨던 그분의 몸과 그분의 피로 깨끗해졌다는 사실 그리고 우리는 또한 영원한 죽음으로부터 구속받았다는 사실을 입증하기 때문입니다.
우리는 우리가 형제들인 것을 증언합니다. 그러므로 그것을 사랑, 믿음 상호 간의 섬김으로 보여 줍시다. 따라서 그분의 쓰라린 죽음을 우리 마음에 그렇게 깊게 새겨 주셔서 우리가 참으로 매일 죄에 대해서 죽을 수 있도록 또한 우리가 모든 덕으로 그렇게 강건해지고 그분 성령의 은혜와 역사하심이 그렇게 증대되어서 주의 이름이 우리 안에서 성화되고, 그 외에 우리 이웃이 사랑받고 도움을 받을 수 있도록 주님께 간청합시다. 주님이 우리에게 자비를 베푸시고 우리에게 복을 주십니다. 그분이 그분의 얼굴을 우리 위에 비추시고 우리에게 은혜를 베푸시기를 기원합니다. 아멘.

살아 계시고 다스리시는 영원하신 하나님이신 주 하나님, 우리는 당신의 선물과 유익들에 대해 당신께 감사를 드립니다. 아멘.

목사는 말한다.
"편안히 가십시오."

그다음에 교회는 떠난다.

이제 집사가 없는 취리히 시골 지역 교구에서는 목사들이 그 모든 것을 낭송한다(도시에서는 2-3명이 낭독). 그런 후에 참여하기를 원하는 개인들은 성소에 있는 식탁으로 온다. 남자가 먼저, 그런 후에 여자가 온다. 그리고 크나큰 존경심으로 그들은 성직자의 손으로부터 집은 떡을 먹고 포도주를 마신다. 때로, 성직자들이 직접 오는 사람들의 입에 떡을 넣어 주고, 잔을 그들의 입까지 올려 준다. 일부 교회에서는, 남자들이 징표로서 자신들의 검을 맡긴 후에 온다.

제10장

덴마크 교회 규범(1537)

요한 부겐하겐과 피터 팔라디우스

·

덴마크 교회 규범(1548)

밀스 카버데일

제10장 덴마크 교회 규범(1537) · 덴마크 교회 규범(1548) 315

> 덴마크에서는 복음을 순전하고 강력하게 설교합니다. 하나님이 시작하셨던 대로 전진을 허락하시기를 기원합니다. 나는 덴마크에서처럼 심지어 평일에도, 겨울에도 그리고 축일에도 동트기 전에 사람들이 하루 종일 설교를 그렇게 기쁘게, 그렇게 부지런히 듣고 그리고 그렇게 부지런히 기도하는 곳에는 가 본 적이 없습니다.[1]

요한 부겐하겐(Johann Bugenhagen, 1485-1558)은 1539년 작센주의 선제후 프레데릭(Elector Frederic of Saxony)에게 덴마크 왕국에 있는 루터파 교회의 급속한 발전을 매우 열정적으로 전달하면서 이런 극찬하는 단어를 사용했다. 칼마르 동맹(Kalmar Union, 1523)이 붕괴할 즈음에 스칸디나비아에서 종교개혁의 웅성임이 시작되었다.

덴마크는 슐레스비히와 홀슈타인 공국들(Duchies of Schleswig and Holstein)에 더해서 노르웨이 아이슬란드, 그린란드의 통제권을 유지했고, 초기 종교개혁자인 피터 로렌센(Peter Laurentsen), 프란스 베르모르센(Frans Vormordsen), 클라우스 모르텐센(Claus Mortensen), 한스 타우젠(Hans Tausen)은 복음주의 설교와 출간으로 덴마크 영토에 영향을 주었다. 비텐베르크에서 지냈던 타우젠은 루터의 영향을 받았지만, 반면에 로렌센, 베르모르센 그리고 모르텐센은 남부 독일과 스위스 종교개혁의 영향을 더 많이 받았다.[2]

덴마크에서 복음주의의 성장은 프레데릭 1세(King Frederic Ⅰ)의 아들인 크리스천(Christian, r. 1503-1559])의 부상과 함께 발전했다. 크리스천 왕자는 비텐베르크에서 공부했던 자신의 가정 교사 볼프강 폰 우텐호프(Volfgang von Utenhof)를 통해서 루터의 사상을 처음 접했다. 그는 마틴 루터가 직접 보름 제국의회(Diet of Worm, 1521)에서 연설하는 것을 들은 후부터 루터파 사상을 확고하게 고수했다.

---

1 E. Belfour, "The History of the Liturgy in the Lutheran Church in Denmark," in *Memoire of the Lutheran Liturgical Association, Vols. 1-7* (Pittsburgh: Lutheran Liturgical Association, 1906), 2:58에서 인용.

2 Ole Peter Grell, "From Popular, Evangelical Movement to Lutheran Reformation in Denmark: A Case of two Reformation," *Archiv für Reformationsgeschichte* 102 (2011): 33-34.

1528년 슐레스비히와 홀슈타인의 크리스천 공작(그때 그는 공작이었다 [Duke Christian of Scheswig and Holstein])은 1528년 하더슬러브(Haderslev)에 루터주의를 도입했고 **22개 조항**(*The Haderslev Articles*)을 기안했는데, 그 결과 복음주의 예배가 생겨났다. 1533년 크리스천 왕자의 아버지가 사망했을 때 짧은 내전이 있었는데 그 후, 크리스천은 왕좌를 계승했고 크리스천 3세(King Christian Ⅲ)로 즉위했다. 옛 로마가톨릭 감독(Bishops)들을 새로운 복음주의 감독자(Superintendents)로 즉시 대체한 외에, 그는 덴마크와 노르웨이 공국과 그들 각자의 영토를 위한 교회 규범을 만들기 위해서 "우리의 사랑하는 포메라니아의 요한 부겐하겐"(our Beloved Johann Bugenhagen of Pormerania)의 도움을 받았다.

이렇게 하여 비텐베르크에서 훈련받은 덴마크인인 피터 팔라디우스(Peter Palladius, 1503-60)의 감독하에 1537년 9월 2일 『덴마크 교회 규범』(*Danish Church Order*, 1539년 덴마크어로 번역됨)의 승인으로 덴마크는 개신교 교회 규범을 가진 최초의 스칸디나비아 왕국이 되었다.

『덴마크 교회 규범』은 루터의 예전 창작으로부터 구조적 영향을 받은 강력한 루터파의 문서이다. 루터파의 영향은 루터의 『소교리 문답』(*Shorter Catechism*)과 교리 교육을 위한 상세한 교육에 대한 두 개의 명시적 언급으로 강화되었다. 부겐하겐이 주 저자라는 사실에 덧붙여, 크리스천왕이 서문에서 루터와 비텐베르크 신학자들의 승인을 받기 위해서 교회 규범을 그들에게 보냈다고 한 언급 때문에, 아마도 이것은 놀라운 일이 아닐 것이다.

미사에서 제사의 개념 삭제, 목록에서 사적인 미사의 제외 그리고 자국어에 대한 주장과 같은 다른 중요한 복음주의 비유도 관찰이 가능하다. 루터가 작사했던 "우리의 구원, 예수 그리스도"(Jesus Christ, Our Salvation)라는 성찬 찬송가의 포함은 흥미로운 특징이다. 루터는 일찍이 그 곡을 얀 후스의 업적으로 돌렸다. 루터의 예전에는 다른 두 가지의 작은 첨가―비록 호기심을 끌기는 하지만―가 있다.

첫째, 떡과 포도주의 거양이라는 선택적 본질에 대해 동의를 하지만, 『덴마크 교회 규범』은 동시에 사용되었던 **심벌즈**(*cymbalis*)를 지정한다.

둘째, 『덴마크 교회 규범』은 예배의 다양한 노래 부분을 이끌었던 **교사**(*Ludimagister*)를 언급한다.

이런 것은 루터가 자신의 『독일어 미사』(*German Mass*, 1526)로 이루기를 바랐던 상황에 따른 융통성을 실증한다. 사실상 이런 융통성이라는 특징은 1538년 3월 13일 이전 어느 땐가 영국 왕 헨리 8세(English King Henry VIII)에게 『덴마크 교회 규범』의 복사본을 보냈을 때, 부겐하겐에게 많은 도움이 되었을 수도 있었다.³

확실히, 덴마크 예전은 헨리왕의 보수적 신학 취향에 맞지 않았다. 그것의 한 편집본(『덴마크에 있는 그리스도의 교회와 회중이 사용하는 규범』[*The Order that the Church and Congregation of Christ in Denmarke Doth Vse*])은 1539년 11월 6일 선포된 국왕의 금지 명령에서 금지된 책의 목록에 있었다.⁴ 하지만, 1547년 헨리왕이 죽자 그의 아들 에드워드(Edward)가 즉위했고, 얼마 후인 1548년, 거의 같은 제목(『덴마크 교회의 규범』[*Order of the Church in Denmark*])을 단 덴마크 예전의 편집본이 영국으로 돌아가 유통되었다.⁵ 비록 역사가들에게 이런 두 개의 편집본 이야기는 대답보다는 질문을 더 일으키지만, 유사한 내용을 담고 있는 두 편집본들이 재능 있는 언어학자 밀스 커버데일(Miles Coverdale, 1488-1569)에 의해서 시작되었으며, 영국 예전의 개혁에 영향을 끼치기 위한 목적이었다는 사실을 합리적으로 추정할 수 있다.⁶ 『덴마크 교

---

3   부겐하겐이 헨리 8세에게 선물한 책은 부겐하겐 자신의 손으로 썼고, 영국 도서관 C, 45.a.10(2)에 남아 있다.

4   John Foxe, *Acts and monuments of these latter and perillous dayes* … (London: John Day, 1563), RSTC 11222, 573. 금지된 책들의 목록은 폭스의 1536년판 *Acts and monuments*에만 있다. 완전한 본문은 "덴마크 그리스도의 교회와 회중 그리고 독일의 다른 장소에서 주의 만찬과 복된 세례 성례전과 거룩한 결혼식의 사역에서 사용되는 예전 항목"이다. 이 제목으로 된 1539년 이전의 현존하는 복사본은 없다.

5   John Calvin and Miles Coverdale, *A faythful and moost Godlye treatyse concernynge the most sacret sacrament of the blessed body and bloude of oure sauiour Christe, co[m]piled by John Caluyne, … Wherunto the order that the Churche and congregation of Christ in Danmarke doth vse at the receiuinge of Baptisme, the Supper of the Lorde, and Wedlocke: is added. Myles Couerdale* (London: John Day and William Seres, 1548), 밑줄은 본서의 저자가 친 것임.

6   짧은 제목 목록(Short Title Catalogue)은 주의 만찬에 대한 칼빈의 논문은 프랑스어 원본을 니콜라스 데 갈레(Nicholas Des Galler)가 라틴어로 번역한 것으로부터 토마스 브록(Thomas

회의 규범』의 현존하는 편집본은 『덴마크 교회 규범』(Danish Church Order)으로부터 일부 예전적 발전을 명확하게 보여 준다.

초기의 찬송가들—**자비송**(Kyrie Eleison), **영광송**(Gloria), **할렐루야**(Hallelujah)—들은 모두 제거되고 **오소서 성령님**(Veni Sancte Spiritus)만 남았다. 설교는 예배의 중간이 아니라 시작으로 옮겨졌고, 중간에는 대신 주의 만찬의 시작으로서 신경을 배치했다(부처의 예전과 유사). 주기도문은 더 이상 노래로 불리지 않았지만(칼빈의 예전과 유사), 다른 말로 바꾸어서 했다.

떡과 잔의 거양은 전혀 없었고, 벨이나 심벌즈의 사용도 없었다. 주의 만찬 이후의 감사 기도는 세 가지 선택 사항을 제공했다(부처의 예전과 유사). 따라서 『덴마크 교회의 규범』은 확실히 1537년의 『덴마크 교회 규범』(Danish Church Order)이 보다 복음적으로 진보된 개작 중의 하나였다.

사실상, 이런 특별한 개작은 1540년부터 1548년까지 8년 동안 카버데일이 유럽 대륙에서 경험했던 망명을 반영한다. 칼빈의 부인은 카버데일과 그의 아내가 스트라스부르로 오는 것을 환영했고, 그곳에서 카버데일은 3년간 남아 있었다. 칼빈, 부처, 콘라드 후베르트(Conrad Hubert)와 다른 사람과 따뜻한 친교 외에, 그는 튀빙겐(Tübingen)대학으로부터 신학박사 학위(DTh[Doctor of Theology])를 받았으며, 덴마크에서 시간을 보냈다. 망명 기간의 마지막 5년 동안 그는 스트라스부르에서 40마일(약 64킬로미터) 떨어진 베르그자베른(Bergzabern) 마을에서 보조목사로서 그리고 그곳에서 문법학교의 교장으로도 지냈다. 예전의 완전한 제목[7]은 영국 교회에 대한 카버데

Broke)이 영어로 번역한 것이라는 사실을 바르게 진술한다. 하지만, 책의 제목 페이지와 마지막 페이지에 의하면, 덴마크 예전에 대한 책임은 분명히 카버데일에게 있다. 카버데일의 예전과 덴마크 관련에 대해 도움이 될 만한 토론은 Robin A. Leaver, "*Goostly Psalmes and Spirituall Songes*": *English and Dutch Metrical Psalms from Coverdale to Utenhove, 1533-1566* (Oxford: Clarendon, 1991), 103-8)에서 찾을 수 있다. 리버(Leaver)는 책의 금지 날짜가 1546년이라고 하지만, 폭스의 *Acts and Monuments*의 1563년본이 실제로 왕의 금지 명령 날짜에 대해 1539년이라고 한 것을 몰랐던 것으로 보인다.

[7] *The Order That the Church and Congregation of Christ in Denmark and in Many Places, Countries and Cities in Germany Do Use, Not Only at the Holy Supper of the Lord, but Also at the Ministration of the Blessed Sacrament of Baptism and Holy Wedlock*. 예전의 완전한 제목은 전체 출판물의 제목 페이지에 실제로 인쇄된 것이 아니라, 출판물의 후반을 형성하는 예전 제목 페이지에 있다. sig. E.iii^r. 밑줄이 첨가됨.

일의 비전에 매우 영향을 끼친 이런 익숙한 경험에 언급한 것으로 보인다.

나는 여기에 알지 못하는 것, 불확실한 것은 하나도 기록하지 않고, 안다고 하더라도, 다만 내 눈으로 보고 내 귀로 들었을 뿐만 아니라, 수많은 날 동안 그것을 실행하고, 실천하는 것에 참석했고, 경험했던 것만 기록한다. 내가 이것을 기록하는 것은 모든 선한 마음이 하나님의 거룩한 이름 덕분에 그리고 그분의 가장 사랑하시는 아들의 귀한 피를 위하여, 하나님의 말씀이 우리 가운데서도 마찬가지로 자라기를 허락해 주실 것을 하나님께 열정적으로 기도할 기회를 주기 위해서이다.[8]

1. 예배 순서

1) 『덴마크 교회 규범』(1537)

말씀 예전	주의 만찬 예전
조명을 위한 기도(Prayers for Illumination)	입당송 혹은 시편 Introit or Psalm
성경(Scripture)	자비송(Kyrie)
설교(Sermon)	영광송(Gloria)
중보 기도(Intercessions)	인사(Salutation)
주기도문(Lord's Prayer)	본기도(Collect)
본기도와 더불어 찬송가 혹은 연도(Hymn of Litany with Collect)	서신서(Epistle)
	할렐루야(Hallelujah)
	성경 혹은 층계송(Scripture of Gradual)
	복음서(Gospel)
	사도 신경(Apostle's Creed)
	설교(Sermon)
	권면(Exhortation)
	주기도문(Lord's Prayer)

---

[8] Calvin and Coverdale, *A faythful and Moost Gdelye treatyse* … *Wherunto the order that the Churche and congregation of Christ in Denmarke doth vse*, sig. f.iii[r].

	성찬 제정사(Words of Institution)
	선택적 거양(Optional Elevation)
	찬송가(Hymn)
	분배(Distribution)
	인사(Salutation)
	감사 기도(Prayer of Thanksgiving)
	축도(Benediction)
	찬송가(Hymn)
	의복을 벗음과 사제의 낮은 소리 기도(Removal of Vestments and Secret Prayer)

2) 『덴마크 교회 규범』(1548)

주의 만찬 예전
주기도문 송과 시편(Sung Pater Noster and Psalms)
인사(Salutation)
조명을 위한 기도(Prayers for Illumination)
성령이여 오소서 등등(Veni Sancte Spiritus, etc.)
성경(Scripture)
설교(Sermon)
죄의 고백(Confession)
중보 기도(Intercessions)
용서의 선언(Absolution)
평화의 인사(The Peace)
신경(Creed)
긴 권면(Long Exhortation)
주기도문의 해석(Lord's Prayer Paraphrase)
복음서[공관복음서 중 주의 만찬](Gospel[Lord's Supper from any of the Synoptics])
서신서[고전 11:23-25](Epistle 1Cor 11:23-25)
시편[들](Psalm[s])
분배(Distribution)

주의 만찬 예전
감사 기도(Prayer of Thanksgiving)
축도(Benediction)

2. 『덴마크와 노르웨이 왕국 그리고 슐레스비히, 홀슈타인 공국들 등등의 교회 조례 등』(1537)

우리 주님의 해 1537년

하나님의 은혜로 그리스도인인 덴마크와 노르웨이, 슬라브(Slavs)인과 고트(Goths)족의 왕 그리고 슐레스비히(Schleswig), 홀슈타인(Holstein), 슈토마른(Stormarn)과 디트마르쉬(Ditmarsh)의 공작, 올덴부르크(Oldenburg)와 델멘호르스토(Delmenhorst)의 백작. 우리 왕국들과 공국들에 인사드립니다. 주 하나님이 우리에게 조상과 부계 왕국을 맡기시고, 전쟁의 소동이 진정된 후에, 우리의 소원을 이룰 때까지 오래전부터 우리나라를 위해서 원했던 대로 우리는 그 무엇보다 더 붕괴되었던 그리스도의 신앙과 교리를 회복하기를 바랐습니다.

그리스도께 감사드립니다!

그러므로 덴마크 왕국과 우리 공국들에 있는 교회의 교사와 설교자들이 모인 후에, 우리는 그들에게 우리가 숙고했던 신성한 조례를 만들라고 명령했습니다. 우리는 이 조례를 받아서, 최근에 하나님의 자비가 그를 통해서 우리에게 그리스도의 신성한 복음의 순수성을 회복시키셨던 목사인 마틴 루터 박사(Reverend father, Doctor Martin Luther)에게 보냈습니다. 그는 비텐베르크에 있는 다른 신학자와 함께 이 법을 승인했습니다. 그러나 이 신성한 일이 바르게 행해지도록, 우리는 작센의 공작이자 선제후인 우리의 가장 위대한 친구, 가장 걸출한 군주 존 프레더릭(Illustrious Prince John Frederic)에게 우리가 사랑하는 신학박사인 포메리아(Pomeria)의 요한 부겐하겐(Johann Bugenhaen)을 보내 달라고 요청했습니다. 우리는 이 신성한 법을 준비하는 데 있어서 우리 자문관들과 함께 이 사람의 조언과 작업을 활용함으로써 우리가 이 일에 성급하지 않고, 그렇게 많고 위대한 전문가와 함께 행했다는 사실을 여러분이 알 수 있도록 했습니다. 나아가서, 완성된 조례를 비서들을 통해서 왕국의 자문관들에게 제시했습니다. 이 사람들은 조례가 포함한 모든 것을 승인하고 받아들였고, 단지 설교자들에게 당분간 주의 만찬 성례전으로부터 배제되어야만 하는 저 죄인들을 교회 앞에서는 다소 부드럽게 훈계할 것을 요청했습니다.

그리고 만약 그가 그리스도인이라면, 누가 이런 일을 받아들이지 않겠습니까?

왜냐하면, 여기에는 복음과 그리스도의 제정에 따른 성례전의 전통을 순수하게 다룰 것과 그리고 찬송들, 신성한 낭독들, 설교를 위한 귀한 집회와 주의 만찬, 하나님의 신성한 말씀이나 거룩한 성경을 통한 젊은이들의 교육, 신성한 성직자들과 학교와 가난한 자를 위한 돌봄과 모든 가정에서 교리 교육을 하여 지금까지는 시골 사람은 물론 귀족들과, 동일한 방식으로 왕과 왕자들조차도 몰랐던 사실, 즉 교회의 우두머리로서 자신을 자랑했고, 자신들의 배와 맘몬을 경배했던 저러한 자들이 그리스도께 책임을 질 것이라는 사실에 관해서 이제는 소년들, 심지어 시골 소년들도 알 수 있게 하려는 것 외에 다른 것은 전혀 없기 때문입니다.

이런 일 중에 무엇이 불쾌하겠습니까?

그리스도인들이 가장 높은 소망으로 바라서는 안 될 것 하나를 이 중에서 말해 보십시오.

이 문제에 대해 다른 사람들의 의견을 다만 받아들이기만 한다고 생각하는 사람이 아무도 없도록, 우리는 하나님의 선하심이 우리에게 주셨던 거룩한 복음에 대한 이해를 말할 수 없는 감사함으로 고백하고, 이 조례에 관련된 이런 우리의 판단을 공개할 것입니다. 여기 있는 조례는 두 부분으로 되어 있습니다. 하나는 다만 신성한 것으로서 우리가 하나님의 말씀, 즉 율법과 복음이 진지하게 설교되는 것을 바라는 것과 마찬가지로 성례전이 바르게 전달되고, 그리스도 안에서 세례를 받은 아이들이 계속해서 그리스도인으로 남도록 가르침을 받으며, 교회와 학교의 목사들과 가난한 이들을 위한 필요를 채워 주는 것입니다. 그것은 우리의 조례가 아니라 우리 주 그리스도의 법에 순종하는 것입니다. 그분은 우리의 유일한 구주이시며 가장 확실한 구원이신 것과 마찬가지로, 또한 우리의 유일한 선생이시고 주인이십니다.

그분에 관해서는 성부께서 "그의 말을 들으라"라고 외치시고, 그분은 친히 "내 양은 내 음성을 듣느니라"고 말씀하십니다. 그분은 하나님 안에서 영원으로부터 감추어져 왔던 복음을 세상에 드러내고 주신 분이십니다. 그리고 그분은 모든 피조물에 그것이 설파되도록 명령하셨고, 세례와 그분의 만찬을 제정하셨으며, 다른 방식이 아니라, 그분의 제정에 따라서 그것을 전하고 받기를 명령하셨습니다. 우리는 누구든지 그리스도의 복음과 제도를 거스르는 일을 해서는 안 됩니다.

하늘에서 온 천사라도 바울이 감히 말했듯이 그리고 그리스도께서 말씀하신 것처럼 "내 양은 낯선 사람의 소리를 알지 못하며 그들을 피합니다."

왜 우리 바보들은 의회를 기다리는 동안 우리의 부정과 불경으로 멸망하려고 합니까?

의회나 인간의 조례들은 여기서 신성한 조례에 맞서서 아무것도 할 수 없습니다. 만약 의회들이 지금까지 우리가 미혹되었던 악마의 교리와 반-그리스도인 전통을 비난하고, 복음을 진정으로 가르치며, 현재 의회와 조례에 의해서 우리가 이것을 행하는 것처럼 그리스도의 제정과 사도의 교리에 따라 성례전을 전하라고 명령한다면 불경한 비기독교인들은 그것들을 포용하지 않으려는 자들일 것입니다.

그러나 우리는 그런 일들을 오랫동안 헛되이 기다려 왔습니다. 왜냐하면, 그들이 "우리는 복음을 제한하는 것이 아닙니다. 그러나 여러분은 여러분의 교리가 진정한 복음인지 아닌지에 관한 우리들의 의견을 기다려야만 했었습니다"라고 말하기 때문입니다. "이런 식으로 그들이 말장난하고 우리를 불공정하게 비난하는 것이 우리는 상관없다"라고 응수했습니다. 우리에게는 고통받는 양심들에 우리를 위해서 십자가로 넘겨지신 바 된 하나님의 아들 그리스도 한 분 때문에 우리가 값없이 죄 사함을 받는다는 것을 선포하는 진정한 복음이 있습니다. 그리스도께서 우리의 죄를 지고 가셨기 때문에, 우리는 하나님에 의해서 의롭다고 여김을 받습니다. 우리는 믿음으로 말미암아 받아들였던 하나님의 사랑하는 아들 안에서 영원하신 성부에 의해서 사랑받는 하나님의 아들들이고 영생과 하나님의 모든 선물의 상속자들입니다. 성부는 우리를 위해서 그분을 주셨습니다.

그분이 어떻게 그분 안에 있는 모든 것을 우리에게 주지 않으시겠습니까?

다른 복음은 없습니다. 하나님의 영광의 복음을 대신해서 반-그리스도인 분파들은 위선으로 악마의 교리를 우리에게 전했습니다. 다시 말하자면 그것은 거짓, 만족감, 법령, 규정, 의식, 면죄부, 순례, 협동 단체, 인위적 희생, 미사라는 가증스러움, 연옥, 축성된 물, 금식에 관한 법, 시과의 중얼거림, 죽은 자를 위한 철야, 성지들, 종의 세례, 성유, 나무 부스러기, 신성한 의복들, 하나님에 의해서 만들어지고 제정되었던 결혼을 포기하는 가장 불경한 독신, 음식의 금지, 그리스도의 잔에 대한 금지, 성자들에 대한 간구 그리고 그들이 하나님을 달래고, 죄에 대해 만족시키고 죄를 사함 받을 공로를 만든다고 우리에게 가르쳤던 모든 행위와 의식의 오용을 가르치고 설파했던 자들의 종교에 대한 가장 큰 가식입니다.

바울이 말하듯이 그들은 자신들이 하나님을 안다고 고백했지만, 이런 교리와 행위 때문에 그들은 진정한 복음, 진정한 예수 그리스도의 피 그리고 성부이신 하나님의 자비, 다시 말하자면, 그리스도 한 분 때문에 값없이 죄사함을 받는 것을 거부했습니다. 우리는 그리스도의 진정한 복음을 받았기 때문에, 이제 이런 적그리스도의 거짓말들을 그들이 나왔던 곳인 사탄에게 돌려보내고, 하나님께 영광을 올려드립니다. 진실로 우리는 그리스도께서 제정하신 것에 의한 성례전을 주고 또 받습니다. 더구나 성직자나 설교자의 입을 통해서이긴 하지만, 우리가 예수님으로부터 친히 복음을 받는 것과 꼭 마찬가지로, 비록 성직자의 손을 통하기는 하지만 우리는 우리 주 예수 그리스도로부터 친히 성례전을 받습니다.

우리에게 무엇이 부족해서 참된 복음을 지키지 못하게 하려는 것입니까? 우리는 그리스도 안에 있는 믿음으로 말미암아 하나님과 화목하게 되었고, 하나님의 아들들이 되었기 때문에, 우리는 하나님의 말씀을 믿고, 우리 자녀들에게 가르치며, 간청하고, 기도하며, 그에 대해 감사를 드리고, 하나님의 말씀을 들으며 그리고 그 안에서 인내한다는 사실을 고백합니다. 이것이 바로 첫 세 개의 계명들에 따라 하나님께 진정으로 예배하는 것입니다. 우리는 또한 선행과 그리스도인의 삶, 인내 혹은 십자가, 순종과 그리고 그리스도인들은 다만 한 법, 즉 사랑이 있다는 것을 배웁니다. 그가 다른 사람들을 위해서 하는 것이 그리스도를 위해서 하는 것이라고 확신하면서, 모든 사람은 그 사랑에 의해서 그분의 부르심에 따라 다른 사람들을 섬깁니다. 하나님이 우리가 이런 믿음의 선한 열매를 알맞을 때 적절하게 맺게 해 주시기를 기원합니다.

우리의 교리에서 여러분은 무엇을 더 바라십니까?

그동안 우리는 그 일들에 관해서 여기에 신성한 조례가 있고, 누구도 그것을 우리 것이라고 하거나, 어떠한 사람도 그것을 범해서는 안 된다고 말해 왔습니다. 우리는 이런 일들이 유지되어야 한다고 분명하게 명령함으로써, 우리 스스로가 우리를 임명하고 명령한 분이신 우리 주 예수 그리스도의 영광과 우리의 구원을 위해서 그분께 순종할 수 있게 될 것입니다.

여기에 있는 다른 조례는 여전히 우리 것이라고 불릴 수 있습니다. 왜냐하면, 비록 조례 그 자체는 하나님에게서 나온 것이지만, 그 안에 있는 어떤 경건하고 신성한 부분들은 바뀔 수 있기 때문입니다. 그 밖에 사람들, 때, 장소들, 숫자, 형태, 시간, 방문, 고귀한 집회, 찬송, 의식들 등에 관한 것들은 적절하고 아름답게 유지될 수 있도록, 무모하게나 미신적으로가 아니라, 우리가 말했던 것과 마찬가지로 신성한 조례에 따라서 정했습니다. 이는 이런 모든 것이 하나님의 말씀을 섬겨야 하기 때문입니다.

그러나 이 이후에 복음의 그렇게 많은 빛 속에서 누가 하나님께 드리는 예배로서 받아들여지는 무익하고 공허하며, 또한 미신적이고 율법적인 의식들과 그리스도와 하나님의 나라의 복음을 믿는 믿음에 반대되는 공로를 원하겠습니까?

이제 우리는 필수불가결한 일들에 아주 바쁘므로 저런 사소한 허영에 몰두할 시간이 없습니다. 따라서 우리는 모든 우리 백성에게, 그들의 계급이 무엇이든지, 출판업자에게 출판하도록 명령했던, 이런 하나님과 우리의 조례들을(각자 자신의 방식으로) 받아들이고, 지키며 유지하기를 명령합니다. 그리고 우리 감독자들과 더불어 행정관들에게 도시와 주에서 가능한 한 빨리 지정된 일들을 성취하고, 주의를 기울여 그것들을 지키기를 명령합니다. 사실상, 바울이 말하듯이 만약 검의 능력인 하나님의 조례에 저항하는 사람들이 스스로 심판과 저주를 받는다면, 우리 주 예수 그리스도의 복음인 하나님의 법을 경멸했거나, 그것에 저항했던 자들은 모세가 여호와께서 "그 선지자, 즉 그리스도의 말을 듣지 않는 자들은, 내가 복수자가 될 것이다"라고 경고했던 것과 마찬가지로, 더 큰 저주로 심판받을 것이라는 사실을 숙고하십시오.

우리는 하나님이 우리에게 주신 권세에 의해서 행할 것이기 때문에, 이런 법들을 무모하게 저항했던 어떤 이도 우리가 벌주지 않는 일은 없을 것입니다. 우리 주 예수 그리스도가 여러분들을 영원히 보존하시기를 기원합니다.

우리 주님의 1537년 9월 2일에 코펜하겐에 있는 우리 성에서 전해졌고, 이날에 감독관 구의 감독자들이 공개적으로 임명되었습니다.

은혜와 특권으로

공적 미사를 기념하는 의식

사적 미사들이 완전히 폐지되는 것과 수찬자들을 위해서 단 하나의 공적 미사를 유지해야 하는 것은 당연하다. 왜냐하면, 미사는 다름 아닌 연약한 양심들을 위로하고 주님의 죽음을 선포하기 위한 주의 만찬을 위한 것이기 때문이다.

하나의 공적 미사는 주일에 관례적 의복을 입고, 천으로 덮은 제단에서, 관례적 기구와 등으로써 수찬자들을 위해서 기념되어야만 한다.

소속된 교구가 없는 성직자들은 수찬자들이 출석한다면, 주일에 라틴어로 미사를 한 번 기념할 수 있다. 우리는 그들이 미사 전문을 완전히 생략하고, 주님의 죽음을 선포하기를 바란다. 여기에서 성당 교회에서는 "우리 아버지"와 성별의 말들은 다른 교회들과 마찬가지로, 그들을 위해서 규정될 방식으로, 자국어로 낭송되어야만 하는 것이 반드시 지켜져야 한다.

곧 미사를 기념하려고 하는 제단의 성직자는 제단을 향해서 무릎을 꿇고, 혼잣말로, "나는 고백합니다" 등등을 말한다.

그리고 그는 말씀 사역을 위해서 그리고 왕과 왕국을 위해서 기도해야만 한다. 그동안 사람들은 찬송한다. 이후에 그가 가톨릭교도들의 미신과 신성 모독의 방식으로 "제사" 혹은 "행위"라는 제목으로 그것을 모독하지만 않는 다면, 그는 일반적으로 인정된 관례에 따라 미사를 진행해야만 한다.

그다음에 **첫째**, 입당송을 부르거나 낭송해야 한다. 그러나 그것은 주일과 그리스도의 축일들의 입당송들이 성시들로부터 나온 것과 마찬가지로, 성경으로부터 나오지 않으면 안 된다. 혹은 그 자리에, 특히 지방에서는 공통적 성시들이 불리거나 낭송될 수 있다.

주여 자비를 베푸소서(*Kyrie Eleyson*)는 지금까지 지켜진 것과 마찬가지로, 천사들의 찬송인 **하늘에는 영광**(*Gloria in Excelsis*)과 더불어 각기 다른 절기를 위해서 다양한 멜로디로 낭송해야 하고, 성직자는 그것을 라틴어 혹은 공용어로 시작하고, 교회가 끝내야 한다.

그는 사람들 쪽으로 돌아서서 "주님이 여러분과 함께"라고 말해야만 한다. 그리고 다시 돌아서서, 시간의 필요성 때문에 또 다른 것을 요구하지 않는 한, 본기도를 공용어로 하나만 낭독해야 한다. 그런 후에 사람들은

"아멘"하고 응답해야 한다. 이것이 행해진 후 그리고 그가 사람들에게 다시 돌아선 후에 서신서를 공용어로 읽어야만 한다.

소년들은 **할렐루야**(*Haleluia*)—교회의 영원한 목소리인—를 **꼬리처럼 달리는 것**(*cauda*) 없이 시구로 불러야 한다. 그 후에 층계송 대신에 성경으로부터 취한 공동 찬양이나, 두 구절만 있는 층계송을 불러야만 한다. 모든 연속송(Sequences)과 산문(Prose)들은 그리스도의 세 개의 큰 축일 동안을 제외하고 생략되어야만 한다.

즉, 탄생일로부터 결례일 축일까지는 그 공통 음악과 더불어 **이제 모두 감사드립시다**(*Grates Nunc Omnes*)와, 부활절부터 성령강림절까지는 그 공통 음악과 더불어 **유월절의 제물되신 분**(*Victimae Pascali Laudes*)과 그리고 성령강림절을 위해서는 그 공통 음악과 더불어 **성령님이여 오소서**(*Veni Sancte Spiritus*)를 부른다.

다시 사람 쪽으로 돌아서서, 그는 "다음의 말들은" 등등의 식으로 시작하면서 복음서를 공용어로 읽어야만 한다.

그가 다시 돌아선 후에, 그는 "나는 한 분 하나님을 믿습니다" 등등으로 시작해야 한다. 그리고 그다음에 신조를 공용어로 노래해야 한다.

이것 후에, 항상 관례적인 설교를 행해야 한다. 그것이 끝나고, 만약 참여하려는 사람들이 있다면, 성직자는 수찬자들의 수에 따라 떡과 포도주를 준비해야만 한다. 그리고 참여하려는 사람들 중 남자는 제단의 오른편, 여자는 제단의 왼편으로 모여야만 한다.

이제 성직자가 준비되면, 그는 참여하려는 사람들 쪽으로 돌아서서 그들에게 성례전에 관한 권면을 낭독한다. 이것이 끝난 후에 그는 제단으로 돌아서서 큰 목소리의 공용어로 "우리 아버지"를 노래로 부르고 그리고 그 후에 성별의 말씀(Words of Consecration)을 한다. 그러나 무엇보다도 이런 일들은 공용어로 해야 한다. 그리고 이런 말 직후에, 만약 성직자에게 좋아 보인다면, 그는 떡과 잔을 적절하게 거양해야만 한다. 그동안 심벌즈가 관례에 따라 울린다.

이제 기독교의 자유가 이런 문제에서 이런 식으로 보존되어야 한다. 그렇기는 하지만, 사람들은 이런 자유에 관해서 미리 충분히 경고를 받아야 하며, 감독자의 동의와 명령이 없이는 이런 일 중의 아무것도 바꿔서는 안 된다.

성별을 하면서 그리스도의 말로 공개적으로 모두에게 미리 말했기 때문에, 떡과 잔을 받는 사람들에게 아무것도 말해서는 안 된다. 성직자들 또한 떡과 잔을 두 번 성별해야 하는 일이 없도록, 열심히 주의를 기울여 참여하려는 사람들의 수를 알아야 한다. 그리고 교사는 "우리의 구원이신 예수 그리스도" 혹은 유사한 어떤 것을 시작해야 한다. 성찬이 끝나면, 이제 찬양도 즉시 끝나야 한다.

이런 일들이 끝났을 때, 장로가 사람들 쪽으로 돌아서서 말한다. "주께서 여러분과 함께." 그리고 그가 다시 돌아선 후, 그는 감사의 본기도를 낭송해야만 하고, 사람들은 "아멘"으로 화답해야 한다. 그 후에 그는 다시 사람들 쪽으로 돌아서서, 우선 "주께서 여러분과 함께"라고 말한다. 마지막으로 그는 민수기 6장의 "하나님이 여러분에게 복을 주시기를" 등등의 축도로 사람들에게 축복해야만 한다.

그리고 교사는 어떤 매우 짧은 공동 찬양을 시작하고, 그렇게 그것은 끝난다. 그 동안, 성직자는 자신의 의복을 벗고, 모든 것을 정리한다. 그리고 그는 제단을 향해 다시 무릎을 꿇고 하나님께 낮은 목소리의 기도로 감사를 드린다.

그러나 수찬자가 한 사람도 없을 때는, 우리가 성례전을 하나님의 위임에 반하게 사용하면서 그것을 오용에 빠뜨리지 않도록, 미사는 성별되어서는 안 된다. 그렇기는 하지만, 흰색 의복만을 입고 있는 장로는 의복을 따로 놓아 두고, 제단 앞이 아니라, 다시 말하자면 성찬은 생략하고, 강단 앞에서 신성한 예배를 진행해야만 한다. 그 후에 그는 하나 혹은 두 개의 노래 그리고 하나 혹은 두 개의 본기도를 낭송해야만 한다. 마지막으로 관습에 따라 사람들을 축복해야 한다.

이제 탄생일, 부활절, 성령강림절 그리고 삼위일체절과 같은 그리스도의 가장 귀한 축일들에 도시에서는 순수한 연속송들과 더불어 라틴어 입당송, **하늘에는 영광** 그리고 **할렐루야**를 불러야 한다. 마찬가지로 라틴어 서문경을 불러야 하는데, 그는 "주께서 여러분과 함께, 여러분의 마음을 드높이" 등등으로 시작해야 한다. 이후에, 성별의 말들과 함께 **삼성송과** 주기도문을 노래로 불러야만 한다.

그러나 항상 공용어로 이런 것을 해야만 한다. 마지막으로 **하나님의 어린양**을 불러야만 한다. 하지만 이 모든 것은 성직자의 판단에 따라 행해져야 한다.

설교의 의식

복음을 설교하는 것은 분명히 성령님과 우리 구원의 핵심 사역이다. 설교자는 "너희를 듣는 자는 나를 듣는 것이다"라는 이 진술에 따라 설교 속에서 그리스도를 적절하게 대변한다. 그리고 그것은 아무렇게나 되어서는 안 된다. 다만 하나님의 복음에 덧붙이거나, 빼어버려서 어떤 식으로든지 복음을 더럽히지 않도록, 그들은 신실한 사람으로서, 하나님의 사람으로서, 확실한 근거를 가지고 예수 그리스도로 말미암아 하나님 앞에서 하나님의 말씀을 선포하는 방식으로 그것을 성취해야만 한다.

먼저, 설교하려고 하는 사람은 사람들에게 하나님의 도움을 간청하도록 권면할 것이다. 그런 후에 그는 설명할 본문을 미리 이야기해야만 한다. 그 후에 그는 그것을 설명해야 한다. 그리고 그는 설교를 한 시간 넘게 끌지 말고, 자신의 감정에 빠져서도 안 된다. 그러나 사람들이 그것을 잘 이해할 수 있도록, 지금 말하려고 하는 것에 관해 분명한 말로 훈계한다. 그밖에, 무엇보다도 그는 독설과 비방을 삼가야 하고, 누구든지 이름을 들어 질책해서는 안 된다.

그는 단지 일반적인 악을 책망해야 하며, 그가 들었던 일들은 확실해야 한다. 그가 듣지 않았던 것에 대해서는 침묵해야 한다. 그는 훈계와 예들이 필요로 하지 않는 한, 가톨릭교도들에 맞서서 증오로 비난해서는 안 된다. 설교가 끝나면, 설교자는 다시 사람들에게 모든 영적인 일, 민정 그리고 삶의 필요를 위해 기도하라고 권면할 것이다.

그러나 그는 우리의 가장 고명한 왕을 위해서, 하나님이 그를 통해서 우리를 보호하시기를 원하시고, 그가 복음에서 전진하도록 관대하게 허락해 주셔서, 우리가 그의 통치 아래에서 화평하게 하나님의 영광을 진전시킬 수 있게 할 것을 기도하라고 그들에게 특별히 권면해야 한다. 그리고 교회는 주기도문을 기도해야 한다. 기도가 끝나면, 교사가 특별히 평화를 위한 공동 찬송 하나를 시작해야 하고, 그는 전체 교회와 함께 그것을 끝내야 한다.

혹시 어떤 특별한 필요가 발생했을 경우, 이것의 해결을 위해 찬송을 한다. 공동 연도가 낭독되어야 하고, 이런 것 후에 동일한 필요성에 관한 본기도를 낭독해야 한다. 그리고 사람들은 "아멘"으로 응답해야 한다. 그 후에는 미사에서 분명히 알 수 있듯이 권면 등등이 따라야 한다.

여기에서 공동 연도는 그 장소의 목사가 계획했던 날 설교 후에 적어도 한 주일에 한 번은 불려야 하는 것을 지켜야 한다.

도시에서는 주일에, 항상 주일의 관례적 복음을 설교해야 한다. 예배당 목사는 아침 전, 해 뜰 시간 가까이에, 교구목사는 미사 동안 그리고 점심 후에 사실상 모든 소년에게 교리 교육—첫째, 십계명, 그다음에 신앙 조항, 그 후에 주기도문 그리고 마지막으로 성례전의 제정과 사용—을 항상 전파해야 한다.

항상 그렇듯이 이런 식으로, 반드시 한 번에 그중 일부분만 끝내야 한다. 그리고 마지막에는 루터의 『소요리서』(Shorter Catechism)에 있는 것처럼, 모든 사람이 항상 확립되고 균일한 설명을 진술해야 한다.

모두가 동일한 것을 듣고, 교리의 진정한 균일성에 의해서 모든 사람이 확신을 하고 교육을 받을 수 있도록, 누구도 자신의 박식함과 천재성을 드러내 보여서는 안 되고, 다만 모든 것을 교회의 덕을 세우기 위해서 낭송해야만 한다는 사실을 잊지 않아야 한다. 그러는 동안, 그 외에, 한 과(section)의 항목들만 단독으로 강해된다면, 전체과 자체는 항상 소년들과 모든 다른 사람이 마음속으로 묵묵히 그것을 이해할 수 있도록 천천히 재검토되어야 한다. 그리고 과 자체는 어떤 고정된 방식으로 시작되고 끝나야 한다. 그렇게 그것이 나머지 과들 안에 있어야만 한다. 그리고 교리 교육이 일단 끝나면, 그것은 항상 새롭게 반복되어야 한다.

도시에서는 일반적으로 한 주일에 두 번, 넷째와 여섯째 평일에 설교가 있어야 한다. 정말로 공적 필요성이 있을 때는 세 번째와 네 번째 설교가 첨가되어야 한다. 그리고 그 주일의 서신서 혹은 유사한 어떤 것처럼 사람들이 진정한 회개, 하나님께 대한 진정한 경외, 하나님을 진정으로 신뢰함 그리고 그 외에 진정으로 선한 행위를 권면할 수 있는 그런 쉽고 열매를 맺는 책들로부터만 설교해야 한다. 왜냐하면, 사람들은 진정한 회개가 없이는 진정한 믿음을 가질 수 없고, 믿음이 없이는 회개에 대한 것을 듣지 않기 때문이다. 그리고 누가복음의 마지막에, 그리스도께서도 우리가 동일한 시간에 이런 두 가지 일들을 설교하기를 바라셨다.

설교자와 청중의 인구가 많은 도시에서는, 덕을 세우는 데 도움이 되는 것들을 다루기만 한다면 우리는 설교가 매일 행해지고 다른 책들을 인용한다 하더라도 반대하지 않는다.

동일한 방식으로 지방에서는 주일에 항상 관례적 복음을 30분 동안 설교해야 하고, 나머지 시간에는 교리 교육을 설명하는데 할애해야 한다. 그리고 가까운 곳의 교구 목사 중에 누군가 경건하게 설교할 수 없다면, 그들이 이것을 어떻게 할까 배우는 동안, 자신들의 덴마크어 주석으로부터 복음의 강해와 교리 교육의 설명을 한 자 한 자 읽어야 한다. 그러나 그런데도 나중에는 그들 스스로 이런 방식으로 설교하는 것에 익숙해진다. 그들은 사랑의 관용을 게으름의 기회로 바꾸어서는 안 된다. 게다가, 각 주일에 그들은 교리 교육 중 한 과의 작은 부분을 설명해야 하고, 그러는 동안 도시에 관해서 이미 말한 것처럼, 교리 교육 중의 일부 과를 하는 동안, 그들은 항상 미리 전체 과를 이야기해야 한다. 그래서 지방민들 각자가 스스로 그리고 마음속으로 묵묵히 재검토할 수 있게 된다. 그리고 사실상, 그들은 루터의 『소요리서』에 나타난 것처럼 교리 교육의 각 작은 부분들을 어떤 간단하고 고정된 설명으로 끝을 맺어야 한다. 그리고 그들은 6개의 과 자체들을 어떤 고정된 형식으로 시작해야만 하고, 어떤 고정된 끝맺음으로 끝내야만 한다. 그리고 이것은 그들의 끊임없는 연습이어야만 한다. 마찬가지로, 그것이 일단 끝나면, 내 말은 교리 교육 자체를, 항상 새롭게 반복해야 한다.

설교 후에, 설교자들은 우리의 치안 판사들을 위해서, 공적 필요성과 복음의 제한 없는 전진을 위한 공적 기도를 사람들에게 권면해야 한다는 사실을 항상 기억해야 한다. 당연히, 설교자들은 모두에게 자신들의 온 마음과 영혼으로부터 하나님께 드리는 주기도문을 기도하라고 권면해야 한다. 마지막으로 공동 찬양 혹은 만약 공적 요구가 일어난다면 본기도와 더불어 공동 연도를 불러야 한다.

세 개의 주요한 그리스도의 축일들에는 철야하는 동안 15분간 설교해야 하고(그러나 우리는 이것이 도시에서만 행해지기를 원한다), 축일 자체의 사흘 동안에는 축제 직후 오후에 설교해야 한다. 할례일, 주현절, 결례일, 수태고지, 승천, 마리아의 방문, 세례 요한, 성 미카엘, 만성절과 같은 다른 축일들에는 당일에만 설교해야 한다. 왜냐하면, 우리는 이런 축일을 단지 주일과 함께 유지하기 때문이다.

3. 『덴마크와 많은 장소 그리고 독일의 국가와 도시들에 있는 그리스도의 회중과 교회가 거룩한 주의 만찬뿐만 아니라, 복된 세례 성례전과 거룩한 결혼 목회에서 사용하는 규범』[9] (1548) - 밀스 카버데일 -

하나님의 영광과 자신들의 이웃 부귀를 갈망하고 갈구하는 모두에게, 우리의 단 한 분 주님이시고 구세주이신 예수 그리스도로 말미암아, 우리의 지극히 사랑하는 하늘에 계시는 동일하며, 영원하신 하나님으로부터 은혜, 자비 그리고 평강이 있기를 기원합니다. (예수 그리스도 안에서 매우 사랑하고 전적으로 사랑하는 나의 형제자매들이여) 내가 계속해서 여러분과 함께 있으면서 여러분을 위하여 내 하나님 여호와께 받은 이 작은 달란트의 얼마를 여러분에게 전할 수 있다면 그것은 나에게 특별한 위안이 될 것입니다.

그러기에 나는 내가 할 수 있는 모든 합법적 방법으로 오랫동안 같은 목적을 위해 더 높은 권력자들의 허가를 받기 위해 노력해 왔습니다. 그러나 그렇게 되지는 않을 것입니다. 그러므로 비록 사탄과 그의 족속들이 상상할 수 있는 모든 수단에 의해서 내가 방해받고 여러분에게서 떨어져 있습니다. 비록 그것이 단지 내 펜으로 하는 것이긴 하지만, 그런데도 여러분은 나의 가련한 마음을 가질 것이고, 나는 여러분의 행운을 기원하는 것을 멈추지 않을 것이며, 그런데도 나는 할 수 있는 한 여러분을 위해서 최선을 다할 것입니다.

---

9 세례 성례 전과 혼인 예식을 위한 예전은 제외된 것이다.

이것의 징표로써 나는 하나님의 말씀을 진지하게 받았던 많은 이가 우리 주님의 가장 거룩한 만찬뿐만 아니라, 복된 세례 성례전과, 사람들이 거룩한 결혼으로 한 쌍이 될 때의 목회에서 사용하는 규범과 방식을 여러분에게 제시했습니다. 그리고 나는 이 규범이 하나님의 말씀에 합당하다는 사실과 그 말씀의 가장 건전한 교리와 다르지 않다는 사실을 여러분이 점검하고 이해했을 때, 하나님의 진리가 영국 영토에 있는 여러분들 사이에서 마찬가지로 번성하기를 여러분이 마음속으로 바랄 수 있도록 그리고 여러분이 나와 모든 다른 죄인과 함께 진지하게 다음과 같은 것을 기도할 의도로 이것을 했습니다.

> 자비의 아버지 모든 위로의 하나님이 우리의 지도자들의 마음을 비치고 깨우쳐 주셔서 그들이 시편 2편의 열렬한 훈계를 따르도록 그리고 더 이상 이해가 없지 아니하고 시간이 지남에 따라 현명하며, 그들에게 자신을 내어주신 하나님의 아들을 포용하도록 그리고 하나님의 말씀이 다른 모든 교리보다 우위를 차지하도록 할 뿐 아니라, 그들 자신의 손으로 여기 있는 불경스럽고 저주받을 오용(이미 언급했던 기독교 신앙의 세 가지 원칙에 관련해서 아직도 괴로움을 당하고 있는 것과 같은)을 폐지하도록 하려는 의도입니다.

따라서 사랑하는 형제자매 여러분!
여러분이 아래에 기록된 이 규범을(이것은 하나님의 말씀 교리이고, 초대 교회의 관례입니다) 여기서 아직도 사용되고 있는 헛된 의식들에 비교했을 때, 전능하신 하나님께 여러분의 마음을 드높이고, 그리스도를 위해서 이런 세 가지(그분의 거룩한 만찬, 거룩한 세례, 거룩한 결혼)가 우리 사이에서도 진실로 그리고 진지하게 집행되고 행해지도록 그분께서 즉시 허락해 주시기를 요청하십시오. 그분의 송축받으실 이름의 영광과 그분의 왕국이 영원히 증대되도록. 아멘

주님의 거룩한 만찬의 합당한 집례를 위한 규범

여러분의 더 나은 교육을 위해 먼저 알아야 할 것은 주님의 몸과 피의 복된 성례전(우리 구속의 합당한 기념)은 합법적으로 그것을 요청하는 사람은, 어떤 그리스도인 남자나 여자(하나님의 말씀이 참으로 선포되는 곳에서)에게도 절대 거부되지 않는다는 사실입니다. 그리고 그것을 위해 임명된 직무자인 사제 외에 집례할 사람이 없다면 집례되지 않지만, 사제는 물론 성찬을 받을 다른 사람들이 있을 때는 성례전을 집행합니다.

이제 하나님의 말씀이 진정으로 선포되는 곳에서 말로 들었던 거룩한 성례전의 열매를 보기 때문에, 그들은 동일한 주님의 거룩한 만찬에 더 자주 의지하고, 그것에서 더 많은 기쁨을 느낍니다(또한 주일에 몇 명이 그리고 얼마나 경건한 마음으로 주의 만찬에 참가하기 위해 오는지를 보는 것은 마음에 유익을 줍니다). 그리고 그들이 더욱 열매를 많이 맺는 참여자가 될 것이기 때문에, 주의 만찬의 참여자가 되려고 스스로 정한 모든 사람은 모두 설교가 있는 토요일에(설교가 매일 있다) 사제에게 차례대로 옵니다. 그들은 사제로부터 성례전이 무엇인지와 성례전의 바른 사용을 배울 뿐만 아니라 또한 자신들의 죄를 회개하고 한탄하기 때문에, 변화할 것을 표명함으로써 그곳에서 자신들의 양심에 대한 단 하나의 위로가 되는 죄의 사면에 대한 하나님의 약속도 받습니다.

그리고 그들은 거룩한 사도 바울이 그들에게 요구하는 것처럼, 사제에게서 내일 다시 행할 것 다시 말하자면, 그들이 지나간 시간에 했던 것보다 하나님의 나라를 더 잘 붙잡을 것, 하나님과 그분의 약속에 대해서 더 견고한 믿음과 소망을 품을 것, 하나님을 향한 기도와 사랑에 더 열정적일 것, 그분을 위해서 모든 남녀를 향한 순수한 사랑을 보여 줄 것 그리고 자신들이 죄 사함을 받을 것처럼 진심으로 용서할 것, 매일 더욱더 합당한 절제와 영의 경건한 행함과 육체의 덕행으로 자신들의 육신을 죽일 것, 가난한 자들에게 자비의 일을 나누는 것에 기쁨을 느낄 것에 진정으로 만족할 수 있는지를 스스로 시험하고, 조사하고, 살펴볼 것에 대한 권면을 받습니다.

그리고 사제, 설교자, 혹은 보좌사제(왜냐하면, 그들은 모두 동일한 것이기 때문입니다)가 모두에게 이것이나 혹은 비슷한 권면을 하고, 각자의 재산에 따라 속죄하도록 명했을 때—백성이 자신들의 지배자들에게 진실로 순종하는 것처럼, 하인들이 자신들의 주인 명령을 부지런히 수종을 드는 것처럼, 자녀들이 어릴 때는 자신들의 부모를 존경하고 순종하면서 부모에게서 덕을 배우는 것처럼, 가족들이 하나님을 경외하면서 가정을 지키는 것처럼, 그리고 등등—그러니까 내 말은, 사제가 그들에게 이렇게 살고, 동일한 선행을 더 많이 하라고 명했을 때, 그는 그들을 하나님과 그분의 은혜 말씀에 맡긴다는 것입니다. 그리고 그들은 떠납니다.

¶ 주일 아침(여름에는 6시, 겨울에는 7시)에 종이 울리고, 사람들이 교회에 갈 준비를 한다. 얼마 있다가 두 번째 종이 울리면 교회는 남자, 여자, 아이들로 거의 꽉 찬다. 그 다음에 그 시간이 끝나기 전에 세 번째 종이 울리는데, 그것은 정시가 될 때까지 멈추지 않는다. 주의 식탁 옆에 있는 찬양대 문에, 두 명의 진지하게 찬양하는 사람들이 서 있다(보통 설교 시작 전 15분). 그들은 한 성시를 시작하고, 노인과 젊은이 모두가 한목소리로 그들과 함께 찬양하는데, 사람들이 지금 무엇을 찬양하는지를 잘 이해할 수 있도록, 모든 음표가 한 음절에 답하고 그리고 보통 모든 음절이 한 음표에만 답하는 그런 형식을 따라서 한다.

그러나 대부분, 그들은 우선 모국어로 주기도문(*Pater Noster*)을 노래하고, 다음으로 성시들을 시간이 요구하는데 따라서 어떤 때는 좀 더 많이, 어떤 때는 좀 더 적게, 그러나 모두 자신들의 언어로 노래한다. 이제 정시가 되면(여름에는 보통 7시, 겨울에는 8시), 감독이나 주임 보좌사제가 강단으로 와서, 우선 청중과 자신에게 그분의 송축받으실 아들이신 우리 구세주 예수 그리스도로 말미암아 성부 하나님으로부터 은혜, 자비 그리고 평강을 주시기를 기도한다. 그리고 지금 그들에게 설교하려고 하는 복음을 그들이 진정으로 이해할 수 있도록 그들의 마음이 열릴 수 있게 할 의도로, 그들에게 성령님의 도움을 요청하라고 권면한다. 그런 후에 이미 언급했던 두 사람(혹은 최소한 그중의 한 명)이 질서 있게 시작하면, 교회 모두가 뒤를 잇고, 성령님께 '성령님이여 오소서'라는 노래 등등 혹은 그것과 유사한 것을 모국어로 한목소리로 노래한다.

¶ 그 다음에 설교자는 그 당시 주일의 복음서(혹은 선포하라고 그가 지정받은, 성경의 다른 부분)를 선택하여 성경의 다른 명확한 곳에 의해서, 그 안에서 청중들의 덕

을 세우기에 좋은 그런 가르침들, 위로들 그리고 그런 예를 들면서 그것을 분명하게 설명한다.

¶ 보통 설교 후반부에, 설교자는 사람들에게 권면이나 혹은 하나님을 향한 기도의 방식으로 매우 짧은 반복을 한다. 그다음에 그는 자신과 함께 모든 남녀가 자신들의 양심으로 하나님께 자신들의 죄를 고백하고 인정하며 그리고 내가 가장 존귀한 왕의 평의회에게 그들의 교화를 위해서 겸손하게 제안했던 것(A.D. 1539)이거나 혹은 유사한 말들을 마음으로 말하도록 요구한다. 사제가 모든 영지를 위해서 기도했을 때와 그들의 이름으로 이것을 하거나 유사한 고백을 했을 때, 그는 하나님이 그들에게 자비롭게 복을 주시고, 그들 위에 하나님의 얼굴에 있는 빛을 보여 주시며, 그들에게 긍휼을 베푸시도록 기도한다.

¶ 그다음에 그는 그들에게 이것이나 혹은 유사한 죄의 사면을 하고, 다음과 같이 말한다.

자신들의 악했던 옛 삶을 증오하고 두려워하면서 자신들의 죄를 회개하고, 그것을 한탄하는 모든 사람에게, 만약 그들이 오로지 그분에 의해서만 용서를 받는다는 사실을 확실하게 믿고, 모든 가증스러운 삶을 버리며, 지금부터 계속해서 하나님을 경외하면서 살고, 그분의 계명을 진정으로 지키려고 결의하면서 그리스도 안에서 하나님의 자비에 목마르고 굶주린다면 그런 사람들 모두에게(하나님의 말씀과 동일한 것의 위임 덕분에) 나는 그들의 모든 죄에 대한 값없는 죄 사함과 깨끗한 용서를 선포하고 보증합니다.

지속해서 거짓된 교리에 대한 맹목과 사약한 삶의 불결함 속에 살고, 회개를 통한 어떤 결의나 마음도 가지지 않은 채, 회개하지 않고 여전히 하나님의 진리에 맞서서 마음을 완고하게 하는 다른 자들에게 (동일한 말씀과 그 말씀으로부터 받은 위임에 의해서), 나는 그들이 스스로 바뀔 때까지 하나님으로부터의 저주와 두려운 진노를 선포합니다.

¶ 그 후에 그는 청중들에게 하나님의 평강이 있기를 기도하고, 내려온다. 그런 후에 모든 회중과 교회는 이전에 말했던 방식으로 신조(Creed) 혹은 신앙(Beliefs)을 자신들의 모국어로 노래한다. 그것이 끝나면, 보좌 사제 혹은 그의 다른 보조가

주의 식탁 앞에 서서 만찬에 참석하기로 정해진 사람들에게 그들이 무엇을 할 것인지 잘 알고 그것이 진지하고 열심히 행해졌는지, 그들이 모든 사람과 한 몸인지, 아닌지 등등에 대해서 자신들의 양심을 증명하고 시험한 후에 스스로 정당한 평가를 하도록 요구한다. 정말로 그렇다면, 그는 그에 대해 하나님께 감사를 드린다. 만약 그렇지 않다면, 그는 즉시, 그들이 합당하지 않게 성찬에 오지 않도록 하고 화목이 이루어지기까지 성찬으로부터 자신들이 배제되는 것을 부끄럽게 생각하지 말라고 부드럽게 기도한다. 그런 후에 그는 그들에게 이 권면이나 그와 유사한 다른 권면을 한다.

주의 만찬에서 하는 권면

친애하는 친구들이여!

우리가 모두 우리 주 예수 그리스도의 죽음으로 세례를 받았습니다. 따라서 거룩한 세례 후에, 우리는 평생 죄, 죽음 그리고 마귀에 맞서서 지속적 전투와 전쟁에서 싸우고, 노력해야 합니다. 그리고 그렇게 우리와 함께 우리의 몸으로 우리 주 예수의 수난과 죽음을 담당해야 합니다. 그리고 우리가 다루어야만 하는 원수들은 약하지도, 연약하지도 않고, 강하고 용맹하며, 그들의 권세에 사람들이 자연적으로 눌림을 받아, 그들의 능력에 비한다면 우리의 능력은 너무나 연약하고 약하여서 자신의 힘으로 이 어둠의 권세에 반항할 만큼 강한 자는 이 땅에 아무도 없다는 사실을 우리는 경험으로 증명합니다.

이런 이유로 성부 하나님은 그분의 사랑하는 아들이신 그리스도를 통해서 또 다른 권세와 나라를 정하셨습니다. 그곳에는 공의와 생명이 있습니다. 그리고 그분의 죽음과 피로 말미암아 그분은 우리를 해방하고 죄로부터 의로, 죽음으로부터 생명으로, 마귀로부터 하나님께로 옮겨 주셨고, 그분의 말씀을 설교하고, 믿고, 따름으로써 그분의 은혜의 나라에 포함해 주셨습니다.

거룩한 기독교 국가로 시작되었던 그것은 마지막 날까지 계속 전진할 것입니다. 동일한 말씀을 받고, 믿고, 따르는 우리는 (우리의 화목자이시고 구세주이신 그리스도의 공로에 의해서) 그분의 은혜의 나라의, 다시 말하자면 영원한 구원의 사랑하는 자녀와 상속자로서 영원히 계속해야만 합니다. 왜냐하면, 우리가 그런 믿음을 통해서 그분의 살을 계속 먹고, 그분의 피를 마시기 때문에, 즉 우리는 그분 안에 거하고, 그분이 우리 안에 거하시기 때문입니다.

하나님의 말씀 때문에 선포된 그런 크나큰 선함이 우리 사이에서 매일 실천되고, 나뉘고 보일 수 있도록, 은혜롭고 자비가 풍성하신 주 예수 그리스도께서 그분의 이런 놀라운 행하심에 대한 기념을 이처럼 제정하시고 정하셨으며, 그분의 만찬 성례전에서 우리는 바로 그분의 몸을 먹고 바로 그분의 피를 마셔야만 한다고 명령하셨습니다.

이처럼 신실한 신자이며 하나님을 경외하는 모든 사람의 마음은 하나님의 동일하신 은혜와 영원한 구원을 확신할 수 있습니다. 그리고 또한 거룩한 회중(Congregation)과 교회(Church) 안에서 그분의 영광스러운 기념이 유지될 수 있습니다. 다시 말하자면, 그분에게 감사와 찬양을 드리고, 그것에 관해서 노래하고, 말하며, 설교하고, 낭독하며, 권면하고, 서로를 위로하는 것입니다. 그리고 마지막으로, 서로 간에 최대한 성실하게 우리 자신이 우리의 사랑하는 주 예수 그리스도로부터 받았던 것과 같은 그런 사랑과 호의를 보여 주는 것입니다.

그리고 근래에 우리는 이 귀한 보물이 모욕받고 사악하게 오용되는 이러할 때에 처해있기 때문에 이 거룩한 성례전은 (필요한 이유를 지금 말했던) 또한 우리에게 이런 현재에 대해, 우리가 천주교의 모든 속임수를 말과 행위로써 완전히 거부하고 버린다는 사실과 우리가 온 마음으로 신실하게 예수 그리스도의 복음에 복종한다는 사실을 하나님과 세상 앞에서 증언하는 것이어야 합니다.

그러므로 주 안에서 사랑받는 여러분에게, 이 일은 참으로 중대하기 때문에 하나님이 직접 제정하신 규례와 행해야만 한다는 그분의 명령은 참으로 중대합니다. 그리고 마찬가지로 우리가 동일한 것을 반드시 성취해야만 될 필요성, 특히 하나님을 향해 우리를 대신한 것이 (그분에게 우리는 고마움과 감사의 오랜 빚을 지고 있습니다) 너무나 크기 때문에, 우리는 이 일을 멈추어서도 안 되며 주저해서도 안 됩니다. 다만 그리스도께서 주의 만찬 안에서 우리에게 말씀하신 것을 믿고, 그분이 명령하신 대로 행하면서, 종종 회개하는 마음으로 우리 영혼의 약이자 우리 양심의 위로를 추구해야만 합니다.

그리고 주의 만찬 안에서 그런 회개하는 마음과 믿음, 그리고 그런 위로를 추구하지 않고, 공개적인 신성 모독을 하면서 계속해서 죄와 사악한 삶을 사는 사람들에 대해서는 그들은 자신들이 이 거룩한 성찬에 합당하지 않으며, 자신들이 바뀌기까지 배제될 것이라는 사실을 반드시 알아야 합니다.

그러나 회개하지 않은 사람들도 하나님의 은혜로 조명을 받을 수 있고, 우리 자신도 우리의 삶의 변화를 위해서 이 만찬을 유익하게 즐길 수 있으며, 또한 모든 기독교 국가가 일반적으로 더 좋아지고 더 덕을 세울 수 있도록 할 의도를 가지고, 우리에게 기도하라고 명령하셨습니다.

> 구하라 그리하면 너희에게 주실 것이요 찾으라 그리하면 찾아낼 것이요 문을 두드리라 그리하면 너희에게 열릴 것이니(마 7:7).

이렇게 말씀하시면서 우리에게 약속하셨던 우리 주 예수 그리스도로 말미암아 그분께서 자비롭게 우리를 들으실 것이라는 사실을 확실히 믿으면서, 진심으로 모든 자비의 아버지이신 하나님께 우리의 기도를 드립시다. 따라서 동일한 명령과 약속을 숙고하면서 여러분의 마음을 드높이고, 나와 함께 여러분의 기도로 말합시다.

오, 주 하나님!
하늘에 계신 우리 아버지시여!
땅에 있는 당신의 비참한 자녀들인 우리는 당신께서 우리를 자비롭게 보시고 우리에게 당신의 은혜를 주시기를 요청합니다.
당신의 말씀에 대한 순전하고 진실한 가르침을 통해서 그리고 매일의 삶에서 진지한 자선과 우리의 행동을 통해서 당신의 거룩한 이름이 우리 사이에서 그리고 모든 세상에서 거룩하게 되시기를 기원합니다. 당신의 거룩한 이름을 모독하고 훼손하는 모든 거짓 교리와 악한 삶을 정복하시는 자비를 베푸시옵소서.

오, 당신의 나라가 임하시고, 위대하도록 하시옵소서. 모든 죄 많고 눈먼 사람들과 마귀의 나라에서 포로가 되어 있는 자들을 당신의 아들 예수 그리스도 안에서 진정한 믿음에 대한 지식으로 데리고 오시옵소서.

주님, 당신의 성령으로 우리를 강건하게 하셔서 살아서나 죽어서나, 좋을 때나 나쁠 때나, 언제든지 주님의 뜻을 행하고 받아들이게 하셔서 우리의 뜻이 항상 부서지고 바쳐져서 억제받게 하시옵소서.

그리고 우리에게 일용할 양식을 주시옵소서. 우리의 뱃속의 탐욕과 부주의로부터 우리를 보호하셔서 우리에게 모든 좋은 것을 풍성하게 얻게 하시옵소서. 우리의 마음이 확실하고 기쁜 양심을 가질 수 있도록 그리고 우리가 어떠한 죄도 두려워하거나 무서워하지 않도록, 우리가 우리에게 죄를 지은 자들을 용서한 것처럼, 우리의 범죄함을 용서해 주시옵소서.

우리를 시험에 들게 하지 마시옵고, 다만 당신의 성령을 통해서 우리가 우리의 육을 정복하고, 세상의 허영과 더불어 세상을 경멸하게 하시며, 마귀의 모든 교활한 공격과 더불어 그를 정복하도록 도와주시옵소서. 그리고 마지막으로, 육체적으로도 영적으로도, 현세적으로도 영원히 모든 악으로부터 우리를 해방해 주시옵소서. 아멘.

이 모든 것을 간절히 원하는 자는 그리스도의 약속대로 하늘에서 허락하시고 들으시는 줄을 의심 없이 믿고 '아멘'으로 응답하십시오. "기도할 때에 반드시 얻을 줄을 믿으라 그리하면 이룰 줄을 믿으라." 아멘.

¶ 세 개의 공관복음(마태복음, 마가복음 그리고 누가복음)과 성 바울(고린도전서)로 부터 성만찬에 관한 말들을 다음과 같이 말하면서 반복하라.

주 예수께서 잡히시던 밤에 떡을 가지사, 축사하시고 떼어 이르시되 "받아서 먹어라. 이것은 너희를 위하는 내 몸이니 이것을 행하여 나를 기념하라" 하시고, 식후에 또한 그와 같이 잔을 가지시고 "이 잔은 내 피로 세운 새 언약이니 이것을 행하여 마실 때마다 나를 기념하라"라고 이르셨다.

¶ 이것이 끝나면, 온 교회는 위에서 말한 방식으로 이 복된 성찬에 대한 감사로 성시 중 한두 편을 노래한다. 그리고 그것을 행하는 동안, 적시에, 주님과 함께 먹기로 정해진 사람들은 크나큰 경외감으로 진지하게 차례차례로 주님의 식탁

에 와서(남자가 먼저, 그런 후에 여자), 그곳에서 무릎을 꿇고(내가 말하는 것은 차례차례로) 사제들 중의 한 사람의 손에 있는 떡의 성례전을 받는다. 그런 후에 그는 유사한 경외심을 가지고 식탁의 다른 쪽 끝, 다른 사제들(동일한 목적을 위해 서 있는)의 손이 있는 곳으로 가서, 무릎을 꿇고 또한 잔의 성례전을 받는다. 그리고 다른 모든 이가 경건하게 뒤를 잇고, 동일한 것을 행한다. 만약 사제들 중의 한 사람, 혹은 둘 다 배치된다면, 마찬가지로, 당시에 주님과 함께 먹을 때처럼, 그는 무릎을 꿇고 자신의 동료가 그를 섬긴다. 그리고 그 또한 자신의 동료에게 같은 방식과 경외감으로 섬긴다.

¶ 만약 수찬자와 성례전을 받으려는 사람들이 많다면, 그들은 더 많은 감사의 성시를 노래한다. 많지 않다면 더 적게 노래한다.

¶ 이 성만찬이 끝나면, 거기 참여한 사람들과 봉사하기로 지정되었던 사람들 그리고 성직자 중의 한 사람이 일어서서, 다음과 같은 것이나 혹은 유사한 기도로써 하나님께 진지한 감사를 드리도록 사람들에게 권면한다.

지극히 자비로운 아버지!
오, 전능하신 하나님!
당신은 모든 살아 있는 것이 때가 되면 자신들의 양식을 가질 수 있도록 당신의 은혜로운 손을 여십니다. 우리는 영적으로 또한 육체적으로 주신 당신의 유익들에 대해서 당신께 존귀, 찬양 그리고 감사를 드립니다. 당신께서는 우리가 바라지 않아도 그 유익들을 우리에게 풍성하게 붙여 주셨습니다. 그러나 무엇보다 우리는 당신이 영원히 송축받으실 당신의 사랑하는 아들, 우리의 구세주 예수 그리스도의 몸과 피로 우리 영혼을 양육하고 먹이신 우리의 구속에 대한 이 합당한 기념에 대해 특별히 감사드립니다.

¶ 다른 기도
오 우리의 구속자이신 주 예수 그리스도시여, 이 하늘의 양식으로 우리 영혼을 먹이신 당신께 항상 영광과 찬양을 돌립니다. 이 시간 당신의 부드러운 자비를 청하오니, 지극히 자비로우신 구세주여, 끊임없는 감사와 매일의 기억 그리고 나눔과 일치의 성찬을 우리에게 베푸신 것과 같이 우리가 항상 당신의 은총을 감사하게 하시옵소서. 당신의 죽음과 피 흘림을 통해 사신 우리의 구속을 끊임없이 기억할 뿐만 아니라 당신과 온 인류에 대한 사랑이 매일 더하기를 기도합니다.

¶ 또 다른 기도

오 전능하신 주 하나님!

당신의 지극히 사랑하시는 아들의 몸과 피로써 우리의 영혼을 먹이셨던 것을 당신의 온 마음을 다해 당신께 감사를 드립니다. 그리고 당신의 거룩한 성령으로 우리 마음을 조명해 주셔서, 당신의 거룩한 이름의 영광과 찬양을 위해서, 우리가 매일 당신을 믿는 강건한 믿음, 당신의 약속을 소망하는 확신 그리고 당신과 우리 이웃을 향한 진지한 사랑을 증대시킬 수 있도록 당신께 진심으로 요청합니다. 아멘.

¶ 그렇게 사제는 이 현재 사역의 직무를 끝맺고 끝낸다. 그리고 성경의 이런 말 (민 6장)을 말하면서 사람들을 축복한다.

여호와는 네게 복을 주시고 너를 지키시기를 원하며

여호와는 그의 얼굴을 네게 비추사 은혜 베푸시기를 원하며

여호와는 그 얼굴을 네게로 향하여 드사 평강 주시기를 원하노라.

아멘.

¶ 그렇게 그들은 떠난다.

제11장

교회의 관례들

마틴 부처

> 우리는 세상이 여러 면에서 거의 알지 못했던 위대한 스승을 잃었다. 그는 참된 종교에 대한 지식에 있어서나, 삶의 고결함과 순수함에 있어서 혹은 지극히 거룩한 것에 대한 연구의 열정에 있어서나, 경건이나, 권위와 폭넓은 가르침이나 혹은 칭찬할 만하고 영광스러운 무엇이거나의 발전을 위한 견디기 어려운 수고에 있어서 참으로 위대한 분이었다.[1]

위의 글은 1551년 2월 28일 케임브리지에서 마틴 부처(Martin Bucer)가 사망했을 당시, 저명한 영국 인문주의자 존 체크 경(Sir John Cheke)의 애정 어린 말이었다. 이것은 다량의 저술과—존 칼빈에게 당혹감을 준 그의 다변과 현대 학자들에게 고통을 주었던 그의 필적—종교개혁의 전진을 위해서 평화적으로 일했던 복음주의의 권위자에 대한 광범위한 존경을 나타낸다.

마틴 부처(1491-1561)는 스트라스부르의 남쪽에 있는 셀레슈타트(Sélestat [Schlettstadt])에서 태어났고, 15살에 그 도시의 도미니크(Dominical) 수도회에 들어갔다. 1517년 그는 하이델베르크대학(University of Heidelberg)에 입학했으며, 스콜라 철학과 인문주의자의 원전들에 몰입했다(그 시기 그의 책의 목록은 아퀴나스의 저술에 대한 놀라울 정도의 수집과 에라스무스에게 점점 매료되는 것을 보여 준다).[2]

그가 마틴 루터를 처음으로 들었던 곳은 바로 이곳, 유명한 하이델베르크 논쟁(Heidelberg Disputation, 1518)에서였다. 부처는 루터의 종교개혁 명제들을 대체로 받아들였고, 그 직후인 1521년에 도미니크 회(Dominican Order)를 떠났다. 1년 후에 그는 이전에 수녀였던 엘리자베스 실버레이젠(Elisabeth Silbereisen)과 결혼하고, 다음 해에 연구를 위해 비텐베르크로 향했다.

---

1 *Martini Buceri Scripta Anglicana fere omnia* ⋯ *a Con. Huberto* ⋯ *collecto [Thomas Anglicanus]* (Basel, 1577), prefatory, "Iudicia Doctissimorum," sigs. ß^(r-v): "Magistro orbati sumus, quo malorem vix universus orbis caperet: sive scientiam verae religionis, seu vitae interritatem atque innocentiam, seu inexplebile studium sanctissimarum rerum, seu laborem intollerabilem promovendae pietatis, seu authoritaten & amplitudinem docendti, sive quid allud in illo laudabile & gloriosum fuit."

2 Martin Grescht, *Martin Bucer: A Reformer and His Times* (Louisville: Westminster John Knox, 2004), 24-25.

그렇지만, 그는 도중에 하인리히 모테레(Heinrich Motherer)를 만나러 비센베르크(Wissenberg)에 들렀고, 그로부터 그곳에서 목회하도록 요청받았다. 그의 능력 있는 설교 (성경책을 통한 연속적인)는 성경의 우위성을 선언했고 미사의 오류를 비난했다. 결국, 스파이어 주교(Bishop Speyer)는 이것으로 인해 그를 파문했고, 1523년 5월 그는 임신한 부인과 함께 이웃 도시인 스트라스부르로 비밀리에 도망쳤다.

부처가 스트라스부르에 도착했을 때는, 볼프강 카피토(Wolfgang Capito), 카스파 히디오(Caspa Hedio), 디볼트 슈바르츠(Dibold Schwarts)와 매튜 젤(Matthew Zell)의 노력으로 인한 종교개혁이 이미 진행 중이었다. 젤의 보좌 목사로 일했던 부처는 얼마 후 1524년 3월 성 아우렐리아(St. Aurelia)의 목사로 임명받았고, 그의 영향은 즉각적이었다. 교회로부터 형상들이 제거되었고, 성 아우렐리아의 성물함이 해체되었으며, 그것이 위조품이라는 것이 폭로되었다.

그리고 복음주의 예배에 관한 그의 논문, 『근거와 이유』(Ground and Reason)가 12월 말경에 출판되었다. 그 당시의 예배 개혁을 설명하기 위해서 팔라틴 프레더릭 백작(Count Palatine Frederic)에게 쓴 글에서, 그는 자신의 논문의 원칙들을 "여기 스트라스부르에서 목회하고 복음을 공적으로 설교하는 의무를 지고 있는 우리들의 공통적인 믿음"으로서 묘사했다.[3]

『근거와 이유』에 있는 예배 개요는 디볼트 슈바르츠가 그해 초에 첫 번째 독일어 미사(German Mass)를 드린 이후 예배 혁신이 일어났다는 사실을 보여 주었다. 그 예배는 **자비송, 영광송, 삼성송, 세수식 그리고 하나님의 어린양** 같은 부분들을 없애버렸다. 잔의 거양은 떡과 잔에 대한 숭배와 미사의 제사와의 대중적 연관성으로 인해 제거되었다. 슈바르츠의 예전이 대

---

3 Ottomar Frederick Cypris, *Martin Bucer's Ground and Reason: English Translation and Commentary* (Yulee, FL: Good Samaritan Books, 2017), 180. 『근거와 이유』의 서명자는 볼프강 카피토, 카스파 히기오, 매튜 젤, 심포리안 폴리오(Symphorian Pollio), 디볼트 슈바르츠, 요한 라토머스(Johann Latomud), 안토니 핌(Antony Fim), 마틴 하그(Martin Hag) 그리고 마틴 부처이다. 1528년경까지 네 교회—대성당(Cathedral), 새로운 성 피터와 구 성 피터(Young and Old St. Peter) 그리고 성 토마스(St. Thomas)—가 여전히 구 미사를 유지하고 있었기 때문에, 『근거와 이유』를 준수했던 교회의 범위는 아마도 서명자와 아무리해도 다른 몇 명에 제한되었을 것이다.

부분 말로 하는 반면에, 부처는 다음과 같은 4가지 찬송가의 구성을 제정했다.

죄의 사면 이후에 성시 혹은 찬송가, 서신서의 설명 후에 십계명 혹은 다른 찬송가, 설교 후에 사도 신경 그리고 주의 만찬의 분배 후에 하나의 찬송가이다.[4] 이와 같이 『근거와 이유』에 있는 부처의 예배 개혁은 단순성과 많은 양의 찬송이 그 특징이었고, 그 후 수년 동안 만들어진 찬송가집의 물결 속에서 많은 양의 찬송에 대한 진가가 증명되었다.[5]

비록 중요한 차이점이 있기는 하지만, 이런 두 가지 특징은 그가 1539년에 『교회의 관례들』(Church Practices)을 저술했을 때 부처의 예전 특징으로 남았다. 부처는 스트라스부르 교회 안에서 균일성과 권징에 대한 필요 의식을 발전시켰다. 이것은 부분적으로 재세례파 급진주의로 알려진 멜키오르 호프만(Melchior Hoffman)과 카스파 슈벵크펠트(Caspar Schwenckfeld)를 포함한 종교적 난민의 유입에 기인했고, 부분적으로는 성례전과 예배의 역할이라는 사역의 중요성에 관한 부처 사상의 진화 때문이었다.[6]

그는 정통 교리와 정통 실천을 감독하기 위해 교회 안에 선택된 **교회 관리인**(*Kirchenpfleger*)들을 세울 것을 고취했고 교회 치리 총회를 세우는 것을 도왔으며, 1534년에 채택된 네 도시의 신앙 고백(Tetrapolitan Confession)의 주 저자였다. 『교회의 관례들』 안에서 부처가 이 예배 형식 안에 자유를 위한 더 많은 조항을 만들었다는 사실은 주목할 가치가 있다. 고백, 중보 기도, 성찬 후(Post-Communion)의 감사 기도에 주어진 각양의 옵션과 찬송을 다양하게 선택할 수 있었다. 고백의 두 번째 기도는 후에 칼빈의 예전에서 사용되었고, 고백의 세 번째 기도는 죄인들을 그리스도의 십자가로 데리고 가기 위한 개혁주의 율법 사용의 모범적인 예를 제공한다.

---

4 『근거와 이유』에 있는 예배 순서는 다음과 같다. 권면(*confiteor*), 용서를 위한 기도, 회중을 대신한 고백, 죄의 사면, 시편이나 찬송가를 부름, 기도, 서신서, 서신서에 대한 짧은 설명, 십계명이나 찬송가를 부름, 복음서, 설교, 십계명을 부름, 통치자와 모든 사람을 위한 기도, 주의 만찬 이전의 훈계, 주의 만찬에 관한 복음서 낭독, 분배, 찬송가 부름, 기도, 축도, 해산. Cypris, "Basic Principles," 150-51을 보라.

5 Daniel Trocmé-Latter, *The Singing of the Strasbourg Protestants, 1523-1541* (London: Routledge, 2016): 77-96; 255-65.

6 Bard Thompson, *Liturgies of the Western Church* (Philadelphia: Fortress Press, 1980[1961]), 163.

찬송가의 옵션 중 **자비송과 영광송**의 포함은 다소 놀라운 일이다. 왜냐하면, 그것들이 『근거와 이유』 안에 있는 예전 개요에는 포함되지 않았기 때문이다. 아마도 그것들은 1529년 의회가 도시 전체에 미사 폐지를 승인한 이후에 더욱 전통적 개념을 가지고 있는 교회들에 취한 양보였을 것이라는 사실이 가능하다. 그런데도 『교회의 관례들』의 예전은 다음과 같은 강한 복음주의 원칙들에 의해서 작동되었다. 복음서를 관통하는 연속적 강해 설교, 떡과 잔이 아니라 오히려 회중의 성별, 죄의 깊은 영향에 대한 인식, 그리스도의 완전한 희생에 대한 진심 어린 찬양과 감사이다.

부처의 예전과 신학에 대한 통찰력은 쾰른의 선제후 대주교 헤르만 폰 비드(Archbishop-Elector of Cologne Hermann von Wied)에게 인정을 받았다. 그는 1543년 개혁교회 규범인 『간단한 고려 사항들』(*Simple Considerations*)을 작성하는데 도움을 받기 위하여 부처(그리고 필립 멜랑히톤[Philip Melanchthon])를 초청했다. 폰 비드에 의한 콜론의 종교개혁은 그의 복음주의 개혁으로 인해 파문당함으로써 실패했다. 그럼에도 『간단한 고려 사항들』은 토마스 크랜머(Thomas Cranmer)의 1549년 초판 『공동 기도서』(*Book of Common Paryer*) 준비에 반영되었다. 부처는 아우크스부르크 잠정안(Augsburg Interim)을 인정하기를 거부한 후에, 스트라스부르를 떠날 수밖에 없었고, 이후(1549) 케임브리지신학대학원 레기우스 총장직을 맡게됨으로써 영국의 예배 개혁을 향한 그의 접근은 더욱 가까워졌다. 대주교 크랜머의 초청으로, 그는 초판 『공동 기도서』에 대해서 책-길이의 비평적 검토인 『검열』(*Censura*)을 저술했고, 그것은 『공동 기도서』의 두 번째 편집본(1552)의 발전에 중요한 역할을 했다.[7] 1551년에 그의 때 이른 죽음은 애석하게도 그가 자신의 생존 시에 이런 전국적인 예배 개혁들을 결코 보지 못했다는 것을 의미한다.

---

7 부처의 손으로 쓴 *Censura Martin Buceri super libro sacrorum*의 원본 초안은 Corpus Christi College, Cambrldge, MS 172 fols. 1-20에 있다. 인쇄된 영어판은 Edward Whitaker, *Martin Bucer and the Book of Common Prayer* (Great Wakering: Alcuin Club, 1974)와 Arthur Roberts, *A Review of the Book of Common Prayer, Drawn Up … by Martin Bucer* (London: James Nisbet and Co., 1853)를 보라.

1. 예배 순서

『교회의 관례들』(1539)

주의 만찬 예배
죄의 고백(Confession)
용서의 선언(Absolution)
시편 혹은 찬송가(Psalm or Hymn)
인사(Salutation)
조명을 위한 기도(Prayer for Illumisation)
시편(Psalm)
복음서(Gospel)
설교(Sermon)
주의 만찬에 대한 설명(Exposition of Lod's Supper)
권면(Exhortation)
신경 혹은 시편 혹은 찬송가(Creed or Psalm or Hymn)
인사(Salutation)
중보 기도(Intercession)
주기도문(Lord's Prayer)
권면(Exhortation)
성찬 제정사(Words of Institution)
믿음과 찬양으로의 부름(Call to Believe and Praise)
분배(Distribution)
찬송가 혹은 시편(Hymn or Psalm)
감사 기도(Prayer of Thanksgiving)
축도(Benediction)
해산(Dismissal)

2. 『모든 교회의 관례와 더불어 시편 찬송가』(1539) - 마틴 부처 -

주의 만찬 혹은 미사 그리고 설교들에 관하여

¶ 첫째, 매일 들어야 될 세 번의 설교가 있다. 이른 미사의 시간인 아침에, 겨울에는 5시 이후에 그리고 여름에는 4시경에, 모든 교구 교회에 모임이 있다. 이것은 아마 한 사람이 그중 두 개의 모임에 올 수 있는 방식으로 배열된다. 그곳에서는 먼저 죄의 고백을 하고, 그런 후에 성경으로부터 따온 기독교 훈계가 뒤를 따른다. 그 뒤에 개인 기도를 위해서 적절한 일시 중지가 있다. 목사가 [설교의] 주제에 비추어 혹은 상황과 영에 의해서 요구된 본기도로, 그런 후에 축도로 개인 기도를 마무리한다. 이것은 '아침 기도'(The Morning Prayers)라고 불려야 한다.

¶ 둘째, 여름과 겨울 모두 매일 8시경에, 대 예배당에서 설교가 있다.

¶ 셋째, 여름에는 4시 혹은 시간이 허락한다면 좀 더 일찍 대 예배당에서 저녁 설교가 있지만, 겨울에는 3시에 저녁 설교가 있다.

¶ 사실상, 거룩한 날들은 항상 부도덕한 일을 하는 일반 사람들에 의해서 오용되고, 하나님이 이보다 더 모욕받거나 명예가 더럽힘을 받는 다른 날이 거의 없기 때문에, 우리는 일요일을 제외하고는 하루 종일 지속되는 거룩한 날은 없기를 촉구한다. 일요일에, 우리는 모든 사람이 매주의 안식을 거룩하게 지키며 예배하기를 바란다. 우리의 구속 역사에 대한 다른 영광스러운 기념에 관한 성육신, 우리 주 예수님의 탄생, 그분의 수난, 승천 그리고 등등은 설교에서 언급된다. 그러나 이런 것이 끝나면, 누구도 육체적인 일에서 금지를 받아서는 안 된다. 그리고 참된 안식 안에서 드려지는 말씀의 실천과 기도 그리고 영적 일들의 실천을 위한 그리스도인의 모임을 열어 회중이 매일 참석할 수 있도록 한다. 그러나 다른 몇 날은 물론, 성탄절은 사실상 보통 전체적으로 기념된다.

¶ 일요일은 다음과 같이 지킨다. 첫째, 평상시처럼 이른 기도는 대 예배당에서 개최된다. 그 후에 6시경에, 집사(deacon)들이 이웃 교구 교회의 봉사자들을 위한

설교와 권면을 한다. 그 직후에 회중이 모이면, 목사(pastor)가 제단-식탁으로 와서 그 앞에 선다. 그것은 모든 사람이 모든 말을 들을 수 있도록 사람들을 향해서 세워져 있다. 그는 더 많거나, 혹은 더 적은 다음과 같은 말들로 공동 예배를 시작한다. 이런 것은 때와 시간이 요구하는 데 따라 길어질 수도 있고 짧아질 수도 있다.

고백의 기도 (The Confiteor)

주 하나님께 고백하고 각자가 나와 함께 자신의 죄와 범죄를 인정하십시오.

전능하시고, 영원하신 하나님 아버지!

우리는 당신의 말씀을 온전하게 믿지 않고, 또한 당신의 거룩한 계명들을 따르지 않는 자들과 마찬가지로 불의함에서 잉태되었고, 우리 모두의 삶은 죄와 범죄로 가득 찼다는 사실을 당신께 고백하고, 인정합니다. 당신의 선하심을 기억하시고 당신의 이름을 위하여 우리에게 은혜를 베푸셔서, 너무나 큰 우리의 잘못을 용서해 주시기를 당신께 간청합니다.

또 다른 고백의 기도

전능하시고 영원하신 하나님 아버지!

우리는 사실상 죄에서 잉태되고 태어났으며, 따라서 모든 악에 치우치고, 모든 선에는 느리며, 끊임없이 당신의 거룩한 계명을 위반하고 점점 더 타락한다는 사실을 인정하고 고백합니다. 그러나 우리는 이것을 회개하고, 당신의 은혜와 도우심을 바랍니다. 그러므로 지극히 은혜로우시고 자비로우신 하나님 아버지, 당신의 아들 우리 주 예수 그리스도로 말미암아 우리에게 자비를 베푸시옵소서.

우리 안에 당신의 성령을 허락하시고 증대시키셔서, 우리가 마음속 깊은 곳으로부터 우리 죄와 불의함을 인식하고, 참된 회개와 비통함으로 죄에 대해서 완전히 죽어, 새롭고 경건한 삶으로 당신을 온전히 기쁘시게 할 수 있도록 해 주시옵소서. 아멘.

또 하나의 고백의 기도

오 전능하시고, 영원하시며, 자비가 풍성하신 하나님 아버지!
불쌍하고 죄 많은 인간인 나는, 당신과 당신의 계명에 맞서서 많은 다양한 방식으로 죄를 지었음을 고백합니다. 나는 나의 단 한 분 하나님이자 아버지이신 당신을 믿지 않았음을 고백합니다. 사실상 나는 당신보다 피조물을 더 두려워함으로써 나의 하나님이시고 창조주이신 당신보다 그것들을 더 많이 믿고 신뢰했습니다. 게다가, 그들이 주는 유익과 혜택 때문에, 나는 당신과 당신의 계명에 맞서서 많은 것을 행해 왔고, 많은 일을 하지 않은 채 내버려 두었습니다.
나는 당신의 거룩한 이름을 헛되이 취급했고, 자주 거짓으로 그리고 생각 없이 맹세했으며, 내가 마땅히 해야 하는 대로 항상 당신의 이름을 고백하고 거룩히 하지 않았으며, 사실상 더 나아가서 내 평생에 말과 행동으로써 당신의 이름을 훼손했음을 고백합니다.
나는 당신의 안식일을 거룩하게 지키지 않았음과 당신의 말씀을 진지하게 듣지 않았으며, 그 말씀에 따라서 살지도 않았고, 게다가 당신의 거룩한 손에 나를 온전히 맡기지도 않았으며, 당신이 나와 다른 이들 안에서 역사하심을 감사하지 않았고, 그에 관해서 자주 그리고 격렬하게 불평했으며, 참을성이 없었음을 고백합니다.
나는 내 부모님을 존경하지 않았고, 아버지, 어머니, 나의 상사들 그리고 신실하게 나를 지도하고 가르치기를 원했던 모든 사람처럼 내가 당연히 순종해야만 하는 모두에게 불순종했음을 고백합니다.
나는 말과 행동으로써 내 이웃을 죽였고, 그의 감정을 자주 그리고 크게 상하게 했으며 그에게 피해를 입혔고, 그에게 화를 내었으며, 그를 향해 부러워하고 증오했으며 그리고 그를 중상하는 등등의 일을 했음을 고백합니다.
나는 순결하지 않았음을 고백합니다. 나는 나의 평생에 먹는 것, 마시는 것, 입는 것 또한 다른 일에서 나의 모든 육신의 죄와 모든 자제심의 결핍과 방종을 인정합니다. 그리고 보고, 듣고, 말하는 등등에서 그리고 내 삶의 모든 부분에서, 사실상 심지어 음행, 간음 그리고 그와 유사한 것들에서도 자제력이 부족한 것을 인정합니다.

나는 훔친 것을 고백합니다. 나는 일시적 물건들에 대하여 당신과 당신의 계명에 맞섰던 나의 탐욕을 인정합니다. 탐욕스럽게 그리고 사랑에 반하여, 나는 이런 물건들을 붙들었고, 내 이웃의 필요가 그것을 요구하는 곳에, 그 물품들을 거의 나누어 주지 않았습니다.

나는 거짓 증언을 했고, 내 이웃에 대하여 진실하지 않았으며, 신실하지 않았음을 고백합니다. 나는 그에 관해 거짓말을 했고, 거짓말을 전했으며, 그의 명예와 명성을 내 자신의 것처럼 방어하지 않았고, 마지막으로, 다른 사람의 물건과 배우자를 탐했습니다. 요컨대, 나의 평생이 다름 아닌 죄와 당신의 거룩한 계명에 범죄한 것일 따름이며, 모든 악에 대한 성향이 있음을 고백합니다. 따라서 하늘에 계신 아버지, 당신의 사랑하는 아들이신 우리 구세주 예수 그리스도로 말미암아 내가 오로지 당신의 길로만 행하고 살 수 있도록 이것들과 나의 모든 죄를 자비롭게 용서하시고, 지금부터 나를 지키시고 보호 해 주시기를 요청드립니다.

죄의 사면 혹은 위로의 말씀 디모데전서 1장

이것은 확실히 진실이며 매우 귀중한 말씀입니다. 그리스도 예수께서 죄인을 구원하시려고 세상에 오셨습니다. 모든 사람이 진실로 성 바울과 더불어 자신의 마음으로 고백하고 그리스도를 믿도록 하십시오. 이처럼, 나는 여러분에게 그분의 이름으로 여러분의 모든 죄에 대한 용서를 약속하고, 여러분의 모든 죄가 땅에서 풀어지고, 여러분이 하늘에서도 그 죄로부터 영원히 해방될 것을 선포합니다. 아멘.

¶ 때때로 그는 다음과 같이 죄의 용서와 우리 죄를 위한 그리스도의 지불하심으로써 우리를 위로하는 다른 구절들을 사용한다.

요한복음 3:16에서, "하나님이 세상을 이처럼 사랑하사 독생자를 주셨으니 이는 그를 믿는 자마다 멸망하지 않고 영생을 얻게 하려 하심이라".

혹은 언급된 위치, 요 3:35-36a에서, "아버지께서 아들을 사랑하사 만물을 다 그의 손에 주셨으니, 아들을 믿는 자에게는 영생이 있느니라."

혹은 사도행전 10:43에서, "모든 선지자들도 그리스도에 대하여 그를 믿는 사람들이 다 그의 이름을 힘입어 죄 사함을 받을 것이라고 증언한다."

혹은 요한1서 2장 1-2a에서, "나의 사랑하는 자녀들아, 만일 누가 죄를 범하여도 아버지 앞에서 우리에게 대언자가 있으니 곧 의로우신 예수 그리스도시라, 그는 우리 죄를 위한 화목제물이니라."

¶ 이후에, 교회는 미제레레(*Miserere*, 하나님의 은혜를 구하는 시편이나 혹은 그를 위해 작사된 음악: 역주)와 같은 성시[8] 혹은 마지막 일곱 단어들 대신에 다른 성시 혹은 입당송 대신에 영적 노래 그리고 때로는 자비송과 하늘에는 영광을 부르기 시작한다.

¶ 그리고 노래가 끝나면, 성직자는 다음의 설교와 하나님의 말씀을 듣고 결실을 맺기 위한 은혜와 의로운 영을 구하는 짧은 기도를 한다. 기도는 다음과 같은 효과를 위한 것이다.

하나님이 여러분과 함께하시기를!

기도합시다.

전능하시고, 자애로우신 아버지!

우리가 당신의 거룩한 말씀을 진실로 이해하는 것에 우리의 온전한 구원이 달려있기 때문에, 우리의 모든 마음이—세속적인 일로부터 자유롭게 되어—부지런함과 믿음을 다해 당신의 거룩한 말씀을 듣고 이해해서, 우리가 우리 주 예수 그리스도로 말미암아, 당신의 은혜로우신 뜻을 바르게 분별하고, 그것을 귀하게 여기며, 당신의 찬양과 당신의 명예를 위해 진심을 다해 그 뜻에 따라 살 수 있도록 허락하시옵소서.

¶ 그후에 교회는 성시 혹은 만약 그것이 길면, 이전의 것으로부터 몇 구절을 노래한다. 그리고 성직자는 강단에 올라가서 복음서를 소리 내어 읽고, 그것을 한 설교에 배치하려고 작정한 것만큼만 연속적으로 설명한다. 이는 복음서 기자들이 우리 주님의 말씀과 행동들을 너무나 분명하게 묘사했기 때문에, 주일 아침

---

[8] 시편 57편.

에는 성경의 다른 책보다 복음서 중의 하나로부터 설교하는 것이 관례이다. 그리고 그들은 이전처럼 일부 선택된 구절만으로, 종종 능숙하지 못하게 제시하여 결과적으로 회중이 복음서에 있는 다른 모든 것에 접근하지 못하게 되는 일이 없도록 이 복음서를 연속적으로 설명한다. 오후에 그리고 다른 시간들에, 그들은 또한 다른 성경책을 설명한다.

¶ 설교의 마지막에 바른 믿음과 참된 외경심으로 만찬을 지키기 위한 훈계와 더불어 거룩한 성만찬의 행위를 설명한다. 이 훈계는 보통 다음과 같은 4부분으로 구성된다.

첫째, 여기서 주님이 그분의 몸과 피를 우리와 나누기를 원하시기 때문에, 우리는 우리의 몸과 피, 즉 우리의 본성은 전적으로 모든 악을 향해 타락했고, 그래서 영원한 사망에 이르게 되어, 그 스스로는 하나님의 나라에 참여하지 못하게 되었음을 명심해야만 합니다(고전 15장).

둘째, 그런 타락으로부터 우리를 구원하기 위하여, 거룩한 몸과 피, 즉 진실로 경건한 한 인간이 계실 수 있도록 하나님의 영원한 말씀이 육신이 되셨습니다. 그분에 의해서 우리 모두의 몸과 피가 회복되고 성화될 수 있으며, 우리가 그분의 몸과 피를 진실로 먹고 마신다면, 그 일이 일어납니다.

셋째, 주님은 "받아서 먹어라. 이것은 너희를 위한 내 몸이다. 너희 모두가 그것을 마셔라. 이것은 죄의 용서를 위해 너희를 위해 흘린 내 피다"라고 하신 그분의 거룩한 말씀처럼, 성만찬에서 교회의 사역을 통하여 가시적인 것들인 떡과 포도주로써, 동일한 그분의 거룩하고 성화시키는 몸과 피를 우리에게 진실로 주시고 집행하십시오. 우리는 주님의 이런 말씀을 단순한 믿음으로써 그리고 주님이 직접 그 목적으로 정하셨던 교회의 외면적 의식을 통하여 주님 자신이 우리 가운데 계시다는 사실을 의심하지 않고 받아야만 합니다.

그분은 우리가 떼는 떡은 또한 진실로 우리를 위한 그분의 몸에 대한 친교이며, 우리가 감사하는 잔은 그분의 피와 함께하는 친교(고전 10장)라는 사실을 이런 말씀으로 우리에게 드러내신 것입니다. 그러므로 항상 주님이 우리에게 거룩한 성례전에서 그분의 거룩하고 구원하시는 친교를 전달하시는 이유를 부지런히 숙고합시다. 이는 곧 그가 우리 안에 더욱 거하시며 우리가 다 한 떡을 먹는 것과 같이 그가 우리와 한 몸이 되시고 우리의 머리가 되려 하시기 때문입니다(고전 10장).

넷째, 주님을 기념하는 이 행위에서 우리는 참된 경외심과 감사함으로 굳게 붙듦으로써 항상 우리의 모든 말과 행동과 전 삶으로써 그분이 주신 모든 유익과 그분의 성육신과 고통스러운 죽음에 대해 찬미와 찬양을 드립니다. 그분은 자기 죽음으로써 우리의 죄를 위해 그리고 그분의 몸과 피, 즉 참 하나님이시고 참 인간이신, 전적으로 그분 자신으로 하는 이 송축받으실 친교를 위해 지불하셨으며, 우리는 그분 홀로 말미암아 지금은 물론 영원에서도 의롭고 참되며 복된 삶을 누릴 수 있습니다.

¶ 그런데도 성찬이 기념되지 않지만(현재 작은 교회에서는 한 달에 한 번 기념되고, 대예배당에서는 매주 기념되는 것처럼) 아이들이 세례받기 위해서 출석하는 곳에서는, 세례의 신비를 설명하고 이 거룩한 성례전의 진실로 축복받은 사용에 대해 사람들을 훈계한다.

¶ 설교가 끝나면, 사람들은 신조를 노래하거나, 때에 따라 성시나 찬송가를 부른다. 그 후에 만약 성만찬이 기념된다면 식탁에 서 있는 성직자는 사람들에게 다음과 같이 말한다.
주께서 여러분과 함께하십니다!
기도합시다!

¶ 그다음에 그는 이런 것이나, 유사한 말들로 중보 기도를 드린다.
전능하시고 자비가 풍성하신 하나님 아버지!
당신은 우리에게 당신의 아들을 통해서 우리가 그분의 이름으로 구하는 것은 무엇이든지 우리에게 주실 것이라고 약속하셨습니다. 그리고 당신은 우리에게 당신의 영을 통해서 권위자들과 모든 사람을 위해서 기도하라고 명령하셨습니다. 그래서 우리는 당신께 당신의 사랑하시는 아들 우리 구주 예수 그리스도로 말미암아 우리의 군주 황제와 모든 군주와 영주, 특별히 치안 판사와 이 도시 섭정들의 마음을 당신의 거룩한 복음에 대한 지식으로 비추셔서, 그들과 권력을 가지고 있는 모두가 당신을 자신들의 주권자와 참 주님으로서 인정하고, 경외심과 떨림으로 당신을 섬기며, 당신의 뜻과 선한 기쁘심에 따라서 당신의 손으로 만드신 작품이고, 당신의 초장의 양들인 우리를 다스리도록 진심으로 요청합니다.

그리고 모든 곳에 있는 모든 사람에게 진리에 대한 지식을 얻을 수 있도록 허락하시옵소서. 특별히 당신의 이름으로 모인 우리, 이 회중에 우리의 주님이시고 교사이신 당신의 성령을 보내 주시옵소서. 그분은 우리의 마음에 당신의 율법을 새기고, 우리의 눈 먼 것을 제거하며, 그렇지 않으면 사실상 죽었고, 죄의 수치와 불명예를 알 수 없는 우리의 죄를 인정하도록 우리를 인도하실 것입니다.

오 주님!

우리에게 그것을 생생하게 알게 해 주시옵소서. 그리고 우리의 눈을 밝혀 주셔서 우리가 진리를 알고, 우리 안에는 단지 죄, 죽음, 지옥 그리고 하나님의 진노를 받아 마땅한 것들 외에는 아무것도 없다는 사실을 진실로 인정할 수 있도록 해 주시옵소서. 그러므로 우리는 당신의 선하심과 은혜의 풍부한 샘에 주리고 목마르며, 당신이 당신의 독생자—우리를 죄와 사망과 음부에서 건져 내시고, 부활 곧 하나님 나라의 유업에 이를 수 있도록 우리 불쌍한 죄인과 같은 인간이 되셔서 고난을 받으시고 죽으시며 다시 부활하셨던—로 말미암아 우리에게 맡기신 것을 감사히 받습니다.

오 하나님 아버지!

우리가 당신의 사랑하는 아들 우리 주 예수님의 이 만찬을 그분이 그것을 제정하셨던 것처럼 참된 믿음으로 지키게 하시옵소서. 그리고 그 만찬에서 그분이 이 거룩한 성례전에서 자신을 제공하고 직접 집행하시기를 원하신 것과 마찬가지로, 사실상 하늘로부터 온 단 하나의 구원의 떡인 우리 구세주, 그분 자신인, 그분의 몸과 피의 참된 친교를 우리가 진실로 받고, 즐기도록 허락하시옵소서.

그래서 그분이 우리 안에 살고, 우리가 그분 안에 살며, 우리는 우리의 악에 대한 모든 욕망, 타락한 육신, 모든 분노, 반항, 부러움, 증오 이기심, 음탕함, 불결함, 그밖에 무엇이든지 저주받은 육신의 행위로부터도 해방되어서 그분의 지체가 되어 당신의 교회의 공동의 덕을 위해서 모든 점에서 당신을 섬겨 열매를 맺도록 하시옵소서. 그래서 바르게 순종하는 당신의 자녀로서 우리가 반드시 당신에 대한 어린아이 같은 신뢰로 항상 우리의 마음과 정신을 드높이고, 우리의 단 한 분 주님이시고 구세주인 우리 주 예수 그리스도께서 우리에게 다음과 같이 기도하라고 가르쳐주신 대로 항상 당신에게 요청할 수 있도록 해 주시옵소서.

우리 아버지, 등등.

또 다른 기도

하늘에 계신 전능하신 아버지, 당신의 아들 우리 주 예수님으로 말미암아 당신은 우리가 그분의 이름으로 구하는 것은 무엇이든지 허락하시겠다고 약속했습니다. 그리고 당신은 우리에게 모든 사람, 특히 권세를 가지고 있는 사람들을 위해서 기도하라고 명령하셨습니다. 그래서 우리 구세주이신 당신의 아들로 말미암아, 당신 대신에 우리를 다스리도록 당신이 우리 위에 임명하셨던 우리 군주 황제, 왕, 모든 군주 그리고 영주, 또한 그 도시의 치안 판사들을 위해, 우리가 사랑하는 아버지이신 신실하신 당신께 요청하는 것은 그들에게 당신을 경외함과 성령을 허락하셔서, 그들이 당신의 뜻과 당신의 영광에 따라서 자신들의 직무를 행하여 모든 곳에 있는 당신의 자녀가 모든 경건함과 존엄함 속에서 평화롭고 고요한 삶을 살 수 있도록 하는 것입니다.

우리는 또한 자신들의 직무가 당신의 거룩한 말씀을 선포하는 것과 당신의 교회의 목사인 모든 자를 위해서 요청합니다. 그들에게 당신의 말씀과 성령을 허락하셔서, 당신의 모든 택함 받은 자가 함께 당신께 모이고, 이미 당신의 이름을 가지고 그리스도인으로 간주되는 자들이 당신을 찬양하고, 당신의 교회 덕을 세우기 위해 자신들의 부르심에 따라서 살 수 있게 하는 방식으로 당신을 섬길 수 있도록 하시옵소서.

또한, 당신께서 질병과 고난을 통하여 징계하시는 자들을 위해서 기도합니다. 그들에게 당신의 은혜로운 손을 깨닫고 자신들의 전진을 위한 징계를 받아들이도록 허락하셔서 당신께서 그들에게도 당신의 위로와 도움을 나누어 주시옵소서. 그리고 여전히 미혹과 악에 빠져 있고, 당신의 거룩한 복음을 아직 알지 못하는 모든 자를 위해 그들의 눈을 밝혀 주셔서 그들이 자신들의 하나님과 창조주를 알게 되어 당신의 뜻으로 회심하기를 기도합니다.

하늘에 계신 아버지시여!

여기 이곳에 함께 모인 우리를 위해서 당신의 이름으로 모이도록 허락하시기를 기도합니다. 우리의 마음과 정신으로부터 당신을 불쾌하게 만드는 모든 것을 몰아내 주시고, 우리가 당신 안에서 살고 움직이며 우리의 존재가 당신 안에 있다는 사실과 우리의 죄 또한 당신께 너무나 크고 가증스러워서, 당신의 아들 우리 주 예수 그리스도의 죽음으로 말미암는 것 외에는, 당신의 선하심과 생명이 우리에게 다시 나누어질 수 없었을 것이라는 사실을 이해하도록 만들어 주시옵소서. 우리가 그분을 믿으면 멸망하지 않고 영생을 얻을 수 있도록, 당신의 사랑하는 아들을 우리를 위해서 죽음에 내주셨던 그런 사랑이 당신께 있다는 사실을 우리가 참된 믿음으로 이해할 수 있도록 허락하시옵소서.

자비로우신 하나님 아버지!

우리의 마음과 정신을 당신의 아들에게로 이끄셔서, 그래서 그분이 당신의 거룩한 복음과 성례전에서 우리에게 자신을 주신 것과 마찬가지로, 스스로는 타락한 우리가 그분 안에서 거할 수 있도록 그분의 몸과 피를 주시기 때문에 우리는 살아 있는 믿음과 영원한 감사로써 그분의 사랑을 받아서, 매일 악에 대해서 점점 더 죽고, 모든 선함에서 자라고 커 나갈 수 있도록 그리고 우리가 모든 겸손과 인내와 우리 이웃을 향한 사랑의 삶을 영위할 수 있도록 하시옵소서.

왜냐하면, 우리 주님이 그분의 거룩한 복음과 성례전을 통해서 우리를 이것으로 부르셨고, 자애롭게 권면하시기 때문입니다. 하늘에 계신 아버지, 우리에게 이제 우리의 구원에 대한 참된 믿음으로 이것을 받아들이고 즐기게 하시며, 항상 당신의 사랑하는 아들 우리 주님의, 진실로 살아 있는 지체가 되도록 하시고, 그분으로 말미암아 진정으로 순종하는 당신의 자녀가 되어 항상 당신을 부르고, 참된 영과 진실로 믿는 마음으로, 그분이 우리에게 가르쳤던 대로 말하면서 기도하도록 허락하시옵소서.

우리 아버지, 등등.

또 다른 기도

전능하신 하나님!
하늘에 계신 아버지!
　당신은 당신의 사랑하는 아들 우리 주 예수 그리스도로 말미암아, 우리가 그분의 이름으로 당신에게 구하는 것은 무엇이든지 허락하시리라는 것을 우리에게 약속하셨습니다. 동일하신 당신의 아들은 그분과 그분의 사랑하는 사도들을 통해서 그분의 이름으로 모이라고 가르쳤습니다. 그분은 우리 가운데 그곳에 계시고, 땅에서 우리가 당신께 구하는 것은 무엇이나 당신으로부터 보장받고 얻게 해 주시겠다고 약속하셨습니다.
　그리고 그분은 특히 당신이 우리 위에 치안 판사와 통치자로 임명하신 자들을 위해서, 그런 후에 당신의 백성과 모든 사람의 염려를 위해서 기도하라고 우리에게 명령하셨습니다. 따라서 우리가 당신을 찬양하기 위해서 당신의 아들 우리 주 예수님의 이름으로 당신의 눈앞에 모두 모였으므로, 우리의 단 한 분 주님이신, 당신의 가장 사랑하시는 아들인 동일한 분으로 말미암아 우리는 자비로우시신 하나님 아버지이신 당신께 진심으로 요청하는 것은 우리의 모든 죄와 범죄함을 자애롭게 용서하시고, 우리의 마음과 정신을 당신에게로 드높여서 홀로 의로운 당신의 뜻과 선하신 기쁨에 따라서 온 마음을 다해 당신께 기도하고 당신을 부를 수 있게 되는 것입니다.
　그래서 우리는 하늘에 계신 아버지이신 당신께 당신의 종들인 우리의 가장 은혜로운 영주들, 우리의 군주인 황제와 왕, 또한 모든 군주와 영주 그리고 그 도시의 치안 판사들을 위해서 요청합니다. 그들에게 당신의 거룩하고 참되신 왕 같은 성령님을 허락하시고 그들의 마음을 늘 자라게 하사 그들이 참된 믿음으로 당신을 왕 중의 왕과 군주들의 주님으로서, 당신의 아들 주 예수님을 당신께서 하늘과 땅의 모든 권세를 주셨던 분으로서 인정하고, 당신의 손으로 만드신 작품이며 당신의 초장의 양들인 자신들의 신민들을 당신의 선하신 기쁨에 따라 다스릴 수 있도록 하시옵소서.

그리하시면 우리가 여기서 그리고 모든 곳에서, 모든 경건함과 존엄함으로 평화롭고 고요한 삶을 영위하고, 원수들에 대한 두려움으로부터 해방되어 모든 의로움과 거룩함으로 당신을 섬길 수 있게 될 것입니다.

더욱이, 신실하신 아버지이시며 구세주이시여!

당신의 신실한 자들 위에 영혼의 목자와 감독자로 임명하시고 당신의 거룩한 복음의 선포를 맡기신 모든 사람을 위하여 청하오니, 그들이 항상 신실하다고 알려지고, 모든 곳에서 죄를 범하는 당신의 불쌍한 양들이 목자 중의 우두머리(Chief Shepherd)이시고 감독(Bishop)이신 당신의 아들 그리스도께로 모이게 하여, 그들이 그분 안에서 날마다 모든 거룩함과 의로움에 이르도록 세워지며, 당신의 이름을 영원히 찬양할 수 있게 되도록 하는 방식으로 당신을 섬길 수 있게 하시옵소서.

자비로우신 하나님 그리고 은혜로우신 아버지!

당신은 또한 모든 세상에 구세주로서 인정받기를 원하시오니 모든 사람을 위해서 요청합니다. 우리 주 예수 그리스도이신 당신의 아들에게서 여전히 떨어져 있는 자들을 그분께로 이끌어 주시옵소서.

우리의 단 한 분 중재자(Mediator)이신 그분을 통해서만 당신께서 우리의 죄를 용서해 주시고 모든 은혜를 부어 주시기를 바라신다고 가르쳤던 자들에게는 이런 지식이 날마다 자라고 증대되도록 허락하소서.

그들이―모든 선한 일의 열매로 가득 차서―우리 주님이신 당신 아들의 날과 미래에 대해 확신에 찬 기대를 하면서 당신을 찬양하고 그들의 이웃의 덕을 세우기 위하여 죄과 없이 살게 될 것입니다. 그리고 오, 모든 위로의 주님이신 자비의 하나님, 당신이 가난, 불행, 병, 투옥 그리고 다른 역경으로 찾으시고 징계하시면서 특별히 훈련하시는 자들이 당신의 은혜롭고 아버지와 같은 손길을 깨닫게 하셔서 그들이 홀로 자신들을 징계하시는 당신께 자신들의 온 마음을 다해 돌아서서 당신으로부터 자애로운 위로를 받고, 최종적으로 모든 악으로부터 해방되도록 허락해 주시옵소서.

오 하나님 아버지!

여기 당신 앞에 당신 아들의 이름으로 그분의 식탁에 모여 있는 우리에게, 우리가 죄 안에서 태어났고, 우리의 죄에 가득한 삶을 통해서 그 안으로 점점 더 깊이 빠져들어 가는 우리의 죄와 타락을 진실로 그리고 완전히 인식하게 허락하여 주시옵소서. 그리고 우리의 육신에는 선한 것이 아무 것도 없고, 사실상 우리의 몸과 피는 당신의 왕국을 상속받을 수 없으므로, 우리의 단 한 분 구속자(Redeemer)이시고 구세주(Saviour)이신 당신의 아들에게 참된 믿음으로 온 마음을 다해서 우리를 맡기도록 허락하시옵소서.

그리고 그분이 우리의 죄 때문에 십자가에서 그분의 몸과 피를 바치셨을 뿐 아니라, 영생을 위해서 우리에게 동일한 그분의 몸과 피를 먹고 마시도록 주시기를 원하셨기 때문에, 우리가 완전한 열망과 온전한 헌신으로 그분의 선하심과 선물들을 받아들이고, 이제 참된 믿음으로 참 하나님이시고 참 인간이신 우리의 구세주, 사실상 그분 자신인 그분의 참된 몸과 그분의 참된 피, 참된 하늘의 떡을 받고 즐겨서, 더 이상 죄가 많은 타락한 삶을 살지 않으며, 그분이 우리 안에 살고, 우리는 그분 안에서 그분의 거룩하고 송축받는 영생을 살 수 있도록 허락하시옵소서.

그리고 우리가 영원한 언약, 즉 당신의 사랑하는 자녀와 상속자들에 관해서, 당신이 영원히 우리의 자애로운 아버지가 되시고, 절대로 우리 죄를 우리에게 돌리지 않으시며, 몸과 영혼을 위한 모든 것에서 우리를 위해 제공하기를 원하시는 확실하고 분명한 은혜의 언약의 진정한 참여자가 될 수 있도록 해 주시옵소서.

그리하시면 우리가 우리의 모든 말과 행동으로 항상 당신을 찬양하고 당신께 감사를 드리며, 당신의 거룩한 이름을 영화롭게 할 수 있을 것입니다. 그러므로 하늘에 계신 아버지, 우리가 지금부터 계속해서 항상 당신을 믿는 것과 선한 일에 있어서 자라고 강건하게 되고, 더욱더 위로를 받아 우리 주이신 그분(He our Lord)이 우리에게 기도하라고 가르쳐 주신 것을 다음과 같이 기도하면서, 항상 우리 아버지 하나님께 구할 수 있도록, 오늘 영화롭고 송축받으실 당신의 사랑하는 아들 우리 주님의 기념을 지키고 그분의 죽음을 선포하도록 허락해 주시옵소서.

하늘에 계신 우리 아버지,
아버지의 이름을 거룩하게 하시며
아버지의 나라가 오게 하시며,
아버지의 뜻이 하늘에서와 같이 땅에서도 이루어지게 하소서.

오늘 우리에게 일용할 양식을 주시고,
우리가 우리에게 잘못한 사람을 용서하여 준 것 같이
우리 죄를 용서하여 주시고,
우리를 시험에 빠지지 않게 하시고, 악에서 구하소서.
아멘.

¶ 이 기도가 끝나면, 성직자는(만약 설교의 마지막에 그것을 하지 않았다면) 성만찬을 참된 믿음과 합당한 헌신으로 준수하라는 짧은 권면을 한다. 그리고 그는 이 신비를 설명한다.

¶ 이런 권면과 설명 후에, 성직자는 거룩한 복음서 기자들과 바울이 기록한 것처럼 다음과 같이 주의 말씀을 낭독한다.

주의 만찬의 제정

주 예수께서 잡히시던 밤에 그들이 먹고 있을 때 예수님이 떡을 들고 떼어서, 축사하시고 이르시되 "받아서 먹어라. 이것은 너희를 위하는 내 몸이니 이것을 행하여 나를 기념하라" 하시고, 식후에 또 그와 같이 잔을 가지사 축사하시고 그것을 그들에게 주며 이르시되 "이것을 너희 모두가 마셔라. 이것은 너희와 많은 이를 위해 죄 용서를 위해 흘린 내 피로 세운 새 언약이니 이것을 행하여 마실 때마다 나를 기념하라."

¶ 이런 말들 후에 성직자는 다음과 같이 말한다.
주님을 믿고 그분에게 영원한 찬양과 감사를 드리십시오!

¶ 이 시점에, 그는 우선 다음과 같은 말들을 하면서 주님의 떡과 잔을 분배한다.
주님이신 그리스도께서 여러분을 위해 죽으셨다는 사실을 기념하고 믿으며 선포하십시오.

¶ 그러자 곧, 교회는 "하나님이 찬양받으시기를" 등등이나 적절한 다른 성시를 노래한다.

¶ 이 찬양 후에 그는 다시 다음과 같은 식으로 기도를 드린다.
주님이 여러분과 함께하시기를 원합니다.
기도합시다.
하늘에 계신 아버지 하나님!
우리의 구원에 대한 기념이 결코 우리의 마음을 떠나지 않고, 우리가 우리 주 그리스도 예수로 말미암아 헛되고 해로운 어둠인 우리의 어리석은 이성과 맹목적 의지로부터 멀리 떠나서 세상의 빛(Light)이신 그리스도 안에서 행할 수 있도록 허락해 주시옵소서. 아멘.

전능하신 하나님!
하늘에 계시는 아버지!
우리 불쌍한 죄인들을 용서해 주시고 우리를 당신의 아들 우리 주 예수님께로 데려가신 것에 대해, 우리를 위해 그분을 죽음에까지 내어 주시고, 또한 우리의 영생을 위한 양식과 자양분으로서 그분을 주신 것에 대해 당신께 영원한 찬양과 감사를 올려드립니다.
이런 일이 우리의 마음으로부터 절대 떠나지 않도록 하시고, 오히려 당신을 향한 믿음 안에서 자라고 증대되며, 사랑으로 격려받은 모든 선한 일을 적극적으로 행함으로써, 당신의 아들이신 우리 주 예수 그리스도로 말미암아 우리의 모든 삶이 당신을 찬양하고 우리 이웃의 덕을 세우기 위하여 섬길 수 있도록 허락하시옵소서.

또 다른 감사

전능하시고, 은혜가 풍성하신 하늘에 계신 아버지 하나님!
우리는 당신께서 당신의 가장 귀한 보물인 하늘의 떡과 영생의 양식, 우리 주 예수 그리스도를 당신의 거룩한 복음과 성례전을 통하여 다시 한번 제공하시고 선물로 주신 것에 대해 영원한 찬양과 감사를 드립니다. 그리고 동일하신 우리 주 예수 그리스도로 말미암아 그분의 몸과 피와 명예로 자양분을 받아서 우리가 이제와 앞으로도 참된 믿음으로 그분을 받고 즐길 수 있도록 또한 허락하실 것을 당신께 전심으로 간구합니다. 아멘.

또 다른 감사

하늘에 계신 아버지!
불쌍한 죄인인 우리를 당신의 사랑하는 아들 우리 주 예수께로 이끄시고 다시 한번 그분의 참된 성찬에 참여하게 하신 것에 대해 영원한 찬양과 감사를 드립니다. 또한, 당신께 청하오니, 이 성찬식이 우리 안에서 항상 효과적이고 강력하도록 허락하셔서, 우리가 참된 믿음과 예절과 인내와 사랑 안에서 노력을 아끼지 않음으로써, 당신의 찬양과 존귀와 우리 이웃의 덕을 세우기 위하여 동일하신 그분으로 말미암아 당신을 온전히 기쁘시게 함으로써 새로운 하늘의 삶을 영위할 수 있도록 하시옵소서.

¶ 축도: 민수기 6장
여호와는 네게 복을 주시고 너를 지키시기를 원하며,
여호와는 그의 얼굴을 네게 비추사 은혜 베푸시기를 원하며,
여호와는 그 얼굴을 네게로 향하여 드사 평강 주시기를 원하노라.
아멘.

나아가십시오. 하나님의 영이 여러분과 함께 영원까지 동행하시기를 원합니다. 아멘.

¶ 대 예배당에서 주일, 식후에 또 다른 설교가 있다. 그 전후에 또한 거룩한 성시들이 불리고 공동 기도가 행해진다. 이 설교 직후에—추위 때문에 아이들이 괴로울 수 있으므로 겨울철은 제외하고—성직자는 대 예배당에서 아이들을 위한 교육을 한다. 십계명, 신조 그리고 주기도문을 순서대로 설명하고, 그들에게 이에 관한 질문을 함으로써 그들을 우리 주 예수 그리스도를 아는 지식으로 훈련한다.

¶ 저녁 기도 시간(Vesper Prayer)에 다른 교구 교회에서 동일한 훈련을 행한다. 이것은 전후에 성시의 찬양과 더불어, 두 개의 [예배] 후에 준수된다. 그리고 마지막에 기도와 본기도를 하는데 이것은 [설교에서] 논했던 주제로 인도한다. 보통은 그때, 세례를 받기 위해 아이들이 출석하는 곳이면 어디서나 거룩한 세례 또한 준수된다.

¶ 1년에 4번 모든 교구 교회에서 아침과 오후에 회중을 위한 교리 교육이 행해진다. 그래서 짧고 단순한 설명들로 이루어진 다음과 같은 우리 기독교 종교의 종합적 부분들이 취급될 수 있도록 한다. 우리 기독교의 신앙 조항들, 십계명과 주기도문, 성찬에 대한 이해와 할당된 시간 안에 우리 기독교 종교에 대한 기본적 교육으로서 많은 결실을 맺을 수 있는 것은 무엇이든지.

제12장

교회 기도의 형식

존 칼빈

> 하나님의 측량할 수 없는 은혜 때문에, 우리 육신의 연약함이 허락하는 한, 우리는 신앙의 훈련에 의해서 하나님께로 고양됩니다. 말씀의 설교와 성례전, 거룩한 회중 자신들 그리고 사실상 교회의 전체 외면적 체제는 우리가 하나님께 연합될 수 있는 것 외에 무슨 목적이 있겠습니까?[1]

위대한 종교개혁자 존 칼빈(John Calvin, 1509-1564, 혹은 그의 모국어로는 장 코뱅[Jean Cauvin])은 1509년 프랑스 대성당 마을인 노용(French Cathedral town of Noyon)에서 태어났다. 파리대학(University of Paris)에 소속된 단과 대학들 안에서, 그는 1528년경부터 시작하여 통상적인 트리비움(Trivium, 문법과 논리학, 수사학의 3학)과 콰드리비움(Quadrivium, 산수와 음악, 기하학, 천문학의 4학)을 공부했다.

그런 후 1528년에 오를레앙대학(university of Orleans)에 다녔고, 1529년 부르지대학(university of Bourges)으로 떠나, 그곳에서 변호사이자 위대한 인문학자 안드레아 알시아티(Andrea Alciati)에게 법학을 공부했다. 1532년 자격증을 받은 직후, 23세 혹은 24세에 칼빈은 자신의 첫 번째 책인 『세네카의 관용』(Seneca's De Clementia)에 대한 주석서를 출판했다.[2]

칼빈의 갑작스러운 개종—1533년 여름 중 한때—은 역사의 흐름을 바꾸었다. 자신의(그리고 아버지의) 법률가로서 야망을 제쳐 두고, 칼빈은 신학적 추구를 위해 파리로 돌아왔다. 칼빈의 가까운 친구이자 새롭게 선출된 대학 총장인 니콜라스 콥(Nicholas Cop)이 취임 연설에서 자신의 복음주의적 확신을 드러내었을 때, 그는 신학적인 마녀사냥의 대상이 되어 시에서 쫓겨나게 되었다.

---

1 John Calvin, *Commentary on the Psalm*, CO 31-248: "quia inaestimabilis Dei gratia est, nos pro camis nostrae infirmitate pietatis exercitiis sursum as Deum attolli. Quorsum enim verbi praedicatio, sacramenta, sacri ipsi conventus, totumque externum ecclesiae regimen, nisi ut nos Deo coniungant?"
2 소개 페이지에 대해서 나는 Bruce Gordon의 탁월한 책인 *Calvin* (New Haven; London: Yale University Press, 2009)에 신세를 졌다.

칼빈 역시 파리로부터 도망쳤다는 사실은 미래의 제네바 종교개혁자가 중요한 강의에서 신학적 영향을 끼쳤을 수도 있다는 사실을 암시한다. 결국, 파리에서 복음주의의 항거라는 격동의 에피소드('플래카드 사건', The Affair of the Placards) 후에—칼빈은 그 사건에 직접 관련되지는 않았다—그는 1534-35년에 바젤(Basel)로 우회했고, 그곳에서 콥과 재회하여 1529년 이후 확고하게 복음주의가 되었던 도시로 빠져들었다.

비교적 조용한 바젤에서, 칼빈은 『기독교 강요』(Institution of Christian Religion, 1536)의 첫 편집본을 완성했다. 최근에 있었던 그의 개종에 비추어 볼 때, 예배 개혁에 대한 그의 비전은 괄목할 만한 것이다. 칼빈은 성찬을 적어도 매주 해야 한다는 것과 성만찬 예전을 기도로 시작하고, 성찬 제정사, 권면, 성찬 배제(excommunication), 준비 기도, 그런 후에 떡과 포도주의 분배로 진행되며, 반면에 다른 권면, 찬양 그리고 해산으로 끝내기 전에 성시들을 노래로 부르거나 성경을 낭독하는 자신의 바람을 제시했다.[3] 이것과 1526년 요하네스 외콜람파드의 바젤 예전의 차이는 그의 사역의 이런 초기 단계에서조차 공 예배에 관한 칼빈 사상의 독립성을 암시한다.[4]

이탈리아 페라라(Ferrara)를 잠깐 방문한 후 돌아간 파리에서의 짧은 체류 후에, 칼빈은 스트라스부르로 떠났다. 하지만, 그가 1536년 9월 전 어느 때 제네바에서 기욤 파렐(Guillaume Farel)에 의해서 저지당한 것은 아주 유명한 일이다. 파렐은 만약 칼빈이 사역하면서 자신 옆에 남지 않는다면 개인적으로 칼빈을 저주하겠다고 위협했고, 칼빈은 굴복했다. 그러나 2년 후인 1538년 칼빈과 파렐은 둘 다 제네바 의회와 의견의 불일치로 인해서 그 도시로부터 떠날 수밖에 없었다.[5] 그들은 교회에 불화를 가져왔다는 비난에 대해 자신들을 보호하기 위해서 취리히와 베른의 의회 앞에 나타났지만,

---

3   John Calvin, *Institute of the Christian Religion*(1536), trans. Ford Lewis Battles (Grand Rapids: Eerdmans, 1975), 122-23[IV.D.53].
4   칼빈의 예전적 사고와 오늘날 기독교 예배를 위한 그 적용에 대해서 많은 것을 원한다면, Terry L. Johnson, *Worshipping with Calvin: Recovering the Historic Ministry and Worship of Reformed Protestantism* (Darlington: Evangelical Press, 2014): idem, *Serving with Calvin: Leading and Planning Services of Worship in the Reformed Church* (Darlington: Evangelical Press, 2015)를 보라.
5   이 불일치에 대한 간략한 토론은 제8장 파렐의 예배 예전을 보라.

성공하지 못했다.

그 후에 파렐은 노이샤텔(Neuchâtel)로 향했고, 스트라스부르로 향했던 칼빈은 1538년 그곳에 정착하여 프랑스 회중에 목회하게 되었다. 그가 마틴 부처(Martin Bucer)의 영향을 받은 곳은 바로 이곳이었다. 이것은 칼빈에 있어서 많은 이유로 인생의 중요한 국면이었다. 프랑스 회중을 위한 그의 사역은 정해진 예전 없이, 주의 만찬을 기념하기 위한 교회의 허락도 받지 못한 상태로 소수의 정규 예배자만 있는 상태로 시작했다. 그러나 칼빈의 사역하에서 프랑스 회중은 결국 세 가지 점 모두에서 상반된 결과를 얻게 되었다.

칼빈의 예전적 아이디어가 형성되고 실현된 것은 스트라스부르였다.[6] 부처의 예배 개혁하에서 구현된 회중 찬송의 소리에 감동한 칼빈과 프랑스 시인 클레망 마로(Clement Marot)는 『프랑스 회중 찬송가집』(*Aulcuns Pseaulmes et Cantiques*)을 만들었다. 그것은 "이제 당신의 종이 평안히 떠나게 하십시오"와 십계명(*Nunc Dimittis* and Decalogue, 둘 다 운문으로) 그리고 사도 신경(운율 없는 단순한 성가로 된)이 뒤를 잇는 19개의 운율 있는 성시를 포함하고 있었다.[7]

이 시편 찬송가는 후에 시편 모음집으로 확장되어 칼빈 예전인 『교회 기도의 형식』(*Form of Ecclesiastical Prayer*, 1541)에 따랐다. 자신의 임종 시에, 칼빈은 부처로부터 이 예배 형식의 지침을 구했던 것을 다음과 같이 언급했다.

---

6   Bard Thomson, *Liturgy of the Western Church* (Philadelphia. Fortress Press, 1980 [1961]), 189n은 우리에게 첫 번째 편집본(1540)이 분실되었음을 알려 준다. 우리는 본 텍스트의 각주 안에서 다양한 현존 편집본을 반영했다. 그리고 그의 제네바 예전(1542년 발간되었지만, 연대순으로는 그의 스트라스부르 예전보다 이후인) 옆에 칼빈의 스트라스부르 예전(1546년에 발간되었으나, 연대순으로는 그가 1541년 스트라스부르를 떠난 것보다는 이르다)을 제시했다.

7   Richard R. Terry, "Calvin's First Psalter, 1539," in Proceedings of the Musical Association, 57th session (1930-1931): 1-21. Cecil Mielle Roper, "The Strasbourg French Psalters, 1539-1553" (Doctoral Dissertation, University of Southern California, 1972), 129에서는 『스트라스부르 프랑스어 개혁주의 시편찬송가』의 다음 편집본들이 주기도문을 위한 **수르숨 코르다**(*Sursum Corda*), **하나님 당신을 찬양합니다**(*Te Deum*), **오소서 창조주 성령님이시여**(*Veni Creator Spiritus*)의 운율 있는 세팅들을 포함했다는 사실을 지적한다.

주일 기도에 관해서, 나는 스트라스부르의 형식을 취했고, 그것의 대부분을 차용했다.[8]

그러나 칼빈은 부처를 수동적으로 따른 것은 아니었다. 왜냐하면, 단어와 어조에서의 차이와 부처의 기도 선택 사항들을 제외한 것은 신중한 편집을 암시하기 때문이다. 사실상 자세히 살펴보면, 주의 만찬 전에 칼빈의 긴 권면에 대한 면밀한 어조와 **수르숨 코르다**(Sursum Corda)의 개작은 파렐의 『태도와 방식』(Manner and Way)과의 시너지를 드러낸다.

칼빈 예전의 가장 놀라운 특징은 말씀과 성례전 사이의 원활한 연결이다. 그것은 성례전을 위한 예전이 수 주 동안 주의 만찬 없이 단순한 성찬-전(ante-Communion) 예전이 될 수 있는 방식으로 고안되었다. 주의 만찬 예전의 시작 부분에 있는 사도 신경의 위치는 말씀에 대한 신실한 응답으로서 그리고 성례전을 위해서 준비된 신자로서 말씀 예전과 성례전 사이에서 가교의 기능을 했다.

1547년 칼빈은 스트라스부르를 떠나서 (무질서를 진압하는 데 필사적이었고, 취리히와 바젤의 교회로부터 칼빈을 소환하라는 압력을 받았었던) 시 의회의 요청으로 제네바로 귀환했다. 도착하자마자, 칼빈은 파렐의 『태도와 방식』을 자신의 『교회 기도의 형식』으로 대체했다. 칼빈이 의회에 자신의 『교회의 조례들』(Ecclesiastical Ordinances)을 제시했을 때, 그 조례들은 권징과 질서를 회복하기 위해서 대체로 승인되었지만, 칼빈이 바랐던 매주의 성찬은 의회가 성례전의 기념을 일 년에 단 네 번만 하도록 지정하면서 다시 한번 거부당했다.

따라서 그의 예전은 주로 성찬-전 체제로 활용되었다. 죄의 사면과 관련해서 또 다른 변화가 생겼다. 제네바의 예배자들은 이 직설적인 사면 선언에 반대했고, 그것을 막기 위해서 고백하는 동안 일어서 있음으로써 자신들의 분노를 표시했다.[9] 이런 변화들에도 불구하고, 예전은 그의 초기 스트

---

[8] John Calvin, *Farewell Address to the Ministers*, CO 9:894: "Quant aux Prières des dimanches, ie prins la forme de Strasbourg et en empruntay la plus grande pratie."(주일 예배는 스트라스부르의 형식을 취하고 대부분 빌렸습니다).

[9] John Calvin, *Ad quaestionem de quibusdam ecclesiae ritibus*, CO 19: 213: "우리의 공개적 고

라스부르 예전과 대체로 같았다.

칼빈의 예전은 전능하신 하나님의 영광과 죄 많은 인간의 부족함을 견지했다. 늘어난 권면은 그가 교회 권징에 중요성을 두었음을 입증한다. 그리고 신중한 자기 성찰은 살아 있는 참된 믿음을 동반하는 도덕적 변화의 중요성을 입증한다. 그의 예전에서 이렇게 정기적으로 반복되는 특징, 즐거운 찬송가(psalmody)의 찬양과 성 피에르 성당(Cathedral of St. Pierre)에서 설교한 약 4000여 개의 설교는 제네바 예배자들을 하나님께로 고양하는 수단이었다.[10]

칼빈 예전의 영향은 제네바시를 훨씬 넘어서 뻗어 나갔다. 사실상, 그것은 프랑스, 영국, 스코틀랜드 그리고 하이델베르크에서 발원한 독일과 네덜란드 교회들의 개혁파 운동에 영향을 끼쳤다. 칼빈의 뒤를 이어 스트라스부르의 프랑스 교회에서 목회했던 발레랑 풀랭(Vallerand Poullain)은 중기 튜더 왕조 개혁(mid-Tudor reformation) 시기에 영국(Glastonbury)에 있는 프랑스인들을 위한 '이방인' 교회(French "Stranger" Church)를 책임지고 있었다.

그는 칼빈의 스트라스부르 예전의 개작인 『신성한 예전』(Liturgia Sacra)을 출간했다. 풀랭이 에드워드 6세 왕(King Edward VI)에게 쓴 헌정사는 예배 개혁을 위한 이런 칼빈식 예전을 칭찬하는 방식으로 표현되었다.[11] 윌리엄 허크(William Hucke)는 1550년 7월 7일에 영국에서 『교회 기도의 형식』의 번역본을 간행했다.[12]

칼빈 예전의 이 번역은 영국 망명자들과 함께 프랑크푸르트로 갔다. 이런 영국 망명자들 사이에서 '프랑크푸르트의 문제들'(Troubles at Frankfurt)이 칼빈 식 원칙들을 드러낸 반면, 칼빈의 예전적 사고는 존 녹스(John Knox)와 제네바에 있던 다른 영국 망명자와 관련된 예전으로 명확하게 바뀌었다

백에 죄인들을 용서와 화해의 희망으로 이끄는 주목할 만한 약속을 덧붙이자면, 그것이 가장 유용하다는 것을 인정하지 않는 사람은 아무도 없다. 그리고 처음부터 이 관습을 도입하고 싶었지만 일부 사람들은 새로움으로 인해 욕을 먹을까 두려워 포기하기가 너무 쉬웠다. 따라서 문제는 기각되었다. 그러나 이제는 고백이 끝나기 전에 많은 부분이 일어나기 시작하기 때문에 여기서 아무것도 변경하는 것은 적절하지 않다."

10 Herman J. Selderhuis, *John Calvin: A Pilgrim's Life* (Nottingham: IVP Academic, 2009).
11 Valerand Pollain, *Liturgia Sacra, seu Ritus Ministerii in Ecclesia Peregrinorum Profugorum propter Euangelium Christi Argentinae* … (London: Mierdman, 1551), RSTC 16566.
12 William Hucke, *Geneva, The forme of common praiers used in the churches of Geneua the mynystracion of the sacraments* … (London: Whitchurche, 1550), RSTC 16760.

(1556). 이 시점부터 계속해서 칼빈의 예전은 스코틀랜드와 팔츠의 종교개혁들에 영향을 주었다. 그리고 『웨스트민스터 예배 모범』(*Westminster Directory for Pubic Worship*, 1645)을 포함한 영국 청교도들의 끈질긴 노력에 힘을 실어 주었다.[13]

칼빈 예전의 완전한 영향은 결코 알 수 없겠지만, 그 리듬의 많은 부분이 오늘날 개혁주의 예배를 관통하고 있다고 확신할 수 있다.[14]

1. 예배 순서

1) 『교회 기도의 형식』(1545)

말씀 예전	주의 만찬 예전
기도(*Votum* [시편 124:8])	기도(*Votum* [시편 124:8])
죄의 고백(Confession)	죄의 고백(Confession)
용서를 위한 기도(Prayer for Forgiveness)	용서를 위한 기도(Prayer for Forgiveness)
위로의 말씀(Words of Comfort)	위로의 말씀(Words of Comfort)
용서의 선언(Absolution)	용서의 선언(Absolution)
(자비송[과 더불어]) 십계명 (Decalogue [with Kyrie])	십계명(Decalogue)
조명을 위한 기도(Prayer for Illumination)	조명을 위한 기도(Prayer for Illumination)
주기도문(Lord's Prayer)	주기도문(Lord's Prayer)
성경(Scripture)	성경(Scripture)
설교(Sermon)	설교(Sermon)
중보 기도(Intercession)	중보 기도(Intercession)
주기도문 해설(Lord's Prayer Paraphrase)	주기도문 해설(Lord's Prayer Paraphrase)
시편(Psalm)	사도 신경(Apostle's Creed)

---

13 *A Directory for the publique worship of God throughout the three kingdoms of England, Scotland and Ireland* ⋯ (London, 1644[1645]), Wing D1544.
14 칼빈의 예전적 영향을 더 많이 알기를 원한다면 Hughes Oliphant Old, *The Patristic Roots of Reformed Worship* (Zürich: Theologischer Verlag Zürich, 1975), 96을 보라.

축도(Benediction)	준비 기도(Prayer of Preparation)
	주기도문(Lord's Prayer)
	성찬 제정사(Word of Institution)
	긴 권면(Long Exhortation)
	분배(Distribution)
	시편(Psalm)
	감사의 기도(Prayer of thanks giving)
축도(Benediction)	이제 당신의 종들을 평안히 가게 하십시오(Nunc Dimittis)
	축도(Benediction)

2) 『교회 기도의 형식』(1542, 1566)[15]

말씀 예전	주의 만찬 예전
기도(Votum [시편 124:8])	기도(Votum [시편 124:8])
권면(Exhortation)	권면(Exhortation)
죄의 고백(Confession)	죄의 고백(Confession)
용서를 위한 기도(Prayer for Forgiveness)	용서를 위한 기도(Prayer for Forgiveness)
시편(Psalm)	시편(Psalm)
조명을 위한 기도(Prayer for Illumination)	조명을 위한 기도(Prayer for Illumination)
성경(Scripture)	성경(Scripture)
설교(Sermon)	설교(Sermon)
중보 기도(Intercession)	중보 기도(Intercession)
주기도문 해설(Lord's Prayer Paraphrase)	주기도문 해설(Lord's Prayer Paraphrase)
축도(Benediction)	준비 기도(Prayer of Preparation)
	사도 신경(Apostle's Creed)*
시편(Psalm)	성찬 제정사(Word of Institution)
	긴 권면(Long Exhortation)
	분배 (Distribution)
	시편[들] 혹은 성경(Psalm[s] or Scripture)
	감사의 기도 (Prayer of thanks giving)
	축도(Benediction)

---

15 제시되었을 것으로 추정하지만 (원 예전에서 진술되지 않은) 항목들은 *로 표시했다.

2. 『교회 기도의 형식과 찬송들』[16](1545, 1542, 1566) - 존 칼빈 -

1) 『교회 기도의 형식』[17]

[스트라스부르 1545]	[제네바 1542, 1566]
¶ 주일 아침과 기도의 날들에 다음과 같은 형식이 공통적으로 사용된다.	¶ 주일이 아닌 날에, 성직자는 자신에게 적절하게 보이는 기도를 정하고, 그것을 그가 설교에서 다루는 시간과 내용에 맞추어 조정한다. 주일 아침에는 다음과 같은 형식이 공통적으로 사용된다.

[스트라스부르 1545; 제네바 1542, 1566]

¶ 기도[18]

우리의 도움은 하늘과 땅을 만드신 하나님의 이름에 있습니다. 아멘.

¶ 권면[19]

나의 형제들이여, 여러분 각자는 하나님의 얼굴 앞에서 내 말을 따라서 마음속으로 자신의 잘못과 죄를 고백하십시오.

---

16 칼빈 예전의 이런 선집은 다음과 같은 편집본으로부터 번역되었다. Jean Calvin, *Catechismus latinogallicus: Le catechisme latin-françois* … ([Geneva]: Thomas Courteau, 1566), 206-36과 183-94. 1542년 제네바 편집본의 복사가 가능하다; *La Forme des Prière et Chants Ecclésiastiques, Genève 1542: Fac-similé de l'édition originale d'après l'exemplaire de la Bibliothèque de Stuttgart avec une notice de Pierre Pidoux* (Kassel: Bärenreiter 1959). 1545년의 스트라스부르 편집본의 대부분은 Stephen A. Hurlbut, ed., *The Liturgy of the Church of Scotland since the Reformation* (Washington, DCL St. Albans1944), 8-23에 복사되어 있다. 이런 텍스트 중 중요한 편집본들은 Jean Calvin, "La forme des prieres ecclesiastique," in *Ioannis Calvinis opera quae supersunt omnia* 6:173-84와 193-202; 그리고 Petrus Barth and Dora Scheuner, eds., *Ioannis Calvini Opera Selecta* (Munich: Kaiser, 1952), 2:18-30과 39-50을 보라. 다음 두 개의 번역들은 번역 과정의 끝에 참고되었던 것이다. John Calvin, *Tracts and Letters, Volumes 2: Tracts, Part 2*, ed. and trans. Henry Beveridge (1849; repr., Carliste, PA: Banner of Truth, 2009), 100-112와 119-22; John Calvin, "The Form of Church Prayers, Strassburg, 1545, Geneva, 1542," in Bard Thompson, *Liturgies of the Western Church* (Philadelphia: Fortress, 1980[1961]), 197-210.
17 1562년판, 1563년판 등등의 몇몇 편집본이 "성례 예식의 방식과 혼인 예식, 환우 심방의 방식으로"(With the Way of Administering the Sacraments and Celebrating Wedding and the Visitation of the Sick)를 덧붙인다. 우리의 목적 때문에, 공 예배와 관련 있는 부분들만 번역했다.
18 1562년판과 다음 판들에서 추가된 것이다.
19 1545년과 1542년판에는 이 자리에 "고백"이 있다.

¶ 고백

영원하시고 전능하신 아버지이신 주 하나님!

당신의 신성한 위엄 앞에서 우리는 부정과 부패함 속에서 잉태되고 태어났으며, 악한 것을 행하기 쉽고, 어떠한 선한 것도 할 수 없는 불쌍한 죄인이라는 사실과 우리의 타락 속에서, 끝없이 당신의 거룩한 계명을 위반한다는 사실을 가식 없이 고백하고 인정합니다. 그래서 당신의 정당한 심판에서 우리는 멸망과 저주를 받아 마땅합니다. 그러나 주님, 우리는 당신께 죄를 지은 우리 스스로를 미워하며, 당신의 은혜가 우리의 고통을 덜어 주실 것을 갈망하면서 참된 회개로써 우리 자신과 우리 악을 정죄합니다.

그러므로 지극히 온유하시고 자비로우신 하나님 아버지!

당신의 아들 우리 주 예수 그리스도의 이름으로 우리에게 자비를 베푸시옵소서. 그리고 우리의 악과 더러움을 도말하시고, 당신의 성령 은혜를 날마다 우리에게 베푸시고 더하게 하셔서 우리가 전심으로 우리의 불의를 인정할 때, 참된 회개에 이르는 슬픔을 느낄 수 있도록 하시옵소서.[20]

우리가 우리 죄를 죽일 때, 그 회개가 우리 주 예수 그리스도[21]로 말미암아 당신을 기쁘시게 하는 의와 순결의 열매를 맺을 수[22] 있게 될 것입니다.

[스트라스부르 1545년 만]

¶ 여기에서 성직자는 성경으로부터 몇 단어를 말하여 양심을 위로하고, 다음과 같이 말하면서 죄의 사면을 선포한다.

여러분 각자는 하나님 앞에 겸비하면서 자신이 죄인임을 진실로 인정하고, 하늘에 계신 아버지께서는 우리가 예수 그리스도 안에서 화평을 누리기를 원하신다는 사실을 믿으시기 바랍니다.

그렇게 회개하고 자신들의 구원을 위해서 예수 그리스도를 찾는 모든 자에게 나는 성부와 성자와 성령의 이름으로 죄의 사면을 선언합니다. 아멘.

---

20 1545년과 1542 판에는 "회개"(penitence)이후에 "우리 안에서'(within us)가 있다.
21 1545년판은 "우리 주 예수 그리스도. 아멘"; 1542년은 "예수 그리스도" 등등.
22 1545년과 1542년판에는 "맺다"(produce) 이후에 "우리 안에"(in us)가 있다.

¶ 여기에서 교회는 첫 번째 판의 계명들을 노래하고, 그런 후에 목사는 다음과 같이 말한다.

주께서 여러분과 함께하시기를. 주님께 기도합시다.

선하심과 은혜로 가득하신 하늘에 계신 아버지!
당신은 당신의 거룩한 뜻을 당신의 불쌍한 종들에게 선포하시고, 당신 율법의 의로움 안에서 그들을 가르치는 것을 기뻐하십니다. 그러기에 우리가 일생 당신 한 분만을 섬기고 순종하는 삶을 살 수 있도록 우리의 마음에 당신의 말씀을 기록하고 새겨 주시옵소서. 우리가 당신의 율법에 대항해서 범했던 죄들을 우리에게 돌리지 마옵소서. 당신의 은혜가 우리에게 이토록 풍성히 임함을 느낄 때 우리가 당신의 아들 예수 그리스도로 말미암아 당신을 찬양하고 영광을 돌릴 이유가 되게 하시옵소서. 그렇게 하시옵소서.

[스트라스부르 1545]	[제네바 1542, 1566]
¶ 교회가 나머지 계명을 노래하는 동안 여기에서 성직자는 강단으로 걸어 올라간 후에 다음과 같이 기도한다.	¶ 그것이 끝나면, 회중은 성시 하나를 노래한다. 그 후에 성직자는 그분의 이름의 명예와 교회의 덕을 세우기 위해 그분의 말씀을 신실하게 설명할 수 있도록 그리고 그 설명이 적절한 겸손과 순종으로 받아들여질 수 있도록 그분의 성령님의 은혜를 요청하면서 하나님께 다시 한번 기도한다.
모든 선하심과 자비의 아버지이신 하늘에 계신 우리 아버지께 기도합시다. 우리가 아버지를 진노하게 한 많은 허물을 우리에게 돌리지 마시고, 그분의 불쌍한 종인 우리를 긍휼히 여기시도록 간구합니다. 그러나 그분은 아들이신 우리 주 예수 그리스도의 얼굴에서 우리를 보시기 때문에—하나님이 그분을 하나님과 우리 사이의 중재자로 세우셨기 때문에—지혜와 빛의 모든 충만함이 있는 그분의 성령으로 우리를 그분의 거룩한 가르침에 대한 참된 이해로 인도하시고, 그 가르침이 그분의 이름의 영광과 찬양을 위하여 그리고 그분 교회의 가르침과 덕을 세우기 위하여, 우리 안에서 모든 의의 열매를 맺도록 기도합시다. 그리고 그분의 사랑하는 아들 예수 그리스도의 이름과 도움으로, 우리가 예수님께 배운 것처럼 다음과 같이 말하면서 기도합시다. "하늘에 계신 우리 아버지, 등등 [마 6:9-13]."[23]	형식은 목사의 재량에 맡겨진다.

¶ 목사가 기도를 요청한 후, 설교의 마지막에 그는 다음과 같이 말하면서 시작한다.

전능하신 하나님!
하늘에 계신 아버지!
당신은 당신의 사랑하는 아들 우리 주 예수 그리스도의 이름으로 우리가 당신께 가져오는 요청을 들어 주신다고 약속하셨습니다(요 16:23). 그리고 우리는 또한 그분의 가르침과 그분 사도들의 가르침에 의해서 그분이 우리 사이에 계셔서 당신 앞에 우리의 중보자가 되실 것이고, 우리가 땅에서 합심하여 구하는 모든 것을 받을 것²⁴이라는 약속과 더불어 그분의 이름으로 모이라는 것도 배웠습니다(마 18:19-20).

먼저, 당신은 당신께서 우리 위에 높은 자와 통치자로 세우셨던 자들을 위해(딤전 2:2) 그리고 당신의 백성과 모든 사람의 모든 필요를 위해(딤전 2:1) 기도하라고 우리에게 명령하십니다. 그러므로 당신의 거룩한 가르침과 약속을 확신하고, 우리가 여기 당신이 계신 곳에, 당신의 아들 우리 주 예수님의 이름으로 모였기 때문에 더욱, 우리는 기쁘게 우리의 선하신 하나님 아버지이신 당신께 간청합니다.

우리의 단 한 분 구세주이시고 중재자이신 이의 이름에 의해서, 당신의 무한한 자비로, 우리의 범죄함을²⁵ 값없이 용서해 주시고, 우리의 생각과 염원을 당신께로 이끄시고 높이셔서, 우리가 전심으로 홀로 타당하신 당신의 선하신 기쁨과 뜻에 따라 당신을 찾을 수²⁶ 있도록 하시옵소서.

따라서 우리는 하늘에 계신 아버지이신 당신께 모든 군주와 영주, 당신이 당신의 공의를 행하도록 위임하셨던 당신의 종들, 특히 이 도시의 영주들을 위해서 기도합니다. 그들에게 단 한 분 선하시고 참된 머리(Head)이신 당신의 성령을 보내시는(시 51:10) 것을 기뻐하시고, 그들에게 날마다 당신의 성령을 그렇게 전해 주셔서, 그들이 당신의 아들 우리 주 예수 그리스도께서 왕 중의 왕이시고 모든 군주의 주님(딤전 6:15; 계 17:14; 19:16; 마: 28-28)

---

23 성경 구절에 친 [ ]표는 1566년판에서는 발견되지 않는 구절이라는 것을 나타낸다.
24 1545년과 1542년판에는 "receive"대신 "receive and be granted".
25 1545년판에는 "transgression"대신 "faults and transgressions"로.
26 1542년판에는 "seek"대신 "seek and call upon"로.

이라는 사실—당신께서 하늘과 땅에 있는 모든 권세를 그분에게 주셨으므로—을 참된 믿음으로 인정하게 하시옵소서.

그들이 당신의 선하신 뜻에 따라서 당신의 손으로 만드신 작품이며, 당신의 초장의 양들인(시 100:3) 자신들의 신민들을 지배하고 다스림[27]에 있어서 그분을 섬기고 그분의 치세의[28] 찬양을 추구하도록 기도합니다. 그리하시면, 이곳과 온 땅에 참된 평화[29]가 유지되고, 우리는 원수에 대한 두려움으로부터 해방되어[30] 모든 거룩함과 정직함으로(딤전 2:2) 당신을 섬겨, 우리의 평생에 당신을 찬양할 수 있게 될 것입니다.[31]

구세주이신 참 아버지!

당신의 신실한 자들을 위해 목사로서 지명하셨고, 그들에게 영혼들에 대한 책임과 당신의 거룩한 복음의 전파를 맡기셨던 모든 자를 위해서 기도합니다. 당신의 거룩한 성령으로 그들을 인도[32]하셔서, 그들이 당신의 영광에 대해 신실하고 충실한 사역자들이 되게 해 주시옵소서.

그리고 그들이 항상 모든 불쌍한 잃어버린[33] 양들을 목자의 우두머리(Chief Shepherd)이시고, 감독되신 왕(Prince of the overseers, 벧전 2:25)이신 주 예수 그리스도께 모으고 돌아오도록 할 이런 목적을 가짐으로써 그분으로부터 유익을 얻고, 그분 안에서 날마다 모든 의와 거룩함에서 자라기를 기도합니다.

그 외에, 굶주린 이리의 입으로부터(마 7:15) 그리고 당신의 거룩한 이름만 홀로 높이는 것과 당신의 양 떼의 구원을 추구하는 것이 아니라, 자신들의 욕망이나 유익을 구하는 모든 삯꾼으로부터 모든 교회를 해방하기를 기뻐하십시오.

지극히 친절하신 하나님!

---

27 1545년과 1542년판에는 "governing"대신 "leading and governing"로.
28 1545년판에는 "reign"대신 "kingdom"로.
29 1545년과 1542년판에는 "in good peace"대신 "in good peace and tranquility"로.
30 1545년과 1542년판에는 "delivered"대신 "delivered and secured"로.
31 1542년판에는 "아멘"이 추가됨.
32 1545년과 1542년판에는 "guide"대신 "lead and guide"로.
33 1545년과 1542년판에는 "lost"대신 "wondering and lost"로.

그리고 가장 자비로우신 아버지, 당신은 당신의 아들 예수 그리스도께서 성취하신 구속으로 말미암아 온 세상의 구세주로서 알려지기를 바라시기 때문에 우리는 또한 모든 일반적 사람들을 위해서 기도합니다.

우리는 어둠 속에서 오류와[34] 무지의 포로가 되어 있으며, 여전히 그분에 대한 지식으로부터 떨어져 있는 자들을 당신의 성령 조명과 당신의 복음 전파를 통해 구원을 얻는 바른길, 즉 참 하나님이시며, 당신께서 보내셨던 예수 그리스도(요 17:3) 그분을 아는 곳으로 데리고 오시기를 기도합니다.

당신의 은혜로 이미 당신께서 찾으셨고 당신의 말씀에 대한 지식으로 조명을 받은(엡 1:18) 자들이 당신의 영적인 복들로 풍성해져서, 날마다 선함에서 자람으로써, 우리가 한마음과 한목소리로 함께 당신을 경배하고 우리의 주님, 왕 그리고 율법을 주신 분(Master, King, Lawgiver)인 당신의 그리스도께[35] 명예와 경의를 표할 수 있도록 해 주시옵소서.

마찬가지로, 모든 위로의 하나님!

우리는 당신이 십자가와 환란[36]으로 방문하시고 징계시키는 자들, 당신이 역병이나 전쟁 혹은 기근으로 고통을 주신 사람들, 가난, 감옥, 질병, 망명, 다른 육체적 고통, 영적 괴로움을 당한 사람들을 당신께 맡깁니다.

자신들의 향상을 위해서 당신께서 아버지의 사랑으로 자신들을 징계하신 것을 그들이 이해하도록[37] 만드시는 것을 기뻐하시고, 그들이 전심으로 당신께로 돌이켜, 완전한 위로를 받고 모든 악으로부터 해방될 수 있도록 해 주시옵소서.

[제네바 1566][38]

우리는 특별히 적그리스도의 폭정하에서 흩어져서 살아갈 초장이 없고, 당신의 이름을 공개적으로 부를 자유를 박탈당하며, 심지어 당신의 복음의

34　1547년판에는 "오류와"(Error and)가 빠져 있다.
35　1545년판에는 "to your Christ" 대신 "to your Son Jesus Christ"로.
36　1545, 1542년판에는 "당신이 역병이나 전쟁, 혹은 기근으로 괴롭게 한 사람들: 당한 사람들"(the people that you afflict with plague, or war, or famine: People struck with)이 빠졌다.
37　1542년판에는 "understand" 대신 "now and understand"로.
38　다음의 구절은 1545년판과 1542년판에는 포함되어 있지 않다.

원수들에 의해 투옥되거나 박해를 받는 우리의 불쌍한 형제들을 당신께 맡깁니다.

오 자비로우신 아버지!

당신의 성령의 능력으로 그들을 강건하게 하셔서, 그들이 절대 흔들리지 않고 당신의 거룩한 부르심 안에서 끊임없이 인내하는 것을 기뻐하시옵소서. 그들의 필요를 아시는 당신께서 그들을 구원하시고 도와주시며, 그들을 고통 속에서 위로하시고, 이리의 분노에 맞서서 그들을 계속 지키시며, 그들을 당신의 성령의 모든 은사에서 자라게 하시옵소서. 그러면 그들이 살아서나 죽어서나 당신을 영화롭게 할 것입니다.

[스트라스부르 1545; 제네바 1542, 1566]
마지막으로 오 하나님 아버지!

그분의 말씀[과 그분의 거룩한 만찬]³⁹ 그 때문에 당신의 아들 예수님의 이름으로 여기에 모인⁴⁰ 우리를 위해서도 본질상 우리 것인 파멸과 우리의 비참하고 무질서한 삶으로 인하여 우리가 받아 마땅하고 날마다 우리 스스로 쌓았던⁴¹ 유죄를 위선 없이 바르게 인정하도록 허락하여 주시옵소서.⁴²

그래서, 우리는 우리 속에 선한 것이 하나도 없으며 우리의 육신은 당신의 나라를 기업으로 차지할 수 없기에⁴³, 모든 사랑과 신뢰로써 우리의 유일한 구세주이시며 구속주이신 당신의 사랑하는 아들 우리 주 예수님께 우리를 온전히 드립니다. 이것은 그분이 우리 안에 거하실 때 우리의 옛 아담을 멸하시고 우리를 새롭게 하여 우리가 더 나은 삶을 얻게 하시며, [마 6장; **당신의 이름이 거룩히 여김을 받으옵시며**]⁴⁴, 이로써 거룩하시고 합당하신 당신의 이름이 모든 곳에서 높임을 받으시고 영광을 받으시게 하려 함입니다.

39　[ ] 안에 배치된 구절은 만찬 날에만 말한다(방주).
40　1545년과 1523년판에는 "gather" 대신 "congregated"로.
41　1545년과 1542년판에는 "amass" 대신 "accumulate"로.
42　1545년과 1542년판에는 "grant" 대신 "concede"로.
43　1545년과 1542년판에는 "see" 대신 "see and hear"로.
44　1566년판에는, 이제부터 계속해서, 우리는 이 텍스트가 다른 말로 바뀐 주기도문을 여백에서 읽을 수 있다. 주기도문의 청원은 본서에서는 [ ] 안에 위치시켰다.

이처럼⁴⁵, [당신의 나라가 임하옵소서] 당신이 우리 모두의 통치자가 되시어 우리가 날마다 점점 더 당신의 위엄에 복종하고 순종하는 법을 배우게 하시옵소서. 이렇게 당신이 모든 곳에서 왕과 통치자가 되시고, 당신의 말씀의 홀이 당신의 영의 능력으로 당신의 백성을 인도하시니 당신의 진리와 공의의 힘으로 원수는 놀라게 될 것입니다.

그리고 당신이 당신의 아들의⁴⁶ 위격으로 심판하러 오실 때에, 당신의 나라가 임하시고 그 나라의 완성이 완전히 이루어질⁴⁷ 때까지 당신의 영광에 저항하는 모든 권력과 지배권이 날마다 파괴되고 폐하여 지는 것(고후 10:4-6)과 같이, 우리는 모든 피조물들과 함께 [당신의 뜻이 이루어지이다] 당신께 진정으로 온전하게 순종할 것입니다. 당신의 하늘의 천사들이⁴⁸ 오로지 당신의 명령들을 행하기를 요청하는 것과 같이 그리고 이런 식으로⁴⁹ 당신의 뜻이 온전히 이루어질 것이고, 모든 사람들이 자신의 뜻과 육체의 모든 욕망을 버리고 당신에게 와서 당신을 기쁘시게 할 것입니다.⁵⁰

또한, 우리가 사랑 안에서 그리고 당신의 이름에 대한 경외감으로 행할 때, 당신은 [오늘 우리의 일용할 양식을 주시옵고] 당신의 선하심으로 우리를 먹이시고, 우리가 떡을 평화롭게 먹을 수 있도록 우리에게 필요하고 유익한 모든 것을 주시기를 바랍니다.⁵¹ 그래서 당신이 우리를 사랑한다는 사실을 알고 우리는 당신을 우리 아버지로서 더 잘 인정하고, 당신의 손으로부터 모든 좋은 것들을 기다릴 것이며 모든 피조물을 향한 우리의 신뢰를 접고 제거하며, 온전히 당신과 당신의 친절하심을 신뢰할 것입니다.

그리고 이 필멸의 삶 안에서 우리는 끊임없이 점점 용기가 없어지고, 옳은 길을 벗어날 정도로 너무나 연약함으로 가득한 불쌍한 죄인이기 때문에

---

45 1545년과 1542년판에는 "likewise" 대신 "therefore"로.
46 1542년판에는 "when you appear in the person of your Son" 대신 "when you appear in judgement"로 되어 있다.
47 1545년과 1542년판에는 "until your kingdom comes and its perfection is completely established" 대신 "until the fulfillment of your kingdom revealed"로.
48 1545년과 1542년판에는 "heavenly angels"대신 "your heavenly angels and messengers"로.
49 1545년과 1542년판에는 "that in this way" 대신에 "and thus"로.
50 1545년과 1542년판에는 "your will be done"의 다른 말로 바꾼 것이 "Hollowed be your name" 직후에 있다.
51 1545년과 1542년판에는 "give"대신 "dispense"로.

[우리의 죄를 사하여 주옵시고], 당신의 심판을 받아 마땅한 우리의 잘못을 용서하시고, 이런 면죄로써 우리를 향한 영원한 죽음의 부담으로부터 해방시켜 주시기를 기뻐하시옵소서. 그러므로 당신이 명령하셨던 대로, 우리가 우리에게 잘못한 것을 용서해 주고, 복수를 추구하기보다는 우리의 원수를 위해서 선을 얻는 것과 같이, 우리 안에 있는 악을 우리에게 돌리지 마시기를 기뻐하시옵소서.[52]

마지막으로, 우리가 우리 육신의 연약함 때문에 걸려 넘어지지 않도록 [우리를 시험에 들게 하지 마시옵고] 이제부터 계속해서 당신의 능력으로 우리를 지켜주시기를 기뻐하시옵소서. 그리고 우리 스스로는 너무나 연약하기 때문에 단 1분도 굳건히 서 있을 수 없고, 또한 계속해서 너무나 많은 원수로 둘러싸이고 공격을 받으며, 마귀, 세상, 죄 그리고 우리 자신의 육신은 우리에 맞서서 전쟁하는 것을 멈추지 않기 때문에, 당신의 성령으로 우리를 강건하게 하시고, 당신의 은혜로써 무장시키시는 것을 기뻐하시옵소서.

그리하시면 우리는 모든 시험에 지속적으로 대항할 수 있고 완전한 승리―우리가 마침내 당신의 왕국에서[53] 우리의 대장(Captain)이시고 보호자(Protector)이신 우리 주 예수 그리스도와 함께 최종적으로 승리―를 얻을 때까지 이 영적 전투에서 견딜 수 있게 될 것입니다. 아멘[54]

[제네바 1542, 1566년판 만]
¶ 주의 만찬을 기념하는 날, 우리는 다음과 같은 것을 첨가한다.

우리 주 예수께서는 우리의 죄의 사면을 위해서 그분의 몸과 피를 십자가 위에서 단번에 드렸을[55] 뿐만 아니라 우리의 영생을 위한 자양분으로써 그 몸의 몸과 피를 나누어 주기를 원하셨습니다. 진심과 열렬한 열정으로

52　1545, 1542년판에는 "not to impute to us"대신 "to turn your wrath away from us and not to impute us."
53　1545, 1542년판에는 "in your kingdom"대신 "for your kingdom"으로.
54　1542년판에는 "아멘"이 없이 "Our Lord Jesus Christ"만.
55　1542년판에는 "has offered you", 1558년판은 "has offered for us"로

써 그분으로부터 이 크나큰 유익[56]을 받을 수 있도록 은혜를 우리에게 허락하시옵소서.

우리가 사실상 온전한 그분 자신인 그분의 몸과 피를 즐길 수[57] 있는 것은 참 하나님과 참 인간으로서 그분이 우리에게 생명을 주시는, 진실로 거룩한 하늘의 떡이심을 확실하게 믿기 때문입니다. 그래서 우리는 더 이상 전적으로 부패하고 타락한 우리 본성에 따라, 우리 자신을 위해서 살지 않으며, 다만 우리 안에 사시는 그분으로 말미암아 거룩하고 축복받은 영원한[58] 생명으로 인도될 것입니다.

그리고 우리의 잘못을 우리에게 돌리지 않으시고 우리에게 호의를 베푸시는 영원한 아버지가 되시는 것과 당신의 사랑하는 자녀이며 상속인인 우리에게 몸과 영의 필요를 채워 주시는 것이 당신의 선하신 기쁨이라는 것을 확신하고 신뢰함으로써, 우리는 새롭고 영원한 언약, 은혜 언약의 진정한 언약의 참여자가 될 수 있을 것입니다.

그래서 우리는 쉬지 않고 당신께 영광과 감사를 돌려드리며, 행동과 말로써 당신의 이름을 찬양할 것입니다.

그러므로 하늘에 계신 아버지시여!

오늘 이 송축받으실 당신의 사랑하는 아들을 기념하는 것과 그것에 참여하는 것 그리고 그분의 죽음의 유익을 공표하는 것을 허락해 주셔서 우리가 믿음과 모든 선함에서 일신된 증진과 강건함을 받기 때문에, 당신을 우리의 아버지로서 그리고 더욱 큰 신뢰로써 당신 안에 있는 영광을 높일 수 있을 것입니다. 아멘.

¶ 만찬을 끝내고, 우리는 이런 식이나 혹은 유사한 방식으로 감사를 드린다.

하늘에 계신 아버지!

우리를 위해서 그분을 죽음에까지 내어 주시고, 그분을 우리의 영생의 양식과 자양분으로 주심으로써, 우리 불쌍한 죄인들을 당신의 아들 우리

---

56   1542년판에는 "benefit" 대신 "a benefit and gift"로.
57   1542년판에는 "enjoy" 대신 "we may receive"로.
58   1542년판에는 "forever-abiding" 대신 "everlasting", 1547년판에는 "perpetual"로.

주 예수 그리스도와의 친교 속으로 이끄신 당신께 영원한 찬양과 감사를 드립니다. 이제 또한 우리가 이런 일을 절대 잊어버리지 않게 하시고, 다만 오히려 그들을 우리의 마음에 새기도록 허락하시고, 우리가 모든 선한 일에서 역사하는 믿음 안에서 부지런히 자라고 풍성해질 수 있도록 해 주시옵소서.

그리고 우리가 당신과 함께 성령의 연합 안에서 영원히 사시고 다스리시는 당신의 아들 예수 그리스도로 말미암아, 당신의 영광과[59] 우리 이웃의 덕을 세우는 전진을 위해서[60] 우리 평생을 이와 같이 정하고 살도록 하는 그런 은혜를 허락하시옵소서. 아멘.

[스트라스부르 1545]	[제네바 1542, 1566]
¶ 마지막에 성시 하나를 부르고, 그 후에 성직자는 다음과 같이 말하면서 회중을 해산시킨다.	¶ 사람들이 떠날 때 우리가 선포하는 축도는 우리 주님이 율법으로 명령하신 것처럼 한다.[61]

[스트라스부르 1545; 제네바 1542, 1566]
여호와께서는 네게 복을 주시고 너를 지키시기를 원하며
여호와는 그의 얼굴을 네게 비추사[62] 은혜 베푸시기를 원하며[63]
여호와는 그의 얼굴을 네게 향하사 너를 번영시키기를[64] 원하노라.

¶ 역병, 전쟁 그리고 다른 그런 역경은 하나님이 그것으로 우리의 죄에 대한 벌을 주시는 하나님의 찾으심이라고 성경이 우리에게 가르치기 때문에, 그런 역경들이 오는 것을 본다면, 우리는 하나님이 우리에게 진노하신다는 사실을 알아야 한다.[65] 그리고 우리가 진실로 신실하다면 우리의 잘못을 인정하고 자신에게 불만을 품고, 회개함으로써 하나님께 돌이키고, 우리의 삶을 바꾸며, 용서

---

59 1542년판에는 "advancement" 대신 "to the exaltation"로.
60 1542년판에는 "of our neighbor" 대신 "neighbors"로.
61 1542년판에는 "has commanded in the law" 대신 "has commanded number 6"로.
62 1545년과 1542년판에는 "cause his face to shine" 대신 "shine his face"로.
63 1542년판에는 "be propitious to you" 대신 "be merciful to you"로.
64 1545년판에는 여기에 "평안히 가십시오, 하나님의 성령께서 당신을 영생으로 인도하시기를"라고 덧붙인다.
65 1546년과 1542년판에는 "know" 대신 "acknowledge"로.

를 얻기 위해서 참된 겸비로써 그분께 기도해야 한다.

이런 이유 때문에, 만약 때때로 하나님이 우리를 위협하심을 본다면, 우리가 그분의 오래 참으심을 시험하지 않고, 도리어[66] 임박한 그분의 심판을 피할 수 있도록, 매주 하루 날을 정해서, 그날은[67] 이런 일을 특별히 드러내고, 그 속에서 우리가 시간의 필요에 따라 기도와 탄원을 드리도록 하는 것이 좋다. 적절한 형식은 다음과 같다.

설교의 시작 전에 위에서 제시한 일반적 고백이 있다. 설교 후에, 지구 전체에서 범했던 범죄와[68] 그리고 세상이 모든 죄악으로 버림받았기 때문에 하나님이 어떻게 사람들을 괴롭히시는지에 관한 훈계를 하고, 또한 사람들에게 돌이켜 자신들의 삶을 바꾸고, 하나님께 자비를 구하는 기도를 하라고 권면한 후 우리는 다음과 같은 형식의 기도를 사용한다.

전능하신 하나님!
하늘에 계신 아버지!
우리는 눈을 하늘로 들어 올려 당신의 존전에 나타날 가치가 없다는 사실과 만약 당신께서 우리 안에 있는 것을 살펴보신다면 당신으로부터 우리의 기도가 응답을 받을 것으로 생각해서는 안 된다는 사실을 우리 스스로 인정하면서 고백합니다. 왜냐하면, 우리의 양심이 우리를 정죄하고 우리의 죄가 우리에 맞서서 증언하며 그리고 우리는 당신께서 죄인과 악한 자를 방면하지 않으시고 당신의 계명들을 위반한 자들의 잘못을 벌주시는 의로운 재판관이라는 사실을 알기 때문입니다.

따라서 주님, 우리의 전 생애를 생각할 때 우리는 마음으로 수치스럽고 마치 이미 죽음의 심연에 있는 것처럼 우리 스스로를 치고 절망하는 것 외에는 아무것도 할 수 없습니다.

그렇기는 하지만, 주님, 당신의 무한한 자비 안에서 우리에게 심지어 지옥의 깊은 곳으로부터라도 당신께 구하라고 명령하시는 것이 당신을 기쁘

66　1545년과 1542년판에는 "but rather" 대신 "rather"로.
67　1545년과 1542년판에는 "and in which" 대신 "in which" 로.
68　1545년과 1542년판에는 "crimes" 대신 "deeds"로.

시게 하시기 때문에 그리고 우리가 점점 더 스스로 연약해질수록 우리는 점점 더 당신의 최고의 선하심에서 우리의 피난처를[69] 찾습니다.

그 때문에 그리고 당신은 우리 자신의 존엄성[70]을 고려하지 않고, 다만 우리 중보자와 대언자로 세우셨던 우리 주 예수 그리스도의 이름과 공로로 말미암아 우리의 요청과 탄원을 받아 주시겠다고 약속하셨기 때문에, 우리는 모든 인간적 신뢰를 포기함으로써, 당신의 순전한 선하심에 의해서 용기를 얻어서 당신 앞에[71] 나타나서 은혜와 자비를 얻기 위해 당신의 거룩한 이름을 부릅니다.

먼저, 주님, 땅에 있는 모든 사람에게 당신이 나누어 주신 셀 수 없이 많은 일반적 유익들 외에, 당신은 우리가 그 모두를 말하거나 혹은 심지어 충분히 이해할 수도 없을 만큼 너무나 많은 특별한 은혜를 우리에게 허락하셨습니다.

더욱 구체적으로, 당신은 마귀에 대한 비참한 노예 상태로부터 우리를 끌어내시고, 우리를 삼켰던 저주받은 우상 숭배와 미신으로부터 해방하셔서 우리를 당신의 거룩한 복음을 아는 지식으로 부르시고, 당신의 진리의 빛으로 인도하시기를 기뻐하셨습니다. 그런데도 우리는 배은망덕과 무지로 인하여 당신의 손으로부터 받았던 좋은 것들을 잊어버리고, 우리의 탐욕을 추구하기 위해서 당신에게서 떨어져 나가서 방황했습니다. 우리는 당신의 거룩한 말씀에 마땅히 드려야 하는[72] 존귀를 드리지 않았고 순종하지도 않았으며, 우리가 당연히 해야 하는 만큼 당신을 높이지도 찬양하지도 않았습니다.

그리고 비록 당신이 항상 당신의 말씀을 통해서 신실하게 훈계하셨지만, 우리는 당신의 책망에 귀 기울이지 않았습니다. 그래서 우리는 죄를 지었습니다. 주님, 우리는 당신에게 범죄했습니다. 이것 때문에, 우리는 당신의 심판 앞에서 중한 죄를 지었다는 사실과 만약 당신께서 마땅히 받아야 할 것에 따라 우리를 다루신다면 단지 죽음과 저주만이 우리를 기다린다는 사

---

69 1545년과 1542년판에는 "refuge" 대신 "relief and refuge"로.
70 1541년과 1542년판에는 "What is" 대신 "anything from"로.
71 1541년과 1542년판에는 " before you" 대신 "before your Majesty"로.
72 1541년과 1542년판에는 "such as" 대신 "as"만.

실을 인정하면서 우리에게 가해진 수치와 굴욕을 견딥니다. 왜냐하면, 우리가 변명한다면, 우리의 양심이 우리를 고소할 것이고, 우리의 범죄함이 당신 앞에서 우리를 정죄할 것이기 때문입니다.

그리고 사실상, 주님, 우리는 우리에게 이미 가해졌던 징계 때문에 당신이 우리에게 진노하시는 것이 당연하다는 사실을 알고 있습니다. 왜냐하면, 당신은 옳고 공정하시며, 이유 없이 자녀를 괴롭히지 않기 때문입니다. 그러므로 당신의 회초리에 맞고 나서야, 우리는 당신을 분노하게 했다는 사실을 인정합니다. 그리고 이제 우리는 여전히 당신의 손이 높이 들려 우리를 벌할 준비가 되어 있는 것을 압니다. 왜냐하면, 당신이 복수하실 때 보통 사용하시는 검이 이제 배치되어 있고, 당신이 죄인과 악한 자들에 맞서서 제기하셨던 위협들이 준비되었기 때문입니다.

이제 당신이 지금까지 행하셨던 것보다 더 엄하게 우리를 벌하시고, 우리에게 하나의 역병 대신에 백 개의 역병이 가해진다면—비록 당신께서 이전에 당신의 백성 이스라엘을 고치셨던 그 저주가 우리 위에 떨어진다고 하더라도—우리는 그것이 진실로 정당하고, 우리가 그것을 받아 마땅하다는 사실에 이의를 제기하지 않을 것입니다.

그러나 주님, 당신은 우리의 아버지(Father)이시고 우리는 단지 먼지와 오물입니다. 당신은 우리의 창조주(Creator)이시고 우리는 당신의 손으로 만드신 작품입니다. 당신은 우리의 목자(Shepherd)이시고 우리는 당신의 양 떼입니다. 당신은 구속자(Redeemer)이시고, 우리는 당신이 사셨던 백성입니다. 당신은 우리의 하나님(God)이시고, 우리는 당신의 유업입니다. 그러므로 당신의 진노로 우리를 고치시려고 우리에게 화를 내지 마시옵소서. 우리의 범죄함을 더 이상 기억하지 마시고, 당신의 친절하심으로 우리를 부드럽게 징계하시옵소서.

당신의 진노는 우리의 단점 때문에 불붙었지만, 우리 위에 당신의 이름이 선포되었고, 우리는 당신의 흔적과 표준을 지고 있다는 사실을 기억하십시오. 그리고 오히려 당신의 은혜로 우리 안에서 시작하셨던 당신의 일, 즉 당신이 우리의 하나님이시고 우리의 구세주라는 사실을 모든 땅이 알 수 있도록 하는 일을 계속하시옵소서. 당신은 지옥에 있는 죽은 자와 당신이 패배시키셔서 부끄럽게 하신 자들은 당신을 찬양하지 않지만

(시편 115:17), 슬프고 버려진 영혼들, 우울한 마음들, 자신들의 악의에 의해서 억압받고, 당신의 은혜에 깊이 목말라하는 양심들은 당신께 영광과 찬양을 드릴 것이라는 사실을 알고 계십니다. 당신의 백성 이스라엘이 그들의 범죄함으로 수없이 당신의 화를 자극했고, 당신은 당신의 의로운 심판으로 그들에게 고통을 주셨습니다.

그러나 그들이 당신께 돌아왔을 때, 당신은 항상 그들을 자비로써 환영하셨습니다. 그리고 그들의 죄악으로 인한 어떤 슬픔이라도 당신은 아브라함과 이삭과 야곱과 세우셨던 언약의 사랑으로 인하여 그들에게 준비하셨던 회초리와 저주를 돌이키셨습니다. 그와 같이 당신은 그들의 기도를 절대 거부하지 않으셨습니다. 우리는 당신의 은혜로 인하여 우리가 호소할 수 있는 훨씬 더 좋은 언약을 받았습니다. 그것은 당신이 우리의 구세주이신 예수 그리스도의 손에 의해서 만드시고 세우셨던 것으로서, 당신이 그분의 피로 기록하시고 그분의 죽음과 수난으로 비준하시기를 원하셨던 언약입니다.

그러므로 주님, 우리 자신과 다른 어떤 인간적 소망을 포기함으로써, 우리는 우리 주 예수 그리스도께서 자신의 몸을 제물로 드리시면서 우리를 당신과 화목하게 만드셨던 이 축복받은 언약에 돌아갑니다. 그러므로 주님, 우리의 얼굴이 아니라 당신 그리스도의 얼굴을 보셔서, 그분의 중보에 의해서 당신의 진노가 완화되고 당신의 얼굴이 우리 위에서 기쁨과 구원으로 빛나게 될 것입니다. 그리고 지금부터 계속해서 우리를 당신의 거룩함으로 인도하시고, 더 좋은 삶으로 중생하게 하시는 당신의 성령으로 우리를 다스리시기를 기뻐하십시오. 그것을 통해서, **당신의 나라가 오게 하시며, 당신의 뜻이 하늘에서와 같이 땅에서도 이루어지며, 오늘 우리에게 일용할 양식을 주시고, 우리가 우리에게 잘못한 사람을 용서하여 준 것 같이 우리 죄를 용서하여 주시고, 우리를 시험에 빠지지 않게 하시고 악에서 구하소서. 나라와 권능과 영광이 영원히 아버지의 것입니다. 아멘.**[73]

---

[73] 1541년과 1542년판에는 "in a better life" 후에 주기도문 대신에 다음과 같은 말들이 발견된다. "주일에 우리가 하는 예배의 마지막에 설교가 끝난 후에, 여기에서 우리는 위에 위치했던 다른 말로 바꾼 곳을 첨가해야만 한다. 그런 후에 우리는 다음 것을 말한다."

그리고 비록 우리는 아직 우리를 위해서나 혹은 우리의 필요 때문에 당신께 요청하기 위해서 입을 열 자격이 없지만—서로를 위해서 기도하라고 명령하시는 것이 당신을 기쁘시게 했기 때문에—우리는 당신이 회초리와 징계로 찾으셨던 우리 불쌍한 형제들과 지체들을 위해서 특별히 누구누구와 누구누구를 위해서 기도합니다. 그들로부터 당신의 진노를 돌리시도록 간청합니다. 주님 그들이 우리처럼 당신의 자녀라는 사실을 기억하십시오.

그리고 만약 그들이 당신께 범죄했다면 당신의 모든 신실한 자에게 항상 계속되게 하시겠다고 약속하셨던 당신의 선하심과 자비를 그들에게 보내시는 것을 멈추지 마시옵소서. 그러므로 당신이 지금 역병이나, 전쟁이나, 다른 회초리들[제네바 1566년판에만]⁷⁴로 고통을 주셨던 모든 교회와 사람들과 그리고 병, 감옥, 가난 등 당신의 회초리로 맞은 모든 자에게, 그들의 필요에 따라 위로하시고, 그들의 징계가 그들을 고치는 데 유익이 되게 하시며, 그들에게 풍성한 인내를 확신시키시고, 당신의 엄함을 완화시키시며, 마지막에는 그들을 해방시키셔서 그들에게 당신의 선하심을 기뻐하고 당신의 거룩한 이름을 송축하는 완전한 근거를 주심으로써 그들을 자비롭게 돌보시는 것을 기뻐하시옵소서.

일반적으로, 그리고 또한 특별히 당신의 진리를 위해 싸우는 자들에게 당신의 눈을 돌리사 그들에게 무적의 견고함을 확신시키시며, 그들과 당신의 원수들의 모든 음모와 책략들을 전복시키시고, 분노를 억제시키시며, 당신과 당신의 아들의 지체들에 맞서면서 원수들이 가지는 자부심을 부끄럽게 하심으로써, 모든 것에서, 모든 것을 통해서 그들을 도와주시옵소서[스트라스부르 1545년판, 제네바 1542년, 1566년판].⁷⁵ 그리고 기독교 국가가 완전히 황폐화되지 않게 하시옵소서. 당신의 이름에 대한 기억이 땅에서 폐기되지 않게 하시옵소서. 당신의 이름이 불리시기를 바라셨던 자들이 아무도 멸망당하지 않게 하시옵소서. 터키족, 이방인, 가톨릭교도들 그리고 다른 불신자로 하여금⁷⁶ 당신을 모욕함으로써 스스로 영화롭게 하지 말도

---

74 1566년판만 이 기도의 나머지 부분을 제시한다.
75 이 세 개의 편집본들을 여기서 기도를 다시 시작한다.
76 1545년과 1542년판에는 "the Turks and pagans"만.

록 하시옵소서.

하늘에 계신 아버지!

그러므로 우리는 당신이 당신의 공의를 행하도록 맡기셨던 모든 군주와 영주, 당신의 종, 특별히 이 도시의 영주를 위해서, 그들에게 단 한 분 선하시고 참된 머리(Head)이신 당신의 성령을 그들에게 보내시는 것을 기뻐하시도록 당신께 기도합니다. 그래서 당신이 성령을 날마다 그들에게 전하시어 그들이 당신의 아들 우리 주 예수 그리스도께서 왕 중의 왕(KIng of kings)이시고 군주들의 주님(Lord of lords)이시라는 사실을 인정함으로써—당신께서 그분에게 하늘과 땅의 모든 권세를 주셨으므로—그들이 자신들의 다스림에서 당신의 손으로 만드신 작품이며 당신의 초장의 양 떼인 자신들의 신민들을 당신의 선하신 기쁨에 따라 다스림으로써 그분을 섬기고, 그분의 통치를 찬양하기를 추구하게 될 것입니다.

그리하시면, 여기와 그리고 모든 땅 위에서 선한 평화가 유지되어 우리는 거룩함과 정직함으로 당신을 섬기고, 우리 원수들에 대한 두려움으로부터 해방되어 우리의 전생애를 통하여 당신을 찬양할 수 있게 될 것입니다.

우리는 또한 참된 아버지이시고 구세주이신 당신께, 당신이 신자들을 위한 목사로서 임명하셨던 자들과 영혼에 대한 책임과 당신의 거룩한 복음의 전파를 맡기신 자들을 위해서 기도합니다.

그들을 당신의 거룩한 성령으로 인도하셔서, 그들이 당신의 영광에 신실하고 충실한 목회자들이 될 수 있도록 기도드립니다. 그래서 그들로 하여금 항상 모든 가난한 자, 잃어버린 양들을 모아서 목자 중의 우두머리(Chief Shepherd)이시고 모든 감독관의 왕(Prince of the overseers)이신 우리 주 예수님께로 데리고 감으로써 날마다 그분 안에서 그리고 모든 의와 거룩함에서 유익을 얻고 자라도록 할 목표를 가지도록 하시옵소서.

그 외에, 모든 교회를 탐욕스러운 이리떼들의 입으로부터 그리고 당신의 거룩한 이름만 홀로 높이며, 당신의 양 떼의 구원을 추구하지 않고, 자신들의 야망이나 이익을 추구하는 삯꾼들의 손으로부터 해방하시는 것을 기뻐하시옵소서.

지극히 친절하신 하나님이시고 자비로운 아버지이신 당신께, 우리는 또한 모든 사람을 위해서 일반적으로 기도합니다. 당신은 당신의 아들 예수 그리스도께서 성취하셨던 구속을 통하여 전 세계의 구세주로 알려지시기를 바라시기 때문에, 우리는 어둠과 오류와 무지의 포로가 되어 있는, 아직 그분을 아는 지식에서 먼 사람들이 당신의 거룩한 성령의 조명과 당신의 복음 전파를 통해서 단 한 분 참된 하나님이시고 당신이 보내신 예수 그리스도이신 그분을 아는 구원의 바른길로 돌아오기를 기도합니다.

당신이 이미 당신의 은혜로 찾으시고, 당신의 말씀에 대한 지식으로 조명을 받은 자들이 당신의 영적 축복으로 풍성해져서, 날마다 선함에서 자라도록 하시고, 우리가 함께한 마음과 한 입으로 당신을 경배하고 주인(Master)이시고, 왕(King)이시며 율법을 주신 분(Lawgiver)이신 당신의 그리스도(Christ)께 존귀와 경의를 표할 수 있도록 하시옵소서.

2) 『만찬을 기념하는 태도』[77]

¶ 만찬이 기념되기 전의 주일에 사람들에게 그것을 공포하도록 주의해야만 한다.

첫째, 각자가 그것을 합당하고 적절한 경외심으로 받기 위해 대비하고 준비하도록 한다.
둘째, 아이들은 잘 교육을 받아 교회에서 자신들의 신앙을 고백할 수 없다면 출석시키지 않도록 한다.
셋째, 만약 여전히 교육받지 못하고 무지한 이방인이 있다면, 그들은 개인적으로 교육을 받으러 오도록 한다.

우리가 만찬을 기념하는 날에, 성직자는 설교의 마지막에 그에 관해서 간단히 언급하거나, 만약 필요하다면, 만찬을 전체 설교로 한다. 이때 사람들에게 우리 주님이 이 신비로 말씀하시고 의미하시려고 의도하셨던 것과 우리가 그것을 어떻게 받아야만 하는지를 설명해 준다.

---

[77] 1545년판은 긴 소개를 포함한다. 그것에 대한 번역은 이 텍스트의 마지막을 보라.

제12장 교회 기도의 형식   393

[스트라스부르 1545]	[제네바 1542, 1566]
¶ 그다음에 관례적 기도를 드린 후에 교회는 신앙을 고백하며, 모두가 기독교 교리와 신앙으로 살고 죽기를 바란다는 것을 증언하는 사도 신경을 노래한다. 그러는 동안, 목사는 떡과 포도주를 식탁에 준비한다. 그다음에 그는 다음과 같이 말하면서 기도한다.	¶ 그다음에, 기도를 드리고, 모두가 기독교 교리와 신앙으로 살고 죽기를 바란다는 것을 사람들의 이름으로 증언하는 신앙 고백을 낭송한 후에, 그는 큰소리로 다음과 같이 말한다.

[스트라스부르 1545년판 만]
믿음을 고백하여 우리가 하나님의 자녀라는 사실을 증언했기 때문에, 우리는 그분이 선한 아버지로서 우리에게 응답하실 것이라는 소망으로 그분에게 다음과 같이 말하면서 기도합니다.

선하심과 자비로 가득하신 하늘에 계신 아버지!
우리 주 예수 그리스도께서 우리 죄의 사면을 위해서 그분의 몸과 피를 십자가에서 단번에 드리셨을 뿐 아니라, 우리의 영생을 위한 자양분으로서 그분의 몸과 피를 나누어 주기를 바라셨기 때문에, 우리는 마음으로부터의 참된 신실함과 뜨거운 열정으로 그분으로부터 이렇게 큰 선물과 은혜를 받는 것과 우리가 그분의 몸과 피, 사실상 전적으로 그분 자신을 확실한 믿음으로 받을 수 있도록 허락하시기를 기도합니다.
이는 참 하나님과 참 인간으로서 그분은 우리에게 생명을 주시는 참으로 거룩한 하늘의 떡이시기 때문에, 우리는 더 이상 전적으로 부패하고 타락한 우리 본성에 따라, 우리 자신을 위해서 살지 않으며, 다만 우리 안에 사시는 그분으로 말미암아 거룩하고 축복받은 영원한[78] 생명으로 인도될 것입니다.
그리고 우리는 당신이 우리의 잘못을 우리에게 돌리지 않으시고 우리에게 호의를 베푸시는 영원한 아버지가 되시는 것과 당신의 사랑하는 자녀이며 상속자인 우리에게 몸과 영의 모든 필요를 채워 주시는 것이 당신의 선하신 기쁨이라는 사실을 확신하고 신뢰함으로써, 새롭고 영원한 언약, 은혜 언약의 진정한 참여자가 될 수 있을 것이고, 또한 쉬지 않고 당신께 영광과 감사를 돌려드리며, 행동과 말로써 당신의 이름을 찬양할 것입니다.

---

[78] 1542년판에는 "forever-abiding" 대신 "everlasting", 1547년판에는 "perpetual"로.

하늘에 계신 아버지시여!

오늘 이 축복받은 당신의 사랑하는 아들을 기념하는 것과 그것에 참여하는 것 그리고 그분의 죽음의 유익을 공표하는 것을 허락해 주셔서 우리가 믿음과 모든 선함에서 일신된 증진과 강건함을 받기 때문에, 당신을 우리의 아버지로서 그리고 더욱 큰 신뢰로써 당신 안에 있는 영광을 높일 수 있을 것입니다. 아멘.

그러므로 하늘에 계신 아버지, 우리에게 당신의 사랑하는 아들의 이 복받은 기억을 기념하고, 거기에 참여하며, 그분의 죽음이 주는 유익을 공표하여, 우리가 믿음과 모든 선함에서 새로운 풍성함과 강건함을 받음에 따라, 당신의 아들 우리 주 예수 그리스도로 말미암아, 우리는 더욱더 확신하고, 새롭게 당신을 우리 아버지, 당신 안의 영광을 부를 수 있도록 허락하시옵소서. 우리는 예수 그리스도의 이름으로 그분이 우리에게 가르쳐 주셨던 대로 다음과 같이 당신께 기도합니다.

하늘에 계신 우리 아버지, 등등.

¶ 그다음에 성직자는 다음과 같이 말한다.

[스트라스부르 1545; 제네바 1542, 1566]
성 바울이 고린도전서 11장에서 그에 관련하여 말한 대로, 예수 그리스도께서 우리를 위해서 거룩한 만찬을 어떻게 제정하셨는지 들읍시다.[79]

내가 너희에게 전한 것은 주께 받은 것이니 곧 주 예수께서 잡히시던 밤에 떡을 가지사 축사하시고 떼어 이르시되 이것은 너희를 위하는 내 몸이니 이것을 행하여 나를 기념하라 하시고 식후에 또한 그와 같이 잔을 가지시고 이르시되 이 잔은 내 피로 세운 새 언약이니 이것을 행하여 마실 때마다 나를 기념하라 하셨으니 너희가 이 떡을 먹으며 이 잔을 마실 때마다 주의 죽으심을 그가 오실 때까지 전하는 것이니라 그러므로 누구든지 주의

---

[79] 1545년과 1542년판에는 "고린도인에게 보내는 첫 번째"로서 "Epistle"이 없음.

떡이나 잔을 합당하지 않게 먹고 마시는 자는 주의 몸과 피에 대하여 죄를 짓는 것이니라 사람이 자기를 살피고 그 후에야 이 떡을 먹고 이 잔을 마실지니 주의 몸을 분별하지 못하고 먹고 마시는 자는 자기의 죄를 먹고 마시는 것이니라(고전 11:23-29).

내 형제들이여!

우리 주님이 그분의 만찬을 사도들 사이에서 어떻게 행하셨는지 들었고, 이렇게 함으로써 그분은 우리에게 이방인들, 즉[80] 신자의 무리가 아닌 자들은 받아들이면 안 된다는 사실을 보여 주십니다. 그러므로 이 법칙을 따라서 우리 주 예수 그리스도의 이름과 권위에 의해서, 나는 모든 우상 숭배자, 신성 모독자, 하나님을 경멸하는 자, 이단 그리고 교회의 일치를 깨려는 분파를 형성하려는 모든 자, 위증자, 그들의 아버지와 어머니와 상급자들에 맞서서 반역하는 자들, 모든 반란이나 폭동의 선동자들, 싸움꾼들, 전사(戰士)들, 간음자들, 방탕자들, 도둑들, 축재자들[81], 약탈자들, 주정뱅이들, 탐식가들, 수치스러운[82] 삶을 사는 모든 자에게 그들이 우리 주 예수 그리스도께서 다만 그분의 종들과 신자들에게 주신 이 신성한 음식을 더럽히고 오염시키지 않도록 이 거룩한 식탁으로부터 삼갈 것을 선언하면서 그들을 성찬에서 배제(excommunicate)합니다.

그러므로 성 바울의 권면에 따라서, 각자는 자신의 양심을 시험하고 살펴서, 자신이 이제부터 계속해서 거룩함과 하나님과 일치하여 살기를 바라면서 참으로 자신의 잘못을 회개하고 그것들에 대해 비통해하는 마음을[83] 가졌는지 아닌지, 무엇보다도 자신이 하나님의 자비를 신뢰하고, 전적으로 예수 그리스도로부터 그분의 구원을 찾는지 아닌지 그리고 모든 증오와 악을 단절하면서 자신의 이웃과 함께 일치와 형제와 같은 사랑으로 살기 위한 선한 의도와 용기를 가졌는지 아닌지를 알도록 합시다.

---

80 1542년에는 "that is" 대신 "and"로.
81 1545년과 1542년판에는 "약탈자들, 부의 축적자"로 순서가 바뀌어 있음.
82 1545년과 1542년판에는 "a scandalous" 대신 "a scandalous and dissolute"로.
83 1545년과 1542년판에는 "sorry for them" 대신 "sorry for his sins"로.

만약 하나님 앞에 우리의 마음에 그런 증언이 있다면, 적어도 그분이 우리를 그분의 자녀로서 인정하신다는 사실과 주 예수께서 우리를 그분의 식탁으로 데리고 가셔서 그분이 제자들에게 전하셨던 이 거룩한 성례전을 제공하시면서 우리에게 말씀하신다는 사실을 의심하지 맙시다.

그리고 우리 안에는 많은 연약함과 비참함이 있는 것을 알고 있을 뿐 아니라, 완전한 믿음도 가지지 못하고 오히려 불신과 의심하기 쉬운 경향이 있으므로, 우리는 마땅히 해야 할 그런 열정으로 하나님을 섬기는데 온전히 전념하지 않고, 대신에 육체의 정욕에 맞서서 날마다 싸워야만 합니다. 그런데도, 우리가 모든 불신에 저항할 수 있도록 우리 주님이 그분의 복음을 우리의 마음에 새기게 하는 이런 은혜를 주셨고, 또한 우리에게 그분의 의로움과 거룩한 명령을 추구하기 위해서 우리 자신의 욕망을 포기하고자 하는 갈망과 욕망을 주셨기 때문에, 우리 안에 있는 악과 불완전이 그분께서 우리를 받아들이는 것을 막지 못할 뿐 아니라, 우리가 이 영적 식탁에 참여하기에 합당한 자가 되지 못하게 방해하지도 못한다는 사실을 우리 모두 확신합시다. 왜냐하면, 우리는 우리 안에 있는 온전함과 의로움을 주장하면서 오는 것이 아니라, 오히려 예수 그리스도 안에 있는 우리의 생명을 추구하기 위해서 오기 때문에, 우리는 우리가 죽었다고 고백하기 때문입니다. 그러므로 이 성례전은 가난한 자, 영적으로 병든 사람들을[84] 위한 약이라는 사실과 우리 주님이 우리에게 요구하시는 단 하나의 자격은 우리가 우리 자신을 충분히 잘 알아서 우리의 악을 불쾌하게 생각하고 우리의 모든 기쁨, 즐거움 그리고 만족함을 그분 홀로 안에서 발견하는 것입니다.

그러므로 우선 무오류의 진리이신 예수 그리스도께서 그분의 입으로 말씀하셨던 이런 약속, 즉 진실로 그분은 우리를 그분의 몸과 피의 참여자로 만들기를 원하신다는 것과 그분이 우리 안에 사시고, 우리가 그분 안에 살 수 있도록 우리가 그분을 온전하게 소유할 수 있다는 약속을 믿읍시다. 그리고 우리는 단지 떡과 포도주를 보지만, 그런데도 우리는 우리의 영혼 안에서 그분께서 이런 가시적 표지를 통해서 외부적으로 보여 주시는 모든 것을 영적으로 성취하신다는 사실, 다시 말하자면, 그분이 영생을 위해 우리를

---

[84] 1545년과 1542년판에는 "poor, spiritually sick people" 대신 "poor sick people"로.

먹이시고 자양분을 주시는 하늘의 떡이라는 사실을 의심해서는 안 됩니다.

그러므로 우리에게 나누어 주시기 위해서 그분의 모든 풍성하심과 유익들을 이 식탁 위에 펼쳐 놓으신 우리 구세주의 무한한 선하심에 감사합시다. 왜냐하면, 자신을 우리에게 주심으로서, 그분은 우리에게 그분이 가진 모든 것은 우리 것이라는 사실을 입증하시기 때문입니다. 그러므로 마치 우리가 그것을 스스로 겪은 것처럼, 그분의 죽음과 수난의 능력이 의로움을 위해 우리에게 돌려졌다는 사실의 인침으로서 이 성례전을 받읍시다. 따라서 예수 그리스도께서 그분의 말씀을 통하여 우리에게 그렇게 온유하게 초청하신 곳에서 뒤로 물러날 만큼 사악하지 맙시다. 다만 그분이 우리에게 주셨던 이 귀중한 선물의 가치를 생각하면서, 그분이 우리가 그것을 받을 수 있게 만드시도록 뜨거운 열정으로 우리를 그분에게 드립시다.

이런 목적으로, 우리의 마음과 영을 예수 그리스도께서 그분의 아버지의 영광 안에 계시는 곳으로 높이 듭시다. 그곳으로부터 우리는 우리의 구속 안에서 그분이 오시기를 기다립니다. 그리고 마치 그분이 떡이나 포도주 안에 에워싸여 있는 것처럼 거기에서 그분을 찾으면서, 우리가 우리 눈으로 보고 우리 손으로 만지는 이런 땅의 부패할 떡과 포도주로 시간을 낭비하지 맙시다. 그렇게 해서 우리의 마음과 영이 땅의 모든 것보다도 높이 들려 하늘에 도달해 그분이 사시는 하나님의 나라에 들어갈 때, 우리 영혼은 그분의 본질에 의해서 자양분을 받고 소생될 것입니다. 그러므로 진리를 영적으로 추구하면서, 떡과 포도주를 표지와 증거로 삼는 것으로 만족합시다. 이것이 하나님의 말씀이 우리가 그것을 발견할 것이라고 약속하셨던 방법입니다.

[스트라스부르 1545]	[제네바 1542, 1566]
¶ 그것이 끝나면, 성직자는 사람들에게 경외심을 가지고 질서 있게 그리스도인의 단정함으로 거룩한 식탁에 다가오도록 훈계한다. 그는 첫 번째로 떡과 포도주를 받고, 그런 후에 그것을 집사에게 준다. 다음으로 전체 교회에 주고, 다음과 같이 말한다. 받아서, 잡수십시오, 여러분을 위하여 죽음에 내주신 예수님의 몸입니다. ¶ 그리고 집사는 잔을 제시하고 다음과 같이 말한다. 이것은 여러분을 위해서 흘리셨던 예수님의 피로 한 새로운 언약의 잔입니다.	¶그것이 끝나면, 목사는 사람들에 경외심과 질서 있게 다가와야 한다고 경고한 후에, 떡과 잔을 나누어 준다.

¶ 그러는 동안, 교회는 다음과 같은 성시 하나를 노래한다. "찬양과 감사, 나는 당신을 찬양할 것입니다" 등등 (시편 138편). ¶ 만찬 후의 감사 하늘에 계신 아버지, 우리는 그분을 죽음에까지 내주시고 우리의 영생을 위한 음식과 자양분으로서 그분을 우리에게 주심으로써 우리 불쌍한 죄인들에게 그런 유익을 허락하심에 대해서 그리고 우리를 당신의 아들 우리 주 예수 그리스도의 친교 속으로 데리고 가심에 대해서 당신께 영원한 찬양과 감사를 드립니다. 지금 또한 우리에게 이 유익을 허락하시고, 우리가 이런 일들을 결코 잊지 않고, 오히려 우리의 가슴에 새기게 하셔서 우리가 믿음에서 부지런히 자라고 증대될 수 있게 하시옵소서. 그것이 모든 선한 일에서 나타나게 되어 성령과의 연합 안에서 하나님과 더불어 영원히 사시고 다스리실 당신의 아들 이 예수 그리스도로 말미암아 그분의 영광을 높이고, 우리 이웃의 덕을 세우기 위하여 우리의 전 삶을 맞추고 수행할 것입니다.	¶ 그러는 동안 우리는 어떤 성시들을 노래하거나 성경으로부터 성례전을 표시하기에 적절한 한 본문을 낭독한다. ¶ 마지막에, 우리는 이미 말했던 대로 감사 기도를 드린다.
¶ 감사 기도가 끝나면, 우리는 시므온의 노래(Song of Simeon)를 부른다. 이제 주 하나님, 등등. ¶ 그런 후에 목사는 주일과 같은 축도를 하면서 집회를 해산시킨다. 여호와는 네게 복을 주시고 너를 지키시기를 원하며 여호와는 그의 얼굴을 네게 비추사 은혜 베푸시기를 원하며 여호와는 그 얼굴을 네게로 향하여 드사 평강 주시기를 원하노라. 아멘.	

¶ 우리가 여기에서 변화시켰던 것들에 대해서 몇몇 사람이 얼마나 혼란스러울지 너무나 잘 알고 있습니다. 왜냐하면, 미사는 그렇게 오랫동안 그렇게 존중받아 왔고, 불쌍한 세상에 그것은 기독교 국가의 핵심 사항이었던 것으로 여겨졌기 때문입니다. 그래서 우리가 그것을 폐지하는 것이 너무 이상한 일이었습니다. 그리고 이런 이유로 잘 모르는 사람들은 우리가 성례전을 파괴했다고 생각합니다. 그러나 우리가 무엇을 유지하는지 잘 생각해 본다면, 그들은 우리가 사실상 그것을 완전하게 회복시켰다는 것을 알게 될 것입니다. 그래서 그들이 미사가 무엇인지와 예수 그리스도께서 제정하셨던 것의 공통점을 조사하게 합시다. 낮과 밤 사이에서처럼 공통점이 거의 없는 것이 분명합니다. 비록 여기서 이 논쟁을 상세하게 다루는 것이 우리의 의도는 아니지만, 그런데도 자신들의 무지 때문에 우리에게 화를 내는 사람들을 만족하게 하려고 그것을 지나가면서 언급하는 것이 적절해 보입니다. 우리 주님의 성례전이 너무 많은 악과 끔찍한 오용이라는 첨가 때문에 오염된 것을 보았기 때문에, 우리는 잘못 소개

되었거나, 적어도 오용된 많은 것들을 바꿈으로써 그것을 고칠 수밖에 없었습니다. 이제 그것을 행하기 위해서, 예수 그리스도의 순수한 제정으로 돌아가는 것, 즉 우리가 단순히 그것이 보여 주는 대로 따르는 것보다 더 적절하고 좋은 방법을 발견하지 못했습니다. 왜냐하면, 그것이 성 바울이 지적한 개혁이기 때문입니다.

3) 1545년 편집본에 있는 만찬에 대한 소개[85]

성 바울이 증언하는 것처럼(고전 10:16), 성찬은 주 예수 그리스도의 몸과 피와 교제하는 것으로서, 우리가 그리스도 안에서 머물고 더욱 온전히 살며, 그리고 그분이 더욱 온전하게 우리 안에 사시고 머물 수 있도록 우리가 받아야만 하는 것이다(요 6:56).

이 목적을 위해, 우리가 이 성만찬을 기념함에서(다시 말하자면, 그분의 몸을 먹고 우리 주님의 피를 마시는 것) 모든 일을 행하는 것이 합당하니, 이는 우리가 그리스도 안에서 살고 머물며, 이 음식과 음료를 보다 큰 열매와 경건으로 받는 것을 점점 더 사모하기 위함이다. 그러므로 주님의 몸과 피와 더불어 정기적으로 성찬을 받는 것이 그들에게 얼마나 필요한지와 그리고 우리가 이 교제와 참여에서 받는 유익이 얼마나 큰지에 관해서 사람들이 바르게 교육받고 훈계를 받는 방식으로 이런 행위를 세우고 규정하는 것이 필요할 것이다.

이것으로부터 주의 만찬은 우선 받을 자격이 있는 자, 주님의 몸과 피를 간절히 원하는 자, 이미 그분 안에서 살고, 그들 안에 그분이 사시는 그런 자들 그리고 그리스도 안에서 사는 이 삶이 자신들 안에서 더욱 자라나고 풍요롭게 되기를 바라는 자들(왜냐하면, 우리가 온전히 그분 안에서 살고, 그분이 우리 안에서 사실 수 있도록 그리스도의 몸과 피의 교제가 이 만찬에서 주어지기 때문이다)에게만 주어져야 한다.

---

85 이 소개는 각주 1에 나열된 두 개의 번역에는 없다. 그러나 다음과 같은 책에서 한 번역이 발견된다. John Calvin, "Appendix 1: Calvin's Essay on the Lord's Supper from *The Form of Prayers*, 1542 and 1545," in Mary Beaty abd Benjamin W. Farley, trans., *Calvin's Ecclesiastical Advice* (Louisville: Westminster John Knox, 1991), 163-70.

그러므로 하나님의 신비의 선하고 신실한 청지기들은 (기독교의 사랑과 이 거룩한 시행을 하는 종교에 의해서 요구받는 한) 자신들이 주의 만찬을 시행하려고 하는 자들이 이미 세례를 통하여 예수 그리스도에게 연합되었고, 그들이 그분의 참되고 살아 있는 지체이며, 그들이 이 영원한 생명의 음식에 굶주리고 이 거룩한 음료에 목말라 하는지를 아는 것이 필요하다. 다른 사람들은, 그들이 자신들의 정죄를 제외하고는 성례전에서 성찬을 받을 수 없으므로 집사에 의해서 성찬에서 제외되어야 한다(고대 교회에서 행했던 것처럼). 모든 자, 즉 기독교 종교에서 아직 완전히 교육을 받지 못한 자들과 수치스러운 삶을 사는 사악한 자들 그리고 회개는 하지만 아직 은혜 안으로 받아들여지지 않은 자들은 모두 교회를 떠나야만 한다.

또한, 이런 이유로, 우리 주님은 첫 만찬을 단지 11명의 택함받은 제자들에게만 주셨다. 왜냐하면, 거룩한 것을 개에게 주지 말아야 하므로(마 7:6), 혹은 영생을 위한 음식을 굶주리지 않는 자에게 주지 말아야 하기 때문이다. 따라서 주의 만찬은 (위에서 언급한 것처럼) 사랑과 신앙의 법칙에 따라서 확인되고 시험을 받은 자들에게만 시행되어야 한다. 그것은 우리가 이 거룩한 만찬에서 따라야만 하고, 우리의 입으로 하는 고백과 우리의 삶에서 그것에 반하는 아무것도 발견되지 않아야 할 것을 요구한다. 따라서 목사들은 우선 시험받고 교육받지 않았던 어떤 자들도 성례전에 받아들이지 않을 때 거룩함과 자신들의 사역에 합당한 태도와 그 사역의 존엄함으로써 행한다.

그 외에, (이 영생의 음식과 음료는 그것을 간절히 바라는 자들을 제외한 어떤 자들에게도 시행되어서는 안 되기 때문에) 다음에 따라야 할 것은 우리가 이 주의 만찬을 시행하려고 하는 사람들에게 모든 방식으로 훈계를 하여 그들이 자신들을 알고, 자신들의 잘못 때문에 하나님께 얼마나 큰 은혜를 입고 있는지, 자신들이 그리스도의 교제에 참여하는 것을 얼마나 많이 필요로 하는지 그리고 어떤 유익이 그 안에서 자신들에게 제공되는지를 알 수 있도록 하는 것이다.

이런 이유로, 만찬 예전을 우리의 죄에 대한 고백으로 시작하고 율법으로부터 그리고 시편과 더불어 복음서로부터 성경 낭독을 첨가하는 것이 가장 합당하다. 이는 우리 죄의 고백과 신성한 법의 설명을 통해서 (이것은 죄인에게는 현재와 영원한 형벌을 명하고 의인에게는 현재와 장래의 유익만을 명한다) 우리가 우리 죄와 율법에 대한 보다 큰 지식과 자각으로 인도함을 받고 그런 것들 때문에 영원한 형벌을 받아 마땅하다는 것을 알 수 있도록 함이다.

우리가 우리 평생에 얼마나 많은 것이(우리 행위의 어떤 것뿐 아니라) 하나님의 율법에 반대되는 것인지 그리고 죄가 여전히 우리의 육신을 얼마나 많이 지배하고 있는지, 내가 원하는 선을 행하지 아니하고 도리어 미워하는 악을 행하고 있는지(롬 7:15)를 숙고한다면, 그런 후에 우리가 주님의 몸과 피와 더불어 성찬을 받는 것을 얼마나 많이 필요로 하는지 알게 된다.

우리가 하나님의 나라를 소유하는 데 필요한 것, 즉 내 육신과 내 피에는 선한 것이 아무것도 없다는 사실(롬 7:18)을 감안한다면, 성만찬에서 죄의 고백 외에 우리가 그 죄들이 용서받도록 기도하고, 신성한 율법을 낭독하고 설명하며, 하나님의 위엄을 찬양하는 성시들을 노래하고 율법을 설명하며 하나님께 용서를 구하는 것이 합당하다.

이제 우리는 복음의 설교를 통하여 참 하나님이시고 참 인간이신 우리 주 예수 그리스도께서 십자가에서 그분의 몸과 피를 바치심으로써 그분의 아버지이신 하나님께 우리의 죄에 대한 변제 의무를 만족하게 하셨다는 사실을 안다. 그리고 그 몸과 피를 우리에게 나누어 주심에 의해서, 우리가 그분 안에서 살도록 허락하시고, 그분이 우리 안에 사시는 것을 기뻐하시기 때문에(요 6:56), 따라서 여기 있는 우리에게 얼마나 훌륭한 유익들이 제공되고 나누어졌는지를 우리는 안다.

첫째, 우리는 우리의 용서의 선언을 확신하고, 그분의 아들 예수 그리스도로 말미암아 우리의 원죄와 우리가 범했던 모든 부정을 용서하심으로써 우리를 그분의 자녀들과 상속자로서 입양하셨고, 우리가 겸손하게 그분에게 용서를 구할 때마다 그분의 크신 자비로 우리의 죄를 용서하시는 성부의 은혜를 확신한다. 따라서 그분의 자애로운 친절하심에 자신을 맡길 때, 우리는 모든 역경 속에서 더욱 큰 담대함으로 그분을 부르고, 그분에게 도움과 지원을 요청한다.

둘째, 우리는 예수 그리스도 안에 의와 생명이 있고 그가 아버지를 위해 사시는 것처럼, 우리도 그분 안에서 의롭고 예수 그리스도로 말미암아 새 생명 안에서 산다는 사실을 확신한다. 그러므로 우리가 이것을 더 부지런히 생각하고, 더욱 간절하게 이 거룩한 양식과 영생의 음료를 받기를 사모하기 위하여, 우리는 시편과 찬송, 복음서 낭독, 신앙 고백, 거룩한 헌물들과 헌금을 덧붙이는 것이 당연하다.

이 모든 것은 그리스도 안에서 우리에게 주신 것과 그분의 살과 피의 교제로 말미암아 우리가 받는 유익이 무엇이며, 그것이 얼마나 큰지를 선포하고, 이 외에도 우리가 이것을 합당하게 숙고하고, 참되고 뜨거운 감사로써 찬양하며, 또한 다른 사람에게도 칭찬받고 귀중하게 만들도록 우리에게 바르게 훈계한다. 그리고 우리가 위에서 말한 것에 선물들을 덧붙이라고 한 것은 그럴 만하기 때문이다.

왜냐하면, (우리가 이후에 하는 복음의 낭독과 설명, 신앙 고백에 의해서 자극받고 감동을 받을 때), 우리는 하늘에 계신 아버지의 무한하신 선하심으로 우리에게 예수님을 주신 것과 그분과 함께 모든 일, 즉 죄의 사면, 영원한 구원의 언약, 하나님의 생명과 의 그리고 마지막으로 하나님의 자녀들, 즉 하나님의 나라와 그분의 의를 추구하는 자들에게 추가된 모든 바람직한 일을 상기하고, 선하고 정당한 이유로서, 그렇게 많고 그런 큰 유익들을 인정하면서 우리 자신을 성부 하나님과 우리 주 예수 그리스도께 드리고 순종하기 때문이다. 그리고 우리는 헌금과 거룩한 헌물로써(기독교의 사랑이 요구하는 대로) 그것을 입증한다.

그것은 그분의 지극히 작은 자들, 즉 굶주린 자, 목마른 자, 헐벗은 자, 이방인들, 병든 자, 수감자들(마 25:44-45 참조) 안에서 예수 그리스도께 드려지는 것이다. 왜냐하면, 그리스도 안에 살고, 그분이 그들 안에 거하시는 자들은 모두 율법이 자신들에게 명령하는 것을 자발적으로 행하기 때문이다. 이제 이 율법이 헌금 없이 하나님 앞에 우리 자신을 드려서는 안 된다고 명령한다. 우리는 또한 그 사실, 즉 아무도 자신의 땅에 있는 주인이나 은인에게 선물로 감사의 표현을 하지 않고 그의 신하라고 주장하지 않는다는 사실을 보여 준다.

셋째, 우리는 모든 사람의 구원을 위해서 기도해야만 하는 것이 따른다(왜냐하면, 그리스도의 생명이 우리 안에서 크게 타오르고 번성해야 하기 때문이다). 그리고 그리스도의 생명은 잃어버린 자를 찾고 구원하는 것인 이것으로 구성된다. 그러므로 우리가 모든 영지에 있는 자를 위해서 기도하는 것은 당연하다. 그리고 우리가 이 성례전에서 진실로 예수 그리스도를 받기 때문에, 우리가 영과 진리로 그분을 경배하고 성찬을 엄청난 경외심으로 받으며, 이 신비 전체를 우리의 찬양과 감사로 끝마치는 것은 너무나 타당하다.

그래서 이런 식으로 만찬을 시행하는 전체적 규범과 근거는 사도들의 교회, 순교자들 그리고 거룩한 교부들의 고대 교회의 시행에 의해서는 물론이고 만찬의 제정에 의해서 알려진다. 모든 성례전의 시행에 있어서, 사람들의 공용어를 사용하는 것은 마찬가지로 적절하다. 이는 말하고 행해진 모든 것이 참석한 사람들 모두에게 속하고, 우리의 믿음을 확인하고 일깨워야만 하며, 모든 것 안에서 하나님을 향한 우리의 갈망에 불을 붙여야 하기 때문이다. 이런 이유로 우리가 이 신성한 연회에 오기 전에 사람들에게 자신을 준비하도록 훈계할 때, 항상 이런 네 가지 일들에 관해서 가르치고 훈계한다.

첫째, 우리는 아담의 죄와 우리 자신으로 말미암아 너무나 타락하여서 우리의 본성과 우리의 육신 중의 어떠한 부분에도 선한 것은 아무것도 없다. 그래서 우리의 육신과 우리의 피는 하나님 나라의 유업을 얻을 수 없고, 따라서 우리가 진실한 마음으로 우리의 범죄함을 고백하고 용서를 구하기 위해서, 우리는 감동하여서 우리 죄를 알고 우리의 사악한 삶을 바꾸어야 한다는 사실을 이해한다.

둘째, 예수 그리스도는 그분의 죽음과 귀중한 피를 흘리심으로써 우리 죄의 사면과 성부의 은혜를 받기에 합당하셨던 단 한 분이시다. 그리고 그분이 우리가 그분 안에서 살도록 하고, 그분이 우리 안에 사시기 때문에, 그것은 또한 우리 안에 있는 그분의 의로움을 불러일으킨다.

셋째, 그리스도께서는 이 만찬 성례전에서 자신을 주신다. 왜냐하면, 그분이 떡과 포도주를 주실 때 그분은 "받아 먹어라. 이것은 내 몸이니라" 등등을 말씀하셨기 때문이다. 그러므로 그분은 진실로 떡과 함께 그분의 몸과 잔과 함께 그분의 피를 제공하신다.

왜 그러신 것인가?

죄의 사면과 새로운 언약의 확인을 위해서이다. 왜냐하면, 그분은 "이것은 너희를 위해서 준 것이다." 그리고 그 이후에, "이것은 너희를 위한 죄의 사면을 위해 흘린 것이다"라고 하시기 때문이다. 그리고 그분은 다시 한번 말씀하신다.

이것은 예수 그리스도로 말미암아 하나님이 우리에게 좋으신 아버지가 되시고, 우리는 그분의 자녀가 되는 새로운 언약이고, 영원한 은혜 언약이다.

그러므로 예수 그리스도께서는 그분이 우리 안에 사시고 우리가 그분 안에 살 수 있도록 이 성례전에서 자신을 주신다. 그리고 그것을 통하여 우리는 그분의 사랑 덕분에 우리의 죄에 대한 사면과 우리가 하나님의 자녀가 되고 그분이 우리의 아버지가 되시기 위한 새 언약의 확증을 확신한다.

그러므로 단 하나의 족속, 단 하나의 영 그리고 하나의 본성만이 있다. 그리고 그밖에 필요한 것은 무엇이나 주 예수 그리스도께서 그것을 제공하실 것이다. 따라서 우리는 목사나 혹은 외면적인 것이 아니라, 다만 예수 그리스도의 말과 그분의 행위와 권능에 초점을 맞추어야 한다.

이는 우리가 이 성례전에 의해서 예수님은 그분으로 말미암아 우리의 죄가 완전히 도말된다는 것을 확신시키시면서 우리가 그분 안에, 그분이 우리 안에 살도록 그분의 몸과 피를 주신다는 사실과 그리고 그분이 우리를 위해서 하늘에 계신 아버지의 은혜와, 우리는 하나님의 자녀이고 그분은 우리의 아버지이시라는 영원한 언약을 확신시킨다는 사실과 하나님이 우리에게 모든 좋은 것을 주신다는 사실을 의심하지 않도록 하기 위함이다.

이제 두 가지 일이 여기에서 주어진다.

첫 번째 것은 땅의 것이다. 그것은 떡과 포도주이다.
두 번째 것은 하늘의 것이다. 그것은 그리스도, 다시 말하자면, 그분의 몸과 피와 함께하는 교제이다.

그리고 이런 두 가지 일들은 죄의 사면과 그리스도의 생명이 우리 안에 증대되는 것, 즉 새 언약에 대한 확증이라는 두 가지 이유로 우리에게 주어진다.

넷째, 이런 엄청난 유익을 주신 주 예수님께 우리의 마음과 말과 행동으로 감사를 드려야만 한다는 것 그리고 예수 그리스도의 기념과 그분의 모든 유익, 다시 말하자면 그분의 성육신, 수난, 부활, 승천, 성령님의 사역, 세상을 심판하기 위한 그분의 오심 그리고 마지막으로 그분이 우리를 위해서 행하셨고 우리에게 명령하셨던 모든 것을 크게 찬양하고 높여야만 한다는 것을 가르친다.

그러므로 모든 사소한 논쟁과 토론을 벌이고, 위에서 언급한 것을 주의 만찬에서 우선 행하고 구하자. 그렇게 해서 우리가 그리스도께서 우리 안에 사시고 우리가 그분 안에 사시는 것이 얼마나 많이 필요한지를 알게 된다. 이는 우리 죄에 대한 사면을 획득하고 우리 안에 하나님의 생명을 성취하며, 우리에게 완전히 모자란 선함을 공급하기 위해서 우리가 그분 안에 살고, 그분이 우리 안에 살 수 있도록, 이 성례전 안 여기에서 그분이 우리에게 그분 자신을 주신다는 사실을 우리가 믿도록 하려는 것이다. 따라서 만찬의 이런 모든 신비에 있어서 목적과 핵심은 우리가 그리스도 안에서 살고, 그분이 우리 안에서 사실 것이라는 사실이다. 이것을 하늘에 계신 아버지께서 그리스도로 말미암아 우리에게 허락하신다. 아멘.

제13장

공동 기도서
본기도

토마스 크랜머

> 그러므로 우리 하나님 여호와의 이름을 세세토록 찬송할지로다. 하나님은 무한한 자비와 끝없는 선하심으로 영국이라는 이 땅에 주의 시선을 두시고, 그분의 복음을 받아들일 수 있도록 영국인의 마음을 지극히 기쁘고 즐겁게 조명하시면서 요시야 같은 경건한 왕을 우리에게 주셨습니다. 그는 지극히 고귀하고 지성 있는 조언자들로부터 가장 사랑받는 모든 신민에게 하나님의 말씀을 진실하고 순수하게 제시하고 가르치도록 수고하고 또한 주님의 몸과 피의 이 성례전이 초대 교회에서처럼 그 처음 제정에 따라 올바로 시행될 수 있도록 하라는 유년 시절에 받은 충실한 조언과 도움을 잊지도 않았고 중단하지도 않았습니다.[1]

헨리 8세(King Henry VIII)가 죽자, 영국 국교회의 미래는 불투명하게 되었다. 그것은 반만 개혁된 교회였다. 로마 감독의 우위는 폐기되었으나 가톨릭 신학의 주된 신조들이 여전히 왕국의 공식 종교에 남아 있었다. 하지만 에드워드 6세(King Edward VI, 1537-1553)의 즉위와 함께 종교적 혁명을 위한 국가적 무대가 마련되었다.

그가 제2의 요시야처럼 순수한 예배를 회복시키고 왕국으로부터 사악한 우상 숭배를 추방할 것인가?

그는 새로운 요시야처럼 영국 교회를 개혁할 것인가?

젊은 왕의 복음주의는 확실히 위대한 고위 성직자인 토마스 크랜머(Thomas Cranmer, 1489-1556)의 생각들과 일치했다. 크랜머는 헨리 8세의 통치 기간에 겨우 살아남았고, 캔터베리 대주교(Archbishop of Canterbury)로서 이전 15년 이상 느리게 그러나 확실하게 복음주의자들을 중요한 위치로 옮겼다.

사실상 소년 왕은 인문주의적 발견의 세상에서 양육받았고, 종교의 정화를 열심히 하는 한 세대의 귀한 복음주의 지도자들의 소망에 활기를 불어넣었다. 이런 소망의 실현에 결정적인 것은 왕국의 모든 교구 구석구석까

---

1 Nicholas Udall, Preface to *A discourse or traictise of Peter Martyr Vermilla Fiore[n]tine the publyque reader of diuinitee in the Vniuersitee of Oxford wherein he openly declared in his whole and determinate iudgemente concernynge the sacrament of the Lordes supper in the sayde Vniuersitee* (London, 1550), RSTC 24665. Sigs. *iii[i-v]*.

지 복음주의 예전이 사용되는 것이었다. 이렇게 해서 『공동 기도서』(*Book of Common Prayer*)는 1549년에 처음 출간되었고, 이후 1552년에 대폭 개정되어 출간되었다.

영국 국교회의 예배 개혁은 『공동 기도서』가 생겨나기 전에 이미 단편적 방식으로 시작되었다. 1530년대에 영어 시편 찬송가(English Psalter)와 개혁된 소기도서(Primers)가 나타났다. 1536년에, 보수적 요크의 추기경(Archbishop of York)인 에드워드 리(Edward Lee)가 서신서와 복음서 성경을 자국어로 낭독할 것을 명령했다. 1538년의 왕실 명령(Royal Injunction)은 위대한 성경(Great Bible)을 교회가 구입해서 그것을 자신들의 강단에 사슬로 물리적으로 묶어 두라고 명령했다.

영국 중세 예전의 변형들 가운데서, 1541년에 사룸 예전(Sarum rite)이 수정되어 발간되었다.[2] 전국에서 공동 예전에 대한 초기의 변화는 1544년 영어로 발간된 『연도』(*Litany*)의 발간을 통해서 이루어졌다. 하지만, 개혁이 시작되는 계기는 에드워드 6세 왕 치세하의 새로운 종교적 풍조에서야 있었다. 1548년에 성찬의 자국어 순서에 대한 중요한 의회의 논쟁이 있었다.

그 논쟁에서 크랜머와 복음주의 지도자들은 신자들과 불신자들이 동일하게 주의 만찬에 참여할 수 있다는 개념을 배제했다.[3] 그 직후, 주 설계자 토마스 크랜머의 신중한 지도로 첫 번째 『공동 기도서』가 완성되었다.

1549년판 『공동 기도서』는 단순히 하나의 예전이 아니었으며, 예배를 규정하는 복합적 지침서도 아니었다. 그것은 명확한 순서와 단순한 교육을 포함하는 실천적 예전의 개요였다. 성직자들은 자신들의 성경과 기도서만 필요로 했다. 그것은 아침 기도, 저녁 기도, 정해진 본기도와 성경 과목들, 성찬, 세례, 견신례, 결혼, 환우 방문과 성찬, 매장, 출산 후의 산모를 위한 감사, 죄인에 대한 저주의 말과 성경 낭독을 위한 달력 그리고 다양한 예

---

[2] 종교개혁 이전에 영국에서는 지역적이고 종교적 계열을 따라서 중세 의식의 다양한 "예전들"이 있었다. 그 중 하나가 솔즈베리(Salisbury)의 라틴어 이름인 사룸(Sarum)을 따서 붙인 사룸 예전이었다. 다른 "예전들"은 요크(York), 엑서터(Exeter), 베네딕틴(Benedictine), 카르투시안(Carthusian), 시스터시안(Cistercian) 등이다.

[3] "불경자들이 먹는 것"(*manducatio impiorum*)과 "합당하지 못한 자들이 먹는 것"(*maducatio indifnorum*)은 둘 다 1548년 논쟁에서 배제되었다.

전적 결정에 대한 근거와 같은 각종 부가적 요소를 위한 예배 의식을 포함하고 있었다. 그것은 자국어 성경으로 가득한 복음주의 기도서(Prayer Book)였다.

성찬(Holy Communion) 예전은 예배 전통의 놀라운 갱신을 포함했다. 이로써 크랜머는 미사 전문(Canon of the Mass)의 형식을 유지했지만, 그것을 성경, 특히 히브리서(Epistle to the Hebrews)에서 표현된 교리에 따라 개정했다. 이처럼 갈보리의 "완전하고 완벽한 제물, 봉헌, 충족"이 압도했고, 미사에 있던 제사의 개념을 완전히 침묵시켰다. 교회의 유일한 제사는 찬양과 감사였다.

『공동 기도서』는 다른 종교개혁 예전과 비슷하게 무에서 개발된 것이 아니라, 다음과 같은 여러 가지의 다양한 예전 자료로부터 발췌한 것이었다. 루터로부터 모자라빅 예전(Mozaravic liturgy)까지 거슬러 올라가고, 크리소스토무스(Chrysostom)의 기도들, 라틴 의식의 사룸 "예전"([Sarum "use"], 솔즈베리 예전)의 많은 부분 그리고 콜론의 대주교 허만 폰 비드(Archbishop of Cologn Hermann von Wied, 1477-155)의 예전들과 스페인 추기경인 프란시스코 퀴노네([Francisco Quinones,1482-1540]가 수정한 로마가톨릭 성무일도서(Roman Breviary)를 포함한 당시의 다른 예전 개혁이다.

이 중 퀴노네의 로마가톨릭 성무일도서는 결국 1558년에 교황 바울 4세(Pope Paul IV)에 의해서 금지되었다. 영국 기도서의 운율적이고 국제적으로 인정된 단어들의 형식은 실로 다양한 예전 텍스트로부터 크랜머가 독창적으로 복사해서 집어넣은 작업이었다.

1549년 6월 9일 성령강림절(Whitsunday)에 『공동 기도서』가 실행되었을 때, 사람들은 엇갈린 반응을 보였다. 어떤 이들은 그것을 기뻐했고, 나머지는 덜 기뻐했다. 사실상 서부 지역(West County)에 있는 극도로 보수적 사람들은 분노가 폭발하여 엑스터(Exeter)시를 포위했으며, (무엇보다도) "예배는 성탄절 연극처럼 제시되어서는 안 되고, 찬양대 석에서([quire], 교회에서 전통적으로 성직자와 찬양대가 앉아 있는 자리) 노래와 말로 드려져야 된다"고 요구했다.[4]

---

[4] *A Copy of a letter containing certain newes, & the articles or requestes of the Deuonshyre & Cor-*

기도서 혁명(The Prayer Book Rebellion)으로 알려지게 된 그 사건은 군사력으로 진압되었다. 그렇지만 다른 이는 신학적 주장으로 기도서를 반대했다. 스테판 "윌리 윈체스터" 가디너(Stephen "Wily Winchester" Gardiner)는 크랜머에게 자신의 로마가톨릭 성찬신학에 알맞게 단어들을 해석하기 위한 다섯 개의 다른 방식을 발견했다는 사실을 지적했다. 크랜머는 또한 신학 스펙트럼의 반대편 극단으로부터의 반대에도 직면했다. 칼빈—이 단계에서 영국 종교개혁에 거의 영향력이 없었던—은 조심스럽게 자신의 망설임을 표현했고, 재능 있는 비국교도인 존 후퍼(John Hooper)는 하인리히 불링거(Heinrich Bullinger)에게 크랜머의 『공동 기도서』를 "매우 결함이 있으며 … 어떤 점에서는 명백히 불경한" 것으로 기술한 것은 매우 유명하다.[5]

크랜머는 자신이 해야 할 일이 있다는 것을 알고 있었다. 그는 피터 버미글리(Peter Martyr Vermigli)와 마틴 부처(Martin Bucer)—그 두 사람 다 크랜머가 최근에 각각 옥스포드와 케임브리지신학교의 레기우스 총장직으로 뽑았다—에게 각각 1549년판 『기도서』를 비평하는 업무를 맡겼다. 논의가 1552년까지 계속되었고, 만성절(All Saint's Day)에 수정된 『공동 기도서』를 공포하기로 했다.

그러나 제11시에 사소한 위기가 닥쳤다. 솔직한 스코틀랜드인인 존 녹스(John Knox)가 주의 만찬을 기념하기 위해서 무릎을 꿇는 관례를 공격하는 강경한 단어들로 된 설교를 했다. 크랜머는 여기에 대한 답으로써 추밀원(Privy Council)에 그 상황을 진정시켜 달라는 편지를 재빨리 썼다. 그 결과 추밀원은 예전을 바꾸지는 않지만, 무릎을 꿇는 행위에 대한 어떠한 미신적이거나 잘못된 해석을 없애기 위해서 성찬 예전의 마지막에 슬립(slip, 빅토리아 시대 사가들이 "검정 법규서"[Black Rubric]라고 부른)을 끼워 넣도록 결정했다. 문제는 『공동 기도서』의 첫 번째 사본들이 이미 인쇄되었다는 것이었다. 그래서 "검정 법규서"를 이런 사본들에 붙여야만 했다.[6]

---

nyshe Rebelles (S.I.: J. Day and W. Seres, 1549), RSTC 15109.3. sig. B.7ʳ.

5 Hastings Robinson, *Original Letters Relative to the English Reformation*, 2 vols. (Cambridge: Cambridge University Press, 1846-47), 1:79.

6 법규서들이 붉은 색으로 되어 있을 때, 그것이 검정색으로 인쇄되었기 때문에 "검정 법규서"라고 불렸다는 사실은 신화이다. 붉은 색 법규서가 붙어 있는 에드워드 왕 시대

1552년판 『공동 기도서』는 이전 버전에 대해 상당한 변화를 가했다. 그것은 이제 완전히 그리고 논쟁의 여지없이 복음주의 예배의 개요서가 되었다. 아침과 저녁 기도(Morning and Evening Prayer)의 예전 ― 그 책의 규정들에 있는 암시로 정규 주일 예배를 성찬으로 대체했던 것 ― 은 고백을 위한 새로운 구성 요소들을 포함하여 고백과 회개에 대한 날마다 필요성을 예배의 뿌리 깊은 리듬으로 만들었다.[7] 성찬 예전은 떡과 포도주와 관련해서 봉헌이라는 사고에 관한 어떠한 모호함의 잔재도 제거하기 위해서 길이가 훨씬 길어졌다. 1549년의 자국어 미사 전문(Canon)은 그리스도의 제물되심과 교회의 찬양과 감사의 제사 사이의 구별을 강조하기 위해서 재정비되었고 단어를 바꾸어서 썼다. '제단'(altar)이라는 단어는 '주의 식탁'(Lord's table)으로 대체되었고, 성찬의 남은 떡과 포도주는 교구 성직자가 가져가서 가족과 먹을 수 있게 되었다. 성직자의 의복들은 단순한 중백의로 줄였고 떡과 포도주를 분배할 때의 단어들은 다음과 같이 바뀌었다.

1549	1552
"여러분을 위해 주어진 우리 주 예수 그리스도의 몸이 여러분의 몸과 영혼을 영생까지 보존하시기를." "여러분을 위해서 흘리신 우리 주 예수 그리스도의 피가 여러분의 몸과 영혼을 영생까지 보존하시기를."	"그리스도께서 여러분을 위해서 죽으셨음을 기념하면서 이것을 받아 잡수십시오. 그리고 여러분의 마음속에 믿음과 감사함으로 그분을 자양분으로 삼으십시오." "그리스도의 피가 여러분을 위해서 흘려지셨다는 것을 기념하고 감사함으로 이것을 마시시오."

에드워드 6세 왕은 1553년 7월 6일 열다섯 살의 나이에 죽었고, 그와 함께 복음주의라는 변화의 바람도 그렇게 되었다. 매리 튜더(Mary Tudor)가 왕위를 계승했고, 종교개혁 법률 제정이 폐지되었으며, 미사가 돌아왔고, 영국 국교회와 로마가톨릭의 감독이 재결합했다. 하지만, 매리 여왕 또한 일찍이 1558년 11월 17일 죽었고, 헨리 8세의 막내 딸 엘리자베스(Elisabeth)가 여왕이 되어 왕국의 예전적 미래를 결정하기 위한 위원회를 재빨리 소

『공동 기도서』사본으로 알려진 것은 없다.

[7] Diarmaid MacCulloch, *Cranmer*, 510-13은 떡과 포도주를 준비하는 비용과 자아 성찰에 대한 권면은 아마도 크랜머가 교구 전체에서 매주 성찬에 성공하지 못한 원인이었을 것이라고 시사한다.

집했다.

1559년판 『공동 기도서』는 소량의 사소한 수정을 제외하고 거의 완전히 1552년판 『공동 기도서』의 내용 그대로이다. 이런 것은 1549년판 『공동 기도서』의 의복에 대한 묵시적 지지, "검정 법규서"의 제거 그리고 주의 만찬의 분배 시에 사용된 1549년판과 1552년판의 단어들에 대한 결합들을 포함했다.

이런 엘리자베스 시대의 변화에 대한 해석을 성공회 역사학에서 다소 논쟁의 여지가 있는 것으로 설명하는 것은 과소평가가 아닐 것이다. 옥스퍼드 운동(Oxford Movement)과 종종 관련이 있는 그러한 해석 중 하나는 영국 국교회를 개혁교회와 로마가톨릭교회 사이의 중도(via media)로 보려는 것과 성찬에 대한 어떤 "실질적 임재"의 관점을 취하는 것이다.[8]

19세기 성직자인 헨리 웨이크맨(Henry Wakeman)의 역사서의 중심은 1549년판 『공동 기도서』는 정말로 "가톨릭교회의 정신이 흘러넘쳤다"는 것과 1552년판 『공동 기도서』 또한 영국 국교회가 그 주제에 관해서 츠빙글리파나 칼빈파의 관점을 지니고 있는 사람들과 타협하는 방향으로까지 나아갔다는 극단적인 점을 보여 준다는 견해였다.[9]

이 두 출판물 사이에 크랜머의 성찬 관점이 바뀌었고, 그는 1550년에 "실질적 임재(Real Presence) 교리의 오류를 증명할 목적을 명시함"과 더불어 자신의 『방어』(Defence)를 발간했다. 반 복음주의인 윈체스터 감독 스테판 가디너(Bishop of Winchester, Stephen Gardiner)가 저술한 『설명』(Explication)은 "실질적 임재 교리는 영국 국교회의 교리였다는 증명"으로 크랜머에게 대답했다.[10]

이 역사서는 1549년판 『기도서』의 발간 즈음에 대륙의 신학자들이 영국의 성찬 발전에 어떠한 영향이라도 끼쳤다는 생각에 대한 일반적 혐오를

---

[8] E. B. Pusey. *The Real Presence of the Body and Blood of Our Lord Jesus Christ the Doctrine of the English Church* (Oxford: John Henry Parker, 1857). 이 "Real Presence"라는 술어는 17세기의 논의를 반영했고 찰스 웨슬리(Charles Wesley)의 찬송가에 포함되었기 때문에 옥스퍼드 운동에는 새로운 것이 아니었다는 사실이 주목되어야만 한다.

[9] H. O. Wakeman. *An Introduction to the History of the Church of England From the Earliest Times to the Present Day* (New York: MacMillaan, 1896), 281, 296.

[10] Wakeman, *Introduction*, 290.

반영한다. 클리포드 더그모어(Clifford Dugmore)는 "사람들은[One] 크랜머, 리들리(Ridley), 퍼스(Firth) 혹은 라티머(Latimer) 혹은 쥬얼(Jewel)의 저술을 읽기를 지겨워한다. 왜냐하면 마치 자신들이 어떠한 신학 훈련도 받지 않고, 신학자들이나 교부들에 대한 어떠한 지식도 없으며, 스스로는 생각할 능력도 전혀 없는 것처럼, 그들이 주장하는 모든 것이 루터 츠빙글리 혹은 칼빈으로부터 유래되었기 때문이다"라고 기록했다.[11]

영국 종교개혁자들은 그 자체로서 탁월한 신학자였고 유럽 대륙의 종교개혁자들에게 높은 평가를 받았던 것이 사실이다. 그런데도 이런 사실이 1549년판 『기도서』 발간 즈음에 그들이 독특한 성찬신학을 가졌다는 사실을 함축하지는 않는다.

사실상 1548년 성찬에 대한 영국 의회의 토론은 크랜머와 다른 복음주의 지도자가 성찬의 "실질적 임재"—이로써 신자들과 불신자들이 똑같이 객관적으로 그리스도의 육체적 임재를 먹게 되는—에 대한 어떠한 해석도 배제했다는 사실을 보여 주었다.[12] 나아가서 1549년경의 전례 없는 국제적 간행물들의 숫자로 인하여 그 시기 즈음에 외국의 성찬 사상의 영향에 반대하는 것은 거의 불가능하게 되었다. 많은 수의 이런 논문이 가디너가 옹호했던 "실질적 임재"의 성찬신학 종류에 암묵적으로 그리고 명시적으로 역행했다는 사실은 이 초기 단계에 외국 사상의 영향이 존재했을 뿐만 아니라, 중요했었다는 사실을 내비친다. 두 『기도서』들 사이에서 츠빙글리주의나 칼빈주의라는 무신경한 꼬리표를 붙이는 것은 불가능할 정도로 1549년도 『기도서』의 성찬신학은 당대의 간행물들의 궤도에 안착했다.

사실상 디아메이드 맥콜록(Diarmaid MacCulloch)이 주장한 것처럼, 1549년판 『기도서』를 뒷받침했던 성례전신학은 1552년판 『기도서』의 성례전신학과 차이점이 전혀 없었다. 그들의 예전적 표현은 크랜머의 신중한 개혁의 속도에 따라서 달랐다.[13] 이와 같이 1549년판과 1552년판 사이에 스위

11　C. W. Dugmore, *The Mass and the English Reformers* (London Macmillan, 1958).
12　John T. Tomlinson, *The Prayer Book Articles and Homilies: Some Forgotten Facts in Their History Which May Decide Their Interpretation* (London: Church Association, 1897), 19도 보라.
13　Diarmaid MacCulloch, *Tudor Church Militant: Edward VI and the Protestant Reformation* (London, Allen Land, 1999), 89.

스의 성찬신학 쪽으로 향한 주된 변화를 이해하는 것에 맞서서, 1549년판과 1552년판 『기도서』 모두를 뒷받침해 주는 1552년판 『기도서』를 성찬신학에 대한 보다 일관성 있는 하나의 예전적 표현으로서 이해하는 편이 낫다. 1549년판 『기도서』가 1552년판 『기도서』에 대해 완전히 다른 성찬신학을 표현한다는 견해는 종교개혁 성공회(Reformation Anglicanism)가 개신교(Protestant)와 로마(Rome) 사이의 중도였다는 견해만큼 신화이다. 크랜머의 예전 작업은 그의 복음주의 신학 자체의 렌즈를 통해서 가장 잘 이해된다.

> 1550년대에 유럽의 발전하는 개혁주의 전통에서 취했던 입장처럼 신앙에 있어서 크랜머의 "중도" 혹은 **중간을 통해**(via Media)에 대한 개념은 후의 성공회의 개념과는 아주 달랐다. … 크랜머는 그러한 개념을 격렬하게 거부했을 것이다.
> 어떻게 사람들이 진리와 적그리스도 사이에서 중도를 취할 수 있겠는가?
> 그가 추구했던 중도는 부처의 중도―트렌트 공의회(Council of Trent)에서 개조 중인 위조품에 맞서는 기독교 교리에 대한 일치된 비전을 제공하려는 비텐베르크와 취리히 사이의 합의―와 동일한 것이었다. 크랜머에게 보편교회(Catholicism)란 종교개혁의 흩어진 교회들에서 발견되어야 했고 자신들의 보편성(Catholicity)을 증명하기 위해서 자신들의 일치를 보여 주는 것이 그의 목적이었다.[14]

1. 예배 순서

『공동 기도서』(1549)	『공동 기도서』(1552)
시편(Psalm)	주기도문(Lord's Prayer)
주기도문(Lord's Prayer)	준비 기도(Prayer of Preparation)
준비 기도(Prayer of Preparation)	십계명(Decalogue)
시편(Psalm)	죄의 고백(Confession)
자비송(Kyrie)	본기도(Collects)

---

14 MacCulloch, *Cranmer*, 617.

영광송(Gloria)	서신서(Epistle)
인사(Salutation)	복음서(Gospel)
본기도(Collects)	신조(Creed)
서신서(Epistle)	설교(Sermon)
복음서(Gospel)	봉헌문(Offertory Sentences)
니케아 신조(Nicene Creed)	헌금(Offering)
설교(Sermon)	중보 기도(Intercession)
권면(Exhortation)	권면(Exhortation)
봉헌문(Offertory Sentences)	초청(Invitation)
헌금(Offering)	죄의 고백(Confession)
수르숨 코다(Sursum Coda)	용서의 선언(Absolution)
서문경(Preface)	위로의 말씀(Comfortable Words)
삼성송(Sanctus)	서문경(Preface)
교회를 위한 기도(Prayer for the Church)	삼성송(Sanctus)
성별 기도(Prayer for the Consecration)	겸손한 접근에 대한 기도 (Prayer of Humble Access)
봉헌 기도(Prayer of Oblation)	성별 기도(Prayer for the Consecration)
주기도문(Lord's Prayer)	분배(Distribution)
평화(The Peace)	주기도문(Lord's Prayer)
하나님의 어린양(Agnus Dei)	감사 기도(Prayer of Thanksgiving)
초청(Invitation)	영광송(Gloria)
죄의 고백(Confession)	축도(Benediction)
용서의 선언(Absolution)	
위로의 말씀(Comfortable Words)	
겸손한 접근에 대한 기도 (Prayer of Humble Access)	
분배(Distribution)	
하나님의 어린양(Agnus Dei)	
성경 문장들(Sentences of Scripture)	
감사 기도(Prayer of Thanksgiving)	
축도(Benediction)	

2. 『공동 기도와 성례전과 교회의 다른 의식과 격식에 대한 책: 영국 국교회의 사용 후』(1549) (The Book of Common Prayer and the Sacraments and Other Rites and Ceremonies of the Church: After the Use of the Church of England, 1549) – 토마스 크랜머 –

연중 매일 아침 기도에 대한 규범

¶ 사제는 찬양대 석([Quier, 혹은 choir], 전통적으로 성직자와 찬양대[찬양자]들이 앉아 있는 교회의 구역에 대한 건축 용어)에서 큰 소리로 파터 노스터(*Pater Noster*)로 불리는 주기도문을 다음과 같이 시작해야만 한다.

하늘에 계신 우리 아버지,
아버지의 이름을 거룩하게 하시며
아버지의 나라가 오게 하시며,
아버지의 뜻이 하늘에서와 같이 땅에서도 이루어지게 하소서.
오늘 우리에게 일용할 양식을 주시고,
우리가 우리에게 잘못한 사람을 용서하여 준 것 같이
우리 죄를 용서하여 주시고,
우리를 시험에 빠지지 않게 하시고, 악에서 구하소서.
아멘.

¶ 그다음에 마찬가지로 그는 다음과 같이 말해야만 한다.
오 주님! 내 입술을 여시옵소서.

¶ 응답
그러면, 나의 입이 당신의 찬양을 보여줄 것입니다.

¶ 사제
오 하나님! 속히 나를 구원하시옵소서.

¶ 응답
　오 주님! 속히 나를 도와주시옵소서

¶ 사제
　성부와 성자와 성령께 영광을.
　태초에 그랬던 것처럼, 이제와 항상 영원히 그러하실 것입니다.
　아멘.

　주님을 찬양하십시오.

¶ 그다음에 이 성시, 와서 기뻐합시다(*Venite Exultemus*) 등등을 영어로 말하거나, 다음과 같이 어떠한 초대 없이 노래로 부른다.
　오, 와서 주님께 노래합시다. 우리 구원의 능력을 진심으로 기뻐합시다.
　감사함으로 주의 존전에 나아와서, 우리가 주님을 기뻐하는 것을 시편으로 나타냅시다.
　이는 주님이 위대한 하나님(God)이시고, 모든 신 위에 계신 위대한 왕(King)이시기 때문입니다.
　주의 손에는 땅의 모든 모퉁이가 있고, 작은 산들의 힘 또한 주의 것입니다.
　바다가 주의 것이고, 주께서 그것을 만드셨습니다. 그리고 주의 손들은 마른 땅을 준비하셨습니다.
　오, 와서 우리를 만드신 분(Maker)이신 주님 앞에서 예배하고 엎드리며 무릎을 꿇읍시다.
　이는 주께서 우리 하나님이신 주님이시고, 우리는 주의 초장의 백성이며, 주의 손의 양 떼이기 때문입니다.
　오늘 만약 너희가 그의 음성을 듣거든, 너희 조상들이 나를 시험하여 증험하고 나의 행사를 보았을 때에 도발한 것처럼, 광야에서 시험하던 날에 거역하던 것 같이 너희 마음을 완고하게 하지 말라. 40년의 긴 세월 동안 나는 이 세대를 슬퍼했고, 그리고 말했노라.

"이들은 마음이 미혹된 민족이라, 이는 그들이 나의 길을 알지 못했기 때문이라."

그들에게 내가 노하여 나의 안식에 들어가지 못할 것이라고 맹세했노라.

성부와 성자와 성령께 영광을.
태초에 그랬던 것처럼, 이제와 항상 영원히 그러하실 것입니다.
아멘.

¶ 그다음에 그날을 위해서 정해진 적절한 성시가 없다면, 그 목적을 위해서 만들어진 표에서 지정된 대로 약간의 성시들이 순서대로 따라야 한다. 그리고 그 성시들은 연중 모든 성시의 마지막과 마찬가지로 송축받으실(Benedictus), 송축하라(Benedicite), 찬양하라(Magnificat) 그리고 이제 당신의 종들을 편안히 떠나게 하십시오(Nunc Dimittis)의 마지막에 반복되어야 한다.
성부와 성자께 영광을 등등.

¶ 그다음에 두 개의 성경 낭독은 사람들이 들을 수 있도록 큰 목소리로 명확하게 해야 한다. 그날에 할당된 적절한 성경 낭독이 있는 경우를 제외하고, 달력에서 지정한 대로 처음에 구약에서, 두 번째로 신약에서 낭독한다. 낭독하는 성직자는 참석한 모두가 가장 잘 들을 수 있도록 일어서서 돌아서야 한다. 그리고 모든 성경 낭독 전에 성직자는 "창세기 1장, 2장, 3장 혹은 4장, 혹은 출애굽기, 마태복음, 마가복음", 혹은 달력에서 지정한 대로 그 외에 이와 유사한 것으로 말해야 한다. 그리고 각 장의 끝에 그는 "여기서 이 성경의 이 장이 끝납니다"라고 말해야만 한다.

¶ 그리고 그들이 노래하는 곳과 같은 그런 위치에서 (사람들이 잘 들을 수 있도록), 거기에서 성경 낭독은 분명한 낭독의 방식을 따라서 명확한 곡조로 노래로 불려야만 한다. 그리고 서신서와 복음서도 마찬가지이다.

¶ 첫 번째 성경 낭독 후에 연중 날마다 영어로 된 하나님 우리가 당신을 찬양합니다(Te Deum Laudamus)가 따라야 한다. 사순절에만 그동안 오! 주님의 작품들

인 너회 모두는 주님을 찬양하라(*Benedicite Omnia Opera Domini Domino*)가 테 데움 (*Te Deum*) 대신에 사용되어야 한다.

하나님 우리가 당신을 찬양합니다(*Te Deum*)

오, 하나님!
우리는 당신을 찬양합니다. 우리는 당신이 주님이심을 인정합니다.
땅의 모든 것이 영원하신 아버지 당신을 경배합니다.
당신께, 모든 천사, 하늘들과 그 안에 있는 모든 권세가 큰 소리로 부르짖습니다.
당신께, 그룹들과 스랍들이 끊임없이 "거룩, 거룩, 거룩하시도다, 만군의 하나님 주시여"라고 부르짖습니다.
하늘과 땅은 당신의 영광의 위엄으로 가득 찼습니다.
영광스러운 사도들의 집단이 당신을 찬양합니다.
선지자들의 선한 집단이 당신을 찬양합니다.
순교자들의 고귀한 군대가 당신을 찬양합니다.
전 세계의 거룩한 교회(Church)가 당신을 인정합니다.

무한한 위엄(Infinite Majesty)이신 성부시여!
당신의 존귀하신 참으로 단 한 분 성자시여!
또한 위로자(Conmforter)이신 성령이시여!
오, 그리스도시여!

당신은 영광의 왕이십니다.
당신은 성부의 영원한 성자이십니다.
당신께서 인간을 해방할 책임을 지셨을 때, 당신은 동정녀의 태 속으로 들어가심을 거부하지 않으셨습니다.
당신이 죽음의 날카로움을 극복하셨을 때, 당신은 모든 신자에게 천국을 여셨습니다.
당신은 성부의 영광(Glory) 안에서 하나님의 우편에 앉으셨습니다.

우리는 당신이 우리를 심판하시기 위해 오실 것을 믿습니다.
그러므로 우리는 당신의 귀한 피로써 구속하셨던 당신의 종들을 도와주시기를 기도합니다.
그들을 영원한 영광 안에서 당신의 성도로 포함되도록 해 주시옵소서.
오 주님!
당신의 백성을 구원하시고 당신의 유업에 복을 주시옵소서.
그들을 다스리시고 그들을 영원히 들어 올려 주시옵소서.
우리는 나날이 당신을 찬양합니다.
그리고 당신의 이름을 항상 영원히 경배합니다.
오 주님 오늘 우리를 죄 없이 지켜 주시옵소서.
오, 주님!
우리에게 자비를 베푸시옵소서. 우리에게 자비를 베푸시옵소서.
오, 주님!
당신의 자비가 우리 위에서 빛나게 하소서. 왜냐하면, 우리의 신뢰가 당신 안에 있기 때문입니다.
오 주님!
우리는 당신을 신뢰합니다. 내가 절대 혼란스러워하지 않게 하시옵소서.

오, 주님의 작품들인 너희 모두는 주님을 찬양하라
오, 주님의 작품들인 너희 모두는 주님을 송축하라. 그분을 찬양하고 그분을 영원히 높여드려라.
오, 너희 주님의 천사들아, 주님을 송축하라. 그분을 찬양하고 그분을 영원히 높여드려라.
오, 너희 하늘 들이여, 주님을 송축하라. 그분을 찬양하고 그분을 영원히 높여드려라.
오, 창공 위에 있는 너희 물들아, 주님을 송축하라. 그분을 찬양하고, 그분을 영원히 세워드려라.
오, 너희 주님의 모든 권세이여, 주님을 송축하라. 그분을 찬양하고 그분을 영원히 높여드려라.

오, 너희 태양과 달아, 주님을 송축하라. 그분을 찬양하고 그분을 영원히 높여드려라.

오, 너희 하늘의 별들아, 주님을 송축하라. 그분을 찬양하고 그분을 영원히 높여드려라.

오, 너희 소나기와 이슬아, 주님을 송축하라. 그분을 찬양하고 그분을 영원히 높여드려라.

오, 너희 하나님의 바람아, 주님을 송축하라. 그분을 찬양하고 그분을 영원히 높여드려라.

오, 너희 불과 더위여, 주님을 송축하라. 그분을 찬양하고 그분을 영원히 높여드려라.

오, 너희 겨울과 여름아, 주님을 송축하라. 그분을 찬양하고 그분을 영원히 높여드려라.

오, 너희 이슬들과 서리들아, 주님을 송축하라. 그분을 찬양하고 그분을 영원히 높여드려라.

오, 너희 서리와 추위여, 주님을 송축하라. 그분을 찬양하고 그분을 영원히 높여드려라.

오, 너희 얼음과 눈이여, 주님을 송축하라. 그분을 찬양하고 그분을 영원히 높여드려라.

오, 너희 밤과 낮들이여, 주님을 송축하라. 그분을 찬양하고 그분을 영원히 높여드려라.

오, 너희 빛과 어둠이여, 주님을 송축하라. 그분을 찬양하고 그분을 영원히 높여드려라.

오, 너희 번개와 구름이여, 주님을 송축하라. 그분을 찬양하고 그분을 영원히 높여드려라.

오, 땅이 주님의 좋으심을 이야기하게 하라. 더욱이, 땅이 그분을 찬양하고, 그분을 영원히 높이게 하라.

오, 너희 산들과 언덕들이여, 주님을 송축하라. 그분을 찬양하고 그분을 영원히 높여드려라.

오, 땅 위에 있는 너희 모든 식물은 주님을 송축하라. 그분을 찬양하고 그분을 영원히 높여드려라.

오, 너희 우물 들이여, 주님을 송축하라. 그분을 찬양하고 그분을 영원히 높여드려라.
오, 너희 바다들이여, 그리고 홍수들아, 주님을 송축하라. 그분을 찬양하고 그분을 영원히 높여드려라.
오, 너희 고래들아, 그리고 물에서 움직이는 모든 것, 주님을 송축하라. 그분을 찬양하고 그분을 영원히 높여드려라.
오 너희 탁한 공기야, 주님을 송축하라. 그분을 찬양하고 그분을 영원히 높여드려라.
오 너희 모든 짐승과 가축아, 주님을 송축하라. 그분을 찬양하고 그분을 영원히 높여드려라.
오 너희 인간의 자녀들아, 주님을 송축하라. 그분을 찬양하고 그분을 영원히 높여드려라.
오 이스라엘이 주님을 송축하라. 그분을 찬양하고 그분을 영원히 높여드리게 하라.
오 너희 주님의 사제들아, 주님을 송축하라. 그분을 찬양하고 그분을 영원히 높여드려라.
오 너희 주님의 종들아, 주님의 좋으심을 이야기 하라. 그분을 찬양하고, 그분을 영원히 세워드려라.
오 너희 의로움의 영과 혼들아, 주님을 송축하라. 그분을 찬양하고 그분을 영원히 높여드려라.
오 너희 거룩하고 겸손한 마음을 가진 인간들아, 주님을 송축하라. 그분을 찬양하고 그분을 영원히 높여드려라.
오 아나니아(Ananias)여, 아자리아(Azarias)여, 미사엘(Misael)이여, 주님을 송축하라. 그분을 찬양하고 그분을 영원히 높여드려라.

성부와 성자와 성령께 영광을
태초에 그랬던 것처럼, 이제와 항상 영원히 그러하실 것입니다.
아멘.

제13장 공동 기도서 · 본기도   423

¶ 그리고 두 번째 성경 낭독 후에, 다음과 같이 영어로 된 이스라엘의 하나님이신, 여호와를 송축하리로다(*Benedictus Dominus Deus Israel*)가 연중 사용되어야 한다.

찬송하리로다 주 이스라엘의 하나님이여, 그 백성을 돌보사 속량하시며, 우리를 위하여 구원의 뿔을 그 종 다윗의 집에 일으키셨으니

이것은 주께서 창세로부터 거룩한 선지자의 입으로 말씀하신 바와 같이 우리 원수에게서와 우리를 미워하는 모든 자의 손에서 구원하시는 일이라

우리 조상에게 약속하셨던 긍휼을 행하시며 그 거룩한 언약을 기억하셨으니

곧 우리 조상 아브라함에게 하신 맹세라

우리가 우리 원수의 손에서 건지심을 받고

종신토록 주의 앞에서 성결과 의로 두려움이 없이 섬기게 하리라 하셨도다

이 아이여 네가 지극히 높으신 이의 선지자라 일컬음을 받고 주 앞에 앞서 가서 그 길을 준비하여

주의 백성에게 그 죄 사함으로 말미암는 구원을 알게 하리니

이는 우리 하나님의 긍휼로 인함이라, 이로써 돋는 해가 위로부터 우리에게 임하여

어둠과 죽음의 그늘에 앉은 자에게 비치고 우리 발을 평강의 길로 인도하시리로다.

성부께 영광을, 등등.
태초에 그랬던 것처럼, 등등.

¶ 그다음에 다음의 기도들이 연중 날마다 그리고 저녁 기도(*Evensong*)와 아침 기도(*Matins*)에서도 경건하게 무릎을 꿇고 행해져야 한다.

주님, 우리에게 자비를 베푸시옵소서.

그리스도시여, 우리에게 자비를 베푸시옵소서.

주여, 우리에게 자비를 베푸시옵소서.

¶ 그 다음에 목사는 신조와 주기도문을 영어로 큰 목소리로 말한다, 등등.

¶ 응답
 다만 우리를 악으로부터 구하시옵소서. 아멘.

¶ 사제
 오 주님!
 우리에게 당신의 자비를 베푸시옵소서.

¶ 응답
 그리고 우리에게 당신의 구원을 허락하시옵소서.

¶ 사제
 오 주님, 왕을 구원하시옵소서.

¶ 응답
 그리고 우리가 요청할 때 자비롭게 우리를 들으소서.

¶ 사제
 당신의 종들에게 의로움을 베푸시옵소서.

¶ 응답
 그리고 당신의 택한 백성들을 기쁘게 하시옵소서.

¶ 사제
 오 주님!
 당신의 백성을 구원하시옵소서.

¶ 응답
 그리고 당신의 유업에 복을 주시옵소서.

¶ 사제

오 주님!
우리 시대에 평화를 주시옵소서.

¶ 응답

오 하나님!
왜냐하면, 우리를 위해서 싸워 줄 자가 아무도 없고, 오직 당신만이 계시기 때문입니다.

¶ 사제

오, 하나님!
우리 안에 있는 우리 마음을 깨끗하게 해 주시옵소서.

¶ 응답

그리고 당신의 성령님을 우리로부터 데려가시지 마시옵소서.

¶ 사제

주님이 여러분과 함께하시기를.

¶ 응답

그리고 당신의 영과 함께하시기를.

¶ 그 다음에 날마다 세 개의 본기도가 뒤따라야 한다. 그날의 첫 번째 것은 성찬에서 정해진 것과 동일해야 하고, 두 번째 것은 평화를 위한 것, 세 번째 것은 잘 살 수 있는 은혜를 위한 것을 해야 한다. 그리고 마지막 두 개의 본기도는 절대 바꿔서는 안 된다. 그러나 연중 아침 기도에서는 날마다 다음과 같이 기도해야 한다. 사제는 일어서서 다음과 같이 말한다.

기도합시다.

¶ 그다음에 그날의 본기도

¶ 평화를 위한 두 번째 본기도

하나님은 평화의 창시자(Author)이시고, 화합을 사랑하시는 분(Lover)이시며 당신의 지식 안에 우리의 영생이 있고, 당신을 섬기는 것은 완벽한 자유입니다.

오, 하나님!

우리 원수들의 공격을 받는 당신의 겸손한 종들인 우리를 방어하시옵소서. 그러면 우리가 당신의 보호를 확실히 신뢰하면서 우리 주 예수 그리스도의 권능으로 말미암아 어떠한 원수의 권세도 두려워하지 않게 될 것입니다.

¶ 은혜를 위한 세 번째 본기도

오, 주님!

하늘에 계신 아버지!

전능하시고 영원하신 하나님!

당신은 우리를 오늘의 시작으로 안전하게 데리고 오셨습니다. 여기 있는 우리를 주님의 크신 능력으로 보호해 주시고, 오늘 우리가 어떠한 죄에도, 어떠한 종류의 위험에도 빠지지 않게 해 주시며, 다만 우리의 모든 행함이 우리 주 예수 그리스도로 말미암아 그리고 하나님의 다스림에 의해서 명령을 받아 당신이 보시기에 항상 의로운 것만 행하도록 허락해 주시옵소서. 아멘.

연중 저녁 기도(Evening Prayer)를 위한 규범

¶ 사제는 다음과 같이 말해야 한다.

우리 아버지, 등등.

¶ 그다음에 마찬가지로 그는 다음과 같이 말해야 한다.

오, 하나님!
우리를 속히 구원하시옵소서.

¶ 응답
오, 주님!
나를 속히 도우시옵소서.

¶ 사제
성부와 성자와 성령께 영광을.
태초에 그랬던 것처럼, 이제와 항상 영원히 그러하실 것입니다.
아멘.
주님을 찬양하라.

¶ 그리고 부활절부터 삼위일체 주일까지
알렐루야.

¶ 앞에서 아침 기도(Matins)에서 정해진 대로

¶ 그다음에 그날을 위해 정해진 적절한 성시가 없다면, 성시 표에서 정해진 순서대로 성시들을. 그다음에 만약 그날을 위해 정해진 적절한 성경 낭독들이 없다면, 마찬가지로 달력에서 정해진 대로 구약에서 성경 낭독 하나를, 그다음에 내 영혼이 주님을 찬양합니다(*Magnificat Anima Mea Dominum*)를 다음과 같이.

내 영혼이 주님을 찬양하며.
그리고 내 마음이 하나님 내 구주를 기뻐했음은
그분이 여종의 비천함을 돌보셨음이라.
보라, 이제 후로는 만세에 나를 복이 있다 일컬으리로다.
능하신 이가 큰일을 내게 행하셨으니 그 이름이 거룩하시며
그분의 긍휼하심이 두려워하는 자에게 대대로 이르도다.
그분의 팔로 힘을 보이사

마음의 생각이 교만한 자들을 흩으셨고
권세 있는 자를 그 위에서 내리치셨으며, 겸손하고 온유한 자를 높이셨고
주리는 자를 좋은 것으로 배불리셨으며, 부자는 빈손으로 보내셨도다.
그 종 이스라엘을 도우사 긍휼히 여기시고 기억하시되
우리 조상에게 말씀하신 것과 같이 아브라함과 그 자손에게 영원히 하시리로다 하니라

성부와 성자와 성령께 영광을.
태초에 그랬던 것처럼, 이제와 항상 영원히 그러하실 것입니다.
아멘.

¶ 그다음에 신약에서 성경 낭독 하나를 한 후에 이제 당신의 종을 편안히 떠나게 하십시오(*Nunc Dimittis Seruum Tuum*)를 다음과 같이 한다.

주님!
이제 당신의 말씀에 따라서 주의 종을 편안히 떠나게 하십시오.
이는 내 눈이 주의 구원을 보았기 때문입니다.
그것은 주께서 만민 앞에 예비하신 것으로,
이방인을 깨우치는 등불이 되시고, 주의 백성 이스라엘의 영광이 되시기 위함입니다.

성부께 영광을, 등등,
태초에 그랬던 것처럼, 등등.

¶ 그다음 이전에 아침 기도에 할당된 대로 중보 기도, 성직자들은 마찬가지로 무릎을 꿇고, 첫째, 그날의, 둘째, 평화의, 셋째 모든 위험에 맞서는 도움을 위한 세 개의 본기도를 드린다. 이 마지막 두 본기도는 변경 없이 저녁 기도(*Evensong*)에서 날마다 드려야 한다.

¶ 저녁 기도에 다음과 같은 두 번째 본기도

오, 하나님!
주님으로부터 모든 거룩한 염원, 모든 선한 조언 그리고 모든 공정한 일이 진행됩니다. 당신의 종들에게 세상이 줄 수 없는 평화를 주셔서 우리의 마음이 주의 계명에 순종하기로 정할 수 있게 하시고, 또한 당신에 의해서 우리 원수의 두려움으로부터 보호받는 우리가 우리 구주 예수 그리스도의 공로로 말미암아 안식과 고요함 속에서 시간을 보낼 수 있게 하여 주시옵소서. 아멘.

¶ 다음과 같이 모든 위험에 맞서는 도움을 구하는 세 번째 본기도
우리의 어둠을 밝혀 주시옵소서.
오, 주님!
그리고 당신의 크신 자비와 당신의 독생자 우리 구세주 예수 그리스도의 사랑으로 이 밤의 모든 위험으로부터 우리를 지켜주시기를 요청합니다. 아멘.

¶ 성탄절, 주현절, 부활절, 승천일, 성령강림절 그리고 삼위일체 주일의 축일들에는, 우리 기독교 신앙의 이 고백을 "송축받으실"(*Benedictus*) 직후에 노래나 말로 해야 한다.

원하는 자는 누구나(*Quicumque Vult*)

누구든지 구원받고자 원하는 자는 무엇보다도 보편적 신앙을 지니는 것이 필요합니다.
누구든지 이 신앙을 거룩하고 순전하게 지키지 않으면, 틀림없이 영원히 멸망할 것입니다.
그리고 보편적 신앙은 이것입니다. 우리는 삼위로 계신 한 분 하나님과 일체로 계신 삼위 하나님을 경배합니다.
위격도 혼합되지 않고, 본질도 분리되지 않습니다.
왜냐하면, 성부의 한 위격과 성자의 또한 위격 그리고 성령의 또 한 위격이 있기 때문입니다. 그러나 성부와 성자와 성령의 신성은 모두가 하나이

고, 영광도 동등하며, 그 위엄은 영원히 공존합니다.

성부가 그런 것처럼 성자가 이와 같고 성령도 다음과 같이 그러합니다.

성부도 창조되지 않았고, 성자도 창조되지 않았으며, 성령도 창조되지 않았습니다.

성부는 이해될 수 없으며, 성자도 이해될 수 없으며 그리고 성령도 이해될 수 없습니다.

성부는 영원하고, 성자도 영원하며, 성령도 영원합니다.

그런데도, 그분들은 세 영원한 분들이 아니라 한 영원한 분입니다.

또한, 마찬가지로 세분의 이해할 수 없는 분들이 아니며, 세분의 창조되지 않은 분들도 아닙니다. 다만 창조되지 않은 한 분이고 이해할 수 없는 한 분입니다.

마찬가지로, 성부는 전능하시고, 성자도 전능하시며, 성령도 전능하십니다.

그런데도 세 전능하신 분들이 아니라 한 전능자이십니다.

이처럼 성부는 하나님이고, 성자도 하나님이며, 성령도 하나님입니다.

그런데도 그분들은 세 하나님이 아니라, 오직 한 분 하나님이십니다.

이처럼 성부도 주님이시고 성자도 주님이시며 성령도 주님이십니다.

그런데도 세 주님이 계신 것이 아니라 오직 한 분 주님만 계실 뿐입니다.

왜냐하면, 기독교의 진리에 의해서 우리가 각 위격이 하나님이고 주님임을 인정할 수밖에 없기 때문입니다.

그래서 보편적 종교는 우리가 세 하나님이거나 세 주님이 계시다고 말하는 것을 금지합니다.

성부는 무엇에 의해서도 만들어지지 않으셨고, 창조되지도 않으셨으며, 나지도 않으셨습니다. 성자는 만들어지지 않고, 창조되지도 않았지만, 오직 성부로부터 나셨습니다.

성령은 만들어지지 않고, 창조되지도 않았으며, 나지도 않았지만, 성부와 성자로부터 나오십니다. 그러므로 세 성부가 아니라 한 성부가 계십니다. 세 성자가 아니라 한 성자가 계십니다. 세 성령이 아니라 한 성령이 계십니다.

그리고 이 삼위에는 어느 위격도 다른 위격에 앞서가나 뒤에 계시지 않고, 어느 한 위격도 다른 위격보다 더 크시거나 작지 않습니다.

다만 세 위격 전체가 함께 영원하고 함께 동등합니다.

이처럼 이미 앞서서 말한 것처럼, 모든 것을 통하여, 삼위 안에서 일체를, 일체 안에서 삼위가 경배를 받으셔야 합니다. 그러므로 구원받기 원하는 사람은, 이렇게 삼위일체에 대해서 알아야 할 것입니다.

나아가서, 영원한 구원을 위하여 우리 주 예수 그리스도의 성육신을 바르게 믿어야 합니다. 왜냐하면, 바른 신앙이란 다음과 같이 하나님의 아들이신 우리 주 예수 그리스도께서 하나님이시고 인간이라는 사실을 믿는 것이기 때문입니다.

그분은 창세전에 아버지의 본질로부터 나신 하나님이십니다. 그리고 어머니의 본질로부터 세상에 태어나신 사람입니다. 그분은 완전한 하나님이시고 이성적 영혼을 가지시고 인간의 육체로 존재하시는 완전한 인간이십니다.

그분은 신성을 따라서는 성부와 동등하시지만, 인성을 따라서는 성부보다 낮은 분이십니다. 비록 그분이 하나님이시고 인간이시지만, 그분은 둘이 아니라, 한 분 그리스도이십니다. 그러나 그분이 한 분인 것은 신성이 육신으로 전환된 것이 아니라, 하나님 안으로 인성을 취하셨기 때문입니다.

본질의 혼합이 아니라 위격의 일치 때문에 완전히 하나이십니다.

왜냐하면, 이성적 영혼과 육체가 한 사람인 것처럼, 하나님이고 사람인 한 분 그리스도이시기 때문입니다.

우리의 구원을 위해서 고난을 당하신 그분은 음부에 내려가셨고, 사흘만에 죽은 자들 가운데서 부활하셨습니다.

그분은 하늘로 올라가셨습니다. 그분은 전능하신 하나님이신 성부의 우편에 앉으셨습니다.

그분은 거기로부터 산 자들과 죽은 자들을 심판하러 오실 것입니다.

그분이 오실 때 모든 사람이 그 자신들의 육체와 함께 부활할 것입니다. 그리고 자신들의 행위에 따라 심판을 받을 것입니다.

그리고 선을 행한 자들은 영원한 생명으로 들어갈 것이고, 악을 행한 자들은 영원한 불로 들어갈 것입니다.

이것이 보편적 신앙입니다. 이 보편적 신앙을 신실하게 믿지 않는다면, 그는 구원받을 수 없습니다.

성부와 성자께 영광을, 등등.
태초에 그랬던 것처럼, 등등.

¶ 연중 아침 기도와 저녁 기도의 예전이 이렇게 끝난다.

보통 미사(Mass)라고 불리는 주의 만찬(Lord's Supper) 그리고 성찬(Holy Communion)

¶ 성찬에 참여하고자 하는 모든 사람은 새벽까지, 그렇지 않으면 아침 기도가 시작되기 전이나 직후인 아침에 자신들의 이름을 교구 성직자에게 제시해야 한다.

¶ 그들 중에 누구든 공개적이고 악명 높은 사악한 삶을 살아서, 회중이 그 사람 때문에 상처를 받았거나, 그가 자신의 이웃에게 말이나 행동으로 어떤 잘못을 했다면, 교구 성직자는 그를 불러서 그가 진실로 회개하고, 이전의 사악한 삶을 바꾸었다고 공개적으로 선포하여 상처를 받았던 회중이 만족하며 그리고 그가 잘못했던 상대에게 보상하거나, 적어도 형편이 되는 한 빨리 그렇게 할 전적 목적이 있기까지 그가 절대주의 식탁에 나올 수 없다는 것을 알려야 한다.

¶ 교구 성직자는 서로 간에 악의와 증오가 가득하다고 여겨지는 사람들에게 동일한 규범을 사용해야 한다. 그들이 화해한 것을 그가 알기 전에는 주님의 식탁에 참석하지 못하게 해야 한다. 그리고 그렇게 의견 차이가 있는 당사자 중 하나가 상대방이 자신에게 잘못한 모든 것을 마음속으로 용서하고 그 자신의 잘못 또한 회개하는데 반해서, 다른 상대방은 여전히 하나님 안에서의 화합에 동의하지 않고 여전히 자신의 부적절함과 악의를 간직하고 있다면, 이런 경우, 성직자는 회개하는 사람을 성찬에 받아들이지만 완고한 사람은 받아들이지 않아야만 한다.

¶ 성찬 날 성찬의 시행을 위해서 정해진 시간에, 그 거룩한 사역을 실행해야 하는 사제는 그 사역을 위해서 지정된 의복을 입어야 한다. 즉, 베스트먼트(vestment, 목사나 성가대원들이 예배 시에 입는 의복) 혹은 코프(Cop, 망토 같은)와 함께 검소한 흰색 앨브(alb, 일상복 길이의 흰 마로 된 의복)를 입는다. 그리고 사제나 집사나 사역에서 사제를 돕기 위해 준비된 필수적 많은 사람이 있다면, 그들도 마찬가지로 자신들의 사역을 위해서 정해진 의복, 즉 튜나클(Tunacles, 부제가 입는 의복)과 함께 앨브를 입어야 한다. 그런 후에 목사들(clerks)은 그 성무를 위해서 영어로 혹은 그날을 위해 지정된 시편을 입당송(그들이 그것을 부르는 것처럼)으로 부른다.

¶ 사제는 제단 중앙의 앞에 겸손하게 일어서서 다음과 같은 본기도와 함께 주기도문을 해야 한다.

전능하신 하나님!

당신께는 모든 마음이 열리고, 모든 염원이 알려지며 어떤 비밀도 숨길 수 없습니다. 당신의 성령의 영감으로 우리의 마음에 품고 있는 생각들을 정화해서서 우리가 우리 주 예수 그리스도로 말미암아 당신을 온전히 사랑하고, 당신의 거룩한 이름을 합당하게 찬양할 수 있도록 해 주시옵소서. 아멘.

¶ 그다음에 그는 입당송을 위해서 지정된 성시를 말해야 한다. 성시가 끝나면, 사제는 다음과 같이 말하거나 아니면 목사들(clerks)이 다음과 같이 노래해야 한다.

주님!
우리에게 자비를 베푸소서.
그리스도시여!
우리에게 자비를 베푸소서.
주님!
우리에게 자비를 베푸소서.

¶ 그다음에 사제는 주의 만찬 식탁에 서서 다음과 같이 시작한다.

높은 곳에 계시는 하나님께 영광을.

¶ 목사들

그리고 땅에는 인간에게 평화와 선이 있기를. 우리는 당신을 찬양하고, 송축하며 경배하고, 영화롭게 합니다. 오 주 하나님, 하늘에 계신 왕이신 전능하신 성부 하나님이시여, 우리는 당신의 위대한 영광에 감사를 드립니다.

오, 주님!
독생자이신 예수 그리스도시여!
성부의 성자이시고, 하나님의 어린양이시며, 오 주 하나님이신 당신은 세상 죄를 지고 가시고, 우리에게 자비를 베푸십니다. 세상 죄를 지고 가시는 주님은 우리의 기도를 받으십니다.

성부 하나님의 우편에 앉아 계시는 당신은 우리에게 자비를 베푸십니다. 이는 당신만이 거룩하시고 당신만이 주님이시기 때문입니다.
오, 그리스도시여!
성령님과 함께 당신만이 성부 하나님의 영광 안에서 지극히 높으십니다. 아멘.

¶ 그다음에 사제는 사람들에게 몸을 돌려서 다음과 같이 말한다.
주께서 여러분과 함께하시기를.

¶ 응답
그리고 당신의 영과 함께.

¶ 사제
기도합시다.

¶ 그다음에 왕을 위한 다음과 같은 이 두 개의 본기도중 하나와, 더불어서 그날의 본기도가 따라야 한다.
전능하신 하나님!

당신의 나라는 영원하고, 그 능력은 무한하십니다. 전체 회중에 자비를 베풀어 주시고, 당신께서 택하신 종, 우리의 왕이자 통치자인 에드워드 6세의 마음을 그렇게 통치하셔서, 그가(자신이 누구의 종인지를 알면서) 무엇보다도 당신의 명예와 영광을 구할 수 있게 해 주시옵소서. 그리고 그의 신민들인 우리(왕이 누구의 권세를 가졌는지 정당하게 숙고하면서)는 당신과 성령님과 함께 영원히 사시고 다스리시며, 영원히 한 분 왕이신 우리 주 예수 그리스도로 말미암아 당신의 송축받으실 말씀과 율례에 따라서, 당신 안에서 당신을 위해 신실하게 그분을 섬기고 존경하며 겸손하게 순종할 수 있도록 해 주시옵소서.

전능하시고 영원하신 하나님!

우리는 당신의 거룩한 말씀 때문에 왕들의 마음이 당신의 지배와 다스림 안에 있고, 당신의 경건한 지혜에 가장 좋은 것으로 보이는 대로 그들을 다스리고 변화시키셨음을 배웠습니다. 당신의 종이고 우리의 왕이자 통치자인 에드워드 6세의 마음을 그렇게 다스리시고 통치하셔서 그의 모든 생각, 말 그리고 일 안에서 그가 항상 주의 명예와 영광을 구하고 자신에게 맡겨진 당신의 백성을 부와 평화와 경건에서 보존하는 것을 배울 수 있기를 우리는 겸손하게 요청합니다.

오, 자비로운 아버지!

당신의 사랑하는 아들 우리 주 예수 그리스도를 위해서 이것을 허락하시옵소서. 아멘.

¶ 본기도가 끝나면, 사제 혹은 지명된 사람이 다음과 같이 말하면서 서신서에서 그 목적으로 할당된 부분을 다음과 같이 낭독한다.

　____ 교회에게 보내는 ____ 의 ____ 장에 기록된 성 바울의 서신서 …

¶ 목사는 그 다음에 서신서를 낭독해야 한다. 서신서가 끝난 직후, 사제나 복음서를 낭독하기로 지명된 사람이 다음과 같이 말한다.

　____ 복음 ____ 장에 기록된 거룩한 복음서 …

¶ 목사들(clerks)과 사람들은 다음과 같이 응답해야 한다.
오, 주님!
당신께 영광을.

¶ 사제나 집사는 그다음에 복음서를 낭독해야 한다. 복음서가 끝난 후에, 사제는 다음과 같이 시작해야 한다.
나는 한 분 하나님을 믿습니다.

¶ 목사들(clerks)은 다음과 같이 나머지를 노래해야 한다:
전능하신 아버지!
하늘과 땅 그리고 모든 보이는 것과 보이지 않는 것을 만드신 분(Maker)이시여. 그리고 하나님의 독생자, 창세전에 성부에게서 나셨고, 하나님 중의 하나님이시고, 빛 중의 빛이시며, 참 하나님의 참 하나님이시고, 나셨지만, 만들어지지 않으셨으며, 성부와 한 본질인 분이신 한 분 주 예수 그리스도를 믿습니다. 그분에 의해서 모든 것이 만들어졌으며, 우리 인간과 우리의 구원을 위해서 하늘로부터 오시고, 성령에 의해서 동정녀 마리아로부터 성육하셔서 인간이 되셨으며, 본디오 빌라도의 핍박을 받아 우리를 위해서 또한 십자가에 못 박히셨으며, 고난받으시고, 매장되셨으며, 성경에 따라서 사흘 만에 부활하셨고, 하늘로 올라가셔서 성부의 오른편에 앉으셨습니다. 그리고 그분은 영광으로 다시 오셔서 산자와 죽은 자를 심판하실 것입니다.
그리고 나는 주님이시고, 생명을 주시는 분(Giver of Life)이시며, 성부와 성자로부터 오신 성령님을 믿습니다. 그분은 성부와 성자와 함께 경배를 받고 영화롭게 되시며, 선지자들이 그분에 관해서 말했습니다. 그리고 나는 보편적이고 사도적 교회(Church)를 믿고, 죄의 용서를 위한 한 세례를 인정합니다. 그리고 나는 죽은 자의 부활과 앞으로 올 세상의 생명을 기대합니다. 아멘.

¶ 신조가 끝난 후에는 설교(sermon)나 강론의 일부가 뒤따를 것이다. 그들이 이후에 나뉘어져야 하기 때문이다. 그 내용에서 만약 사람들에게 우리 구주 그리스

도의 몸과 피의 성례전을 합당하게 받도록 권면하지 않는 경우에, 교구 성직자는 성찬을 받고자 하는 자들에게 다음과 같은 권면을 해야 한다.

주 안에서 지극히 사랑받고, 우리 구주 그리스도의 몸과 피의 성찬에 오고자 하는 여러분은 반드시 성 바울이 고린도전서에서 모든 사람에게 떡을 먹고 잔을 마시라고 할 때 자신들을 부지런히 시험하고 살펴보라고 한 권면을 숙고해야 합니다.

이는 만약 참으로 회개하는 마음과 살아 있는 믿음으로 우리가 그 거룩한 성례전을 받는다면 그 유익이 큰 만큼(그때 우리는 영적으로 그리스도의 살을 먹고 그분의 피를 마시며, 우리가 그리스도 안에 거하고, 그리스도는 우리 안에 거하며, 우리는 그리스도와 하나가 되고, 그리스도는 우리와 하나가 되기 때문입니다), 만약 우리가 동일한 것을 합당치 않게 받는다면 그 위험도 크기 때문입니다(그러면 우리는 우리 구세주 그리스도의 몸과 피에 죄를 짓는 것이고, 그리스도의 몸을 고려하지 않고 우리 자신의 저주를 먹고 마시는 것이며, 우리 위에 하나님의 진노에 불을 붙이고, 다양한 전염병과 각종 죽음으로 우리를 괴롭히시도록 하나님을 도발하기 때문입니다).

그러므로 만약 여기 있는 여러분 중의 누군가가 신성 모독자, 간음한 자 혹은 악에 빠지거나, 질투 혹은 어떤 다른 중한 범죄에 빠진 자가 있다면 (그가 진심으로 회개하고, 동일한 악을 떠나려고 진지하게 마음먹으며, 전능하신 하나님께 화목하게 되기 위해서 자신을 맡기고, 온 세상을 사랑하는 것을 제외하고), 그가 자신의 죄를 통곡하게 하십시오.

그리고 저 가장 송축받은 떡을 먹은 후에 마귀가 유다에게 한 것처럼 그의 안으로 들어가서 그를 부정으로 가득하게 하고 그의 몸과 영혼 모두를 멸망으로 이끌지 않도록, 저 거룩한 식탁에 오지 말도록 하십시오. 그러므로 여러분(형제자매들이여)이 주님께 심판을 받지 않도록 스스로를 판단하십시오. 여러분의 마음에 죄에 대한 열망이 없도록 하고, 과거에 지은 죄를 진심으로 회개하며, 우리 구주 그리스도를 참으로 적극적으로 믿으십시오.

모든 사람과 더불어 온전한 사랑으로 살아서 여러분이 저 거룩한 신비들에 합당한 참여자가 되도록 하십시오.

그리고 무엇보다도 성부와 성자와 성령 하나님께 하나님이시고 또한 인간이신 우리 구주 그리스도의 죽음과 수난에 의해서 세상을 구속하신 것에 대해서 가장 겸손하게 진심으로 감사를 드리십시오.

그리스도는 죽음의 흑암과 그늘에 있는 비참한 죄인들인 우리를 위해서 심지어 십자가에서의 죽음에까지 자신을 낮추셔서, 우리를 하나님의 자녀로 만드시고 영생으로 높이셨습니다. 그리고 우리로 하여금 항상 우리의 주인이시고 단 한 분 구주이신 예수 그리스도의 이와 같이 우리를 위해서 죽으신 넘치는 사랑과 그분이 우리를 위해서 획득하셨던(그분의 귀중한 피 흘림에 의해서) 셀 수없이 많은 유익을 항상 기념하도록 하셨습니다.

그분은 저 거룩한 신비들 안에서 우리에게 그분의 사랑의 맹세와 동일한 것에 대한 지속적 기념으로서 우리의 끝없는 위안과 위로를 위해서 우리에게 영적으로 먹이시려고 그분 자신의 송축받으실 몸과 귀중한 피를 남기셨습니다. 따라서 그분의 거룩한 뜻과 기쁨에 우리 자신을 온전히 드리면서 그리고 우리 생애의 남은 날 동안 진실한 거룩함과 의로움으로 그분을 섬기는 것을 배우면서, 성부와 성령과 더불어 (우리가 무엇보다도 그렇게 해야 하는 것처럼) 그분께 우리의 지속적 감사를 드립시다. 아멘.

¶ 대 예배당 교회들이나 날마다 성찬이 있는 다른 곳에서는 위에 기록된 권면을 한 달에 한 번 읽는 것으로 족할 것이다. 그리고 교구 교회에서는 평일에는 권면을 하지 않아도 된다.

¶ 그리고 만약 주일이나 거룩한 날에 사람들이 성찬에 오는 것을 게을리한다면, 사제는 자신의 교구민들에게 이런 것이나 유사한 말들을 말하면서 그들에게 더욱 부지런히 성찬을 받도록 하라고 열심히 권면해야 한다.

지극히 사랑하는 친구들 그리고 특별히 내가 영혼을 돌보고 책임을 맡은 여러분들이여, 나는 하나님의 은혜로 모든 경건한 사람에게 그리스도의 몸과 피의 가장 풍족한 성례전을 제공해서 그들이 주님의 가장 유익하고 가장 영광스러운 수난을 기념하면서 그것을 받게 할 수 있도록 하고자 합니다.

그 수난에 의해서 우리는 죄의 용서를 받고, 하나님 나라의 참여자가 됩니다. 그래서 만약 우리의 범죄를 진심으로 회개하고 하나님의 자비를 확고하게 믿으며 하나님의 뜻을 순종하고 더 이상 죄를 짓지 아니할 진지한 마음으로 이미 말했던 성례전에 참여한다면, 우리는 그 성례전에서 그것을 확신하고 확인할 수 있습니다. 그러므로 그분의 자격 없는 종들인 우리를 위해서 주시고 부여하셨던 하나님의 무한하신 자비와 유익들에 대해서 전능하신 하나님께 지극한 감사를 드리면서 이런 거룩한 신비에 오는 것은 우리의 의무입니다.

그분은 자격 없는 우리를 위해서 그분의 몸을 죽음에까지 주셨고, 피를 흘리셨을 뿐만 아니라, 성례전과 신비 안에서 동일한 그분의 몸과 피를 우리에게 영적 자양분으로 주시는 것을 허락하십니다.

이 성례전은 너무나 신성하고 거룩한 일이며 그것을 합당하게 받는 자들에게는 가장 풍족한 것입니다. 그리고 동일한 것을 합당하지 않게 받으려는 자들에게는 마찬가지로 위험한 것입니다. 나의 의무는 이 절기에 여러분에게 그 일의 위대함을 숙고하고, 자신의 양심을 살피고 성찰하여 가볍게 하거나, 하나님께 위선하는 자들의 방식을 따르지 않고, 오직 지극히 거룩한 하늘의 연회에 참석하도록 권면하는 것입니다.

그곳에는 성경에서 하나님이 요구하시는 혼인 잔치의 예복을 입지 않고서는 참석할 수가 없으니, 이는 (여러분의 속에 있는 만큼) 여러분이 그런 식탁에 참석하기에 합당한 자로 나타나게 하려 함입니다. 참석하는 방식과 방도들은 이런 것입니다.

먼저, 여러분은 이전의 악한 삶을 진심으로 회개하고, 말이나 행동으로 혹은 연약함이나 무지로 인해서 위대하신 주님을 향해서 범했던 여러분의 죄와 불친절함을 전능하신 하나님께 고백하는 것입니다. 그리고 내면의 슬픔과 눈물로써 여러분의 범죄를 통곡하고, 전능하신 하나님께 (여러분의 진심으로) 여러분의 이전의 삶을 수정하겠다는 약속을 하면서 자비와 용서를 요청하는 것입니다.

그리고 다른 무엇보다도 내가 하나님께 명령받은 것은 여러분의 마음속에서 여러분들이 불쾌하게 했거나, 여러분의 마음을 상하게 했던 이웃에 대한 모든 증오와 악을 제거하면서 그들과 화해하여 온 세상을 사랑하고 자선을 베풀며, 하나님이 여러분을 용서하신 것처럼 여러분도 그렇게 다른 사람을 용서할 것을 제안하고 권면하는 것입니다.

그리고 만약 어떤 사람이 어떤 다른 이에게 잘못을 범했다면, 그를 만족하게 하고, 그 사람이 만찬 식탁에 오기 전에 부당하게 빼앗거나 압류한 모든 땅과 물건에 정당한 배상을 하고, 적어도 할 수 있는 한 빨리 그렇게 할 마음과 목적이 있어야 합니다.

그렇지 않다면 그는 모든 사람의 마음을 아시는 하나님을 속이는 것으로 생각하여 주님의 거룩한 식탁에 오지 않게 해야 합니다. 이는 사제의 면죄 선언은 그들에게 어떤 것도 유용하지 않고, 그분의 거룩한 성례전을 받는 것도 다만 그들의 저주가 증가할 뿐이기 때문입니다. 그리고 만약 여러분 중에 위로나 상담이 모자라 어떤 일에 있어서 양심이 괴롭거나 슬프다면, 그가 나에게나, 다른 분별 있고 하나님의 율법을 배운 박식한 사제에게 오도록 해서, 사적으로 자신의 죄와 고통을 공개하고 고백하도록 하십시오. 그래서 그가 그런 영적 상담과 충고와 위로를 받고, 그의 양심이 편안해지며, 모든 가책과 의심을 덜고 마음으로 만족하도록 우리(하나님과 교회의 목사로서)로부터 위로와 면죄 선언을 받을 수 있을 것입니다.

그리고 자신들의 더욱 큰 만족을 위해서 사제에게 비밀 고백이나 사적 고백을 이용하는 사람들에게 마음 상해하지 말고 그런 사람들이 일반적 고백으로 만족하도록 요구하십시오. 또한, 특별히 양심의 고요함을 위해서 자신들의 죄를 사제에게 공개하는 것이 필요하고, 편리하다고 생각하는 사람들은 하나님께 하는 겸손한 고백과 교회에 하는 일반적 고백으로 만족하는 사람들에게 마음이 상하지 않도록 하십시오. 그러나 모든 일에 있어서 사랑의 법칙을 따르고 지키며, 모든 사람은 자신이 얻은 양심에 만족하고 다른 사람의 마음이나 양심을 판단하지 않도록 하십시오.

¶ 그다음에 헌금을 위해서 성경의 하나 혹은 그 이상의 이런 문장들이 뒤따른다. 그것은 사람들이 헌금하는 동안 노래로 불리거나, 그렇지 않다면 헌금 직전에 성직자가 그들 중 하나를 말한다.

이같이 너희의 빛이 사람 앞에 비치게 하여 그들로 너희 착한 행실을 보고 하늘에 계신 너희 아버지께 영광을 돌리게 하라.[15]

너희를 위하여 보물을 땅에 쌓아 두지 말라 거기는 좀과 동록이 해하며 도둑이 구멍을 뚫고 도둑질하느니라 오직 너희를 위하여 보물을 하늘에 쌓아 두라 거기는 좀이나 동록이 해하지 못하며 도둑이 구멍을 뚫지도 못하고 도둑질도 못하느니라.[16]

그러므로 무엇이든지 남에게 대접을 받고자 하는 대로 너희도 남을 대접하라 이것이 율법이요 선지자니라.[17]

나더러 주여 주여 하는 자마다 다 천국에 들어갈 것이 아니요 다만 하늘에 계신 내 아버지의 뜻대로 행하는 자라야 들어가리라.[18]

삭개오가 서서 주께 여짜오되 주여 보시옵소서 내 소유의 절반을 가난한 자들에게 주겠사오며 만일 누구의 것을 속여 빼앗은 일이 있으면 네 갑절이나 갚겠나이다.[19]

누가 자기 비용으로 군 복무를 하겠느냐 누가 포도를 심고 그 열매를 먹지 않겠느냐 누가 양 떼를 기르고 그 양 떼의 젖을 먹지 않겠느냐.[20]

우리가 너희에게 신령한 것을 뿌렸은즉 너희의 육적인 것을 거두기로 과하다 하겠느냐.[21]

성전의 일을 하는 이들은 성전에서 나는 것을 먹으며 제단에서 섬기는 이들은 제단과 함께 나누는 것을 너희가 알지 못하느냐 이와 같이 주께서도 복음 전하는 자들이 복음으로

---

15 마 5장(이런 성경 참조는 *BCP* 1549의 망주에 표시되어 있다).
16 마 6장.
17 마 7장.
18 마 7장.
19 눅 19장.
20 고전 9장.
21 고전 9장.

말미암아 살리라 명하셨느니라.²²

이것이 곧 적게 심는 자는 적게 거두고 많이 심는 자는 많이 거둔다 하는 말이로다 각각 그 마음에 정한 대로 할 것이요 인색함으로나 억지로 하지 말지니 하나님은 즐겨 내는 자를 사랑하시느니라.²³

가르침을 받는 자는 말씀을 가르치는 자와 모든 좋은 것을 함께 하라 스스로 속이지 말라 하나님은 업신여김을 받지 아니하시나니 사람이 무엇으로 심든지 그대로 거두리라.²⁴

그러므로 우리는 기회 있는 대로 모든 이에게 착한 일을 하되 더욱 믿음의 가정들에게 할지니라.²⁵

그러나 자족하는 마음이 있으면 경건은 큰 이익이 되느니라 우리가 세상에 아무것도 가지고 온 것이 없으매 또한 아무것도 가지고 가지 못하리니.²⁶

네가 이 세대에서 부한 자들을 명하여 마음을 높이지 말고 정함이 없는 재물에 소망을 두지 말고 오직 우리에게 모든 것을 후히 주사 누리게 하시는 하나님께 두며 선을 행하고 선한 사업을 많이 하고 나누어 주기를 좋아하며 너그러운 자가 되게 하라 이것이 장래에 자기를 위하여 좋은 터를 쌓아 참된 생명을 취하는 것이니라.²⁷

하나님은 불의하지 아니하사 너희 행위와 그의 이름을 위하여 나타낸 사랑으로 이미 성도를 섬긴 것과 이제도 섬기고 있는 것을 잊어버리지 아니하시느니라.²⁸

---

22 고전 9장.
23 고후 9장.
24 갈 6장.
25 갈 6장.
26 딤전 6장.
27 딤전 6장.
28 히 6장.

오직 선을 행함과 서로 나누어 주기를 잊지 말라 하나님은 이같은 제사를 기뻐하시느니라.²⁹

누가 이 세상의 재물을 가지고 형제의 궁핍함을 보고도 도와 줄 마음을 닫으면 하나님의 사랑이 어찌 그 속에 거하겠느냐.³⁰

너의 재물로 자선을 베풀라 그리고 가난한 사람에게서 결코 네 얼굴을 돌이키지 말라 그리하면 주님의 얼굴이 네게서 떠나지 아니하시리라.³¹

너희의 능력에 따라 자비를 베풀라 너희가 많이 가졌다면 많이 주라 만일 너희가 적게 가졌다면 그 적은 것을 주는 것에 기쁘고 성실하게 행하라 그렇게 함으로써 너희가 필요한 날에 너희를 위하여 좋은 보상을 모으는 것이기 때문이라.³²

가난한 자를 불쌍히 여기는 것은 여호와께 꾸어 드리는 것이니 그의 선행을 그에게 갚아 주시리라.³³

가난한 자를 보살피는 자에게 복이 있음이여 재앙의 날에 여호와께서 그를 건지시리로다.³⁴

¶ 목사들이 있는 곳에서는, 그들은 사람들이 헌금하는 시간의 장단에 따라 위에 기록된 문장들 중 하나나 혹은 많은 것을 노래해야 한다.

¶ 목사들이 봉헌송을 노래하는 동안 모든 사람은 자신의 능력과 자비심에 따라서 마음먹은 만큼 가난한 사람들의 상자에 헌금해야 한다. 그리고 정해진 헌금

---

29 히 13장.
30 요일 3장.
31 토비트서 4장.
32 토비트서 4장.
33 잠 19장.
34 시 41편.

날에 모든 남녀는 적절하고 관례적 헌금을 교구 성직자에게 지불해야 한다.

¶ 그다음에 성찬의 참여자가 될 모든 사람은 여전히 찬양대석(In the quire)이나, 찬양대 석에 가까운 편리한 곳에서 남자가 한쪽에, 여자들은 다른 쪽에서 기다린다. 목사들(ministers and clerks)을 제외한 모든 다른 사람(전기의 성찬을 받지 않을 작정인)은 찬양대석을 나와서 떠나야 한다.

¶ 그다음에 목사는 떡을 성찬 보나 다른 성반 혹은 그 목적으로 준비된 다른 적절한 그릇에 담아서 성찬을 받을 것으로 정해진 사람들에게 충분할 만큼의 떡과 포도주를 가져간다. 그리고 적은 양의 깨끗하고 맑은 물을 더해서 여러분의 포도주를 잔이나, (만약 잔이 제공되지 않는다면) 그 용도를 위해서 준비된 깨끗하고 편리한 잔에 넣는다. 그리고 떡과 포도주를 모두 제단 위에 둔 후에 사제는 다음과 같이 말한다.

주께서 여러분과 함께하시기를.

¶ 응답
그리고 당신의 영과 함께.

¶ 사제
여러분의 마음을 높이 드십시오.

¶ 응답
우리는 마음을 주님께 높이 듭니다.

¶ 사제
우리 주 하나님께 감사드립시다.

¶ 응답
그렇게 하는 것이 합당하고 옳습니다.

¶ 사제

우리가 항상 그리고 모든 곳에서 오, 주님!

거룩한 아버지 전능하시고 영원하신 하나님께 감사를 드리는 것이 매우 합당하고 옳으며, 당연히 해야 하는 우리의 의무입니다.

¶ 여기에서 (만약 어떤 특별히 정해진 시간이 있다면) 시간에 따라서, 아니면 즉시 적절한 서문경들이 따라야 한다. "그러므로 천사들과 함께" 등등.

적절한 서문경들.

¶ 성탄절

이는 당신께서 우리를 위해 당신의 독생자 예수 그리스도를 이날에 태어나게 하셨기 때문입니다. 예수님은 성령님의 일하심에 의해서 그분의 어머니인 동정녀 마리아의 본질로부터 참 인간이 되셨습니다. 그러나 우리를 모든 죄로부터 깨끗하게 하시기 위해서 일점의 죄도 없으십니다.

¶ 부활절

그러나 우리는 주로 당신의 아들 우리 주 예수 그리스도의 영화로운 부활에 대해 당신께 찬양드리지 않을 수가 없습니다. 이는 예수님께서 우리를 위해 제물이 되셨고, 세상 죄를 지고 가셨으며 그분의 죽음으로 죽음을 멸망시키셨고, 그분의 생명에의 부활에 의해서 우리의 영생을 회복시키셨던 참 유월절 양(Paschal Lamb)이시기 때문입니다. 그러므로 등등.

¶ 승천일

가장 영화로운 부활 이후에 모든 사도에게 명확하게 나타나시고, 우리를 위한 거처를 예비하시려고 그들이 보는 앞에서 하늘로 올라가셨던 당신의 지극히 사랑하시는 아들, 우리 주 예수 그리스도로 말미암아, 그분이 계시는 곳에 우리 또한 그곳으로 올라가 영광 속에서 그분과 함께 다스릴 것입니다. 따라서 등등.

¶ 성령강림절(Whitsunday)

　우리 주 예수 그리스도로 말미암아, 그분의 가장 진실한 약속에 따라서 성령께서 이날 홀연히 하늘로부터 급하고 강한 바람 같은 소리와 함께 마치 불의 혀처럼 갈라지며 그들을 비추면서 내려오셔서, 사도들을 가르치고 그들을 모든 진리로 인도하며, 그들에게 다양한 방언의 은사와 또한 열렬한 열정과 함께 담대함을 주심으로서 지속해서 열방에 복음을 전하도록 하셨습니다. 그래서 우리가 어둠과 미혹에서 벗어나 밝은 빛과 당신과 당신의 아들 예수 그리스도에 대한 참된 지식으로 인도받았습니다. 그러므로 등등.

¶ 삼위일체 축일

　오, 주님!
　전능하시고 영원하신 하나님께 우리가 항상, 그리고 모든 곳에서 감사를 드리는 것이 옳고 합당하며, 그것은 우리가 당연히 해야 하는 의무입니다. 당신은 한 분 하나님이시고, 한 분 주님이십니다. 그러나 한 위격이 아니라, 한 본질의 세 위격이십니다. 그것 때문에 우리는 어떠한 차이나 동등하지 않음이 없이 성부의 영광을 믿고, 성자의 영광을 믿으며, 성령의 영광을 믿습니다. 그분은 천사들이, 등등.

¶ 그다음에 다음과 같은 서문경이 즉시 **따라야만 한다**.

　그러므로 천사들과 천사장과 함께 하늘의 모든 거룩한 집단과 더불어 언제나 "거룩, 거룩, 거룩하시도다. 만군의 주 하나님, 하늘과 땅은 당신의 영광으로 가득합니다. 지극히 높은 곳에 호산나. 주의 이름으로 오시는 이가 송축받으시리로다. 오, 주님.지극히 높은 곳에 계시는 당신께 영광을"이라고 찬양함으로써 우리는 당신을 찬양하고 당신의 영화로운 이름을 높입니다.

¶ 목사들도 또한 위의 것을 노래해야만 한다.

¶ 목사들이 노래하는 것을 끝내면, 사제나 집사가 사람들에게 몸을 돌려서 다음과 같이 말한다.

그리스도의 교회(Christ's Church)의 모든 상태를 위해서 기도합시다.

¶ 그다음에 사제는 몸을 제단 쪽으로 돌려서 다음과 같은 이런 기도를 명확하고 분명하게 말하거나 노래해야 한다.

전능하시고 항상 살아 계시는 하나님, 당신은 당신의 거룩한 사도들을 통해 우리에게 기도와 탄원을 하고, 모든 인간에게 감사하라고 가르쳐 주셨습니다. 거룩하고 존귀하신(Divine Majesty) 주님께 보편적 교회에 진리의 영과 더불어 지속해서 화합과 조화를 고취해 주시기를 요청하는 우리의 이런 기도를 가장 자비롭게 받아 주시기를 겸손하게 요청합니다. 그리고 당신의 거룩한 이름을 고백하는 모든 자에게 주의 거룩한 말씀의 진리를 동의하고, 화합과 경건한 사랑 안에서 살도록 허락하시옵소서. 그의 통치하에서 우리가 경건하고 고요하게 다스림을 받을 수 있도록, 특별히 당신의 종인 우리 왕 에드워드를 구원하시고 보호하시도록 요청합니다. 그리고 왕의 전체 위원회와 그의 아래에서 권세를 가진 모든 자가 사악함과 악에 대해 벌을 주고 당신의 참된 종교와 미덕을 유지하기 위하여 참으로 평등하게 정의를 행하도록 하시옵소서.

오, 하늘에 계신 아버지시여!

모든 감독과 목사와 교구 성직자가 자신들의 삶과 교리 모두에서 당신의 참되고 살아 있는 말씀을 제시하고, 그들이 주님의 거룩한 성례전을 바르고 적절한 절차에 따라서 시행하도록 은혜를 베푸시옵소서. 그리고 당신의 모든 백성에게 하늘의 은혜를 주셔서, 그들이 겸손한 마음과 정당한 경외심으로 당신의 거룩한 말씀을 듣고 받아 자신들의 평생에 거룩함과 의로움으로 하나님을 진실한 마음으로 섬기도록 하시옵소서. 그리고 오 주님, 당신의 선하심으로 이 덧없는 인생에서 고통, 슬픔, 가난, 병 혹은 다른 어떤 역경 속에 있는 모든 자를 위로하시고 도와주시기를 가장 겸손하게 요청합니다. 그리고 특별히, 우리는 당신 아들의 가장 영화로운 죽음을 기념하기 위해 당신의 이름으로 여기 모인 이 회중을 당신의 자비로운 선하심에 맡깁니다. 그리고 여기에서 우리는 창세로부터 시작해서 당신의 모든 성도, 주로 우리의 주님이시고 하나님이신 당신의 아들 예수 그리스도의 어머니인 영화롭고 가장 복받은 동정녀 마리아 그리고 거룩한 교부들, 선지자들,

사도들, 순교자들의 이름으로 선포된 놀라운 은혜와 미덕에 대해 최고의 찬양과 진실한 감사를 드립니다.

오, 주님!

당신은 우리가 그들의 예와 그리고 주의 거룩한 계명을 지키면서 당신을 믿는 확고한 그들의 믿음을 따르도록 허락하셨습니다.

오, 주님!

믿음의 표지를 가지고 우리로부터 떠나 이제 평화의 잠 안에서 안식하고 있는 당신의 다른 종들을 주님의 자비에 맡깁니다. 그들에게 당신의 자비와 영원한 평화를 허락하시기를 요청합니다. 그래서 모두가 부활하는 날에 당신의 아들의 신비로운 몸을 가진 우리와 그들이 모두 함께 주의 오른편에 서서, 예수님의 "오, 나의 사랑하는 아버지의 복을 받은 너희들아 내게로 오라 그리고 창세로부터 너희를 위해 준비된 왕국을 소유하라"라고 하시는 가장 기뻐하시는 목소리를 들을 수 있게 될 것입니다.

오, 아버지!

우리의 단 한 분 중재자(Mediator)이시고 대언자(Advocate)이신 예수 그리스도를 위해서 이것을 허락하시옵소서.

오, 하나님!

하늘에 계신 아버지시여!

당신은 부드러운 자비로 당신의 아들 예수 그리스도를 우리의 구속을 위해서 내어 주셔서 십자가에서 죽임을 당하게 하셨습니다. 그리고 예수 그리스도는 십자가에서(자신의 단 한 번 드려진 봉헌에 의해서) 전 세상의 죄에 대한 완전하고 온전하며 충분한 제물, 봉헌 그리고 만족이 되셨습니다. 또한, 거룩한 복음에서 예수님이 다시 오실 때까지 당신의 귀중한 죽음에 대해서 영원히 기념하도록 제정하시고 우리에게 명령하셨습니다.

오, 자비로운 아버지!

우리의 말을 들어 주시옵소서. 우리는 당신의 거룩한 성령님과 말씀과 더불어 당신께 이런 주의 선물과 떡과 포도주라는 피조물을 성화시켜 주셔서³⁵ 그들이 우리에게 당신의 지극히 사랑하시는 아들 예수 그리스도의 몸

---

35 ' ✝ '상징들은 십자가의 표지를 만드는 손의 동작을 나타낸다. 1552년판 *Book of Prayer*에

과 피가 될 수 있도록 하시옵소서. 예수님은 잡히시던 밤에 떡을 가지사, 축사하시고 떼어서 제자들에게 주시고 이르시되 "받아서 먹어라 이것은 너희를 위하는 내 몸이니 이것을 행하여 나를 기념하라" 하시고, 식후에 또한 그와 같이 잔을 가지시고 축사하시고 그들에게 잔을 주시면서 이르시되, "너희 모두 이것을 마셔라 이 잔은 너희와 많은 사람을 위의 죄의 용서를 위해서 흘린 내 피로 세운 새 언약이니 이것을 행하여 마실 때마다 나를 기념하라" 하셨습니다.

¶ 여전히 제단 쪽으로 돌아서서 어떠한 거양도 없이 혹은 사람들에게 성례전을 보여 주지 않고 미리 연습한 이런 말들을 반복해야 한다.

그러므로 오, 주님!

그리고 하늘에 계신 아버지시여!

당신의 지극히 사랑하는 아들 우리 구주 예수 그리스도의 제정에 따라서, 당신의 비천한 종인 우리는 거룩하고 존귀하신(Divine Majesty) 당신 앞에서 예수님의 송축받으실 수난, 능하신 부활 그리고 영화로운 승천을 기념하고, 동일하신 예수님이 우리를 위해 성취하신 셀 수 없는 유익들에 대해서 당신께 가장 진심 어린 감사를 드리며, 이 우리의 찬양과 감사의 제사를 자비롭게 받아 주시도록 당신의 자애로운 선하심을 염원하면서, 이런 당신의 거룩한 선물들로써 당신의 아들이 우리에게 바라셨던 찬양과 기념을 합니다.

우리는 지극히 겸손하게 당신의 아들 예수 그리스도의 공로와 죽음에 의해서 그리고 그분의 피를 믿는 믿음으로 말미암아, 우리와 당신의 전체 교회가 우리 죄의 용서와 예수님의 수난에 의한 모든 다른 유익을 얻을 수 있도록 허락하여 주시기를 요청합니다.

오, 주님!

이 거룩한 성찬에 참여자가 되고자 하는 자는 누구나 당신의 아들 예수 그리스도의 지극히 귀한 몸과 피를 합당하게 받을 수 있도록 그리고 주의 은혜와 하늘의 축도로 충족되고, 당신의 아들 예수 그리스도와 한 몸이 되어, 예수님께서 그들 안에 거하시고, 그들이 예수님 안에 거하도록 겸손하

는 이런 것이 빠졌다.

게 요청하면서, 여기에서 우리는 우리 자신, 우리 영혼 그리고 우리 몸이 합리적이고 거룩한 산 제사가 되도록 당신께 바치고 드립니다.

비록 우리는 당신께 어떠한 제물을 드리기에도 합당하지 않지만(우리의 수많은 죄 때문에), 그런데도 주님, 우리의 이 의무와 예배를 받아 주시고, 우리 주 그리스도로 말미암아 우리의 공로를 저울에 달지 마시고, 다만 우리의 죄를 용서하심으로써 우리의 이런 기도와 탄원들이 당신의 거룩한 천사들의 사역 때문에 신성한 위엄이신 당신 앞에 있는 주의 거룩한 장막으로 인도되도록 명하시옵소서.

오, 전능하신 하나님!

그리스도에 의해서 그리고 성령님과의 연합 안에서 그리스도와 함께 모든 존귀와 영광이 영원히 전능하신 아버지이신 당신께 있기를, 아멘.

기도합시다.

우리 구주 그리스도께서 명령하시고 가르쳐 주신대로 우리는 담대하게 다음과 같이 말합니다.

하늘에 계신 우리 아버지,
아버지의 이름을 거룩하게 하시며
아버지의 나라가 오게 하시며,
아버지의 뜻이 하늘에서와 같이 땅에서도 이루어지게 하소서.
오늘 우리에게 일용할 양식을 주시고,
우리가 우리에게 잘못한 사람을 용서하여 준 것 같이
우리 죄를 용서하여 주시고,
우리를 시험에 빠지지 않게 하시고, 악에서 구하소서.
아멘.

¶ 응답

다만 우리를 악에서 구하옵소서. 아멘.

¶ 그다음에 사제는 다음과 같이 말한다.

하나님의 평강이 항상 여러분과 함께 있기를.

¶ 목사들
그리고 당신의 영과 함께.

¶ 사제
우리 죄를 담당하시기 위해 십자가에 달리셨을 때 우리의 유월절 양이신 그리스도께서는 우리를 위하여 단번에 바쳐지셨습니다. 이는 예수님께서 세상 죄를 지고 가시는 하나님의 참 양이시기 때문입니다. 그러므로 주님과 함께 기쁘고 거룩한 절기를 지킵시다.

¶ 여기서 사제는 성찬에 온 사람들을 향해서 몸을 돌려서 다음과 같이 기도해야 한다.
전능하신 하나님께 자신들의 죄를 참으로 진지하게 회개하고, 이웃에 대한 사랑과 자선으로 살며, 하나님의 계명을 따르고 오늘부터 계속해서 그분의 거룩한 방식으로 행하면서 새로운 삶을 영위하고자 하는 여러분은 여러분의 위로를 위한 이 성찬에 가까이 와서 받으십시오. 전능하신 하나님과 주님의 이름으로 여기 함께 모인 주의 거룩한 교회에 무릎을 겸손하게 꿇고 여러분의 겸손한 고백을 하십시오.

¶ 그다음, 이 일반적 고백은 모두 겸손하게 무릎을 꿇는 중에 그들 중의 한 사람이나 아니면 성직자 중 한 사람이나 또는 사제 자신에 의해서 성찬을 받으려는 모든 사람 이름으로 행해져야 한다. 이때
우리 주 예수 그리스도의 아버지, 모든 것들을 만드신 분(Maker), 모든 인간에 대한 심판자(Judge)이신 전능하신 하나님이시여, 우리는 때때로 생각, 말, 행동으로 거룩하고 존귀하신(Divine Majesty)이신 당신께 맞서서 너무나 엄중하게 범했던 우리의 수없이 많고 다양한 죄와 사악함을 인정하고 슬퍼합니다. 그로 인해 당신이 우리에게 진노하시고 분개하시는 것은 지극히 당연합니다. 이런 우리의 잘못된 행동에 대해 우리는 진지하게 회개하고 진심으로 비통해하고 있으며, 그것들을 생각만 해도 괴롭고, 그것들이 주

는 부담은 견딜 수가 없습니다. 지극히 자비로운 아버지, 우리에게 자비를 베푸소서. 우리에게 자비를 베푸소서. 당신의 아들이신 우리 주 예수 그리스도를 위해서 지나간 모든 것을 용서해 주셔서, 우리 주 예수 그리스도로 말미암아 당신의 이름의 명예와 존귀를 위해서 우리가 지금부터 영원히 새 생명 속에서 당신을 섬기고 기쁘시게 할 수 있도록 허락하시옵소서.

¶ 그다음에 사제는 일어서서 사람들에게로 몸을 돌리고 이렇게 말한다.

하늘에 계신 우리의 아버지이신 전능하신 하나님, 당신은 크신 자비로부터 진심 어린 회개와 참된 믿음으로 당신께 돌아서는 모든 자에게 죄의 용서를 약속하셨습니다. 여러분에게 자비를 베푸시기를. 여러분의 모든 죄로부터 용서하시고 해방하시기를. 모든 선함에서 여러분을 확증하고 강건하게 하시기를. 우리 주 예수 그리스도로 말미암아 여러분을 영생으로 인도하시옵소서. 아멘.

¶ 그다음에 사제는 또한 다음과 같이 말해야만 한다.

우리 구주 그리스도께서 진정으로 그분께 돌아서는 모든 자에게 말씀하신 위로의 말들을 들으십시오.

수고하고 무거운 짐을 진 모든 자아 내게로 오라 내가 너를 쉬게 하리라.

하나님이 세상을 이렇게 사랑하사 독생자를 주셨으니 그를 믿는 자마다 멸망하지 않고 영생을 얻게 함이니라.

성 바울이 말한 것을 또한 들으십시오.

미쁘다 모든 사람이 받을 만한 이 말이여 그리스도 예수께서 죄인을 구원하시려고 세상에 임하셨다 했도다.

성 요한이 말한 것 또한 들으십시오.

만일 누가 죄를 범하여도 아버지 앞에서 우리에게 대언자가 있으니 곧 의로우신 예수 그리스도시라 그는 우리 죄를 위한 화목 제물이니 우리만 위할 뿐 아니요 온 세상의 죄를 위하심이라.

¶ 그다음에 사제는 성찬 식탁 쪽으로 몸을 돌려서 무릎을 꿇고 성찬을 받아야 할 모든 자의 이름으로 다음과 같은 이런 기도를 해야 한다.

오, 자비로우신 주님!

우리는 우리 자신의 의로움을 믿어서가 아니라, 당신의 다양하고 크신 자비를 의지하여 당신의 이 식탁에 감히 나옵니다. 우리는 당신의 식탁 아래 있는 부스러기들을 모을 수 있을 정도의 자격도 없습니다.

그러나 당신은 항상 자비를 베푸시는 동일한 주님이십니다. 따라서 은혜가 풍성하신 주님, 당신의 사랑하시는 아들 예수 그리스도의 몸을 먹게 하시고, 그분의 피를 마시도록 허락하셔서 우리의 죄 많은 몸이 그분의 몸에 의해서 깨끗함을 받고, 우리의 영혼을 그분의 지극히 귀한 피로 말미암아 씻어질 수 있게 하시며, 우리가 언제나 예수님 안에, 예수님이 우리 안에 거하게 하시옵소서. 아멘.

¶ 그다음에 사제는 우선 자신이 떡과 포도주의 성찬을 받고 다음에 만약 다른 참석한 성직자가 있다면(그들이 주 성직자를 도울 준비가 되어), 그것을 다른 성직자들에게, 그런 다음 사람들에게 전달한다.

¶ 그리고 그가 그리스도의 몸의 성례전을 전달할 때, 그는 모든 사람에게 이런 말들을 해야 한다.

여러분을 위해서 주어진 우리 주 예수 그리스도의 몸은 여러분의 몸과 영혼을 영생에 이르도록 보존합니다.

¶ 그리고 목사는 피의 성례전을 전달하고, 각자에게 한 번만 마시고, 더 이상 마시지 말도록 주면서 다음과 같이 말해야만 한다.

여러분을 위해서 흘리셨던 우리 주 예수 그리스도의 피는 여러분의 몸과 영혼을 영생에 이르도록 보존합니다.

¶ 만약 집사나 다른 사제가 있다면, 그는 잔과 함께 뒤를 따른다. 그리고 사제가 몸의 성례전을 시행하는 것처럼, 그는 (더욱 속도를 내기 위해서) 이전에 기록한 형식으로 피의 성례전을 시행한다.

¶ 성찬의 시간에 목사들은 다음과 같이 노래해야 한다.
　오, 세상 죄를 지고 가신 하나님의 어린양이시여!
　우리에게 자비를 베푸소서.
　오, 세상 죄를 지고 가신 하나님의 어린양이시여!
　우리에게 당신의 평화를 허락하시옵소서.

¶ 사제가 성찬을 받자마자부터 시작해서 성찬이 끝날 때, 목사들은 *post-Communion*(사룸 의식에 있는 성시의 부분을 교창으로 부르는 것)을 불러야만 한다.

¶ 성찬 후(*Post-Communion*)라고 불리는 성경의 문장들 중 하나를 성찬 후에 매일 말로 하거나 노래로 불러야 한다.

　　누구든지 나를 따라오려거든 자기를 부인하고 자기 십자가를 지고 나를 따를 것이니라.[36]

　　끝까지 견디는 자는 누구든지 구원을 얻으리라.[37]

　　찬송하리로다 주 이스라엘의 하나님이여 그 백성을 돌보사 속량하시며 … 종신토록 주의 앞에서 성결함과 의로 두려움이 없이 섬기게 하리라.[38]

　　주인이 와서 깨어 있는 것을 보면 그 종들은 복이 있으리로다.[39]

　　그러므로 너희도 준비하고 있으라 생각하지 않은 때에 인자가 오리라.[40]

　　주인의 뜻을 알고도 준비하지 아니하고 그 뜻대로 행하지 아니한 종은 많이 맞을 것이요.[41]

36　마 16장.
37　마 24장.
38　눅 1장.
39　눅 12장.
40　눅 12장.
41　눅 12장.

아버지께 참되게 예배하는 자들은 영과 진리로 예배할 때가 오나니 곧 이 때라.[42]

보라 네가 나았으니 더 심한 것이 생기지 않게 다시는 죄를 범하지 말라.[43]

너희가 내 말에 거하면 참으로 내 제자가 되고 진리를 알지니 진리가 너희를 자유롭게 하리라.[44]

너희에게 아직 빛이 있을 동안에 빛을 믿으라 그리하면 빛의 아들이 되리라.[45]

나의 계명을 가지고 지키는 자라야 나를 사랑하는 자니 … 사람이 나를 사랑하면 내 말을 지키리니 내 아버지께서 그를 사랑하실 것이요 우리가 그에게 가서 거처를 그와 함께 하리라.[46]

너희가 내 안에 거하고 내 말이 너희 안에 거하면 무엇이든지 원하는 대로 구하라 그리하면 이루리라.[47]

너희가 열매를 많이 맺으면 내 아버지께서 영광을 받으실 것이요 너희는 내 제자가 되리라.[48]

새 계명을 너희에게 주노니 서로 사랑하라 내가 너희를 사랑한 것 같이 너희도 서로 사랑하라.[49]

만일 하나님이 우리를 위하시면 누가 우리를 대적하리요 자기 아들을 아끼지 아니하시고 우리 모든 사람을 위하여 내주신 이가 어찌 그 아들과 함께 모든 것을 우리에게 주시지 않겠느냐.[50]

---

42 요 4장.
43 요 5장.
44 요 8장.
45 요 12장.
46 요 14장.
47 요 15장.
48 요 15장.
49 요 13장.
50 롬 8장.

누가 능히 하나님께서 택하신 자들을 고발하리요 의롭다 하신 이는 하나님이시니 누가 정죄하리요.[51]

밤이 깊고 낮이 가까웠으니 그러므로 우리가 어둠의 일을 벗고 빛의 갑옷을 입자.[52]

예수는 하나님으로부터 나와서 우리에게 지혜와 의로움과 거룩함과 구원함이 되셨으니 기록된 바 자랑하는 자는 주 안에서 자랑하라 함과 같게 하려 함이라.[53]

너희는 너희가 하나님의 성전인 것과 하나님의 성령이 너희 안에 계시는 것을 알지 못하느냐 누구든지 하나님의 성전을 더럽히면 하나님이 그 사람을 멸하시리라.[54]

너희는 값으로 산 것이 되었으니 그런즉 너희 몸으로 하나님께 영광을 돌리라.[55]

그러므로 사랑을 받는 자녀 같이 너희는 하나님을 본받는 자가 되고 그리스도께서 너희를 사랑하신 것 같이 너희도 사랑 가운데서 행하라 그는 우리를 위하여 자신을 버리사 향기로운 제물과 희생 제물로 하나님께 드리셨느니라.[56]

¶ 그다음에 사제는 우선 사람들에게 몸을 돌리고, 다음과 같이 말하면서 성찬을 받은 모든 사람의 이름으로 하나님께 감사를 드려야 한다.
주께서 여러분과 함께하시기를.

¶ 응답
그리고 당신의 영과 함께.

---

51 롬 8장.
52 롬 13장.
53 고전 1장.
54 고전 3장.
55 고전 6장.
56 엡 5장.

¶ 사제

기도합시다.

전능하시고 영원히 사시는 하나님!

우리는 충심으로 당신께 감사드립니다. 왜냐하면, 당신은 이런 거룩한 신비에서 당신의 아들 우리 구주 예수 그리스도의 지극히 귀한 몸과 피라는 영적 음식으로 우리를 먹이시는 것을 허락하셨습니다.

우리를 향한 당신의 이런 호의와 선하심으로 인하여, 우리가 신실한 자들의 복받은 집단인 당신의 신비로운 몸에 연합된 참 지체라는 사실과 당신의 사랑하는 아들의 지극히 귀한 죽음과 수난의 공로로 당신의 영원한 나라에 대한 소망을 통해서 상속자라는 사실을 (그것을 정당하게 받는) 우리에게 보장해 주셨음을 지극한 충심으로 감사드립니다.

오, 하늘에 계신 아버지!

우리가 저 거룩한 친교를 계속하고 우리 주 예수 그리스도로 말미암아 당신께서 우리가 행하도록 예비하셨던 그런 모든 선한 일을 행할 수 있도록 당신의 은혜로써 우리를 도와주시기를 지극히 겸손하게 요청드립니다. 당신과 성령님과 함께 그리스도께, 존귀와 영광이 영원히 있기를. 아멘.

¶ 그다음에 사제는 사람들에게 몸을 돌려서 그들이 이런 축복을 받고 떠나도록 해야 한다.

모든 이해를 초월하는 하나님의 평강이 여러분의 마음과 생각을 하나님과 그분의 아들 우리 주 예수 그리스도에 대한 지식과 사랑으로 지키시기를. 그리고 성부와 성자와 성령님이신 전능하신 하나님의 축복이 여러분 사이에 있고, 항상 여러분과 함께하기를.

¶ 그다음에 사람들은 다음과 같이 응답해야 한다.

아멘.

¶ 목사들이 없는 곳에서는, 사제가 그들에게 노래하라고 여기에서 정한 모든 것을 말해야 한다.

¶ 성찬이 평일이나 개인의 집에서 기념된다면, 하늘에는 영광, 신조, 설교(homily) 그리고 "지극히 사랑하는" 등등으로 시작하는 앞의 권면은 생략될 수 있다.

¶ 성찬이 없는 날, 모든 그런 날에는 헌금 후에 본기도를 해야 한다.

오, 주님!
이런 우리의 탄원과 기도 속에서 우리를 자비롭게 도와주시고, 당신의 종들 길을 영원한 구원의 성취를 향해서 닦도록 하시옵소서. 그러면 이 필멸의 삶을 사는 동안 모든 변화와 우연들 사이에서, 우리 주 예수 그리스도로 말미암아, 당신의 지극히 은혜롭고 준비된 도움을 받아서 그들이 항상 보호받을 수 있을 것입니다.

오, 전능하신 주님!
그리고 영원히 살아 계신 하나님!
당신의 율법의 길과 당신의 계명의 행함에 있어서 우리의 영혼과 몸 모두를 지시하시고, 성화시키시며, 통치하셔서, 당신의 지극히 강한 보호를 통해서 우리 주님이신 구주 예수 그리스도로 말미암아 우리의 몸과 영혼이 여기서와 항상 보존될 수 있도록 우리가 구하는 것을 허락하시옵소서. 아멘.

전능하신 하나님!
오늘 우리의 외면적인 귀로 들었던 말들을 당신의 은혜를 통해서 우리의 마음에 내면적으로 접붙여지도록 하셔서, 우리 주 예수 그리스도로 말미암아 당신의 이름에 대한 존귀와 찬양을 위하여 그 말들이 우리 안에서 선한 삶의 열매를 맺게 해 주시기를 요청합니다. 아멘.

오 주님, 우리의 모든 행위에 있어서 당신의 지극히 은혜로운 호의로써 우리보다 앞서시고, 우리의 모든 일이 당신 안에서 시작되고, 계속되며 끝내지도록 당신의 지속적 도움으로 우리를 더욱 전진시키셔서 우리가 당신의 거룩한 이름을 영화롭게 하며, 최종적으로 당신의 은혜에 의해서 영생을 얻도록 해 주시옵소서, 등등.

모든 지혜의 샘이신 전능하신 하나님, 당신은 우리가 구하기 전에 우리의 필요를 아시고, 구하고 있는 우리의 무지를 아십니다. 우리의 연약함을 불쌍히 여기시고 우리의 자격 없음으로 인해서 감히 구할 수 없고, 우리의 맹목 때문에 구할 수 없는 저러한 것을 당신의 아들 우리 주 예수 그리스도의 합당하심 때문에 우리에게 주시는 것을 허락하시도록 요청합니다.

　전능하신 하나님!
　당신은 주의 아들의 이름으로 구하는 자들의 청원을 들어주시겠다고 약속하셨습니다. 지금 기도와 탄원을 드렸던 우리는 당신의 귀를 우리에게 자비롭게 기울이시기를 구합니다. 그리고 당신의 뜻에 따라 우리가 신실하게 구했던 저 일들이 우리 주 예수 그리스도로 말미암아 우리의 궁핍함을 해소하고, 당신의 영광을 나타내시기 위하여 효과적으로 획득될 수 있도록 허락하시옵소서.

¶ 비를 위해서
　오, 하나님!
　하늘에 계신 아버지시여!
　당신은 당신의 아들이신 예수 그리스도에 의해서 당신의 나라와 그 나라의 의로움을 구하는 모든 자에게 육체에 필요한 모든 것을 약속하셨습니다. (우리가 당신께 구하노니) 우리에게 필요한 적절한 비와 소나기를 보내 주셔서, 우리 주 예수 그리스도로 말미암아, 우리의 위로와 당신의 명예를 위하여, 우리가 땅의 열매를 받을 수 있게 해 주시옵소서.

¶ 맑은 날씨를 위하여
　오, 주 하나님!
　당신은 인간의 죄 때문에 8명을 제외한 온 세상을 한 번에 홍수에 잠기게 하셨습니다. 그런 후에 당신의 크신 자비로 다시는 세상을 그렇게 멸망시키지 않으시겠다고 약속하셨습니다. 비록 우리의 범죄함 때문에 이런 비와 물의 역병을 당해 마땅하지만, 그런데도 우리가 진정으로 회개하면, 제철에 땅의 열매를 얻을 수 있고, 당신의 벌에 의해서 우리의 삶을 변화시키는 것과 또한 우리의 청원을 허락하심 때문에 우리 주 예수 그리스도로 말미암아 당신께 찬양과 영광을 드리는 것을 우리가 배울 수 있게 될 그런 날씨를 주실 것을 겸손하게 구합니다.

¶ 수요일과 금요일들에는, 모든 곳에서 국왕 폐하의 명령(KIng's Majesty's Injunction)에 의해서 정해진 형식이나 혹은 있는 그대로 혹은 폐하에 의해서 달리 지정된 것을 쫓아서 영어 연도를 말이나 노래로 불러야 한다. 그리고 사제와 함께 성찬을 받는 사람이 한 사람도 없을지라도, 사제는 이런 날들에는(연도가 끝난 후에) 코프(Cope, 가슴 주위를 밴드나 걸쇠로 조인 망토 같은 의복)와 함께 검소한 엘브나 중백의(Surplice, 긴 소매의 하얀색 마로된 의복)를 입어야 한다. 그리고 봉헌 이후까지 모든 것(주의 만찬의 기념에서 말하도록 정해진 것)을 제단에서 말해야 한다. 그런 다음 그는 자신의 재량에 의해서 도움이 되는 경우, 앞에 기록된 본기도 중 한 개나 두 개를 덧붙인다. 그 다음에, 그는 사람들에게로 몸을 돌려서, 익숙한 축복으로 그들을 떠나도록 해야 한다.

¶ 그리고 사람들이 교회에서 기도하려고 관례적으로 모일 때는 언제나 그리고 아무도 사제와 함께 성찬을 하려는 사람이 없는 다른 모든 날에는 동일한 순서가 활용되어야 한다.

¶ 마찬가지로, 부속 예배당이나 다른 모든 곳에서는, 사제와 함께 성찬을 받으려는 일부가 있을 때를 제외하고는 주의 만찬의 기념이 없어야 한다. 그리고 그런 부속 예배당 사람들이 거룩한 떡의 비용을 지불하는 것에 익숙하지 않다면, 그 곳에서 그들은 성찬의 비용을 부담하기 위한 어떤 자선의 규정을 만들거나 혹은 (성찬을 받기 위해서) 자신들의 교구 교회에 의지해야만 한다.

¶ 모든 문제와 불화를 피하기 위해서 성찬을 위해서 준비된 떡은 모두 한 종류와 형식을 따라서 이 왕국에서 만들어지는 것이 적절하다. 다시 말하자면, 이전 것과 마찬가지로 무교병으로 된 둥근 것이지만, 모든 종류의 찍어서 만든 것은 안 되고, 이전 것보다 더 크고 두껍게 해서 다양한 조각으로 쉽게 나뉠 수 있도록 한다. 그리고 모든 것은 목사의 재량에 따라서 적어도 두 조각 혹은 더 이상으로 나뉘어서 분배되어야 한다. 그리고 사람들은 전체를 받는 것보다 부분으로 받는 것이 적다고 생각해서는 안 된다. 그들 각각에 우리 구세주 예수 그리스도의 전체 몸이 있다.

¶ 이 왕국 안에서 목사들과 교구 성직자들이 자신들의 목사직의 비용과 부담으로, 성찬을 위한 충분한 떡과 포도주(그들의 교구민들이 자신들의 영적 위로를 위해서 떡과 포도주를 받으려고 할 때마다)를 지속적으로 찾을 경우, 그러한 비용과 부담에 대한 보상으로써 다음과 같이 명해야 한다. 모든 교구의 교구민은 자신들의 목사들과 교구 성직자들이 사용하도록, 그들이 항상 상기 거룩한 떡을 찾고 지불했던 것과 같은 순서와 과정으로 매 주일 헌금 시간에 거룩한 떡의 정당한 가치와 가격을(그런 모든 돈과 그리고 동일한 것과 함께 제공되었던 다른 것과 함께) 헌금해야 한다.

¶ 또한 어떤 이들이 늘 사역하는 목사들과 함께 성찬을 받는 모든 대 예배당과 대학 교회에서는 그리스도의 송축받으실 몸과 피의 성례전을 받는 것은 그것의 제정과 초대 교회의 사용에 가장 합당할 수 있다. 그리고 전국 어디서나 동일한 것을 지킬 수 있다. 이곳에서 조례가 제정된 이후에 차례에 따라 모든 교구에서 적어도 한 집의 누군가가 성찬의 비용에 대한 헌금을 해야 한다. 혹은 그 비용을 헌금하기 위해서 준비해야 하는 다른 사람은 사제들과 함께 거룩한 성찬을 받아야만 한다. 그들이 자신들의 차례가 오기 전에 알고 그래서 자신들이 성례전을 받기에 합당하도록 준비할 수 있기 때문에 그렇게 하는 것이 훨씬 더 잘 행해질 수 있다.

그리고 그와 함께 혹은 성찬의 비용을 그렇게 헌금하는 사람들과 그 다음에 성찬에 오려고 경건하게 준비하는 모든 사람은 마찬가지로 성찬을 받아야 한다. 그리고 이런 방식으로, 목사는 항상 자신과 함께 성찬을 할 어떤 이들이 있기 때문에, 따라서 그렇게 높고 거룩한 신비들을 동일한 것을 위해서 정해진 모든 기도와 정당한 순서로써 엄숙하게 시행할 수 있다. 그리고 평일에 사제는 자신과 함께 성찬을 할 누군가가 있을 때를 제외하고, 성찬을 기념하는 것을 참아야 한다.

¶ 그 외에, 모든 남자와 여자는 자신들이 거주하는 교구 교회에서 예배에 참석하고 들으며, 그곳에서 독실한 기도나 혹은 경건한 침묵과 묵상에 전념하고, 그곳에서 자신들의 의무를 다하며, 적어도 일 년에 한 번 성찬을 받고, 그곳에서 본서에서 지정된 모든 다른 성례전과 의식을 받아야 한다. 그리고 정당한 이유 없이 의도

적으로 불참하거나, 교구 교회에서 경건하지 못한 방식에 전념하는 자는 누구든지 그 증거가 발견되면 왕국의 교회법에 의해서 성찬에서 배제되거나 (그의 재량에 따라) 교회에 편리한 것으로 보이는 대로 다른 벌로써 고통을 받아야 한다.

¶ 그리고 비록 고대 저자들의 저서에서 읽혀지지만, 수년 전의 사람들은 사제의 손에 있는 그리스도의 몸의 성례전을 자신들의 손으로 받았고, 그에 반하는 그리스도의 어떠한 명령도 없다. 그럼에도 그들은 동일한 것을 여러 번 몰래 가져가서 자신들이 가지고 있으면서, 미신과 사악함으로 다양하게 오용시켰기 때문에, 이후 그런 일이 시도되지 않고, 전체 왕국 구석구석에서 균일하게 사용될 수 있도록 사람들이 그리스도의 몸의 성례전을 공통적으로 사제의 손으로부터 자신들의 입으로 받도록 하는 것이 편리하다고 생각된다.

3. 『영국 국교회의 공동 기도서와 성례전, 다른 예식들과 의식들』(1552)

(*The Book of Common Prayer and the Sacraments and other Rites and Ceremonies in the Church of England*, 1552) - 토마스 크랜머 -

서문[57]

(무엇보다) 보통 신성한 예배라고 불리는 교회(Church)의 공동 기도에서 분명히 나타나는 것처럼, 인간의 지성에 의해서 그렇게 잘 고안되고, 그렇게 확실하게 설립된 것 중 (시간이 계속되면서) 타락하지 않았던 것은 아무것도 없었다. 만약 사람들이 고대 교부들로부터 그것의 최초의 원형과 근거를 탐색한다면, 그는 그것이 미리 규정된 것이 아니라, 하나의 좋은 목적 그리고 경건함에 대한 위대한 발전을 위한 것이라는 사실을 발견할 것이다.

---

[57] 1552년판의 마지막 두 단락이 이전에 1549년판에서 담겼던 다음과 같은 것을 포함한 것을 제외하고는 1552년판 『공동 기도서』의 서문은 1549년판의 서문에 유사하다. "또한 누구든지 그들의 말에 얽매여서는 안 된다. 그러나 때때로 대예배당과 대학 교회들, 교구 교회와 교구 교회의 부속 예배당 같은 곳에서는 회중을 섬겨야만 한다."

왜냐하면, 성직자들, 특히 회중의 성직자들이 (하나님의 말씀을 자주 읽고 묵상함으로써) 스스로 경건함으로 분발하고, 또한 건전한 교리에 의해서 다른 사람들을 더욱 잘 권면할 수 있으며, 진리에 반대하는 자들에게 더욱 잘 반박할 의도를 가지고, 그들이 그 문제를 그렇게 정해서 전체 성경 모두 (혹은 성경의 대부분)를 일 년에 한 번 독파하도록 했기 때문이다.

그리고 더 나아가서 사람들은(매일 교회에서 낭독되는 거룩한 성경을 들음으로써) 지속해서 하나님을 아는 지식에서 점점 더 많은 유익을 얻게 되고, 하나님의 참 종교의 사랑으로 더 불타오르도록 함이다.

그러나 이런 수년이 지나가면서 이 경건하고 사리에 맞는 고대 교부의 규범들이 불확실한 이야기들, 전설들, 교창(responses)들, 구절들, 헛된 반복들, 기념들, 교회회의들을 주입함으로써 너무나 변경되고, 부서지며, 무시되어서, 보통 성경의 어떤 부분이 시작되면, 3-4장이 읽히기도 전에, 나머지 모두는 읽히지 않는다.

그리고 이런 종류로서 이사야서는 강림절에, 창세기는 사순절 전 제3주일(Septuagesima)에 시작되지만, 그 책들은 시작되었을 뿐, 결코 끝까지 읽힌 적이 없다. 거룩한 성경의 다른 책들도 유사한 방식으로 사용되었다. 그리고 더욱이 성 바울은 교회 사람들이 이해할 수 있고 그것을 들음으로써 유익을 얻을 수 있는 그런 언어로 말했던 반면에, 영국 국교회의 예배는 (이 수년간) 사람들이 이해하지 못하는 라틴어로 낭독했다.

그래서 그들은 단지 귀로만 듣고 따라서 그들의 마음과 영혼과 정신은 교화되지 않았다. 나아가서, 그런데도, 고대 교부들은 시편을 일곱 분량으로 나누었고, 그 각각이 *Nocturn*(시편 모음집 그리고 성경이나 교회 교부들로부터의 다른 lessons들, 아침 기도 일부라고 간주한다)이라고 불리었음에도, 이제 최근에 그들 중의 소수만 날마다 말하고(그리고 자주 반복된다), 나머지는 완전히 생략되어 왔다.

그 외에, 일과 규칙서(The Pie)라고 불리는 규칙의 수와 완고함 그리고 예배의 수많은 변화가 원인이 되어 심지어 책을 넘기기도 너무 어렵고 복잡한 문제가 되어서, 여러 번 읽어야 할 내용을 찾는 것과 그다음에 찾았을 때 읽는 것이 더 많은 일이 되었다. 따라서 이런 불편들을 고려한다면, 여기에서 이런 것을 바로 잡는 그런 규범이 제시되어야 한다. 그리고 이런 문제에 대비하기 위해서, 여기에 그러한 목적의 표(Calendar, 연중 예전 정보를 보여 주는 표)가 만들어져 있다. 그것은 명확하고 이해하기가 쉽고, 그 안에 (될 수 있는 한) 한 부분을 다른 것으로 끊지 않고 모든 것이 순서대로 행해지도록 거룩한 성경 낭독이 그렇게 제시되어 있다.

이런 이유로 찬송가(anthems), 교창, 초대송(Invitatories)과 그런 유사한 것들은 성경의 지속적 낭독 과정을 끊기 때문에 중단한다. 그러나 구제책은 없지만, 불가피하므로 몇 가지 규칙이 있어야 한다. 그러므로 여기에 어떤 규칙들을 제시하는데, 그것들은 수가 적기 때문에 명확하고 이해하기 쉽다. 그래서 여기에서 여러분은 옛 교부들의 마음과 목적에 가장 합하고, 최근에 사용되었던 것보다 훨씬 더 유익하고 편리한 기도의 규범(성경의 낭독에 관해서)을 가지게 된다.

그것이 더욱 유익한 이유는, 일부는 진실이 아니고, 일부는 불확실하며, 일부는 공허하고 미신적이며 낭독되어야 한다고 명령받은 것은 아무것도 없는 많은 것이 제외되고, 다만 하나님의 참으로 순전한 말씀인 거룩한 성경이나 혹은 명확하게 성경에 근거한 것만 있고, 낭독자와 청자 모두가 이해하기에 가장 쉽고 명확한 언어와 순서로 되었기 때문이다. 그것은 짧고 명확한 규범과 규칙이 적고 쉬우므로 더욱 편리하다.

나아가서, 이 규범에 따라서 교구 성직자들은 자신들의 공 예배를 위해서 다만 이 책과 성경 외에 다른 어떤 책도 필요하지 않게 될 것이다. 이 방도에 의해서, 사람들은 과거에 그랬던 것처럼 자신들의 책에 대해서 그렇게 큰 비용을 청구받지도 않을 것이다.

그리고 이 영국 왕국의 교회에서 말하고 노래하는 데 많은 다양성이 있었기 때문에, 일부는 솔즈베리(Salisbury) 의식을 따르고, 일부는 뱅거(Bangor) 의식을, 일부는 요크(York) 의식을, 일부는 링컨(Lincoln) 의식을 따른다. 지금부터는 전체 왕국 모두가 다만 한 의식만 가져야 한다. 누군가가, 이전에는 잦은 반복 때문에 많은 것을 외어서 말할 수 있었던 데 반해서, 이제 모든 것을 책으로부터 읽어야 하므로 이 방식을 더 괴롭다고 판단한다면, 만약 그런 사람이 자신들의 노동을 자신들이 책을 읽음으로써 매일 얻는 유익, 지식과 저울질을 한다면, 그 노동으로부터 따르는 큰 유익을 생각할 때 그들은 고통을 거부하지 않을 것이다.

그리고 아무것도 거의 그렇게 명확하게 제시될 수 없지만, 이 책을 사용하고 실천하는 데 있어서 의심이 일어날 수 있으므로, (만약 일어난다면) 그런 다양성을 완화하고, 이 책에 있는 내용을 어떻게 이해하고 행하며, 실행할지에 관한 모든 의심에 대한 해결을 위해서 그렇게 의심하거나 혹은 어떤 것을 다양하게 취하는 당사자는 항상 관구의 감독에게 의지해야 한다. 감독은 자신의 재량으로 그들을 잠잠하게 하고 완화하기 위한 규범을 정해서, 동일한 규범이 본서에 포함된 어떤 것에도 반하지 않도록 한다. 그리고 만약 관구의 감독이 어떤 의심이라도 든다면, 그는 해결을 위해 대주교에게 청할 수 있다.

비록 위에 기록된 서문에서, 회중이 그것에 의해서 교화되도록 모든 것들이 교회에서 영어로 낭독되고 노래로 불려야 한다는 것이 정해졌지만, 그런데도 그것은 사람들이 사적으로 아침 기도와 저녁 기도를 할 때는 자신들이 이해하는 어떠한 언어로도 같은 것을 할 수 있다는 의미이다. 그리고 설교나, 신학 공부 혹은 다른 급한 이유에 의해서 바쁜 자들을 제외하고 모든 사제와 집사는 매일 아침과 저녁 기도를 사적으로든지 혹은 공개적으로 드려야만 한다.

그리고 각 교구 교회나 예배당에서 목회하는 교구 성직자는 다른 합리적인 이유로 바쁘지 않고 집에 있다면, 자신이 목회하는 교구 교회나 예배당에서 동일한 것을 기도해야 한다. 그리고 그는 시작하기 전 편리한 시간에, 마음먹은 사람들이 하나님의 말씀을 듣고 그와 함께 기도하러 올 수 있도록 그곳의 종을 쳐야 한다.

연간 매일 아침 기도 규범

¶ 아침 기도와 저녁 기도로 사용되고 기도되는 곳의 규범

아침과 저녁 기도는 교회의 예배당 혹은 성단소와 같은 장소에서 사용되어야 한다. 그리고 목사는 사람들이 가장 잘 들을 수 있게 몸을 돌려야 한다. 만약 그 자리에 대한 논란이 있다면, 그는 그 문제를 예식서의 규정에서 조회해 보아야 한다. 그리고 그가 혹은 그의 대리가 그 장소를 지정해야만 하고, 성단소는 과거에 그랬던 것처럼 유지되어야 한다.

그리고 여기에서 성직자는 성찬과 그리고 자신의 다른 모든 사역을 행할 시에 앨브, 제의 코프 어떤 것도 입어서는 안 된다는 것을 주의해야 한다. 그러나 대주교 혹은 감독은 로셰(Rochet, 감독이나 추기경이 입는 중백의에 유사한 성직자의 흰색 의복)를 입어야 하고, 사제나 집사는 중백의(일상 성직복인 카속 위에 입고, 때로는 발까지 닿는 긴 소매를 가진 흰 리넨 의복)만 입어야 한다.

¶ 연간 매일 아침 기도를 위한 규범

아침 기도와 저녁 기도 모두 시작할 때, 성직자는 다음에 나오는 성경의 이런 문장 중 하나를 큰 소리로 읽어야 한다. 그리고 그는 상기 문장들 뒤에 다음과 같이 기록된 것을 말해야만 한다.

> 악인이 만일 그가 행한 모든 죄에서 돌이켜 떠나 내 모든 율례를 지키고 정의와 공의를 행하면 반드시 살고 죽지 아니할 것이라 그 범죄한 것이 하나도 기억함이 되지 아니하리니 그가 행한 공의로 살리라.[58]

> 무릇 나는 내 죄과를 아오니 내 죄가 항상 내 앞에 있나이다.[59]

> 주의 얼굴을 내 죄에서 돌이키시고 내 모든 죄악을 지워 주소서.[60]

> 하나님께서 구하시는 제사는 상한 심령이라 하나님이여 상하고 통회하는 마음을 주께서 멸시하지 아니하시리이다.[61]

> 너희는 옷을 찢지 말고 마음을 찢고 너희 하나님 여호와께로 돌아올지어다 그는 은혜로우시며 자비로우시며 노하기를 더디 하시며 인애가 크시사 뜻을 돌이켜 재앙을 내리지 아니하시나니.[62]

---

58 겔 18장.
59 시 51편.
60 시 51편.
61 시 51편.
62 욜 2장.

주 우리 하나님께는 긍휼과 용서하심이 있사오니 이는 우리가 주께 패역하였음이오며 우리 하나님 여호와의 목소리를 듣지 아니하며 여호와께서 그의 종 선지자들에게 부탁하여 우리 앞에 세우신 율법을 행하지 아니했음이니이다.⁶³

여호와여 나를 징계하옵시되 너그러이 하시고 진노로 하지 마옵소서 주께서 내가 없어지게 하실까 두려워하나이다.⁶⁴

회개하라 천국이 가까이 왔느니라.⁶⁵

내가 일어나 아버지께 가서 이르기를 아버지 내가 하늘과 아버지께 죄를 지었사오니 지금부터는 아버지의 아들이라 일컬음을 감당하지 못하겠나이다.⁶⁶

주의 종에게 심판을 행하지 마소서 주의 눈 앞에는 의로운 인생이 하나도 없나이다.⁶⁷

만일 우리가 죄가 없다고 말하면 스스로 속이고 또 진리가 우리 속에 있지 아니할 것이요.⁶⁸

지극히 사랑받는 형제자매들이여!

위의 성경들은 우리의 너무나 많은 죄와 사악함을 인정하고 고백하도록 여러 곳에서 우리를 감동시킵니다. 그리고 우리는 우리의 하늘에 계신 아버지이신 전능하신 하나님의 면전에서 그것들을 숨기거나 가리지 않아야 하고, 우리가 그분의 무한하신 선함과 자비로써 그것들에 대한 용서를 얻을 수 있도록, 다만 겸손하고 낮추며, 회개하고 순종하는 마음으로 그 죄들을 고백해야 합니다.

---

63 단 9장.
64 렘 10장.
65 마 3장.
66 눅 15장.
67 시 143편.
68 요일 1장.

그리고 비록 우리가 항상, 하나님의 면전에서 우리의 죄를 겸손하게 인정해야 하지만, 무엇보다도 주로 그렇게 해야 할 때는 바로 우리가 그분의 손으로부터 받았던 크나큰 유익들에 대한 감사를 드리고, 그분에게 가장 합당한 찬양을 드리며, 그분의 가장 거룩한 말씀을 듣고, 몸과 영혼 모두를 위해서 필요하고 필수적인 것들을 구하기 위해서 모이고 함께 만날 때입니다. 그러므로 나는 기도하고, 여기 출석한 모든 사람이 순전한 마음과 겸손한 목소리로 나를 따라 제창하며 하늘에 있는 은혜의 보좌까지 나와 함께 동행하도록 여러분께 요청합니다.

¶ 전체 회중이 무릎을 꿇고, 성직자를 따라서 해야만 하는 일반적 고백.

전능하시고 지극히 자비로운 아버지!

우리는 잃어버린 양 떼처럼 잘못을 범했고 주의 길에서 벗어났습니다. 우리는 우리 마음의 의지와 욕망을 너무나 많이 좇았습니다. 우리는 당신의 거룩한 율법을 위반했습니다. 우리는 해야만 할 것을 하지 않았고, 해서는 안 되는 것들을 했으며, 우리 안에는 어떠한 건전함도 없습니다.

오, 주님!

당신은 우리 비참한 범죄자들에게 자비를 베푸십니다. 오, 하나님 자신들의 잘못을 고백하는 자들을 용서해 주시옵소서. 우리 주 예수 그리스도 안에서 인류에게 선포하셨던 당신의 약속에 따라, 회개하는 자들을 회복시켜 주시옵소서. 그리고 지극히 자비로우신 아버지, 예수 그리스도를 위해서, 우리가 이제부터 계속 당신의 거룩한 이름의 영광을 위하여 경건하고 의로우며 진지한 삶을 살 수 있도록 허락하시옵소서.

¶ 다음과 같이 성직자가 단독으로 면죄를 선포해야 한다.

우리 주 예수 그리스도의 아버지이신 전능하신 하나님!

당신은 죄인의 죽음을 원하지 않으시고 오히려 그가 자신의 사악함으로부터 돌이켜서 살기를 바라십니다. 그리고 당신은 당신의 성직자들이 회개하는 주의 백성들에게 면죄 선언을 하고, 그들의 죄에 대한 용서를 선언하고 선포할 수 있도록 능력을 주시고 명령하셨습니다. 하나님은 진실로 회개하고, 진정으로 주의 거룩한 복음을 믿는 자들을 용서하시고 사면하십니다.

그러므로 우리는 하나님께 진정으로 참된 회개와 그분의 성령님을 주셔서 우리가 지금 현재 행하는 그러한 일이 하나님을 기쁘시게 하고, 우리의 나머지 생애에서 지금부터 계속해서 우리의 행함이 순전하고 거룩하여서 그분을 기쁘시게 할 수 있게 되어, 우리가 우리 주 예수 그리스도로 말미암아 마침내 하나님의 영원한 기쁨에 이를 수 있도록 허락하시기를 요청합니다.

¶ 사람들은 다음과 같이 응답해야 한다.
아멘.

¶ 그런 후에 성직자는 주기도문을 다음과 같이 큰 소리로 시작해야 한다.
하늘에 계신 우리 아버지,
아버지의 이름을 거룩하게 하시며
아버지의 나라가 오게 하시며,
아버지의 뜻이 하늘에서와 같이 땅에서도 이루어지게 하소서.
오늘 우리에게 일용할 양식을 주시고,
우리가 우리에게 잘못한 사람을 용서하여 준 것 같이
우리 죄를 용서하여 주시고,
우리를 시험에 빠지지 않게 하시고, 악에서 구하소서.
아멘.

¶ 그런 다음 마찬가지로 그는 다음과 같이 말해야 한다.
오, 주님!
우리의 입술을 여시옵소서.

¶ 응답
그리고 우리의 입이 당신을 찬양하도록 하십시오.

¶ 사제
오, 하나님!
우리를 속히 구하시옵소서.

¶ 응답

오, 주님!
우리를 속히 도우시옵소서.

¶ 사제

성부와 성자와 성령께 영광을.
태초에 그러셨던 것처럼, 이제와 항상 영원히 그러하실 것입니다.
아멘.
주님을 찬양하십시오.

¶ 그다음에 다음과 같은 성시를 말로나 노래로 부른다.

오라 우리가 여호와께 노래하며 우리의 구원의 반석을 향하여 즐거이 외치자.
우리가 감사함으로 그 앞에 나아가며 시를 지어 즐거이 그를 노래하자.
여호와는 크신 하나님이시요 모든 신보다 크신 왕이시기 때문이로다.
땅의 깊은 곳이 그의 손안에 있으며 산들의 높은 곳도 그의 것이로다.
바다도 그의 것이라 그가 만드셨고 육지도 그의 손이 지으셨도다.
오라 우리가 굽혀 경배하며 우리를 지으신 여호와 앞에 무릎을 꿇자.
그는 우리의 하나님이시요 우리는 그가 기르시는 백성이며 그의 손이 돌보시는 양이기 때문이라.
너희가 오늘 그의 음성을 듣거든 너희는 광야의 시험의 날들에서 격노하시게 하던 것 같이 너희 마음을 완악하게 하지 말지어다.
그 때 너희 조상들이 내가 행한 일을 보고서도 나를 시험하여 분노케 했도다.
내가 사십 년 동안 그 세대로 말미암아 근심하여 이르기를 그들은 마음이 미혹된 백성이라 내 길을 알지 못한다 했도다.
성부와 성자와 성령께 영광을.
태초에 그랬던 것처럼, 이제와 항상 영원히 그러하실 것입니다. 아멘.

¶ 그다음에 그날을 위해서 정해진 적절한 성시가 없다면, 그러한 목적을 위해서 만들어진 표에서 지정된 대로 순서에 따라 어떤 성시들이 따라야만 한다. 그리고 연간 내내 모든 성시의 끝에 그리고 마찬가지로 송축받으실(*Benedictus*), 주님을 송축하라(*Benedicite*), 주님을 찬양하라(*Magnificat*), 이제 당신의 종을 편안히 가게 하십시오(*Nunc Dimittis*)의 끝에 다음과 같은 것이 반복되어야 한다.

성부와 성자와 성령께 영광을,
태초에 그랬던 것처럼, 이제와 항상 영원히 그러하실 것입니다.
아멘.

¶ 그다음에 사람들이 들을 수 있도록 큰 목소리로 두 개의 성경을 분명하게 낭독해야 한다. 그날을 위해서 할당된 적절한 성경 낭독을 제외하고, 표에 의해서 지정된 대로 처음 것은 구약에서, 두 번째 것은 신약으로부터 한다. 성경을 낭독하는 성직자는 참석한 모든 사람이 가장 잘 들을 수 있도록 몸을 돌리고 서 있어야 한다. 그리고 모든 낭독 전에 목사는 이렇게 말해야만 한다. "창세기 1장, 2장, 3장, 4장 혹은 출애굽기, 마태복음, 마가복음 혹은 달력에서 지정된 대로 다른 복음" 그리고 각 장 끝에, 그는 "여기서 이 책의 한 장이 끝납니다"라고 말해야 한다.

¶ 그리고 (사람들이 더 잘 들을 수 있도록) 그들이 노래하는 그런 곳에서, 명확한 낭독의 방식을 따라 분명한 곡조로 성경을 노래로 불러야 한다. 그리고 서신서와 복음서도 마찬가지이다.

¶ 연중 매일, 첫 낭독 후에 하나님, 하나님, 우리는 당신을 찬양합니다(*Te Deum Laudmus*)가 영어로 뒤따라야 한다.
하나님, 우리는 당신을 찬양합니다(*Te Deum*)

오, 하나님!
우리는 당신을 찬양합니다. 우리는 당신이 주님이심을 인정합니다.
땅의 모든 것이 영원하신 아버지 당신을 경배합니다.

당신께, 모든 천사, 하늘들과 그 안에 있는 모든 권세가 큰 소리로 부르짖습니다.
당신께, 그룹들과 스랍들이 끊임없이 부르짖기를. "거룩, 거룩, 거룩하시도다, 만군의 하나님 주시여."
하늘과 땅은 당신의 영광 위엄으로 가득 찼습니다.
영광스러운 사도들의 집단이 당신을 찬양합니다.
선지자들의 선한 집단이 당신을 찬양합니다.
순교자들의 고귀한 군대가 당신을 찬양합니다.
전 세계의 거룩한 교회(Church)가 당신을 인정합니다.
무한한 위엄(Infinite Majesty)이신 성부시여.
당신의 참으로 고귀하고 유일하신 성자시여.
또한, 위로자이신 성령이시여.

오, 그리스도시여!
당신은 영광의 왕이십니다.
당신은 성부의 영원한 성자이십니다.
당신의 인간을 해방할 책임을 지셨을 때, 당신은 동정녀의 태에 들어가심을 거절하지 않으셨습니다.
당신이 죽음의 날카로움을 극복하셨을 때, 당신은 모든 신자에게 천국을 여셨습니다.
당신은 성부의 영광(Glory) 안에서 하나님의 우편에 앉으셨습니다.
우리는 당신이 우리의 심판을 하시기 위해서 오실 것을 믿습니다.
우리는 그러므로 당신이 당신의 귀한 피로써 구속하셨던 당신의 종들을 도와주시기를 기도합니다.
그들을 영원한 영광 안에서 당신의 성도로 포함되도록 해 주시옵소서.

오, 주님!
당신의 백성을 구원하시고 당신의 유업에 복을 주시옵소서.
그들을 다스리시고 그들을 영원히 들어 올려 주시옵소서.
우리는 나날이 당신을 찬양합니다.

그리고 당신의 이름을 항상 영원히 경배합니다.

오, 주님!
오늘 우리를 죄 없이 지켜 주시옵소서.

오, 주님!
우리에게 자비를 베푸소서, 우리에게 자비를 베푸소서.

오, 주님!
당신의 자비가 우리 위에서 빛나게 하소서. 왜냐하면, 우리의 신뢰가 당신 안에 있기 때문입니다.

오, 주님!
우리는 당신을 신뢰합니다. 저를 절대 혼란스러워하지 않게 하시옵소서.

¶ 혹은 주님의 작품들인 너희 모두는 주님을 찬양하라는 찬가.

오, 주님의 작품들인 너희 모두는 주님을 송축하라. 그분을 찬양하고 그분을 영원히 높여드려라.

오, 너희 주님의 천사들아, 주님을 송축하라. 그분을 찬양하고 그분을 영원히 높여드려라.

오, 너희 하늘아, 주님을 송축하라. 그분을 찬양하고 그분을 영원히 높여드려라.

오, 창공 위에 있는 너희 물들아, 주님을 송축하라. 그분을 찬양하고 그분을 영원히 높여드려라.

오, 너희 주님의 모든 권세 들이여, 주님을 송축하라. 그분을 찬양하고 그분을 영원히 높여드려라.

오, 너희 태양과 달아, 주님을 송축하라. 그분을 찬양하고 그분을 영원히 높여드려라.

오, 너희 하늘의 별들아, 주님을 송축하라. 그분을 찬양하고 그분을 영원히 높여드려라.

오, 너희 소나기와 이슬아, 주님을 송축하라. 그분을 찬양하고 그분을 영원히 높여드려라.

오, 너희 하나님의 바람아, 주님을 송축하라. 그분을 찬양하고 그분을 영원히 높여드려라.

오, 너희 불과 더위여, 주님을 송축하라. 그분을 찬양하고 그분을 영원히 높여드려라.

오, 너희 겨울과 여름아, 주님을 송축하라. 그분을 찬양하고 그분을 영원히 높여드려라.

오, 너희 이슬들과 서리들아, 주님을 송축하라. 그분을 찬양하고 그분을 영원히 높여드려라.

오, 너희 서리와 추위여, 주님을 송축하라. 그분을 찬양하고 그분을 영원히 높여드려라.

오, 너희 얼음과 눈이여, 주님을 송축하라. 그분을 찬양하고 그분을 영원히 높여드려라.

오, 너희 밤과 낮들이여, 주님을 송축하라. 그분을 찬양하고 그분을 영원히 높여드려라.

오, 너희 빛과 어둠이여, 주님을 송축하라. 그분을 찬양하고 그분을 영원히 높여드려라.

오, 너희 번개와 구름이여, 주님을 송축하라. 그분을 찬양하고 그분을 영원히 높여드려라.

오, 땅이 주님을 송축하게 하라. 네, 그것이 주님을 찬양하고 영원히 그분을 높이게 하라.

오, 너희 산들과 언덕들이여, 주님을 송축하라. 그분을 찬양하고 그분을 영원히 높여드려라.

오, 땅 위에 있는 너희 모든 식물은 주님을 송축하라. 그분을 찬양하고 그분을 영원히 높여드려라.

오, 너희 우물 들이여, 주님을 송축하라. 그분을 찬양하고 그분을 영원히 높여드려라.

오, 너희 바다 들이여, 그리고 홍수들아, 주님을 송축하라. 그분을 찬양하고 그분을 영원히 높여드려라.

오, 너희 고래들아, 그리고 물에서 움직이는 모든 것, 주님을 송축하라. 그분을 찬양하고 그분을 영원히 높여드려라.

오, 너희 공중의 새들이여, 주님을 송축하라. 그분을 찬양하고 그분을 영원히 높여드려라.

오, 너희 모든 짐승과 가축아, 주님을 송축하라. 그분을 찬양하고 그분을 영원히 높여드려라.

오, 너희 인간의 자녀들아, 주님을 송축하라. 그분을 찬양하고 그분을 영원히 높여드려라.

오, 이스라엘이 주님을 송축하고, 그분을 찬양하며, 그분을 높여드리게 하라.

오, 너희 주님의 사제들아, 주님을 송축하라. 그분을 찬양하고 그분을 영원히 높여드려라.

오, 너희 주님의 종들아, 주님을 송축하라. 그분을 찬양하고 그분을 영원히 높여드려라.

오, 너희 의로움의 영과 혼들아, 주님을 송축하라. 그분을 찬양하고 그분을 영원히 높여드려라.

오, 너희 거룩하고 겸손한 마음을 가진 인간들아, 주님을 송축하라. 그분을 찬양하고 그분을 영원히 높여드려라.

오, 사드락(Sadrach) 메삭(Meshach), 아벳느고(Abednego)여, 주님을 송축하라. 그분을 찬양하고 그분을 영원히 높여드려라.

성부와 성자와 성령께 영광을.
태초에 그랬던 것처럼, 이제와 항상 영원히 그러하실 것입니다.
아멘.

¶ 그리고 두 번째 낭독 후에, 다음과 같이 '송축받으실'(*Benedictus*)을 사용하고 영어로 말해야 한다.

찬송하리로다 주 이스라엘의 하나님이여 그 백성을 돌보사 속량하시며, 우리를 위하여 구원의 뿔을 그 종 다윗의 집에 일으키셨으니
이것은 주께서 창세로부터 거룩한 선지자의 입으로 말씀하신 바와 같이

우리 원수에서와 우리를 미워하는 모든 자의 손에서 구원하시는 일이라
우리 조상에게 약속하셨던 긍휼을 행하시며 그 거룩한 언약을 기억하셨으니
곧 우리 조상 아브라함에게 하신 맹세라
우리가 우리 원수의 손에서 건지심을 받고
종신토록 주의 앞에서 성결과 의로 두려움이 없이 섬기게 하리라 하셨도다
이 아이여 네가 지극히 높으신 이의 선지자라 일컬음을 받고 주 앞에 앞서가서 그 길을 준비하여
주의 백성에게 그 죄 사함으로 말미암는 구원을 알게 하리니
이는 우리 하나님의 긍휼로 인함이라 이로써 돋는 해가 위로부터 우리에게 임하여 어둠과 죽음의 그늘에 앉은 자에게 비치고 우리 발을 평강의 길로 인도하시리로다.

성부와 성자와 성령께 영광을.
태초에 그랬던 것처럼, 이제와 항상 영원히 그러하실 것입니다.
아멘.

¶ 그렇지 않으면, '하나님께 즐겁게 외쳐라'(*Jubilate Deo*, 시 100편)라는 이 성시.
온 땅이여, 여호와를 즐거워하라.
기쁨으로 여호와를 섬기며, 노래하면서 그의 앞에 나아갈지어다.
여호와가 우리 하나님임을 너는 알지어다.
우리를 지으신 이는 그분이요, 우리가 아니니,
우리는 그분의 백성이요, 그분의 기르시는 양이로다,
오 감사함으로 그의 문에 들어가며,
찬송함으로 그의 궁정에 들어가서
그에게 감사하며, 그리 이름을 송축할지어다.
여호와는 은혜로우시고, 그분의 인자하심이 영원하고,
그분의 진리는 대대에 이르리로다.

성부와 성자와 성령께 영광을.
태초에 그러셨던 것처럼, 이제와 항상 영원히 그러하실 것입니다.
아멘.

¶ 그다음에 성직자와 사람들은 선 채로 다음과 같이 신조를 말해야 한다.
전능하사 천지를 만드신 하나님 아버지를 내가 믿사오며,
그 외아들 우리 주 예수 그리스도를 믿사오니,
이는 성령으로 잉태하사 동정녀 마리아에게 나시고,
본디오 빌라도에게 고난을 받으사,
십자가에 못박혀 죽으시고,
매장되시어 지옥으로 내려가시며,
장사한 지 사흘 만에 죽은 자 가운데서 다시 살아나시며,
하늘에 오르사, 전능하신 하나님 우편에 앉아 계시다가,
저리로서 산 자와 죽은 자를 심판하러 오시리라.
성령을 믿사오며,
거룩한 공회와, 성도가 서로 교통하는 것과,
죄를 사하여 주시는 것과,
몸이 다시 사는 것과
영원히 사는 것을 믿사옵나이다.
아멘.

¶ 그리고 그 후에, 모두 경건하게 무릎을 꿇고 저녁 기도와 아침 기도에 이런 기도들이 따른다. 성직자는 우선 다음과 같이 큰 소리로 선포한다.
주께서 여러분과 함께.

¶ 응답
그리고 당신의 영과 함께.

¶ 성직자
주님, 우리에게 자비를 베푸소서.

그리스도시여, 우리에게 자비를 베푸소서.
주님, 우리에게 자비를 베푸소서.

¶ 그런 후에 성직자, 목사들 그리고 사람들은 큰 소리로 다음과 같이 주기도문을 해야 한다.

하늘에 계신 우리 아버지, 등등.

¶ 그다음에 성직자는 선 채로 다음과 같이 말해야 한다.
오, 주님!
우리에게 당신의 자비를 보여 주소서.

¶ 응답
그리고 당신의 구원을 허락하소서.

¶ 사제
오, 주님!
왕을 구하소서.

¶ 응답
그리고 우리가 당신을 부를 때, 우리의 말을 자비롭게 들으시옵소서.

¶ 사제
당신의 성직자들에게 의로움을 부여하소서.

¶ 응답
그리고 당신의 택하신 백성을 가쁘게 하소서.

¶ 사제
오, 주님!

당신의 백성을 구하소서.

¶ 응답
그리고 당신의 유업에 복을 주소서.

¶ 사제
오, 주님!
우리 시대에 평화를 주소서.

¶ 응답
오, 하나님!
이는 당신 외에 우리를 위해 싸울 이가 아무도 없기 때문입니다.

¶ 사제
오, 하나님!
우리 속에 있는 마음을 정화해 주소서.

¶ 응답
그리고 당신의 성령을 우리로부터 데려가지 마시옵소서.

¶ 그다음에 본기도가 다음과 같이 따라야만 한다. 그날의 첫 번째 것은 성찬에 정해진 것과 동일해야 한다. 두 번째 것은 평화를 구하고, 세 번째 것은 잘 살기 위해 은혜를 구하는 것이다. 그리고 두 개의 마지막 본기도들은 결코 변경되어서는 안 되지만, 연간 내내 아침 기도에서 날마다 다음과 같이 해야 한다.

¶ 평화를 구하는 두 번째 본기도
평화의 창시자(Author)이시고, 화합을 사랑하시는 분(Lover)이신 오 하나님!
당신을 아는 지식에 우리의 영생이 있고, 당신을 섬기는 것은 완벽한 자유입니다.

우리가 당신의 보호를 확실히 신뢰하면서 우리 주 예수 그리스도의 능력으로 말미암아 어떠한 원수들의 능력도 두려워하지 않도록, 당신의 비천한 종들을 원수의 공격으로부터 지켜 주시옵소서. 아멘.

¶ 은혜를 구하는 세 번째 본기도
오, 주님!
하늘에 계시는 아버지!
전능하시고 영원하신 하나님!
당신은 우리를 오늘의 시작으로 안전하게 데려오셨습니다. 당신의 강한 능력으로 오늘 우리를 지켜 주시옵소서, 그리고 오늘 우리가 어떠한 죄에도 빠지지 않고, 어떠한 종류의 위험에도 처하지 않도록 하시고, 다만 우리의 모든 행위가 당신의 다스림에 의해 명령을 받아서 우리 주 예수 그리스도로 말미암아 당신이 보시기에 의로운 것을 항상 행하도록 해 주시옵소서. 아멘.

연중 저녁 기도를 위한 규범

¶ 사제는 다음과 같이 말해야 한다.
하늘에 계신 우리 아버지, 등등.

¶ 그다음에, 마찬가지로 그는 다음과 같이 말해야 한다.
오, 주님!
우리의 입술을 여시옵소서.

¶ 응답
그리고 우리의 입이 당신을 찬양하도록 하시옵소서.

¶ 사제
오, 주님!
우리를 속히 구하시옵소서.

¶ 응답
　오, 주님!
　우리를 속히 도우시옵소서.

¶ 사제
　성부와 성자와 성령께 영광을.
　태초에 그러셨던 것처럼, 이제와 영원히 그러하실 것입니다.
　아멘.
　주님께 찬양을.

¶ 그다음에 그날을 위해 지정된 적절한 성시가 없다면, 성시 표에서 지정된 순서대로 성시들. 그다음에, 그날을 위해 지정된 적절한 성경이 있을 때를 제외하고, 마찬가지로 달력에서 지정된 대로 구약의 한 성경. 그 후에 영어로 다음과 같은 송가(Magnificat)가 따른다.

송가(Magnificat)
내 영혼이 주를 찬양하며
내 마음이 하나님 내 구주를 기뻐했음은
그의 여종의 비천함을 돌보셨음이요.
보라, 이제 후로는 만세에 나를 복이 있다 일컬으리로다.
능하신 이가 큰일을 내게 행하셨으니 그 이름이 거룩하시며,
긍휼하심이 두려워하는 자에게 대대로 이르는도다.

그의 팔로 힘을 보이사 마음의 생각이 교만한 자들을 흩으셨고,
권세 있는 자를 그 위에서 내리치셨으며, 비천한 자를 높이셨고,
주리는 자를 좋은 것으로 배불리셨으며, 부자는 빈손으로 보내셨도다.
그 종 이스라엘을 도우사 긍휼히 여기시고 기억하시되
우리 조상에게 말씀하신 것과 같이 아브라함과 그 자손에게 영원히 하시리로다.

성부께 영광을, 등등.
그러셨던 것처럼, 등등.

¶ 그렇지 않으면 다음과 같은 성시

주님께 찬양하라(*Cantate Domino*, 시 98편)
새 노래로 여호와께 찬송하라.
그는 기이한 일을 행하사,
그의 오른손과 거룩한 팔로 자기를 위하여 승리를 얻으셨도다.
여호와께서 그의 구원을 알게 하시며 그의 공의를 뭇 나라의 목전에서 명백히 나타내셨도다.
그가 이스라엘의 집에 베푸신 인자와 성실을 기억하셨으므로
땅끝까지 이르는 모든 것이 우리 하나님의 구원을 보았도다.
온 땅이여 여호와께 즐거이 소리칠지어다.
소리 내어 즐겁게 노래하며 감사할지어다.
수금으로 여호와를 찬양하라 수금에 맞추어서 감사의 노래를 할지어다.
나팔과 호각[69] 소리로 왕이신 여호와 앞에 즐겁게 소리칠지어다.
바다와 거기 충만한 것과 세계와 그중에 거주하는 자는 다 외칠지어다.
여호와 앞에서 구름은 손뼉 칠지어다.
산들이 함께 즐겁게 노래할지어다.
그가 땅을 심판하러 임하실 것이로다.
그가 의로 세계를 판단하시며, 공평으로 그의 백성을 심판하시리로다.
성부께 영광을, 등등.
그러셨던 것처럼, 등등.

¶ 성부와 성자와 성령께 영광이 있을 지어다(*Gloria Patri*)는 **여기와 다른 쇄** (printings)들에 상세하게 인쇄되어 있다.

---

69 목관 악기.

¶ 그다음에 신약의 한 성경. 그리고 그 후에 (이제 당신의 종을 평안히 떠나게 하십시오, *Nunc Cimittis*)를 영어로 다음과 같이.

오, 주님!
당신의 말씀에 따라서 이제 당신의 종을 편안히 떠나게 하십시오.
이는 내 눈이 당신의 구원을 보았사오니,
이는 만민 앞에 예비하신 것이요,
이방을 비추는 빛이요, 주의 백성 이스라엘의 영광이니이다.

성부께 영광을, 등등.
그러셨던 것처럼, 등등.

¶ 그렇지 않으면 다음과 같은 성시

하나님 우리를 긍휼히 여기소서(*Deus Misereatur*, 시편 67편)

¶ 앞의 아침 기도에서 송축받으실(*Benedictus*) 후에 지정된 것처럼, 그 다음에 다른 기도와 함께 신조가 따라야 한다. 그리고 세 개의 본기도, 즉 그날의 첫 번째 본기도, 평화를 위한 두 번째 기도, 모든 위험에 대한 도움을 구하는 세 번째 본기도와 함께. 매일 변경 없이 저녁 기도에서 이런 마지막 두 본기도를 해야 한다.

¶ 저녁 기도의 두 번째 본기도
오, 하나님!
당신으로부터 모든 거룩한 염원과 모든 선한 조언 그리고 모든 의로운 일이 나옵니다. 당신의 종들에게 세상이 줄 수 없는 평강을 주셔서, 또한 우리의 마음이 주의 계명에 순종하는 마음이 될 뿐 아니라, 우리가 또한 하나님에 의해서 우리 원수에 대한 두려움으로부터 보호를 받아 우리 구주 예수 그리스도의 공로로 말미암아 안식과 고요함 속에서 우리 시간을 보낼 수 있도록 해 주시옵소서. 아멘.

¶ 세 번째 본기도, 혹은 모든 위험에 대한 도움.

오, 주님!

우리의 어둠을 밝혀 주시옵소서. 그리고 당신의 크신 자비와 당신의 독생자 우리 구세주 예수 그리스도의 사랑으로 이 밤의 모든 위험으로부터 우리를 지켜 주시기를 요청합니다. 아멘.

¶ 성탄절, 주현절, 성 맛디아(Saint Matthias), 부활절, 승천일, 성령강림절, 성 세례 요한, 성 야고보, 성 바돌로매(Bartholomew), 성 마태, 성 시몬과 유다(Jude), 성 안드레, 삼위일체 주일의 축일에는 우리 기독교 신앙의 이런 고백을 베네딕투스 직후에 노래나 말로 해야 한다.

원하는 자는 누구나(Quicumque Vult)

누구든지 구원받고자 원하는 자는 무엇보다도 보편적 신앙을 지니는 것이 필요합니다.

누구든지 이 신앙을 거룩하고 순전하게 지키지 않으면, 틀림없이 영원히 멸망할 것입니다.

그리고 보편적 신앙은 이것입니다. 우리는 삼위로 계신 한 분 하나님과 일체로 계신 삼위 하나님을 경배합니다.

위격도 혼합되지 않고, 본질도 분리되지 않습니다.

왜냐하면, 성부의 한 위격과 성자의 또한 위격 그리고 성령의 또 한 위격이 있기 때문입니다. 그러나 성부와 성자와 성령의 신성은 모두가 하나이고, 영광도 동등하며, 그 위엄은 영원히 공존합니다.

성부가 그런 것처럼 성자가 이와 같고 성령도 다음과 같이 그러합니다. 성부도 창조되지 않았고, 성자도 창조되지 않았으며, 성령도 창조되지 않았습니다.

성부는 이해될 수 없으며, 성자도 이해될 수 없으며 그리고 성령도 이해될 수 없습니다.

성부는 영원하고, 성자도 영원하며, 성령도 영원합니다.

그런데도, 그분들은 세 영원한 분들이 아니라 한 영원한 분입니다.

또한, 마찬가지로, 세 분이 이해할 수 없는 분들이 아니며, 세 분의 창조되지 않은 분들도 아닙니다. 다만 창조되지 않은 한 분이고 이해할 수 없는 한 분입니다. 마찬가지로, 성부는 전능하시고, 성자도 전능하시며, 성령도 전능하십니다.

그런데도 세 전능하신 분들이 아니라 한 전능자이십니다.

이처럼 성부는 하나님이고, 성자도 하나님이며, 성령도 하나님입니다.

그런데도 그분들은 세 하나님이 아니라, 오직 한 분 하나님이십니다.

이처럼 성부도 주님이시고 성자도 주님이시며 성령도 주님이십니다.

그런데도 세 주님이 계신 것이 아니라 오직 한 분 주님만 계실 뿐입니다.

왜냐하면, 기독교의 진리에 의해서 우리가 각 위격이 하나님이고 주님임을 인정할 수밖에 없기 때문입니다.

그래서 보편적 종교(Religion)는 우리가 세 하나님이거나 세 주님이 계시다고 말하는 것이 금지합니다.

성부는 무엇에 의해서도 만들어지지 않으셨고, 창조되지도 않으셨으며, 나지도 않으셨습니다. 성자는 만들어지지 않고, 창조되지도 않았지만, 오직 성부로부터 나셨습니다.

성령은 만들어지지 않고, 창조되지도 않았으며, 나지도 않았지만, 성부와 성자로부터 나오십니다. 그러므로 세 성부가 아니라 한 성부가 계십니다. 세 성자가 아니라 한 성자가 계십니다. 세 성령이 아니라 한 성령이 계십니다.

그리고 이 삼위에는 어느 위격도 다른 위격에 앞서가나 뒤에 계시지 않고, 어느 한 위격도 다른 위격보다 더 크시거나 작지 않습니다. 다만 세 위격 전체가 그 자신들과 함께 영원하고 함께 동등합니다.

이처럼 이미 앞서 말한 것처럼, 모든 것을 통하여, 삼위 안에서 일체를, 일체 안에서 삼위가 경배를 받으셔야 합니다. 그러므로 구원받기 원하는 사람은, 이렇게 삼위일체에 대해서 알아야 할 것입니다.

나아가서, 영원한 구원을 위하여 우리 주 예수 그리스도의 성육신을 바르게 믿어야 합니다. 왜냐하면, 바른 신앙이란 다음과 같이 하나님의 아들이신 우리 주 예수 그리스도께서 하나님이시고 인간이라는 사실을 믿는 것이기 때문입니다.

그분은 창세전에 아버지의 본질로부터 나신 하나님이십니다. 그리고 어머니의 본질로부터 세상에 태어나신 사람입니다. 그분은 완전한 하나님이시고 이성적 영혼을 가지시고 인간의 육체로 존재하시는 완전한 인간이십니다.

그분은 신성을 따라서는 성부와 동등하시지만, 인성을 따라서는 성부보다 낮은 분이십니다. 비록 그분이 하나님이시고 인간이시지만, 그분은 둘이 아니라, 한 분 그리스도이십니다. 그러나 그분이 한 분인 것은 신성이 육신으로 전환된 것이 아니라, 하나님 안으로 인성을 취하셨기 때문입니다.

본질의 혼합이 아니라 위격의 일치에 의해서 완전히 하나이십니다.

왜냐하면, 이성적 영혼과 육체가 한 사람인 것처럼, 하나님이고 사람인 한 분 그리스도이시기 때문입니다.

우리의 구원을 위해서 고난을 당하신 그분은 음부에 내려가셨고, 사흘 만에 죽은 자들 가운데서 부활하셨습니다.

그분은 하늘로 올라가셨습니다. 그분은 전능하신 하나님이신 성부의 우편에 앉으셨습니다.

그분은 거기로부터 산 자들과 죽은 자들을 심판하러 오실 것입니다.

그분이 오실 때 모든 사람이 그 자신들의 육체와 함께 부활할 것입니다. 그리고 자기들의 행위에 따라 심판을 받을 것입니다.

그리고 선을 행한 자들은 영원한 생명으로 들어갈 것이고, 악을 행한 자들은 영원한 불로 들어갈 것입니다.

이것이 보편적 신앙입니다. 이 보편적 신앙을 신실하게 믿지 않는다면, 그는 구원받을 수 없습니다.

성부와 성자와 성령께 영광을.
태초에 그러셨던 것처럼, 이제와 영원히 그러하실 것입니다.
아멘.

¶ 이처럼 연중 아침 기도와 저녁 기도의 예전이 끝난다.

주의 만찬(Lord's Supper) 혹은 성만찬(Holy Communion)의 시행에 대한 규범

¶ 성만찬에 참여하고자 하는 모든 사람은 밤사이에, 그렇지 않으면 아침에 아침 기도 시작 전이나 직후에 자신들의 이름을 교구 성직자에게 알려야 한다.

¶ 그리고 만약 그들 중의 누군가가 공개적이고 악명 높은 삶을 살고 있으므로 인해서, 회중의 마음이 불쾌해졌거나, 그의 이웃들에게 말이나 행동으로 무슨 나쁜 짓을 했다면, 그것을 알고 있는 교구 성직자는 그를 불러서 이전에 그 때문에 불쾌해했던 회중의 마음이 만족할 수 있도록 그가 진정으로 회개하고, 자신의 이전의 악한 삶을 바꿨음을 공개적으로 선언하기까지 그리고 그가 잘못했던 당사자에게 보상하고 적어도 자신이 그렇게 할 수 있게 되는 즉시 당연히 그렇게 할 생각이라는 것을 선포하기까지는 그가 주의 식탁에 절대 참석하지 못하리라는 것을 그에게 알려야만 한다.

¶ 교구 성직자는 서로 간에 악의와 증오가 가득하다고 여겨지는 사람들에게 동일한 규범을 사용해야 한다. 그들이 화해한 것을 그가 알기 전에는 주님의 식탁에 참석하지 못하게 해야 한다. 그리고 그렇게 의견 차이가 있는 당사자 중 하나가 상대방이 자신에게 잘못한 모든 것을 마음속으로 용서하고 그 자신의 잘못 또한 회개하는 데 반해서, 다른 상대방은 여전히 하나님 안에서의 화합에 동의하지 않고 여전히 자신의 부적절함과 악의를 간직하고 있다면, 이런 경우, 성직자는 회개하는 사람은 성찬에 받아들이지만 완고한 사람은 받아들이지 않아야만 한다.

¶ 식탁은 성찬 시에는 깨끗한 흰 마로 된 보를 씌우고 교회의 중요 부분이나, 아침 기도나 저녁 기도를 하도록 지정된 성단소에 설치해야 한다. 그리고 만찬 식탁의 북쪽에 서 있는 사제는 다음과 같은 본기도와 함께 주기도문을 해야 한다.

전능하신 하나님!
당신께는 모든 마음이 드러나고, 모든 염원이 알려지며, 아무런 비밀도 숨길 수 없습니다. 당신의 성령님의 영감으로 우리의 마음의 생각들을 정화해 주셔서 우리 주 그리스도로 말미암아 우리가 당신을 온전하게 사랑하고 당신의 거룩한 이름을 합당하게 찬양하도록 해 주시옵소서. 아멘.

¶ 그다음에 사제는 십계명 모두를 명확하게 말하고 사람들은 무릎을 꿇고 각 계명 후에 자신들이 그 계명을 범한 데 대해서 이런 식으로 하나님의 자비를 구해야만 한다.

성직자
하나님이 이런 말씀하셨습니다. 그리고, "나는 네 하나님 여호와니라 너는 나 외에는 다른 신들을 네게 두지 말라"고 이르셨습니다.

사람들
주님!
우리에게 자비를 베푸시옵소서. 그리고 우리의 마음이 이 율법을 지키고 싶어지도록 해 주시옵소서.

성직자
너를 위하여 새긴 우상을 만들지 말고 또 위로 하늘에 있는 것이나 아래로 땅에 있는 것이나 땅 아래 물속에 있는 것의 어떤 형상도 만들지 말며, 그들에게 절하지 말며, 그것들을 섬기지 말라. 나 네 하나님 여호와는 질투하는 하나님인즉, 나를 미워하는 자의 죄를 갚되 아버지로부터 아들에게로 삼사 대까지 이르게 하거니와, 나를 사랑하고 내 계명을 지키는 자에게는 천 대까지 은혜를 베푸느니라.

사람들
오, 주님!
우리에게 자비를 베푸소서. 그리고 우리의 마음이 이 율법을 지키고 싶어지도록 해 주시옵소서.'

성직자

너는 네 하나님 여호와의 이름을 망령되게 부르지 말라 여호와는 그의 이름을 망령되게 부르는 자를 죄 없다 하지 아니하리라.

사람들

오, 주님!
우리에게 자비를 베푸소서. 우리의, 등등.

성직자

안식일을 기억하여 거룩하게 지키라. 엿새 동안은 힘써 네 모든 일을 행할 것이나, 일곱째 날은 네 하나님 여호와의 안식일인즉, 너나 네 아들이나 네 딸이나, 네 남종이나, 네 여종이나, 네 가축이나, 네 문안에 머무는 객이라도 아무 일도 하지 말라. 이는 엿새 동안에 나 여호와가 하늘과 땅과 바다와 그 가운데 모든 것을 만들고 일곱째 날에 쉬었음이라. 그러므로 나 여호와가 안식일을 복되게 하여 그날을 거룩하게 했느니라.

사람들

오, 주님!
우리에게 자비를 베푸소서. 우리의, 등등.

성직자

네 부모를 공경하라 그리하면 네 하나님 여호와가 네게 준 땅에서 네 생명이 길리라.

사람들

오, 주님!
우리에게 자비를 베푸시옵소서. 우리의, 등등.

성직자

살인하지 말라.

사람들

주님, 우리에게 자비를 베푸시옵소서. 우리의, 등등.

성직자

간음하지 말라.

사람들

주님!
우리에게 자비를 베푸시옵소서. 우리의, 등등.

성직자

도둑질하지 말라.

사람들

주님!
우리에게 자비를 베푸시옵소서. 우리의, 등등.

성직자

네 이웃에 대하여 거짓 증거하지 말라.

사람들

주님, 우리에게 자비를 베푸시옵소서. 우리의, 등등.

성직자

네 이웃의 집을 탐내지 말라 네 이웃의 아내나 그의 남종이나 그의 여종이나 그의 소나 그의 나귀나 무릇 네 이웃의 소유를 탐내지 말라.

사람들

주님!
우리에게 자비를 베푸시옵소서.

주여!
그리고 이 모든 율법을 우리의 가슴에 새기시기를 구합니다.

¶ 그다음에 그날의 본기도가 따르고, 더불어 왕을 위한 다음의 두 기도 중의 하나가 계속된다. 사제는 선 채로 '기도합시다'라고 다음과 같이 말한다.

사제

전능하신 하나님!

당신의 나라는 영원하고, 당신의 권능은 무한하십니다. 전체 회중에 자비를 베푸시고 당신의 택한 종이며 우리의 왕이고 통치자인 에드워드 6세의 마음을 다스리셔서, 그가 (자신이 누구의 종인지 알고) 무엇보다도 당신의 명예와 영광을 구할 수 있도록 하옵소서.

그래서 그의 신민인 우리가 (왕이 누구의 권세를 가졌는지 정당하게 숙고하면서) 당신과 성령님과 더불어 사시고 통치하시며 이제와 영원히 한 하나님이신 우리 주 예수 그리스도로 말미암아, 당신 안에서 당신을 위하여 당신의 송축받으실 말씀과 율례에 따라서 왕을 섬기고 존경하며 겸손하게 순종할 수 있게 해 주시옵소서.

전능하시고 영원하신 하나님!

우리는 왕들의 마음이 당신의 통치 아래 있다는 것과 당신은 당신의 뜻과 지혜대로 그들의 마음을 돌이키시는 것을 말씀을 통해 배웠습니다. 우리는 당신의 종이고, 우리의 왕이며, 우리의 통치자인 에드워드 6세의 마음을 그렇게 만들고 다스리셔서, 그가 생각하고 말하고 행하는 모든 것에서 당신의 명예와 영광을 구하고, 자신의 책임으로 맡겨진 주의 백성을 부와 평화와 경건으로 지키는 것을 배울 수 있도록 겸손하게 구합니다.

오, 자비로우신 아버지!

당신의 사랑하는 아들 우리 주 예수 그리스도를 위해서 이것을 허락하시옵소서. 아멘.

¶ 본기도 직후에, 사제는 이렇게 시작하면서 서신서를 읽어야 한다.

_____ 서신서의 제 _____ 장에 기록된.

¶ 그리고 서신서가 끝나면 그는 복음서를 이렇게 시작하면서 말해야 한다.
　　_____ 복음서의 제 _____ 장에 기록된.

¶ 서신서와 복음서가 끝나면, 다음과 같이 본기도를 해야 한다.
　나는 전능하신 아버지!
　천지와 보이는 것과 보이지 않는 모든 것을 지으신 분이신 한 하나님을 믿습니다. 나는 하나님의 독생자이시고, 창세전에 하나님 중의 하나님 빛 중의 빛, 참 하나님 중의 참 하나님이신 아버지로부터 나셨고, 만들어지지 않으셨으며, 아버지와 한 본질이신, 그분에 의해서 모든 것이 만들어졌습니다.
　우리 인간과 우리의 구원을 위해서 하늘로부터 내려오셔서 성령에 의해서 동정녀 마리아로부터 성육신하셨으며, 인간이 되셨고, 우리를 위해서 본디오 빌라도에 의해 십자가에 못 박히셨으며, 고난을 당하시고 매장되셨으며, 성경에 따라 제 삼일에 부활하시고, 하늘에 오르사 성부의 오른편에 앉아 계시는 한 분 주 예수 그리스도를 믿습니다.
　그리고 그분은 영광과 함께 다시 오셔서 산 자와 죽은 자를 심판하시고 그분의 나라는 영원할 것입니다. 그리고 나는 주님(Lord)이시고 생명을 주신 분(Giver of Life)이신 성령님을 믿습니다. 그분은 성부와 성자로부터 나오시고, 성부와 성자와 함께 경배받고 영광을 받습니다. 선지자들이 그분에 관해서 말했습니다. 그리고 나는 하나의 보편적이고 사도적 교회(Church)를 믿습니다. 나는 죄의 사면을 위한 하나의 세례를 믿습니다. 그리고 나는 죽은 자의 부활과 앞으로 올 세상의 삶을 기대합니다. 아멘.

¶ 신조 후에 만약 설교가 없다면, 이미 제시했던 강론(homilies)들 중 하나가 따르거나 이후에는 공동 권한의 지시에 의해서 강론이 진행된다.

¶ 그런 설교, 강론 혹은 권면 후에 교구 성직자는 사람들에게 다음 주일에 거룩한 날들이나 금식일들이 있는지 여부를 선포하고, 자신의 재량에 의해서 가장 편리하다고 생각하는 대로 다음과 같은 문장들 중의 하나 혹은 그 이상을 말하면서 그들에게 가난한 자를 기억하도록 진심으로 권면한다.

이같이 너희 빛이 사람 앞에 비치게 하여 그들로 너희 착한 행실을 보고 하늘에 계신 너희 아버지께 영광을 돌리게 하라.⁷⁰

너희를 위하여 보물을 땅에 쌓아 두지 말라 거기는 좀과 동록이 해하며 도둑이 구멍을 뚫고 도둑질하느니라 오직 너희를 위하여 보물을 하늘에 쌓아 두라 거기는 좀이나 동록이 해하지 못하며 도둑이 구멍을 뚫지도 못하고 도둑질도 못하느니라.⁷¹

무엇이든지 남에게 대접을 받고자 하는 대로 너희도 남을 대접하라 이것이 율법이요 선지자니라.⁷²

나더러 주여 주여 하는 자마다 다 천국에 들어갈 것이 아니요 다만 하늘에 계신 내 아버지의 뜻대로 행하는 자라야 들어가리라.⁷³

삭개오가 서서 주께 여짜오되 주여 보시옵소서 내 소유의 절반을 가난한 자들에게 주겠사오며 만일 누구의 것을 속여 빼앗은 일이 있으면 네 갑절이나 갚겠나이다.⁷⁴

누가 자기 비용으로 군 복무를 하겠느냐 누가 포도를 심고 그 열매를 먹지 않겠느냐 누가 양 떼를 기르고 그 양 떼의 젖을 먹지 않겠느냐.⁷⁵

우리가 너희에게 신령한 것을 뿌렸은즉 너희의 육적인 것을 거두기로 과하다 하겠느냐.⁷⁶

성전의 일을 하는 이들은 성전에서 나는 것을 먹으며 제단에서 섬기는 이들은 제단과 함께 나누는 것을 너희가 알지 못하느냐 이와 같이 주께서도 복음 전하는 자들이 복음으로

70　마 5장.
71　마 6장.
72　마 7장.
73　마 7장.
74　눅 19장.
75　고전 9장.
76　고전 9장.

말미암아 살리라 명하셨느니라.[77]

이것이 곧 적게 심는 자는 적게 거두고 많이 심는 자는 많이 거둔다 하는 말이로다 각각 그 마음에 정한 대로 할 것이요 인색함으로나 억지로 하지 말지니 하나님은 즐겨 내는 자를 사랑하시느니라.[78]

가르침을 받는 자는 말씀을 가르치는 자와 모든 좋은 것을 함께 하라 스스로 속이지 말라 하나님은 업신여김을 받지 아니하시나니 사람이 무엇으로 심든지 그대로 거두리라.[79]

그러므로 우리는 기회 있는 대로 모든 이에게 착한 일을 하되 더욱 믿음의 가정들에게 할지니라.[80]

그러나 자족하는 마음이 있으면 경건은 큰 이익이 되느니라 우리가 세상에 아무것도 가지고 온 것이 없으매 또한 아무것도 가지고 가지 못하리니.[81]

네가 이 세대에서 부한 자들을 명하여 마음을 높이지 말고 … 선을 행하고 선한 사업을 많이 하고 나누어 주기를 좋아하며 너그러운 자가 되게 하라 이것이 장래에 자기를 위하여 좋은 터를 쌓아 참된 생명을 취하는 것이니라.[82]

하나님은 불의하지 아니하사 너희 행위와 그의 이름을 위하여 나타낸 사랑으로 이미 성도를 섬긴 것과 이제도 섬기고 있는 것을 잊어버리지 아니하시느니라.[83]

---

77 고전 9장.
78 고후 9장.
79 갈 6장.
80 갈 6장.
81 딤전 6장.
82 딤전 6장.
83 히 6장.

오직 선을 행함과 서로 나누어 주기를 잊지 말라 하나님은 이같은 제사를 기뻐하시느니라.[84]

누가 이 세상의 재물을 가지고 형제의 궁핍함을 보고도 도와줄 마음을 닫으면 하나님의 사랑이 어찌 그 속에 거하겠느냐.[85]

너의 재물로 자선을 베풀라 그리고 가난한 사람에게서 결코 네 얼굴을 돌이키지 말라 그리하면 주님의 얼굴이 네게서 떠나지 아니하시리라.[86]

너희의 능력에 따라 자비를 베풀라 너희가 많이 가졌다면 많이 주라 만일 너희가 적게 가졌다면 그 적은 것을 주는 것에 기쁘고 성실하게 행하라 그렇게 함으로써 너희가 필요한 날에 너희를 위하여 좋은 보상을 모으는 것이기 때문이라.[87]

가난한 자를 불쌍히 여기는 것은 여호와께 꾸어 드리는 것이니 그의 선행을 그에게 갚아 주시리라.[88]

가난한 자를 보살피는 자에게 복이 있음이여 재앙의 날에 여호와께서 그를 건지시리로다.[89]

¶ 그런 다음 교구 위원들 혹은 그들에 의해서 지명된 다른 이들이 사람들의 헌금을 모아서 가난한 사람들을 위한 상자에 넣는다. 그리고 지정된 헌금 날에, 모든 남자와 여자는 평상시대로 정한 헌금을 교구 성직자에게 지불해야 한다. 이것이 끝나면, 사제는 다음과 같이 기도해야 한다.

---

84 히 13장.
85 요일 3장.
86 토비트서 4장.
87 토비트서 4장.
88 잠 19장.
89 시 41편.

여기 지구상에 전쟁 상황에 있는 그리스도의 교회 전체를 위해서 기도합시다.[90]

전능하시고 항상 살아 계신 하나님!
당신은 거룩한 사도들을 통해 우리에게 기도와 탄원을 하고, 모든 사람을 위한 감사를 하도록 가르치셨습니다. 하나님, 우리는 보편적 교회에 진리, 일치, 화합의 성령과 더불어 지속해서 영감을 주시기를 구하면서 지극히 자비롭게 우리의 구호금을 받아 주시고, 거룩하시고 존귀하신(Divine Majesty) 당신께 드리는 우리의 이런 기도를 받으시도록 겸손하게 요청합니다.
당신의 거룩한 이름을 고백하는 모든 자가 주의 거룩한 말씀의 진리에 동의하고, 일치와 경건한 사랑으로 살 수 있도록 허락하시옵소서.
하나님 아버지!
우리는 또한 모든 그리스도인 왕, 왕자 그리고 통치자와 특별히 우리 왕인 당신의 종 에드워드를 구하고 지켜 주셔서, 그의 통치하에서 우리가 경건하고 고요하게 다스림을 받게 되기를 구합니다. 그리고 그의 전체 의회에 그리고 그의 밑에서 권위에 있는 자들 모두에게 그들이 사악함과 악을 벌하고 당신의 진정한 종교와 덕의 유지를 위해서 진정으로 차별 없이 공의를 행할 수 있도록 허락하시기를 구합니다.
오, 하늘에 계신 아버지시여!
모든 감독, 목사, 교구 성직자가 자신의 삶과 교리에 의해서 당신의 진실로 살아 있는 말씀을 제시하고, 당신의 거룩한 성례전을 바르고 정당하게 시행할 수 있도록 하시옵소서. 그리고 당신의 모든 백성에게 하늘의 은혜를 주시고, 특별히 여기 참석해 있는 회중에 겸손한 마음과 당연한 존경심으로 당신의 거룩한 말씀을 듣고 받을 수 있게 하셔서, 그들이 사는 동안 내내 거룩함과 의로움으로 당신을 섬기도록 하시옵소서.
오, 주님!

---

90 만약 가난한 자에게 주는 구호금이 없다면, "우리의 구호금을 받아 주시고"는 빼고 말하지 않는다.

그리고 우리는 당신의 선하심으로부터 이 덧없는 인생에서 고난, 슬픔, 가난, 병, 혹은 다른 어떤 역경에 처한 모든 자에 위로와 도움을 주시도록 가장 겸손하게 요청합니다.

오, 아버지 하나님!

우리의 단 한 분 중재자(Mediator)이자 대언자(Advocat)이신 예수 그리스도를 위해서 이것을 허락하시옵소서. 아멘.

¶ 그다음에 사람들이 성만찬에 오는 것을 게을리한다는 사실을 교구 성직자가 알 때, 특정 시간에 이런 권면이 따라야 한다.

지극히 사랑하는 형제자매들이여!

우리는 지금 주의 만찬에서 먹기 위해서 여기 함께 모였습니다. 나는 하나님을 대신하여 이 만찬에 여기 참석한 여러분 모두를 초청하고, 주 예수 그리스도를 위해서 하나님이 직접 그렇게 사랑스럽게 부르시고 요청하신 여러분이 오는 것을 거부하지 말 것을 요청합니다.

어떤 사람이 풍성한 잔치를 준비하고, 온갖 음식으로 그의 식탁을 꾸몄는데 식탁에 앉을 사람 외에는 모자란 것이 없었으나, 초청받은 자들이 어떤 정당한 이유도 없이 감사하지도 않고 오기를 거부하는 것이 얼마나 심각하고 불친절한 일인지 여러분은 알고 있습니다.

그럴 때 여러분 중의 누가 마음이 상하지 않겠습니까?

누가 자신이 큰 상처를 받고 잘못된 일을 당했다고 생각하지 않겠습니까?

그러므로 그리스도 안에서 지극히 사랑받는 분들이여, 만약 여러분이 이 성만찬을 회피하면서 여러분에 대한 하나님의 진노를 도발하는 경우에 이것을 조심하십시오.

사람이 "나는 세상일에 바쁘기 때문에, 성찬을 받지 않겠다"고 말하는 것은 쉬운 일입니다. 그러니 그런 변명들은 하나님 앞에서는 그렇게 쉽게 용납되고 허락되는 일이 아닙니다.

만약 어떤 사람이 "나는 비참한 죄인입니다. 그러므로 나는 가기가 두렵습니다"라고 말한다면 그러면 여러분은 왜 회개하고 바뀌지 않습니까?

하나님이 여러분을 부르실 때, 가지 않겠다고 말하는 것이 부끄럽지 않습니까?

하나님께 돌아갈 때, 여러분은 변명하고 자신이 준비되지 않았다고 말하겠습니까?

하나님 앞에서 그런 성실하지 못한 변명들이 얼마나 통하지 않는 일인지를 스스로 진지하게 생각해 보십시오.

복음서에서 자신들이 농장을 샀거나, 소의 멍에를 시험해 보거나, 결혼했기 때문에 잔치를 거부했던 자들의 변명이 받아들여지지 않고, 대신에 하늘의 잔치에 합당하지 못하다고 여겨졌습니다. 여기에 참석한 나로서는, 나의 직무에 따라서, 하나님의 이름으로 여러분을 부릅니다. 나는 그리스도를 대신해서 여러분을 부릅니다.

나는 여러분이 자신의 구원을 사랑하는 것처럼 이 성만찬의 참여자가 되라고 권면합니다. 그리고 하나님의 아들이 여러분의 안녕을 위해서 십자가에서 죽으심으로 그분의 영혼을 바치는 것을 허락하셨던 것처럼, 그분 자신이 명령하셨던 대로 그분의 죽음을 기념하면서 함께 성찬을 받는 것이 바로 여러분의 의무입니다.

이제 여러분이 그렇게 하지 않으려면, 여러분이 하나님께 얼마나 큰 상처를 드리는지와 그것 때문에 여러분의 머리 위에 걸려 있는 벌이 얼마나 극심할 것인지를 생각해 보십시오. 그리고 이 거룩한 연회를 거부함으로써 하나님을 너무나 화나시게 했으므로 나는 여러분에게 이런 악의에 더 이상을 추가해서는 안 된다는 사실을 훈계하고 권면하며 요구합니다.

만약 여러분이 성찬을 받는 사람들을 주시하고 구경꾼으로서 방관하고, 여러분이 성찬의 참여자가 아니라면 사실상, 여러분은 이것을 하는 것입니다. 왜냐하면, 하나님을 향한 더한 멸시와 악의 외에 무엇으로도 이것을 설명할 수 없기 때문입니다. 여러분이 초청받을 때 "아니요"라고 말하는 것은 너무나 감사를 잊은 태도입니다. 그러나 사람들이 방관하면서, 그런데도 이 성만찬을 서로 함께 먹거나 마시려고 하지 않는다면 그 잘못은 훨씬 더 큽니다. 나는 여러분에게 간청합니다.

이것이 그리스도의 신비를 경멸하는 외에 무엇일 리가 있겠습니까?

"받아 먹어라. 너희 모두가 받아서 마시라. 나를 기념하면서 이것을 행하라"는 모든 이에게 말해졌습니다.

어떤 얼굴로, 어떤 표정으로 이런 말들을 듣겠습니까?

이것이 그리스도의 언약에 대한 무시, 경멸, 조롱하는 것 아니면 무엇이겠습니까?

그러므로 여러분은 차라리 이것을 해야만 할 것입니다. 떠나서 경건하기를 원하는 사람들에게 자리를 내주십시오. 그러나 여러분이 떠난다면, 나는 여러분이 누구로부터 떠나는지 여러분 서로 간에 생각해 보도록 요청합니다.

여러분은 주님의 식탁으로부터 떠나는 것입니다. 여러분은 여러분의 형제와 자매들로부터, 지극한 하늘의 음식으로 차려진 연회로부터 떠나는 것입니다. 만약 여러분이 이런 일들을 진지하게 고려한다면, 여러분은 하나님의 은혜로 훨씬 좋은 마음으로 돌이킬 것입니다. 그것을 얻기 위해 우리는 성찬을 받는 동안 우리의 겸손한 청원을 합니다.

¶ 그리고 때때로, 교구 성직자의 재량에 의해서 이것 또한 말해져야만 한다.

지극히 사랑하는 여러분!

하늘에 계신 아버지!

전능하신 하나님께 지극히 감사하는 것이 우리의 의무입니다. 왜냐하면, 하나님의 말씀과 그분의 송축받으실 몸과 피의 거룩한 성례전—합당하게 받는 자에게는 너무나 편안한 것이고, 합당하지 않게 받으려는 자에게는 그렇게 위험한—에 의해서 우리에게 선포된 것처럼, 그분은 그분의 아들 우리 구주 예수 그리스도를 죽기까지 우리에게 내어 주셨을 뿐만 아니라, 우리의 영적 자양분과 유지가 되도록 하셨기 때문입니다.

나의 의무는 여러분에게 거룩한 신비의 존엄과 그것을 합당하지 않게 받는 것의 크나큰 위험을 숙고하도록 해서 여러분 자신의 양심을 살피고 점검하도록 권면하는 것입니다. 이는 여러분이 지극히 경건한 하늘의 연회에 거룩하고 깨끗하게 와야 하므로 여러분이 다른 방식이 아닌 다만 성경에서 하나님이 요구하셨던 혼인 잔치의 의복만 입고 올 수 있도록 함입니다. 그래서 이런 하늘 식탁의 합당한 참여자로 와서 받으십시오, 이것의 방식과 방도는 다음과 같습니다.

먼저, 하나님의 계명의 법칙에 따라서 여러분의 삶과 대화를 점검하는 것입니다. 그리고 만약 여러분이 의지나, 말이나 행위로 위반했다고 자각한다면, 여러분 자신의 죄 많은 삶을 비통해하고, 삶을 완전히 바꿀 목적으로 전능하신 하나님께 죄를 자백하십시오. 그리고 여러분이 하나님께만이 아니라, 여러분의 이웃에 대한 죄과를 깨닫는다면, 여러분은 그들과 화해하고 다른 어떤 이에게 여러분이 행한 잘못과 상해에 대해서 여러분 최대한의 능력으로 배상과 변제 의무를 이행하십시오.

그리고 여러분이 하나님의 손으로 여러분의 죄과를 용서받았던 것과 마찬가지로 여러분에게 잘못한 다른 이들을 용서할 준비가 되어 있어야 합니다. 그렇지 않다면 성찬을 받는 것은 단지 여러분의 저주를 증가시킬 뿐입니다.

그리고 하나님의 자비를 완전히 신뢰하고, 고요한 양심을 가진 사람 외에는 누구도 성찬에 올 수 없다는 것이 필수적이기 때문에, 따라서 만약 여러분 중의 누군가가 상기 방식에 의해서 자신의 양심을 평온하게 할 수 없고, 더 많은 위로나 조언이 필요하다면, 그가 나에게나 다른 분별 있고 하나님의 말씀에 대해 박식한 성직자에게 와서 그의 슬픔을 공개하도록 하여, 그의 양심을 안심시킬 수 있는 그런 영적 조언, 충고 그리고 위로를 받을 수 있도록 하십시오. 그리고 하나님의 말씀 사역으로 그가 자신의 양심을 잠잠하게 하고 모든 가책과 의심을 피하고자 면죄 선언으로 위로와 유익을 얻을 수 있게 하십시오.

¶ 그 다음에 사제는 다음과 같은 권면을 해야 한다.

주님 안에서 지극히 사랑하는 여러분!

우리 구주 그리스도의 몸과 피의 성만찬에 오려고 작정한 사람은 성 바울이 고린도 교인들에게 쓴 것, 즉 그가 어떻게 모든 사람에게 그들이 감히 그 떡을 먹고 그 잔을 마시기 전에 부지런히 자신들을 시험하고 살펴보라고 권면하는지를 숙고해야 합니다.

이는 만약 우리가 진실로 회개하는 마음과 살아 있는 믿음으로 거룩한 성례전을 받는다면(그렇다면 우리가 영적으로 그리스도의 몸을 먹고 그분의 피를 마시고, 그렇다면 우리가 그리스도 안에, 그리스도는 우리 안에 거하며, 우리는 그리스도와 하나가 되고, 그리스도는 우리와 하나가 되기 때문입니다) 그 유익이 큰 것처럼, 만약 우리가 동일한 것을 합당하지 못하게 받는다면(그렇다면 우리는 우리 구주 그리스도의 몸과 피에 죄를 짓고, 우리 주님의 몸을 분별하지 않음으로써 우리 자신의 저주를 먹고 마시는 것이며, 우리에 대한 하나님의 진노에 불을 붙입니다. 또한, 하나님이 다양한 병과 온갖 종류의 죽음으로 우리를 괴롭히시도록 도발하는 것이기 때문에), 위험 또한 크기 때문입니다. 그러므로 여러분 중의 누군가가 하나님을 모독하는 자, 그분의 말씀을 방해하는 자, 비방자, 간음한 자 혹은 악의를 품거나 시기하는 자 혹은 다른 어떤 심한 범죄에 빠진 자라면, 저 거룩한 성례전을 받은 후에 마귀가 유다에게 들어갔던 것처럼 여러분에게 들어가서 모든 죄악으로 가득하게 하며, 몸과 영혼 모두를 파멸로 이끌어 가지 않도록 여러분의 죄를 비통해하고 이 거룩한 식탁에 오지 마십시오.

그러므로 (형제자매들이여), 하나님께 심판받지 않도록, 스스로 판단하십시오. 여러분이 과거에 지었던 죄를 진실로 회개하고, 우리 구주 그리스도를 활기차고 견고하게 믿으십시오. 여러분이 저러한 거룩한 신비들에 합당한 참여자가 될 수 있도록, 여러분의 삶을 바꾸고, 모든 사람과 온전한 사랑으로 사십시오.

그리고 무엇보다도 성부와 성자와 성령 하나님께 하나님이시고 또한 인간이신 우리 구주 그리스도의 죽음과 수난에 의해서 세상을 구속하신 것에 대해서 가장 겸손하게 진심으로 감사를 드리십시오. 그리스도는 죽음의 흑암과 그늘에 있는 비참한 죄인들인 우리를 위해서 심지어 십자가에서의 죽음에까지 자신을 낮추셔서, 우리를 하나님의 자녀로 만드시고 영생으로 높이셨습니다. 그리고 우리가 항상 우리의 주인이시고 단 한 분 구주이신 예수 그리스도의 이처럼 우리를 위해서 죽으신 넘치는 사랑과 그분이 우리를 위해서 획득하셨던(그분의 귀중한 피 흘림에 의해서) 셀 수 없이 많은 유익을 항상 기념하도록 하셨습니다.

그분은 우리에게 크시고 무한한 위로를 주시기 위해서 그분의 사랑의 보증과 그분의 죽음에 대한 지속적 기억으로서 거룩한 신비들을 제정하시고 명하셨습니다. 따라서 그분의 거룩한 뜻과 기쁨에 우리 자신을 온전히 드리면서 그리고 우리 생애의 남은 날 동안 진실한 거룩함과 의로움으로 그분을 섬기는 것을 배우면서, 성부와 성령과 더불어 (우리가 무엇보다도 그렇게 해야 하는 것처럼) 그분께 우리의 지속적 감사를 드립시다. 아멘.

¶ 그다음에 사제는 성찬을 받으러 오는 자들에게 다음과 같이 말해야 한다.

자신의 죄를 진정으로 진지하게 회개하고, 자신의 이웃과 사랑과 자선으로 살며, 하나님의 계명을 따르고, 이제부터 계속해서 주의 거룩한 방식으로 행하면서 새로운 삶을 영위하고자 하는 여러분은 가까이 와서 여러분의 위로를 위한 이 거룩한 성례전을 받으십시오. 이 회중이 주의 거룩한 이름으로 여기 모이기 전에, 겸손하게 무릎을 꿇고 전능하신 하나님께 고백하십시오.

¶ 그다음에 모두가 겸손하게 자신들의 무릎을 꿇고서, 그들 중의 한 사람이나, 아니면 성직자 중의 한 사람 혹은 사제 자신이 성찬을 받고자 하는 모든 사람의 이름으로 다음과 같이 이 일반적 고백을 행해야 한다.

우리 주 예수 그리스도의 아버지!
모든 것들을 만드신 분!(Maker),
모든 인간의 심판자이신 전능하신 하나님!
우리는 생각, 말, 행위로 거룩한 왕이신 당신께 때때로 지극히 무겁게 범했던 수많은 죄와 사악함을 인정하고 비통해합니다. 당신께서 우리에게 진노와 분노를 일으키신 것이 너무나 당연합니다. 우리는 진정으로 회개하고 우리의 이런 잘못을 진심으로 사과드립니다. 그것을 생각만 해도 우리에게 무겁고, 그에 대한 짐은 견딜 수가 없습니다.
가장 자비로우신 아버지!
우리에게 자비를 베풀어 주시옵소서. 우리에게 자비를 베푸시옵소서. 당신의 아들이신 우리 주 예수 그리스도를 위해서 우리 모두에게 지나간 것을 용서해 주시고, 우리 주 예수 그리스도로 말미암아 당신의 이름의 명예와 영광을 위하여 우리가 이제부터 항상 새 삶으로 당신을 섬기고 기쁘시게 할 수 있도록 허락해 주시옵소서.

¶ 그다음에 사제 혹은 감독(참석해 있다면)이 일어서서 사람들에게로 몸을 돌리고, 다음과 같이 기도해야 한다.

하늘에 계신 우리 아버지!

전능하신 하나님!

당신은 진심으로 회개하고 참믿음을 가진 모든 자가 당신께로 돌아오면 당신의 크신 자비로 죄를 용서해 주시겠다고 약속하셨습니다. 여러분에게 자비를 베푸시기를. 여러분의 죄를 용서하시고 죄로부터 해방하시옵소서. 모든 선함에서 여러분을 확증시키고 강건하게 하시옵소서. 그리고 우리 주 예수 그리스도로 말미암아 여러분을 영생으로 인도하시옵소서. 아멘.

¶ 그다음에 사제는 또한 다음과 같이 말해야 한다.

우리 주 예수 그리스도께서 진심으로 그분에게 돌아선 모든 자에게 말씀하신 것이 얼마나 위로의 말씀들인지 들으십시오.

수고하고 무거운 짐 진 자들아 다 내게로 오라 내가 너희를 쉬게 하리라.

하나님이 세상을 이처럼 사랑하사 독생자를 주셨으니 이는 그를 믿는 자마다 멸망하지 않고 영생을 얻게 하려 하심이라.

또한, 성 바울이 말한 것을 들으십시오.

미쁘다 모든 사람이 받을 만한 이 말이여 그리스도 예수께서 죄인을 구원하시려고 세상에 임하셨다 하였도다.

또한, 성 요한이 말한 것을 들으십시오.

만일 누가 죄를 범하여도 아버지 앞에서 우리에게 대언자가 있으니 곧 의로우신 예수 그리스도시라 그는 우리 죄를 위한 화목제물이니.

¶ 이것 후에, 사제는 다음과 같이 말하면서 진행한다.

여러분의 마음을 들어 올리십시오.

응답

우리는 주님께 마음을 들어 올립니다.

사제

우리 주님이신 하나님께 감사드립시다.

응답

그렇게 하는 것이 합당하고 옳습니다.

사제

오, 주님!
거룩한 아버지, 전능하시고 영원하신 하나님. 우리가 항상 그리고 모든 곳에서 당신께 감사드리는 것이 참으로 합당하고, 옳으며 우리가 반드시 해야만 할 의무입니다.

¶ 여기에서 적절한 서문경(Preface)이 시간 (만약 특별하게 정해진 시간이 있다면)에 따라서, 그렇지 않다면 즉시 뒤따라야 한다. 따라서 천사들과 함께, 등등.

적절한 서문경.

¶ **성탄절과 7일 후**

당신께서 우리를 위해 당신의 독생자 예수 그리스도를 이날에 태어나게 하셨기 때문입니다. 예수님은 성령님의 일하심에 의해서 그분의 어머니인 동정녀 마리아의 본질로부터 참 인간이 되셨습니다, 그러나 우리를 모든 죄로부터 깨끗하게 하시기 위해서 일점의 죄도 없으십니다. 그러므로, 등등.

¶ **부활절과 7일 후**

그러나 우리는 주로 당신의 아들 우리 주 예수 그리스도의 영화로운 부활에 대해 당신께 감사드리지 않을 수 없습니다. 왜냐하면, 예수님은 우리를 위해서 드려지시고, 세상의 죄를 지고 가셨으며 그분의 죽음으로 사망을 멸망시키셨고, 그분의 생명에의 부활에 의해서 우리를 영생을 회복시키셨던 참 유월절 양이시기 때문입니다. 그러므로 등등.

¶ 승천일과 7일 후

예수님은 가장 영화로운 부활 이후에 모든 사도에게 분명하게 나타나시고, 우리를 위한 거처를 예비하시려고 그들이 보는 앞에서 하늘로 올라가셨습니다. 그래서 당신의 지극히 사랑하시는 아들 우리 주 예수 그리스도로 말미암아 그분이 계시는 곳에 우리 또한 그곳으로 올라가 영광 속에서 그분과 함께 다스릴 수 있을 것입니다. 따라서, 등등.

¶ 성령강림절(Whitsunday) 그리고 6일 후

우리 주 예수 그리스도로 말미암아, 그분의 가장 진실한 약속에 따라서 성령께서 이날 홀연히 하늘로부터 급하고 강한 바람 같은 소리와 함께 마치 불의 혀처럼 갈라지며 그들을 비추면서 내려오셔서, 사도들을 가르치고 그들을 모든 진리로 인도하며, 그들에게 다양한 방언의 은사와 또한 열렬한 열정과 함께 담대함을 주심으로서 지속해서 열방에 복음을 전하도록 하셨습니다. 그래서 우리가 어둠과 미혹에서 벗어나 밝은 빛과 당신과 당신의 아들 예수 그리스도에 대한 참된 지식으로 인도받았습니다. 그러므로 등등.

¶ 삼위일체 축일 당일에만

오, 주님!
전능하시고 영원하신 하나님!
우리가 항상, 그리고 모든 곳에서 감사를 드리는 것이 옳고 합당하며, 그것은 우리가 당연히 해야 하는 의무입니다. 당신은 한 분 하나님이시고, 한 분 주님이십니다. 그러나 한 위격이 아니라, 한 본질의 세 위격이십니다. 그것 때문에 우리는 어떠한 차이나 동등하지 않음이 없이 성부의 영광을 믿고, 성자의 영광을 믿으며, 성령의 영광을 믿습니다. 그러므로, 등등.

¶ 그 후에 다음과 같은 서문경이 즉시 따라야만 한다.

　그러므로 천사들과 천사장과 함께 하늘의 모든 거룩한 집단들과 더불어, 세세토록 "거룩, 거룩, 거룩하시도다, 만군의 주 하나님, 하늘과 땅은 당신의 영광으로 가득합니다. 오 주님 지극히 높으신 당신께 영광을"이라고 찬양함으로써, 우리는 당신을 찬양하고 당신의 영화로운 이름을 높입니다.

¶ 그런 후에 사제는 하나님의 식탁에 무릎을 꿇고, 성찬을 받으려는 모두의 이름으로 다음과 같은 이런 기도를 해야 한다.

　오, 자비로우신 주님!

　우리는 우리 자신의 의로움을 믿고 서가 아니라, 당신의 다양하고 크신 자비를 의지하여 당신의 이 식탁에 감히 나옵니다. 우리는 당신의 식탁 아래 있는 부스러기들을 모을 수 있을 정도의 자격도 없습니다. 그러나 당신은 항상 자비를 베푸시는 성품을 가지신 동일한 주님이십니다.

　은혜가 풍성하신 주님!

　당신의 사랑하시는 아들 예수 그리스도의 몸을 먹게 하시고, 그분의 피를 마시게 허락하셔서 우리의 죄 많은 몸이 그분의 몸에 의해서 깨끗함을 받고, 우리의 영혼을 그분의 지극히 귀한 피로 말미암아 씻어질 수 있게 하시며, 우리가 언제나 예수님 안에, 예수님이 우리 안에 거하게 하시옵소서. 아멘.

¶ 그다음에 사제는 일어서서 다음과 같이 기도해야 한다.

　오, 하나님!

　하늘에 계신 아버지시여!

　당신은 부드러운 자비로 당신의 아들 예수 그리스도를 우리의 구속을 위해 내어 주셔서 십자가에서 죽음을 당하도록 하셨습니다. 그리고 예수 그리스도는 십자가에서 (자신의 단 한 번 드려진 봉헌에 의해서) 온 세상의 죄에 대한 완전하고 온전하며 충분한 제물, 봉헌, 만족이 되셨습니다.

　또한, 예수님은 그분의 거룩한 복음에서 그분이 다시 오실 때까지 그분의 귀중한 죽음에 대한 영원한 기념을 계속하도록 명령하셨고, 또한 그것을 제정하셨습니다.

오, 자비로운 아버지!

우리의 말을 들어 주시옵소서, 당신의 아들이신 우리 구주 예수 그리스도의 거룩한 제정에 따라서 그분의 죽음과 수난을 기념하면서 이런 당신의 창조물인 떡과 포도주를 받음으로써 우리가 예수님의 가장 송축받으실 몸과 피의 참여자가 될 수 있도록 당신께 요청합니다.

그분은 잡히시던 밤에 떡을 가지사, 축사하시고 떼어서 제자들에게 주시고 "받아서 먹어라 이것은 너희를 위하는 내 몸이니 이것을 행하여 나를 기념하라" 하시고, 식후에 또한 그와 같이 잔을 가지시고 축사하시고 그들에게 잔을 주시면서 이르시되, "너희 모두 이것을 마셔라 이 잔은 너희와 많은 사람들을 위의 죄의 용서를 위해서 흘린 내 피로 세운 새 언약이니 이것을 행하여 마실 때마다 나를 기념하라" 하셨습니다.

¶ 그다음에 목사 자신이 첫 번째로 떡과 잔 모두를 받고, 만약 다른 성직자들이 거기 참석해 있다면(그들이 담임목사를 도와줄 수 있도록), 다음으로 그들에게 떡과 포도주를 분배한다. 그리고 그 후에 꿇어앉은 사람들의 손에 나눠 준다. 그리고 떡을 분배할 때 그는 다음과 같이 말해야 한다.

그리스도께서 여러분을 위해서 죽으셨던 것을 기념하면서 이것을 받아서 잡수십시오, 그리고 감사함과 믿음으로 당신의 마음에 그분을 자양분으로 삼으십시오.

¶ 그리고 잔을 분배했던 목사는 다음과 같이 말해야 한다.

여러분을 위해서 그리스도께서 피를 흘리셨다는 것을 기념하면서 이것을 마시고, 감사하십시오.

¶ 그다음에 사제는 주기도문을 해야만 하고, 사람들은 각 청원 후에 그를 따라 반복해야 한다.

¶ 그 후에 다음과 같은 것을 기도해야 한다.

오, 주님!
하늘에 계신 아버지!

당신의 비천한 종인 우리는 당신의 자애로운 선하심이 우리의 이런 찬양과 감사의 제사를 자비롭게 받아 주시기를 전적으로 바라면서 지극히 겸손하게 기도드립니다. 당신의 아들 예수 그리스도의 공로와 죽음에 의해서 그리고 그분의 피를 믿는 믿음으로 말미암아 우리와 당신의 전체 교회(Church)가 우리의 죄 사함과 그분의 수난으로 인한 모든 다른 유익들을 얻을 수 있도록 허락하시옵소서.

오, 주님!

우리는 이 거룩한 성찬에 참여자가 되는 사람 누구든지 당신의 은혜와 하늘의 축도로 충족될 수 있도록 겸손하게 요청하면서, 여기에 당신께 합당하고 거룩하며 산 제사가 되도록 우리 자신, 우리의 영혼과 몸을 바치고 드립니다. 그리고 비록 수많은 죄 때문에 우리는 당신께 어떠한 제사도 드릴 자격이 없지만, 그럼에도 우리의 공로를 달아보지 마시고, 우리 주 예수 그리스도로 말미암아 우리 죄를 용서하심으로써 우리의 이 당연한 의무를 받아 주시도록 요청합니다. 예수 그리스도에 의해서 그리고 예수 그리스도와 함께, 성령님과의 연합 안에서, 오 전능하신 아버지이신 당신께 모든 존귀와 영광이 영원히 있기를. 아멘

¶ 혹은 이것

전능하시고 살아 계신 하나님!

당신이 거룩한 신비들을 정당하게 받았던 우리를 당신의 아들 우리 구주 예수 그리스도의 지극히 귀한 몸과 피로 된 영적 음식으로 먹이시겠다고 약속하신 사실과, 우리를 향한 당신의 이런 호의와 선하심으로 인하여 우리가 신실한 자들의 복 받은 집단인 당신의 신비로운 몸에 연합된 참 지체라는 사실과, 당신의 사랑하는 아들의 지극히 귀한 죽음과 수난의 공로 덕분에 우리가 당신의 영원한 나라에 대한 소망을 통해서 상속자라는 사실을 확신시켜 주심을 지극한 충심으로 감사드립니다.

오, 하늘에 계신 아버지!

우리가 저 거룩한 친교를 계속하고 우리 주 예수 그리스도로 말미암아 당신께서 우리가 행하도록 예비하셨던 그런 모든 선한 일을 행할 수 있도록 당신의 은혜로써 우리를 도와주시기를 지극히 겸손하게 요청드립니다.

당신과 성령님과 함께 그리스도께, 존귀와 영광이 영원히 있기를. 아멘.

¶ 그다음에 다음과 같은 것을 말이나 노래로 해야 한다.

높은 곳에 계신 하나님께 영광을 그리고 땅에서는 평화와 인간에게 선의가 있기를. 오 주님, 하늘의 왕이시며, 전능하신 하나님 아버지시여. 우리는 당신을 찬양하고, 당신을 경배하며 당신께 영광을 돌리고, 당신의 위대한 영광에 대해 당신께 감사를 드립니다.

오, 주님!

독생자 예수 그리스도시여!

오, 주 하나님!

세상 죄를 지고 가시는 하나님의 어린양, 성부의 성자시여, 우리에게 자비를 베푸시옵소서. 세상 죄를 지고 가시는 당신은 우리에게 자비를 베푸시옵소서. 세상 죄를 지고 가시는 당신은 우리의 기도를 받아 주시옵소서. 성부 하나님의 오른편에 앉아 계시는 당신은 우리에게 자비를 베푸시옵소서. 이는 당신만이 거룩하시고, 당신만이 주님이시기 때문입니다.

오, 그리스도시여!

성령님과 더불어 당신만이 하나님 아버지의 영광 안에서 지극히 높으시기 때문입니다. 아멘.

¶ 그다음에 사제나 만약 출석해 있다면 감독은 그들이 이런 축복으로 떠나도록 해야 한다.

모든 지혜를 초월하시는 하나님의 평강이 하나님과 그의 사랑하시는 아들 우리 주 예수 그리스도를 아는 지식과 사랑에서 여러분의 마음과 정신을 지키기를. 그리고 전능하신 성부와 성자의 성령 하나님의 축복이 여러분 사이에 있고 항상 여러분과 함께 유지되기를. 아멘.

¶ 성찬이 없는 각 날에는 헌금 후에 본기도를 해야 한다. 그리고 본기도, 아침 기도와 저녁 기도, 성찬, 혹은 연도 후에 목사의 재량에 따라 동일한 것을 기회가 되는 한 자주 말해야 한다.

오, 주님!

이런 우리의 탄원과 기도를 자비롭게 도와주시고, 당신의 종들의 길을 정하셔서 영원한 구원에 이르게 하시옵소서. 그래서 이 필멸의 삶에 있는 모든 변화와 위험들 속에서 그들이 우리 주 그리스도로 말미암아 당신의 지극히 은혜롭고 신속한 도움으로 항상 보호받을 수 있게 하시옵소서. 아멘.

오, 전능하신 주님!

영원히 살아 계신 하나님!

우리의 몸과 마음 모두를 당신의 율법의 방식과 당신의 계명을 행함으로 인도하시고 성화시키시며 다스리셔서, 우리가 지금부터 영원히, 당신의 지극히 강력한 보호와 그리고 우리 주님이신 구주 예수 그리스도로 말미암아, 몸과 영혼이 유지될 수 있기를 구하는 것을 허락하시옵소서. 아멘.

전능하신 하나님!

오늘 우리가 우리의 외면적인 귀로 들었던 말들이 당신의 은혜로 말미암아 우리 마음 깊이 새겨질 수 있게 하셔서, 그 말들이 주 예수 그리스도로 말미암아 우리 안에서 당신의 이름의 존귀와 찬양을 위한 선한 삶의 열매를 맺을 수 있도록 구하는 것을 허락하시옵소서. 아멘.

오, 주님!

당신의 가장 은혜로운 호의로 우리의 모든 행위를 인도하시옵소서. 나아가서 당신의 지속적 도움으로 우리의 모든 일이 당신 안에서 시작되고, 계속되며 끝나게 해 주셔서, 우리가 당신의 거룩한 이름을 영화롭게 하고, 당신의 자비에 의해서 그리고 우리 주 예수 그리스도로 말미암아 최종적으로 영생을 얻을 수 있도록 하시옵소서. 아멘.

지혜의 샘이신 전능하신 하나님, 당신은 우리가 구하기도 전에 우리의 필요를 아시고, 구하는 우리의 무지를 아십니다. 우리의 연약함을 긍휼히 여기시며, 우리의 무가치함 때문에 감히 요구할 수 없는 것과 우리의 눈이 멀기 때문에 구할 수 없는 것들을 당신의 아들 우리 주 예수 그리스도의 합당함을 위하여 허락하여 주시옵소서. 아멘.

전능하신 하나님!

당신은 당신 아들의 이름으로 구하는 자들의 청원을 들으시겠다고 약속하셨습니다. 우리가 지금 당신께 드리는 기도와 청원에 자비롭게 당신의 귀를 기울여 주시기를 구합니다. 그리고 당신의 뜻에 따라 신실하게 구하

제13장 공동 기도서·본기도 511

는 것들이 우리의 궁핍함을 채우고, 당신의 영광을 나타내기 위해 효과적으로 얻어질 수 있도록 허락하시옵소서. 아멘.

¶ 성찬이 없는 거룩한 날에는 강론이 끝날 때까지 성찬에서 정해진 모든 것들을 말해야 한다. "여기 지구상에 전쟁 상황에 있는 그리스도의 교회 전체를 위해서"라는 일반적인 기도와 기회가 되면 이전에 말했던 이런 본기도들을 하나나 혹은 그 이상을 하면서 끝맺는다.

¶ 그리고 사제와 함께 성찬을 할 충분한 숫자가 있는 경우를 제외하고는, 사제의 재량에 따라 주의 만찬을 기념해서는 안 된다.

¶ 만약, 성찬을 받을 재량권이 있는 교구 인원이 20명 이상이 아니더라도, 사체와 함께 성찬을 받을 사람이 최소한 3-4명 되는 경우를 제외하고는 성찬을 거행해서는 안 된다. 그리고 많은 사제들과 집사들이 있는 대 예배당과 대학 교회에서, 그에 반하는 합당한 이유기 있는 경우를 제외하고, 그들 모두는 적어도 매주 목사들과 함께 성찬을 받아야만 한다.

¶ 어떠한 규범도 그렇게 완벽하게 고안될 수 없지만, 자신들의 무지와 연약함 때문에, 그렇지 않다면 악의와 완고함으로 일부에 의해서 오해되고 타락되며, 잘못 해석될 수 있다. 그런데도 형제와 같은 사랑은, 가능한 한, 범죄가 제거되어야만 하는 것을 원하기 때문에, 우리도 기꺼이 동일한 것을 할 것이다. 『공동 기도서』의 주의 만찬의 시행에는 무릎을 꿇은 수찬자가 성찬을 받아야만 한다고 정해져 있다. 그것은 합당한 수찬자에게 주신 그리스도의 유익에 대해서 겸손하고 감사한 인정을 하는 표시를 가장 잘 의미하며, 그렇지 않다면 성찬에 수반될 오염과 무질서를 피하기 위한 것이다.
게다가 무릎 꿇는 것이 의무가 되거나, 다른 식으로 해석되지 않도록, 우리는 그것은 다음과 같은 것을 의미하지 않는다는 것—다시 말하자면 행해진 어떠한 경배나 혹은 행해져야만 하는 어떤 경배가 그곳에서 몸으로 받는 성례전의 떡이나 포도주에 대해서나 혹은 그리스도 원래의 몸과 피의 실재적이고 본질적 임재에 대해서라는 것을 의미하지 않는다는 것—을 선포한다. 왜냐하면, 성례전의 떡과 포도주에 관해서는 그것들은 여전히 원래의 본질로 남아 있고 그러므로 경배할 수 없기 때문이다. 그리고 그것은 모든 신실한 그리스도인들이 혐오하는 우상 숭배이기 때문이다. 그리고 구주 그리스도의 본래의 몸과 피는 여기에 있지 않고, 하늘에 있다. 왜냐하면, 한 번에 한 곳 이상의 곳에 계시다는 것은 그리스도의 진정한 본래의 몸에 대한 진리에 반하기 때문이다.

¶ 그리고 어떤 사람이 떡과 포도주에 가지고 있을지도 모르는 미신을 제거하기 위해서, 떡은 보통 다른 고기와 함께 식탁에서 먹는 떡으로서, 편하게 얻을 수 있는 가장 좋고 가장 순전한 밀로 된 떡이면 충분할 것이다. 그리고 만약 떡이나 포도주 중 남은 것은 교구 성직자가 가져가서 자신만이 사용해야 한다.

¶ 성찬을 위한 빵과 포도주는 교구 성직자와 그리고 교구위원회가 교구의 경비로 제공해야 하며 교구는 해당 금액이나, 다른 부담금들을 변제받아야 한다. 지금까지 매 주일 교구민들 각 가정의 순서대로 동일한 것을 위해서 지불해 왔다.

¶ 교구민들은 일 년에 적어도 세 번 성찬을 받아야만 한다는 사실에 주의하라. 부활절이 그 중 하나이다. 그리고 본서에서 정해진 규범에 따라서 다른 의식에서도 성례전을 받을 수 있다. 부활절에는 진실로 모든 교구민이 자신의 교구 목사(*Parson*), 교구 대리 목사(*Vicar*), 혹은 부목사(*Curate*)나 혹은 그나 그들의 대리인들을 감안하고, 그때와 지불되어야 할 때 그에게 혹은 그들에게 모든 교회의 직무들, 관례적인 지불금을 지급해야 한다.

4. 『주의 만찬과 성만찬의 기념에 사용되어야 할 본기도들』(1552)

(*The Collects to be Used at the Celebration of the Lord's Supper and Holy Communion*,[91] 1552) – 토마스 크랜머 –

¶ 대림절의 첫 번째 주일

전능하신 하나님!

우리가 지금 이 필멸의 삶(당신의 아들 예수 그리스도께서 지극한 겸손으로 우리를 찾아오셨던)을 사는 동안 어둠의 일을 벗어던지고, 빛의 갑옷을 입을 수 있도록 그리고 예수님께서 영광스러운 위엄으로 산 자와 죽은 자를 모두 심판하러 오실 마지막 날에 항상 하나님과 성령님과 더불어 사시고 다스리시는 주님으로 말미암아 우리가 불멸의 삶으로 부활할 수 있도록 우리에게 평강을 주시옵소서. 아멘.

¶ 대림절의 두 번째 주일

송축받으실 주님!

당신은 우리의 앎을 위해서 모든 거룩한 성경이 기록되도록 하셨습니다. 우리가 인내와 당신의 거룩한 말씀의 위로 때문에 하나님이 우리 구주 예수 그리스도 안에서 주셨던 영생에 대한 복된 소망을 품고 항상 굳게 잡을 수 있는 방식으로 그 성경들을 듣고, 읽으며, 표시하고, 배우며, 내적으로 소화할 수 있도록 허락하시옵소서.

¶ 대림절의 세 번째 주일

오, 주님!

우리의 기도에 귀를 기울이시고, 우리 주 예수 그리스도로 말미암아 주의 은혜로운 방문 때문에 우리 마음의 어둠을 밝혀 주시기를 구합니다.

---

[91] 완전한 제목은 "The Collects, Epistles, and Gospels, to be Used at the Celebration of the Lord's Supper and Holy Communion through the Year"이다. 여기서는 서신서와 복음서 낭독은 포함되지 않는다. 기도의 일관성 없는 끝—가장 빈번하게 "등등"—은 원본에서 그런 것이다.

¶ 대림절의 네 번째 주일

오, 주여!

권능을 일으키사 우리 가운데 임하시고 당신의 큰 능력으로 우리를 도와주시옵소서. 주여, 우리는 비록 우리의 죄와 악으로 말미암아 당신께 가는 길에 방해를 받고 있지만, 당신의 풍성한 은혜와 자비로, 당신을 만족하게 하신 당신의 아들 그리스도를 통하여 우리를 구원하시옵소서. 하나님과 성령님과 더불어 예수 그리스도께 존귀와 영광을 세세토록 올려드립니다.

¶ 성탄절 날

전능하신 하나님!

당신은 당신의 독생자에게 우리의 본성을 입히셔서 우리에게 주셨고, 이 날 순결한 동정녀에서 태어나도록 하셨습니다. 그러므로 새롭게 태어나 입양과 은혜로 당신의 자녀가 된 우리가, 당신과 함께 사시고 다스리시는 동일한 우리 주 예수 그리스도로 말미암아, 당신의 성령님에 따라 날마다 새롭게 되도록 허락하시옵소서, 등등.

¶ 성 스데반의 날

오, 주님!

자신의 박해자들을 위해서 하나님께 기도했던 당신의 순교자 성 스데반의 예에 따라서, 우리가 적들을 사랑하는 것을 배우도록 하시옵소서, 등등.

¶ 복음서 기자 성 요한의 날

자비로우신 주님!

우리는 당신의 밝은 광선이 당신의 교회(Church)에 비추셔서 주의 복받은 사도이자 복음서 기자인 요한의 교리에 의해서 조명받은 교회가 우리 주 예수 그리스도로 말미암아 당신의 영원한 선물들을 얻을 수 있도록 요청합니다. 아멘.

¶ 무죄한 어린이들의 순교 축일(Innocents's Day)

전능하신 하나님!

이날 당신의 무고한 증인들이 말로서가 아니라 죽음으로써 당신에 대한 찬양을 고백하고 보여 주었습니다. 하나님, 우리 주 예수 그리스도로 말미암아 우리 안에 있는 모든 악을 억제하고 죽이셔서 말로만 하는 우리의 고백이 우리의 삶에 믿음의 행동으로 나타나게 하소서.

¶ 성탄절 날 이후의 주일

전능하신 하나님!

당신은 당신의 독생자에게 우리의 본성을 입히셔서 우리에게 주셨고, 순결한 동정녀에서 이날 태어나도록 하셨습니다. 그러므로 새롭게 태어나 입양과 은혜로 당신의 자녀가 된 우리가, 항상 당신과 함께 사시고 다스리시는 동일한 우리 주 예수 그리스도로 말미암아, 당신의 성령님에 따라, 날마다 새롭게 되도록 허락하시옵소서, 등등.

¶ 그리스도의 할례일

전능하신 하나님!

당신은 당신의 복된 아들이 인간을 위한 율법에 따라 할례를 받으시고 순종하도록 하셨습니다. 우리에게 당신의 성령의 참된 할례를 허락하셔서 우리의 마음과 모든 세속적이고 육체적 정욕에 더럽혀진 우리의 모든 지체가 모든 것에서 당신의 아들 동일하신 우리 주 예수 그리스도로 말미암아 당신의 복된 뜻에 순종할 수 있게 해 주시옵소서.

¶ 주현절

오, 하나님!

당신은 별들의 인도 때문에 이방인들에게 당신의 독생자를 드러내셨습니다. 이제 믿음으로써 하나님을 아는 우리가 우리 주 그리스도로 말미암아 이 생명 이후에 당신의 영화로운 신성의 완벽함을 가질 수 있도록 자비롭게 허락하시옵소서.

¶ 주현절 이후의 첫 번째 주일

주님, 당신을 부르는 당신 백성의 기도를 자비롭게 받으시기를 요청합니다. 그리고 그들이 자신들이 해야 할 일들을 자각하고 알 수 있게 하시고, 예수 그리스도로 말미암아 그 일들을 신실하게 성취할 수 있는 은혜와 힘을 가질 수 있도록 허락하시옵소서.

¶ 주현절 이후의 두 번째 주일

전능하시고 영원하신 하나님, 당신은 하늘과 땅에 있는 모든 것을 다스리십니다. 당신의 백성의 탄원을 자비롭게 들으시고, 우리의 남은 삶의 나날에 주의 평강을 허락하시옵소서.

¶ 주현절 이후의 세 번째 주일

전능하시고 영원하신 하나님, 우리의 허약함과 우리의 위험과 궁핍함을 보시옵소서. 그리고 우리 주 그리스도로 말미암아 주의 오른팔을 펴셔서 우리를 돕고 보호해 주시옵소서.

¶ 주현절 이후의 네 번째 주일

오, 하나님!
당신은 우리가 너무나 많고 큰 위험에 처해 있고, 인간의 연약함 때문에 항상 똑바로 설 수 없다는 것을 아십니다. 우리의 몸과 영혼의 건강을 허락하셔서 우리 주 그리스도로 말미암아, 당신의 은혜로 우리가 죄 때문에 괴롭힘을 당하는 저 모든 일을 잘 통과하고 극복할 수 있게 해 주시옵소서.

¶ 주현절 이후의 다섯 번째 주일

오, 주님!
당신의 교회와 가정을 당신의 참 종교로 계속 지키셔서 당신의 하늘 은혜에 대한 소망에만 의지하는 그들이 우리 주 그리스도로 말미암아 당신의 능하신 능력에 의해서 영원히 보호받을 수 있도록 해 주시기를 요청합니다.

¶ 사순절 전의 제3 일요일(*Septuagesima*)이라고 불리는 주일

오, 주님!

당신 백성의 기도를 호의로써 들으시기를 요청합니다. 우리는 범죄 때문에 벌을 받아 마땅하지만, 항상 당신과 함께 사시고 다스리시는 우리 구주 예수 그리스도로 말미암아 당신의 선하심에 의해서, 당신의 이름의 영광을 위해서 우리가 자비롭게 해방될 수 있도록 해 주시옵소서.

¶ 사순절 전의 제2 일요일(*Sexagesima*)이라고 불리는 주일

우리는 우리가 행하는 어떤 것도 신뢰하지 않는다는 것을 주 하나님은 알고 계십니다. 당신의 권능으로, 우리 주 예수 그리스도로 말미암아, 우리가 모든 역경에 맞서서 보호받을 수 있도록 자비를 베푸시옵소서.

¶ 오순절(사순절 바로 앞 주일[*Quinquagesima*])이라고 불리는 주일

오, 주님!

당신은 사랑이 없는 우리의 모든 행위는 가치가 없다고 가르치십니다. 당신의 성령과 권능을 우리 마음에 보내 주시옵소서. 그것은 가장 고결한 사랑의 선물이고, 바로 평안과 모든 미덕의 매는 줄이며, 그것이 없다면, 살아 있는 자 누구라도 당신 앞에서 죽은 자로 여겨질 것입니다. 당신의 독자 예수 그리스도를 위해 이것을 허락하시옵소서.

¶ 사순절의 첫째 날

전능하시고 영원하신 하나님!

당신은 당신이 만드신 것은 아무것도 미워하시지 않고, 뉘우치는 모든 자의 죄를 용서하십니다. 우리 안에 새롭고 통회하는 마음을 창조하시고 만드셔서 우리가 우리의 죄를 합당하게 비통해하고, 우리의 비참함을 인정함으로써, 예수 그리스도로 말미암아 모든 자비의 하나님인 당신으로부터 온전한 사면과 용서를 얻을 수 있게 하시옵소서.

¶ 사순절의 첫 번째 주일

오, 주님!

당신은 우리를 위해서 40주야를 금식하셨습니다. 우리에게 그런 절제하는 은혜를 주셔서, 우리 육신이 성령에게 복종함으로써 살아 계시고 다스리시는 당신의 존귀와 영광을 위하여, 의와 참 거룩함으로 항상 당신의 경건한 움직임에 순종할 수 있게 하시옵소서.

¶ 사순절의 두 번째 주일

전능하신 하나님!

당신은 우리가 스스로를 도울 어떠한 능력도 없다는 사실을 알고 계십니다. 주님, 외면적으로 우리의 몸과 내면적으로 우리의 영혼을 지켜 주셔서, 예수 그리스도로 말미암아 우리의 몸에 일어날 수 있는 모든 역경과 우리의 영혼을 공격하고 상처를 줄 수 있는 모든 악한 생각으로부터 우리가 보호받을 수 있도록 해 주시옵소서. 등등.

¶ 사순절의 세 번째 주일

전능하신 하나님!

당신의 겸손한 종들의 진심 어린 염원을 살펴 주시고, 우리 주 예수 그리스도로 말미암아 주의 능하신 오른팔을 펼치사 우리의 모든 적에 맞서서 우리를 보호해 주시옵소서.

¶ 사순절의 네 번째 주일

전능하신 하나님, 악한 행위 때문에 벌을 받아 마땅한 우리가 우리 주 예수 그리스도로 말미암아, 당신 은혜의 위로 때문에 자비롭게 구출받게 해 주시기를 요청합니다.

¶ 사순절의 다섯 번째 주일

전능하신 하나님!

당신의 백성을 자비롭게 살펴 주셔서, 당신의 크신 선하심으로, 우리 주 예수 그리스도로 말미암아, 그들의 몸과 영혼 모두가 항상 다스림받고 보존될 수 있도록 요청합니다.

¶ 종려 주일(The sunday Next before Easter)

전능하시고 영원하신 하나님!

당신은 인간에 대한 당신의 부드러운 사랑으로 우리 구주 예수 그리스도를 보내셔서, 우리의 몸을 입으시고 십자가에서 죽임을 당하게 하심으로써 모든 인간이 예수님의 위대하신 겸손의 예를 따르도록 하셨습니다. 동일하신 분이신, 우리 주 예수 그리스도로 말미암아, 우리가 예수님의 인내의 예를 따르고 또한 그분의 부활의 참여자가 되도록 자비를 베풀어 주시옵소서.

¶ 성 금요일

전능하신 하나님!

우리는 이런 당신의 가족을 은혜롭게 보시기를 요청합니다. 그들을 위해서 우리 주 예수 그리스도께서 배반당하시고, 사악한 인간들의 손에 넘겨지셨으며, 십자가에서 죽임을 당하셨습니다. 그분은 사시고 다스리십니다. 등등.

전능하시고 영원하신 하나님!

당신의 영에 의해서 전체 교회의 몸이 다스림을 받고 성화됩니다. 당신 앞에서 당신의 거룩한 회중들 속에 있는 사람들의 모든 재산을 위해서 드리는 우리의 탄원과 기도를 받아 주셔서, 교회의 모든 지체가 우리 주 예수 그리스도로 말미암아 자신의 직업과 사역에서 진심으로 경건하게 당신을 섬길 수 있도록 하시옵소서.

자비로운 하나님!

당신은 모든 인간을 만드셨고, 당신이 만드신 것은 아무것도 미워하지 않으시고, 죄인의 죽음을 원하지 않으시며, 오히려 그가 돌아서서 살기를 바라시는 분이십니다. 모든 유대인과 터키족과 불신자와 이단에게 자비를 베푸셔서, 그들로부터 무지와 마음의 완고함 그리고 당신의 말씀에 대한 경멸을 제거하시옵소서.

그리고 그들을 본향이자, 송축받으실 주님이신 당신의 양 떼에게 데리고 가셔서 그들이 참 이스라엘 백성의 남은 자들 사이에서 구원받을 수 있게 하시고, 우리 주 예수 그리스도이신 한 분 목자 아래에서 한 양 떼가 될 수 있게 하시옵소서. 그분은 사시고 다스리십니다. 등등.

¶ 부활절 날

　전능하신 하나님!

　당신은 당신의 독생자 예수 그리스도로 말미암아 우리에게 사망을 이기게 하시고 영생의 문을 열어 주셨습니다. 우리는 겸손하게 당신에게 요청합니다. 우리 앞에 행하시는 당신의 특별한 은혜로 말미암아 우리 마음에 소원을 두셔서, 살아 계시고 다스리시는 우리 주 예수 그리스도로 말미암아 우리가 당신의 한결같은 도우심으로 말미암아 선한 일을 이루게 하시옵소서. 등등.

¶ 부활절의 화요일

　전능하신 아버지!

　당신은 당신의 독자를 주셔서 우리 죄를 위해서 죽게 하시고, 우리의 칭의를 위해서 부활하게 하셨습니다. 주님, 악한 마음과 사악한 누룩을 제거하셔서, 우리 주 예수 그리스도로 말미암아 우리가 항상 삶과 진리의 순전함으로 하나님 아버지를 섬길 수 있도록 허락하시옵소서.

¶ 부활 절기의 첫 번째 주일

　부활절 날 성찬 시에 사용하는 것처럼, 전능하신 아버지, 등등.

¶ 부활절 후의 두 번째 주일

　전능하신 하나님!

　당신은 당신의 거룩한 아들을 우리에게 주셔서 죄에 대한 제물과 경건한 삶의 모범이 되도록 하셨습니다. 우리가 항상 지극히 감사하는 마음으로 예수님의 측량할 수 없는 유익들을 받고, 또한 날마다 그분의 지극히 거룩하신 삶의 송축받으실 걸음들을 따르기 위해 노력할 수 있는 은혜를 주시옵소서.

¶ 부활절 후의 세 번째 주일

　전능하신 하나님!

당신은 잘못에 빠져 있는 모든 사람에게 그들이 의로움의 길로 돌아올 수 있도록 당신의 진리의 빛을 보여 주십시오. 기독교의 교제 안에 있는 모든 백성이 자신들의 고백과 어긋나는 길로 가지 말게 하시고, 우리 주 예수 그리스도로 말미암아 그들이 그 고백에 합당한 모든 것을 따를 수 있도록 허락해 주시옵소서.

¶ 부활절 후의 네 번째 주일

전능하신 하나님!
당신은 모든 신실한 사람의 마음이 한뜻이 되게 하십니다. 당신의 백성들이 당신이 명령하신 것들을 사랑하고 당신이 약속하신 것을 바랄 수 있도록 허락하셔서, 우리 주 그리스도로 말미암아 세상의 다양하고 수많은 변화 속에서 우리의 마음이 진정한 기쁨을 찾을 수 있는 그곳에 확실하게 고정될 수 있게 해 주시옵소서.

¶ 부활절 후의 다섯 번째 주일

오, 주님!
당신으로부터 모든 선한 일이 나옵니다. 당신의 비천한 종인 우리에게 우리 주 예수 그리스도로 말미암아 우리가 당신의 거룩한 영감에 의해서 선한 것들을 생각하고, 당신의 자비로우신 안내로 그 선한 일들을 행할 수 있도록 허락하시옵소서.

¶ 승천일

전능하신 하나님!
우리가 당신의 독생자 우리 주 예수 그리스도께서 하늘로 올라가신 것을 믿는 것과 같이, 마음과 생각으로 우리 또한 올라가서 그분과 함께 지속해서 거할 수 있도록 요청하는 것을 허락하시옵소서.

¶ 승천일 후의 주일

오, 영광의 왕이신 하나님!

당신께서는 당신의 독자 예수 그리스도를 위대한 승리로써 하늘에 있는 당신의 나라로 높이셨습니다. 우리를 버려두지 마시고, 우리를 위로해 주실 당신의 성령님을 보내 주시고, 우리 구주 그리스도께서 앞서가셨던 같은 곳으로 우리를 높여 주시기를 요청합니다. 그분은 사시고 다스리십니다. 등등.

¶ 성령강림절(Whitsunday)

오, 영광의 왕이신 하나님!

오늘 당신 성령의 빛을 보내심으로써 당신의 신실한 백성의 마음을 가르치셨던 것처럼, 같은 성령님에 따라서 우리가 모든 일에서 의로운 판단을 하고, 영원히 한 분 하나님이신 동일한 성령님과의 연합으로 당신과 함께 사시고 다스리시는 우리 구주 그리스도 예수의 공적으로 말미암아 항상 그분의 거룩한 위로를 기뻐할 수 있도록 허락하시옵소서.

¶ 삼위일체 주일

전능하시고 영원하신 하나님!

당신은 당신의 종들인 우리에게 은혜를 베푸셔서 참된 믿음의 고백으로 영원하신 삼위일체의 영광을 인정하게 하시고, 신성한 위엄의 권능으로 삼위일체의 연합을 경배하도록 하셨습니다. 영원히 사시고 다스리시는 한 분 하나님이신 당신께 이 믿음의 확고함을 통하여 우리가 모든 역경으로부터 항상 보호받을 수 있게 되기를 요청합니다.

¶ 삼위일체 주일 후의 첫 번째 주일

주를 신뢰하는 모든 자의 힘이신 하나님!

우리의 기도를 자비롭게 받아 주시옵소서. 그리고 우리는 필멸이라는 본성의 연약함 때문에 당신 없이는 아무 선한 것도 할 수 없으므로, 주의 계명을 지키는 데 있어서 우리 주 예수 그리스도로 말미암아 우리가 뜻과 행위로 모두 당신을 기쁘시게 할 수 있도록 당신의 은혜로운 도움을 허락해 주시옵소서.

¶ 삼위일체 주일 후의 두 번째 주일

오, 주님!

우리가 당신의 거룩한 이름을 끊임없이 경외하고 사랑하도록 만들어 주시옵소서. 당신은 당신의 견고하신 사랑 안으로 데려오신 자들을 반드시 도우시고 다스리시기 때문입니다. 이것을 허락하시옵소서. 등등.

¶ 삼위일체 주일 후의 세 번째 주일

오, 주님!

우리와 그리고 기도하고자 하는 진심 어린 소원을 주셨던 모든 자를 자비롭게 들어주시옵기를 요청합니다. 우리 주 예수 그리스도로 말미암아 당신의 능하신 도움으로 우리가 보호받을 수 있도록 해 주시옵소서.

¶ 삼위일체 주일 후의 네 번째 주일

주님을 신뢰하는 모든 자의 보호자(Protector)이신 하나님!

당신 없이는 아무것도 강하지 않고, 아무것도 거룩하지 않습니다. 일시적인 것들과 변하는 것들에 마음을 빼앗겨 마침내 영원한 것들을 잃지 않도록, 당신이 우리의 통치자(Ruler), 안내자(Guide)가 되시어 우리에게 당신의 자비를 더하시고 번성하게 하시옵소서. 하늘에 계신 아버지, 우리 주 예수 그리스도를 위해서 이것을 허락하시옵소서.

¶ 삼위일체 주일 후의 다섯 번째 주일

오, 주님!

이 세상의 흐름이 당신의 통치 때문에 그렇게 평화롭게 정해지고, 우리 주 예수 그리스도로 말미암아 당신의 회중이 모든 경건한 고요함 속에서 당신을 기쁘게 섬길 수 있게 해 주시기를 요청합니다.

¶ 삼위일체 주일 후의 여섯 번째 주일

전능하신 하나님!

당신은 당신을 사랑하는 자들을 위해서 모든 인간의 이해를 초월하는 좋은 것들을 예비하셨습니다. 우리의 마음에 당신을 향한 사랑을 부어 주셔서, 모든 것에서 당신을 사랑하는 우리가 우리 주 예수 그리스도로 말미암아 우리가 바랄 수 있는 모든 것을 뛰어넘는 당신의 약속들을 얻을 수 있도록 하시옵소서.

¶ 삼위일체 주일 후의 일곱 번째 주일

모든 권세와 능력의 주님!

당신은 모든 선한 것들의 창시자(Author)이시고 그것들을 주시는 분(Giver)이십니다. 우리 주 예수 그리스도로 말미암아, 우리의 마음에 당신의 이름에 대한 사랑을 심어 주시고, 우리 안에 참믿음을 더하시며, 모든 선한 것으로 우리를 양육하시고, 주의 크신 자비로 우리를 동일하게 지켜 주시옵소서.

¶ 삼위일체 주일 후의 여덟 번째 주일

전능하신 하나님!

당신의 섭리는 결코 속일 수 없습니다. 우리는 우리 주 예수 그리스도로 말미암아, 모든 해로운 것을 우리로부터 제거하시고 우리에게 유익한 것들을 주시도록 겸손하게 요청합니다.

¶ 삼위일체 주일 후의 아홉 번째 주일

오, 주님!

당신이 없이는 존재할 수 없는 우리가 우리 주 예수 그리스도로 말미암아, 당신에 의해서 당신의 뜻에 따라 살 수 있도록 항상 옳은 것을 생각하고 행하는 영을 구하는 것을 우리에게 허락하시옵소서.

¶ 삼위일체 주일 후의 열 번째 주일

오, 주님!

당신의 비천한 종들의 기도에 당신의 자비로운 귀를 열어 주셔서, 그들이 자신들의 청원을 얻을 수 있게 해 주시고 우리 주 예수 그리스도로 말미암아, 그들이 당신을 기쁘시게 할 것들을 구하게 만드시옵소서.

¶ 삼위일체 주일 후의 열한 번째 주일

오, 하나님!

당신은 무엇보다도 주로 자비와 동정을 보여 주심으로서 당신의 전능하신 능력을 선포하십니다. 우리에게 당신의 은혜를 풍성하게 주셔서 당신의 약속을 향해 달려가고 있는 우리가 우리 주 예수 그리스도로 말미암아 당신의 하늘의 보물의 참여자가 될 수 있게 해 주시옵소서.

¶ 삼위일체 주일 후의 열두 번째 주일

전능하시고 영원하신 하나님!

당신은 항상 우리의 기도를 더 들으실 준비가 되어 있으십니다. 그리고 우리가 바라거나, 우리의 자격보다 더 많이 주시기를 좋아하십니다. 우리 주 예수 그리스도로 말미암아, 우리 양심이 두려워하고 있는 일들을 행한 것을 용서해 주시고, 우리의 기도가 감히 구하지 못할 것들을 우리에게 주시는 그러한 풍성하신 주의 자비를 우리에게 부어 주시옵소서.

¶ 삼위일체 주일 후의 열세 번째 주일

전능하시고 자비로운 하나님!

당신의 단 하나의 선물에 의해서 당신의 신실한 백성이 참되고 칭찬받을 만한 예배를 당신께 드리게 됩니다. 우리가 우리 주 예수 그리스도로 말미암아 당신의 하늘 약속을 향해 그렇게 달려가서, 마침내 동일한 약속을 획득하는 데 우리가 실패하지 않도록 구하는 것을 허락하시옵소서.

¶ 삼위일체 주일 후의 열네 번째 주일

전능하시고 영원하신 하나님!

우리에게 믿음과 소망과 사랑을 더 하셔서 우리가 우리 주 예수 그리스도로 말미암아 당신이 약속하신 것을 얻을 수 있고, 우리가 당신이 명령한 것을 사랑할 수 있도록 주시옵소서.

¶ 삼위일체 주일 후의 열다섯 번째 주일

오, 주님!

당신의 지속적 자비로써 당신의 교회를 지켜 주시옵소서. 그리고 당신 없이는 실패할 수밖에 없는 인간의 연약함 때문에, 당신의 도움으로 항상 우리를 지켜 주시고, 우리 주 예수 그리스도로 말미암아 우리의 구원에 유익한 모든 것으로 우리를 인도해 주시옵소서. 아멘.

¶ 삼위일체 주일 후의 열여섯 번째 주일

오, 주님!

당신의 변함없는 자비로 당신의 회중을 정화시키고 보호하여 주시기를 구합니다. 그리고 당신의 도움이 없다면 회중이 안전하게 지속할 수 없으므로, 우리 주 예수 그리스도로 말미암아 당신의 도우심과 선하심으로 그들을 항상 보존하여 주시옵소서.

¶ 삼위일체 주일 후의 열일곱 번째 주일

오, 주님!

당신의 은혜가 항상 우리를 앞서가시고, 우리를 따르셔서, 우리가 끊임없이 모든 선한 일을 하도록 도우시기를 기도드립니다.

¶ 삼위일체 주일 후의 열여덟 번째 주일

오, 주님!

우리 주 예수 그리스도로 말미암아, 당신의 백성이 마귀로부터의 유혹을 피하고, 순전한 마음과 생각으로 단 한 분 하나님이신 당신을 따를 수 있는 은혜를 허락하시기를 구합니다.

¶ 열아홉 번째 주일[92]

오, 하나님!

당신이 계시지 않는다면 우리는 당신을 기쁘시게 할 수 없으므로, 우리 주 예수 그리스도로 말미암아 당신의 자비 역사하심이 모든 것들에서 우리 마음을 인도하고 다스릴 수 있게 허락하시옵소서.

92　이 지점부터 원본에서 "삼위일체 주일 후의"가 빠져 있다.

¶ 스무 번째 주일

전능하시고 자비로우신 하나님!

당신의 풍성한 선하심으로 우리에게 해를 입힐 수 있는 모든 것으로부터 우리를 지켜 주시옵소서. 그래서 우리의 몸과 마음이 모두 준비되어, 우리 주 예수 그리스도로 말미암아 우리에게 자유로운 마음을 주셔서 당신이 이루실 것들을 우리를 통해 성취하시옵소서.

¶ 스물한 번째 주일

자비로운 주님!

당신의 신실한 백성에게 용서와 평강을 주셔서 그들이 우리 주 예수 그리스도로 말미암아 자신들의 모든 죄로부터 깨끗해짐을 받고, 고요한 마음으로 당신을 섬길 수 있도록 구하는 것을 허락하시옵소서.

¶ 스물두 번째 주일

오, 주님!

당신의 가정인 교회를 지속적 경건함으로 지켜 주셔서 당신의 보호를 받은 교회가 모든 적으로부터 자유로워지고, 우리 주 예수 그리스도로 말미암아 당신의 이름의 영광을 위해서, 선한 일에서 헌신적으로 주님을 섬길 수 있게 되도록 요청합니다.

¶ 스물세 번째 주일

우리의 피난처이시고, 힘이신 하나님!

당신은 모든 경건함의 창시자(Author)이십니다. 당신의 교회의 경건한 기도를 들을 준비를 하시고, 우리가 신실하게 구하는 저러한 것을 허락하셔서, 우리 주 예수 그리스도로 말미암아 우리가 그것을 효과적으로 얻을 수 있도록 하시옵소서. 아멘.

¶ 스물네 번째 주일

오, 주님!

당신의 백성에게 자신들의 죄를 사하여 주시고, 당신의 풍성한 선하심으로 말미암아, 우리의 연약함 때문에 우리가 범했던 모든 죄의 유혹으로부터 우리가 해방될 수 있게 해 주시기를 요청합니다. 이것을 허락해 주시옵소서. 등등.

¶ 스물다섯 번째 주일

당신의 신실한 백성이 선한 일의 열매를 온전히 맺어 예수 그리스도를 통해 당신에게서 오는 상을 받도록 그들의 의지를 일깨워 주십시오. 아멘.

¶ 성 안드레의 날(St. Andrew's Day)

전능하신 하나님!

당신은 당신의 거룩한 사도 성 안드레에게 당신의 아들 예수 그리스도의 부르심에 즉시 순종하여 지체하지 않고 예수님을 따르는 은혜를 주셨습니다. 우리 모두에게, 당신의 거룩한 말씀으로 부르심을 받은 우리가 동일하신 우리 주 예수 그리스도로 말미암아 당신의 거룩한 계명을 따르기 위해서 우리를 순종함으로 드릴 수 있도록 허락하시옵소서. 아멘.

¶ 사도 성 도마(St. Thomas the Apostle)

전능하시고 영원히 사시는 하나님!

당신은 믿음의 더 큰 확신을 위해 당신의 거룩한 사도 도마가 당신의 아들 부활에 대한 의심을 허락하셨습니다. 당신이 보시기에 우리 믿음이 절대 책망받지 않도록, 우리에게 그렇게 온전하게, 조금의 의심도 없이 당신의 아들 예수 그리스도를 믿을 수 있게 하시옵소서.

오, 주님!

동일하신 예수 그리스도로 말미암아 우리를 들으시옵소서. 당신과 당신의 성령님과 더불어 예수 그리스도께 모든 존귀가 있으시기를, 등등.

¶ 사도 바울의 회심

오, 하나님!

당신은 당신의 복받은 사도 성 바울의 전파를 통해서 세상을 가르치셨습니다. 그의 놀라운 회심을 기억하는 우리가 우리 주 예수 그리스도로 말미암아 바울이 가르쳤던 거룩한 교리를 따르고 성취할 수 있도록 주께 구하노니 허락하시옵소서.

¶ 동정녀 마리아의 정화의 축일(Purification of St, Mary the Virgin)

전능하시고 영원하신 하나님!

당신의 위엄에 청하오니 당신의 독생자가 오늘 성전에서 우리 육신의 본질로 드려진 것과 같이, 우리도 우리 주 예수 그리스도에 의해서 순결하고 깨끗한 마음으로 주께 드려지는 것을 허락하시옵소서.

¶ 성 맛디아의 날(St. Matthias's Day)

전능하신 하나님!

당신은 예수님을 판 자인 유다를 대신하여 당신의 신실한 종 맛디아를 당신의 열두 사도 중 하나가 되도록 선택하셨습니다. 당신의 교회가 항상 가짜 사도들로부터 보존되어 우리 주 예수 그리스도로 말미암아 신실하고 참된 목사들에 의해 가르침과 인도를 받을 수 있도록 하시옵소서.

¶ 동정녀 마리아의 수태고지(The Annunciation of Virgin Mary)

오, 주님!

우리의 마음에 주의 은혜를 부어 주셔서, 우리가 당신의 아들이신 그리스도의 성육신을 천사의 전언에 의해서 알고 있는 것처럼, 동일하신 우리 주 그리스도로 말미암아, 그렇게 그분의 십자가와 수난에 의해서, 우리를 그분의 부활의 영광으로 데려가실 수 있게 해 주시기를 요청드립니다.

¶ 성 마가의 날

전능하신 하나님!

당신은 당신의 복음서 기자인 성 마가의 하늘의 교리로 당신의 거룩한 교회를 가르쳤습니다. 당신의 거룩한 복음으로 설 수 있도록 우리에게 은혜를 베풀어 주셔서, 우리가 우리 주 예수 그리스도로 말미암아 모든 헛된 교리에 사로잡힌 어린아이처럼 되지 않도록 해 주시옵소서.

¶ 성 빌립과 성 야고보의 날

전능하신 하나님!

당신을 참으로 아는 것이 영생입니다. 주님이 성 빌립과 다른 사도를 가르치셨던 것처럼, 우리가 우리 주 예수 그리스도로 말미암아 하나님의 아들 예수 그리스도가 길이요, 진리요 생명임을 온전히 알게 해 주시옵소서.

¶ 사도 성 바나바

전능하신 주님!

당신은 당신의 거룩한 사도 바나바에게 성령님의 특별한 은사를 주셨습니다. 우리 주 예수 그리스도로 말미암아, 당신의 다양한 은사로 우리를 풍요롭게 하시고, 우리가 받은 은사들을 당신의 존귀와 영광을 위해 사용하는 은혜 또한 주시옵소서.

¶ 성 세례 요한

전능하신 하나님!

당신의 종 세례 요한은 당신의 섭리에 의해서 놀랍게 태어났고, 우리 구주이신 당신 아들의 길을 회개의 전파로써 예비하기 위해서 보냄을 받았습니다. 우리로 하여금 그의 교리와 경건한 삶을 그렇게 따르게 하셔서, 그의 전파에 따라서 우리가 진심으로 회개하고, 우리 주 예수 그리스도로 말미암아 그의 모범을 따라서 지속적으로 진리를 말하며, 담대하게 악을 견책하고, 진리를 위해서 인내로써 견딜 수 있도록 해 주시옵소서.

¶ 성 베드로의 날

전능하신 하나님!

당신은 당신의 아들 예수 그리스도에 의해서 당신의 사도인 성 베드로에게 많은 탁월한 은사를 주셨고, 그에게 당신의 양 떼를 열심히 먹이라고 명령하셨습니다. 우리는 모든 감독과 목사로 하여금 주의 거룩한 말씀을 부지런히 전파하고, 사람들이 그 말씀을 순종으로 따를 수 있도록 해 주셔서,

우리 주 예수 그리스도로 말미암아 그들이 영원한 영광의 면류관을 받을 수 있게 해 주시기를 요청합니다.

¶ 사도 성 야고보

오, 자비로우신 하나님!

당신의 거룩한 사도 성 야고보가 자신의 아버지와 자신이 가졌던 모든 것을 떠나서 당신의 아들 예수 그리스도의 부르심에 순종하여, 그분을 따랐던 것처럼, 우리도 우리 주 예수 그리스도로 말미암아 모든 세속적이고 육신적 욕망을 버림으로써, 항상 당신의 계명을 따를 준비가 될 수 있도록 허락하시옵소서.

¶ 성 바돌로메

오, 전능하시고 영원하신 하나님!

당신은 당신의 사도인 바돌로메에게 당신의 말씀을 진실로 믿고 전파하는 은혜를 주셨습니다. 우리 주 그리스도로 말미암아 당신의 교회에 바돌로메가 믿었던 것을 사랑하고, 또한 바돌로메가 가르쳤던 것을 전파하기를 우리가 요청하오나 허락하시옵소서.

¶ 성 마태

전능하신 하나님!

당신은 당신의 송축받으실 아들로 하여금 세리 마태로부터 부르셔서 사도와 복음서 기자가 되도록 하셨습니다. 우리가 모든 탐욕스러운 욕망과 부에 대한 과도한 사랑을 버리는 은혜를 주셔서 당신과 함께 사시고 다스리시는 당신의 아들 예수 그리스도를 따르도록 허락해 주시옵소서, 등등.

¶ 성 미카엘과 모든 천사

영원하신 하나님!

당신은 모든 천사와 인간의 섬김을 놀라운 질서로 정하고 구성하셨습니다. 우리 주 예수 그리스도로 말미암아 하늘에서 항상 당신을 섬기는 저들이 당신의 임명에 의해서 땅에 있는 우리를 돕고 보호할 수 있도록 자비롭게 허락하시옵소서. 등등.

¶ 복음서 기자 성 누가

　전능하신 하나님!

　당신은 복음서에서 칭찬받는 의사인 누가를 부르셔서, 영혼의 의사가 되게 하셨습니다. 그의 교리의 유익한 약으로 당신의 아들이신 우리 주 예수 그리스도로 말미암아, 우리의 영혼의 병을 고치는 것이 당신을 기쁘시게 할 것을 기원합니다.

¶ 사도 시몬과 유다

　전능하신 하나님!

　당신은 사도들과 선지자들의 터 위에 예수 그리스도를 으뜸가는 모퉁이 돌(Head Cornerstone)이 되게 하셔서 회중을 세우셨습니다. 그들의 교리에 의해서, 우리가 함께 성령으로 연합하게 하셔서 우리 주 예수 그리스도로 말미암아, 주께서 받으실 만한 거룩한 성전이 될 수 있게 허락하시옵소서. 아멘.

¶ 모든 성자

　전능하신 하나님!

　당신은 당신의 택함 받은 자들을 하나의 성찬과 교제 안에서 그리고 당신의 아들이신 우리 주 그리스도의 신비한 몸 안에서 함께 되도록 만드셨습니다. 우리에게 모든 미덕과 경건한 삶에서 당신의 거룩한 성자들을 따르는 은혜를 허락하셔서, 우리가 예수 그리스도로 말미암아, 당신을 신실하게 사랑하는 모두를 위해 당신이 예비하셨던 저 말할 수 없는 기쁨에 이를 수 있게 해 주시옵소서.

제14장

형식과 방법

존 아 라스코

·

기독교 조례

마틴 미크로니우스

> 이 세계적인 폴란드인의 놀라운 경력은 비-루터파 종교개혁이 얼마나 쉽게 문화와 언어의 경계를 넘었는가의 상징이다. 그의 생애의 마지막인 1560년까지, 개혁파 개신교의 지리적 확장에 있어서 미크로니우스가 존 칼빈보다 더 영향력이 있게 되었다[1]라는 것은 논쟁의 여지가 있다.

존 아 라스코(John à Lasco, 혹은 그의 모국어로는 얀 라스키[Jan Laski])는 중요하고 영향력 있는 교회 조례인 『형식과 방법』(*Form and Method*, 1555)의 주 책임자로서 뛰어난 폴란드인 종교개혁자였다.

아 라스코는 1499년 폴란드 라스크(Lask)시에서 태어났다. 그는 삼촌—같은 이름을 가진 삼촌 얀 라스키는 폴란드 로마가톨릭교회의 고문(Chancellor)이 되고, 그다음에 대주교(Primate of the Polish Roman Catholic Church)가 되었다—의 후원을 받아서 볼로냐(Bologna)에서 훈련을 받았고(1515), 그곳에서 레지날드 폴(Reginald Pole)을 만났으며 그네센(Gnesen)에서 (1518년에 부제로; 1521년에 사제로) 서품을 받았다.

그곳에서 나중에 왕실 비서(Royal Secretary)가 되었다.[2] 이처럼 그는 능력 있는 학자들과 국제적인 귀족 집단의 영역으로 이동했다. 1524년 프랑스를 외교적으로 방문했을 때, 그는 바젤에서는 에라스무스(Desiderius Erasmus)와 외콜람파드(Johannes Oecolampadius)를, 파리에서는 레페브르 데타플(Lefèvre d'Etaples)을 만났다.

아 라스코는 1529년 베즈프렘의 주교(Bishop of Veszprém)가 되었으나, 합스부르크(Habsburg)와 교황 제도에 대한 폴란드인들의 반대로 인하여 그 직위로 추인받지 못했다. 그의 가족이 합스부르크의 손에서 상당한 정치적 불행을 겪고 난 후에, 그는 서부로 옮겨가서 루뱅(Louvain)에서 결혼했고, 1534년 엠덴(Emden)에 정착했다.

---

[1] Diarmaid MacCulloch, *All things Made New: Writings on the Reformation* (Oxford: Oxford University Press, 2016), 205.

[2] Piotr Tafiloski, Jan Laski (1456-1531): *Kanclerz koronny it Prymas Polski* (Warsaw: Wydawnictwa Uniwersystu Warszaskiego, 2007), 277-80.

그는 그 당시 복음주의의 확신을 가진 것이 분명했다. 왜냐하면, 그가 1543년 동 프리지아(East Frisia) 교회의 감독관(superintendent)으로 초청을 받아, 그곳에서 스위스 종교개혁 모델을 구현했기 때문이다.[3] 1549년까지 아우구스부르크 임시 정부(Augsburg Interim)의 압박 때문에 그는 다른 곳에서 피난처를 찾을 수밖에 없었다. 그래서 대주교인 토마스 크랜머(Archbishop Cranmer)의 초청을 받고 영국에서 점차 늘어나는 종교적 난민들에게 사역하기 위해 1550년 엠덴을 떠났다.

빠르게 개혁 중이었던 영국 국교회는 대륙으로부터 종교적 난민의 쇄도를 겪게 되었다. 이런 외국 복음주의자들에 대처하기 위해서 그리고 이단의 확장을 막기 위해서(최근의 조지 판 파리스[George van Parris]와 조안 부처[Joan Boucher]의 경우들이 중요하게 여겨졌다.)[4] 이민자 교회들이 설립되었다.

이런 '이방인'(Stranger) 교회들은 (그들이 영국의 교리를 부정하지 않는 한) 자신들의 의식을 사용하는 자유를 누릴 수 있었고, 대주교와 왕에게만 책임을 졌다. 추가적으로, 이런 합법적인 비 일치 교회들(non-conforming churches)이 그 나라에 복음주의의 본보기가 되도록 하는 것은 대주교 크랜머의 견해였다.

1550년 7월 24일, 에드워드 6세(Edward VI)는 네덜란드인 회중이 이전의 오스틴 프라이어 교회(Austin Friar's church)에서 모이는 것과 프랑스인 회중이 성 안소니 채플(St. Anthony Chapel 근처인 스레드니들 스트리트[Threadneedle Street]에 위치한)에서 모일 수 있는 왕실 칙서를 수여했다.

아 라스코는 런던에 있는 프랑스인과 네덜란드인들의 '이방인' 교회의 감독관(superintendent)—사실상 감독(bishop)—이 되었다.[5] 그 두 회중을 위해서 임명된 목사들은 리차드 보빌(Richard Bauvile, 프랑스인)과 프란시스 페루

3　Hernning P. Jürgens, *Johannes a Lasco in Ostfriesland: Der Werdegang eines europäischen Reformators* (Tübingen: Mohr Siebeck, 2002), 294-99.
4　'이방인'(stranger) 교회에 대한 최고의 영어 안내서는 Andrew Pettegree, *Foreign Protestanst Communities in sixteenth Century London* (Oxford: Clarendon Press, 1986)이다.
5　얀 우텐호브(Jan Utenhove)는 캔터베리(Canterbury)의 왈룬인들(Walloon)의 '이방인' 회중을 목회했는데, 그것은 1549년경 잠시 동안 존재했었다. 1551년에 발레랑 풀랭(Valeand Poullang)은 글라스톤베리(Glastonbury)의 프랑스인 '이방인' 회중 목사로 임명을 받았다 (그는 주로 칼빈의 스트라스부르 의식에 토대를 둔 예전을 사용했다). 1553년 마이클 안젤로 플로리오(Michael Angelo Florio)는 이탈리아 회중들을 목회했다. 그들은 아마도 일찍이 1551년에 런던의 '이방인' 교회에 합류했었다 .

젤(Francis Perusel, 프랑스인), 우터 딜렌(Wuter Deelen, 네덜란드인) 그리고 마틴 미크로니우스(Martin Micronius, 네덜란드인, 1522-59)였다.

아 라스코는 하인리히 불링거(Heinrich Bullinger)에게 마틴 미크로니우스에 대해 다음과 같이 말했다.

> 그러나 나는 테세우스(Theseus)가 없다면, 쓸 수가 없습니다. 우리 미크론(Micron)이 여기 우리 교회에 있는 것이 너무나 감사하다는 뜻입니다.[6]

1550년에 아 라스코의 『형식과 방법』이 만들어진 것은 여기였다. 아 라스코가 프랑스인과 네덜란드인 회중들 사이에서 사용할 수 있도록 번역되었던 예전을 저술하고, 확립함에 따라, 그것은 다음 30년 동안 단계적으로 발전되었다.[7]

작업의 마지막 형식은 메리 여왕의 즉위와 '이방인' 공동체의 축출 이후에야 간행되었다. 따라서 『형식과 방법』의 최초의 완전한 버전들은 1555년 프랑크푸르트에서 (라틴어로) 그리고 1556년 엠덴에서 (프랑스어로) 발간되었다.[8] 완성된 『형식과 방법』은 간단한 예전이 아니고, 상세한 예전의 윤곽과 함께 그 근거에 대한 신학적 논평을 실은 교회 예배를 위한 완전한 매뉴얼이었다.

그것은 아 라스코가 대륙의 메리 여왕으로 인한 망명자(Marian exile) 공동체 사이에서 자신의 영국 '이방인' 교회들의 예전적 이상을 보호할 뿐만 아니라, 또한 이런 예전적 이상을 기독교 예배의 상황에 따라 융통성 있는 규범으로 증진하려는 시도를 보여 준다. 마틴 미크로니우스(Martin Micronius)의 『기독교 조례들』(*Christian Ordinances*)—1554년에 엠덴에서 발간된—은 『형식과 방법』이 예시화된 것 중의 하나였다.

---

[6] George C. Gorham, *Cleanings of a Few Scattered Ears during the Period of the Reformation in England* (London: Bell and Daldy, 1857), 296-97.

[7] 이 과정에 대해 가장 도움이 되는 두 개의 요약은 Bryan Spinks, *From the Lord and "The Best Reformed Churches": A Study of the Eucharistic Liturgy in the England Puritan and Separatist Traditions*, 1550-1633 (Roma: C. L. V.-Edizioni liturgiche, 1984), 96-102; Dirk Rogers, "John à Lasco in England" (Doctoral Dissertation, Drew University, 1991) 57-71.

[8] Spinks, *Best Reformed Churches*, 102에서는 『형식과 방법』의 초기 부분의 이탈리아어 번역의 존재에 주목한다.

그것은 예전 매뉴얼로부터 파생된 실천적 예전이었다. 미크로니우스는 자신의 작업을 부분적으로는 얀 우텐호브(Jan Utenhove)의 네덜란드어 번역과 런던에 있는 네덜란드인 회중에 사용되었던 『형식과 방법』의 개작에, 부분적으로는 『형식과 방법』의 라틴어 초안과 아 라스코와의 서신에 토대를 두었다. 이렇게 해서 미크로니우스의 『기독교 조례들』은 아 라스코의 최종적 『형식과 방법』에 선행되었음에도 덜 세련되었고, 런던에 있는 네덜란드인의 예배에 대해서는 훨씬 정확한 묘사를 보여 준다.

아마도 『형식과 방법』의 특징은 교회 생활에 관한 규정의 넓이와 깊이 둘 다일 것이다. 거기에는 "교회의 공공 사역"이 포함하는 4개의 요소가 있다. 즉, 말씀 사역(Ministry of the Word), 성례전(Sacraments), 자선(almsgiving), 그리고 교회 권징의 실행(Exercise of the Church Discipline)[9]이다.

말씀 사역은 공적 집회에 대한 예전의 세부 사항, 교리 교육의 과정과 내용 그리고 예언하기(propehsying, 프랑스인과 네덜란드인들은 모두 비슷하게 츠빙글리의 설교모임[Prophezei]에 대한 제정으로부터 나왔던 예언[prophecy]을 사용)로 알려진 성경 해석에 대한 공적 심사숙고에 관한 규범을 포함한다.

말씀 선포에 대한 예전은 말씀과 성례전을 분리하고(츠빙글리와 외콜람파드에게 유사한 방식으로), 율법을 우리의 마음에 새기시도록 하나님께 요구하며(칼빈과 크랜머하에서 미래의 『공동 기도서』에 유사하게) 그리고 십계명을 노래하기보다는 낭독하도록 한다(파렐과 유사하게, 칼빈과 부처 이상으로).

성례전의 사역은 주의 만찬의 기념에 대한 예전의 규범뿐만 아니라, 아 라스코의 독특한 성례전 신학에 대한 종합적 묘사를 제공한다. 교회 권징의 상세한 과정은 에드워드 6세 왕이 자신의 개인적 일기에서 기록한 것처럼[10], 네덜란드인 아리우스파 조지판 파리스(George van Paris)가 자신의 출교와 1551년 화형 전에 겪었을 일이다.

추가적으로 주목할 만한 것은 두 달에 한 번 시행하는 주의 만찬의 기념에 대한 지지(프랑스인들과 네덜란드인들 회중은 격월로 하게 된다) 그리고 주의

---

9   본서에서는 말씀과 성례전의 사역에 대한 주된 윤곽만 제시한다.
10   British Library, Cotton MS Nero C X. sig. f.31ᵛ: "이방인 네덜란드의 어떤 아리우스파가 자신의 나라의 회중들에 의해서 출교되고, 긴 논쟁 후에 화형에 처해졌다."

만찬을 기념하기 위해서 앉는 것에 대한 단호한 주장이다. 사실상, 성직자가 수찬자들과 나란히 앉는다. 런던의 네덜란드인 교회는 오늘날까지 (앉아서 하는 주의 만찬을 포함해서) 일 년에 두 번 이런 성찬 예전을 사용한다.

『형식과 방법』은 종교개혁의 광범위한 예전 전통을 계승하고 되돌려 주었다. 감독관(superintendent)의 역할에 대한 아 라스코의 전개는 동 프리란드(East Frieland)와 콜론(Cologne)에서 자신이 겪은 경험의 산물이었다. **프로나우스에 근거한**(*pronaus*-based) 그의 예배는 스위스 형식의 예배와 친밀감을 공유한다. 그는 예전에 대한 아이디어를 제네바의 교회와 스트라스부르의 프랑스인 망명 교회로부터 취했다고 명시적으로 말한다.[11] 이 획기적 작업은 존 녹스(John Knox)의 예배 규범과 영어권 세계에서 그것의 예전적 후예들을 통해서[12] 그리고 팔츠(Palatinate) 예배 형식과 네덜란드어권 세계의 예배 형식에서 앞으로 수년간 계속될 것이었다. 그것이 "유럽 전체를 통틀어 개혁파 기독교(Reformed Christianity)의 미래에 대한 핵심 텍스트"로서 묘사되어 온 것은[13] 당연하다.

1. 예배 순서

1) 『형식과 방법』(1555)

말씀 예전	주의 만찬 예전
조명을 위한 기도(Prayer for Illumination)	주의 만찬에 대한 설교(Sermon on Lord's Supper)
주기도문(Lord's Prayer)	중보 기도(Intercession)
시편(Psalm)	시편(Psalm)

---

11 Abraham Kuyper, ed., *Opera tam edita quam inedita duobus voluminibus comprehensa*, 2 vols. (Amsterdam: Muller, 1866), 2-50: "제네바 교회와 아르헨티나 순례자들이 본보기로 삼았다"(*sumpto exemplo a Genevensi & Argentinenst peregrinorum Ecclesia*).

12 Michael Springer, *Restoring Christ's Church: John a Lasco and the Form ac Ratio* (Aldershot: Ashgate, 2007), 128-32.

13 Diarmaid MacCulloch, "The Importance of Jan Laki in the English Reformation" in *Johannes a Lasco (1499-1560): Polnischer Baron, Humanist and europäscher Reformator*, ed. Chrisoph Strohm (Tübingen: Mohr Siebeck, 2000), 331.

성경(Scripture)	짧은 소개(Short Introduction)
설교(Sermon)	준비 기도(Prayer of Preparation)
비정기적 특별 알림(Occasional Special Reminders)	성찬 제정사(Word of Institution)
강건함을 위한 기도(Prayer for Strength)	자아 성찰과 자아 준비에 대한 권면(Exhortation to self-examination and Self-Preparation)
십계명(Decalogue)	발표[고린도전서 5장](Announcement[1 Cor. 5])
죄의 고백(Confession)	분배[요 6:13-15, 등등의 낭독](Distribution[John 6, 13-15, etc. read])
용서의 선언(Absolution)	감사 기도 전의 권면(Exhortation before Thanksgiving)
회개하지 않는 자들에 대한 경고(Warning for the impenitent)	감사 기도(Prayer of Thanksgiving)
사도 신경(Apostle's Creed)	짧은 권면(Short Exhortation)
중보 기도(Intercession)	시편(Psalm)
주기도문(Lord's Prayer)	가난한 자에 대한 권고(Commendation of the poor)
시편(Psalm)	축도(Benediction)
가난한 자에 대한 권고(Commendation of the poor)	해산(Dismissal)
축도(Benediction)	구호금의 수집(Collection of Alms)
해산(Dismissal)	
구후금의 수집(Collection of Alms)	

2) 『기독교 조례들』(1554)

말씀 예전	주의 만찬 예전
조명을 위한 기도(Prayer for Illumination)	주의 만찬에 대한 설교(Sermon on Lord's Supper)
주기도문(Lord's Prayer)	중보 기도(Intercession)
시편(Psalm)	시편(Psalm)
성경(Scripture)	성찬 배제에 대한 공고(Announcement of Exclusion)
설교(Sermon)	짧은 소개(Short Introduction)
강건함을 위한 기도(Prayer for Strength)	준비 기도(Prayer of Preparation)
십계명(Decalotue)	성찬 제정사(Word of Institution)
훈계(Admonition)	자아 성찰과 자아 준비에 대한 권면(Exhortation to self-examination and Self-Preparation)
죄의 고백(Confession of sins)	발표[고전 5장](Announcement[1 Cor. 5])

용서의 선언(Absolution)	분배[요 6:13-15 등의 낭독] (Distribution[John 6, 13-15, etc. read])
회개하지 않는 자들에 대한 경고 (Warning for the impenitent)	권면(Exhortation)
사도 신경(Apostle's Creed)	감사 기도(Prayer of Thanksgiving)
중보 기도(Intercession)	가난한 자에 대한 권고(Commendation of the Poor)
주기도문(Lord's Prayer)	시편(Psalm)
시편(Psalm)	해산(Dismissal)
평화에 대한 소원(Wish of Peace)	구호금의 수집(Collection of Alms)
가난한 자에 대한 권고(Commendation of the Poor)	
축도(Benediction)	

2. 『이방인 교회, 특별히 가장 경건한 영국 왕, 에드워드 6세 왕이 주후 1550년 영국 런던에 설립한 네덜란드 교회의 교회 사역에 대한 완전한 형식과 방법: 폐하의 특권으로 책의 끝부분에 추가됨』(1555) - 존 아 라스코 -

런던 이방인 교회들의 공적 사역 부분들에 관해서

우리 교회에는 전체 공공 사역에 대한 4개의 주된 부분들이 있다. 그 안에는 교회의 거의 모든 사역이 포함된다. 즉, 말씀 사역과 성례전 사역, 식탁(tables) 사역, 자선 사역 그리고 교회 권징의 시행이다. 그 모든 것은 우리 교회들 안에서 자신들만의 규범(order)과 자신들만의 의식과 격식으로 준수되어야 한다. 이제 우리는 이런 부분들에 대해서 개별적으로 말하고, 그들 각각이 어떻게 준수되어야 하는가를 설명해야만 할 것이다.

런던 이방인 교회들의 말씀 사역에 관해서

우리 교회에서 말씀 사역은 주일(Lord's Day)과 다른 축일들(아침과 오후에 모두)에 설교, 교리 교육에 대한 해설과 시험 그리고 통상적 예언 혹은 성경에 대한 공적 비교와 설교에 포함된 교리에 대해 확증을 하면서 공적으로 준수된다. 그러므로 우리는 이런 부분들을 개별적으로 말할 것이다. 다시 말하자면, 그들을 어떻게 준수해야 할지를 설명할 것이다.

런던 이방인 교회들이 주일과 축일에 하는 공적 설교의 의식과 규범에 관해서

교회의 필요나 혹은 유익이 요구하는 것처럼 보일 때마다 교회를 공적 집회로 소집하는 것은 당연히 말씀 사역자들과 교회 장로들의 권한이다. 그런 다음에, 실제로, 모든 모임에서 특별히 교육에 유용해 보이는 설교는 무엇이나 항상 어떤 식으로든 성경으로부터 선택된다. 그리고 교회가 하나님의 말씀으로부터 무엇인가를 배우지 않는 교회의 집회는 절대 열리지 않는다(고전 14장). 이제 주일과 더욱 엄숙한 축일들에는 교회의 통상적 집회가 하루에 두 번, 즉 아침 9시경 그리고 오후 두 시경에 열린다.

그렇지만 프랑스인 교회에서는 주간의 다른 날에는 설교하는 교회의 모임은 일주일에 두 번, 즉 화요일과 목요일에 열린다. 그러나 네덜란드인 교회에서는 라틴어 낭독 때문에(나중에 그것을 잘 설명할 것이다) 일주일에 한 번, 즉 화요일에 열린다.

확실히 성경은 교황주의에서 익숙하게 행했던 것처럼 설교에서 조각들로 설명되지 않는다. 그런 조각 설교에서는 제시된 것들이 충분히 설명되지 않고, 제시되지 않은 것들은 일반적으로 무시되며, 사람들과 거의 접촉하는 일이 없는 식으로 거두절미로 잘린 성경의 이야기나 장소들이 사람들에게 제시된다. 더욱이, 설교는 인간의 전통이나 철학자들의 이야기와 궤변으로부터 형성되는 것이 아니라, 오히려 처음부터 끝까지 구약이나 신약 성경책의 어떤 부분을 채택해서 해석되어야 한다. 모든 것이 쉽게 이해되고 기억될 수 있도록, 각 설교에서 오직 이 책으로부터만 1시간 안에 사람들에게 적합한 방식으로 설명되기에 편리한 만큼의 양을 큰 소리로 읽는다. 모든 설교는 의심할 여지없이 이런 방법을 통해 가장 크게 열매 맺는다.

그래서 그다음에, 주일 아침 9시 전에 교회가 어느 곳에 모이고, 그곳에서 9시경에 목사는 강단에 올라가서 다른 무엇보다 먼저 다음과 같은 이런, 혹은 유사한 말들로 기도하도록 교회를 초청한다.

주님 안에서 사랑하는 형제들이여, 여러분은 구원을 위해 하나님의 말씀으로부터 가르침을 받기 위해서 이곳에 모였습니다. 우리는 다른 무엇보다 먼저, 제가 먼저 말씀 자체의 순전한 교리만을 가르치며, 여러분들이 즐겁고 유익하게 그것을 들을 수 있도록 신성한 은혜를 간청해야만 합니다.

설교 전 기도

하늘에 계신 우리 아버지!

당신의 빛은 온전하여 영혼을 회심시키시고, 당신의 증거는 참되어 무지한 자에게 지혜를 주시며, 어린아이들의 눈을 밝혀 주십니다(시편 19편). 당신의 거룩한 율법을 바르게 이해할 수 있고, 심지어 우리의 평생을 통해서 우리가 이해하는 것을 본보기로 삼을 수 있도록, 당신의 무한한 자비를 위해서 눈먼 우리의 마음에 당신의 성령님의 빛으로 조명해 주시기를 겸손하게 간청드립니다.

거룩한 아버지 하나님!

당신의 거룩한 뜻을 주로 어린아이들에게 나타내시는 것과 무엇보다 영의 겸손함과 자신들에 대한 불신으로 단지 당신의 말씀만 추구하고, 말씀 안에서 안식을 찾으며, 어린아이처럼 말씀을 경외하면서 떨고 있는(마 9장; 눅 10장; 사 66장) 저 모든 자를 생각하시는 것이 당신을 기쁘시게 하므로, 당신의 성령을 허락하시기를 요청합니다.

그리하시면 성령께서 우리의 영으로부터 우리 자신에 대한 신뢰와 우리 육신의 지혜를 제거하고, 동시에 우리 안에 있는 교만함이나, 어떤 식으로든 당신께 적대적인 것은 무엇이나 제압할 것이며(롬 3장), 오랫동안 방황하고, 죄로 말미암아 진리에 대한 구원의 지식으로부터 차단되었던 우리를 모든 진리로 되돌아갈 수 있도록 자비롭게 인도하실 수 있을 것입니다.

그리고 우리는 모두 같은 방식으로 우리 평생에 거룩함과 의로움으로 당신을 예배할 수 있고, 모든 사람이 보는 데서 우리의 혀뿐만 아니라, 우리 삶의 참된 열매로써 당신이 진실로 우리의 하나님이심을(눅 12장) 진심으로 고백할 수 있을 것입니다. 가장 자비로우신 아버지, 당신의 사랑하시는 아들 그리스도 예수의 이름으로 말미암아 우리에게 전해져 왔던 "하늘에 계신 우리 아버지" 등등을 말하는 바로 이 기도로 이런 것들을 당신으로부터 구합니다.

주기도문이 끝난 다음에, 무질서하게 찬양하는 것을 피하고자, 목사의 요청으로 특별히 이런 임무를 위해서 선택되었던 사람들이 성시 하나를 시작한다. 그동안 전체 교회가 동시에 최고의 겸손함과 진지함으로 그들과 함께한다. 그리고 성시가 끝나면, 목사는 성경에서 그가 이전에 낭독하기로 했던 곳을 읽는 것으로 진행하고, 성경 본문 자체에서 자신이 교회의 덕을 세우기 위해서 설명할 수 있다고 생각하는 만큼만 읽는다.

이제 목사는 본문 자체의 해설로부터 너무 많이 벗어나지 않도록, 자신의 은사의 양에 비례하여 일에 집중한다. 그러나 본문에 포함된 교리 전체가 설명된 후에, 목사는 본문으로부터 교회의 덕을 세우는데 특별히 유용하게 보이는 주제 설명을 시작한다.

한 시간을 초과해서는 안 되는 설교의 마지막, 그리고 공적인 기도 전에 만약 교회에 특별히 설명되어야만 할 어떤 것이 있거나, 혹은 교회에 특별히 상기시켜야 할 것이 있다면, 목사는 이것을 매우 간단하고 최종적으로 제시하고, 다음과 같은 방식으로 교회의 공적 기도를 시작한다.

설교 후 기도

주 하나님!

하늘에 계신 우리 아버지!

당신의 아들 예수 그리스도께서 당신의 말씀을 들을 뿐만 아니라, 그것을 지키는 자(눅 11장)들은 진실로 복을 받을 것이라고 가르쳐 주셨기 때문에 그러나 당신의 성령님이 우리 마음에 그것을 새겨 주시지 않았다면 (렘 24장; 마 13장; 눅 12장), 우리 중에 누구도 그것을 지킬 수 없습니다.

우리가 들었던 당신의 거룩한 말씀의 교리를 사탄이 어떤 식으로든지 우리로부터 낚아채지 않도록, 사탄을 우리로부터 쫓아내시도록 겸손하게 탄원하면서 당신께 요청합니다. 당신의 친절하심으로 인해서 우리 마음속에 싹튼 당신의 거룩한 말씀의 열매가 갑자기 말라버리지 않도록, 돌로 된 우리 마음 또한 부드럽게 하시고, 그것에 당신의 성령의 비로 자비롭게 물을 주시옵소서.

또한, 이 시대를 사는 우리가 가지고 있는 마음속의 걱정과 염려들을 제거하여 주옵소서. 이 걱정과 염려들은 가시 같은 본성에 의해서 우리 안에 있는 당신의 말씀을 질식시킵니다. 그리고 우리를 선하고 많은 결실을 보는 땅으로 만들어 주셔서, 당신의 말씀이 당신께 합당하고 당신의 이름의 불멸의 영광을 위하여 당신께 합당한 씨와 열매를 심지어 지금도 맺을 수 있도록 해 주시옵소서. 우리는 당신의 독생자 우리 주 예수 그리스도의 이름으로 말미암아, 가장 자애로운 아버지이신 당신으로부터 이런 것들을 구합니다. 아멘.

주일 오후 설교나 혹은 다른 날들의 설교에서는 아니지만, 오직 주일 아침 설교에서만 이 기도가 끝나면, 목사는 출애굽기 20장으로부터 십계명을 낭독한다. 목사는 사람들을 소집하여 다음과 같은 말들로 십계명을 듣도록 한다.

1. 나는 너를 애급 땅, 종 되었던 집에서 인도하여 낸 네 하나님 여호와니라. 너는 나 외 에는 다른 신들을 네게 두지 말라.
2. 너를 위하여 새긴 우상을 만들지 말고 또 위로 하늘에 있는 것이나 아래로 땅에 있는 것이나 땅 아래 물속에 있는 것의 어떤 형상도 만들지 말며, 그들에게 절하지 말며 그것들을 섬기지 말라. 나 네 하나님 여호와는 치욕을 당하지 않는 강한 하나님인즉, 나를 미워하는 자의 죄를 갚되 아버지로부터 아들에게로 삼사 대까지 이르게 하거니와, 나를 사랑하고 내 계명을 지키는 자에게는 천 대까지 은혜를 베푸느니라.
3. 너는 네 하나님 여호와의 이름을 망령되게 부르지 말라 여호와는 그의 이름을 망령되게 부르는 자를 죄 없다 하지 아니하리라.
4. 안식일을 기억하여 거룩하게 지키라. 엿새 동안은 힘써 네 모든 일을 행할 것이나, 일곱째 날은 네 하나님 여호와의 안식일인즉, 너나 네 아들이나 네 딸이나 네 남종이나 네 여종이나 네 가축이나 네 문안에 머무는 객이라도 아무 일도 하지 말라. 이는 엿새 동안에 나 여호와가 하늘과 땅과 바다와 그 가운데 모든 것을 만들고 일곱째 날에 쉬었음이라. 그러므로 나 여호와가 안식일을 복되게 하여 그날을 거룩하게 했느니라.
5. 네 부모를 공경하라 그리하면 네 하나님 여호와가 네게 준 땅에서 네 생명이 길리라.
6. 살인하지 말라.
7. 간음하지 말라.
8. 도둑질하지 말라.
9. 네 이웃에 대하여 거짓 증거하지 말라.

10. 네 이웃의 집을 탐내지 말라. 내가 말하노니, 네 이웃의 아내나 그의 남종이나 그의 여종이나 그의 소나 그의 나귀나 무릇 네 이웃의 소유를 탐내지 말라.

십계명의 낭독 후에, 목사는 사람들의 죄에 관련해서 교회에 훈계하기 위한 근거를 그 본문으로부터 취한다. 그리고 그는 그러한 죄를 인정하고, 그것을 근거로 통회하며 주님의 신성한 자비를 간청하도록 교회를 다음과 같이 부지런히 훈계한다.

우리는 이런 거룩한 율법에서 마치 우리 자신이라는 어떤 거울이 우리에 놓여 있는 것처럼, 우리 눈앞에 놓인 우리 본성의 끔찍한 타락을 봅니다. 이 율법의 금지사항들을 지키는 것은 죄의 본성을 가진 우리에게는 헛된 바람일 뿐입니다. 그러므로 우리에게 주어졌던 이 율법의 증언에 대해서, 우리는 이 모든 것을 구하는 것이 유죄이고, 또한 이런 모든 환란에 대한 책임이 있기 때문에 주님 앞에서 이런 우리의 죄를 인정하고, 한마음으로 이런 죄에 대해서 통회합시다. 그리고 우리를 구원하신 그리스도 앞에 겸손히 나아가 우리의 죄에 대한 이런 값없는 용서를 간청합시다.

고백을 포함하는 기도

전능하시고 영원하신 하나님!

자비로우신 아버지!

우리는 당신께 겸손하게 간청하면서 거룩하고 존귀하신(Divine Majesty) 당신 앞에 엎드려서, 우리가 그 위엄에 맞서서 당신의 자녀 중의 하나로 헤아림을 받기는커녕, 결코 당신의 위엄을 볼 자격조차 없을 정도로 무겁게, 그리고 끊임없이, 심지어 날마다 죄를 지었다는 사실을 공개적으로 위선 없이 고백합니다,

이는 우리가 죄 중에서 잉태되고 태어났으며, 모든 선한 것이 완전히 결핍되었고, 범죄로 가득 찼다는 사실 외에도, 우리는 날마다 셀 수 없는 방식으로 당신의 율례를 위반하고, 거룩하고 존귀하신 당신의 탁월하심과 우리를 향한 당신의 참으로 자애로운 친절하심에 대해서 우리가 마땅히 해야 하는 만큼 당신을 경배하지 않으면서, 오히려 당신의 계명에 반해서 이웃

에 대한 우리의 의무에서 그를 속이기 때문입니다(눅 15장; 시 51편; 창 6:8).

그래서 우리는 모두 당신의 공의로운 심판에 의해서 영원한 정죄를 받을 운명에 처할 것과 만약 당신의 엄청난 자비의 크심이, 본질적으로 공정하고 엄격한 당신의 심판에 맞서서 당신의 독생자 안에서 당신의 자비에 합당한 승리를 획득하지 않았다면, 틀림없이 이런 혐의가 우리에게 제기되었을 것을 확신합니다.

그분 안에서, 진실로, 당신은 당신의 뜻대로, 당신의 거룩하고 참으로 자애로운 친절하심의 가장 크신 증거로써, 모든 회개하는 자들이 아무리 멀리 있더라도 그들을 만나기 위해서 달려가시고(눅 15장), 죄인의 죽음을 바라지 아니하시고, 오히려 그들이 돌이켜 살기를 바라시는 식으로 당신을 낮추시어 우리를 받아 주셨습니다.

그렇습니다. 참으로 당신은 우리를 서둘러 포옹하시고, 당신의 아들 안에서 당신이 우리에게 하신 현재의 약속과 그리고 그분 안에서 우리 의로움(겔 18장)의 상징으로서 반지와 예복을 가져오십니다. 따라서 우리가 이런 당신의 친절하심을 자신 있게 신뢰했기 때문입니다.

지극히 자비로운 아버지!

당신의 은혜 보좌 앞에 엎드려, 그 앞에서 우리의 비참함을 비통해하고, 그리고 당신께 겸손히 간청하면서 당신의 사랑하는 아들의 공로로 말미암아 단지 죄와 죽음의 종일 따름인 우리 안에서가 아니라, 우리의 의이신 당신의 사랑하는 아들 안에서 우리를 평가하실 당신의 거룩한 구조를 탄원합니다.

그리고 당신의 성령님을 허락하셔서 그분의 거룩한 호흡 때문에, 그 자체가 돌로 된 우리의 마음을 부드럽게 해 주시고, 그렇게 살과 같은 마음을 주셔서 당신의 거룩한 율법이 그 위에 새겨질 수 있도록(겔 11장; 렘 31장; 엡 5장) 그리고 그런 다음, 당신의 친절하심 때문에, 당신과 당신의 아들과 당신의 성령님의 영광을 위해서 그리고 당신의 교회의 덕을 세우기 위해서, 지금도 삶의 새로움 속에서 거하는 빛의 자녀로서 우리 평생에 율법이 우리에 의해 우리의 본이 될 수 있게 해 주시옵소서. 아멘.

이 기도가 끝나면, 목사는 전체 교회에 그리스도로 말미암아 그들의 모든 죄에 대한 사면이나 면죄 선언을 제시하고, 이것을 다음과 같은 방식으로 공적으로 선포한다.

우리에게는 영원하시고 불변하신 하나님의 뜻(겔 18장; 요 3장)에 관한 확실하고 분명한 약속이 있습니다. 그것은 하나님이 진정으로 회개하는 모든 자, 즉 자신들의 죄를 인정하고 자책하면서 주 그리스도의 이름으로 말미암아 그분의 은혜를 탄원하는 모든 자를 위해서 그분께서 틀림없이 용서하시고, 그들의 모든 죄를 지워 주시며, 이 이후에 그들의 죄를 어떤 식으로도 절대 기억하지 않으시기로 작정하신(막 16장; 요 3장) 사실입니다.

그러나 한편으로, 우리는 빛보다 어둠을 기뻐하고, 그리스도 안에서 제공된 은혜를 박차고 경멸하는 모든 자에 대한 거룩한 심판의 끔찍한 판결도 가지고 있습니다. 이 모든 것 때문에 나는 영원한 유죄 판결이 준비되었다고 말합니다.

그러므로 우리가 드린 기도에 따라, 여러분들 중 많은 사람이 너무나 감동해서 하나님이 보시기에 여러분의 죄를 부끄러워하고 회개하게 되어, 여러분이 그분께 겸손히 간청하고 자신을 자책하면서, 하늘에 계신 우리 아버지이신 하나님 앞에서 저러한 죄에 대한 용서하심을 간청하고, 여러분의 이런 죄가 그리스도와 그분의 죽음의 공로 덕분에 값없이 그리고 완전히 용서받는다는 사실(롬 6장; 엡 4장; 골 3장)을 의심하지 않게 될 것입니다.

그리고 그 후에는 하나님의 은혜로 여러분 안에 있는 옛사람의 욕망을 기꺼이 죽이기로 결심할 수 있게 되어 여러분의 연약함 대신에 새로운 생명 안에서 행할 수 있게 됩니다. 왜냐하면 여러분 모두가, 내가 말하건대, 그렇게 감동을 했기 때문에, 나는 그리스도의 약속의 신실함에 의해서(마 16:18; 요 20장), 우리 아버지이신 하나님에 의해서, 우리 주님이시고 해방자(Deliverer)이신 영원히 송축받으실 그리스도로 말미암아 여러분의 모든 죄가 하늘에서 모든 면에서 완전히 용서받았다는 사실을 선포합니다. 아멘.

그러나 실제로는 자신들의 죄를 너무 기뻐하는 자들은 하나님의 엄격함만큼 자신들의 죄에 대해서 자책하지 않고, 반면에 자신들의 죄를 변명하는 자들이나, 사실상 어떤 식으로든 자신들의 죄를 인정하지만, 주 예수님의 죽음을 통한 친절하심을 경멸하면서, 자신들의 구원에 대한 다른 대비책들을 마련하는 자들(요 3장), 이런 모든 자에게 그들이 정신을 차리지 않는 한, 나는 하나님의 말씀으로부터 그들의 모든 죄가 하늘에서 묶여 있다는 것을 선포합니다.

다음으로, 우리 기도에서 우리가 정말로 그런 모든 것들을 싫어한다는 것을 이미 확실하게 보여 줬던 것과 마찬가지로, 우리는 우리 신앙 고백의 요약에서 이 사실을 다음과 같은 식으로, 더욱더 자세히 보여 줄 것입니다.

나는 전능하신 아버지!
천지를 만드신 한 분 하나님을 믿습니다.
그리고 그분의 독생자 우리 주 예수 그리스도를.
그분은 성령으로 잉태되셨고, 동정녀 마리아에게 나시고, 본디오 빌라도에게 고난을 받으사. 십자가에 못 박히시고 죽으셨고 장사 되셨습니다. 그리고 그분은 지옥으로 내려가셨습니다. 그 다음 사흘 후에 죽은 자 가운데서 다시 살아나시며, 하늘에 오르사 전능하신 그분의 아버지이신 하나님의 우편에 앉아 계십니다. 최종적으로, 그곳으로부터 그분은 산 자와 죽은 자를 심판하러 오실 것입니다.

나는 믿습니다.
성령을,
거룩한 보편 교회와 성도의 교통을,
죄를 사하여 주시는 것과,
몸이 다시 사는 것과,
영원히 사는 것을. 아멘.[14]

---

14 창 1장; 렘 32장; 요 3장; 롬 8장; 고전 8장; 마 1장; 눅 1장; 2장; 마 27장; 눅 23장; 행 2장; 요 14장; 고전 15장; 행 1장; 히 8장; 10장; 마 26장; 골 3장; 단 7장; 딤후 2장; 창 1장; 요 14장; 6장; 고전 12장; 엡 5장; 마 28장; 요 3장; 고전 15장; 마 25장.

이 신앙 고백이 끝나면, 목사는 전체 교회의 모든 필요에 대한 공적 기도를 다음과 같은 식으로 시작하고, 전체 교회는 이를 듣는다.

교회의 필요에 대한 공적 기도

전능하시고 자비로우신 아버지!

당신은 당신의 크신 자비로 인하여 자신을 낮추시어, 당신의 아들의 복음에 있는 당신의 구원의 빛을 우리에게 놀랍게 드러내시면서, 무지의 어둠과 로마가톨릭의 우상 숭배로부터 우리를 해방하셨습니다. 이런 이유로 우리는 지극히 자비로운 아버지이신 당신께 감사드립니다. 그리고 우리는 동일하신 당신의 사랑하는 아들을 위해 우리가 그분의 친절하심으로 우리 믿음의 선물을 마지막까지 지킬 수 있고, 우리 삶의 새로움으로 그것을 어떤 식으로든 표현할 수 있도록 당신의 성령님과 더불어 우리를 강건하게 하고, 강화해 주시기를 겸손하게 간청하면서 기도합니다.

지극히 거룩하신 아버지!

우리는 또한 전 세계에 흩어져 있는 당신의 아들의 보편적 교회(Church)를 위해서 간청합니다. 그곳에서는 당신 아들의 진실하고 구원하는 교리를 가르치고 지키며, 로마 적그리스도의 혐오스러움과 우상 숭배는 거부합니다.

교회로부터 모든 가짜 목사와 선생들, 당신의 포도원을 먹어치우고 짓밟는 저 해로운 괴물들(마 9장; 눅 10장)을 멀리해 주시고, 교회에 당신의 일에 대해 경건하고 신실하며 부지런한 일꾼들, 열정적 집사들(딛 1장)—자신들의 영광이 아니라, 단지 당신의 영광과 당신 아들의 지극히 무죄한 피에 의해서 구속받았던 당신 교회의 덕을 세우기를 추구하는—을 보내 주시기를 요청합니다.

지극히 자비로우신 아버지!

우리는 이 영광스러운 왕국의 교회와 그들의 모든 목사 그리고 무엇보다 우리의 가장 고귀한 왕 에드워드 6세(Most Serene King Edward VI)를 위해서 특별히 간청합니다. 당신은 지금까지 당신의 능하신 손으로 당신의 원수이자, 동시에 왕의 원수의 손으로부터 그를 보호하셨습니다.

이후에도 어떤 식으로든 당신을 낮추시어 그를 지키고 보호하시며, 마찬가지로 당신의 성령님에 따라서 그를 다스리고 통치하기를 기원합니다. 그래서 나이를 먹음에 따라 당신의 거룩한 은혜가 날마다 점점 더 증대될 수 있게 되어(딤전 2장), 그가 모든 것 위에 우리의 머리이신 그리스도하에서 당신의 백성을 다스릴 수 있게 되고, 우리는 당신의 친절하심 때문에, 왕의 지배하에서 당신의 말씀에 따라서 모든 경건과 고결함으로 평화롭고 고요한 삶을 영위할 수 있게 될 것입니다.

지극히 거룩하신 아버지!

우리는 더욱이 폐하(Royal Majesty)의 전체 가정과 가족을 위해서, 마찬가지로 그와 전체 왕국의 모든 군주와 치안 판사 그리고 무엇보다 그의 가장 뛰어난 의회를 위해서 간청합니다. 당신의 거룩한 친절하심으로 인하여 저 사람들에게 모략의 영, 강건함과 인내의 영을 아낌없이 주시기를 요청합니다.

그리하면 그들이 신실하고 손상되지 않은 영으로 오래전에 자신들이 적그리스도의 폭정을 폐지하고, 이곳에 참 종교의 영광스러운 왕국을 회복시킴으로써 시작했던 이것을 마지막까지 추구할 수 있게 될 것입니다. 주님 저들에게 일치와 화합의 영을 주셔서 그들이 한마음으로 이 공화국에서 옳은 것을 추구하고 고요함과 평화를 증진하고 유지할 수 있게 해 주시옵소서.

전능하신 아버지!

이런 일에 덧붙여서 우리가 또한 이 왕국 전체의 모든 백성을 위해서 간청하는 것은 그들이 선지자와 사도들의 저술에 기록된, 당신 아들의 교리를 즐겁게 포용하고, 날마다 더욱더 전진하며, 또한 나라 전체의 건강함과 교회의 덕을 세우기 위해서 폐하(Royal Majesty)와 다른 치안 판사에게 합법적 순종을 지속할 수 있게 되는 것입니다.

그 외에, 이 런던시를 위해서 거룩하고 자비로우신(Divine Mercy) 하나님께 간청합니다. 우리가 날마다 당해도 마땅한 널리 퍼진 전염병으로부터 이 도시를 지켜 주시고 이 도시를 진정한 경건에 대한 열정과 공적 고요함과 평화로 보존해 주시옵소서. 동시에 당신의 거룩한 성령으로 치안 판사를 다스려 주셔서, 그가 당신을 신실하고 신중하게 경외하면서 자신의 직책을 시행하도록 해 주시옵소서.

나아가서, 지극히 은혜로우신 아버지, 우리는 특별히, 이곳의 우리 이방인 교회들을 위해서 간청합니다. 당신의 놀라운 선하심으로 이방인 교회들이 이곳에 세워지게 뜻하신 것과 마찬가지로, 이후에도 당신의 거룩한 호의를 베푸셔서, 당신의 자비는 물론, 당신의 형언할 수 없는 권능으로 말미암아 그들이 이 세상의 모든 폭정과 거짓 교리로부터 해방될 수 있도록 하시옵소서.

우리는 그 교회들을 세우신 당신의 형언할 수 없는 친절하심을 인정하고, 이런 이유 때문에 당신께 영원한 감사를 드립니다. 그러나 열매를 맺지 아니하는 것은 무엇이든지 찍힌다는 사실(마 3장; 7장)을 알고 있으며, 그리고 너무나 타락하여 어떤 선한 것을 생각조차 할 수 없고, 우리에게서는 당신께 합당한 어떠한 열매로 낼 수 없기 때문에, 우리는 당신께 겸손히 간청하면서 기도합니다.

전능하신 아버지!

당신의 성령님으로 말미암아 이곳에 당신의 교회를 놀랍게 세우신 것에 합당한 선한 열매를 우리 모두 안에서 맺을 수 있도록 하시옵소서. 다시 말하자면, 당신의 친절하심으로 여기에 세워진 우리 교회들이 모든 경건함에서 지속적 성장을 함으로써, 그들의 영의 참된 일치로서 경배를 받아야 하는 당신의 이름의 영광을 위하고, 당신의 아들의 지체들인 이곳에 있는 망명자들의 위안이 되며 그리고 당신의 보편적 교회의 덕을 세울 수 있게 될 것입니다.

그러나 우리는 또한 거룩하고 자비로우신(Divine Mercy)하나님께, 적그리스도의 폭정에 의해서 억압받았기 때문에 아직 당신의 아들이신 주 그리스도의 말씀을 인정할 수 없고, 또한 무지로 인해서 아직 알지 못했던 당신의 아들의 살아 있는 지체들을 적으로서 박해하는 모든 다른 왕과 군주와 치안 판사들과 백성을 위해서 겸손하게 단원하고, 간청합니다.

무지의 어두움에 거하거나, 연약함으로 말미암아 어떤 식으로든 유혹을 받았던 모든 곳에 있는 모든 다른 이를 굽어살피시어 당신의 아들의 참된 빛으로 자비롭게 인도해 주셔서, 우리가 그분의 한 양 우리(요 10장)에 모인 이후에, 당신의 값없는 자비로 말미암아 당신을 우리의 참된 하나님으로서 한마음으로 찬양할 수 있고, 같은 방식으로 동일하신 그분 안에서 우리의 무릎을 당신께 꿇을 수 있게 해 주시옵소서.

그리고 마지막으로, 전능하시고 자비로우신 아버지, 당신과 당신 아들의 교리에 대한 참된 고백 때문에 적그리스도의 폭정에 의해서 어떤 식으로든 그분의 십자가 밑에서 억압받는 당신의 보편적 교회 전체에 흩어져 있는 우리 형제들을 위해서 간청합니다.

오, 주님!

모든 참된 위로의 창시자(요 16장)인 당신의 거룩한 성령님으로 말미암아, 그들의 고통과 십자가에서 그들을 위로하시고, 당신의 거룩한 미덕으로 높은 곳으로부터의 참된 믿음으로 그들의 마음을 강건하게 해 주셔서, 당신이 그들에게 주신 모든 것을 인내와 담대한 영과 감사함으로 견딜 수 있도록 해 주시고, 또한 당신의 이름과 당신 아들의 이름이 당신의 교회에서 기념될 수 있도록, 그들이 자신들의 삶과 죽음 둘 다에 의해, 두려움 없이 단호하게 강건함을 얻을 수 있도록 해 주시옵소서.

또는, 만약 참으로 당신이 이것이 어떤 식으로든지 경배받아야 할 당신의 이름을 영화롭게 하는 것과 당신의 보편적 교회의 덕을 세우는 대로 이르게 한다는 것을 아신다면, 당신의 은혜로 인하여 그들의 비참함과 고통으로부터 그들을 해방해 주시고, 그들의 십자가를 완화해 주시옵소서.

그리고 지극히 거룩하신 아버지, 특별히 여기 있는 우리 교회 형제들, 그들이 여기 있든지, 외국에서 살든지, 당신의 본질에서 공의로운 심판에 의해서 전염병이나, 심지어 사슬이나 가난, 혹은 망명, 혹은 최종적으로 영이나 몸의 어떤 다른 고통으로 찾아 주시고 힘든 문제를 허락하신 형제들을 위해서 간청합니다. 그들의 고통 속에 그들을 버려두지 마시고, 당신의 자애로운 친절하심과 자비에 의해서 그들의 십자가를 완화해 주시거나 인내심을 주셔서, 그들이 강하고 부서지지 않는 영으로써, 당신의 선하신 기쁨을 위해서 자신들에게 자비롭게 풀어 주신 모든 것들을 잘 견딜 수 있고, 그들이 고통 속에서 자신들을 향한 지극히 자비로운 아버지로서 당신의 사랑으로 인하여(롬 5장; 고전 13장; 히 13장), 당신에 의해서 시험받고 있음을 이해할 수 있도록 해 주시옵소서. 진실로 당신은 당신이 사랑하는 자들에게 이생에서 심지어 고통으로(잠 3장) 괴롭히고 견책하십니다. 그래서 그들은 이후에 당신의 영원하고 참되며 놀라운 모략 때문에, 우리 모두의 구원 대장이 되도록(히 2장) 그분의 고난을 통하여 성별되셨던 고난 중에 있는 당신의 아들에 어울리는 더 순결하고 더 나은 시험을 받은 자로 발견될 수(벧전 1장) 있도록 하십시오.

하늘에 계신 우리 아버지!

우리는 우리를 향한 당신의 자비와 자애로운 사랑으로 이런 것들을 얻을 것을 신뢰합니다. 그리고 이 소망으로 우리는 당신의 사랑하는 독자로 말미암아 그분이 우리에게 지시하신 "하늘에 계신 우리 아버지" 등등의 기도로 당신께 겸손하게 간청하면서 당신의 거룩한 이름을 부릅니다.

여기에서 특별히 만약 다른 교회의 특정한 필요가 있고 어떤 식으로든 이것을 요구하는 것처럼 보일 때, 종종 주기도문을 말하기 전에 다른 기도들이 삽입되는 것을 주목해야 한다.

주기도문이 끝난 다음에, 세례를 위해서 출석한 어떤 사람이 있는 경우에 세례가 시행되거나 혹은 만약 실제로 주의 만찬이 이때 행해져야 한다면 주의 만찬이 기념되거나, 만약 누군가가 요구하면 결혼 의식을 집례한다. 혹은 만약 교회 앞에서 공개적으로 행해져야만 하는 이와 비슷한 어떤 일이 일어난다면, 이 모든 것은 주기도문이 끝난 직후에 행해져야 한다. 그러나 만약 이와 같은 일이 없다면, 특별히 이런 임무를 위해서 안수받은 자들은 그 시간에 성시를 공용어로 매우 신중하게 시작한다. 그러면 교회는 동일한 신중함으로 따라 하고, 만약 그들이 그 언어를 아는 한, 부르는 모든 것을 모두가 쉽게 이해될 수 있다.

성시를 부른 후에, 설교자는 평화, 가난한 자에 대한 권고, 축도와 더불어 다음과 같은 말로 전체 교회를 해산시킨다.

여러분 중의 가난한 사람을 기억하고 서로 기도하십시오(약 6장; 시편 66편). 그 외에, 주께서 여러분께 자비를 베푸시고 여러분에게 복 주시기를 기원합니다. 주께서 그분의 거룩한 이름의 영광을 위하여 그분의 거룩한 얼굴의 빛으로 여러분 가운데서 비추시기를 기원합니다. 그리고 그분의 거룩하고 구원하시는 평화로 여러분을 지키시기를 기원합니다.

그다음에 설교자가 이런 일들을 이처럼 말하는 동안, 집사들은 자신들의 차례에 따라 성전 문에 질서 정연하게 서 있다. 교회가 해산되고 난 후에 성전 문에서 부지런히 구호금을 수집하고, 그들이 수집한 것은 모두 성전에서 즉시 기록한다. 이것은 교회의 다른 집회에서도 우리가 항상 일반적인 규칙으로서 지키는 데 익숙한 것이다.

나아가서, 교회의 모든 집회에서는 십계명의 낭송과 또한 그 속에 고백과 면죄 선언을 포함하는 기도를 제외하고는 어떤 날이든 다른 모든 설교의 형식은 동일하다. 그러나 이에 더하여 다른 모든 설교에서는 신경의 낭송이 생략된다. 그러나 설교가 끝난 직후 그리고 첫 번째 기도가 끝나자마자 즉시, 설교자는 교회의 필요에 대한 공적 기도를 시작한다. 그렇게 한 다음에, 주기도문이 첨가되고, 성시 하나를 부른 후에, 교회는 위에서 기록된 "가난한 자를 기억하십시오" 등등의 축도와 함께 해산된다.

이제 주일 오후 설교에서 설교 형식은 실제로 완전히 동일하다. 그러나 사람들에게 낭독된 성경 본문이 해설된 후에(반 시간 범위 안에서 행해진다), 설교자는 대요리 문답의 설명을 시작한다. 아이들은 교회 책에 제시된 대로, 이전 설교에서 중단한 곳에서 그것을 공용어로 순서대로 낭독한다. 특별히 교리 교육의 활용을 다룰 때 이에 관해 더 설명할 것이다.

교리문답에 대한 설명이 끝난 후에, 설교는 위에서 기록된 기도와 성시의 찬양으로 마침내 끝을 맺는다. 그러나 단지 주일 아침 기도에 사용되는 십계명과 고백과 더불어 면죄 선언을 포함하는 기도 그리고 신경의 낭송은 생략된다.

나머지에 관해서는, 다음 수요일 혹은 금요일에 어떤 축일이 있을 때를 제외하고는, 보통 목요일에 교회의 공적 집회와 공적 설교가 또한 열린다. 여기서 아직 그것을 지키는 것이 폐지될 수 없다. 왜냐하면, 그렇게 된다면 설교가 축일 자체로 이동되기 때문이다. 그것은 날들 사이에 어떤 차이가 있기 때문이 아니라, 그렇게 이동된다면, 그 시간에 일하지 않는 사람들이 하나님의 말씀으로부터 어떤 훈계도 듣지 않으면서 그날을 여가로 낭비하지 않게 되도록 함이다. 그런데도, 토요일과 목요일이 축일들이라면 이것이 교회를 위해서 유익이 된다고 보이는 정도로 공적 집회가 열리는 일이 역시 종종 있다.

그리고 실제로 일주일 내내 다른 날에도 항상 지켜지는 설교의 동일한 형식이 목요일에도 또한 지켜진다. 그 외에는 설교와 교회의 공적 기도 또한 끝났을 때, 성시를 부르기 전에, 공용어로 된 성경에 대한 공개적 비교가 시작된다. 이것은 예언(prophecy)이라고 불리는데, 여기에서 이번 일주일 동안 지나간 설교들의 교리가 공개적으로 조사되고, 성경의 장소들을 신중하게 비교함으로써 확증되며, 교회 전체에 걸쳐서 한 교리 안에서의 조화가 유지된다.

이런 종류의 예언하기 혹은 교리에 관한 조사를 한 시간의 범위 동안 끝내고, 성시 하나를 부른다. 이것이 끝난 후에, 교회는 위에 기록한 방식으로 축도와 함께 해산된다. 그러나 우리는 예언에 대해 이중적으로 사용한다. 그중 하나는 네덜란드 교회에서, 다른 하나는 프랑스인 교회에서 사용하는 것으로서, 둘 다 당연히 교회에 유용하고 성경과 일치하기 때문에, 각각의 방법을 또한 설명해야 할 것이다. 우선 교리 문답의 목적과 진행 과정을 설명한 후에, 첫째로 네덜란드 교회의 예언 의식과 방법을 설명하고, 그다음에 프랑스인들의 예언에 관한 의식과 방법에 관해서 말할 것이다.

[말씀과 주의 만찬 예전에 초점을 맞추는 것을 유지하기 위한 본서의 목적을 위해서 아 라스코의 『형식과 방법』의 다음 섹션들은 여기에 포함되지 않는다]

런던에 있는 이방인 교회의 주의 만찬에 관한 의식
(주의 만찬에 관한 확장된 설명)

주의 만찬을 위한 준비에 관하여
(주의 만찬을 위해서 사람들이 어떻게 준비해야 하는가에 관하여)

새롭게 교회로 받아들여지기를 희망하고,
주의 만찬에 처음으로 참석하기를 원하는 사람들을
점검하는 형식
(주의 식탁에 허락받기 원하는 자들을 점검하기 위해 사용되는 교리 문답)

만찬 전날에 일어나는 것

만찬 전날, 2시에 교회가 소집된다. 그리고 거기에서 주의 만찬에 관한 공적 설교가 다시 행해진다. 그러나 설교가 시작되기 전에, 모든 성직자와 장로들이 모여서 이전에 진술되었던 훈계들의 단계가 이것을 요구하는 것으로 보이는 것과 마찬가지로, 교회에 어떤 정당한 이유로 주의 만찬에 접근하는 것을 공개적으로 금지당해야만 하는 사람이 있는지와, 아직도 자신들만 그의 이름을 알고 있는지, 혹은 이름이 추가되었는지를 서로 묻는다.

왜냐하면, 만약 가능하다면 그들의 이름은 여전히 숨겨지지만, 그들의 부끄러운 행위는 때로는 교회에 알려져야만 하고, 비록 부끄러운 행위는 공개되지만, 그 행위자의 이름이 감춰져서 그의 이름이 수치를 당하기 전에 돌이켜 회개할 수 있도록 그들의 부끄러운 행위가 목사들과 장로들에게만 알려진 사람들이 만찬에 금지당하는 일이 생기기 때문이다.

그러나 만약, 이미 말했던 대로, 주의 만찬에 접근을 금지당해야 하는 사람들이 있다면, 그 행위자의 이름 없이 부끄러운 행위만 공개되어야 하든지 혹은 이름도 추가해서 공개되어야 하든지, 교회가 이에 관해서 훈계를 받을 수 있도록, 설교할 목사에게 그들을 알려야만 한다.

이제 만찬 예식 전 오후 설교에서는 이전 14일째 날에 만찬 기념의 첫 번째 발표와 관련하여, 즉 참되고 유효한 자아 성찰에 관해서 말했던 이런 일들이 요약해서 반복된다. 그리고 심지어 만찬의 실제 행위에서도 저 모든 것들이 우리에게 다음과 같은 식으로 상징적으로 가리켜진다는 사실을 보여 준다.

주의 만찬 전날의 공적 훈계의 내용

우선, 전체 교회는 각자가 하나님은 전적으로 그분의 율법에 대해 완전하고 절대적 순종을 요구하시는 우리 주님이시라는 사실과 마찬가지로 그분 자신의 지극히 거룩한 뜻의 영원하고 불변하는 법령에 따라서 우리의 모든 불순종을 벌하시는 가장 공의로운 심판자시라는 사실을 자신의 마음으로, 참되게, 위선 없이 확신하는가를 부지런히 그리고 진지하게 스스로 성찰하도록 훈계받는다.

다시 말하자면, 하나님은 완악하고 철저하게 반항적이며, 하나님에 대해 전적으로 단호한 경멸로부터 생긴 우리의 이런 불순종을 우리의 영원한 정죄로 벌하신다. 이제 그분은 우리의 타고난 연약함, 게다가, 그 연약함하에서, 우리가 모두 우리 첫 조상의 죄로 둘러싸여 있었던 그리고 그 죄로부터 나온 이런 불순종이 실제로 주님이신 그리스도께 전가되고, 또한 그분의 지극히 순전하신 피에 의해서 모든 면에서 속죄함 받기를 원하신다.

그리고 동일한 방식으로 하나님은 우리의 가장 자애로운 구주가 되셔서, 비록 우리 모두 죄 아래 갇혀 있었음에도, 그분의 거룩한 이름의 영광을 위해서 선지자를 통해서 증언하신 것처럼(겔 18장) 죄인의 죽음을 바라지 않으시고, 그가 회개하고 살기를 바라신다.

다음으로, 우리가 가장 선하신 분(the Best)이시고 가장 위대하신 분(the Greatest)이신 하나님에 관해서 위에서 말한 종류에 대한 증언을 우리 안에서 마침내 진실로 깨달았을 때, 교회는 우리가 또한 명백하게 죄인이며 전적으로 죄인일 따름이라는 사실을 우리 마음으로 참되고 진실하게 고백하는지 혹은 나아가서 우리가 우리 안에서, 우리 영에서, 어떤 식으로든, 무슨 종류든지 우리의 공로나 우리의 가치에 대한 평가 때문에 기뻐하는지 아닌지를 스스로 점검해야만 한다는 훈계를 받는다.

마지막으로, 교회는 우리가 단지 죄인일 따름이라는 사실을 인정하고, 이런 이유로 우리가 영원한 죽음을 받아 마땅하다고 판단한 후에, 그러는 동안 우리 안에서, 우리의 마음으로, 분명히 우리 자신이나 우리의 어떤 부분이 아니라, 그분의 형언할 수 없는 연민으로 인하여 그분은 진실로 죄인의 죽음을 바라시지 않는다.

다만 그가 돌이켜 살기를 바라시는 것이 명백하므로, 위로로 가득 찬 하나님의 약속에 대한 확고한 신뢰를 깨닫고 있는지를 스스로 점검해야 한다는 훈계를 받는다.

이에 더하여, 하나님은 그분의 이 약속을 다른 데서가 아니라, 그분의 독생자이신 그리스도 예수 안에서만 성취하시기 때문에, 또한 주 그리스도에 의해 우리에게 수여된 유익들을 정확하고 열심히 숙고하는 것보다 더, 이 하나님의 약속에 관한 우리의 믿음을 우리 자신 안에서 더욱 확실히, 또한 더욱 명확하게 점검할 수는 없다.

오직 주 그리스도 안에서 우리의 구원에 관한 모든 약속이 "예와 아멘"(Yes and Amen)이 되고, 이런 것들을 영원히 얻을 것이다(고후 1장). 그리고 그리스도는 우리의 영을 위한 단 하나의 양식이고, 그분 안에서 성부 하나님은 우리 죄에 대한 모든 정죄를 그분의 지극히 순전한 피에 의해서 속죄시키시며, 명백하게 그분에게 전가하심으로써 영원으로부터 우리를 위해서 그분의 모든 약속과 사실상 우리 모두의 구원을 인치셨다. 그러므로 교회는 그리스도의 혜택에 관한 정확하고 부지런하며 진지한 숙고를 통해서 이런 하나님의 약속에 대한 우리의 믿음을 이처럼 시험하도록 일깨움을 받는다.

그 외에, 교회는 만약 우리가 만찬의 신비들을 좀 더 부지런히 관찰한다면, 이런 모든 것들이 주의 만찬의 바로 그 행위 때문에 우리에게 알려진다는 사실을 배운다.

첫째, 우리에게 만찬에서 떡을 떼는 것과 잔을 붓는 것은 이 상징 때문에 우리를 위해서 부서졌던 그리스도의 몸의 수난과 그분의 죽으심으로 그분의 피 흘리심을 우리에게 나타내는 것과 꼭 마찬가지로, 그만큼 실제로 떡을 떼고 잔을 붓는 것은 하나님은 전적으로 우리의 순종을 요구하시고, 다른 한편으로 그분의 지극히 거룩한 뜻의 영원한 법령에 따라서 불순종을 벌하시는, 우리 모두의 주님이시자, 심판자라는 사실을 그 특정한 방식으로 우리에게 보여 주고, 입증하며, 가리키고, 가시적으로 선포하기 때문이다.

만약 그분이 우리의 불순종을 그분의 아들 안에서 벌하시는 심판자가 아니라면 무엇 때문에 하나님이 그분의 아들을 그렇게 잔인한 죽음으로 정하셨겠는가?

혹은 만약 그분이 우리 안에서 우리의 주로서 그분 자신의 순종을 요구하시지 않는다면 무슨 목적으로 우리의 불순종을 그리스도 안에서 벌하시겠는가?

따라서, 주의 만찬에 합당하지 않게 오기를 바라지 않는다면, 주의 만찬의 예식과 관련해서 우리가 하나님을 주님과 심판자로서 믿는지 아닌지에 관련된 우리의 점검이 필수적이라는 것이 명백하다.

둘째, 만찬에서 바로 그 동일하게 떡을 떼는 것과 잔을 붓는 것이 그리스도의 몸이 우리를 위해서 부서지고 그분의 피가 우리를 위해서 흘려지신 것과 꼭 마찬가지로 그리고 주 그리스도께서(그분의 모든 존재가) 몸과 영혼 모두, 모든 점에서 우리를 위해서 고난을 당하신 것과 꼭 마찬가지로, 우리도 참으로 (우리에 관한 한) 우리 전체 몸과 전체 영혼이 그 모든 능력, 은사, 장식품과 함께 영원한 죽임을 당하게 되었고, 따라서 우리는 단지 죄인일 따름이다. 왜냐하면, 죄의 삯은 사망 그 자체이고, 우리가 심지어 아주 작은 방식으로라도 죄인이 아니었더라면 이런 조건에 굴복하지 않으려 할 것이기 때문이다. 게다가, 우리는 만찬의 증언 때문에 그리스도께서 온전히, 그분의 육신을 따라서, 명백하게, 몸 그리고 영혼이 죽으셨다는 사실을 배운다.

따라서 동시에 또한 만찬 자체의 증언 때문에, 우리에 관한 한, 우리는 모두 철저하게 비난받아 마땅한 죄인일 따름이고, 그런 까닭에 우리가 주의 만찬에 합당하게 참여할 수 있도록, 이런 점에 대한 우리 자신의 점검이 필수적이라는 사실 또한 배운다.

셋째, 주의 만찬에서 뗀 떡과 마찬가지로 부어진 잔을 우리가 그리스도의 이름으로 제시하고, 받고, 먹고, 마시는 것과 꼭 마찬가지로 그리고 떡과 잔의 제공, 수찬, 떡과 잔에 대한 참여가 그분에 의해서 우리에게 값없이 제공된 그분의 모든 공로와 그분의 모든 영광 안에서의 친교로 말미암아, 우리를 위해서 죽음에 내 주신 바 된 그분의 몸, 우리를 위해서 쏟아부으신 그분의 피로 주 그리스도와 함께하는 우리 친교의 상징인 것과 꼭 마찬가지로 그만큼 실제로 뗀 떡과 부어진 잔의 제공, 수찬, 뗀 떡과 부은 잔에의 참여는 그것들의 상징으로써 이제 이 신성한 약속, 즉 "나는 죄인의 죽음을 바라지 않고, 다만 그가 돌이켜 살기를 바란다"가 가장 참되다는 사실을 나타내고 확인하고, 가리키며, 가시적으로 선포한다.

그리고 우리가 또한 우리 연약함에 비례하여 믿는다는 것을 우리 마음속으로 확고하게 느낄 수 있도록, 성령님 자신도 그리스도의 모든 가르침에서 그분의 영원한 찬양자(Glorifier)이자 증인(Witness)일 뿐만 아니라, 이런 종류의 떡과 잔에 이렇게 참여하는 동안 그분의 거룩한 호흡 때문에 그분의 약속을 믿는 우리의 영혼을 인치신다.

여기서부터는 주의 만찬의 예식에 관련하여, 우리의 점검이 "나는 죄인의 죽음을 바라지 않는다"라는 그분의 거룩한 약속을 믿는 것에 관한 것이라는 사실이 얼마나 필요하냐는 것을 이해하기 쉽다.

그리고 이것은 그리스도의 혜택에 관한 부지런한 숙고, 참으로 성령님을 그 창시자(Author)로서 가지는 숙고를 통해서 된다. 그러므로 우선 참된 믿음에 관한 우리의 점검과 관련해서 우선 우리 믿음의 창시자에게 관심을 가지는 것, 다시 말하자면, 우리 영혼이 거룩한 약속을 신뢰하게 된 것이 경배받아야 할 분이시다.

그리스도에 대한 영원한 증인이자 찬양자이신 성령의 권능에 의해서인지 혹은 스스로 빛의 성령으로 탈바꿈하려고 노력하는 가짜 영에 의해서인지 혹은 심지어 우리 이성의 판단으로 인하여 야기된 우리의 육신에 대한 욕구에 의해서인지의 여부를 우리가 인지하는 것이 필요하다.

더 나아가서, 성령은 의심의 여지없이 우리가 그분 자신이 영원히 움직여지셨던 방식으로, 다시 말하자면, 우리가 그리스도가 없는 세상 전체와 그리고 그 안에 있는 모든 것을 고발하고 책망할 수 있고, 마찬가지로 또한 우리 자신이 참으로 우리 입의 고백과 참된 경건에 대한 열정과 그리고 우리 전 삶을 새롭게 함으로써 그분의 교리를 고백할 때, 참으로 그리스도 한 분에 대한 증인과 찬양자가 될 수 있는 방식으로 움직여지기를 바라신다.

따라서 우리가 만약 거룩한 약속을 참되게 믿는 것에 관련해서 우리 안에서 점검하기를 바란다면, 마찬가지로 만약 우리가 성령의 권위에 의해서 그리스도께서 주신 유익을 숙고할 마음이 일어나는지 아닌지를 확신하기를 바란다면, 우리의 마음에 이와 같은 움직임을 부지런히 추구해야 한다.

다시 말하자면, 이 세상 전체와 그 안에 있는 모든 것에 우리가 진심으로 그리고 마음으로부터 불쾌해하며, 마찬가지로 또한 그리스도가 없는 우리 자신에게 너무나 불쾌하여, 우리는 세상 전체와 우리 자신을 고발하고 책망하는 것 외에는 아무것도 하지 않게 된다. 진실로 우리의 삶과 교리에 의해서 우리가 할 수 있는 한 최선을 다하여 영원히 그리스도 한 분에게만 영광을 드릴 수 있도록 열심히 하게 된다는 것이다. 왜냐하면, 그렇게 함으로써, 우리 믿음이 우리 마음에서 점검되고 또한 발견될 때, 우리는 주의 만찬에 합당하게 참여하고, 언젠가 하늘의 영광 안에서 만찬의 예식에 의해서 그분 안에서 인침을 받는 그리스도와의 믿음의 친교의 열매를 확실하게 깨닫게 될 것이기 때문이다.

이런 식으로 설교가 끝난 후 그리고 관례적 기도가 드려진 이후, 마지막 성시를 부르기 전에, 만약 누군가가 만찬에서 배제되는 것이 합당하다면, 조금 전에 설명된 것처럼, 그들의 부끄러운 행동만 공개하든지 혹은 그런 행동을 한 사람의 이름을 첨가하든지, 설교자는 교회의 나머지 목사들과 장로들로부터 알게 된 대로 만찬 예식으로부터 배제된 사람을 발표한다.

그 외에, 그는 이런 종류의 발표는 단지 이런 악한 사람이 이런 종류에 대한 공개적 책망과 부끄러움에 의해서 회개로 부름을 받을 수 있도록 하는 것밖에 다른 이유는 없다는 사실과 만약 그들이 회개하지 않는다면 교회의 공적 슬픔과 함께 출교될 것이라는 사실을 덧붙인다.

그러나 만약 장로들의 판단 때문에 만찬 예식으로부터 배제되어야 할 사람이 아무도 없다면, 설교자는 마지막 성시를 부르기 전에 하나님께 이것에 대한 감사를 드리고 교회에서 항상 그렇게 될 수 있도록 기도할 것이다. 그런데도 그는 전체 교회에 각자가 위선으로부터 자신을 지킬 수 있도록 훈계한다.

이는 교회 목사들의 판단 때문에 위선자들이 만찬 예식에 받아들여진다면 그것은 아무 소용이 없기 때문이다. 왜냐하면, 그들은 사람 속에 숨어있는 것을 알지 못하고, 단지 그들이 듣고 보는 것에 따라서 판단하기 때문이다. 그러나 위선자는 사람 속에 있는 모든 것을 완전히 아시고, 그분의 나라로부터 위선자를 배제하실 것을 증언하신 하나님을 피할 수 없다. 확실히 여기 이 삶에서는 밀과 가라지가 혼합되는 것이 항상 필요하지만, 종말에 모든 가라지는 거부되고, 나아가서 헛간에는 단지 밀만 두어질 것이다. 그래서 이런 종류의 훈계가 끝난 후에, 성시 하나를 부르고, 위에서 말한 대로 교회는 평강과 축도와 가난한 자에 대한 권고와 더불어 해산된다.

주의 만찬의 실제 기념일에 일어나는 것

주의 만찬의 실제 기념일에, 교회가 모이기 전에, 깨끗한 아마포로 덮인 전체 식탁은 전체 교회가 볼 수 있는 곳에 놓이고, 그 중앙에 주석으로 된 3개의 쟁반 주위에 4개의 잔을 둔다. 이제 만찬 예식에서 통상적인 흰 떡이 이 세 개의 쟁반 중 하나에 담겨서 깨끗한 아마포로 덮여 있다.

그러나 두 개의 조금 작은 쟁반들은 떡이 담긴 큰 쟁반의 양쪽에 빈 채로 있다. 후에 만찬 예식에서 목사가 뗀 떡을 거기에 담아 식탁의 양 끝으로 가지고 가서, 식탁에 기대 있는 사람들을 위한 양식이 될 수 있도록 함이다.

그뿐만 아니라, 식탁이 이런 식으로 설치된 후에 교회가 8시경에 모이고, 성직자들과 장로들과 모든 집사는 모든 사람이 자신들을 볼 수 있도록 자신들의 열에 따라 식탁이 설치된 이 장소에 앉는다. 그런 후에 마침내, 성직자 중의 한 명이 강단에 올라가서 공적 설교를 시작한다. 설교에서 그는 위에서 말한 대로, 하나님뿐만 아니라 우리 자신을 아는 지식과 또한 우리 안에 있는 우리 믿음의 조사에서 우리가 모두 이미 자신을 점검한 후에, 주의 만찬의 거룩한 행위에서 특별히 숙고해야만 하는 것을 다음과 같은 방식으로 설명한다.

주의 만찬의 실제 기념일에, 기념 전 행해지는 설교의 내용

교회는 주의 만찬이 단순하고, 쓸데없거나 혹은 극적 행위가 아니라, 교회의 교리에 따라서 그 안에서 주 그리스도의 마음과 뜻을 지키기를 원하는 모든 자를 구원하는, 그리스도의 교회(Church of Christ)의 신성한 제정이라는 사실을 훈계받는다.

만약 우리가 우리의 감각에 다가오는 만찬의 표지와 가시적 표지에 의해서 우리에게 나타나는 그 신비 둘 다 그리고 마찬가지로 만찬의 목적이 주로 주 그리스도의 말씀으로 제정되었던 이유를 숙고한다면, 이제 그리스도의 마음과 뜻이 특별히 지켜진다.

나아가서, 주의 만찬의 표지는 참으로 떡과 포도주 그 자체가 아니라, 전체적 외형, 격식 그리고 주의 만찬의 행위(**한편으로 그 부분들과 일치**하는), 다시 말하자면, 주 그리스도에 의해서 제정된 떡과 포도주에 확립된 격식으로 참여하는 것이다. 그러나 주의 만찬의 신비는 이것이다. 그것은 바로 그런 떡과 포도주에 제정된 참여를 통해서 우리에게 표현되는 것, 즉 그분의 몸과 피로 우리가 그리스도와 함께하는 참된 구원의(모든 경건한 이를 위한) 친교이다.

그 외에, 주의 만찬의 목적은 이것이다. 그것은 그리스도께서 그분 자신의 말씀으로 권했던 것, 즉 그분과 그분의 죽음을 기념하는 것이다. 우리가 만약 주의 만찬의 능력, 가치 그리고 즐거움을 바르게 숙고하기를 바란다면, 이 모든 것을 부지런히 지켜야만 하는 것이 확실하다. 그다음 우선, 교회는 만찬의 표지에 관련하여 훈계를 받는다.

주의 만찬의 표지에 관하여

우리가 이미 말했던 것처럼, 주의 만찬의 표지는 저러한 것들의 본질에 관한 한, 떡 혹은 포도주 자체가 아니라, 주 그리스도에 의해서 특정한 격식으로 제정된 떡과 포도주에 참여하는 것이라는 것을 배운다. 왜냐하면, 전체 행위에 관해서 "이것을 행하라"라는 명령이 눈에 띄고, 게다가 그 말 속에 주의 제정의 모든 중요성이 있으며, 그것은 떡이나 포도주의 실제적 본질에 대해 언급될 리가 없기 때문이다.

그러나 동일한 방식으로 모든 다른 성례전에서도, 우리는 성례전의 표지는 행위에 사용되는 것들이 아니라, 하나님에 의해서 제정된 외면적 행위라는 사실을 알고 있다. 이와 같이, 할례의 성례전에서 표지는 칼 자체나, 표피나 혹은 그 행위에 사용되는 어떤 것이 아니라, 아브라함과 그 가족과의 거룩한 언약의 표지는 하나님에 의해서 제정된 바로 그 행위, 즉, 칼을 사용하여 표피를 베어 내는 것이다.

그래서 오래전 유월절 만찬에서도 역시 이스라엘을 향한 신성한 자비의 표지는, 양의 살의 본질에 관한 한, 양의 살 자체가 아니라 하나님의 명령으로 양을 죽이고, 그 피로 문설주를 칠하는 것 그리고 확립된 격식으로 그것을 규정된 대로 먹는 것이다. 그래서 우리의 세례에서도 마찬가지로, 그리스도의 피로 우리를 씻는 것의 표지는 흐르는 물이든, 어떤 그릇에 담긴 물이든지 당연히 물의 실제적 본질이 아니라, 그리스도에 의해서 제정된 물에 담그는 것이다. 세례에 관한 설명에서 분명하게 더 잘 설명된 것과 마찬가지로, 그것은 실제로 성부와 성자와 성령의 이름으로 행해진다.

그 외에, 주의 만찬의 이런 표지는 그 확립된 부분들에 일치한다. 다시 말하자면, 우리가 바울과 다른 복음서 기자들의 증언 때문에 알고 있는 이런 모든 것과 더불어 주 그리스도는 그때 그분의 사도들과 함께 행하셨고,

우리에게 명령하셔서 우리가 그분을 모방할 수 있도록 하셨다. 그래서 자신의 사역으로써 그리스도를 대신하는 교회의 목사는 주 그리스도께서 만찬의 예식에서 행하신 것을 하고, 다른 한 편 손님들 또한 주 그리스도의 만찬의 손님들인 사도들이 행했던 이것을 행한다.

따라서 만찬 예식에서 목사가 실제로 행하는 표지의 부분들은 다음과 같다. 우리를 위해서 죽음에 내 주신 바 된 그리스도의 몸과 마찬가지로 우리를 위해서 부어진 그분의 피에 관한 증언을 하는 동안 목사의 손에 떡과 잔을 집어, 축사하고, 떡을 떼며, 잔을 마시고, 손님들을 위해서 양식과 음료로서 이 둘 다를 넘겨주거나 혹은 분배하는 것이다. 그러나 손님들이 실제로 행하는 표지의 부분들은 주의 식탁에 기대고, 목사의 손으로부터 떡과 잔을 받으며, 이런 것에 참여하는 것이다.

목사의 손뿐만 아니라, 손님의 손에 있는 이 전체 행위와 격식이 주의 만찬의 표지이고, "이것을 행하라"라는 주님의 명령으로 우리는 주의 만찬을 지킬 것을 상기한다. 그리고 주의 만찬 예식에서 이런 표지의 어떤 부분도 지나치지 않도록, 분명히 모든 경건한 자는 우선 교회의 목사들과 운영 위원들에게 주의를 집중해야 한다. 이는 그분의 명예를 손상하지 않고는 변경될 수 없는 그리스도의 이런 명령과 제정 그리고 또한 개별적 부분에서 특히 우리에게 찬양받는 표지 자체의 신비 때문이다.

한편, 그런데도 우리는 또한, 표지 자체의 부분들 사이의 확실한 차이를 인지해야 한다. 다시 말하자면, 만약 시대의 불의나 혹은 적그리스도의 폭정에 의해서 특별히 어떤 것들이 교회의 동의를 얻어 갑자기 그리고 예기치 않게 회복될 수 없는 방식으로 폐지되어야만 했었다면, 전적으로 필요한 것으로서 촉구되어야만 하는 것으로 확립해야 하는 것이 무엇인지와 그리고 마찬가지로 필요 이상으로 그렇게 크게 요구되지는 않아야 할 것으로서 확립해야 하는 것이 무엇인지를 우리가 알 수 있도록 함이다.

게다가, 만찬은 그 일부 부분들에 의해서 분명히 우리에게 더욱 확실하고 뚜렷하게 표시되어 있으므로, 이런 차이는 주의 만찬 예식에서 표현되는 신비에 관한 숙고로부터 결정되어야 한다. 그 결과 우리는, 이런 이유로, 주의 만찬 예식을 유보해서는 안 된다는 사실을 확실히 이해할 수 있게 된다. 왜냐하면, 신비의 주된 중요성을 이루고 있는 저러한 부분이 빠지지 않는 한, 그 안에 있는 표지의 모든 개별 부분을 우리가 바라는 만큼 관찰할 수는 없기 때문이다.

그렇지만, 의심의 여지없이, 우리는 교회의 동의하에 주의 만찬에 있는 표지의 모든 개별 부분을 관찰할 수 있는 자들과 이것을 행하기를 원하지 않는 자들에게 만찬의 신비를 모호하게 한 죄에서 벗어날 수는 없다. 이제 주의 만찬 자체의 신비를 숙고하자.

주의 만찬의 신비와 그리고 주의 만찬 예식에서 그것이 어떻게 많은 이름으로(Many Names) 기림받는지에 관하여

영원부터 영원까지 한 분 동일하신 하나님이 계시고, 마찬가지로 우리와 맺은 그분의 하나의 동일하게 영원한 언약이 있으므로, 두 교회에 있는 우리 모두 참으로 아브라함의 자손들이라고 여겨지기 때문에 그리고 마지막으로 하나님과 인간 사이에 한 분 중재자(Mediator), 하나님이시고, 동시에 인간이신 그리스도 예수님이 계시고, 그리고 그분 안에 있는 모두를 위한 완전히 동일한 구원의 방법이 있으므로 분명히 모든 성례전에 완전히 동일한 신비가 있어야 하는 것이 당연히 필요하다.

그러나 주의 만찬의 표지, 내 말은, 그 외면적 행위 혹은 격식은 비록 종류에서는 하나지만, 그런데도 많은 부분으로 구성되고, 각각의 부분은 자신의 신비를 보여 주는 것과 마찬가지로, 모든 성례전의 완전히 동일한 신비 또한 그 자신의 특정한 부분들로 구성된다.

그것이 어떤 부분들로 나뉜다는 것이 아니라, 그 자신의 특정한 부분들과 마찬가지로 거룩한 친절하심 때문에 우리에게 많은 이름으로 기림받는다는 것이다. 그래서 주의 만찬에 있는 표지의 어떤 부분에서도 만찬의 신비에 대한 특정한 찬양이 어떤 식으로든 상징적 표현으로 항상 우리 눈앞에 놓여 있지만, 그런데도 만찬 자체의 전체 표지의 부분들 사이에서 어떤 부분들은 다른 것보다 더 명확하고 뚜렷하게 우리에게 그 자체의 신비를 가리키고 나타낸다.

나아가서, 모든 성례전의 완전히 동일한 신비와 이런 까닭에 주의 만찬의 신비 또한 그분의 몸과 피로 우리에게 값없이 수여된 주 그리스도와 함께하는 우리의 친교이다. 그 친교는 만약 참으로 우리 자신의 단호하고 반항적인 경멸에 의해서 그것을 우리로부터 몰아내지 않는다면, 또한 진실로 우리 모두의 구원을 위한 하나의 절대적으로 유일한 매개이다.

이제 주 그리스도와 함께 그분의 몸과 피로 하는 우리의 이 친교는 주 그리스도께서 그분의 만찬에서 그분의 사도들에게 만찬의 떡과 잔을 제공했을 그 당시에 처음 제정된 것이 아니라, 그 시작은 영원 전부터였다. 왜냐하면, 바울의 교리에 따르면(엡 1장; 딤후 1장), 영원 전부터 우리는 주 그리스도 안에서 참으로 영생에 이르도록 택함받았고, 하나님의 자녀로서 입양되었기 때문이다. 이는 만약 우리가 거룩한 섭리 안에서 이미 그 당시에 그분과 함께 어떤 친교를 하지 않았다면, 우리는 그리스도 안에서 택함이나 입양될 수 없었을 것이기 때문이다. 바울이 가르친 것처럼(갈 3장), 우리는 모두 성부 하나님이 보시기에 그리스도 안에서 명백하게 완전히 동일한 인간으로 여겨지기 때문에, 우리에게 그분의 몸과 피로 하는 이것 외에 그리스도와의 다른 친교는 없다. 게다가, 오래전에 동일한 방식으로 그리스도와 함께 한 우리의 바로 이 친교는 할례와 유월절 만찬(Paschal Supper)의 신비였고, 이제 그리스도의 교회(Church of Christ) 안에는 세례와 주의 만찬의 신비가 있다.

비록 전에는 각기 다른 표지로 나타내었으나, 다만 그때에 이제 오실 그리스도와 더불어 교제하는 것을 가리켰지만, 이제는 나타내신 그리스도와 더불어 교제하는 것을 표현하는 것이다. 이처럼 표피를 잘라내는 피투성이의 할례 안에서 그분의 몸과 피로 주 그리스도와 함께하는 우리의 친교가 표현되었다. 왜냐하면, 우리의 정죄가 표피를 베어 내는 상징 안에서 하나님을 달래기 위해 흘리시는 그분의 피와 더불어 주 그리스도의 몸(우리 육신의 몸이 될)으로 베어 내어 질 것이라는 사실을 입증하기 때문이다.

그래서 또한 유월절 양의 만찬에서, 양을 죽임으로써 그리고 역병을 피하고자 그 피로 문설주에 바름으로써, 그 양을 먹는 전형적 식사 자체는 그 당시에 그분의 몸과 피로 그리스도와 함께하는 우리의 친교와 교회의 친교를 그 상징으로 표현했다. 왜냐하면, 양을 실제로 먹는 것은 분명히 그것의 상징으로 우리의 참 양이신 주 그리스도와 함께하는 친교를 가리키고, 양의 피로 문설주에 칠하는 것은 틀림없이 그 상징으로 그리스도의 피로 말미암는 우리의 속죄를 가리키기 때문이다. 그리고 또한 이제 우리가 그리스도의 죽음 안에 담그는 우리의 세례에서, 그리고, 그 외에, 바울이 말한 것처럼(롬 6장; 갈 3장) 그리스도와 합하는 것은 틀림없이 우리에게 주 그리스도와 함께하는 우리의 친교를 나타낸다.

그렇지 않다면, 만약 우리가 그분의 몸과 피로 그분과 함께 어떤 친교를 하지 않는다면, 우리는 확실히 그리스도와 합하여 세례를 받을 수 없을 것이다. 그러므로, 곧 보여 주겠지만, 그 외적 행위나 격식에 관한 한, 만찬의 개별적 부분에 의하여, 주 그리스도와 함께하는 우리의 완전히 동일한 친교 또한 동일한 방식으로 주의 만찬의 예식에 의해서 표현된다.

그 밖에, 그리스도와 함께하는 우리의 친교에 관한 신비가 다른 성례전에서 강력하고 효과적인 것과 마찬가지로, 주의 만찬의 예식에서도 또한 그러하며, 만약 참된 믿음으로 우리의 마음에 이해된다면, 의심할 여지없이 그 능력을 드러낼 것이다. 우리가 언젠가 그분을 경멸한 자 중의 하나로 헤아림을 받지 않도록, 주의 만찬은 이제 우리 모두에게 하나님을 향한 우리의 의무와 그리스도 안에서 우리를 향한 그분의 크신 친절하심에 대해서 특별히 그분을 향한 우리의 감사함을 훈계한다.

따라서 교회가 주의 만찬과 다른 성례전들의 예식에 의해서 믿음으로 말미암아 주 그리스도와 교회의 친교에서 인침을 받는 것과 꼭 마찬가지로, 그리고 한편 우리의 영혼 속에서 이런 식으로 인침을 받은 이 친교가 이번에는 하나님을 향한 우리의 의무와 우리의 감사함을 우리에게 권고하는 것과 꼭 마찬가지로, 그만큼 우리는 두 개의 특정한 신비들 혹은 한 신비의 두 부분이 주의 만찬과 다른 성례전 예식에서 우리에게 가리켜진다고 말한다.

그 결과 우리는 부분적으로는 그리스도와 함께하는 우리의 친교에서 믿음으로 주의 만찬 예식에서 인침을 받고, 이번에는 부분적으로 그분을 향한 우리의 감사함과 의무에 대해서 훈계를 받게 된다. 따라서 우리가 어떤 식으로 두 개의 신비, 즉 하나의 인침과 하나의 훈계가 있다고 말하든지 혹은 주의 만찬 예식에서 하나의 신비 안에 두 개의 부분들이 있다고 말하든지, 우리가 그의 신비 안에서 성례전의 능력과 가치를 제대로 관찰하고, 성례전 예전은 공허한 것이 아니고 경솔한 것이 아니며, 어떤 극적이고 연극적 행위가 아니라는 사실을 이해한다면 그것은 완전히 동일하다.

이제 어떤 식으로든 그 자체로서 원인으로 보이는 것이 결과로 보이는 것보다 훨씬 중요한 것과 마찬가지로, 성례전의 예식에서 전체 교회가 그리스도와 함께 우리의 친교를 함으로써 믿음으로 인침을 받을 때가 바로 이 인침의 능력에 의해서 교회가 그다음에 그에 대한 감사와 의무를 훈계할 때보다 훨씬 더 중요하다. 이는 우리와 주 그리스도와의 친교에 대하여 우리 마음에 믿음으로 인한 확실한 증거가 없다면, 만찬 예식에 의해서 우리가 훈계를 받는 이 모든 일을 지키는 것은 아무 소용이 없기 때문이다.

그러나 반대로, 만약 우리가 만찬 예식에 의해서 주 그리스도와 함께하는 우리의 친교에 관해 우리의 마음에 확실한 증거가 확증된다는 사실을 인식한다면, 설사 우리가 감사를 선포하면서, 우리가 훈계받은 이 모든 것을 마땅히 성취하지 아니할지라도, 가장 큰 열매를 맺지 않을 리가 없다.

그러나 만찬의 행위에서 그리스도와 함께하는 우리의 친교를 인치는 데 관련된 이런 일들의 일부는 다른 것보다 훨씬 중요하다. 왜냐하면, 일부는 어떤 특정 상징들 때문에 표현되지 않더라도, 암묵적으로 다른 것에 포함되어 있거나, 혹은 마찬가지로 일부는 다른 그것보다 훨씬 더 훌륭하게, 그리고 뚜렷하게 주의 만찬의 목적에, 종속되고 일치하기 때문이다. 그것을 위해서 제정되었던 주의 만찬의 목적에 관련해서는 보다 명확하게 설명될 것이다. 이제 그 부분들에 따른 그 신비에 관련하여, 주의 만찬의 표지의 개별 부분들에 의해서 우리에게 무엇이 표현되는지 그 순서대로 살펴보자.

첫째, 목사의 손에 있는 만찬의 이런 표지의 부분들 안에서, 떡이 떼어지거나 잔이 제공되기 전에, 목사의 손으로 실제 떡과 잔을 집어 올리는 것은 우리와 그분과 이런 구원하는 친교로 우리 모두를 부르실 수 있는 분은 오직 주 그리스도 그분 외에는 없다는 사실과 그리고 완전히 동일한 그분은 또한 우리를 거기로 부르셨을 뿐만 아니라, 또한 사람이 되셨던 그분의 형언할 수 없는 연민에 의하여 우리를 사랑으로 초청하셨다.

우리가 우리 중재자(Mediator), 목자(Shepherd), 그리고 머리(Head)로서 오직 그분으로부터 이 삶에서 우리의 참 믿음과 마침내 언젠가 그분과 함께하는 이런 우리의 친교의 열매, 즉 영생을 구하고 기다려야만 한다는 사실을 이해하도록 하시는 분이라는 것을 우리에게 가르친다. 그러므로 주의 만찬의 시행에서 목사의 손에 있는 떡과 잔을 볼 때, 우리는 목사의 행함에서 믿음의 눈으로 주 그리스도의 행하심을 숙고해야만 하고, 그의 손으로부터와 마찬가지로, 오직 주 그리스도로부터 그분의 성령으로 말미암는 우리 믿음의 성장과 그리고 또한 언젠가 우리와 그분과의 친교의 열매를 확신과 의심의 여지없이 기다려야만 한다는 사실을 깊이 생각해야 한다.

둘째, 떡과 잔의 제공 전, 목사들이 사도들과 복음서 기자들의 말로써 주의 만찬의 신비에 대한 찬양을 감사하는 행위는 우리에게 그분의 만찬에서 그리스도이신 주님의 마지막 감사의 행위를 나타낸다. 그 행위에서 그리스도께서는 자신을 낮추시어 우리를 향한 그분의 형언할 수 없는 사랑을 우리에게 증명하셨다.

비록 그분이 가장 끔찍한 죽음을 곧 당하기로 확실히 예정되어 있었고, 마치 그분 자신의 눈앞에 있는 것처럼 그 모습을 인지하고 계셨지만, 그런데도 그분은 가장 크신 기쁨으로 그분과 그분의 사도들과 그들의 이름 아래 있는 우리 모두를 위한 기쁨을 원하셨고, 그분의 죽음이 그분의 영광임을 단언하면서, 그분 자신의 생명보다 우리의 생명이 그분에게 훨씬 더 귀하다는 사실을 보여 주실 수 있도록 우리를 위한 그분의 구원하는 제사가 이제 완성될 때라는 사실에 대해 성부 하나님께 감사를 드렸다.

그리고 비록 그분은 그분의 죽음, 그리고 그것도 가장 잔인하고 가장 부끄러운 죽음 외에는 우리의 생명이 구속될 수 없다는 사실을 확신했지만, 그런데도, 그분의 감사 증언에 의하면, 그분은 신비로운 만찬을 완수할 때까지, 어떠한 고통(그분이 우리를 위해서 곧 견뎌야만 하는 고통)이나 심지어 가장 끔찍한 죽음에 대한 두려움으로 인하여 요동치지 않을 만큼 그분 안에서 우리의 생명이 우리에게 회복되는 것을 너무나 즐거워하시고 기뻐하셨다.

따라서 목사는 만찬의 떡과 잔을 자신의 손으로 취한 후에 사도들과 복음서 기자들의 말로 우리에게 그 유용함을 기린다. 이런 말을 들은 후에, 우리는 어떤 방식으로든 목사 안에서 그리스도 그분을 생각해야 하고, 만찬에서 하신 그분의 마지막 감사의 행위를 기억해야 한다. 그리고 우리에게 주어진 그분의 몸과 영혼의 친교 안에서 우리를 구원하기 위한 그분의 최선의 의도에 관해서, 우리 영으로부터 모든 의심을 완전히 제거하는 식으로 우리를 향한 그분의 사랑의 측량할 수 없는 강력함에 대해 우리의 마음으로 묵상해야만 한다. 이는 특별히 이 친교와 관련하여 그분은 심지어 그분 자신의 생명이나 혹은 사실상 그분이 곧 견디기로 예정되어 있고 어떤 식으로는 그분이 보셨던 그분의 고통에 대해 전혀 염려하지 않는 방식으로, 우리가 그분의 아버지의 임재 안에서 우리가 기뻐하기를 원했기 때문이다.

그 위에, 제공되기 전에, 실제로 떡을 떼고 잔을 마시는 것은 우리에게 우리 아버지이신 하나님에 관해서, 마찬가지로 주 그리스도에 관해서 그리고 최종적으로 우리 자신에 관해서 많은 것을 가리키고, 증언하며, 표현한다. 왜냐하면, 그것은 우선 (우리가 다른 곳에서 역시 말했던 것과 마찬가지로) 하나님은 우리 안에서 그분의 순종을 요구하시고, 같은 방식으로 그분의 공의로운 심판에 의해서 그분의 거룩하고 영원한 불변의 법령에 따라서 우리의 불순종을 벌하시는 우리의 주님이시자, 심판자시라는 사실을 증언한다.

만약 그분이 주님으로서 우리 안에서 그분의 계명에 대한 순종을 요구하지 않는다면, 무슨 목적으로 그분이 우리의 불순종을 벌하시겠는가?

혹은 만약 그분이 역시 같은 방식으로 참으로 공의로운 심판자가 아니시라면, 무슨 목적으로 우리의 불순종을 그분의 아들 안에서 그렇게 가혹하게 벌하시겠는가?

다음으로, 그것은 또한 성부 하나님에 관해서, 그분은 또한 분명히 우리에 대한 동정심을 가지고 우리의 정죄를 그분의 독자에게 값없이 전가하셨고, 우리를 대신하여 그분을 가장 끔찍한 죽음에 내어 주셨으며, 그분의 지극히 순전한 피가 우리의 속죄를 위하여 흘려지기를 바라셨던 우리의 구주(Savior)라는 사실을 증언한다.

셋째, 그것은 또한 하나님의 참 아들이신 주 그리스도에 관해서, 그분 안에서 우리의 구원을 회복시키기 위해서 그분이 기꺼이 그리고 자발적으로 우리의 육신과 피에 참여하셔서, 그분 또한 그분의 거룩한 몸을 가장 끔찍한 고통, 궁극적으로는 가장 부끄러운 죽음에 노출하고, 그분의 아버지와 우리를 화목하게 하시기 위해서 그분의 지극히 순전한 피를 흘리셨던 사실을 증언한다.

이제, 우리에 관한 한, 주의 만찬 예식에서 떡을 떼고 잔을 마시는 것은 만약 주 그리스도께서 우리에 대한 값없는 친절하심과 동정 때문에 그러한 상태로부터 우리를 해방하지 않았다면, 우리가 우리의 몸과 영혼 전체로, 우리의 존재 전체로서, 더욱이, 우리는 절대적으로 이미 죽음과 영원한 정죄에 처하게 될 짐승에 불과하다는 사실을 증언한다. 이는 그리스도로서 주님이 절망에 이르기까지 철저하게 그리고 전적으로 우리의 죄에 대해서 그분의 몸과 영혼으로(인간으로서) 거룩한 심판의 엄격함을 피할 수 없었기 때문이다.

왜냐하면, 그분이 그분 안에서 우리의 모든 정죄를 실제로 받으셨기 때문에, 만찬 예식에서 떡을 떼는 것과 잔을 마시는 것은, 그리스도의 수난과 죽음으로 거룩한 심판의 이런 엄청난 심각성을 우리에게 나타낼 때, 동시에, 우리에 관해서는, 명백히 우리의 전체 몸과 전체 영혼에는 모든 면에서 영원한 죽음과 정죄에 이르지 않는 것은 아무것도 없고, 하물며 우리 안에 어떤 공로나 사실상 어떤 종류의 가치를 위한 자리가 남아 있을 수 없다는 사실을 참으로 증언한다.

넷째, 양식과 음료로서 떡과 잔의 제공 혹은 분배는 우리를 향한 주 그리스도의 측량할 수 없고 형언할 수 없는 친절하심과 사랑을 우리에게 명백하게 가르친다. 그분은 그분의 몸으로 당하신 죽음의 공로와 그 권능과 가치 모두가 전적으로 그분과의 친교 안에서 우리와, 다시 말하자면 이중 어떤 것도 결코 받을 가치가 없는 자 그러나 비록 오래전에 영원한 죽음을 받아 마땅한 자, 더욱이 여기 우리의 이 전체 삶에서, 심지어 지금도 영원히 스스로 죄를 짓는 것과 또한 영원히 하나님을 화내시게 하는 것 외에는 아무것도 할 수 없는 자인 우리와 값없이 공유되기를 바라신다.

나아가서, 만찬의 떡과 잔의 제공이나 또한 분배에 관련해서, 우리를 위한 그리스도의 이 사랑에 대해 이런 엄청나게 경건하고 부지런한 숙고는 우리가 만찬의 실제 떡과 잔 아래에서 그리스도의 자연적인 몸과 피의 실제 본질이 목사의 손에 의해서 제공되기를 추구하는 경우에 비해서 모든 고통받는 양심들에 훨씬 많은 위로를 가져오고, 마찬가지로 믿음으로 말미암아 그리스도 안에 있는 우리 구원의 확실한 소유 안에서 우리의 영혼을 강화하기 위해서 훨씬 더 중요하다. 왜냐하면, 설사 우리가 그것을 결정한다 하더라도, 이것이 자신들의 구원과 관련해서 주의 만찬의 손님 모두를 확신시킬 수 없는 것이 분명하기 때문이다. 우리는 배반자인 유다의 명확한 예에 의해서, 그리고 그와 비슷한 자들 모두에 의해서 이것을 배운다.

그 외에, 식탁에 초대받은 자가 실제 하는 일, 그들이 주의 식탁에 기대거나 앉는 것은 우리에게 어떤 것을 가리킨다. 먼저, 비록 우리 스스로는 죄인 외에 다른 어떤 것일 수도 없지만, 그것은 지금까지 지금 이 삶에서도 그리스도 안에서 우리 양심의 가장 즐거운 평화와 고요함을 가리킨다. 참으로 주 그리스도는 사탄과 우리가 부단히 복종하는 세상의 모든 모욕에 맞서 우리 마음에 이런 우리 양심의 평화와 고요를 간직하기를 바라신다. 그분은 "내 안에서", "너희는 평강을 누릴 것이라" 등등을 말씀하신다.

다음으로, 그것은 또한 우리에게 우리가 언젠가 하나님의 나라에서 누릴 우리 영광과 가치를 가리킨다. 다시 말하자면, 주 그리스도께서 우리를 그분 사도의 지위로, 그분의 만찬 식탁에서 유쾌하게 기대앉을 가치가 있다고 여기시는 것과 마찬가지입니다.

또한 우리는 언젠가 마침내 영원한 하나님의 나라에서 그리고 송축받은 잔치에 하늘의 손님으로 부름을 받아, 그때 아브라함, 이삭 그리고 야곱과 함께 거룩한 영광의 영원한 기쁨으로 기대앉아, 이번에는 하나님 나라의 영원한 행복함 속에 앉아 있을 수 있을 것이다.

이처럼, 주 그리스도에 의해서 명령받은, 손님의 손으로 만찬의 떡과 잔을 받는 것은 만찬에서 제공되는 떡과 잔이라는 상징으로 우리에게 드러내셨던, 우리를 향한 주 그리스도의 측량할 수 없는 사랑뿐만 아니라, 우리가 경솔해서, 우리 믿음의 결핍으로 말미암아, 우리에게 주신 그렇게 엄청난 친절하심을 잃지 않게 하시려는 우리에 대한 특별한 관심도 가리킨다. 왜냐하면, 그분에게는 떡과 잔을 무슨 식으로든 제공하시는 것만으로는 충분하지 않았고, 사도들이 그분의 손으로부터 떡과 잔을 모두 받기를 원하셨으며, 그들에게 이것을 행하기를 명령하셨기 때문이다.

그분은 이런 친절하심에 우리 마음이 깊은 인상을 받고, 그에 관해서 우리 안에서 그렇게 확신하게 된 것을 바라시는 것이 분명하다. 그렇지 않다면, 우리는 우리 손에 있는 이런 일들이 의심의 여지없이 우리 것이고, 전적으로 우리에 관계된다는 것을 확신하는 데 익숙하기 때문이다.

다음으로, 만찬의 떡과 잔을 손님의 손으로 이렇게 받는 것은 주의 만찬 예식에 의해서 우리에게 표현되는 그리스도와 함께하는 우리의 친교의 신비가 확실히 우리에게 관련된다는 사실을 우리가 믿는 우리 안에 있는 우리 믿음―거짓 믿음이 아니라, 참된 믿음 그리고 그분이 우리에 의해서 떡과 잔을 받는 것에 관련된 이 명령의 증언 때문에 우리 안에 요구하시는 믿음―의 확신을 가리킨다.

우리가 구원될 수 있는 것은 우리의 믿음이 그 자체로 말미암아 이것을 성취한다는 것이 아니라 그리스도에 대한 단호한 멸시로 말미암아 그분과 함께하는 우리의 친교라는 이 선물을 어떤 식으로든 원하지 않는 자는 누구든지, 혹은 나아가서 교회를 속이려고 위선적인 믿음으로 그것을 이해했다고 가장하는 자는 누구든지, 그리스도에 대한 그 자신의 판단 때문에 유죄 판결을 받은 이 사람은 분명히 어떤 식으로든 거부된 선물 때문이 아니라, 그리스도에 대한 그 자신의 멸시와 그 자신의 위선 때문에 자신의 정죄에 대한 모든 책임이 자신에게 있다고 간주할 수밖에 없다.

다음으로 만찬의 떡과 잔을 손님의 손으로 이렇게 받는 것은 우리 안에서 거짓된 믿음이 아니라, 참된 믿음으로 우리가 믿는 우리 믿음의 확실함을 또한 가리킨다. 그것은 그분이 우리가 떡과 잔을 받는 것에 관련한 이 명령의 증언 때문에 만찬 예식에서 우리에게 나타내는 그리스도와 우리의 친교의 신비가 분명히 우리에게 관련된다는 사실을 우리 안에서 요구하는 믿음이다.

우리의 믿음 자체로 말미암아 이것을 성취한다는 것이 아니라, 우리는 구원받을 수 있지만, 그리스도에 대한 단호한 경멸로 인하여, 그분과 함께하는 우리의 친교라는 이 선물을 어떤 식으로든 기꺼이 이해하지 않는 자는 누구나 혹은 나아가서 위선적인 믿음으로 그것을 이해하는 척을 한다면, 그는 교회를 속이는 것이다. 이런 사람은 사실상 그리스도에 대한 자신의 판단 때문에 유죄 판결을 받아 자신의 정죄에 대한 모든 책임을 어떤 식으로든 거절된 선물이 아니라, 그리스도에 대한 자신의 멸시와 자신의 위선에 돌리지 않을 수 없다.

이제 만찬 예식에서 떡과 잔에 참여하는 것, 즉, 떡을 먹는 행위와 잔을 마시는 바로 그 행위는 주의 만찬에 있는 전체 외면적 행위의 정점과 같고, 그 상징 때문에 그것이 우리에게 관련되고, 이제 참으로 그분의 몸과 피로 주 그리스도와 함께하는 우리의 친교는 그것이 우리가 우리 자신의 입으로 먹고 마시고, 이제는 완전히 우리 안에 보냈던 우리의 참된 친교라는 사실을 우리가 여전히 확신하고 있는 것만큼 확실하게 우리에게 주어졌다는 사실을 가리킨다.

그리고 만약 참으로 우리가 이 삶에서 떡과 잔의 예식에 의해서 양육되고, 거룩한 조례에 따라서 먹여진다는 사실을 깨닫는 만큼 분명하게, 우리가 우리 믿음의 입으로 그것을 이해한다면, 그것은 값없이 우리에게 주어진 그분의 몸과 피로 주 그리스도와 함께하는 우리의 친교에 의해서 우리가 진실로 그리고 확실하게 영생에 이르도록 양육된다는 사실을 가리킨다.

확실히, 이 모든 것은 주 그리스도와 함께하는 우리의 친교에서, 우리 믿음의 확증을 위한 각 개별 부분들에 따라서, 주의 만찬의 외면적 표지로 우리에게 표현된다. 그 외에, 단지 그분의 친절하심으로 인하여, 이로써 우리는 그분의 죽음과 부활의 모든 공로와 영광과 가치를 그리스도와 함께 나눌 수 있게 된다.

게다가, 성령의 역사하심으로 말미암아 주의 만찬의 외면적 표지(이 생각은 우리가 이미 충분하고 확실하게 우리 앞에 둔 것으로 보인다)에 의해서 우리에게 나타낸 이 모든 것에 대한 부지런한 숙고 때문에 주 그리스도와 함께하는 우리의 친교에서 확실하고 의심의 여지가 없는 믿음으로 우리가 틀림없이 강건해지는 것과 마찬가지로, 우리는 또한 동시에 만찬의 의미에 있는 바로 그 동일한 표지에 대해서, 그리고 바로 그 동일한 부분들에 따라, 우리를 향한 그분의 엄청난 유익들에 대해서 주 그리스도를 향한 우리의 의무와 감사에 대해서 숙고하도록 훈계받는다. 진실로 그리스도와 함께하는 우리의 친교를 믿음으로써 강건해진 우리의 마음은 동시에 성령님에 의해서 믿음의 증가에 비례하여, 다음과 같이 우리의 힘과 능력의 최선을 다해서 감사하고 우리의 감사에 대한 의무를 표시하도록 자극받는다.

따라서 먼저, 목사의 손으로 만찬의 떡과 잔을 실제로 집는 것이, 우리 모두의 단 한 분 영원하신 대제사장이신, 오직 그리스도 외에 우리는 누구로부터도, 혹은 누구를 통하여 우리의 구원을 구하고 기다려서는 안 된다는 것을 우리에게 가르치는 것과 마찬가지로, 동시에 그것은 그 상징으로 우리가 처음 판에 있는 그분의 첫째 계명 중 하나님께 대한 우리의 순종을 염두에 두게 한다.

다시 말하자면, 우리는 우리 하나님이신 여호와 그리고 그분이 보내셨던 그분의 독생자이신 주 그리스도 앞에 우리를 위해서 어떤 새로운 신들, 그들에 의해서 우리가 어떤 식으로든 지속할 수 있거나, 심지어 그것들의 힘으로 고통을 받을 수 있다고 생각하는 신들을 세워서는 안 된다.

다만, 우리는 그분의 선물들 안에서 구원하는 친교로 우리를 부르셨던 우리의 중재자(Mediator)이신 오직 주 그리스도를 신뢰함으로써 오직 주 하나님만 불러야 한다. 그리고 우리는 모든 선한 것을 위해서 기도하고, 모든 악한 것에 맞서는 기도를 해야 하며, 그분의 지극히 거룩한 뜻의 선한 기쁨에 의해서 오직 그분만이 우리를 구원할 수도, 멸망시킬 수도 있는 분이라는 사실을 결정해야 한다.

다음으로 목사가 사도들과 복음서 기자들의 말로써 만찬의 신비에 대한 찬양을 감사하는 행위에 의해서, 목사가 그리스도이신 주님의 바로 그 감사 행위를 모방하는 그 찬양에 의해서, 그것이 심지어 그분 자신에게 손해를 끼치면서까지 우리 생명의 구원을 우리에게 회복시키기 위한 주 그리스도의 지울 수 없는 열정을 우리에게 가리키는 것과 마찬가지로, 동시에 그것은 또한 그리스도이신 주님을 향한 우리의 의무를 훈계한다.

다시 말하자면 우리의 감사함, 즉 우리를 향한 그분의 엄청난 뜻에 대해서 우리가 가장 큰 감사를 드려야 한다는 사실과 우리의 구원을 우리에게 회복시킬 때 그분으로 인하여, 그분 안에 우리를 향해서 있었다고 우리가 알고 있는 동일한 강력함을 우리 모든 이웃에게 분명히 드러내도록 노력해야만 한다는 사실을 훈계한다.

그 외에, 손님들에게 양식과 음료로서 제공되기 전에, 목사가 떡을 떼고 잔을 마시는 것은 주 그리스도께서 기꺼이 그리고 자발적으로 우리를 위해 그분의 거룩한 몸을 가장 끔찍한 고통에 노출하시고, 그런 후에 우리를 위해 그분의 피를 흘리심으로써 가장 수치스러운 죽음을 죽으신 것을 가리키는 것과 마찬가지로, 동시에 그것은 이번에는 우리가 그리스도를 향한 우리의 의무, 즉 그분의 이름을 경배하고, 또한 그분의 교회(Church) 안에서 그분의 나라를 전진시키는 영광을 위해서, 우리는 그분의 선하신 뜻에 따라 우리에게 푸시기를 바라시는 것은 무엇이든, 모든 것을 행하고 견디는 것을 거부해서는 안 되며 그리고 다른 한편, 우리의 생명이 주 그리스도의 가장 잔인한 수난과 죽음에 의해서 구속되었다는 사실, 이미 말했던 대로 만찬에서 실제 떡을 떼고 잔을 마시는 것이 여전히 우리에게 나타내는 사실을 우리가 알기 때문에, 만약 문제가 그렇게 요구한다면, 우리의 위험을 무릅쓰고 우리 형제의 위험을 감수하는 것을 거부해서는 안 된다는 사실을 염두에 두게 한다.

마지막으로, 양식으로서 떡과 음료로서 잔을 실제로 제공하는 것은, 우리를 향한 주 그리스도의 형언할 수 없는 전적인 사랑과 애정을 우리에게 증언하고 가리키는 것처럼, 다시 말하자면 우리 육신에 있는 것은 무엇이든지 그분에 의해서 취해진 것이고, 우리 중 누구에게도 조금도 속할 수 없다. 참으로 우리에 관해서 그분은 이것이 오직 그분과 어느 개인의 고유한 것이 되기를 절대 바라지 않았고, 그 안에서 우리 모두를 값없는 친교로 부르셨다.

마찬가지로 동시에 그것은 또한 우리가 거룩한 친절에 의해서 우리에게 수여된 우리의 모든 선물을 마치 원래 우리 것인 것처럼 다른 모든 사람을 배제한 채로 사실상 우리만 독점적으로 소유하지 말아야 하고, 주 그리스도의 영광 전진을 위해서 항상 이런 선물을 제시하고, 마치 그 선물들이 공동의 것인 것처럼 최선을 다해서 그분의 교회를 유지해야 한다는 사실을 훈계한다.

그다음에 다시, 초대받은 자의 실제 일에 있어서, 주의 식탁에 기대거나 앉아 있는 것이 지금 이 삶에서 그리고 마침내 하나님 나라에서 우리의 영광과 또한 우리의 가치에 대한 믿음으로 말미암아 그리스도 안에서 우리 양심을 단연코 가장 기쁘게 하는 평화와 고요함의 형상으로서 우리에게 나타내고 전달하는 것과 마찬가지로 그만큼 동시에 우리는 이생의 모든 고통과 비탄 그리고 사탄과 그의 추종자들의 폭정을 우리의 평화를 확실하게 신뢰함으로써 담대함과 항상 온전한 영으로 전적으로 완전히 견뎌야만 한다는 사실을 훈계한다.

그 외에, 우리 미래의 영광 안에서, 그것도, 마치 주님이신 그리스도의 실제 가슴 안에서 기대고 있는 것처럼, 여기 우리의 고통은 만찬에서 우리가 앉아 있는 것의 상징하에서 우리 믿음의 눈으로 보는 불멸한 하늘의 영광과 결코 연합될 수 없다는 사실을 확신하면서, 우리 주님이신 하나님께 모든 것에 대해서 감사를 드려야만 한다는 의무를 우리에게 훈계한다.

다음으로, 식탁에 참여한 자의 손으로 만찬의 떡과 잔을 받는 것은 그리스도께서 우리에게 그분의 손으로부터 떡과 잔을 받으라고 명령하셨을 때, 주 그리스도의 고유한 관심이 우리를 가리키고 있는 것과 마찬가지로, 그것은 또한 우리가 서로에 대한 상호 배려와 관심을 끌게 함으로써 한 식탁의 손님들인 우리가 모두 동일한 방식으로 만찬의 표지에 의해서 우리에게 나타낸 그리스도의 선물과 친절을 참으로 주 그리스도 그분의 손으로부터 받았다는 사실을 인지하려고 노력할 수 있게 한다.

그렇지만, 그것은 특히 목사들 스스로에게 자신들이 여기서 보고 있는 우리에 대한 동일한 관심은 주 그리스도께서 그분의 사역에서 나타내신 것과 같다는 사실을 반드시 이해하고, 또한 최선을 다해서 자신들의 사역으로 그것을 성취해야만 한다는 사실을 훈계한다. 그래서 언젠가 하나님의 심판 앞에 설 때, 그들이 수행한 사역이 사람들 앞에서 보여 주기 위함이나 어떠한 은혜나 영광을 구함이 아니라 오직 교회의 성장과 그리스도의 복음에 대한 지식이 공적 열매를 맺기 위한 것임을 알게 될 것이다.

또다시, 수찬자의 손으로 만찬의 떡과 잔을 실제로 받는 것은 우리에게 그리스도 안에서 우리 현재의 평안과 고요에 대한 우리에게 가리키는 것과 마찬가지로, 사실상 우리 손에 만찬의 떡과 잔을 받은 후에, 우리가 이제 그분과 함께하는 우리의 친교를 확실하게 이해한다는 것을 증언하고, 마치 그것이 우리 손안에 있는 것처럼 그것을 움켜쥐는 것과 꼭 마찬가지로, 그것은 동시에 우리가 이 형언할 수 없는 주 그리스도의 친절—다시 말하자면, 우리에게 내려왔던 그분과 함께하는 우리의 친교, 따라서 또한 그분 안에서 우리 현재의 평화와 고요—을 우리의 멸시나 혹은 우리의 불경 때문에 우리에게서 몰아내서는 안 되고, 우리가 그것을 위선적 믿음으로 받았던 것이라고 주장해서도 안 된다는 사실을 유념하게 한다.

마지막으로, 만찬에서 떡과 잔에 실제로 참여하는 것은, 그것이 우리에게 오직 그리스도 고유의 것이었던 모든 것이 이제 떡과 잔으로 우리에게 값없이 내려졌던 친교로 말미암아 이제 확실히 우리 안에서 취했던 우리의 것인 것과 마찬가지로 그것은 또한 우리에게 주 그리스도께서 이제 믿음으로 말미암아 우리 안에 거하신다는 사실을 심지어 우리 삶 전체를 통해서 열정적으로 표현해야 한다는 사실과 우리의 마음을 새롭게 함으로써 그분이 우리의 마음속에 거하신다는 사실을 입증해야만 한다는 사실을 훈계한다.

그리고 또다시, 주의 만찬에서 떡과 잔에 이렇게 실제로 참여하는 것은 주 그리스도께서 우리에게 그분과 함께하는 친교를 내려 주심으로서 먼저 우리의 열매와 우리의 유용성을 생각하셨다는 사실을 입증하는 것과 마찬가지로 틀림없이 심지어 지금 우리의 이 삶에서 믿음으로 말미암는 친교를 즐기고, 마침내 또한 언젠가 하늘의 영광 안에서 그 자체를 즐길 수 있게 된다.

동시에 그것은 또한 우리가 주께서 우리에게 수여하셨던 우리의 모든 선물을, 혹시라도 어떤 상황이 그것을 요구한다면, 우리 이웃과 형제들이 사용할 수 있도록 선물해야만 한다는 사실과 그리고 그들이 궁핍할 때 우리의 선물을 사용하고 즐기는 것을 볼 때, 우리 선물을 우리 형제들에게 주었다는 것을 우리가 참으로 기뻐해야만 한다는 사실을 우리에게 훈계한다.

게다가, 만약 우리가 그들의 본질을 조금 더 부지런하게 관찰한다면, 만찬의 실제 요소들, 즉 떡과 포도주에서 또한 다른 신비들이 관찰된다. 이는 주 그리스도께서 특히 떡과 그리고 포도주로써 새로운 언약에 관한 그분의 만찬을 서둘러서 성취하시지 않았고, 더욱이 바울 또한 주의 만찬의 손님들이 한 덩이의 떡이라는 것을 헛되게 가르치지 않기 때문이다. 그러나 만찬 자체의 기념 후에 열리는 훈계에서 이런 것에 관해서 더 많은 것을 말할 것이다. 이제 만찬의 목적을 살펴보자.

주의 만찬의 주요한 목적에 관하여

일부는 주의 만찬의 목적을 많이 만들고, 일부는 그것을 둘로 만든다. 우리는 단지 하나의 목적이 있고, 나머지는 그 한 목적의 모든 열매 속에 포함된 것으로 본다는 의견을 말한다. 나아가서, 주 그리스도 그분은 주의 만찬의 이런 목적은 다른 모든 성례전에서 성경의 증언 때문에 우리에게 보여 주었던 것과 완전히 동일하다고 가르친다.

즉, 그리스도의 교회가 그 신비에 대한 참 믿음으로 주의 만찬 예식에 의해서 강건해지고 인침을 받을 수 있게 되고, 그것은 그 외면적 표지에 의해서, 다시 말하자면 주 그리스도와 함께 그분의 몸과 피로 우리에게 값없이 주어진 친교 안에서 나타난다.

이는 주께서 그분을 기념하도록 이런 주의 만찬을 제정하신 것이니, 참으로 그분 스스로 우리를 위해 죽임을 당하시고, 마찬가지로 우리를 위해서 피 흘리신 바 됨으로써, 더욱이 우리에게 주어졌던 그분의 모든 공로와 모든 의로움으로 하는 친교와 더불어 우리를 영원한 죽음으로부터 영생으로 부르셨기 때문이다. 그리고 확실히 이런 기념은 과거의 사건에 대한 기억을 새롭게 하고(그렇지 않다면 우리에게 그렇게 많은 관련이 없는), 우리 이성의 일부 간단한 숙고를 향해서만 돌진하는 고대 역사에 관한 단순한 기념에 있을 뿐만 아니라, 우리 마음의 가장 깊은 곳, 가장 낮은 곳에까지 이르시는 성령의 역사에 의한 기념이기도 하다.

확실히, 성령님(그리스도에 대한 충실한 증언 외에, 틀림없이 그의 모든 가르침에서 그분에 대한 효과적 찬양자[Glorifier])은 주의 만찬 예식과 관련해서 모든 인간적 형상 혹은 조각상, 무슨 종류든 연극적 표현이 만들어 내는 것과는 아주 다른 그리스도에 대한 기념을 우리 마음속에서 작동시키신다.

왜냐하면, 이 모든 것이 그렇기 때문이다. 그분의 제정을 지킬 때 성령님의 거룩한 권능을 고려하셨던 주 그리스도께서는 틀림없이 그분을 기념하기 위한 주의 만찬을 이런 식으로 제정하셨던 것이 명백하다. 그것은 우리에게 어떤 단순한 숙고로 과거의 사건에 대한 역사적 기억을 되살려줄 뿐 아니라, 성령의 역사하심에 의해서 우리 마음의 가장 깊숙한 부분을 깊이 감동하게 해 우리에게 나타낸 신비에 대한 믿음 안에서 우리를 강화하고 인치신다.

나아가서, 우리는 하나님이 이런 이유, 즉 그분이 아브라함의 하나님과 그의 후손의 하나님이 되시도록(창 17장) 그의 가정에서 할례가 지켜져야 한다고 말씀하실 때, 하나님이 아브라함에게 직접 하신 말씀으로부터 오래 전에 동일한 목적을 위해서 할례가 제정되었던 사실을 알고 있다.

이는, 바울이 가르치는 것처럼, 하나님은 아브라함이나 그의 후손 중 다른 어떤 이의 할례 이후에, 그때 처음으로 아브라함과 그의 후손의 하나님이 되신 것이 아니었다. 그러나 아브라함은 이런 말들에 의해서, 이런 이유로 그의 가정에 할례를 명하셨다고 배운다. 그것은, 그 자신과 그의 일생과 그 이후에 자신의 가정이 이 표지의 증언 때문에 하나님은 틀림없이 자신들의 하나님이시고, 그분은 자신들의 단호한 불경과 반항적인 멸시로써 그분의 진노를 촉발하지 않는 한, 자신들이 필요로 할 때 그분의 택하신 백성으로서, 그분의 거룩한 도움을 그들로부터 절대 제거하시지 않는 분이라는 사실을 확신시킬 수 있도록 함이다.

그래서 하나님이 이스라엘을 향한 그분의 친절에 대한 영원한 기념으로서 그것을 확립하셨다고 직접 증언하실 때, 우리는 또한 오래전 유월절 만찬에서 참으로 동일한 목적을 본다. 그 결과 이스라엘이라는 교회 전체는 (Church of Israel) 자신들의 연례적 만찬이라는 증언을 통해서, 그분이 이집트로부터 그들을 인도하여 나오신 그 훌륭하고 너무나 놀라운 행위 때문에 아주 분명히 보여 주신 것과 마찬가지로, 하나님이 항상 자신들의 보호자 (Protector)이시고 돕는 분(Helper)이시라는 사실을 의심의 여지없이 확신할 수 있게 된다.

그래서 베드로는 세례는 하나님을 향한 우리의 선한 양심에 대한 호소라는 사실을 증언하면서, 세례가 완전히 동일한 목적을 위해서 제정되었다는 사실을 너무나 분명하게 가르친다. 교회에 있는 모든 경건한 자는 주 그리스도의 피로 말미암는 자신들의 깨끗이 씻음과 성부 하나님과의 화목을 확고하게 믿음으로써 세례의 증언 때문에 강건해지는 것이 확실하다. 그리고 그들은 그리스도를 믿음으로써, 자신들이 그에 의해 씻음받은 그분의 몸과 피로 주 그리스도와 함께하는 자신들의 친교 때문에 하나님의 심판을 정말로 두려워하지 않는다.

그러므로 참으로 우리 또한 주의 만찬의 목적은 확실히 동일하고, 그리스도의 교회는 그분에 의해서 제정된 그분의 기념, 실제로 냉랭한 기념이 아니라, 성령님의 권능에 의해서 만들어진 기념으로 말미암아 그분과 함께하는 그의 친교에 의해서 틀림없이 구원의 인침을 받을 수 있다는 사실을 주 그리스도께서 직접 하신 말씀들로부터 가르친다.

그리고 주 그리스도께서 그분의 본질에 의해서 우리 살 중의 살이시고, 그분의 성육신으로 인하여 우리 뼈 중의 뼈이신 것과 마찬가지로, 우리 또한, 한편, 그분의 모든 공로와 그분의 모든 의로움 안에서 그분의 몸과 피로 우리에게 값없이 주어진 친교로 말미암아, 영원히 깨어질 수 없는 그분의 거룩한 살 중의 살이고 그분의 뼈 중의 뼈라는 사실을 확신한다.

그래서 바울은 그들이 한 덩이의 떡(고전 10장)을 먹기 때문에 한 몸이라는 사실을 증언할 때, 그리스도의 만찬 증언에 의해서 주의 만찬의 모든 손님은 그리스도와 한 몸이라는 사실을 분명하게 가르친다.

그 결과 우리는 이 모든 것이 그분의 몸과 피로 특별히 오직 주 그리스도께만 속했던 것으로서 그분이 성육신하실 때 그 본질에 따라서 그분이 우리에게서 빌리셨던 것이며, 그 자체로는 우리와 아무 관련이 없다는 사실을 이해할 수 있게 된다. 그리고 내가 말하노니, 몸과 피라는 이름으로 우리에게 주어진 이 모든 것으로 하는 값없이 구원하는 친교로 말미암아 이 모든 것이 완전히 우리의 것이 되는 것이다. 다시 말하자면, 아직 우리 자체로는 단지 죄와 영원한 죽음의 종일 따름인 우리는 그리스도와 함께하는 우리의 이 친교로 말미암아, 이제 그리스도 안에서 거룩하고, 의로우며, 순전하고, 최종적으로 하나님의 사랑하는 자녀라는 사실을 이해할 수 있게 되는 것이다.

나아가서 위에서 말한 것처럼, 그리스도의 영원한 증언자이시고 찬양자로서 성령님은 주의 만찬 예식에서 우리 안에서 바로 이 주 그리스도의 기념을 하시기 때문에, 그리고 우리 영혼이 이런 기념 때문에 주 그리스도와 함께하는 우리의 친교 안에서 강건해지고 인침을 받기 때문에 그것은 또한 확실히 바로 그 동일한 성령님의 역사하심에 의해서 발생한다.

우리가 주 그리스도에 대한 이런 기념에 의해서 그분의 은혜를 믿는 믿음에 인침을 받을 때, 동시에 우리의 마음은 또한 그렇게 관대하신 우리 해방자(Deliverer), 구주(Savior)를 사랑하고, 우리의 연약함에 비례해서 어떤 식으로든 성취할 수 있는 그분을 향한 우리의 감사의 의무를 완수하도록 고무받는다.

그리고 그런 인침으로 말미암아 성령의 역사하심에 의해서 우리의 마음에 어떤 새로운 욕구들이 생성되어서, 우리는 주 그리스도와 그분께 속한 모든 것을 사랑할 수 있게 되거나, 혹은 적어도 그분을 사랑하기 원하고 (어떤 식으로든 우리의 타고난 타락은 우리를 막고 방해한다), 최선을 다해서 그분을 향한 우리의 감사함을 표현하기 위해 노력할 수 있게 된다.

사실상 이런 새로운 욕구는 그리스도께서 주시는 유익을 믿는 우리 믿음에 대한 인침의 확실한 표지이자 열매이다. 그래서 만약 우리가 우리 안에서 그것들을 자각한다면, 우리는 영생에 이르는 우리의 참된 인침에 관해서 또한 의심하지 않게 될 것이다. 만약 우리가 우리 안에 있는 그들을 인식하지 못한다면, 우리는 참으로 우리의 인침에 관해서, 이런 이유로 또한 주의 만찬에 우리의 합당한 참여에 관련해서 헛되이 자만하는 것이다.

따라서 주의 만찬의 목적은 성령의 역사하심에 의해서, 이번에는, 우리의 마음속에 주 그리스도와 그분에게 속한 모든 것을 사랑하고, 그리고 우리의 연약함에 비례해서 그분을 향한 우리의 감사의 의무를 표시하려는 새로운 욕구를 일으키기 위하여, 이런 방식으로 그리스도와 함께하는 우리의 친교를 믿는 믿음에 대한 우리의 인침이다. 그러나 이미 말한 대로, 이런 종류의 인침은 우리 안에 저러한 새로운 욕구들을 일으키기 때문에, 그리고 인침을 받는 것과 사랑하고 감사하도록 자극받는 새로운 욕구는 별개이기 때문에, 어떤 이는 주의 만찬의 두 가지 목적, 즉 우리의 인침과 다른 한편 그리스도를 사랑하고 그분에 대한 우리의 감사의 의무를 표시하려는 새로운 욕구에 대한 자극을 받는 것을 확립하는 것을 선호한다.

우리가 마치 다른 모든 것의 기원처럼, 다른 모든 목적이 인침에 기인한다고 간주하는 한, 주의 만찬의 목적을 하나, 혹은 여러 개로 확립하는지는 특별히 중요하지는 않다. 게다가, 주의 만찬은 그 예식에 의해서, 주 그리스도와 함께하는 우리의 친교에 대한 믿음의 인침을 받을 수 있도록 제정되었다는 사실을 우리가 아는 것과 마찬가지로, 그에 대한 믿음의 인침을 더욱 확실하게 받을 수 있도록 우리는 모든 것 중에서 우리에게 주의 만찬의 신비에 대해 가장 명확하게 표현하고 나타내는 주의 만찬의 표지에 있는 특별히 이런 부분을 인지해야 한다.

그리고 다른 한편, 그리스도와 함께하는 우리 친교의 신비는 다른 많은 이름과 고려 사항으로 칭송되기 때문에, 그중 일부는 우리의 영혼이 특히 인침을 받아야만 하는 그에 대한 믿음을 확증하는 데 있어서 다른 것보다 더 분명하고 더 필요하기 때문에 확실히, 만약 이런 신비의 가치와 유용성이 너무나 커서, 그것이 아무리 희미하더라도, 그 고려 사항 중 아무것도 어떤 식으로든 생략되어서는 안 되고, 하물며 무익하거나 과도하다고 간주하여서도 안 된다. 그런데도, 특히 만약 우리가 그 모두를 동등하게 기억할 수 없다면, 어떤 것들은 다른 것과 비교해서, 다시 말하자면, 우리가 말했던 것처럼, 주의 만찬의 정해진 목적에 따라 우리가 인침을 받아야만 하는 신비에 대한 믿음의 확증을 위해서 더 명확하고, 더 필요한 것은 더 많이 인지되어야만 한다.

따라서 주 그리스도와 함께하는 우리의 친교에 대한 일부 고려 사항들이 다른 것보다 더욱 분명하고 그에 대한 우리의 믿음을 확증하는 데 더욱 필요한 것과 꼭 마찬가지로, 그래서 합당한 이유로, 다른 것과 비교 할 때 다른 때는 물론이고, 특별히 우선 만찬 자체의 목적을 위해서, 다시 말하자면, 바로 이 친교를 믿는 믿음에 대한 우리의 인침을 위해서 주의 만찬의 실제 예식에서 항상 더 많이 인지되어야 하는 것과 꼭 마찬가지로, 그만큼 또한 주의 만찬의 표지에서 우리가 염두에 두라고 요구했던 이런 부분 중 일부는 다른 것보다 훨씬 중요한 것으로 여겨져야 하고, 그런 까닭에 매우 세심하게 관찰되어야만 한다.

그런 부분은 더 명확하고, 우리에게 만찬의 신비를 확증하기 위해서 더 필요한 고려 사항을 나타내기 위해서 제정된 것으로 보인다. 이제, 일반적으로 알려진 것처럼, 선의로 어떤 선물의 합법적 소유를 확인하는 데 있어서 우리 가운데 수많은 고려 사항이 제기되고, 더 많은 고려 사항이 제기될수록, 이에 대한 더 많은 확신이 생기게 된다. 그렇지만 우선 그에 의해서 합법적 인도와 다른 한편, 합법적 소유의 인수가 점검될 수 있는 고려 사항들이 필요한 것과 마찬가지로 그리고 우리의 합법적 인수에 관련해서 증명될 수 있을 때 그것은 명백히 우리 것이라는 사실이 거부될 수 없는 것과 마찬가지로, 우리가 항상 우리에게 주어진 선물의 근거와 이유를 설명할 수는 없다.

하지만, 또한 그것들이 최대한의 주의와 관심으로 지켜지는 한(어떤 이가 여기서 자신의 어떤 부주의와 방종에 대한 변명이나 방어를 찾지 않도록), 비록 주 그리스도께서 이런 목적으로 제정하셨던 이 모든 것은 당연히 매우 유용하고 온전히 적합하지 않을 리가 없지만, 우리가 그 안에서보다 확실하게 인침을 받을 수 있도록 그리스도와 함께하는 우리 친교의 믿음을 확증하는 것도 그와 마찬가지이다. 그런데도 우리에게 주어진 합당한 선물과, 그에 대한 우리의 합당한 소유에 관해서 모든 것 중에서 가장 분명하게 우리를 확신시키는 이런 것들은 우선 그리고 필연적으로 관찰돼야 하고, 결코 경시되어서는 안 된다. 그리고 또한 마찬가지로, 주의 만찬 예식에서, 신비 자체에 대한 이런 고려 사항들, 즉 그리스도와 함께 그분의 몸과 피로 하는 우리의 친교가 우리에게 합법적으로 주어졌다는 사실, 다시 말하자면 아무것도 불법적으로 행하시지 않는 주 그리스도에 의해서 주어졌다는 사실과 그리고 마찬가지로, 우리가 그것을 합법적으로 소유했다는 사실이다.

다시 말하자면, 주 그리스도 그분의 손으로부터 소유했고, 그분의 친절하심으로 여전히 우리의 소유라는 사실을 우리에게 확신시키는 고려 사항들이 특별히 촉구되고 인지되어야 한다. 왜냐하면, 이것이 어떤 방식으로든 행해질 수 있다면, 비록 주 그리스도께서 우리에게 남겨 주신 이 친교에서 이런 점에 있어서 중요성과 강점을 가지고 있지 않고 절대 준수되어서는 안 되는 고려 사항이 없는 것만큼, 비록 우리 사이에서 항상 우리의 이 친교에 대해 동일한 방식으로 다른 근거들을 제기할 수는 없지만, 만약 우리가 이런 것을 우리 영혼에 확실하게 고정해, 우리 안에서 그들에 대해 다시 의문을 제기할 수 없을 정도가 된다면, 참으로 세상이나 죽음이나 사탄일지라도 우리를 그리스도와 함께하는 이 참되고 구원하는 친교의 소유를 결코 막지 못할 것이고, 하물며 우리로부터 절대 그것을 채 가지 못할 것이기 때문이다. 그리고 따라서 만약 그렇게 하는 것이 가능하다면, 주 그리스도께서 우리에게 남겨 주셨던 그리스도와 함께하는 이 친교에 대한 어떠한 고려 사항들도 우리의 부주의나 태만으로 인하여 흐려지고 지워지는 일이, 실제로 이런 것은 주 그리스도의 명예를 손상하지 않고는 절대 그렇게 할 수 없는 일이지만, 생기지 않도록, 주의 만찬의 표지에서 그의 모든 부분이 확실하고 완전하게 인지되어야 한다.

그렇지만 그동안 주의 만찬 예식에서 그리스도와 함께하는 우리 친교의 실제적인 선물 그리고 마찬가지로 그 선물을 우리가 소유하는 것이 상징적으로 표현되는 표지의 저런 부분은 반드시 관찰되어야 하고 어떤 식으로든 소홀히 되어서는 안 된다. 나아가서, 주의 만찬의 실제 표지에서, 주 그리스도와 함께하는 우리 친교의 실제 선물은 우리에게 목사의 손을 통한 떡과 잔의 분배 혹은 제공에 의한 것이 다른 것에 의한 것보다 더 분명하게 표현되고, 우리 눈앞에 어떤 식으로든 더 많이 놓일 수 있다.

그리고 또다시, 주의 만찬 예식에서 이 선물의 합법적 소유는 그리스도를 대신하는 목사의 손으로부터 손님이 떡과 잔을 받는 것에 의해서 그리고 최종적으로 이런 요소에 공적으로 참여함으로 다른 어떤 것에 의한 것보다 더 많이 표현된다. 따라서 그분의 만찬 제정에서 주 그리스도의 마음과 뜻을 만족하게 할 수 있도록, 다시 말하자면 우리에게 전해진 그분의 만찬 목적에 따라서 그분과 함께하는 우리 친교의 믿음에서 인침을 받을 수 있도록, 우리가 신비 자체에 대한 고려 사항들에서 그분과 함께하는 우리 친교의 선물과 소유에 관해서 우리가 가장 확실하게 확신시키는 이런 일을 특히 인지해야 한다는 사실을 보여 준다.

마찬가지로 주의 만찬의 표지의 부분들에서, 특히 손님의 양식과 음료로서 목사의 손에 의한 만찬의 떡과 잔의 제공, 다른 한편, 공적 참여와 손님이 목사의 손으로부터 동일한 떡과 잔을 받는 것은 전적으로 준수되어야 하며, 모든 식으로 촉구되어야 하고, 어떤 식으로든 소홀히 되어서는 안 된다. 왜냐하면, 그리스도와 함께하는 우리 친교라는 실제 선물과 우리의 소유는 만찬의 주로 저 부분들에서 확실하게 지시되고, 표현되며, 묘사되기 때문이다. 그래서 만약 언제라도, 시대의 불의 때문이건, 적그리스도의 폭정 때문이건, 교회를 파멸시킬 어떤 위험 없이 주 그리스도께서 제정하셨던 만찬의 표지의 모든 부분이 다 동일한 식으로 동등하게 지켜질 수 없다면, 내가 말하건대, 주의 만찬의 집례를 이런 세 부분들의 합법적인 준수와 더불어 교회가 요구하는 식으로 하는 것이 허락된다. 비록 이미 말했던 표지의 다른 부분은 동등하게 준수되지 않더라도, 그런데도 만약 교회의 동의하에 그것들이 어떤 식으로든 지켜지고 회복될 수 있다면 결코 경시되어서는 안 된다. 이 문제에 있어서 교회의 목사들은 특별히 우선 주 하나님께, 자신들의 교회에 자신들의 믿음과 부지런함을 증명해야 할 의무가 있다.

표지, 신비 그리고 주의 만찬의 목적에 관한 이런 것은 만찬을 실제로 기념하는 날, 그 시행 전에, 이런 식으로 가르친다. 그리고 이것은 문제와 시간이 이렇게 요구하는 대로 때로는 훨씬 간결하게, 그다음에 때로는 훨씬 종합적으로 행해진다. 그리고 그렇게 공적 설교 자체가 끝난다.

그 후에, 설교자는 교회를 위한 공적 기도를 시작한다. 그 형식은 모든 주일의 격식과 관련해서 위에 규정되어 있다. 그리고 기도가 끝난 후, 성시를 부르기 전에 만찬 의식이 다음과 같은 식으로 시작된다.

우선, 설교하는 실제 설교자를 제외한 모든 성직자, 장로들, 집사들은 설치된 식탁 앞에서 사람들을 향해서 선다. 왜냐하면, 이미 말했던 것처럼 나머지 목사들, 장로들, 집사들이 식탁 앞에 순서대로 서 있을 때, 설교자는 강단에 남아서, 우선, 주의 만찬 예식에서 배제되는 모든 자에 관해서 교회에 훈계하기 때문이다. 그리고 첫째, 어떤 이가 매일 설교로 주의 만찬 예식으로부터 특별히 배제된 적이 있다면, 그들의 오류가 이것을 요구했기 때문에 그들의 이름이 추가되든지 혹은 생략되든지, 이런 사람은 그들이 금지당했던 동일한 방식으로 만찬에 오는 것이 금지된다.

다음으로, 자신들의 믿음 고백을 공개적으로든지 혹은 적어도 교회의 성직자들이나 장로들에게 제시하지 않고, 마찬가지로 교회의 권징에 기꺼이, 그리고 자발적으로 복종하지 않았던 모든 자 또한 공개적 발표 때문에 주의 만찬 예식으로부터 배제된다. 왜냐하면, 그런 사람은 우리의 사역을 인정할 수 있도록 교회에서 믿음의 가정에 속하기를 원하지 않기 때문에, 우리는 그들을 우리의 양 떼 중의 하나로 헤아릴 수 없다.

마지막으로, 만찬의 첫 번째 공지로부터 15일 이내에 교회의 성직자들과 장로들에게 한 번도 출두하지 않은 자들 또한, 질병이 그들을 막지 않는 한, 주의 만찬 예식으로부터 배제당한다. 왜냐하면, 교회 회중의 증가와 감소에 관해서 항상 확실히 알고, 마찬가지로 교회에 있는 자의 믿음을 확실히 점검하여 우리 집회로부터 위선자를 배제할 수 있도록 하는 우리 사역에서 교회의 조례를 그들이 경멸했고, 우리로서는, 그들 스스로 주의 만찬에 참여하기에 합당치 않다는 것을 보여 주기 때문이다.

그 외에 종합적으로, 교회에 합류한 후에, 그들이 어떤 질병이나, 혹은 어떤 심한 궁핍에 의해서 방해받지 않는데도 불구하고, 주의 만찬 예식에 오지 않는 모든 자는 책망을 당하고, 교회는 그런 모든 사람이 첫째, 주의 만찬의 창시자이신 그리스도 그분께 맞서서 그분이 직접 제정하신 것에서 그리스도가 경멸을 받고, 그다음에 전체 교회에 맞서서 모든 기독교인의 의무에 의한 공적 집회와 공적 사역에서 교회가 존중을 받지 못하는 아주 심한 죄를 짓는다는 사실을 배운다.

짧은 서론으로 이것이 끝난 후에, 설교자는 모든 사람이 이제 주의 만찬에 합당하게 올 수 있도록 하라고 짧은 가르침으로 교회에 권면하고, 모든 사람에게 자신과 함께 기도하도록 요청한다. 그리고 전체 교회가 무릎을 꿇고 있는 동안, 그는 강단에서 명확한 목소리로 다음과 같은 식으로 기도한다.

전능하시고 영원하신 하나님!
자비로우신 아버지!
우리는 이곳 거룩하고 존귀하신 당신 앞에, 당신의 독생자 주 그리스도의 만찬을 그분의 제정에 따라 수행하기 위해서 모였습니다. 그래서 우리를 위해서 죽음에 내 주신 바 된 그분의 거룩한 몸에 대한 기념과 마찬가지로 우리의 속죄를 위해서 흘리신 그분의 지극히 순전한 피의 기념을 시행하고, 그다음에 우리 교회의 이 집회에서 그분의 동일한 몸과 피로 그분과 함께하는 우리의 친교를 공적으로 나타낼 수 있게 될 것입니다.
따라서 우리는 지극히 거룩한 아버지이신 당신께 겸손히 간청하면서 탄원합니다. 우리에 대한 바로 당신의 이 아들의 그런 엄청난 친절을 합당하게 숙고하고, 그분에 대한 믿음을 실행하며 그리고 마침내 우리 믿음의 성장과 영생으로 이르는 그분과 함께하는 우리의 구원하는 친교 안에서 당신의 친절하심 때문에, 우리의 마음의 인침으로 말미암아 이런 식으로 양육받을 수 있도록 하시옵소서. 그것은 영원부터 당신의 형언할 수 없는 연민으로 인하여 그분 안에서 우리를 위해서 준비된 것이라는 사실을 우리가 의심하지 않는 것입니다.

지극히 은혜로우신 아버지, 우리는 이제 당신께, 그분 홀로 우리의 영혼을 위한 참된 단 하나의 양식이신 바로 그 동일한 당신의 아들 이름으로 말미암아, 당신은 우리를 들으시는 진실로 우리의 하나님이시고, 아버지라는 사실과 그리고 우리는 참으로 당신 아들의 지극히 귀한 피로 성별된 당신의 백성이고, 당신의 아들들이라는 사실을 우리가 우리 양심의 증언에 의해서 우리 안에서 인식할 수 있도록 요청합니다.

바로 그 동일한 당신의 아들과 성령님과 함께 사시고 다스리는 한 분이고 삼위이신 영원한 하나님이신 당신께서 영원히 찬양받으시기를. 아멘.

이 기도가 끝나면, 설교자는 전체 교회에, 바울에 의해서 전해져 왔던 것과 마찬가지로, 만찬의 실제 제정에 대해 부지런히 듣도록 권면한다. 그리고 그다음에 그는 만찬의 실제 제정사를 분명한 말들로 다음과 같은 식으로 낭독한다.

사도 바울은 주의 만찬의 제정에 관해서 다음을 말한다.

> 내가 너희에게 전한 것은 주께 받은 것이니 곧 주 예수께서 잡히시던 밤에 떡을 가지사 축사하시고 떼어 이르시되 이것은 너희를 위하여 내 몸이니 이것을 행하여 나를 기념하라 하시고 식후에 또한 그와 같이 잔을 가지시고 이르시되 이 잔은 내 피로 세운 새 언약이니 이것을 행하여 마실 때마다 나를 기념하라 하셨으니 너희가 이 떡을 먹으며 이 잔을 마실 때마다 주의 죽으심을 그가 오실 때까지 전하는 것이니라 그러므로 누구든지 주의 떡이나 잔을 합당하지 않게 먹고 마시는 자는 주의 몸과 피에 대하여 죄를 짓는 것이니라 사람이 자기를 살피고 그 후에야 이 떡을 먹고 이 잔을 마실지니 주의 몸을 분별하지 못하고 먹고 마시는 자는 자기의 죄를 먹고 마시는 것이니라(고전 11장).

바울로부터 취한 주의 만찬의 제정사가 이런 식으로 낭송될 때, 설교자는 바울의 이런 말 중에 있는 마지막 경고에 관해서 교회 전체에게 다시 간단하게 훈계한다. 그 훈계에서 주의 만찬의 떡과 잔에 합당하지 않게 참여하는 자들은 자기 자신에 대한 심판과 정죄를 먹고 마시는 것이라고 듣는다.

형제들이여!

여러분은 이 만찬의 떡과 잔에 합당하지 않은 참여가 얼마나 많은 위험을 가지고 오는지 들었습니다. 다시 말하자면, 그것은 우리가 그리스도의 몸과 피에 죄를 짓는 것이고, 이런 참여로 인하여 우리 스스로에게 영원한 정죄를 끌어들이는 것입니다. 마찬가지로, 여러분은 이런 합당하지 못한 참여에 대한 죄가 어떤 문제에 놓여 있는지 들었습니다.

다시 말하자면, 주의 몸의 분별을 소홀히 하는 것입니다. 그리고 여러분은 사도 바울의 동일한 말들에서 바로 이 분별은 주로 우리 스스로를 진지하고 부지런하게 점검하는 데에 달려 있다는 것을 들었습니다. 만약 누군가 주의 만찬을 분별하지 않는다면, 그들은 자신들을 점검하지 않는 자들과 꼭 마찬가지로, 주의 만찬에 합당치 않게 참여하는 것입니다.

그리고 또다시, 만약 분별하는 자가 스스로 자기를 살펴보는 자들이 하는 것처럼 동일하게 합당하게 참여한다면, 바울의 이런 말에서 주의 몸을 분별하는 것이 주로 우리의 참되고 진지한 자아 성찰에 놓여 있는 것이 분명합니다. 이제 여러분들은 참으로 어떤 문제에 관해서 우리가 점검해야 하는지 또한 들었습니다.

다시 말하자면, 그것은 하나님과 우리 자신에 대한 참된 지식으로서 그리스도 안에 있는 우리를 향한 거룩한 유익들에 대한 크기를 인식하도록 우리를 어떤 식으로든 인도하는 지식입니다. 그리고 그것은 그분의 몸과 피로 주 그리스도와 함께하는 우리의 친교의 가치를 놀라울 정도로 칭송하고, 주 그리스도와 함께하는 우리 친교의 이 가치가 인정될 때, 우리가 최고의 경의로써 주의 만찬의 신비한 양식과 음료를 다른 모든 음식과 음료로부터 구별할 수 있게 됩니다.

따라서 우리가 그분의 몸으로 그리스도와 함께하는 친교를 중요하게 여길 때, 만찬 예식에서 주의 몸을 분별할 수 있게 됩니다. 마지막으로, 그분의 몸과 피로 그리스도와 함께하는 바로 이 친교가 주의 만찬의 표지하에서 그 개별 부분들이 전체 교회에 어떻게 표현되고 칭송되는지와, 많은 이름과 고려 사항으로 불리는 이것을 들었습니다. 그것은 우리 자신의 눈으로 본 것처럼 만찬에서 표지의 각 부분을 통해서 우리 앞에 놓여 있습니다.

따라서 이제, 그분의 몸과 피로 주 그리스도와 함께하는 우리의 송축받을 이 친교의 능력과 효능과 가치를 인지하고, 절대 방해받지 않도록 성령님의 도움을 간청한 후에, 이 모든 것을 숙고하고 여러분의 영혼에 그것들을 반영시키며 여러분의 마음을 높이 드십시오. 더 나아가 우리의 하늘에 계신 아버지께서 그분의 성령님을 통하여 이것을 우리 모두에 부어 주시기를 기원합니다. 성령님과 함께, 하나님의 사랑하는 아들과 더불어 살아 계시고 다스리시는 한 분이신 참되고 영원하신 하나님이 세세토록 찬양을 받으시옵소서. 아멘.

이 훈계가 끝나면, 설교자는 강단에서 내려와서, 전체 교회가 조용히 앉아 있는 동안 위에서 말한 대로 전체 교회가 볼 수 있도록 설치된 식탁 앞에 있는 나머지 성직자들, 장로들 집사들에게로 간다. 그리고 그는 그곳에서 성직자들의 중앙에 사람들을 향하고 앉아서, 전체 교회에게, 이제 우리 모두의 죄를 위해서 드려진, 온 세상에서 가장 순전한 제물이신 그리스도 예수에 관해서 바울로부터 온 기쁜 구원의 소식을 다음과 같이 낭독한다.

사랑하는 형제들이여!
이제 보십시오. 우리의 유월절(Passover)인 그리스도께서 우리를 위해서 제물이 되셨습니다. 그래서 옛 누룩이나, 악과 교활함의 누룩이 아니라, 무교병, 즉 우리의 주님이시고 구주이신 예수 그리스도, 그 동일하신 분으로 말미암아 성실함과 진실함으로 축일을 기념합시다. 아멘(고전 5장).

이런 말씀이 전해지는 동안 설교자는 식탁의 중앙에서 사람들을 향해서 앉는다. 설교자의 양쪽에 한 명씩, 그다음에 나머지 모든 성직자, 장로, 집사가 함께 순서에 따라 자리를 잡는다. 그리고 그 외에 교회의 다른 사람이 식탁 전체가 다 찰 때까지 자리를 잡는다. 그러나 전체 교회가 그를 항상 편리하게 잘 보고 들을 수 있도록 설교자 앞에 빈자리를 하나 남겨 둔다. 설교자 앞에 공간을 남겨 두고 전체 식탁이 다 찬 다음에, 설교자는 전체 교회 앞에서 떡으로 가득한 큰 쟁반으로부터 떡을 손으로 집어 든다. 이때 전체 교회는 그가 명확한 목소리와 뚜렷한 말로 다음과 같이 말하는 것을 주시하고 집중하면서 듣는다.

우리가 떼는 떡은 그리스도의 몸에 참예하는 것입니다(고전 10장).

그리고 이런 일을 말하는 동안, 그는 자신의 손에 있는 떡을 떼어, 떡이 가득 있는 큰 쟁반 양쪽에 둔 작은 쟁반 둘 다를 떡으로 가득 채워서 식탁에 기대 있는 모든 사람이 떡 조각을 받을 수 있도록 한다. 그다음에, 그러는 동안, 이전에 이미 말했던, 포도주로 가득 채운 4개의 잔을 작은 쟁반 양쪽에 각각 두 개씩 둔다. 이 모든 것이 이처럼 준비되었을 때, 설교자는 이제 자기 양쪽에 가장 가까이 있는 사람들에게 작은 쟁반으로부터 떡 한 개씩을 개별적으로 분배하면서 다음과 같이 말한다.

집어서 먹고, 우리 주 예수 그리스도께서 우리의 죄를 사면하기 위해 십자가 위에서 내어 주신 그분의 죽음을 기억하십시오.

동시에, 설교자는 자신을 위해서 떡 한 조각을 집어 먹은 다음에, 식탁에 기대 있는 모든 사람이 각자 떡을 집어서 먹을 수 있도록 쟁반이 좀 더 가까이 있는 다른 사람에 의해 식탁 끝에 이를 때까지, 멀리 식탁 양쪽 끝으로 밀어내어서 모든 사람이 작은 떡 한 조각을 집어서 자신들을 위해서 십자가에 달리신 그리스도의 몸을 기념하면서 먹을 수 있도록 한다. 그다음에 식탁에 기대 있는 모든 사람이 떡을 다 먹은 것을 보면, 설교자는 손에 잔을 들고, 명확한 목소리로 다음과 같은 말을 한다.
우리가 가지고 찬양하는 찬양의 잔은 그리스도의 피에 참예하는 것입니다.

그다음에 양쪽에 각각 둘씩 잔을 차례로 제공하면서, 그는 다음과 같이 말한다.

받아서 마시고, 우리 죄의 사면을 위해 십자가상에서 우리를 위해 흘리셨던 우리 주 예수 그리스도의 피를 기억하십시오.

동시에, 이제 그들에게 제공하는 동안 설교자 또한 이들 잔 중의 하나로부터 마시고, 그 다음에 식탁에 기대 있는 나머지는 그들 모두가 마실 때까지 설교자로부터 받은 잔을 서로 준다. 그들이 모두 이렇게 앉아서 마신 후에, 설교자를 제외한 그들 모두 식탁으로부터 일어난다. 왜냐하면, 그가 교회의 나머지 모두에게 만찬을 집례하기 위해서 식탁 중앙에 있는 자신의 자리에 남아있기 때문이다.

그 외에, 특별히 이런 목적을 위해서 배정된 교회의 특정 장로들은 뗀 떡을 담아서 식탁의 끝까지 밀어둔 작은 쟁반들과 마찬가지로 새로 채워진 잔들을 식탁 중앙에 있는 설교자에게 가지고 돌아와서 그것들을 그곳에 둔다. 그러나 일부 장로와 집사는 모르는 사람들이 오지 않도록 주의 식탁에 나오기를 원하는 모든 자를 주시한다. 그리고 한 성직자가 강단에 올라가서, 명확한 목소리와 뚜렷한 말로 그리스도의 몸과 피에 대한 우리의 영적 참여를 설명하고, 우리에게 권하는 요한복음 6장으로부터 신성한 낭독을 시작한다.

그런 다음, 그것이 이런 식으로 낭독되는 동안, 교회는 성전의 양쪽으로부터 우선 남자들이 열을 짓고, 다음으로 또한 여자들도 열을 지어 식탁 양쪽 끝으로부터 식탁의 중앙까지 전체 식탁이 가득 찰 때까지 주의 식탁으로 나온다. 그리고 모두가 자리를 잡으면 강단의 낭독자는 새로 앉은 모두를 위해서 충분하다고 생각할 정도로, 잠시 낭독을 유예하여 식탁의 중앙에 앉아있는 설교자가 새로 식탁에 기대 있는 사람들을 위해서 떡을 떼고, 그들에게 잔과 함께 그것을 제공할 수 있도록 한다.

따라서 설교자는 또다시 전체 식탁이 새롭게 식탁에 기대어 있는 형제들로 가득 찬 것을 본 다음에 그리고 낭독자가 낭독을 중단한 후에, 설교자는 위에서 기록된 말들을 덧붙이면서, 작은 쟁반들로부터 이미 뗀 떡을 손에 쥐고, 이전에 했던 것처럼 자기에게 가깝게 앉은 자들에게 처음 그것을 분배한다.

그리고 양쪽에 있는 모두가 떡을 받고 먹은 것을 보면, 그는 앞서 잔을 처음 제공할 때 했던 말들을 덧붙이면서, 다시 식탁에 기대 있는 양쪽에 있는 모두에게 잔을 제공한다. 그 다음에 잔의 제공과 관련된 말들이 끝났을 때, 강단에 있는 낭독자는 이미 말했던 것처럼 식탁에 기대 있던 사람들이 일어나고 다른 사람들이 자신들의 순서대로 새롭게 자리를 잡을 때까지 다시 낭독을 계속한다.

그 외에, 개별 착석 후, 이 목적을 위해서 지명된 장로들은, 자신들의 순서에 따라, 이 목적을 위해서 배정받은 집사들에 의해 새로 채워진 쟁반과 잔을 다시 설교자 앞에 있는 식탁의 가운데로 들고 돌아와서 그곳에 그것들을 둔다. 그리고 설교자는 또한 이전과 마찬가지로, 매 착석 시 충분하다고 생각하는 만큼, 큰 쟁반으로부터 취한 떡을 자신 앞에 둔 작은 쟁반으로 새롭게 뗀다.

그리고 나머지 장로들과 집사들은 신성한 낭독이 어떤 식으로든 방해받지 않도록, 이미 말한 것처럼 어떤 이들이 다른 사람들을 따라서, 교회 전체가 최대한의 침묵과 겸손으로 참석하도록 주시한다. 그 외에, 남자들이 주의 만찬에 먼저 참여한 후에, 마침내 여자들도 남자들과 마찬가지로 열을 지어서 주의 만찬에 참여한다.

특별히 사람에 대한 특별한 구분은 없지만, 각자에게 적절한 대로 집회에서 다른 사람보다 멀리 있는 사람들부터 시작한다. 낭독자는 식탁에 기대 있었던 사람들에게 설교자를 통해서 만찬의 떡과 잔을 제공할 시간이 왔다고 생각할 때, 이제 각 개별 착석에서 자신의 낭독을 중단한다.

요한복음 6장을 끝낸 후에, 그는 전체 만찬의 행위가 끝날 때까지 계속해서 동일한 복음서 기자의 13, 14, 15장을 차례대로 낭독한다. 교회의 성직자들이 이것이 교회의 덕을 세우기 위해서 더 적당하다고 판단하는 대로, 때로는 성경의 다른 부분들 또한 낭독된다.

나아가서, 만찬의 전체 행위가 끝난 후에, 낭독자는 강단에서 자신의 낭독을 끝내고, 만찬을 기념하는 목사나 혹은 설교자가 식탁으로부터 일어나서, 식탁 앞에 있는 다른 성직자들과 장로들의 한 가운데 서서 전체 교회에 다음과 같은 말들로 연설한다.

그리스도의 신비를 생각하며 그리스도의 죽음을 기념하여 이 주의 만찬에 참여하신 여러분 모두가 그의 몸과 피로 영생에 이르도록 그와의 확실한 구원의 친교가 영원히 지속할 것을 믿고 의심하지 마십시오. 아멘.

그다음에 그는 이런 소개로써 공개적 감사를 하도록 교회를 초청한다.

나는 여러분 중에 이 만찬의 증거에 의해서 그분의 몸과 피로 주 그리스도와 함께하는 우리 친교의 능력과 열매, 즉 주 그리스도의 순전하심, 의로움, 공로 그리고 승리 덕분에 여러분의 양심의 평화와 고요가 자신 속에 있음을 깨닫지 못하는 사람은 한 사람도 없다고 생각합니다. 우리가 만찬의 떡과 잔에 우리의 손과 우리의 입으로 참여했다는 사실을 확실하게 아는 것처럼, 이제 우리가 증언하는 그 모든 것은 그리스도께서 직접 제정하심에 따른 이 만찬 예식에 의해서 확실히 우리 것입니다. 마찬가지로, 이 만찬에 여러분이 앉아 있는 것에서 언젠가 하나님의 나라에서 아브라함, 이삭 그리고 야곱과 함께 앉아 있는 여러분의 축복받은 모습을 여러분의 믿음의 눈으로 숙고하셨기를 바랍니다.

그리고 이제 우리가 모두 확신을 하고 이 주의 식탁에 기대 있는 것처럼, 우리가 지금 인침을 받은 친교 안에서 주 그리스도의 의와 공로와 승리를 신뢰함으로써 여러분은 이제 마찬가지로 그에 관해 확신하고 있습니다.

그밖에, 다음으로 여러분의 마음에 성령의 역사하심에 의해서, 주 그리스도 안에서 우리에게 수여된 그렇게 큰 혜택들에 대한 거룩한 친절하심에 감사를 드리고, 우리의 최선을 다해서 우리가 감사해야 할 모든 의무를 완수하고자 하는 내면의 강한 힘을 인식한다는 것을 의심하지 않습니다.

다시 말하자면 우리가 이제 우리에게 주어졌던 주 그리스도의 의로움, 공로 그리고 승리를 모든 방식으로 표현하려고 노력하고, 다른 한편, 우리 스스로 우리를 향한 하나님의 그렇게 큰 선물을 우리의 부끄러운 행위로 더럽히고, 우리의 불경 때문에 그들을 쫓아내지 않는 것입니다.

나는 성령님의 친절하심 때문에, 여러분 모두가 마음으로 이 모든 것을 확실히 깨닫고 있다는 것을 믿습니다. 그래서 무릎을 꿇고 있는 우리는 이런 모든 선물 때문에 우리 아버지이신 하나님께 감사를 드리고, 그분에게 겸손하게 간청하면서 우리의 평생 이런 것에서 날마다 점점 더 강건해질 수 있도록 기도하는 것이 타당하다고 생각합니다.

주의 만찬 시행 후의 감사

주 하나님!

그리고 하늘에 계신 우리 아버지시여!

우리의 대속자이신 당신의 아들 주 예수 그리스도로 말미암아 신성한 위엄이신 당신께 감사를 드립니다. 이는 바로 그 동일한 당신의 아들 안에서,

그분의 죽음으로 우리의 모든 죄를 속죄하심과 그분의 승리와 그분의 의의 모든 공로로 우리에게 값없이 주신 친교로 말미암아 당신은 친절하게도 우리가 갇혀 있던 영원한 죽음으로부터 우리를 부르셨기 때문입니다. 우리에게 거저 주신 그분의 죽음과 친교로, 그분의 승리와 그분의 의의 모든 공로로 우리의 모든 죄를 속죄하심으로 말미암아, 그 후에 더욱이 당신의 영원한 섭리 안에서 당신은 오직 이 친교를 위해서 창세전에 우리를 택하시고 영생에 이르도록 당신의 아들을 우리와 같은 유한한 육체에 가두셨습니다. 그리고 부단한 구제책이 필요한 우리의 타고난 연약함 때문에, 당신은 그분의 교회에서 당신의 거룩한 말씀과 그분에 의해서 제정된 성례전의 사역을 통해서, 우리를 구원하는 양식과 음료로서 그분을 주시는 은혜를 베푸셨고, 우리는 이제 당신의 은혜로 그것을 이행했습니다.

우리는 이런 모든 것이 우리 모두의 공로와는 별개로 우리에게 수여된 당신의 형언할 수 없는 거룩한 선하심과 자비의 은혜로운 선물이라는 사실을 분명히 인정합니다. 그러나 한편, 우리는 또한 우리 안에 있는 우리의 연약함과 비참함, 즉, 우리 스스로는 당신의 이런 선물을 유지할 수도 없고, 우리가 마땅히 해야 할 만큼 당신을 향한 우리의 감사를 증언할 수도 없다는 사실을 인정합니다.

따라서 당신의 발 앞에 있는 땅에 엎드린 우리는 지극히 자애로운 아버지이신 당신께 당신이 주신 이런 유익을 감사드리는 것과 마찬가지로, 우리는 또한 당신께 겸손하게 간청드리면서, 바로 그 동일한 당신의 아들로 말미암아, 당신이 오래전에 당신의 영원한 섭리 안에서 자비롭게 시작하셨던 우리의 모임이 마지막까지 그리스도와 한 몸으로 보존되고, 당신의 성령님에 의해서 그리스도를 확고하게 믿는 믿음에서 우리를 날마다 점점 더 강건하게 해 주실 것을 허락하시기를 요청합니다.

그래서 비록 우리 스스로는 아무것도 할 수 없지만, 사랑의 의무를 통하여 우리 믿음과 우리 안에 있는 마음과 애정을 새롭게 하심의 열매를 어떤 식으로든지 우리 마음으로 인식하고 당신의 교회 앞에 드러낼 수 있게 될 것입니다. 그리하여 경배받아야 할 당신의 이름이 진실로 우리 사이에서 거룩하게 여겨지고, 온 세상에서 경건하게 경배받게 될 것입니다. 그 외에 당신의 거룩한 삼위 안에서 모든 것 위에서 홀로 참되고 영원하신 한 분 하나님이신 당신만이 찬양받으시기를. 아멘.

이런 감사가 끝난 후에, 설교자는 추가로 간단한 훈계를 덧붙인다. 그 속에서 그는 주의 만찬의 요소, 즉 떡과 잔에 대한 숙고에 관련된 어떤 신비들을 설명하고, 그리스도께서 주신 혜택에 대해서 그리스도를 향한 교회의 의무와 임무에 관련되어 교회에 훈계한다.

주의 만찬 시행 후의 훈계의 내용

교회는 주의 만찬의 실제 요소인 떡과 잔에서조차 그 신비를 인지하라는 훈계를 받는다. 그것은 아무도 주 그리스도께서 그분의 식탁과 만찬에 경솔하게 덧붙였다고 생각해서는 안 된다. 이것은 바울이 떡에 관해서 말할 때 그의 말들로부터 쉽게 이해될 수 있다. 만약 각각의 본질에 따라 어떤 방식으로 몇 가지가 조정된다면, 이제 떡에서 관찰되는 그 동일한 것들이 잔에 대한 적절한 방식의 숙고에서도 관찰될 수 있다.

이렇게 하여 하나에 관해서 말했던 것들이 다른 것에 관해서도 고려될 수 있게 된다. 그리고 바울이 특별히 떡의 신비를 다루기 때문에, 바울의 예에 의해서 만약 우리가 단지 떡에 관한 숙고에서만 이런 일을 관찰해야 한다면, 그것 또한 우리에게 충분할 것이다. 그것은 하나님의 말씀과 일치하고 교회의 덕을 세우는 데 적절하게 관련된 것으로 보인다.

따라서 교회는 주의 만찬 예식에서 우리에게 떡이라는 요소에 의해서 떡의 본질은 제거한 채, 사실상 그리스도의 본래의 몸의 실제 본질을 가리키는 것이 아니라, 오히려 주의 만찬에 참여하기 위해서 함께 모이는 교회의 실제 모임을 가리킨다는 사실을 배운다. 이는 바울이 한 덩이의 떡을 먹는 우리는 하나의 떡이라는 사실을 그렇게 분명하게 가르쳐 주기 때문이다.[15] 그리고 실제로 가톨릭 신자들의 화체설이라는 교리 전체는 바울의 이 말들에 의해서 반박된다. 왜냐하면, 이것을 먹음으로써 우리는 참으로 우리가 먹는 바로 그것이라고 일컬어지기 때문이다.

---

15 이 법칙에 관하여, Cyprian, Book 1 of the *Epistles*, Epistle 6 to Magnus를 보라.

참으로, 우리가 먹는 것은 사실상 그것을 먹음으로써 우리가 일컬어지는 것이 되어야만 하기 때문이다. 그렇지 않다면, 만약 주의 만찬에서 우리가 먹는 이것이 가톨릭 신자들이 꿈꾸는 것처럼 **떡이다**(is)가 아니라, 단지 **떡이었다**(was)라면, 떡이(is) 아닌, 단지 떡이었던(was) 이것을 먹음으로써 우리는 심지어 지금도 의심의 여지없이 **떡이라**(to be)고 일컬어질 수 없고, 오히려 **떡이 었었다**(to have been)고 일컬어질 수 있는 것이 분명하다. 나아가서, 우리에게는 이 점에 관해서 바울의 권위가 모든 가톨릭 신자가 꾸민 어떠한 칭호나 장식에 의한 화체설의 권위보다 훨씬 탁월하다.

마찬가지로 교회는 우리가 모두 이처럼, 만찬에서 한 덩이의 떡에 참여하기 때문에, 우리가 한 덩이의 떡이라는 이런 교리가 바울에 의해서 우리에게 무익하게 전해져 오지 않았다는 사실을 배운다. 그래서 우리가 모두, 틀림없이, 떡의 본질에 의해서 떡 자체에 합당한 한 덩이의 떡이라고 일컬어질 때, 우리는 우리 안에서 요구되는 이 모든 것을 의심의 여지없이 이해할 수 있게 된다. 그 외에, 떡의 속성에 대해서 일컬어질 수 있는 것과 우리의 교육을 위해서 조정될 수 있는 많은 것이 있다. 그러나 현재로는, 더욱 큰 유익과 교화로써 관찰하는 것이 편리할 수 있는 몇 가지 주요 문제가 있다. 그것은 다음과 같은 식으로 간단하게 설명된다.

1. 많은 낱알이 함께 모이지 않는다면, 떡이 존재할 수 없는 것과 마찬가지로, 우리도 우리 머리(Head)이신 주 그리스도하에서 함께 모여 완전히 동일한 한 몸의 지체들이라는 사실을 인정하는 방식으로 주 안에서 모였다는 사실을 인식하지 않는다면, 우리 또한 우리가 만찬의 증언에서 고백하듯이 참으로 주의 떡이 될 수 없다는 사실을 숙고하자.
2. 많은 낱알이 이처럼 분쇄기로 갈리지 않는다면, 떡이 만들어질 수 있는 만큼 충분하게 축적되지 못한 것이다. 마찬가지로 우리도 모두 함께 같은 방식으로 우리 육신에 대한 모든 욕구와 우리 이성에 대한 모든 판단으로써, 특별히 거룩한 것들에 관계되는 것에 존경심을 가지고, 거룩한 말씀(Word)이라는 분쇄기에서 기꺼이 갈려야 한다. 우리 자신을 부인하고, 우리 십자가를 져야만 한다는 사실을 보여 주지 않는다면, 함께 연합한다고 해서 우리가 주의 떡이라는 것은 충분하지 않다

는 사실 또한 숙고하자.
3. 만약 모인 낱알들이 갈린다면, 떡이 만들어질 수 있다는 것이 충분하지 않고, 다만 그들이 갈렸을 때, 깨끗한 떡이 만들어질 수 있도록 마지막으로 깨끗해져야만 한다. 마찬가지로 만약 우리가 주 그리스도께서 보시기에 순전한 떡이 되기를 바란다면, 우리 집회 안에 있는 모든 조잡한 감염, 즉 아직 어떤 식으로든 갈린 낱알의 수치가 되는 자 그리고 하나님의 말씀 훈계로 교회 권징을 사용하여 어떤 식으로든 스스로 깨끗함을 받지 않으려는 자들을 우리 사이에서 절대 관용하지 않아야 하는 것이 우리의 의무이고 임무라는 사실을 또한 숙고하자.
4. 떡이 만들어져야 하는 모든 낱알이 모이고 갈리며, 깨끗이 된 후에, 여기에 물을 더해서 반죽으로 되어 실제로 더 이상 흩어지지 않는 식으로 응고되지 않는다면, 그것은 아직 떡이 될 수 없다. 마찬가지로 우리에게는 우리가 이미 완전히 모여서 갈리고 깨끗해진 것으로 보이지만, 다만 우리는 아직 우리에게 부어진 생명을 주는 물을 가져야만 하고, 그것은 하늘에 계신 그분의 아버지의 선하신 기쁨에 따라 오직 주 그리스도만이 우리에 부어 줄 수 있는 것이므로, 우리가 주의 떡이라는 것은 아직 충분하지 않다는 사실을 또한 숙고하자.
하나님은 경배받아야 하고, 우리가 주의 떡임을 고백하는 그리스도 안에서, 그분의 거룩한 유대에 의해서 우리 모두 한 마음과 한뜻과 하나의 믿음이 있는 방식으로 분리될 수 없는 하나의 반죽으로 연합되는 성령님에 관해서 말하고 있다.
5. 낱알이 이미 함께 모이고, 갈리며, 깨끗해져서 마침내 하나의 반죽으로 결합한 그때 떡은 여전히 아직 완성되지 않았고, 다만 반죽이 떡의 현대로 만들어지고, 그다음에 빵이 구워질 수 있도록 또한 불타는 화덕에 넣어져야 한다. 마찬가지로 만약 우리가 한 장소에 모이고, 갈리며, 깨끗해지고 그리고 최종적으로 하나의 반죽으로 되어서 참으로 이제 완성된 주의 떡임을 바란다면, 그것은 아직 충분하지 않다는 사실을 또한 숙고하자. 다만 우리는 평생에 걸쳐 우리 생명의 떡이신 그리스도의 본을 따라 형성되어야 하고, 우리 안에서 그분의 형상을 볼 수 있으며, 더욱이 우리가 이생의 모든 중압, 고통 그리고 박해에 노출되

지 않으면 안 된다. 그 결과 주께서 그 기쁘신 뜻대로 참으로 우리에게 어떤 것을 풀어 주시기를 원하실지라도, 우리는 화덕 안의 떡이 구워지는 것처럼 고통받기를 거부하지 않을 수 있게 된다.

만찬이 시행된 후에, 떡의 숙고에 관한 이런 훈계에서 교회의 모든 사람이 각자 은사의 분량에 따라 이런 떡의 속성을 표시함으로써 진정한 주의 떡임을 보여 주는 식으로 이런 것을 말한다. 더욱이, 이런 모든 훈계는 문제와 또한 시간이 요구하는 대로 길어지거나 단축된다.

이제 이 마지막 훈계가 끝나면, 전체 교회가 공용어로 성시 하나를 부른다. 이것이 끝나면, 교회는 가난한 자에 대한 권고와 전체 교회의 축복과 더불어 다른 곳에서 사용되는 방식으로 해산한다.

그밖에, 집사들은 다른 곳에서 말한 것처럼 성전의 문에서 가난한 자를 위한 구호금을 수집하고, 만찬 예식으로부터 남은 떡과 포도주를 교회의 가난한 자에게 각자가 필요한 대로, 특별히 장애가 있거나 혹은 나이가 많은 사람들에게 아낌없이 준다. 그리고 만찬 의식은 이것으로 다다. 이제 우리는 권징과 그 용도에 관해서 말해야만 한다.

3. 『1550년 런던에서 그리스도인인 왕, 에드워드 6세 왕에 의해 설립된 그리도의 네덜란드인 교회의 기독교 조례』[16](런던, 1554) – 마틴 미크로니우스 –

말씀 사역에 관하여(제8장)

교회가 교화되고, 훈계받고, 위로받기 위해서, 어느 정도 하나님의 말씀으로부터 배우지 않는 어떠한 교회의 모임도 우리 가운데서 열린 적이 없다.[17] 그리고 아주 정당한 이유로, 성경은 가톨릭 신자들 사이의 관례처럼 고립된 잠망경으로 하는 설교에서는 상세히 설명되지 않는다. 대신에 우리는 구약으

---

16 여기에 제공된 내용은 미크로니우스의 말씀 예전과 성례전에 관련되는 것이다.
17 고전 14장.

로부터든지 혹은 신약으로부터든지 성경의 일부 책을 취하고, 그것을 처음부터 끝까지 강해한다. 모든 설교에서 우리는 한 시간 안에 덕을 세우면서 적절하게 강해하고 설명될 수 있는 만큼 선택한 책으로부터 연속적으로 낭독한다.

만약 필요하다면, 말씀을 맡은 목사 또한 설교에서 자신들의 본문의 범위 너머로 지나치게 많이 가지 않도록 주의를 받는다. 오히려, 그들은 자신들의 모든 가르침, 훈계, 권면, 책망 그리고 위로를 현재의 본문으로부터 (가능한 한 많이) 취해야 한다.

설교와 공동 기도의 예전과 방식에 관하여(제9장)

정해진 시간에 회중이 모이면, 목사는 강단에 올라가서 우선 회중들에 이런 것이나 유사한 단어들을 사용하여 기도하도록 다음과 같이 권면한다.

그리스도인 형제들인 여러분은 하나님의 말씀으로부터 여러분의 영혼 구원에 관하여 배우기 위해 여기에 모였기 때문에, 우선 내가 거룩한 말씀의 순전한 가르침만 가르칠 수 있도록 그리고 여러분의 구원 조성을 위해서 여러분이 그것을 들을 수 있도록, 그분의 거룩한 은혜(그 은혜 없이는 우리는 어떤 것도 할 수 없습니다)를 위해서 주님께 간청합시다.

설교 전 기도

오, 하늘에 계신 아버지!

당신의 율법은 완전하고, 영혼을 회심시키며, 배우지 못한 자에게 지혜를 주시고 눈을 밝혀 주시는 확실한 증언입니다. 당신의 무한한 선하심으로 말미암아 성령님에 의해서 우리의 맹목적 지성을 조명하셔서, 당신의 율법을 진실로 이해하고 고백하며 그것에 따라 살 수 있도록 겸손하게 간청합니다.

지극히 자비로우신 아버지!

당신은 당신의 뜻의 신비를 단지 어린아이들에게 나타내시는 것을 기뻐하시며[18], 당신의 말씀에 대한 존경심을 가진, 겸손하고 통회하는 영을 가진 자를[19] 살피시는 하나님이시니, 우리에게 겸손한 영을 허락하시고, 당신을 적대시하는[20] 세속적 지혜로부터 우리를 지켜 주옵소서. 진리에서 벗어난 자들을 바른길로 인도하셔서, 우리가 모두 일치하여 우리 삶의 모든 날에 거룩함과 의로움으로[21] 당신을 섬길 수 있게 하시옵소서. 지극히 자비로우신 아버지, 우리는 우리 주님이시고 구주이신 예수 그리스도의 이름으로 당신으로부터 이것을 구합니다. 그래서 우리는 그분이 우리에게 가르쳐 주신대로 다음과 같이 기도합니다.

하늘에 계신 우리 아버지,
아버지의 이름을 거룩하게 하시며
아버지의 나라가 오게 하시며,
아버지의 뜻이 하늘에서와 같이 땅에서도 이루어지게 하소서.
오늘 우리에게 일용할 양식을 주시고,
우리가 우리에게 잘못한 사람을 용서하여 준 것 같이
우리 죄를 용서하여 주시고,
우리를 시험에 빠지지 않게 하시고, 악에서 구하소서. 아멘.
이 기도 후에, 전체 회중이 공용어로 성시 하나를 엄숙하게 부른다. 그 후에 목사는 이전 설교에서 중단되었던 곳으로부터 자신의 본문을 계속한다.

¶ 설교의 마지막에, 공동 기도가 드려지기 전에, 만약 목사가 생각하기에 회중들이 실제로 그에 관해서 알아야만 하거나, 그에 관해서 훈계를 받아야만 할 어떤 것이 있다면, 그는 그것을 몇 마디로 설명한다. 그리고 그다음에 그는 다음과 같은 식으로 공동 기도를 시작한다.

---

18 마 11장.
19 사 66장.
20 롬 8장.
21 눅 1장.

설교 후 기도

지극히 은혜로우신 아버지!

당신의 사랑하는 아들 그리스도 예수께서 우리에게 당신의 말씀을 듣고, 그것을 지키는 자는 복을 받는다고 가르치셨습니다. 그러나 우리는 당신이 당신의 성령으로 그것을 우리 마음에 기록하지 않는다면 그것을 지킬 수 없으므로, 사탄이 (우리가 들었던) 당신의 말씀을 채 가지 않도록 우리로부터 사탄을 막아 주시기를 진심으로 간청합니다.

또한, 당신의 말씀의 새롭게 싹트는 열매들이 시들지 않도록, 돌로 된 우리의 마음을 제거하여 주시옵소서. 마찬가지로 당신의 말씀을 막는 세상에 대한 염려를 우리 마음으로부터 근절시켜 주시옵소서. 그리고 우리를 좋은 토양으로 만들어 주셔서, 동일한 당신의 아들이신 우리 주 예수 그리스도로 말미암아, 당신의 이름의 거룩함을 위해서 거기에 심긴 당신의 거룩한 말씀이 많은 열매를 맺을 수 있도록 하시옵소서. 아멘.

¶ 모든 설교 후에 드려지는 공동의 필요를 위한 확장된 기도를 제외하고, 이제 뒤따르는 것은 주일 오전에만 사용된다.

¶ 출애굽기 20장으로부터 하나님의 십계명은 회중들이 그것을 듣기 전에, 이런 간단한 말들로 권면을 받는다.

하나님의 십계명을 들으십시오.

1. 나는 너를 애굽 땅, 종 되었던 집에서 인도하여 낸 네 하나님 여호와니라. 너는 나 외에는 다른 신들을 네게 두지 말라.
2. 너를 위하여 새긴 우상을 만들지 말고, 또 위로 하늘에 있는 것이나 아래로 땅에 있는 것이나 땅 아래 물속에 있는 것의 어떤 형상도 만들지 말며, 그것들에게 절하지 말며, 그것들을 섬기지 말라. 나 네 하나님 여호와는 질투하는 하나님인즉, 나를 미워하는 자의 죄를 갚되, 아버지로부터 아들에게로 삼사 대까지 이르게 하거니와, 나를 사랑하고 내 계명을 지키는 자에게는 천 대까지 은혜를 베푸느니라.

3. 너는 네 하나님 여호와의 이름을 망령되게 부르지 말라. 여호와는 그의 이름을 망령되게 부르는 자를 죄 없다 하지 아니하리라.
4. 안식일을 기억하여 거룩하게 지키라. 엿새 동안은 힘써 네 모든 일을 행할 것이나, 일곱째 날은 네 하나님 여호와의 안식일인즉, 너나 네 아들이나 네 딸이나 네 남종이나 네 여종이나 네 가축이나 네 문안에 머무는 객이라도 아무 일도 하지 말라. 이는 엿새 동안에 나 여호와가 하늘과 땅과 바다와 그 가운데 모든 것을 만들고 일곱째 날에 쉬었음이라. 그러므로 나 여호와가 안식일을 복되게 하여 그날을 거룩하게 했느니라.
5. 네 부모를 공경하라. 그리하면 네 하나님 여호와가 네게 준 땅에서 네 생명이 길리라.
6. 살인하지 말라.
7. 간음하지 말라.
8. 도둑질하지 말라.
9. 네 이웃에 대하여 거짓 증거 하지 말라.
10. 네 이웃의 집을 탐내지 말라. 네 이웃의 아내나 그의 남종이나 그의 여종이나 그의 소나 그의 나귀나 무릇 네 이웃의 소유를 탐내지 말라.

¶ 십계명을 낭독한 후, 목사는 이 기회를 활용하여 회중들에게 자신들의 죄에 대한 훈계를 한다. 그리고 그는 그들에게 스스로를 책망하기 위해서 그것을 순서대로 고백하고, 거룩한 은혜와 죄 사함에 대한 그들의 열정적 욕구를 표현하도록 다음과 같은 방식으로 훈계한다.

이런 거룩한 율법에서, 우리는 우리의 범법으로 인하여 얼마나 심각하게 그리고 얼마나 다양하게 하나님의 진노를 불러일으켰는지를 거울을 보는 것처럼 봅니다. 그래서 온 마음을 다하여 하나님이 우리를 용서하시도록 다음과 같이 말하면서 겸손하게 간청합시다.

오, 영원하신 하나님!
그리고 지극히 은혜로우신 아버지!

우리는 온 마음을 다해서 거룩하고 존귀하신 당신 앞에서 자신을 낮춥니다. 당신에 맞서서 우리는 너무나 가증스럽게 죄를 지었습니다. 따라서 우리는 더 이상 당신의 자녀로 불릴 수 있는 자격이 없다는 것[22]을 공개적으로 그리고 진심으로 고백합니다. 이는 죄 중에서 잉태되고 태어난 것에 더해서,[23] 우리는 또한 어떠한 선을 행할 능력도 없고, 전적으로 악의 경향이 있기 때문입니다.[24]

그래서 우리는 당신의 합당하심에 따라 당신을 존귀하게 여기지 않고, 당신의 계명에 따라 우리 이웃을 사랑하지 않음으로써 많은 방식으로 당신의 계명들을 위반했습니다. 따라서 당신의 엄한 공의를 숙고하면서, 우리는 영원한 정죄를 받아 마땅하다는 사실과 만약 당신의 무한한 자비(그에 의해서 당신은 심지어 그들이 여전히 멀리 있는 동안에도 회개하는 모든 백성을 향하여 오십니다)가[25] 당신의 정의를 훨씬 초월하지 않았다면, 우리는 전적으로 타락했을 것이라는 사실을 고백합니다. 그분의 공로로 보증하시는 분이신, 오직 당신의 사랑하는 아들 예수 그리스도로 말미암아 우리에게 은혜를 베풀어 주시기를 기도합니다.

우리의 죄를 기억하지 마시옵소서. 대신에 그것들을 사하여 주시고, 우리(진실한 회개를 통해서 당신에게로 회심했던 자들)를 은혜로 받아 주시옵소서. 이는 당신이 죄인의 죽음을 바라지 않으시고, 다만 그가 회개하고 살기를 바라시기 때문입니다.[26] 그리고 당신이 우리를 이렇게 은혜로 받아 주셨을 때, 당신의 거룩한 성령을 주셔서[27] 우리가 더 이상 당신의 진노를 불러일으키지 않도록 하시옵소서.

그리고 돌 같은 마음을 우리로부터 제거하시고,[28] 우리 안에 살로 된 부드러운 새 마음을 창조하시옵소서. 그리고 그 마음에 당신의 율법을 기록하셔서, 우리가 이제부터 계속해서 그에 따라 살 수 있게 하옵소서. 그것은

---

22 눅 15장.
23 시 51편.
24 창 6장; 8장.
25 눅 15장.
26 겔 18장.
27 시 51편.
28 겔 11장; 렘 31장.

동일하신 우리 주 예수 그리스도로 말미암아, 당신의 이름의 존귀와 당신 교회의 덕을 세우기 위하여 당신 앞에서 항상 새로운 삶으로 행하는 빛의 자녀들을 고양할 것이기 때문입니다.[29] 아멘.

¶ 그다음에, 목사가 다음과 같은 말이나, 유사한 말로 분명하게 제시할 죄의 풀림과 결박에 대한 선포.

자신들의 죄를 고백하고 진실로 회개하는 자들을 은혜로 받아 주는 것과 자신들의 죄를 은폐하거나 변명하는 악한 자들, 완고한 자들을 자신들의 죄에 내버려 두는 것[30]이 영원한 하나님을 기쁘시게 하므로, 우리는 진심으로 우리의 잘못을 고백해야 합니다.

여러분 중에 자신들의 죄를 부끄러워하고, 그것을 후회하는 자, 그리고 나아가서 그들 모두가 오직 그리스도의 공로에 의해서 완전히 죄 사함을 받았다는 사실을 확고하게 믿고 신뢰하는 자들, 그리고 더욱이 이제부터 계속해서 자신들의 땅의 지체를 죽이고, 하늘의 것을 따르려고 결심한 자 모두, 이 같은 자들에게 (왜냐하면, 그들이 살아계신 하나님의 아들을 믿기 때문에),[31] 나는 하나님의 말씀으로부터 그들의 죄가 영원히 송축 받으실 우리 주 예수 그리스도의 이름으로 말미암아 하늘에서 용서를 받았다는 사실을[32] 선포합니다. 아멘.

그러나 여러분 중에 빛보다 어둠을 더 사랑하고 하나님 독생자의 이름을 믿지 않음으로 인하여, 여전히 자신들의 죄를 즐거워하고, 자신들의 삶을 고백하거나 바꾸려고 하지 않거나, 혹은 이미 고백은 했을지 모르지만, 그런데도 주 그리스도의 유익이라는 비할 바 없는 공로가 아닌 다른 도움이나 구원을 찾으려고 하는 자는 모두, 이런 동일한 자들에게 나는 또한 하나님의 말씀으로부터 그들의 모든 죄가 하늘에서 매이고, 그들이 회개하지 않는 한 그들은 죄에 관한 방면을 받지 못할 것이라는 사실을 선포합니다.

29　엡 5장.
30　막 16장; 요 3장.
31　요 3장.
32　마 18장; 16장; 요 3장.

¶ 우리가 이런 자들 사이에 있지 않다는 것을 증언하기 위해서, 우리는 공개적으로, 그리고 진심으로 우리 믿음을 다음과 같이 간단하게 고백해야 한다.

전능하사 천지를 만드신 하나님 아버지를 내가 믿사오며,[33]

그 외아들[34] 우리 주[35] 예수 그리스도를 믿사오니,

이는 성령으로 잉태하사[36] 동정녀 마리아에게 나시고.[37]

본디오 빌라도에게 고난을 받으사,[38] 십자가에 못 박혀 죽으시고,

지옥에 내려가셨습니다.[39]

장사한 지 사흘 만에 죽은 자 가운데서 다시 살아나시며,[40]

하늘에 오르사,[41] 전능하신 하나님 우편에 앉아 계시다가

저리로서 산 자와 죽은 자를 심판하러 오시리라.[42]

성령을 믿사오며,[43]

거룩한 공회와,[44]

성도가 서로 교통하는 것과,

죄를 사하여 주시는 것과,[45]

몸이 다시 사는 것과,[46]

영원히 사는 것을 믿사옵나이다.[47]

아멘.

---

[33] 창 1장; 렘 32장.
[34] 요 3장.
[35] 롬 8장.
[36] 고전 8장; 마 1장; 눅 1장.
[37] 눅 2장.
[38] 마 27장; 눅 23장.
[39] 행 2장.
[40] 요 14장; 막 15장; 고전 15장.
[41] 행 1장.
[42] 히 8장; 마 26장; 골 3장; 단 7장; 딤후 2장.
[43] 창 1장; 요 14장; 16장; 고전 12장.
[44] 엡 5장; 마 28장.
[45] 요 3장.
[46] 고전 15장.
[47] 마 25장.

제14장 형식과 방법 · 기독교 조례 607

¶ 이 신앙 고백 후에, 목사는 다음과 같은 식으로 교회의 모든 필요성을 위한 기도로 진행한다.

오, 전능하시고 자비로우신 하늘에 계신 아버지!

당신은 한없는 자비로 우리를 무지와 로마가톨릭의 우상 숭배의 흑암에서 건져 내시고 무엇보다도 당신의 아들에 관한 복음의 비밀을 나타내시기를 기뻐하셨기에(그러므로 우리는 전심으로 감사합니다), 당신 성령의 은혜로 우리를 굳세게 하셔서 우리의 삶이 끝날 때까지 기독교 신앙을 지키고 그에 따른 삶을 영위할 수 있도록 겸손히 간구합니다.

지극히 거룩한 아버지!

당신의 아들의 보편적 교회(Church)가 전 세계에 퍼져서, 그 안에서 당신의 아들에 관한 복된 가르침(로마가톨릭이라는 적그리스도의 가증함과 우상 숭배가 쫓아 내었던)을 배우고, 그것을 유지할 수 있게 하시기를 또한 요청합니다. 교회를 모든 거짓 목자와 선생으로부터 보호하시고, 교회를 위해서 자신들의 영광이 아니라, 오직 당신의 영광과 당신 교회의 덕을 세우기를 추구하는 경건하고, 신실하며, 부지런한 사역자들을 임명하시옵소서.[48]

그리고 지극히 은혜로우신 아버지!

무엇보다 이 영국 왕국의 교회와 모든 목회자, 특히 우리의 은혜로운 왕(Prince)[49]인 에드워드를 위하여 요청합니다. 그를 보호하시고, 지키시며, 당신의 성령으로 그를 다스리셔서, 그가 우리 공동의 머리이신 그리스도 예수하에서 자신의 백성을 다스릴 수 있도록 그래서 우리가 당신의 말씀에 따라 그리고 당신의 은혜로써 모든 경건함과 단정함으로[50] 그의 통치하에서 평화롭고 고요한 삶을 영위할 수 있도록 해 주시옵소서.

또한 폐하(Royal Majesty)의 가족과 그의 고귀한 혈족, 이 왕국의 모든 영주와 정부들 그리고 특히 왕을 위한 주요 현명한 고문들을 위해서 기도합니다. 그들에게 모략의 영, 능력 그리고 지식을 수여하시옵소서. 그들에게

---

48 마 9장; 딛 1장.
49 여기서 프린스(Prince)는 현대의 '왕의 아들'이라는 의미로 사용되지 않았다. 그것의 의미는 라틴어 프린켑스(*princeps*)에서 왔고, 왕의 직위로서 사용될 수 있다. 이 예전의 서두에 있는 제목 "Prince King Edward"를 보라.
50 딤전 2장.

통합과 화합의 영 또한 허락하셔서, 그들이 경건함과 옳은 것은 무엇이건 추구하고, 나아가서 왕국의 고요함과 그리스도인의 평강을 유지하는데 도움을 줄 수 있도록 하시옵소서.

이 왕국의 모든 백성에게 당신의 영을 허락하셔서, 그들이 기꺼이 당신의 선지자들 말에 귀를 기울이고, 당신의 아들 예수 그리스도의 가르침을 받으며, 매일 그 가르침에서 더 전진하고, 항상 이 왕국의 안녕과 교회의 성장을 위해서 성실하게 순종(그들이 폐하와 그의 대표들에게 빚지고 있는)하면서 살 수 있도록 도우시옵소서.

그 외에, 우리는 이 도시 런던에 당신의 은혜를 부어 주시기를 기도합니다. 모든 종류의 전염병으로부터(우리가 날마다 걸려도 당연하지만) 이 도시를 보호해 주시고, 모든 경건, 평화 그리고 일상적 평온으로 이 도시를 보존하여 주시옵소서. 그리고 그들이 당신을 두려워하여 자신들의 직무를 신실하고 현명하게 이행하도록 이 정부에 당신의 성령을 허락하시옵소서.

지극히 자비로우신 아버지!

우리의 망명 교회를 위해서 특별히 요청합니다. 당신의 놀라운 선하심에 의해서 그것을 여기에 세운 것이 당신을 기쁘시게 한 것과 꼭 마찬가지로, 또한 그것을 향한 당신의 선하심을 지금부터 계속해 주셔서, 당신의 능하심과 자비에 의해 그것이 모든 세상의 폭정과 거짓된 가르침으로부터 보호받고, 매일 마음의 경건함과 진실한 화합으로 더욱 증대되게 하옵소서.

우리는 또한 (적그리스도의 우상 숭배에 의해서 눈이 멀었기 때문에) 아직 당신 아들의 음성을 인식할 수 없고, 무지로 인하여 역으로 당신의 아들(그들이 알지 못하는 분)의 살아 있는 지체들을 박해하는 모든 왕, 군주, 치안 판사 그리고 백성을 위해서 겸손하게 요청합니다. 당신이 그들을 다른 모든 눈먼 자들과 함께 혹은 (어떤 병에 의해서) 미혹된 자들을 참 빛과 바른길로 이끄셔서, 우리가 모두 함께 우리 영혼의 목자(Shepherd)[51]이신 그리스도 예수 아래 한 양 우리로[52] 모여서 한목소리로 영원히 당신을 찬양할 수 있도록 기도드립니다.

---

51 벧전 2장.
52 요 10장.

마지막으로, 어떤 식으로든 당신의 아들과 그분의 가르침에 대한 자신들의 진실한 고백 때문에 적그리스도에 의해 십자가 아래에서 억압받는 온 세상에 퍼져 있는 우리 형제들을 위해서 기도합니다. 그리고 당신의 성령님에 의해서 특별히 OOO와 OOO를 위로하시고, 당신의 거룩한 능력으로 하늘로부터 그들의 마음을 참된 믿음으로 강건하게 해 주셔서, 그들이 인내로, 담대하게 그리고 감사함으로 당신께서 그들에게 두신 무슨 짐이든지 견딜 수 있게 하시고 그들이 살든지 죽든지 당신의 영광을 나타내는 데 도움이 되도록 사람들 앞에서 굳건하고 두려움 없이 항상 당신의 이름과 당신의 아들 이름을 고백하고 영화롭게 할 수 있도록 해 주시옵소서.

우리는 또한 질병과 가난과 옥에 갇힘과 추방, 그밖의 영과 육의 근심으로 하나님께 합당하게 시험과 증험을 받는 형제들을 위해 특별히 기도합니다. 당신의 자애로운 자비에 의해서 그들이 좌절에 빠진 것을 내버려 두지 마시고, 그들의 십자가를 완화해 주시옵소서. 만약 그들의 십자가가 불가피하다면 당신의 선하신 기쁘심에 따라, 당신이 허락하신 것은 무엇이든지 견고하게 견딜 수 있는 강건함과 인내심을 주셔서, 그들이 시련 속에서 자신들의 자비롭고 사랑하는 아버지인[53] 당신에 의해서, 자신들의 믿음 실천을 위하여 자신들이 증명받는다는 사실을 이해하고, 그래서 당신께 돌아올 수 있도록 해 주시옵소서.

지극히 은혜로우신 아버지!

우리는 이 모든 것을 당신의 아들 예수 그리스도 안에서 우리를 향한 당신의 자애로운 호의로 말미암아 당신께 요청합니다.

하늘에 계신 우리 아버지, 등등.

¶ 여기에서, 특히 교회에 특별한 필요가 있을 때, 주기도문을 말하기 전에, 다른 기도들이 추가된다는 사실을 주목해야 한다. 그리고 주기도문이 끝난 후에, 세례 혹은 주의 만찬이 집례되고 결혼이 축복되거나 혹은(경우에 따라) 전체 회중 앞에서 공개적으로 말해야 될 필요가 있는 다른 어떤 것이 제기된다.

---

53 잠 5장; 고전 9장; 히 13장.

¶ 이런 것들이 끝난 후, 혹은 이런 것 중의 아무것도 일어나지 않는다면, 그것을 위해 지명된 사람들이 성시를 공용어로 엄숙하게 시작한다. 그리고 성시를 부른 후에 목사는 다음과 같은 말들을 사용하면서 평화를 바라고, 가난한 자를 기억하라는 권면 그리고 축도와 함께 전체 회중을 해산시킨다.

여러분들 사이에 있는 가난한 사람들을 기억하고 서로 기도하십시오.[54]

하나님이 여러분께 자비를 베푸시고, 여러분에게 복을 주시기를.
하나님이 그분의 거룩한 이름을 위하여, 그 얼굴의 빛을 여러분에게 비추시기를.
그리고 하나님이 그분의 거룩하고 송축받으실 평화로 여러분을 지키시기를. 아멘.

¶ 그리고 목사가 이런 말들을 하는 동안, 집사들이 (질서 있게, 차례로) 교회의 문으로 가서 선다. 그리고 그곳에서 사람들로부터 구호금을 부지런히 모으고, 그것을 즉시 책(집사들이 이 목적으로 만든)에 기록한다. 이에 관해서는 다음에 따르는 곳에서 더 자세히 설명할 것이다.

¶ 때때로, 회중들은 마지막까지 (어떤 필요가 달리 요구하지 않는 한) 위에서 언급된 관습들에 머무는 것이 자신들의 의무라는 사실로 훈계를 받는다. 누군가가 수다를 떨거나 걸어다니는 것도 용납되지 않는다.

주의 만찬의 방식(제14장)

우리 교회에서는, 주의 만찬은 두 달에 한 번, 전체 회중이 모이는 집회에서 공적으로 준수된다. 그런데도 우리는 장로들이 교회를 위해서 필요하거나 유익이 된다고 판단하는 만큼 자주 그것을 기념할 자유를 가지고 있

---

54 약 5장; 시 66편.

다. 그리고 교회의 사역에 충실하기 위해서, 진리[55]에 일치하고, 교화에 도움이 되며, 예수 그리스도의 제사장 직분에서 그분을 존귀하게 하는 것을 제외하고는 어떤 것도 추가할 수 없기 때문에, 따라서 우리는 주의 만찬의 기념에서 사도적 순수함과 그리스도의 예에 가능한 한 가깝게 다가가기 위해서 열심히 노력한다. 그렇지만, 우리는 우리와 다른 의식을 가지고 있는 다른 개혁파 교회가 엄한 경고로 폐지해야만 할 가톨릭 신자들의 방식을 따르는 어떤 미신적 의식들을 전제적으로 유지하지 않는 한, 결코 그들을 정죄하지 않는다.

그래서 우리는 그리스도의 현명한 단순성에 만족하여 그리스도의 제사장 직분이 그것들에 의해서 돋보이고, 교회가 그 양심에 위안을 받으며, 그들의 삶을 변화시키도록 부름을 받지 않는 한, 어떠한 의식도 첨가하기를 원하지 않았다.

이런 이유로, 우리는 공허하거나, 어떤 식으로든 미신적 경향이 있고 그리스도 예수와 그분의 제사장 직분을 모호하게 만드는 제단, 초, 종, 특별한 의미를 가진 의복들 그리고 기타 등 저러한 의식을 채택하지 않았다. 우리는 아마포로 적절하게 덮인 식탁에 만족한다. 그곳에 목사들과 다른 모든 형제가 연이어 앉아서 그리스도와 그분의 사도들의 예에 따라 주의 만찬을 아주 겸손하게 지킨다. 그리고 이런 식으로 우리는 식탁에 함께 앉아 (우리는 다른 식으로 행하는 다른 기독교 교회를 정죄하지 않는다) 주의 만찬을 기념한다.

우리는 또한 그리스도께서 만찬을 제정하셨을 때, 제자들과 함께 식탁에 앉으셨던 그분의 예를 따른다.[56] 출애굽의 기념이 이스라엘의 자녀들 사이에서 잔치로 제정되었던 것[57]과 꼭 마찬가지로, 그분은 이 성례전을 이와 같이 식사로서 제정하셨다. 그리고 우리는 사도들에 일치하여[58] 그리스도의 예를 따르기로 선택했다. 왜냐하면, 그것은 그리스도로 말미암는 성부 하나님과 우리의 평화와 안식의 확실한 표지이기 때문이다. 그것은 또한

---

55 고후 13장.
56 마 26장; 막 16장; 눅 22장; 요 13장.
57 출 13장.
58 고전 10장.

그리스도의 왕국에서 우리 미래의 영광의 예시이다.

그곳에서 우리는 그분의 식탁에 앉아 있을 것이다. 그 외에, 마음의 일치를 드러내기 위해서 주님의 한 식탁에 함께 앉아서 믿음으로 영혼을 위한 하나의 영적 양식, 즉 그리스도의 몸과 피를 먹는 것은 전체 교회의 사랑과 일치에 대한 공적 증언이다. 왜냐하면 한 식탁에서 함께 하나의 양식과 음료를 즐기는 것은 사람들 사이에 있는 평화의 참된 표지이기 때문이다.

주의 만찬의 준비에 관하여(제15장)

만찬이 열리기 14일 전 주일에, 목사는 강단에서 전체 회중에 그것을 발표하고, 만찬을 지켜야 하는 날을 언급한다. 그다음에 그는 또한 전체 회중에 다음과 같은 문제들에 관해서 권면한다.

첫째, 형제 중 아무도, 병이나 다른 필요성 때문에 방해를 받지 않는 한, 주의 만찬 기념을 멀리해서는 안 됩니다. 왜냐하면, 기독교 권징의 규칙에 따라, 생각 없이 그리고 경멸적으로 주의 만찬을 멀리하고, 장로들에게 자신들의 부재 이유를 알리지 않는 사람들은 교회에서 용납되어서는 안 되기 때문입니다.

나아가서, 모든 사람은 그사이에 바울의 가르침[59]에 따라 자신을 증명하도록 부지런히 권면을 받는다. 그리고 목사는 우리의 증명이 주로 구성되는 것, 다시 말하자면 하나님과 우리 자신에 대해 참된 지식을 가졌는지에 대해 우리 자신을 부지런히 살펴보는 것을 간단히 설명한다. 하나님에 관한 복된 지식에 관한 것은 우리 마음에 그것을 느낄 때, 우리는 그것을 가지고 있다.

1. 그분은 우리에게 그분의 계명에 복종하도록 요구하시는 우리의 주님(Lord)이십니다.
2. 그분은 우리의 패역에 벌을 내리시는 의로운 심판자(Judge)이십니다.

---

[59] 고전 11장.

3. 그분은 그분의 순전한 자비[60]에 의하여 우리의 사악함을 우리에게 돌리려 하지 않으시고,[61] 그 죄를 그분의 아들에게 돌리시는[62] 구주(Savior)이십니다. 그분의 아들을 위해서 하나님은 우리에게 죄 사함, 영생 그리고 하늘의 영광을 허락하십니다.[63]

그리고 우리 자신에 대한 지식에 관계되는 것, 그것은 주로 3개의 주요한 핵심들로 구성됩니다. 다시 말하자면, 우리는 우리 안에 있는 것은, 곧 진노와 죽은 자의 자녀[64], 마귀와 죄의 종[65]인 것을 인정합니다. 나아가서, 우리가 그리스도 안에 있는 것은, 곧, 하나님의 자녀입니다.[66] 그리고 마지막으로 하나님이 우리 평생 동안 우리에게 요구하시는 것은, 곧 믿음과 감사함입니다.[67] 이처럼 교회는 우리의 자아성찰에 관해서 간단하게 권면을 받는다.

둘째, 목사는 교회에 있는 모든 지체에게 누군가 어떤 숨겨진 증오, 다툼 혹은 분쟁[68]을 품고 있다면, 그는 무엇보다도 먼저 재통합과 화복에 관한 모든 방도를 부지런히 찾아야 한다는 사실을 권면한다.

그리고 우리 본성으로는 너무나 타락했기 때문에, 우리는 너무나 자주 우리 자신을 이렇게 증명하는 것을 이해하지 못합니다. 그리고 설사 그것을 이해한다고 하더라도, 단지 매우 희미하게 그리고 가볍게 마음에 담아둡니다. 그리고 거룩한 것들에 대한 어떠한 지식과 어떠한 믿음도 없이 뻔뻔하게 만찬의 이런 하늘의 신비들로 달려가서 자신들의 정죄를 구하고 있는 많은 사람이 도처에 있으므로, 이 문제에서 우리의 태만으로 인하여 만찬의 바른 예식에 맞서는 죄를 짓지 않도록, 우리는 여기에서 준비했습니

---

60 요 3장; 엡 3장.
61 사 53장.
62 골 3장; 사 53장.
63 롬 3장; 요일 2장.
64 엡 2장.
65 롬 7장.
66 요 1장.
67 막 16장.
68 마 5장.

다(우리가 할 수 있는 한 많이). 이처럼, 교회 앞에서 공개적으로, 혹은 목사들과 장로들 앞에서 자신의 신앙을 고백하며 기독교 권징에 기꺼이 복종한 저런 네덜란드인들만 만찬의 기념에 허락합니다.

그리고 우리는 또한 이곳에 있는 다른 어떤 네덜란드인에게가 아닌, 오직 그들에게만 목사임을 공개적으로 고백합니다. 그러나 우리가 진행하기 전에, 우리는 처음으로 우리 교회에 합류하기를 원하는 자들이 신앙 고백을 하는 방식을 지금 여기에서 반드시 설명해야만 합니다.

주의 만찬 전날에 일어나는 것(제17장)

만찬 전날 오후 2시에 교회를 모이도록 하고, 주의 만찬에 대해 설교를 한다. 그러나 설교를 시작하기 전에, 모든 성직자와 장로가 회합하여 교회에 어떤 이유로 공개적으로 만찬에서 배제되어야 하는 어떤 사람이 있는지를 숙고한다. 만약 그런 사람이 있다면, 그다음에 설교할 목사에게 그들을 알리고, 목사가 그에 관해 교회에 권면하도록 한다. 그리고 동일한 설교에서, 목사는 진실하고 경건한 자아 성찰에 관해서 가르친다.

통상적 기도와 함께 설교가 끝나면, 성시를 부르기 전에, 목사는 만찬에 참여하는 것이 배제된 자(만약 누군가가 배제된 사람이 있다면)를 그 이유를 설명하면서 알린다. 때로는 그들의 이름은 비밀이지만, 어떤 때는 죄책감과 상황이 요구해서 그들이 이름과 함께 드러나기도 한다. 이때, 목사는 이런 절차들이 그들의 범법적인 삶을 개선하기 위해 불가피하다는 것과 혹은 그들이 자신들의 삶을 바꾸지 않는다면 공동체의 슬픔이기는 하지만, 그들은 최종적으로 출교될 것이라고 설명한다.

그러나 장로들의 판단 때문에, 만찬 참여에 배제당해야 하는 자가 아무도 없다면, 목사는 이에 대해 주님께 감사하고, 이런 복을 계속 달라고 요청한다. 그런데도 그는 전체 교회 각자에게 위선을 주의하라고 권면한다. 왜냐하면, 설사 위선자가 사람의 판단을 피하더라도, 그들은 하나님의 심판을 피할 수 없기 때문이다. 그들은 (그분이 입증하시는 대로) 하나님의 나라에서 배제된다.

그리고 이런 권면을 끝내면, 성시 하나를 부르고, 회중은 편안히 해산된다.

주의 만찬 당일에 행해지는 것(제18장)

주의 만찬이 지켜지는 날, 전체 회중이 모이기 전에, 회중 앞에 잘 보이도록 세워진 식탁은 아마포로 덮여 있고, 그 정중앙에는 4개의 잔과 세 개의 버드나무로 된 그릇이나 쟁반이 설치되어 있다. 납작한 그릇 중의 하나에 흰 떡(미리 큰 덩어리로 잘린)을 담는다. 그러나 같은 크기로 된 두 개의 가장 작은 그릇은 빈 채로 두고 큰 그릇의 양쪽에 둔다. 그리고 식탁은 이런 식으로 준비되고, 전체 회중은 아침 8시경에 모인다.

그다음에 성직자 중의 한 명이 강단에 올라가서 일반 설교를 시작한다. 그 설교에서 그는 하나님의 말씀에 따라 만찬을 지킬 때 우리가 가장 주의를 기울여야 할 것을 설명한다. 그리고 그는 성경으로부터 그 목적에 맞는 본문을 선택한다. 이 설교가 끝난 후에 목사는 교회의 공동 기도로 시작한다. 이 이후, 성시를 부르기 전에, 그는 만찬의 의식을 다음과 같은 식으로 시작한다.

우선 설교자는 만찬의 기념에 배제되는 사람들에 관해 교회에 훈계한다. 그리고 만약 그 전날 만찬 기념으로부터 어떤 이가 적절히 배제당했다면, 그 사이에, 그들이 교회의 목사들과 화목하지 않은 한, 그들은 또다시 동일한 방식으로 만찬에 오는 것을 금지당한다. 만약 이런 일이 생긴다면, 그것 또한 회중에 설명해야 한다.

다음으로, 자신들의 신앙 고백을 하지 않고, 기독교 권징에 복종하지 않았던 자들은 만찬 기념으로부터 공개적으로 배제당합니다. 이는 그들이 하나님의 말씀과 일치하여 우리의 돌봄을 받기를 원하지 않으므로, 우리가 저런 네덜란드인들에게 목사인 것을 인정하지 않기 때문입니다.

마지막으로, 질병이나 특별한 일이 발생하지 않는 한, 만찬에 대한 첫 번째 발표 이래 14일 동안 목사들과 장로들 앞에 출두하지 않았던 자들 또한 만찬 참여가 금지되어야 합니다. 그리고 마찬가지로 병이나 위급한 일이 그들을 막지 않는 한, 만찬 기념에 오지 않는 모든 형제는 책망을 피할 수 없습니다. 어떠한 필연적 이유도 없이 주의 만찬을 멀리하는 자는 누구나 그 자신의 구원과 그리스도와 전체 교회에 맞서서 심각한 죄를 짓는 것이기 때문입니다.

이런 시작하는 말들이 끝나면, 목사는 교회에 각자는 경건함으로 주의 만찬에 가기를 열망해야만 한다고 권면하고, 기도하도록 격려한다. 그리고 그들이 모두 무릎을 꿇은 후에 그는 강단으로부터 다음과 같이 기도한다.

기도

오, 전능하시고 영원하신 하나님!
그리고 자비로우신 아버지!

보시옵소서. 우리는 그분의 죽음을 기념하고 (그 죽음을 통해 그분은 우리의 죄를 위해 자신의 몸을 바치시고, 우리의 죄를 위해서 그분의 지극히 무죄한 피를 흘리셨습니다) 우리가 그분과 그분의 몸과 피로 영생으로 이르는 참된 친교를 가진다는 사실을 증언할 수 있도록 그리고 당신의 아들이신 그분의 제정에 따라 우리 주 예수 그리스도의 만찬을 기념하기 위해서 여기 모였습니다.

지극히 거룩한 아버지시여!

우리가 진심으로 이 말할 수 없는 축복(당신의 성령에 의해서 우리 마음에 생기를 불어넣으심)에 대해 진지하게 숙고하고, 이 축복을 믿는 믿음을 실천하며, 이처럼 그분의 몸과 피의 구원하는 친교를 인침받고 확인받아서, 영생에 이르는 양육을 받을 수 있도록 겸손하게 간청합니다. 참으로 우리는 당신이 영원부터 그분 안에서 영생을 준비하셨다는 사실을 의심하지 않습니다. 지극히 온유하신 아버지, 우리는 동일하신 당신의 아들(우리 영혼을 위한 단 하나의 참된 양식이신)로 말미암아, 우리의 양심에서 내적으로 당신은 참으로 우리의 하나님이시고 아버지이시며, 우리는 우리 주님의 지극히 순전한 피에 의해서 성화된 당신의 자녀라는 사실을 깨달을 수 있도록 당신께 바랍니다. 당신은 영원히 동일하신 당신의 아들과 성령님과 함께 사시고 다스리시는 단 한 분, 영원한 하나님이십니다. 아멘.

¶ 이 기도가 끝나면, 목사는 전체 회중이 주의 만찬의 제정사를 잘 듣도록 부지런히 권면한다. 이 권면을 그는 이와 같은 식으로 말한다.

이것은 사도 바울이 주의 만찬의 제정에 관해서 고린도전서 11장에서 말한 것입니다.

내가 너희에게 전한 것은 주께 받은 것이니 곧 주 예수께서 잡히시던 밤에 떡을 가지사 축사하시고 떼어 이르시되 이것은 너희를 위하여 내 몸이니 이것을 행하여 나를 기념하라 하시고 식후에 또한 그와 같이 잔을 가지시고 이르시되 이 잔은 내 피로 세운 새 언약이니 이것을 행하여 마실 때마다 나를 기념하라 하셨으니 너희가 이 떡을 먹으며 이 잔을 마실 때마다 주의 죽으심을 그가 오실 때까지 전하는 것이니라 그러므로 누구든지 주의 떡이나 잔을 합당하지 않게 먹고 마시는 자는 주의 몸과 피에 대하여 죄를 짓는 것이니라 사람이 자기를 살피고 그 후에야 이 떡을 먹고 이 잔을 마실지니 주의 몸을 분별하지 못하고 먹고 마시는 자는 자기의 죄를 먹고 마시는 것이니라(고전 11장).

만찬의 제정사를 이런 방식으로 말한 후에, 목사는 또다시 전체 회중에게 주의 만찬 식탁에서 자리를 잡기 전에 자아 성찰에 관해서 다음과 같은 말들을 사용하여 권고한다.

교회에 대한 권면
그리스도인 형제들이여!

여러분은 만찬의 제정자가 누구이신지, 곧 그리스도 예수이시라는 것과 우리가 영혼에 대해 큰 위험에 빠지는 것을 막기를 원한다면 그것을 어떻게 지켜야만 하는지를 사도 바울의 가르침에서 들었습니다. 이는 합당하지 못한 방식으로 참여하는 자들은 그리스도의 몸과 피에 대하여 죄를 짓는 것이며, 자신들의 죄를 먹고 마시는 것이기 때문입니다.

우리가 (성경에 의해) 정확한 만찬 의식이 무엇으로 구성되어 있는지 알 수 있도록, 주님의 식탁에 앉기 전에 이런 위험을 피하고 주의 만찬에 합당한 방식으로 참여하기 위해서 부지런히 귀를 기울입시다. 사도 바울은 이런 올바른 사용을 우리의 자아 성찰과 그리스도의 몸을 분별하는 것과 관련시킵니다. 이처럼 진실하게 자신을 성찰하고, 주의 몸을 분별하는 자는 모두 자신의 영혼 위로와 구원을 위해서 주의 만찬에 합당한 방식으로 참여합니다. 이런 우리의 자아 성찰과 주의 몸 혹은 그에 의해서 주님이 그분의 몸을 우리를 위해서 죽음에까지 내어 주셨던 그분의 제물되심에 대한 분별은 세 부분으로 구성됩니다.

첫째, 우리가 하나님과 이웃에게 지은 죄를 전심으로 고백하고, 죄를 후회하며, 우리가 다툰 모든 사람과 (가능한 한 많이) 진심으로 화목해야 합니다.[69]

둘째, 우리의 죄에 대한 지식과 우리에 대한 하나님의 진노에 대한 자각에서, 우리를 향한 하나님의 선하심에 관하여 우리의 죄 때문에 낙담하거나, 절망에 빠져서는 안 됩니다. 더욱이, 우리는 인간적 공로를 의지해서 자신의 죄를 합리화해서도 안 됩니다.[70] 대신에, 마치 그분이 당하신 죽음을 우리 자신이 당한 것처럼, 우리의 모든 죄가 그리스도의 죽음이라는 단 하나의 공로로 말미암아 값없이 죄 사함을 받는다는 사실을 신뢰해야 합니다.[71]

셋째, 우리 양심에 대한 참된 점검은 속임이나 위선 없이 하나님의 거룩한 뜻과 일치시켜 우리 삶을 바꾸려고 결심하는 것입니다.

그다음에 여기에 모든 사람은 하나님과 자신의 이웃에 대한 관계를 스스로 깨달을 수 있도록 자신의 마음과 양심을 부지런히 살펴보아야 합니다. 이는 완악하게 자신의 우상 숭배, 신성 모독, 탐욕, 도둑질, 거짓말, 속임수, 경쟁심, 취함, 불결, 그리고 유사한 죄 같은 그런 죄에 남아있기를 원하고, 다만 그리스도 예수와 그분의 공로 외에 다른 것들을 신뢰하는 자, 혹은 더 선한 삶을 영위하기로 진심과 전심으로 결심하지 않는 자는 누구나, 지금 주의 만찬에 와서는 안 됩니다. 만약 누군가 다른 것을 원한다면, 설사 비밀리에 행하더라도 하나님의 면전에서 그는 그리스도의 죽음에 대해 죄를 짓는 것이고, 그가 자신의 행동으로 그분의 죽음을 존귀하게 생각하지 않으며, 경멸하는 것입니다.

사랑하는 형제들이여!

그런데도 우리는 마치 모든 죄악된 욕망에서 벗어나고 모든 경건함에서 완벽한 자만이 합당한 방식으로 주의 만찬에 참여할 수 있는 것처럼, 신자

---

[69] 마 5장.
[70] 렘 2장.
[71] 요 3장; 롬 3장; 8장; 골 2장.

들의 통회하는 마음을 협박하기 위해 이것을 말하는 것이 아닙니다. 이는 주 그리스도께서 우리 거룩함이나 완벽함에 대한 증언으로서가 아니라, 다만 우리의 불완전함과 불의함에 대해 증언하기 위해서 그분의 만찬을 제정하셨기 때문입니다.

주님은 그분의 몸을 드리심으로써 불완전함과 불의함을 우리로부터 가져가시고, 그분의 의로움과 흠 없으심을 우리에게 돌리시고 이것을 허락하십니다. 따라서 신자들은 자신들의 의로움과 완벽함을 자랑하기 위해서가 아니라, 오히려 그들 스스로는 다만 죄 아래 팔리고,[72] 하늘을 향해 눈을 들기에도 합당하지 못한[73] 진노의 자녀들[74]이라는 사실을 증언하기 위해 주의 식탁에 나오는 것입니다. 그들의 의로움과 완벽함과 거룩함은 오직 그리스도이십니다.[75] 주님은 그분의 십자가와 우리의 모든 사악함을 지셨고, 성령님을 통하여 우리에게 의로움에 대한 욕구를 부어 주십니다.[76]

이제, 우리 중에서 우리 양심의 위로를 위해서 혼인 예복을 입고 주의 만찬에 참여하기를 원하는 자들은 모두, 우리 죄에 대해 전심으로 자책하고, 오직 그리스도를 위해서 그 죄들이 우리에게 돌려지지 않는다는 사실을 확고하게 믿고, 진심으로 우리의 삶을 바꾸기로 결단합시다.

그리고 우리가 주의 만찬에 참여할 때 그리스도의 죽음의 공로를 능력 있게 맛보고 즐길 수 있도록, 우리는 외면적 관습이나 혹은 떡과 포도주의 요소들에 갇히지 말아야 합니다. 대신에 그것들에 의해서 권면을 받아, 우리의 죽을 몸이 음식과 음료를 통해서 날마다 유지되는 것보다 더 확실하게 그리고 그리스도의 제정에 의한 주의 만찬에서 떡과 포도주를 즐기는 것보다 [훨씬 더 확실하게], 영생에 이르는 그리스도의 몸과 피의 영적 친교에 의해서 우리가 양육된다는 사실을 의심의 여지없이 확신하면서 우리의 감각, 마음 그리고 정신을 우리를 위한 신실한 대언자(Advocate)이신, 오직 예수 그리스도께서 몸을 따라 계신 곳인 하늘로 들어 올려야만 합니다.

---

72 롬 7장.
73 눅 15장; 18장.
74 엡 2장.
75 고전 1장.
76 엡 2장; 골 2장; 사 53장.

하늘에 계시는 우리 아버지 하나님!
우리의 양심으로 이제 영생에 이르는 참된 영의 양식인 예수 그리스도를 진실로 맛볼 수 있도록 우리에게 은혜를 주시옵소서. 아멘.

¶ 이 권면이 끝난 후에, 목사는 강단으로부터 내려와서 식탁 주변에 있는 다른 성직자들 옆에 서서 고린도전서 5장에서 바울의 이런 단어를 사용하면서, 예수 그리스도라는 가장 순전한 제물에 관한 선하고 복된 메시지를 다음과 같이 선포한다.

사랑하는 형제들이여!
이제 보십시오. 우리 유월절 어린양(Passover Lamb)이신 예수 그리스도께서 우리를 위해 제물이 되셨습니다. 따라서 묵은 누룩으로도 말고, 악하고 악의에 찬 누룩으로도 말고 오직 순전함과 진실함의 누룩 없는 떡으로 기념합시다.

¶ 이것을 말한 후에 말씀을 맡은 모든 성직자, 장로 그리고 집사뿐만 아니라, 교회의 다른 형제도 자리가 찰 때까지, 식탁의 양쪽 끝에 앉는다.

¶ 그동안, 일부 성직자들은 4개의 잔에 포도주를 채워서, 식탁 중앙의 작은 그릇 양쪽에 둔다. 그다음에 말씀을 맡은 목사는 사람들을 향해 식탁의 중앙에 앉아서, 손으로 큰 그릇으로부터 떡을 집는다. 그리고 교회가 이것을 주의하고 들을 때, 그는 큰 목소리로 바울의 말들을 다음과 같이 낭송한다.

우리가 떼는 떡은 그리스도의 몸에 참여함이 아니냐.[77]

¶ 그리고 그는 이것을 말하지 말자. 떡을 떼어 이후에 식탁에 앉아 있는 모든 사람이 그중의 한 조각을 집을 수 있도록, 바닥을 채울 때까지 그것을 두 개의 작은 그릇에 넣는다.

---

77 고전 10장.

¶ 이 이후에 그는 뗀 떡을 자신의 맞은편과 오른쪽에 앉아 있는 사람들에게 분배하면서 큰 목소리로 다음과 같이 말한다.

집어서, 먹고, 우리 주 예수 그리스도의 몸이 우리 죄 사함을 위해서 십자가의 형틀에 내 주신 바 된 사실을 기억하고, 믿으십시오.

¶ 그리고 이 이후에, 목사는 또한 자신을 위해 그릇에서 한 조각을 집어 먹는다.

¶ 그다음에 양쪽에 있는 두 개의 그릇은 목사와 식탁 양쪽에서 참여하는 형제들에 의해서 차례대로 넘겨져, 모든 사람이 자기 자신을 위해서 하나를 집어서 자신을 위해 죽음에까지 내어 주신 바 된 그리스도의 몸을 기념하기 위해서 먹는다. 그리고 목사는 식탁에 앉은 모든 사람이 떡을 집은 것을 보면, 손으로 잔을 취하고 큰 목소리로 다음과 같이 말한다.

우리가 감사하는 바, 감사의 잔은 그리스도의 피에 참여하는 것입니다.[78]

¶ 그리고는 양옆에 앉은 형제들에게 잔 두 개를 건네며 다음과 같이 말한다.

여러분 모두 그것을 받아 마십시오. 우리 주 예수 그리스도의 피가 우리 죄 사함을 위해서 십자가의 형틀에서 부어졌다는 사실을 기억하고 믿으십시오.[79]

¶ 그리고 그런 후에, 목사는 자신의 오른쪽에 앉아 있는 사람의 손으로부터 잔을 받아서 마신다. 그리고 마찬가지로, 식탁에 앉아 있는 다른 사람들 모두 (잔을 한 사람으로부터 다른 사람에게 넘기면서) 자신들의 죄를 위해서 부어진 그리스도의 피를 기념하면서 마신다. 그리고 모두 주의 잔을 마신 후에, 그들은 모두 일어선다. 목사만 처음 자리, 즉 식탁의 중앙에 얼굴을 사람들에게 향한 채로 앉아서 전체 회중에 봉사하기 위해서 자리에 남아 있다.

---

[78] 고전 10장.
[79] 막 14장.

¶ 그런 후에 특별히 이런 직무를 위해 임명된 장로 중의 일부가 뗀 떡이 담긴 작은 그릇과 포도주로 가득 찬 잔들을 식탁의 중앙에서 필요한 만큼 떡을 다시 떼어 두 개의 그릇에 담는 목사에게 가져다 준다. 그리고 다른 장로와 집사는 주의 만찬에 오기를 원하는 사람들을 주시한다. 그리고 (만찬 기념이 침묵으로 되지 않도록), 성직자 중의 한 명이 강단으로 올라가서 크고 절제된 목소리로 그리스도의 몸과 피를 영적으로 먹고 마시는 것이 완벽하게 묘사된 곳인 요한복음 6장을 낭독하기 시작한다.

¶ 낭독이 계속되는 동안, 모든 자리가 찰 때까지 회중들이 와서 주의 식탁에 앉는다. 그리고 자리가 모두 차면, 목사가 다시 주의 떡과 잔을 분배할 수 있도록 낭독자는 낭독을 중지한다. 그리고 위에서 설명된 방식으로 이것이 끝나면, 강단에 있는 낭독자는 자신의 본문을 계속한다. 이와 같이 낭독이 어떤 식으로든 방해받지 않도록, 사람들은 다른 사람들을 따라 완전한 침묵으로, 아주 예의 바르게 주의 식탁으로 나아간다. 그리고 그다음에, 모든 남자가 주의 식탁에 앉은 후, 여자들 또한 어떤 예외나 혹은 사람의 차별 없이 성전에서 자신들이 앉은 곳에 따라 질서 있는 방식으로 나온다. 그리고 요한복음 6장이 끝나면, 낭독자는 전체 기념이 끝날 때까지 같은 복음의 제13, 14, 15장 등등을 계속해서 읽는다. 그렇지만 때로는, 교회의 성직자가 교회의 덕을 세우기 위해서 적절하다고 판단하는 대로 성경의 다른 부분도 낭독한다.

¶ 만찬의 전체 기념이 끝난 후에, 낭독자는 낭독을 끝낸다. 그리고 만찬을 집례한 목사는 식탁에서 일어나서 다른 목사들과 장로들의 가운데에 서서 전체 회중에 이런 것이나 유사한 말들로 다음과 같이 연설한다.

주님의 죽음을 기념하기 위해서, 그 신비를 숙고하면서, 방금 주의 만찬에 참여했던 여러분 모두는, 동일한 만찬의 증언 때문에 그분과 함께 그분의 몸과 피로 영생에 이르는 확실하고 구원하는 친교를 가진다는 사실을 믿고 확신하십시오. 아멘.

¶ 연설 후에, 그는 회중들에 이것 혹은 유사한 소개로써 공동 감사에 대해서 다음과 같이 권면한다.

감사 기도 전의 권면

나는 여러분 중에 누구도 (이 만찬의 증언을 통하여) 그분의 몸과 피로 주 그리스도와 함께하는 우리 친교의 능력과 열매, 즉 주 그리스도의 순전함과 의로움, 공로 그리고 승리의 덕분에 자신의 양심의 안식과 평화에 대해 깨닫지 못하는 사람이 있다고 생각하지 않습니다. 주의 만찬의 기념에서 우리의 손과 입으로 주님 자신의 피와 잔에 참여했던 것을 우리가 확실히 알고 있는 것과 꼭 마찬가지로, 우리는 이 모든 것이 확실히 우리 것이라는 것을 증언했습니다.

나는 여러분이 주의 만찬에 앉았을 때, 또한 여러분 모두가 믿음의 눈으로 아브라함, 이삭 그리고 야곱이 하나님의 나라에서 함께 거룩한 기념에 참석하는 것[80]을 보았기를 바랍니다. 더욱이, 나는 주 그리스도의 의로움, 공로 그리고 승리로 말미암아, 우리가 모두 이제 이 주의 식탁에 함께 앉았던 것과 꼭 마찬가지로, 여러분이 이에 관해서 그렇게 확신하기를 바랍니다.

나아가서, 나는 그리스도로 말미암아 우리에게 주어진 이런 큰 유익에 대해서 성령님을 통하여, 여러분이 마음으로 거룩하고 자비로우신 (Divine Mercy) 하나님께 감사하도록 격려받고, 또한 모든 종류의 섬김을 통해서 여러분의 감사를 증명하도록 격려를 받는다는 사실 다시 말하자면, 여러분이 값없이 받은 그리스도의 이런 의로움, 공로, 승리를 어떤 식으로든 표현하기를 바란다는 사실과 하나님의 이런 크신 선물을 악한 삶으로 훼손시키지 않을 것이라는 사실을 의심하지 않습니다.

나는 여러분이 마음으로 이 모든 것을 느끼고, 따라서 우리가 이런 모든 유익에 대해서 성부 하나님께 감사드리고, 그분에게 우리 평생에 우리가 받은 이런 유익에서 항상 더 전진하고 강화되도록 겸손하게 간청하는 것이 옳다는 것을 느끼기를 바랍니다.

---

[80] 마 6장.

만찬 경축 후의 감사 기도

오 주 하나님, 하늘에 계신 아버지, 우리는 당신의 아들 예수 그리스도로 말미암아, 당신이 죄와 죽음의 비참한 종[81]인 우리를 당신의 아들의 몸의 친교로 받아 주신 것과 우리 영을 위한 구원하는 양식[82]으로서 우리에게 그분을 주신 것에 대해 감사를 드립니다. 이제 우리가 이런 큰 유익을 절대 잊지 않고, 다만 하나님이 그것을 우리 마음에 깊이 새겨 주셔서, 우리가 성령님의 강화를 통해서 이런 유익을 숙고하는 것에서 항상 더 진보할 수 있도록 그리고 우리 안에 믿음이 날로 증가하여,[83] 모든 종류의 선한 행위를 실천할 수 있도록[84] 그리고 당신의 이름의 영광과 당신의 교회의 덕을 세우기 위하여 우리의 전 삶을 영위할 수 있도록 허락하시기를 요청합니다. 당신의 아들과 성령님과 함께 사시고 다스리시는 한 분 영원하신 하나님께 영원한 찬양을 드립니다. 아멘.

이 감사 기도가 끝난 이후에, 교회는 모든 식으로 감사함을 증명하도록 권면받는다. 그리고 이런 권면은 대부분 만찬의 요소와 엄청난 신비를 포함하는 그들의 속성에 근거한다. 교회는 그다음에 떡이라는 요소가 바울이 가르친 것처럼,[85] 만찬의 친교를 위해서 함께 모인 교회의 집회를 의미한다는 사실에 대해 훈계를 받는다. 그리고 따라서 떡 특유의 모든 것이 우리에게 요구된다.

우선, 많은 낱알이 모여서 분쇄기에서 갈리지 않는다면 떡이 될 수 없는 것과 꼭 마찬가지로, 머리이신 그리스도 아래로 우리가 한 몸의 지체로서 함께 모이지 않는다면 그리고 우리 육신에 대한 모든 욕구와 더불어 우리 스스로가 하나님의 말씀이라는 분쇄기에서 함께 갈리게 되지 않는다면, 우리도 주님의 한 떡이 될 수 없다는 사실 또한 숙고합시다. 그리고 여기에 마음의 화합과 십자가의 인내에 관하여 교회를 권면하는 이유가 있습니다.

---

[81] 롬 7장.
[82] 요 6장.
[83] 눅 17장.
[84] 갈 5장; 마 5장.
[85] 고전 10장.

나아가서, 분쇄된 낱알들이 순전한 떡이 되기 위해서 깨끗이 씻기는 것과 꼭 마찬가지로, 만약 우리가 그리스도 앞에서 순전한 떡이 되기를 바란다면,[86] 우리도 기독교 권징의 사용으로 굵은 먼지를 걸러내야 합니다. 여기에 또한 우상 숭배적 집회를 멀리하는 것, 악인과의 교제, 육체의 죽임을 언급할 수 있다.

그 외에, 반죽에 있는 부서지고 정결한 낱알들이 물과 섞여 떡을 만들 수 있는 것과 꼭 마찬가지로, 우리 또한 하나님의 떡이 되기 위해서 생명을 주는 물이 우리에게 부어지는 것을 필요로 합니다.[87] 다시 말하자면, 우리의 필요는 그분과의 유대로 우리가 그리스도 예수 안에서 같은 마음과 뜻과 믿음을 같도록 성령님께서[88] 우리에게 그것을 부어 주시는 것입니다.

마지막으로, 반죽을 떡의 형태로 반죽하여, 굽기 위하여 뜨거운 화덕에 넣어야 하는 것은, 우리도 또한 우리의 모든 삶이 그리스도의 형상으로 반죽이 되어, 그분의 형상이 날마다 우리 안에서 더욱더 잘 보일 수 있도록 한다는 것입니다.[89] 더욱이 우리는 모든 역경과 박해에 대하여 불타는 오븐 안에서와 같은 이 세상에서 단련받아야 합니다. 여기서 또한 기독교 권징의 유지와 그리스도인의 삶을 위한 권면을 할 수 있다.

또한, 가난한 자는 만찬의 신비에 근거하여 열심히 교회의 돌봄에 맡겨져야 합니다. 그리고 이런 모든 권면은 경우와 시간이 요구하는 대로 길어지거나 짧아진다. 그리고 권면이 끝난 후에, "내 하나님은 나를 풍성하게 먹이십니다"(My God Nourishes Me in Abundance) 혹은 "이제 당신은 당신의 종을 가게 하십니다"(Now You Are Letting Your Servant) 등과 같은 성시 하나를 노래한다.

그리고 집사들은 성전의 문에서 구호금을 모으고 떡과 포도주의 남은 것을 교회의 가난한 자들, 특히 아프거나 연로한 자들에게 분배한다.

---

[86] 고전 10장.
[87] 요 4장; 7장.
[88] 엡 4장.
[89] 빌 2장.

제15장

주의 만찬의 관례

기도의 형식

공동 규범서

존 녹스

> 너 작은 교회여, 그리스도께서 너에게 회복시켜 주셨네!
> 잃었던 그분의 순전한 복음의 빛의 명확함을
> 너의 하나님이 그분의 말씀으로 부지런히 일으키셨고,
> 너는 여전히 그 말씀으로 장식될 것이네.
>
> 너는 그분의 완전한 진리를 오랫동안 거부했지만,
> 그런데도 그분의 크신 긍휼은 너의 맹목을 고치시고
> 너를 복종시켜서
> 그분의 말씀을 진정으로 가르치는
> 이런 목자들의 신중한 치료를 받도록 하셨네.
>
> 이제 그분의 손으로부터 (큰 감사함으로) 받네,
> 즐거운 운문으로 제시된 모든 다윗의 시편을.
> 그보다 더 큰 선물을 너는 갈망할 수 없네.
> 그분의 무한하신 열매를 내 펜은 반복할 수 없네.
> 왜냐하면, 여기에 너는
> 일어날 모든 사고에 대비한
> 적절한 교리를 가지고 있기 때문이지.[1]

존 녹스(John Knox[c. 1514-1572])는 스코틀랜드의 동부 로티안주(East Lotian), 해딩턴(Haddington)을 가로지르는 타인강(River Tyne)의 이웃에서 태어났다. 그는 성 앤드루스(St. Andrews)대학에 다녔고, 그곳에서 유명한 스코틀랜드의 스콜라 신학자인 존 메이저(John Major)의 가르침을 받았다. 그는 1536년에는 부제로, 그런 후에는 에든버러(Edinburgh)에서 사제로 서임받았다. 1540년대 중반에 녹스는 존 라프(John Rough)와 토마스 길리엠(Thomas Gilliem)의 설교를 듣고 이신칭의의 진리를 발견했다.

---

1 William Stewart, "To the Church of Scotland. Sonnet", 『공동 예배서』(1564).

그리고 나중에 미래의 복음주의 순교자가 되는 조지 위샤트(George Wishart)의 헌신적 추종자(그의 개인 경호원으로서 양손을 사용하는 대검까지 들고)가 되었다. 1547년에 그는 성 앤드루스성에서 자신의 새로운 복음주의 신념을 위한 피난처를 찾았지만, 그곳은 이후에 프랑스인에 의해서 공략되었다. 설교자로서 그의 공적 부르심과 차후에 프랑스의 갤리선에서 19개월 동안의 노예 생활 때문에, 그 성에서의 경험은 녹스에게 큰 의미가 있었다. 그는 1559년까지 스코틀랜드에 다시 돌아오려고 하지 않았다.[2]

영국 정부가 갤리선의 스코틀랜드인 죄수들의 석방을 얻어 냈을 때인, 1549년에 녹스도 풀려나, 영국 수비대가 주둔하는 스코틀랜드의 국경선 바로 남쪽에 있는 버윅 오폰 트위드(Berwick-upon-Tweed) 마을의 육군 군목이 되었다. 이곳의 회중은 다양한 예배자(병사들, 망명한 스코틀랜드인 그리고 이민자들)로 구성되었고, 그들에게는 영국에 있는 '이방인'(Strangers) 회중들과 유사한 교회적 자유가 주어졌다.[3]

이런 자유와 런던으로부터의 고립은 녹스에게 그 당시 발행된 크랜머(Cranmer)의 『공동 기도서』(Book of Common Prayer)와는 완전히 다른, 자신만의 예전을 개척할 공간을 제공해 주었다. 녹스의 『주의 만찬의 관례』(Practice of the Lord's Supper)는 그 일부가 남아 있는데, 그것을 통해 우리가 알 수 있는 것은 예배에 대한 그의 초기 접근 방법과 프랑스인인 파렐과 칼빈의 예배 유형과의 유사성이다.[4]

녹스는 로마가톨릭교회의 오류를 비판하고 주의 만찬이 주는 유익은 '성령님의 덕분'이라고 주장했다. 자아 성찰에 대한 그의 강력한 강조는 이후에 구체적으로 다듬어질 것이지만, 여기에서 그것은 "우리 사이에 있는 상호 간의 사랑의 띠"라는 주의 만찬의 중요한 역할을 뒷받침했다. 사실상, 버윅 오폰 트위드의 회중 사이에 있는 사랑의 띠는 주의 식탁 주위에—무릎을 꿇지 않고—앉아 있는 것으로 표현되었다. 수개월 만에, 녹스는 그

---

2   이런 역사적 소개를 하는 것은 Jane Dawson, *John knox* (New Haven: Yale University Press, 2015) 덕분이다.

3   Dawson, *John Knox*, 60-61.

4   Peter Lorimer, *John Knox and the Church of England* (Cornhill &Paternoster Row: London, 1875), 290-97.

곳을 방문 중이던 노섬벌랜드(Northumberland) 공작의 주목을 받게 되었고, 1552년 그의 후원을 받게 되었다.

그 직후, 녹스는 성찬에서 무릎을 꿇는 것에 관해 크랜머의 『공동 기도서』를 압박하는 강한 의견을 개진했고, 그것은 소위 말하는 '검정 법규서'(Black Rubric)의 삽입으로 귀결되었다.[5] 복음주의 종교개혁의 선구자로서 녹스의 급격한 성장은 메리 여왕의 즉위와 더불어 정지되었다. 이로 인하여 그는 비통한 마음을 안고 1554년 1월에 영국을 떠났다.

메리 여왕의 핍박으로 인한 망명자들(Marian exiles)은 유럽 본토의 다양한 도시들로 흩어졌다. 프랑크푸르트(Frankfurt)에서는 글래스턴베리(Glastonbury)로부터 온 프랑스인 회중과 영국인 망명자들은 자신들의 예배를 위해서 치안 판사로부터 "백인 여성 수도회"(White Ladies Convent)를 인가받았다. 윌리엄 휘팅엄(William Whittingham[c. 1524-1579])의 리더십하에 있던 영국인 회중은 『공동 기도서』(1552)에 근거한 자신들만의 예전을 작성했다. 하지만, 이 예전은 중백의, 연도(litany), 회중의 응답 그리고 사적 세례를 뺐다는 점에서 상당히 달랐다.

비록 소위 『타협 예전』(*Liturgy of Compromise*)의 현존하는 복사본은 없지만, 예배 순서의 일반적 윤곽들과 뒤이은 논쟁은 수년 후에 발간된 휘팅엄의 서술을 통해 알 수 있다.[6] 프랑크푸르트에 있는 망명자들은 이웃에 있는 망명자 공동체들에 "모든 미신적 의식들의 잔재에서 벗어난" 프랑크푸르트의 회중에 합류하도록 촉구하는 편지를 보냈다.[7] 이런 교회적 처리 방식은 망명자 공동체들 사이에 다소의 당혹감을 일으켰다. 스트라스부르는 프랑크푸르트 회중에 그들의 리더십을 절제하도록 촉구했다.

그리고 취리히는 예전의 수정에 대한 염려를 표명했다. 존 녹스가 제네바로부터 그리고 리처드 콕스(Richard Cox)가 스트라스부르로부터 도착했을

---

[5] '검정 법규서'라는 신화에 대해서 더욱 많은 정보를 원한다면 본서 제13장에 대한 역사적 소개를 보라.

[6] Whittingham, *A brief discours off the troubles begonne at Francford* ⋯ (Heidelberg: M. Schirat, 1574), RSTC 25442. "Liturgy of Compromise"에 대해서 더 많은 것을 알기 원한다면 Tomoth Duguid, "The Troubles at Frankfurt: A New Chronology," *Reformation and Renaissance Review* 14:3 (2012), 243-68을 보라.

[7] 위의 책, 9.

때, 프랑크푸르트에 두 개의 경쟁 그룹들—『공동 기도서』를 개혁할 의도를 가진 사람들('녹스파'[knoxians])과 『공동 기도서』의 대부분을 보존할 의도를 가진 사람들('콕스파'[Coxians])—이 나타났다.

이들이 가지고 있는 근본적 예배의 원동력은 후세의 주석자들이 언급하는 '규제적'(regulative) 대 '규범적'(normative) 원리들이었다. 즉, 한쪽은 예배의 모든 것은 성경에 의해서 명시적으로 보증되어야만 한다는 것이고, 다른 한쪽은 예배의 자유는 성경적 부정의 부재(absence of scriptural negation)에 존재한다고 하는 것이다. 가뜩이나 긴장된 국면에 처해 있던 녹스에게 이것은 또 다른 어려운 상황을 가져다 주었다. 그는 당시 영국에 있는 신자들에게 박해에 직면해서 굳건하게 버티라고 요청하는 책자를 간행했다.

이 『신자들을 위한 훈계』(Faithful Admonition)에서 그는 "자기들끼리만 어울리는 사생아 메리파"(incestuous bastard Mary)를 "잘못된 가톨릭교도들"이라고 매도했고, 로마 교황 찰스 5세(Charles V)를 우상 숭배자로 비판하면서 "이와 같은 황제는 이전의 네로처럼 그리스도에 대한 적에 지나지 않는다"라고 말했다.[8] 이것은 가까운 아우스부르크(Ausburg)에 황제가 있었던 프랑크푸르트 의회를 곤란하게 만들었기 때문에, 그들은 이후에 녹스의 거주 자격을 박탈하기로 결정했다.

녹스는 고별 설교를 한 직후인 1555년 3월 26일 밤에 제네바로 떠나 버렸다. '프랑크푸르트의 문제들'(Troubles of Frankfurt)로 알려진 이런 사건은 메리 여왕의 핍박으로 인한 망명자들 사이의 심한 균열뿐만 아니라, 이후에 영국 국교도와 비국교도 사이의 깊은 골로 변했던 균열 또한 일으켰다.

이것이 비록 그의 세 번째 망명이기는 했지만, 제네바의 삶은 존 녹스의 인생에서 가장 행복한 시간이었다. 제네바에 정착하기 전에, 그는 스코틀랜드에 비밀리에 다녀왔고, 그곳에서 개혁을 더 진전시키도록 격려하는 설교를 했으며, 마조리 보우즈(Majorie Bowes)와 결혼했다. 본국을 가로질러 설교하면서 시간을 좀 보낸 후에, 녹스는 아내와 함께 제네바에 도착했고, 얼마 후에는 나다니엘(Nathaniel)과 엘르아살(Eleazar)을 낳았다.

---

8   John Knox, *A faithful admonition by John Knox, unto the professors of Gods truthe in England* … (Emden: Egidius van der Erve, 1554), RSTC 15089, 34, 78.

녹스가 멀리 본국에 있는 동안, 이전에 그와 같이 작업하던 프랑크푸르트의 종교개혁자들이 제네바에 망명 공동체를 세웠다. 그곳에서 그는 목사로 선발되었다. 그와 함께 목사가 된 크리스토퍼 굿맨(Christopher Goodman)은 그 후 몇 년 동안 녹스의 친한 친구가 되었다.

영국 망명자들은 강당(Auditory)이라고 알려진 건물에서 예배를 드렸고, 또한 이탈리아인 망명자들 교회와 그 건물을 공유했다. 교회는 1555년 11월 1일 창립되었고, 예배의 형식은 칼빈이 공식적으로 승인한 것이었다. 그것은 존 크레스핀(John Crespin)에 의해 1556년 2월 10일에 영어와 라틴어로 발간되었다.

『기도의 형식』(Form of Prayers)은 때때로 존 녹스의 『제네바 예배서』(Genevan Service Book)라고 일컬어졌지만, 실제로는 녹스, 휘팅엄, 안소니 길비(Anthony Gilby), 토마스 콜(Thomas Cole), 존 폭스(John Foxe)의 공동 노력의 결과였다.[9] 이것은 신앙 고백, 목사 선발에 대한 규범, 목사들의 매주 회합에 대한 규범, 성경 해석에 대한 규범(츠빙글리의 『설교모임』[Prophezei]에 유사한), 다양한 죄의 고백과 일반 기도, 세례와 주의 만찬의 집례, 결혼 예식의 형식, 환우 심방, 매장, 교회 권징에 대한 규범, 시편 찬송가 그리고 칼빈의 교리 문답을 포함한 예전의 완전한 개설이었다.

공 예배의 순서가 칼빈의 『교회 기도의 형식』(Form of Ecclesiastical Prayers)을 따르기는 하지만, 원래부터 기여한 것들이 있었다. 다니엘 9장으로부터 개작되었던 죄의 고백은 메리 여왕 통치하의 "우리 비참한 나라 영국"을 위해서 맞춘 것이었다. 주의 만찬의 방식은 칼빈의 예전과는 다소 달랐고, 다른 자료를 반영시켰다. 권면은 크랜머의 『공동 기도서』(Book of Common Prayer, 1552)를 토대로 했다.

존 아 라스코의 『형식과 방법』(Form and Method)에 놀랍도록 비슷한 성찬 제정 내러티브는 떡과 포도주를 위한 봉헌 기도와 혼동되지 않도록, 목사가 주의 식탁으로 내려가기 전에 강단에서 낭독했고, 목사와 회중은 모두 주의 만찬을 위해서 앉았다. 하나님께 드리는 감사 기도는 녹스의 『주

---

9 Lorimar, *John Knox*, 212에서 휘팅엄의 문체가 녹스의 것보다 더 부드럽고, 유려하기 때문에 주 저자는 휘팅엄일 것이라고 시사한다.

의 만찬의 관례』(Practice of the Lord's Supper)에서 따 온 "우리의 통치자이신 주님"(Governor and Lord)이었다.

『타협 예전』(Liturgy of Compromise)과 꼭 마찬가지로 그리고 칼빈의 예전과 유사하게, 녹스의 예배 순서는 긴 권면과 적은 양의 회중 응답을 포함했다. 에드워드 왕 시대에 확립된 것과는 다른 예배 순서에 대한 선호가 명백했다. 사실상, 엠덴(Emden), 베젤(Wesel) 그리고 프랑크푸르트를 명시적으로 '경건한 교회들'(godly churches)로 지정한 것은 대량의 영국인 망명자들이 거주하고 있는 스트라스부르와 취리히에 관한 뚜렷한 침묵을 가려 주고 있다. 다음과 같은 진술 이후에, 의식들의 폐지에 대한 이유가 상세하게 제시되었다.

> 하나님의 말씀에 근거했고, 신약에서 증명된 의식들이 권할 만한 것과 마찬가지로(그 상황이 뒷받침하는 것처럼) 인간이 창안했던 것들은, 인간이 그렇게 좋은 기회를 가진 적이 없지만, 그들은 일단 오용되면, 필요성을 도입시키고, 하나님의 말씀을 방해하거나, 미신으로 끌어가기 때문에, 고려하지 말고 폐지되어야만 한다.[10]

메리 여왕이 죽고 그의 여동생인 엘리자베스가 왕위에 올랐을 때, 영국인 망명자들은 서서히 고향으로 옮겨갔다. 녹스도 스코틀랜드의 자기 민족에게로 돌아가기로 결심하고, 1559년 5월에 리스(Leith)에 상륙했다. 5월 11일 그는 성전의 정화에 대한 강력한 설교를 했다. 이것이 폭동의 계기가 됐고, 결국에 회중 전쟁(Wars of the Congregation, 1559-60)의 원인이 되었다. 이 광범위한 내전은 1560년에 진정되었고, 개혁교회(Reformed Kirk)가 설립되었으며, 이와 함께 예배 규범이 생겼다.

많은 스코틀랜드 사람이 『공동 기도서』(Book of Common Prayer, 1552)에 익숙해졌다. 그러나 새롭게 설립된 개혁교회는 1562년 『기도의 형식』(Form of Prayers)을 발간했고, 이것은 1564년에 확장되어 처음으로 인쇄된 승인서—

---

[10] 『기도의 형식』(Form of Prayers)의 서문 … 제네바에서 사용된 영국 회중교회에서 사용됨.

"스코틀랜드교회에 의해서 승인되고 인정받은"[11]—를 담고 있었다.

일반적으로 『공동 규범서』(Book of Common Order)로 알려진 이 예전 개요서는 제네바에 있는 영국인 망명자들에 의해서 작성되었던 『기도의 형식』(Form of Prayers)과 대체로 동일하다. 하지만, 일부 괄목할 만한 차이가 있었다. 메리 여왕으로 인한 망명자들과 관련된 기도는 제거되고 최근의 '프랑스인의 폭정'(tyranny of the Frenchmen)에 관련된 기도들로 대체되었으며, 주의 만찬 이전의 권면은 스코틀랜드교회를 위해 개작하고 단축했다.

존 녹스는 1572년 11월 24일 밤 11시에 주님의 품으로 돌아갔다. 임종 시에 그는 자신의 주위에서 가족들과 친구들의 평시의 저녁 기도를 들었고, 이렇게 답했다.

> 나는 내가 들었던 것을 하나님이 여러분과 모든 사람도 듣게 하시기 바랍니다. 그리고 그 하늘의 소리로 인해서 하나님을 찬양합니다.[12]

사실상, 1645년 『웨스트민스터 예배 모범』(Westminster Directory for Public Worship)이 나오기 전까지, 『공동 규범서』(Book of Common Order)라는 하늘의 소리는 다음 80년 동안 스코틀랜드의 예배 길잡이가 되고 예배를 강화했다. 존 녹스와 그의 동료 종교개혁자들의 공동 노력으로 종종 녹스의 이름을 담고 있는 예전이 전 세계에 걸쳐서 종교개혁의 예배라는 매주의 리듬을 통하여 녹스의 개혁과 에토스를 남겨 주었다.

---

[11] "Common Order, Book of(1564)," in Robert Benedetto and Donald K. Mckim, *Historical Dictionary of the Reformed Churches*, 2nd ed. (Lantham, MD: Scarecrow Press, 2010), 114.

[12] "Richard Barnnaryne's Account of Knox's Last illness and Death," in *The Works of John Knox*, 6 vols., ed. David Laing (Edinburgh: Bannatyne Club, 1846-64), 6:644.

1. 예배 순서

1) 주의 만찬의 관례(1553)[13]

성경 낭독(Scripture)
설교(Sermon)
삼위일체께 기원(Trinitarian Invocation)
준비 기도(Preparation Prayer)
서신서 낭독, 고전 11:20-31(Epistle, 1 Cor. 11:20-31)
사도들의 정신에 대한 선포(Declaration of the Apostle's Mind)
성찬 배제(Excommunication)
죄의 고백(Confession)
용서의 선언(Declaration of Forgiveness)
교회를 위한 기도(Prayer for Church)
여왕을 위한 기도(Prayer for Queen)[14]
성찬(Communion)*

2) 『기도의 형식』(1556)과 『공동 규범서』(1564)

말씀 예전 (Service of the Word)	주의 만찬 예전(Service of the Lord's Service)
죄의 고백(Confession)	죄의 고백(Confession)*
시편(Psalm)	시편(Psalm)*
조명을 위한 기도(Prayer for Illumination)	조명을 위한 기도(Prayer for Illumination)*
성경 낭독(Scripture)	성경 낭독(Scripture)*
설교(Sermon)	설교(Sermon)*
중보 기도(Intercession)	중보 기도(Intercession)*
주기도문(Lord's Prayer)	주기도문(Lord's Prayer)*
사도 신경(Apostle's Creed)	사도 신경(Apostle's Creed)*
시편(Psalm)	시편(Psalm)*
축도(Benediction)	성찬 제정사(Words of Institution)
	긴 권면(Long Exhortation)

---

13 제시되었을 것으로 추정되는(그러나 원 예전에서는 진술되지 않았던) 항목들은 *로 표시했다.
14 후에 녹스의 예전에 삽입됨; 역사적 소개를 보라.

	감사 기도(Prayer of Thanksgiving)
	분배(Distribution)
	성경 낭독(Scripture)
	감사 기도(Prayer of Thanksgiving)
	시편 103편 혹은 유사한(Psalm 103 or similar)
	축도(Benediction)
	해산(Dismissal)

2. 『버윅 오폰 트위드 교회 회중의 설교자 존 녹스에 의해 그 교회에서 사용되었던 주의 만찬의 관례』(1550) - 존 녹스 -

¶ 첫째, 그리스도에 의해서 하나님이 우리에게 주신 유익에 관한 일부 설교, 요한복음 13, 14, 15, 16장

¶ 그다음에 모든 사람이 볼 수 있도록 담임목사(principal minister)는 일어서서, "성부와 성자와 성령의 이름으로" 하면서 시작한다. 아멘.

모두 기도합시다.

전능하시고 영원하신 하나님!
모든 피조물은 통치자되시고 주님이신 당신을 알고 고백하지만, 당신의 형상과 모양대로 창조된 우리는 항상 당신의 위엄을 두려워하고, 경배하며, 사랑하고, 찬양해야 합니다. 우리의 경배와 찬양은 첫째 우리를 창조하신 일 그리고 더욱 중요한 것은 우리가 죄로 인해 타락하고 죽었을 때 우리를 구원하신 일입니다.
그러므로 당신의 지극히 무익한 종들이 함께 모여 당신의 사랑하는 아들이시며 우리를 구속하신 예수 그리스도의 만찬을 기념하도록 허락하시옵소서. 또한, 한 분 하나님이신 당신과 함께 성령님과의 연합 속에서 세세토록 사시고 다스리시는 당신의 아들 우리 주 예수 그리스도를 기념하고, 그

분에 의해서 우리에게 보이고, 부여되며, 주어졌던 당신의 지극히 관대한 친절하심을 감사드리면서, 우리가 신실한 믿음으로 동일한 것을 할 수 있도록 허락하시옵소서. 아멘.

그런 후에 고린도 교회를 위해 기록한 바울의 이 부분이 다음과 같이 낭독되어야 한다. 동일한 곳에 있는 사도의 마음에 대한 선포와 더불어 미신 없이 주의 만찬을 기념하는 자들의 양심을 증명하기 위하여, "그들이 함께 모여서"부터 "우리가 우리 자신을 살핀다면"까지라는 부분까지 낭독되어야 한다.[15]

성경에 따른 주의 만찬 성례전의 요약

여기에 우리 구주 예수 그리스도의 몸과 피의 성례전이라고 불리는 주의 만찬에 대해서 우리 그리스도인들이 가지고 있는 의견을 성경에 따라 간결하게 선포한 요약이 있다.

먼저 우리는 그것이 주 예수님의 뜻 안에서, 우리 앞에 놓인 땅의 가시적인 것들에 의해서, 우리를 하늘과 비가시적인 것들에게로 높이 들어 올리기 위해서 우리 하나님이 명하셨던 거룩한 행위임을 고백합니다. 그리고 하나님이 그분의 영적 잔치를 준비하셨을 때, 그분은 그분 자신이 살아 있는 떡이라는 것을 증언하셨습니다. 그것은 우리의 영혼이 영생하도록 먹는 떡입니다.

그리고 따라서, 그분은 먹고 마실 떡과 포도주를 제시하면서 그분의 약속과 교제 안에서 우리에게 확증하시고 인을 치시며(즉, 우리는 그분의 왕국에서 그분과 함께 참여하는 자가 될 것이라는 사실) 그리고 우리에게 나타내시고, 우리의 감각이 그분의 하늘 선물을 분명히 알게 하십니다. 그리고 또한 그분 자신을 우리에게 주셔서 입으로나, 본질의 주입에 의해서도 아닌, 믿음

---

15 Peter Lorimar, *John Knox and the Church of England* (Cornwell and Paternoster Row: London, 1873), 292-93. 다음에 따르는 "사도 정신의 선포"("요약부터", "그런 후에 선포되어야만 하는)가 다른 문서로부터 나온 사실을 주목하지만, 녹스가 이 시점에 사용했을 것으로 추정되는 내용을 대표한다.

으로 받을 수 있도록 하십시오. 다만, 성령님의 덕분으로 그분의 살을 먹고, 그분의 피로 새롭게 된 우리가 참된 경건함과 불멸 둘 다로 소생될 수 있도록 하십시오.

또한, 주 예수님은 우리를 가시적인 몸으로 모으셔서, 우리가 서로의 지체가 되고, 모두 한 몸을 만드십니다. 그리고 예수 그리스도께서 그 몸의 유일한 머리(only Head)이십니다.

마지막으로, 동일한 그 성례전으로 우리를 부르셔서 그분의 죽음과 수난을 기념하고, 그분의 지극히 거룩한 이름을 찬양하도록 우리의 마음을 감동하게 하십니다. 나아가서, 우리는 여기에 주 예수와 수찬자들의 놀라운 공동체와 결속에 대한 증언이 드러나고 주어지며, 또한 그분이 자신의 교회(Kirk)를 보존할 것이라는 사실이 이 성례전에 포함되고 들어 있다는 사실을 숙고하면서, 이 성례전에 경건하게 접근해야만 한다는 사실을 인정합니다. 이는 우리가 이 성례전에서 그분이 오실 때까지 그분의 죽음을 기념하라고 명령받았기 때문입니다.

우리는 그것은 또한 우리가 어떤 종류의 교리를 천명하는지, 우리가 어떤 회중에 가입해 있는지를 보여 주는 우리의 고백이라는 사실과 마찬가지로 그것이 우리 사이에 있는 상호 간의 사랑의 띠라는 사실을 믿습니다.

그리고 마지막으로, 우리는 이 거룩한 만찬에 오는 모든 사람은 믿음의 신실한 회개로 주님께 회심하는 마음으로 참석해야만 하고, 이 성례전에서 자신들의 믿음의 인침과 확증을 받아야만 한다는 것을 믿습니다. 그런데도 이런 일 때문에 그들의 모든 죄가 용서받는다고 절대로 생각하지 말아야만 합니다.[16]

(*) 그리고 가톨릭교도들이 떡과 포도주가 그리스도의 몸과 피로 본질이 바뀐다는 것을 믿어야 한다고 말하면서 그렇게 신뢰하는—"그것은 나의 몸이다"(*Hoc est corpus meum*)—에 관해서, 그것은 우리를 구원할 수 있는 우리의 신앙 조항이 아닐뿐더러, 또한 우리가 영원한 저주의 고통을 믿을 의무도 없다는 것을 우리는 인식하고 있습니다. 왜냐하면, 많은 사람이 그것

---

16 Lorimar, *John Knox*, 294-95, (*)로 표시된 다음의 두 문단은 원래의 버윅 오폰 트위드 예전의 일환이 아니었지만, 발행자에게 보낼 때 첨가된 것이라는 사실을 암시한다.

을 믿고도 그것을 그들의 저주로 받아들이는 것을 보았을 때, 우리가 그분의 참된 본래의 몸, 즉 살과 피가 떡과 포도주에 그대로 있다는 사실을 믿는다면, 그것은 우리를 구원하지 못하기 때문입니다.

우리의 구원은 떡 안에 있는 그분의 육체의 임재로 말미암는 것이 아니라 우리의 죄를 씻어내고 우리를 향한 성부의 진노를 갚으신 그분의 피를 믿는 믿음을 통해 우리의 마음에 계시는 그분의 임재에서 오기 때문입니다. 그리고 또다시, 만약 우리가 떡과 포도주에서 그분의 육체적 임재를 믿지 않는다면, 그것이 아니라, 불신으로 말미암은 우리 마음으로부터의 부재가 우리를 저주할 것입니다.

(*) 이제, 비록 이것이 사실이기는 하지만, 만약 그들이 떡으로부터의 부재[17]가 우리를 저주할 수 없다는 사실을 반대한다고 할지라도, 여전히 우리는 "이것은 내 몸이다"라고 하시는 하나님의 말씀 때문에 그것을 믿어야만 합니다. 누구든지 그 말을 믿지 않는 자는, 그것이 그 마음에 있는 한, 하나님을 거짓말쟁이로 만들고, 따라서 그분의 말씀을 믿지 않는 완고한 마음 때문에, 그것이 우리의 저주가 될 것입니다.

여기에 대해서 우리는 하나님의 말씀을 믿고, 그것이 사실임을 고백한다고 대답합니다. 그러나 가톨릭교도들이 역겹도록 단언하는 것처럼 그렇게 이해하지는 않습니다. 왜냐하면, 성 바울의 말(고전 11장)에 따른다면, 구약의 조상들이 그랬던 것처럼 우리는 성례전에서 예수 그리스도를 영적으로 받기 때문입니다. 그리고 만약 사람들이 그 그리스도께서 어떻게 그분의 몸과 피의 이 거룩한 성례전을 명하시면서 이런 단어들을 성례전적으로 말씀했을까를 고려한다면, 틀림없이 그들은 모든 성경과 성 어거스틴(St. Augustine)과 성 제롬(St. Jerome)과 풀젠티우스(Fulgentius), 비질리우스(Vigilius), 오리게네스(Origen) 그리고 다른 많은 경건한 저자의 해설에 반하여, 결코 그렇게 역겹고도 어리석게 이해하지 않을 것입니다.

그다음에 어떤 사람들이 성찬의 참여자가 되기에 합당하지 않은지 선포해야만 하고, 하나님이 보시기에 의로운 육체는 하나도 없으므로, 공동 기

---

[17] 추정컨대 떡으로부터 나오는 그리스도 본연의 몸의 부재.

도는 다음과 같이 고백의 형식으로 해야 합니다.

전능하시고 영원하신 주님, 보편적이지만, 지극히 자비로우신 아버지, 우리는 범죄를 저질렀고, 날마다 우리 삶의 모든 행동에서 존엄하신 하나님의 눈을 거슬렀습니다. 오 하나님, 우리의 많은 범죄 때문에 당신은 우리를 지옥으로 던지실 정당한 이유가 있습니다. 그것들을 기억하는 것이 우리의 양심을 비통하게 하고, 너무나 고통스럽고 괴로워서 우리 스스로는 편안하지도, 마음의 안정을 찾을 수도 없습니다.

우리는 누구에게 외쳐야 하겠습니까?
우리는 누구를 찾아야 합니까?
오, 자비로우신 하나님!
당신 한 분을 제외하고, 누가 우리의 슬픔을 없애고 기쁨을 회복시킬 수 있습니까?

당신은 연민의 아버지이시고, 꺾이지 않을 자비와 끝없는 선함의 샘이십니다. 우리는 당신의 자비를 요청하도록 격려받았습니다. 왜냐하면, 우리가 죄로 인해 죽어서 당신의 원수였을 때 그리고 당신의 면전에서 당신께 오직 불경만을 저질렀을 때, 당신은 자비를 베푸셨고, 우리를 사랑하셨으며, 우리를 미워하실 수 없으셨기 때문입니다.

그리고 당신은 우리를 **너무나**(*so*) 사랑하셔서 우리의 구속을 위하여 당신의 독생자 예수 그리스도를 주셨고, 예수님은 당신이 두 사람 혹은 세 사람이 예수님의 이름으로 모여서 어떤 것을 당신께 요청할 때마다, 예수님으로 말미암아 그들이 요청한 그것을 받을 것이라는 약속을 우리에게 하게 하셨기 때문입니다. 우리는 우리의 오직 한 분 구주이신 당신의 독생자로 인해 가장 겸손하게 요청합니다,

먼저, 우리가 여기 하나님 당신이 보시는 데서 인정하고 고백하는 우리의 지나간 모든 죄와 부정을 자비롭게 용서해 주시옵소서. 그리고 우리의 오직 한 분 구주이신 당신 아들의 피와 충족으로 말미암아, 우리가 당신의 계명들을 너무나 많이 위반한 것으로 인하여 받아 마땅한 당신의 지극히 정당하신 진노를 우리로부터 돌리시는 은혜를 베푸시옵소서. 이제와 그리

고 항상 우리가 당신께 철저하게 순종하도록 그리고 우리 자신과 다른 사람들을 위해서 항상 당신께 요청하면, 우리의 단 한 분 주님이신 예수 그리스도에 의해서 우리가 은혜와 도움을 얻을 수 있도록 당신의 성령을 우리 안에 확증시켜 주시옵소서. 아멘.

¶ 그다음에 뉘우치는 자들에게 모든 범죄의 완전한 면죄를 분명하게 보장하기 위해서, 하나님의 자비가 가장 분명하게 선포된 복음서의 어떤 중요한 곳이 낭독되어야 한다. 그리고 그 후에, 목사는 진심으로 회개하고 예수 그리스도를 믿는 사람들에게 그들이 모든 저주로부터 사면을 받았음과 하나님의 은혜 안에 있다는 사실을 공개적으로 천명해야 한다. 그리고 따라서, 목사는 거기서(예배하는 그 장소에서) 그 자신들뿐만 아니라, 다른 모든 사람을 위한 기도를 해야만 한다. 그 기도 후에 그들은 그 회중을 위한 기도를 시작해야만 한다.

회중을 위한 기도

오! 주님, 예수 그리스도의 피로 구속하시고, 당신이 사신 바 된 기업인 거룩한 회중들, 특히 영국의 회중들을 폭정이나 교만한 강탈로 괴롭히는 모든 늑대와 삯꾼인 종으로부터 구해 주옵소서. 그들은 포악과 교만한 권력 그리고 속임수와 욕심으로 당신의 흩어지고 비참한 양들을 노략질하고 억압하고 있습니다.

오, 주님. 그들을 파멸시키시고, 그들이 더 이상 우리를 지배하지 못하도록 하시옵소서. 우리에게 선하고 신실한 목사들을 주시고, 그들에게 지식과 이해의 참된 영을 주셔서, 그들이 당신의 선하시고 기쁘신 뜻을 위해 당신의 복음의 비밀들을 우리에게 열어 줄 수 있게 하옵소서. 우리가 다른 사람들의 좋은 예와 좋은 자극제가 되기 위하여 당신을 신실하게 섬길 수 있도록 그리고 흩어진 양들이 복음을 통하여 모든 잘못된 오류에서 벗어나서 당신의 사랑하는 아들, 높으시고 단 한 분 진정한 우리 영혼의 목자 (Shepherd)이시며 감독(Bishop)이신 예수 그리스도께 모일 수 있도록 그리고 우리가 그분의 진정한 친교에 곧 또다시 참석할 수 있도록, 단 하나의 무리와 단 한 분 목자만이 계시도록, 우리와 그들 모두에게 당신의 거룩한 성령을 더욱더 주시옵소서.

여왕을 위한 기도[18]

3. 『제네바의 영국인 회중에 사용되고, 고명하고 경건하며 박식한 존 칼빈에 의해 승인된 기도의 형식과 성례전의 집행 등』(1556)

4. 『제네바의 영국인 교회에서 사용되고 스코틀랜드 교회에 의해 인정되고 승인된, 기도의 형식과 성례전 집행 등』(*The Form of Prayers and Ministration of the Sacraments, etc., Used in the English Congregation at Geneva, and Approved and Received by the Church of Scotland*, 1564)

5. 『기도의 형식』(1556만) (*The Form of Prayers only*, 1556) - 존 녹스 -

서문

영국에 있는 우리 형제자매들과 예수 그리스도를 진심으로 사랑하는 모든 사람에게 자비와 평강을 전합니다.

하나님이 작금에 우리 조국 영국에 얼마나 큰 자비와 특별한 은혜를 베푸셨는지는 많은 사람에 의해서 중히 여김과 감사함으로 인정받는 모든 사람에게 더욱 분명하고 잘 알려져 있습니다. 그분은 우상 숭배로부터 복음의 지식으로 우리를 부르십니다.[19]

또한, 이전에 저 왕좌에 앉았던 누구보다도 가장 거룩하고 박식하며 열정적이고, 현명한 왕을 우리에게 보내심으로써, 우리를 보잘것없는 민족에

---

18 Lorimer, *John Knox*, 292는 여왕을 위한 기도는 원래 에드워드 6세 왕을 위한 기도로 되어 있었는데, 예전을 인쇄할 당시 메리 여왕이나 혹은 엘리자베스 여왕의 상황에서 바뀌었다는 사실을 암시한다. 이 기도를 포함하는 현존하는 텍스트는 없다.

19 호 2.d; 롬 9.e; 벧전 2.b. 다음의 인쇄된 약간의 참조 문헌들은 1556년판 『기도의 형식』과 함께 소개되었다. 『공동 규범서』는 이 인쇄된 메모들을 처음 출처인 『기도의 형식』으로부터 묘사한 것이지만, 소개할 새로운 기도 형식들을 위한 그 자체의 인쇄된 참조 문헌에는 첨가하지 않았다. 구성방식은 <책> <챕터> <섹션>으로 구성되어 있고, 아마도 로버트 아인슈타인[스테파누스](Robert Einstein[Stephanus])의 헬라어 신약성경 편집본이 있었을 것이다. 이것은 장과 절이 끊어지기 전의 위치에 인쇄되었을 것이다.

서 그분의 백성, 거룩한 백성, 하나님의 백성으로 만드시며, 하나님의 말씀이 온 땅에 보편적으로 퍼지고, 회개가 설교가 되며, 그리스도의 왕국이 제공되고, 죄는 질책받음으로써 아무도 자기가 듣지 못했다거나 혹은 하나님의 거룩한 복음을 배우지 않았다고 변명할 수 없도록 하셨습니다. 하지만 그 일이 일어났습니다.

그리고 오늘 하나님이 이전에 "내가 종일 손을 펴서 자기 생각을 따라 옳지 않은 길을 걸어가는 패역한 백성들을 불렀나니"[20]라고 말씀하시면서 이스라엘을 책망하셨던 그것이 우리에게 입증되었습니다.

부패하지 않은 사람의 길이 어디 있었습니까?

심지어 가장 높은 자로부터 가장 낮은 자까지, 머리부터 발가락까지[21] 성한 곳이 없었습니다. 그들을 대신해서 설교하는 책임을 맡은 자는 물론, 다른 쪽은 그 말씀에 따라 자신들의 삶의 틀을 짜기 위해 듣고 배우는 것을 게을리함으로써 하나님의 말씀을 경멸했습니다. 만약 하나님이 이 역병을 서두르지 않고, 그것을 막으셨다면, 저 사악한 아나돗 사람들이 선지자 예레미야에게 말했던[22] "우리에게 이 여호와의 이름으로 더 이상 말하지 말라"가 틀림없이 일어났을 것입니다.

몰인정과 경멸에 관해서 하나님은 우리가 이런 익숙했던 자비들이 결핍된 것을 지금 느끼는 만큼 열심히 회개하도록 위로하십니다. 우선은, 우리가 하나님으로부터 벌을[23] 받는 날이 왔고, 하나님은 역병을, 그에 의해서 우리가 이전에 책망받았고, 지극히 정당하게 위협받았던 그 역병을 우리에게 내리셨습니다.[24] 왜냐하면, 거짓 선지자들이 그들의 입속의 거짓말로 영국을 속이기 위해 파견되었고, 하나님의 말씀 결핍이 너무나 커서 비록 그들이 이 해안에서부터 저 해안까지 하나님의 말씀을 찾으려고 하지만, 그것을 발견할 수 없고, 굶주린 사람들처럼 그들은 가톨릭교의 유해한 똥을 자신들의 영혼을 독살할 정도로 걸신들린 것처럼 먹기 때문입니다.

---

20 사 65.a; 롬 10.d.
21 사 1.b; 렘 2.b
22 렘 11.d.
23 눅 19.f.
24 레 26.c; 신 27-28; 30.7; 왕상 22.c; 대하 18.e; 겔 14.e; 암 8.d.

그러므로 형제자매 여러분!

궁핍한 가운데 그분을 찾는 모든 자에게 자신을 바치심으로써 죄인의 죽음을 원하지 않으시고, 다만 그의 회심을 원하시며, 우리를 파멸시키기 위해서 잔인하게 벌을 주는 것이 아니라, 우리를 구원하기 위해서 지극히 자비로운 아비처럼 부드럽게 훈계함으로써 우리를 개선하기 위한 모든[25] 해결책을 보여 주시는 하나님의 선하신 뜻에 기대어 다시 한번 우리를 받아 주시도록 열심히 간청하면서, 회개와[26] 금식과 기도함으로써 전심을 다 해 하나님께로 돌이킵시다.

그리고 여러분은[27], 이 자비로운 하나님께 대항해서 마음을 완악하게 하지 말고, 완고한 유대인이 그랬던 것처럼 하나님을 경멸하지 말도록 조심하십시오. 하나님은 칼과 굶주림과 역병으로 멸망되도록 유대인을 자신들의 원수 손에 넘겨주셨습니다. 왜냐하면, 하나님은 업신여김을 받지 않으시고,[28] 그분의 말씀에 대한 사악한 죄인과 또한 교활한 위선자를 소멸시키는 불처럼[29] 멸망시킬 것이기 때문입니다.

그들은[30] 하나님의 진노의 날에 자신들에 맞서는 저주를 쌓고 있다는 것을 생각하지 않고, 자신들의 환상에 의해서 하나님을 평가하기 시작합니다. 하나님의 저주는 이미 불이 붙었고, 그들의 영혼과 몸에 대한 유죄 판결을 위하여 타오르기 시작했습니다. 그들은 예수 그리스도께서 우리의 죄를 위해서 단번에 완전히 충족시켰다는 것을[31] 알면서도, 날마다 마음과 입으로, 혹은 입 밖으로 그분의 귀한 죽음을 모독하는 것에 동의하고 (그것이 그들 안에 있는 것만큼) 그분을 다시 한번 십자가에 못 박습니다.[32]

---

25 대하 36.c; 사 5.a; 잠 3.b; 히 12.b; 계 3.d.
26 욜 2.c; 시 68.a; 요 3.d; 4.a
27 히 3.b; 4.a; 시. 94.c.
28 갈 6.b.
29 히 12.g; 신 4.d.
30 롬 2.a; 약 5.a.
31 히 9.a; 롬 5.b; 벧전 3.c.
32 히 6.a; 10.c; 고전 6.b.

여러분은 우상 숭배자들이 하나님의 왕국에서 아무 분깃도 없다는 것[33]과 그 벌레들이 절대로 죽지 않는 불과 유황의 못에 던져지는 것을 기억하지 못합니까?

하나님의 천사들이 범죄했을 때 그들조차도 아끼지 않으시고, 하나님의 날에 고통받도록 지옥의 쇠사슬에 묶어 두시는 하나님의 두려운 심판의 예들이 당신의 마음을 움직일 수 없습니까?[34]

그렇다면 하나님이 우상 숭배자, 위선자, 신성 모독자, 업신여기는 자, 비난하는 자에게 호의를 베푸시겠습니까?

성령께서 하나님이 진노의 자식들에 맞서서, 자신들의 구원 진리를[35] 듣지 못했기 때문이라고 하는 자는 거짓에 의해서 영원한 정죄에 이른다고 천명했던 사실을 오히려 이 삶에서 확인하지 않습니까?

적어도 여러분들을 교육하기 위해서 여러분 사이에 있는 여러분의 동포들을 그렇게 지독하게 죽도록 내버려 두신 하나님의 사전 경고들이 여러분 자신이 처한 불쌍한 상태를 깨닫게 하여 여러분의 마음을 움직이도록 하십시오. 죽은 자 중 일부는 절망하여, 다른 이들은 자살로 그리고 많은 사람은 심지어 숨이 끊어질 때까지 가장 끔찍한 신성 모독을 지껄이면서 죽었습니다. 우리에게는 그 일이 듣기에도 두려워서, 그들에 관해서 생각만 해도 몸이 떨립니다.

그러므로 만약 여러분이 하나님의 백성으로 간주되려면 그리고 사실상 하나님의 백성이지만, 손에 쟁기를 잡고 뒤를 돌아보지 말고[36], 여러분이 토한 곳으로 돌아가지 말며, 바알 앞에서 무릎을 꿇지 마십시오. 여러분은 우상 앞에 나감으로써 성령의 전을 오염시키지 마십시오. 다만 진리 안에 서고, 그럼으로써 오히려 인간보다 하나님께 순종하거나[37] 그렇지 않다면 여러분을 위해 그렇게 자비롭게 준비하신 하나님의 부르심에 따르십시오.

---

33 갈 5.c; 계 21.c; 22.c; 사 66.g; 막 9.g.
34 벧후 2.a.b; 유 a; 욥 4.
35 살후 2.c; 요 3.c.
36 눅 9.g; 벧후 2.d; 잠 26.b; 왕하 19.b; 고전 6.c.
37 눅 12.a; 행 5.e.

하나님은 여러분의 상태를 불쌍히 여기고, 여러분의 유익이 되도록 모든 경건한 통치자와 치안 판사의 마음을 움직이셔서, 엠덴(Emden), 베젤(Wesel), 프랑크푸르트(Frankfort) 그리고 이 도시에서 경건한 교회들을 지명하셨습니다. 여러분은 이 교회들에서 하나님을 두려워하고, 하나님의 호의와 긍휼에 반대하는 여러분의 죄를 회개하며, 여러분들의 삶을 고치고, 회복시키는 것을 배우게 될 것입니다.

그리고 우리(비록 하나님이 우리에게 더 많은 자유를 주셨지만, 하나님은 바벨론에서 노예 상태와 적그리스도의 멍에로부터 우리를 해방하는 것을 기뻐하시는 것만큼이나 우리의 속박을 애통해하십니다)는 하나님의 말씀을 합당하게 숙고하도록[38] 우리를 이끌었던 여러 일 중에서 우리의 삶을 구축하고, 말씀의 확실성에 대한 어떤 의심으로 자신을 두렵게 하지 말며, 또 인간의 판단이 우리는 우리가 해야 할 이 사업(하나님께 가장 만족스럽고, 그분의 교회에 가장 기쁜)을 회피하거나 좌절시키지 않도록, 당연히 모든 그리스도인의 의무에 관심을 기울이는 식으로 우리 개신교의 상태를 개혁하도록 열심히 노력해 왔습니다. 이는 하나님의 말씀에서 계시된 그분의 송축받으실 뜻에[39] 우리를 전적으로 맞추는 것보다 하나님께 가는 더 쉽고 확실한 다른 길이 우리에게는 없기 때문이다.

그러므로 우리는 모든 이의 가장 위대한 성직자로서가 아니라, 많은 이 중 가장 능력이 적은 자로서 하나님의 영광과 그분의 말씀의 순수한 순전함의 증가를 바라는 여러분에게 하나님의 말씀의 범위 안에서 제한된 개혁과 교회의 형식과 규범을 제시합니다. 이것은 우리 구주께서 우리의 모든 행동을 다스리기에 충분한 단 하나로[40] 남겨 두신 것입니다.

사람의 창안으로 이 말씀에 더하여지는 것은 무엇이든지 결코 선하거나 거룩하지도 아름답지도 않을 것이며, 질투하시고, 어떤 동료나 모사도 받아들일 수 없으신 우리의 하나님 앞에서 그것은 악이고, 사악하며, 가증한

---

38 요 5. g; 눅 1.g; 벧후 1.c.
39 삼상 15.e; 마 7.c; 요 9.f.
40 갈 1.a; 3.c; 딤후 3.d; 계 22.d.

것입니다.⁴¹ 왜냐하면, 그분은 성부의 지혜⁴²이시고, 그분의 영광의 광휘이시며, 진정한 빛이시고, 생명의 말씀(Word)이시며, 그렇습니다,

진리와 생명 자체이시기 때문에, 그분이 자신의 교회에 (그분이 자신의 피로 몸값을 지불했던) 그 동일한 교회를 위해서 충분한 보장이 되지 않는 것을 줄 리가 있겠습니까?
진리의 말씀(Word)이 우리를 속일 리가 있겠습니까?
생명의 길(Way)이 우리를 잘못 인도하겠습니까?
구원의 말씀이 우리를 저주하겠습니까?

하나님은 이런 신성 모독으로부터 우리를 지키시고 하나님의 성령으로 우리의 마음에 그렇게 지시하셔서, 우리가 하나님의 지혜로 만족할 뿐 아니라, 또한 동일한 것을 이처럼 기뻐하고, 그에 반대되는 모든 것을 혐오하도록 하십니다.

사랑하는 형제 여러분!

우리가 경건한 두려움과 겸손함으로 이런 사항을 중요하게 여기고, 또한 영국에서 시작되었던 종교개혁에 태만한 것은 하나님이 우리에게 매를 가하는 가장 중요한 이유라는 것을 알며, 이제 하늘에 계신 아버지의 자비로우신 섭리로 가장 합당한 도시인 제네바에 우리나라를 위한 자유 교회를 획득하게 된 지금, 우리 교회에서 사용할 의도가 있는 규범들을 고명하신 존 칼빈과 이런 부분에서 배웠던 다른 이들의 판단을 받도록 했습니다.

칼빈이 그것을 그리스도인 회중에 충분한 것으로 승인했을 때, 우리는 모든 경건한 사람이 그것으로 많은 가르침을 받을 것을 의심하지 않고, 동일한 것을 실행했으며 가톨릭교도들 혹은 악한 사람들과 불경한 사람들에 관해서, 우리는 그들을 만족하게 하려고 애쓰지 않았습니다. 왜냐하면, 만약 그들이 이미 버림을 받지 않았다면, 하나님이 그들에게 긍휼을 베푸시고 그들을 집으로 불러주십사 하는 우리의 기도로 하나님을 기쁘시게 하

---

41 눅 16.d.
42 고전 1.d; 요 1.a; 14.a; 히 1.a.

는 것을 제외하고는, 그들의 헐어빠진 상처를 위한 어떠한 최상의 약도 우리는 알지 못하기 때문입니다. 그래도 역시, 오랫동안 자신들의 악을 계속함으로 인해서 오히려 관습이 되고 그런 후에 지식을 즐기며, 사람들이 어떤 오래되고 용인된 의식들에 반대해서 만약 입을 연다면 그것을 참을 수가 없는 사람들이 있으므로, 우리는 이 자리에서 그것을 어느 정도 세심하게 처리하는 것이 좋겠다고 생각했습니다.

하나님의 말씀에 근거하고, 신약에서 증명된 의식들이 권할 만한 이유가 있는 것과 마찬가지로(그 상황이 뒷받침하는 것처럼) 인간이 창안했던 것들은, 인간이 그렇게 좋은 기회를 가진 적이 없지만, 그들은 일단 오용되면, 필요성을 도입시키고, 하나님의 말씀을 방해하거나 미신으로 끌어가기 때문에, 고려하지 말고 폐지되어야만 합니다.

히스기야왕은 모세가 하나님의 명령을 받아서 세웠고, 이제 800년 이상 계속 있었으며, 그 자체는 악이 아니었으나, 오히려 사람들이 하나님이 주셨던 유익을 기념하게 했던 놋뱀을 성령의 권하심으로[43] 산산조각으로 부쉈습니다. 왜냐하면, 그것이 우상 숭배를 범하는 의식이 되기 시작해서 더 이상 존재하면 안 되었기 때문입니다.

그렇다면 우리의 의식을 통해서 자신들의 상상력과 환상으로 사람들이 우상 숭배를 범하지 않도록 우리가 얼마나 더 주의를 기울여야만 하겠습니까?

전능하신 하나님이 우상 숭배에 쓰였던 장소들과[44] 부대 용품들을 철저하게 없애라고 명령하셨던 것은 아주 중요한 이유가 있었습니다. 그렇지 않다면, 의식을 통해서 동일한 것을 기억하는 유아들과 어린이들은 반드시 비슷한 문제를 겪을 것입니다.

그리고 여러분은 우리가 더욱 현명해야 한다고 생각합니까?

그리고 우리가 그리스도께서 절대 화합하지 않고 동의하시지도 않았던 저 우상 숭배하는 바벨론과 타락한 벨리알(Belial)[45]의 전으로부터 완전히

---

43 왕하 18.a.
44 신 12.a.d; 13.c.d.
45 고전 8.c; 롬 14.c.

떠날 수 없는 것처럼, 가톨릭교도들과 다른 우상 숭배자가 창안한 것이나 혹은 약한 자가 자신들의 오류를 확증받을 수 없도록 인간에 의해 창안된 것으로 지키는 저러한 것은 그리스도의 교회로 들어갈 수 없다는 사실을 주의해야 하지 않겠습니까?

제자들의 발을 씻어 주는 것보다 더 오래되고, 게다가 더 좋은 권위를 가진 어떠한 의식은 없습니다. 그것은 그리스도께서 제정하시고[46], 교회에서 오랫동안 지켜 왔습니다.[47] 그런데도 어떤 이는 그것이 주의 만찬의 일부분이라는 말에 설득되고, 반면에 다른 이는 세례 대신으로 사용되었다고 생각했을 때, 성 어거스틴(St. Augustine) 시대의 경건한 교회들은[48] 그것을 잘못이나 미신을 확증하는 것으로 유지하는 것보다는 선한 일을 위해 명하신 그대로 내버려 두는 것이 낫다고 생각했습니다.

고린도 교회 사람들은 가난한 사람들을 구제하고 친밀한 형제애를 증진하기 위해서 주의 만찬 직후에 즉시 하나의 연회를 제정했습니다.[49] 그러나 성 바울이 동일한 것을 얼마나 날카롭게 책망하여, 사람들이 주의 제정에 무엇인가를 더하는 것을 비교로 정죄했으며, 이로써 그가 "내가 여러분들에게 주었던 것이 주께로부터 받은 것"이라고 말했던 이유로 보입니다. 우리는 또한 히스기야와 그의 조카 요시야가 아주 오랫동안 중단되었던 유월절 의식을 부활시켰다는 것을 성경에서 읽습니다.[50] 그들은 그것을 지키면서 하나님이 처음부터 모세에게 남기셨던 것 외에는 다른 어떤 의식도 지키지 않았습니다.[51]

마찬가지로 하나의 성례전인 할례는 항상 어느 정도 주님이 명령하셨던 대로[52] 행해졌습니다. 그러나 이와 같은 것은 육의 본질이니, 그것은 현명할 수도 있지만, 하나님의 행하심에 타격을 줄 수도 있습니다. 그리고 교회

46　요 13.a.
47　Epist. 119, *Ad Jan* [Augustine; *Ad inquisitiones Januarii*, II. 55].
48　고전 11.d.
49　Chrisost, in II cap. 1 Cor; Tertul. lib. *ad uxorem* [Chrostostom, *Homilies on First Corinthians*, chapter 2; Tertullian, *Ad Uxorem*].
50　대하 30.a; 왕하 23.e.
51　출 12.c; 레 23.c; 신 16.a.
52　창 17.b; 수 5.b.

의 고대 기록들을 숙독한 사람들에게는 그것이 얼마나 고의로 인간에게 자신의 판타지를 유지하도록 만드는지가 명백합니다. 예루살렘에서 시작하여 콘스탄티노플, 안디옥 알렉산드리아 그리고 로마에 있는 나머지 다른 교회까지, 그는 그들의 가장 큰 혼란과 전복이 의식을 통해서 바뀌었다는 것을 분명하게 볼 것이기 때문입니다.

어떤 그리스도인들도 이 할례 때문에 라틴 교회와 헬라 교회 사이에 내내 있었던 갈등을 눈물 없이는 생각할 수 없습니다. 그리고 성 바울이 예루살렘의 장로들이 했던 것처럼 그 의식들을 지키지 않으려고 했을 때보다 더 갈라디아 교인들과 또한 다른 교인이 그에 맞서서 반대한 어떤 것이 있었습니까?[53]

그런데도 바울은 연약한 형제자매들을 얻으려고 하는 희망이 있었던 시기에는 그것들을 지켰고, 그래서 디모데에 할례를 시켰습니다.[54] 그러나 사람들이 그 의식들을 교회의 필수적인 일들로 유지하려 한다는 사실을 인식했을 때, 바울은 그들 사이에서 헛수고하지 않기 위해서,[55] 할례를 받은 누구에게도 그리스도는 아무 유익을 주시지 않는다고 말하고,[56] 또한 그것이 그리스도를 천박한 의식과 결부시켰던 것을 두려워하면서, 자신이 이전에는 그저 그런 것이라고 했던 것을, 사악하고 불경한 것이라고 불렀습니다.

사랑하는 형제 여러분!

이것으로 설득되고 더욱 많은 이유로(여기서는 쓸 기회가 없지만) 확신하면서, 우리는 하나님의 책에서 배웠던 그 지혜로서 만족했습니다. 그 책에서 우리는 하나님의 말씀을 순전하게 설교하고, 성례전을 진실하게 집행하며, 하나님의 영광을 증진하고 그분의 거룩한 백성의 덕을 세우기 위한 것으로 인정된 기도와 다른 규범들을 사용하라는 가르침을 받았습니다.[57]

설교에 관해서는, 그것은 모든 경건한 사람에 의해서 허락된 것이기 때문에 이번에는 그것을 규명하지 않겠습니다. 그리고 또한 두 개의 성례전

---

53 갈 1.2; 행 21.d.
54 행 16.a.
55 갈 4.b.
56 갈 5.a; 행 15.a.
57 행 2.g; 마 26:28.

을 섬기는 것에 대해서는 우리의 성경이 충분한 증명을 해 줍니다. 그러나 기도는 말로만 하든지 혹은 말에 노래가 함께하는 두 종류의 방식을 따르기 때문에 그리고 이 후자는, 그것을 진정으로 사용하지 못하는 점과 또한 동일한 것을 충분히 고려하여, 많은 사람이 이것을 개혁파 교회에서 사용될 수 있는 것인지에 대해 의심을 품고 있습니다.

그에 관해서 간단히 몇 가지를 주목하는 것이 적절할 것입니다. 성 바울은 사람들이 어떻게 노래해야만 할지에 대해 하나의 규칙을 제시하면서, 우선, "나는 말로 노래하고, 마음으로 노래할 것이다"라고 말하고,[58] 다른 곳에서는 어떤 노래들을 불러야 할지를 보여 주면서, 에베소 교인들에게 "시와 찬송과 신령한 노래들로 마음으로 하나님께 감사로 노래하면서 서로를 세우도록" 권면합니다.[59]

만약 성령님께서 그 노래가 하나님께 간구할 마음과 더욱더 열렬하고 생생한 열정으로 하나님을 찬양할 마음을 일으키게 하고, 음악과 노래가 우리에게 자연스러우므로 모든 사람이 그것을 기뻐한다고 말씀하신다면, 마찬가지로, 우리 자비로운 하나님도 우리가 그 이름의 영광과 우리 영혼의 재창조 그리고 우리 자신의 유익을 위하여 얼마나 기뻐하면서 노래할 수 있는지 우리 눈앞에 보여 주십니다.

그러나 너무나 귀중하거나, 탁월한 하나님의 선물을, 사탄이 어떤 식으로든 자기식으로 만들거나 타락시키지 않는 것이 없으므로, 그는 가장 뻔뻔하게 노래라는 이 훌륭한 선물을 오용했습니다. 그중에서도 주로 가톨릭교도들 때문에, 그 성직자들은 그것을 위장하고, 부분적으로는 사람들을 교화시킬 수 없는 이방 언어를 사용하며, 부분적으로는 노래를 하나님의 말씀 때문에 인정되고 교회에 유익하며 모든 고대에 의해 확증된 선물로서 평가하지 않고, 진기하고 난잡한 방식으로 사람들의 귀를 간질이고 판타지에 아첨하려고 사람들을 고용함으로써 그렇게 했습니다.

게다가 다른 곳에서는 젊은 플리니우스(called the Younger Plinius)의 말에 의해서 그것이 가장 명백해진 것처럼, 아시아에서 트라얀 황제(Emperor Trajan)

---

58 고전 14.6.
59 엡 5.d; 약 5.c.

의 총독으로 있으면서 그리스도인들을 죽이기 위해서 그들을 조사하는 책임을 졌을 때, 그는 그리스도인에 관한 다른 모든 것 중에서 그들의 풍습은 아침 일찍 그들의 하나님인 그리스도께 운문과 성시를 노래하는 것이라고 적었습니다.[60]

만약 누군가가 이런 교회나 모임들이 언제, 누구에 의해서 설립되었는지를 의심한다면, 사도 성 요한이 비록 도미티아누스 황제 시대에 밧모섬으로 유배당했었지만,[61] 트라얀 황제가 통치하기 바로 전에, 도미티우스의 후계자인 네르바 황제가 에베소에 돌아와서 교회를 시작했다는 것이 분명하다고 그 보고서는 말합니다. 그러므로 하나님의 말씀이 인정하고, 고대 시대가 그에 관한 증언을 하며, 최상의 개혁교회가 같은 것을 받아들였던 것을 안다면, 하나님의 말씀을 비난하고, 고대 시대를 경멸하며, 경건한 개혁교회들을 철저하게 비난하는 사람을 제외하고는 노래를 질타할 수 있는 사람은 아무도 없습니다.

그리고 성령께서 같은 용도로 적합하게 하셨고, 성경 전체의 효력을 포함하는 것으로써 교회에도 권하셨던 선지자 다윗의 시편보다 더 적절한 노래들은 없습니다. 그리고 그들의 일반적인 말과 산문보다 오히려 노래와 운율로 하나님이 자신들에게 주셨던 그런 위로에 대해 하나님께 감사를 드렸던 모세, 히스기야, 유딧, 드보라, 마리아, 스카랴 그리고 다른 사람에 의해서 나타나는 것처럼 이런 것에 의해서 우리의 마음이 더욱더 생생하게 감동할 것입니다.[62]

우리는 여기에서 운율에 대해서 충분히 논의할 공간이 없습니다. 그러나 학식 있는 사람들은 그것에 관해서 의심하지 않고, 성시들이 운율(meter)일 뿐 아니라, 정확한 늘임표를 포함하고 있으며, 또한 성경의 다른 어떤 곳보다 더 시의 행에 은혜와 장엄함을 가지고 있다는 것이 분명하게 증명되어 있으므로, 우리가 어떤 규명도 할 필요가 없습니다. 히브리어에 능통한 사람들은 성시들을 성경의 나머지 부분과 비교함으로써 운율을 쉽게 인식할

---

60 Epist. II. 10 [Pliny to Trajan, *Letters*, 10:96-97].
61 Eccl. hist lib. 3. cap. 22 [Eusebius, *Ecclesiastical History*, 3.23].
62 출 15.a; 사 38.c; 삿 5.a; 눅 1.f; g.

수 있을 것입니다.

그것을 잘 모르는 사람들에게는 성령님은 많은 시편을 알파벳의 문자에 따라 만들어서 모든 시의 행이 알파벳의 문자로 차례대로 시작되도록 하셨을 정도로 그분은 얼마나 우리들의 기억을 꼭 돕기 원했습니까?[63]

어떤 때는 A로 행의 반을 시작하고 B로 나머지 반의 시 행을 마무리합니다. 그리고 또 다른 곳에서는 3개의 시 행들이 같은 방식으로 이루어지거나 히브리어 알파벳 문자 하나로 8개의 행을 구성하기도 합니다. 시편 전체가 다 이런 식입니다. 마치 모든 사람이 삶의 다양성과 간결함 그리고 간편함과 즐거움에 대한 사랑으로 불타올라야 하는 것처럼 말입니다.

이제 여러분들도 깨달을 수 있도록, 왜 어떤 곳에서 우리가 운(rhyme)을 바꾸었는지, 하나님이 그에게 주신 은사들을 왜 우리가 존중하고 귀하게 생각하는지 설명이 충분할 것입니다. 이 작업에 있어서 우리는 우리 앞에 하나님만 계시게 하고, 어떤 사람이 기록했던 것보다는, 오히려 그것의 뜻을 고려하면서 선지자의 말과 감각을 중요시했습니다. 그리고 주로 가장 완벽하고 경건한 판단이 우리에게 보장했던 이곳에 있음으로써 그리고 동일한 것에 대한 권면이 우리를 격려했으므로, 우리는 운의 느낌을 영어식의 운율(meter)에 묶기보다는 히브리 느낌에 맞추어 만드는 것이 낫다고 생각했습니다.

그리고 그것이 끝나지 않은 부분이나, 시구의 일부분이나 때로 전체를 없애는 것이 낫다고 생각될 때는 좋은 쪽으로 고치거나, 동일한 것을 첨가했습니다. 박식한 사람들이 판단하다시피, 결점을 찾는 것을 즐기는 사람으로서가 아니라, 그런 잘못들을 감추기를 원하는 사람들로서 그렇게 했습니다. 마지막으로 다른 어떤 것보다 제네바의 이 교리 교육을 선택하고 따르도록 우리를 감동하게 했던 이유를 여러분이 이해하는 일이 남았습니다. 왜냐하면, 교리 교육의 진정한 사용은 그리스도인에게 믿음과 기독교 신앙의 모든 핵심을 완전히 교육하고, 이것에 의해서 믿음과 기독교 신앙을 가장 쉽게, 바른 순서로 그리고 완벽하게 배울 수 있는 것을 고려하기 때문이고 가장 좋은 점으로는 우리가 이렇게 많은 것 중에서 기능이 동일하거나,

---

[63] 모세의 샵비(Chabib)의 책에 있는 히브리어 참조하라.

완벽성에서 비교가 되는 다른 어떤 것도 찾을 수 없었기 때문입니다.

게다가, 오늘날 그리스도의 교회에 걸려 있는 위험들이 우리를 매우 많이 움직이게 했습니다. 사람들이 어떤 야만성의 현존하는 표지들과 하나님의 교회에 일어날 개연성이 있는 오류의 웅덩이들을 보는 것처럼, 모든 경건한 교회가 이 일들에 대항해서 모든 점에서 하나님의 거룩한 말씀에 합당한[64] 한 종류의 교리와 신앙 고백에 동의하는 것보다 더 나은 보존법은 없기 때문입니다. 그 결과 우리 후손들은 그것이 한 인간의 교리일 뿐 아니라, 전체 기독교 교회가 동의했다는 사실과 그것에 의해서 여러분 모두가 양육되고 훈련받았다는 사실을 인식함으로써, 모든 이단과 박해 그리고 다른 위협들에 맞서는 그리스도의 교회의 보편적인 예에 의해서 확증될 수 있습니다.

지금까지 어떤 사람도 이런 일을 행하지 않았다는 것과 지금까지 이 교리 교육이 가졌던 것과 같은 이런 목적을 이뤘던 적도 없다는 것을 알고, 그것의 합당성을 위해 이미 히브리어, 헬라어, 라틴어, 프랑스어, 이탈리아어, 스페인어, 네덜란드어 그리고 영어로 번역되어 있으므로, 우리는 더 이상 할 것이 없고, 다만 기꺼이 그리고 기쁨으로 동일한 것을 포용할 따름입니다. 따라서 우리가 이제 동일한 고통의 십자가 아래 있으므로, 우리의 사랑하는 형제자매들인 여러분과 예수 그리스도로 말미암은 자비로운 성부 하나님의 자녀들이 모두 함께, 여러분에게 예수님의 이름으로 우리의 행위를 읽어서 판단하기를 원합니다. 단지 그분의 말씀이라는 시금석에 의해서 시험해 보고, 만약에 잘못된 것이 있다면 그것들은 거부될 것이고, 만약 그것들이 유익하다면 하나님이 영광을 받으실 것이며, 악한 것은 중단될 것입니다.

사랑하는 형제자매들이여. 안녕히 계십시오. 그리고 우리 모두 우리의 사랑하는 하나님이 우리에게 긍휼을 베푸시고, 하나님의 거룩한 말씀을 회복시키시며, 하나님의 자녀들을 위로하고 강건하게 해 주시기를 그리고 마지막으로 적그리스도인 사탄과 모든 그분의 원수를 물리치도록 하나님께 기도합시다.

제네바에서 1556년 2월 10일

---

[64] 시 89.a,

성경의 해석[65]

¶ 매주 한 번 회중은 성경의 어떤 부분이 순서대로 강해되는 것을 듣기 위해 모인다.[66] 그 때 각 사람은 하나님이 마음을 움직이시는 대로 말하거나 질문하는 것이 합당하다. 본문을 선택한 목사는 그냥 만족하기보다 오히려 유익을 찾으려고 하는 사람으로서 그것이 적실성이 없거나 경멸받지 않도록 한다. 그리고 이와 같이 어떤 다툼이 생긴다면, 중재자로 임명된 자는 당사자를 만족시키거나, 그렇지 않고 그가 트집을 잡으려고 하는 것으로 보인다면, 앞에서 언급했던 목사들과 장로들의 모임에서 결정되도록 그 판단을 그들에게 일임하면서 그에게 조용히 하라고 권면한다.

『기도의 형식』(1556)과 『공동 예배서』(1564)

¶ 지정된 시간에 회중이 모일 때, 목사는 사람들로 하여금 자신의 논지를 마음으로 이해하면서 자성하도록 열심히 권면하는 이 고백이나, 취지가 유사한 것을 사용한다.

『기도의 형식』(1556만)

우리 죄의 고백
다니엘서 9장을 우리 시대에 맞게 표현함

오, 강하시고 두려우신 분이신[67] 여호와 하나님!

65　이 책의 목적 때문에 앞에 나오는 몇 개의 섹션들을 싣지 않았다. 기독교 신앙 고백// 목사와 그들의 선출에 관해서// 장로에 관해서, 그리고 그들의 직무와 선출에 관해서// 집사와 그들의 직무와 선출에 관해서// 목사들의 매주 모임// 장로와 집사.
66　고전 14.a; 살전 5.d; 엡 4.b; 고전 12.d.
67　느 1.b; 욥 9; 38; 39; 40; 시 25; 76; 77; 139.

당신은 당신을 사랑하고 당신의 계명을 지키는 사람들에게[68] 언약을 지키시고 자비를 베푸시는 분[69]이십니다. 우리는 죄를 지었고, 우리는 범죄했으며, 사악하고 완고하게 당신의 율법과 계율로부터 돌아섰습니다. 우리는 하나님의 이름으로 우리 왕들과 군주들과 우리 조상들과 우리나라의 모든 사람에게 전했던 당신의 종인 선지자들에게 결코 순종하려고 하지 않았습니다.[70]

오, 하나님![71]

의는 당신께 속해 있고, 우리에게는 오늘날 우리 비참한 조국 영국에 일어난 것처럼, 단지 공개된 부끄러움만이 존재합니다. 그렇습니다. 멀리 있거나 가까이 있거나 그들과 우리가 하나님께 대항하여 범했던 모든 범죄로 인해[72] 전 세계에 걸쳐 흩어졌던 곳에서 우리나라 사람 모두에게 그 일이 일어났습니다. 그 결과 당신의 율법에 기록된 저주들과[73] 벌이 우리에게 쏟아 부어졌습니다. 그리고 당신은 우리가 이전에 위협받았던 그 역병들과 동일한 전염병을 우리에게 내리심으로써 우리와 우리를 통치하는 지배자에게 위협하셨던 그 말씀들을 수행하셨습니다. 그런데도, 그들과 우리는 모두 우리의 죄악을 계속했으며, 죄에 죄를 쌓는 짓을 그만두지 않았습니다.[74]

한때 복음으로 잘 배웠던 사람들이 이제 당신의 진리에 순종하는 것에서 벗어나서[75] 한때 당신의 말씀을 설교함으로써 우상 숭배에서 벗어나 부름을 받았던 가장 가증스러운 그곳으로 또다시 돌아갔습니다. 그리고 우리는 심지어 오늘에 이르기까지 이전의 사악함을 진정으로 회개하지도 않고, 하나님의 불쾌하심의 무거움을 제대로[76] 숙고하지도 않습니다.

---

68 창 3.b; 롬 5.b; 요1 1.d; 시 32.c; 106.a.
69 출 20.a; 눅 7.g.
70 레 26.c; 신 28.b; 렘 26.a; 29.b; 느 1.c.
71 시 11.b; 애 [?].d; 욥 4.d; 9.a; 25.b.
72 시 89.a; 렘 26.b; 27.a.
73 레 26.c; 신 27; 28; 30.
74 얼마나 옛날 토했던 곳으로 돌아가는 것이 얼마나 비참한지요.
75 벧후 2.d; 잠 26.b; 히 6.a; 10.e.
76 시 19.d; 신 31.d; 29.d; 겔 5.d.

오, 하나님!

당신이[77] 죄로 죄를 벌하시고, 인간을 그 자신의 창안에 의해 벌하시는 것은 당신의 공정한 판단입니다. 그래서 당신의[78] 감당할 수 없는 은혜로 당신이[79] 우리를 막지 않으신다면, 죄악의 끝이 없을 것입니다.

따라서[80], 오, 하나님!

우리들을 회심시켜 주시옵소서. 그리고 우리는 바뀔 것입니다. 왜냐하면, 우리는 우리 자신의[81] 의로움에 의지하지 않고, 당신의 수많은 긍휼에 의지하여[82] 기도를 드리기 때문입니다. 그리고 비록 당신이 한때 당신의 특별한 은혜로 우리를 잘못과 무지로부터 구해 주셨고 우리를 저 향기로운[83] 복음의 자유로 수없이 불러 주셨음에도 불구하고, 우리는 당신의[84] 선지자들의 경고보다는 우리 자신들의[85] 욕망과 감정에 복종하면서 그것을 가장 부끄럽게 악용했습니다.

그렇기는 하지만, 다시 한번 당신의[86] 이름을 위하여, 하나님이 당신의 익숙한 긍휼이라는 위로의 몇 방울이라도 우리에게[87] 부어 주시고, 당신의 귀를 기울이시고, 당신의 눈을 여셔서 우리나라의 지독한 역병과 우리의 고통 받는 형제자매들의 끊임없는 슬픔과 우리의 비통한 추방을[88] 보시기를 요청합니다. 그리고 우리의 고통과 정당한 벌이 우리가 흩어져 있는 다른 나라들에 책망과 경고가 되어[89] 그들이 거룩한 복음에 경건하게 순종

---

77 롬 1.d.
78 엡 2.a.b.
79 사 65.d; 롬 10.e.
80 시 85.a; 렘 31.c.
81 딛 3.a; 딤후 1.b.
82 이 문장은 『공동 기도서』(1552)에 있는 "겸손한 접근의 기도"에서 따온 것이다.
83 갈 4.5.a.
84 슥 7.b.
85 갈 5.b.c.
86 시 23.a; 25.c.
87 시 71.a.
88 모든 민족이 우리의 예를 보고서 조심하기를.
89 "책망과 경고"는 녹스 논문의 제목 "런던과 바윅(Barwycke) 그리고 다른 곳에 있는 신실한 그리스도인들이 자신들의 삶과 앞으로 다가올 삶 모두에서 하나님의 복수를 피하게 할 수 있는 책망과 경고"를 되풀이한다.

하도록 하시옵소서. 그렇지 않다면 그들의 경멸로 인하여 우리에게 떨어진 것과 유사하거나, 혹은 더 지독한[90] 전염병이 그들을 덮칠 것입니다.

오, 하나님!

우리를 용서해 주시고,

오, 하나님!

너무 오래 늦추지 마시고, 다만 당신의 사랑하는 아들[91] 예수 그리스도를 위하여 우리에게 긍휼을 베푸시고, 우리를 해방해 주시옵소서. 그럼으로써 전 세계가 당신 홀로만이 완전히 동일한 하나님이시고, 당신의 거룩한 이름을 부르고 기도하는 모든 이에게 언제나 자비를 베푸시는 분[92]이시라는 사실을 알도록 하시옵소서.

『기도의 형식』(1556)과 『공동 규범서』(1564)

우리 죄의 고백[93]

오, 영원하신 하나님!

그리고 지극히 자비로우신 아버지, 거룩하고 존귀하신(Divine Majesty) 하나님의 존전인 여기에서 우리가 죄와 범죄 속에서 잉태되고 태어났으며, 그래서 우리 안에는 어떠한 선함도 없는[94] 비참한[95] 죄인임을[96] 고백하고 인정합니다. 이는 육체는 항상 영혼에 거스르고[97], 그로 인해 우리는 끊임없이 당신의 거룩한 계율과 계명을 어겼으므로 당신의 공의로운 판결을[98] 통해서 우리 자신들에게 사망과 저주를 얻게 했기 때문입니다.

하늘에 계신 하나님 아버지!

---

90 마 11.c; 12.d; 눅 10.c.
91 요 16.c.
92 시 103; 108.a; 136.a.
93 이 기도의 제목은 제네바에 거주하는 망명자들의 예전에 있는 "모든 나라와 시대를 위한 또 다른 고백"이다.
94 롬 7.d.
95 롬 3.c; 시 14.b.
96 시 51.a.
97 갈 5.c.
98 롬 2.a; 렘 3.g; 사 40.b.

우리는 당신에게 맞서서 지은 죄 때문에 스스로가 불만스럽고, 그 죄를 진심으로 회개하고 있으므로, 그리스도를 위해서 당신의 긍휼을 우리에게 베푸시고, 우리 모든 죄를 용서해 주시며, 우리 안에 당신의 거룩한 성령님을 더하여 주시기를 지극히 겸손하게 요청합니다. 진심으로 우리 자신의 부당함을 인정하면서, 우리는[99] 이제부터 우리의 죄로 가득한 탐욕과 감정들을 자제할 뿐 아니라, 당신의 가장 송축받으실 뜻에 합당한 열매들을 맺을 것입니다. 그러나 그것들이 가치가 있어서가 아니라, 소중하고 사랑하는 당신의 아들이시고, 당신이 우리의 죄 때문에 이미 봉헌과 제물로서 바치셨던 우리의 단 한 분 구주이신 예수 그리스도의 공로 덕분[100]입니다.

그리고 우리는 예수님으로 말미암아[101] 우리가 예수님의 이름으로 당신의 뜻에 따라 요청하는 것을 당신은 아무것도 거부하지 않을 것이라는 사실을 확실히 알게 되었기 때문입니다. 그리고 당신은 우리의 자비로우신 아버지이시고, 그래서 예수님으로 말미암아 우리를 당신의 자녀로 사랑하시며, 아무것도 우리에게서 당신의 하늘의 은혜와 호의를 제거할 수 없다는 사실을 당신의 성령께서[102] 우리의 양심에 보장하시기 때문입니다. 그러므로 성자와 성령님과 더불어 하나님 아버지 당신께, 모든 명예와 영광이 세세토록 있기를 기도합니다. 아멘.

『공동 규범서』(1564만)

공동 기도의 날에 에든버러(Edinbutgh) 교회에서 일반적으로 사용되었던 또 다른 고백과 기도

오, 장엄하시고, 지극히 능하신 하나님!

당신은 창세로부터 당신의 지극히 거룩한 계명을 비난하는 자들에게 맞서는 소멸의 불이라고 공언하셨습니다. 그런데도 회개하는 죄인들에게 항상 호의를 베푸시는 아버지이시고, 자비로 가득하신 하나님이심을 드러내

---

[99] 골 3.a; 롬 6.a; 엡 4.c; 5.a; 벧전 2.a.
[100] 롬 5.a; 히 9.d; 엡 2.d.
[101] 요 14.b; 16.c; 마 7.b; 약 1.a.
[102] 요 3.d; 롬 8.b.c.g.

셨습니다. 당신의 피조물이고, 당신의 손으로 만드신 우리는 하늘을 향해서 우리의 눈을 뜨기에도 지극히 가치 없는 자이고, 당신의 존전에 나타날 자격은 더욱 없음을 고백합니다. 이는 우리의 양심이 우리를 비난하고, 우리의 명백한 죄악이 우리가 당신을 거절했다는 사실을 우리에게 증언하기 때문입니다.

우리는 우상 숭배로 더럽혀졌습니다. 우리는 당신의 영광을 피조물에 주어버렸습니다. 우리는 찾을 수 없는 곳에서 지원을 구했고, 당신의 지극히 유익한 훈계들을 가볍게 취급했습니다. 온 나라에서 발생하는 우리 삶의 명백한 부패는 우리가 당신의 법령과 율법 그리고 거룩한 법규들을 정당하게 평가하지 않았음을 분명하게 입증합니다.

그리고 하나님, 이것은 우리가 무지할 때에 행했을 뿐만 아니라, 심지어 당신의 긍휼로 당신의 거룩한 복음을 설교함으로써, 당신이 계시는 천국으로 가는 길을 우리에게 열어 주셨던 지금에도 이 비참한 왕국 전체는 여전히 이전의 불신앙을 계속하고 있습니다. 사실상, 대부분은 무지하고 완고한 군주들의 발자취를 따르면서, 당신의 복음의 빛을 철저하게 경멸하고, 무지와 우상 숭배를 기뻐합니다.

어떤 자들은 하나님이 계시지 않는 백성처럼, 당신의 무시무시한 심판에 대한 두려움이 전혀 없이 살고 있습니다. 하나님, 또 어떤 자들은 입으로는 당신의 복된 복음을 고백하지만 그들의 추악한 삶으로 복음을 모독합니다. 오 하나님, 우리는 당신이 완악한 범죄자들에게 벌을 내리지 않을 만큼 범죄를 오래 참으실 수 없는 의로운 재판관이시라는 사실을 모르지 않습니다.

오, 하나님!

특별히, 그렇게 오랫동안 당신을 무분별하고 끔찍하게 저버린 후에도, 당신은 우리를 너무나 사랑스럽게 또다시 당신의 호의와 교제로 부르셨고, 그런데도 아직 우리는 완악하게 반역하고 있습니다. 하나님 우리는 우리의 극도의 비참함 속에서 당신께 요청합니다. 그렇습니다. 심지어 우리가 우리 원수의 분노 속에서 철저하게 소멸한 것처럼 보였을 때조차, 당신은 자비롭게 당신의 귀를 우리에게 기울이셨습니다.

우리 안에 지혜도 힘도 없었을 때, 당신은 당신의 권능으로 우리를 위해서 싸우셨습니다. 우리가 우리의 어리석음으로 인해서 이방인들의 노예가 되었을 때, 하나님 당신 홀로 우리 목의 멍에를 부숴버렸고, 우리를 자유롭게 하셨습니다. 그리고 자비롭게도 오늘날까지 당신은 계속해서 당신의 복음의 빛으로 우리와 함께하셨습니다. 그러므로 지금까지 우리에게 허락하신 영과 육의 축복을 중단하지 마옵소서.

전능하신 하나님!

그런데도, 사실상, 우리는 우리의 엄청난 배은망덕이 당신으로부터 내려질 벌을 자초하고 있다는 것을 명백하게 알고 있고, 그것의 표징이 우리 앞에 있음이 분명합니다. (*) 왜냐하면 선동의 속삭임, 당신이 주셨던 은혜에 대한 경멸 그리고 우상 숭배를 계속 유지하는 것은 특히 우리들의 통탄할 범죄들 때문에 우리 위에 떨어질 당신이 주실 더 큰 역병들의 표징을 확신시키기 때문입니다. 그리고 측량할 수 없는 이 태도의 불온함 또한 당신의 기근이라는 익숙한 역병을 가져올 것입니다. 그것은 일반적으로 과도한 폭동과 가난한 자에 대한 경멸에 뒤따르는 것이고, 사실상 전 세계가 이것을 채우고 있습니다. (*)[103]

하나님, 우리에게는 우리와 당신의 심판 사이에 놓을 것이 아무것도 없습니다. 다만 당신의 사랑하는 아들 우리 주 예수 그리스도께서 죽음과 수난을 통해서 우리에게 사 주셨고, 그분 안에서 우리에게 값없이 주셨던 당신의 긍휼만이 있습니다. 만약 하나님이 당신의 피조물을 심판하기 시작하시고, 우리들의 통탄할 만한 죄와 범죄를 기억하신다면, 그 선고를 피할 수 있는 육체는 없습니다. 따라서 우리는 가장 겸손하게 당신께 요청합니다.

오, 긍휼의 아버지 하나님!

당신의 아들 그리스도 예수를 위하여 우리로부터 이런 냉담한 마음을 제거하여 주시옵소서. 우리는 그렇게 오랫동안 당신의 자비는 물론 무거운 심판들에 관한 것들을 들어왔음에도 불구하고 마음에 움직임이 없었습니다. 이제 존엄하신 하나님이 당연히 받으셔야 하는 존경심을 품고 또한 그것을 우리 마음에 새기도록 우리에게 당신의 성령으로 부드러워진 마음을 주시옵소서.

---

[103] 이 * 안에 포함되었던 절들이나, 아니면 필요한 경우에 그들 중의 어떤 것이 사용되었을 것이다.

하나님 아버지!

당신이 선택하신 자녀들이 육체의 불완전함 아래에서 고통을 겪고 있는 것을 보시옵소서. 그리고 당신께서 우리의 단 한 분 구주(Savior)이시고, 중재자(Mediator)이시며, 입법자(Lawgiver)이신 예수 그리스도에 의해서 우리에게 약속하셨던 승리를 허락해 주시옵소서. 당신과 당신의 성령과 함께 그분에게 이제와 항상 영원히 모든 명예와 찬양이 있기를 기도합니다.

『공동 규범서』(1564만)

**우리의 극심한 괴로움의 시간에 하나님께 드렸던,
그리고 지금도 스코틀랜드 교회에서 설교 전에 일반적으로 사용되는
죄의 고백과 청원**[104]

우리 주 예수 그리스도의 아버지이신 영원하시고, 영존하시는 하나님!

당신은 완악하고 불순종한 자들에게 당신의 강한 불만과 정당한 심판들을 쏟아내실 때조차도, 자비를 베푸셨고 당신의 계명을 사랑하고 경건함으로 지키는 사람들에게 언약을 지키시는 분이십니다. 우리는 당신이 이방인들의 압제로써 우리에게 벌하셨던 것이 정당하고, 한때 당신의 자비로 당신께서 제거하셨던 속박과 멍에를 우리에게 다시 지게 하실 것이 더욱더 정당하다는 사실을 우리의 마음으로부터 고백하면서 존엄하신 당신의 보좌 앞 여기에 엎드립니다.

우리의 왕들과 군주들과 백성은 무분별함으로 당신의 영원하신 진리인 말씀을 거부했습니다. 그리고 당신이 지금 당신의 완전한 자비로부터 우리에게 또다시 이런 풍성함으로 그분을 제공하셨음에도 불구하고, 그렇게 행함으로써 우리는 당신의 아들 예수 그리스도 안에서 우리에게 제공하셨던 당신의 자비 맹약을 거부했습니다. 그 사실은 누구도 무지했다는 이유로 면죄부를 받을 수가 없습니다. 인간의 심판을 자초하는 이 불신앙은 이 나라 곳곳에 넘쳐흐르고 있고 그것은 많은 무리가 무지와 우상 숭배를 기뻐

---

[104] 이 기도와 제네바의 영국인 망명자들이 다니엘 9장으로부터 개조해서 사용했던 기도 사이에 있는 유사성을 주목하라.

하기 때문입니다. 그러기에 사실상, 당신의 말씀을 공경하고 포용하는 것처럼 보이는 이런 사람도 당신이 그렇게 자비롭고 친절한 당신 자신을 보여 주셨던 사람들에게 어울리는 것과 같은 회개의 열매를 나타낼 수 없습니다.

오, 하나님!

그 때문에 당신이 죄로 죄를 벌주시고, 자신들의 죄악으로 인해서 인간에게 내리는 이런 벌은 당신의 정당한 심판들입니다. 그래서 당신이 우리가 받을 자격이 없는 은혜로 우리보다 앞서가시는 것 외에는, 죄의 끝이 있을 리가 없습니다. 그러므로 하나님, 우리를 회심시켜 주시옵소서. 우리는 회심될 것입니다. 우리의 배은망덕함으로 인하여 이방인들이 우리를 다시 지배하거나, 우리에게서 당신의 복음의 빛을 빼앗기는 당신의 지극히 정당한 심판을 받지 않도록 해 주시옵소서.

그러나 엄청난 무리가 모두 함께 반역적이고, 또한 우리에게 끊임없이 지속하는 불완전함이 남아 있지만, 그런데도 하나님의 이름의 영광을 위해서 그리고 당신의 절대적 자비로서 당신이 그분의 진리와 복음을 우리 사이에서 분명하게 드러내셨던 당신의 사랑하는 독생자 예수 그리스도의 영광을 위해서이다. 그것이 어떤 방식이든지 우리를 당신의 보호 안에 그리고 당신의 방어 안에 데리고 가셔서, 당신의 절대적 자비로 우리 사이에서 당신의 구원 일을 시작하셨던 것과 마찬가지로, 이 동일한 자비로 당신이 그것을 계속하실 것임을 온 세상이 알 수 있게 되는 것이 당신의 기쁨이 될 것입니다. 자비로운 아버지 당신의 아들 그리스도 예수를 위하여 이것을 우리에게 주시옵소서. 아멘. 당신을 기쁘시게 할 것입니다.

¶ 이것이 끝나면, 사람들은 성시를 분명한 곡조로 함께 노래한다. 그 노래가 끝나면, 목사는 성령께서 자신들의 마음을 감동하게 하는 대로 설교로 진행되도록 성령 하나님의 도움을 구하는 기도를 한다. 설교 후에 다음에 나오는 이 기도 혹은 그와 같은 것을 사용한다.

『기도의 형식』(1556)과 『공동 규범서』(1564)

그리스도의 교회의 모든 분야를 위한 기도
전능하신 하나님!

그리고 가장 자비로우신 아버지. 우리는[105] 이제 우리 사이에 뿌려진 하나님의 이 말씀의 씨앗을[106] 박해라는 불볕더위가 시들게 하지 못하고 이 생명에 관한 관심을 가시 떨기나무의 가시가 기운을 막아 말리지 못하게 함으로써 당신의 하늘의 지혜가 정하셨던 것처럼, 다만 좋은 땅에 심어진 씨가 삼십 배, 육십 배, 백배의 열매를 맺는 것과 같이 그렇게 깊이 뿌리를 내릴 수 있도록 간청하면서 하나님의 주권 앞에 겸손하게 복종하고[107] 엎드립니다. 그리고 우리가 당신의 손에 있는 많은 것을 끊임없이 간구해야 합니다.

오, 하늘의 아버지!

우리의 청원들이 당신의 가장 신성한 의지에 합당한 열정의 마음에서 나오도록 인도하실 당신의 성령을[108] 우리에게 보내 주시기를 겸손하게 요청합니다. 그리고 우리의 연약함으로 인하여 당신의 도움이 없이는[109] 우리는 아무것도 할 수 없다는 것과 우리같이 불쌍하고 비참한 자들이 얼마나 많고 큰[110] 유혹들에 에워싸이고 둘러싸여 있는지 당신께서 모르지 않으신다는 것을 알기 때문이다. 오 하나님, 당신의 은혜의 힘으로 보호를 받는 우리가 우리를 삼키려고 울부짖는 사자처럼[111] 돌아다니는[112] 사탄의 모든 공격에 대항해서 안전하게 보존되도록 당신의 능력으로 우리의 연약함을 지탱하게 하시옵소서.

---

105 벧전 5.b.
106 마 13.a.b.
107 느 26.a; 신 9.c; 수 7.b.
108 눅 11.b; 롬 8.c.; 약 5.d; 요 15.c; 롬 12.c; 지혜서 9.c.
109 고후 3.a; 요 15.a; 빌 2.b. 본문에서는 이 인쇄된 적은 각주에 대해서 일치하는 표시가 없다. 우리들은 그것의 배치에 관한 추론을 했다.
110 시 40.c; 벧전 1.a.
111 눅 17.a.
112 벧전 5.b.

오, 자비로운 아버지!

우리가 언제든지 당신의 하늘 말씀으로부터 방향을 바꾸지 않고, 다만 당신의 모든 계명을 신중하게 지키면서 우리 안에 소망과 사랑을 키우도록 우리의 믿음을 증가시켜 주시옵소서. 그래서 우리 마음의 어떠한 완악함,[113] 어떠한 위선, 어떠한 안목의 정욕[114]이나, 세상의 유혹도 당신께 순종하는 것으로부터 우리를 끌어내지 못하도록 해 주시옵소서.

우리가 지금 이런 지극히[115] 위험한 시기에 살고 있다는 사실을 알기 때문에, 당신의 자애로운 섭리로 모든 곳에서 우리를 추적하는 모든 우리 원수의 폭력에 맞서서, 주로, 당신의 그리스도 원수[116]인 저 로마가톨릭 우상의 사악한 분노와 맹렬한 소란에 맞서서 우리를 지켜 주시옵소서.

나아가서, 당신의 거룩한 사도들에 의해서 우리의 기도와[117] 모든 사람을 위한 탄원 기도를 하도록 배웠기 때문에, 우리는 여기 있는 우리 모두를 위한 기도를 할 뿐만 아니라, 또한 아직 무지하고 비참한 무분별함의 포로가 되어 잘못을 범하는 모든 사람이 당신의 하늘 진리에 대한 순전한 이해와 지식에 이르도록 해 주시기를 요청합니다.

그래서 우리 모두 한[118] 마음과 한뜻으로 하나가 되어 우리의 단 한 분 하나님이시고 구주이신 당신을 경배할 수 있도록 해 주시옵소서. 그리고 하나님이 그분의 거룩한 말씀을 제공하는 임무와[119] 당신이 선택하신 백성에 대한 책임을 맡기신[120] 목사들과 목자들과 목회자들이 자신들의 앞에 단지 당신의 영광만 있게 함으로써 그들의 삶과 교리에 있어서 모두 신실하게 되어, 모든 방황하고 길 잃은 불쌍한 양을 모아 본향인 당신의 우리로 데려오게 하시옵소서.

---

113 시 95.b; 히 3; 4.c.
114 요일 2.c.
115 딤전 4.a; 벧후 3.a; 유 a.b.c.d.
116 살후 2.a; 요일 2.c; 계 13.d; 17.d.
117 딤전 2.a.
118 롬 15.a; 고전 9.c; 막 16.d.
119 요 21.d; 마 28.d; 고전 9.c; 막 16.d.
120 벧전 5.a.

그 외에, 통치자들의 마음은[121] 당신의 손안에 있기 때문에, 당신이 검을[122] 맡기셨던 왕들과 군주들과 치안 판사들의 마음을 인도하고 지배하시옵소서.

오, 하나님!

특별히 우리는, 우리의 본분에 의해서, 우리가 보호받았던 명예로운 지역인 이 도시와[123] 또한 치안 판사들, 의회 그리고 전체 영연방의 무리를 하나님이 유지시키고 발전시켜 주시도록 요청합니다. 당신의 자애로운 호의가 그들을 그렇게 보존하시고, 당신의 거룩한 성령님이 그들의 마음을 다스리셔서, 그들이 자신들의 직무를 시행할 때 당신의 거룩한 말씀의 정확한 법규에 따라서 당신을 믿는 신앙이 순전하게 유지되고,[124] 태도가 개혁되며, 죄는 벌을 받는 방식으로 할 수 있게 해 주시옵소서.

오, 하늘의 아버지!

우리는 모두[125] 그리스도 예수의 신비로운 몸의 지체이기 때문에, 모든 종류의 십자가로 인해서 혹은 전쟁, 역병, 기근, 병, 가난, 투옥, 박해, 추방과 같은 시련으로 인해서 혹은 그것이 육체적 재난이든 마음의 괴로움이든,[126] 다른 모든 종류의 회초리로 인해서 고통 받는 자들을[127] 위해서 요청합니다. 하나님이 그들을 그 모든 괴로움으로부터 완전히 해방시키실 때까지 그들이 인내와 성실함으로 하나님을 기쁘시게 하도록 도우시옵소서.

[『기도의 형식』(1556)만] 그리고 우리의 부모와 친척, 친구들 그리고 조국을 사랑하고[128] 중히 여길 의무가 있기 때문에, 우리는 하나님께 가장 겸손한 마음으로 한때 당신의 자비로 말미암아 자유로 부름을 받았으나 이제는 우리의 죄로 인해서 가장 혐오스러운 노예의 신세와 바벨론의 속박 상

---

121 잠 21.a.
122 롬 13.b; 요 19.b.
123 제네바 지역의 번성을 위해서.
124 딤전 2.a; 약 1.d.
125 고전 12.d; 롬 12.a.
126 고후 1.b; 히 13.a.
127 약 5.a.
128 출 20.b.

태가 되어 버린 우리의 비참한 조국 영국[129]을 불쌍히 여기시기를 요청합니다. 오 하나님, 자신들의[130] 배를 채우기 위해서 하나님의 양떼를 파멸시키는 모든 약탈하는[131] 이리를 그곳으로부터 뿌리째 뽑아 주십시오.

[『공동 예배서』(1564)만] 그리고 마지막으로, 오 지극히 자비로운 아버지 하나님, 가장 겸손한 마음으로 [『기도의 형식』(1556)과 『공동 규범서』(1564) 모두] 당신의 진리를 증언한다는 이유로[132] 박해받고, 투옥되어[133] 매일 사형 선고를 받는 우리의 형제자매들에게 하나님의 큰 자비를 베풀어 주시기를 요청합니다. 그리고 그들에게 비록 인간의 모든 도움은[134] 극도로 부족하더라도, 당신의 향기로운 위로는 그들로부터 결코 떠나지 않게 해 주시옵소서. 그러나 그들이 당신의[135]거룩한 지혜가 명하신 이런 시련을[136] 담대하고 기운차게 참고 견딜 수 있도록 당신의 성령으로 하여금 그들의 마음이 불타오르게 하시옵소서. 그럼으로써 그들의 죽음은[137] 물론, 그들의 삶에 의해서 마침내 당신의 아들 예수 그리스도의 왕국이 만방에 증가되고 빛날 것입니다. 예수 그리스도께서 우리에게 가르쳐 주신 대로 그분의 이름으로 당신께 겸손하게 청원합니다.

하늘에 계신 우리 아버지, 등등.

전능하시고 영존하시는 하나님. 그리스도 안에서 우리의 온전함이 충만한 분량이 되기까지[138] 당신의 활기찬 믿음 안에 있는 온전한[139] 성실함을 주셔서 우리 안에 동일한 것을 날마다 증가시킬 수 있도록 해 주시기를 구

---

129 영국을 위해서.
130 마 7.c; 행 20.f.
131 겔 34.a; 롬 16.c; 빌 3.d.
132 "그리고 우리가 … 할 의무가 있기 때문에 로부터 … 당신의 진리를 증언한다는 이유로까지"는 『공동 규범서』의 후대 버전에서는 삭제되었다.
133 히 13.d; 롬 8.g; 시 43.d.
134 요 16.f.
135 행 2.d; 마 10.d; 눅 21.d.
136 벧전 1.b.
137 롬 14.b.
138 엡 4.a.
139 눅 17.b.

합니다. 그로써 우리는 다음과 같이 말하면서 고백합니다.

나는 하나님을 믿습니다, 등등.

¶ 그다음에 사람들은 성시를 부르고, 그것이 끝나면, 목사는 다음과 같은 이런 축복 중의 하나를 선포하고, 회중은 떠난다.
하나님께서 당신에게 복 주시고 당신을 구하시기를 원하고,[140]
하나님께서 그 얼굴을 여러분에게 비추사 자비를 베푸시기를 원하며,
하나님은 그 얼굴을 여러분에게로 향하여 드사 여러분들에게 평강을 베푸시기를 원하노라.
우리 주 예수 그리스도의 은혜와 하나님의 사랑과 성령의 교제하심이 여러분 모두와 함께 있을지어다. 아멘.[141]

¶ 목사는 날마다 이전에 언급했던 이 모든 것을 반복할 필요가 없다. 그러나 고백의 어떤 형식과 함께 시작해서 설교로 진행한다. 그것이 끝나면, 목사는 전에 언급했던 모든 영지를 위한 기도를 사용하거나 아니면 성령 하나님이 그의 마음에 감동을 주시는 대로, 자신이 간청했던 문제와 시간에 따라 동일하게 틀을 짜면서 기도한다. 그리고 만약 언제든지 현재의 역병, 기근, 악성 전염병, 전쟁, 또는 이와 유사한 것이 하나님의 진노의 명백한 징표[142]인 경우, 우리는 우리의 죄가 그것의 원인임을 인정해야만 한다. 그래서 하나님의 무서운 진노를 돌이키기 위해서 성경에 정하신 대로 애통함과 금식과 기도에 힘써야 한다. 따라서 이런 시간에 목사는 이것에 관해서 사람들을 훈계할 뿐 아니라, 현재의 필요성이 요구하는 대로, 어떤 기도의 형식을 사용하는 것이 편리할 것이다. 여기에 대해 그는 설교 수일 후에 공동 동의를 거쳐서 매주 한 번씩 지켜질 수 있도록 정할 수 있다.[143]

---

[140] 민 6.d.
[141] 고후 13.d.
[142] 레 26.d; 민 28.b; 3 Kgs. 8.d; 4 Kgs. 24.c.
[143] 후대 버전에서 여기 첨가된 확장된 기도의 추가 형식.

『공동 규범서』(1564)만

¶ 다음에 뒤따르는 이런 기도들은 제네바에 있는 프랑스인들의 교회에서 사용된 것이다. 첫 번째 것은 주일 설교 후에 사용되고, 다음에 나오는 다른 것은 공동 기도의 날인 수요일에 기도한 것이다.

설교 후 기도의 또 하나의 방법
전능하신 하나님!

그리고 하늘에 계신 아버지, 당신은 당신의 너무나 사랑하는 아들이신 우리 주 예수 그리스도의 이름으로 우리가 당신께 요청하는 것을 들어 주신다고 약속하셨습니다. 그리고 우리는 또한 예수님과 그분의 사도들로부터 우리가 그분의 이름으로 모이면 그분이 우리 사이에 계시고, 우리가 여기 땅에서 동의한 것들과 같은 것들을 얻을 수 있도록 그분이 우리를 위해서 당신께 중보해 주신다고 약속하신 것을 배웠습니다. 그러므로 우리는 (우리에게는 우선 우리의 지배자와 통치자로 임명하셨던 자들과 또한 당신의 백성과 모든 종류의 인간에게 필요한 것들을 위해서 기도하라는 당신의 계명이 있습니다. 이는 우리의 믿음이 당신의 거룩한 말씀과 약속들에 근거하고, 우리가 여기 당신의 존전에서 당신의 아들 우리 주 예수의 이름으로 함께 모였기 때문입니다) 우리의 지극히 자비로운 하나님 그리고 너그러우신 아버지인 당신께, 우리의 단 한 분 구주이시고 중재자이신 예수 그리스도를 위해서 가장 진지하게 간구합니다.

당신의 무한하신 자비로 우리의 범죄를 아낌없이 사해 주시고, 당신을 향한 우리의 마음과 감정을 이끌고 고양해서, 우리의 요청이 열정적 마음에서 비롯되고, 또한 당신의 지극히 송축받으실 뜻과 기쁨에 합당하여, 그것이 당연히 받아들여질 수밖에 없는 사실이 당신을 기쁘게 하옵소서.

하늘의 아버지 하나님!

당신의 공의의 집행을 맡기셨던 모든 군주와 지배자들에 관해서, 다시 말하자면, 여왕 폐하의 가장 탁월한 왕국(excellent estate)과 여왕의 모든 명예로운 고문과 더불어 나머지 모든 치안 판사와 왕국의 평민에 관해서 요청합니다. 여왕에게 당신의 성령을 허락하소서.

그녀 안에 성령을 끊임없이 더하셔서, 여왕이 완전한 믿음으로 당신의 독생자 우리 주 예수 그리스도를, 당신이 하늘과 땅에 있는 모든 권세를 그분에게 이미 주셨던 대로, 왕 중의 왕이시며, 모든 통치자의 통치자시라는 사실을 인정하게 하소서. 여왕이 그리스도를 섬기기 위해 전적으로 헌신하고, 자신의 왕국 안에서 그리스도의 왕국을 진척시켜서(당신의 피조물이고, 당신의 목장의 양들인 자신의 신민들을 당신의 말씀으로 다스리면서), 우리가 모두 여기와 모든 곳에서 평강과 평온함으로 유지되어, 모든 거룩함과 미덕으로 하나님을 섬길 수 있고, 마침내 모든 원수에 대한 두려움으로부터 해방되어 우리 평생 하나님께 감사하며 하나님의 기쁨이 되기를 기도합니다.

지극히 사랑하는 아버지이고 구주이신 당신께, 당신의 신실한 백성을 목양하기 위해서 당신이 임명하셨고, 영혼들과 당신의 거룩한 복음의 사역을 위해 책임을 맡기셨던 모든 사람을 위해서 또한 요청합니다.

당신의 성령으로 그들을 인도하시고, 그들의 모든 연구가 이 목적을 향하게 하셔서, 당신의 영광 안에서 신실함과 열정으로, 무리에서 벗어나 길을 잃은 불쌍한 양들을 구하여, 그분 안에서 날마다 자라고 모든 의로움과 거룩함에 이르도록 그들을 모든 감독의 머리(Head)이시고 목자들의 우두머리(Chief Shepherd)이신 주 예수께 다시 데려오는 것과 그리고 다른 한편으로 당신의 영광만을 제시하지 않고, 굶주린 이리들의 위험으로부터 당신의 양떼를 보호하지 않으면서 자신들의 야망과 이익만을 추구하는 삯꾼들로부터 모든 교회를 해방하는 것이 당신을 기쁘시게 할 것입니다.

오, 지극히 자비로운 아버지이신 주 하나님!

그 외에, 모든 사람을 위해서 하나님께 기도드립니다. 당신의 독생자 예수 그리스도로 말미암아 얻은 구속 때문에 하나님은 전 세계의 구주로 알려졌습니다. 그렇지만, 복음에 대한 지식의 결핍으로 인해서 어둠과 무지로 포로가 되었던 이들을 복음의 설교와 당신의 성령의 명확한 빛을 통하여 구속의 올바른 길, 즉 당신이 단 한 분 진정한 하나님이시고, 당신이 보내셨던 그분이 예수 그리스도라는 사실을 아는 지식으로 데리고 오시옵소서. 마찬가지로 당신이 이미 당신의 은혜를 부여하셨고, 당신의 말씀에 대한 지식으로 마음을 밝혀 주셨던 사람들에게 거룩함이 계속 더해지고, 그들이 영적 유익으로 넘치게 풍성해짐으로써, 우리가 함께 마음과 입술로 당신을 경배하고 우리의 주(Master)이시고, 왕(King)이시며, 입법자(Lawgiver)이신 그리스도께 합당한 존귀와 예배를 드릴 수 있도록 하시옵소서.

모든 참된 위로의 주님!

당신이 찾으시고 당신의 십자가와 환란으로 징벌하셨던 모든 사람, 그리고 가난, 투옥, 병, 추방 혹은 유사한 육체적인 고난이나 혹은 영적으로 힘들고 고통받는 사람들을 우리의 기도로 당신께 맡깁니다. 그들이 자신들을 향한 당신의 자애로운 사랑, 다시 말하자면, 이런 십자가는 그들이 진심으로 당신께로 돌이켜, 당신께 접붙임 받음으로 완전한 위로를 받을 수 있고 모든 방식의 악으로부터 해방을 위해 자신들을 고치기 위한 징벌임을 그들이 알게 하시옵소서.

이것이 주님을 기쁘시게 할 것입니다. 특별히, 적그리스도의 폭정하에 있는 모든 사람과 이 생명의 음식이 결핍된 자들, 공개적 집회에서 당신의 이름을 부를 자유가 없는 자들, 주로 당신의 복음의 원수들에 의해서 투옥되고 박해받는 형제자매들을 당신의 신성한 보호하심에 맡깁니다.

위로의 아버지!

당신의 거룩한 성령의 능력으로 그들이 결코 움츠러들지 않고, 자신들의 거룩한 소명에서 부단히 인내할 수 있도록 그들을 강건하게 하시고, 당신의 가장 선한 방법으로 고통 속에서도 그들을 위로하시며, 이리들의 분노에 대항해서 그들을 당신의 보호 아래 지켜 주시고 성령의 선물을 더 하셔서 그들을 도우시며 그들이 살아서나 죽어서나 모두 자신의 주 하나님이신 당신을 기쁘시게 하며 영화롭게 하도록 하시옵소서.

지극히 사랑하는 아버지이신 주 하나님!

당신의 아들 예수님의 이름으로 그분의 말씀이 선포되는 것을 듣기 위해서 여기 모인 우리에게도 또한 다음과 같은 것을 허락하시기를 요청합니다. 우리가 본질에서 처한 파멸이 얼마나 비참한 상태인지와 그리고 우리의 사악하고 죄 많은 삶을 통하여 때때로 우리를 향한 당신의 엄중한 벌을 쌓으면서 우리 스스로 영원한 저주를 불러온 것이 얼마나 당연한 결과인지를 진실하고 위선 없이 인정할 수 있게 해 주시옵소서.

그리고 최초의 피조물인 우리의 조상과 부모로부터 받은 우리의 본질에는 선함의 어떤 흔적도 없고, 하나님 나라의 유업을 즐기기에 합당한 어떤 것도 우리 안에는 없다는 것을 알고 있으므로. 우리 안에 거하시는 예수께서 우리의 옛사람, 다시 말하자면 우리의 죄 많은 감정을 죽이고, 우리가 더욱 경건한 삶으로 새롭게 됨으로써 당신의 거룩한 이름이 모든 존귀에 합당한 대로 전 세계에서 그리고 모든 곳에서 전진하고 확장될 수 있도록 할 의도로 우리가 확실한 신뢰로써 당신의 사랑하시는 아들, 우리의 단 한 분 구주이자 구속자이신 우리 주 예수님께 온 마음으로 온전히 헌신할 수 있도록 허락하시옵소서.

마찬가지로, 우리가 당신을 우리를 가르치시고 통치하시고, 말씀의 홀로써 당신의 백성을 인도하시는 분으로서, 또한 당신의 거룩한 성령의 덕분에 그리고 당신의 진리와 의의 능하심으로 말미암아 원수를 혼란시키시는 우리 모두의 왕(King)과 통치자(Governor)로 여기면서 날마다 더욱 더 겸손하게 존엄하신 당신을 따르는 것을 배울 수 있도록 하셔서, 이런 방식으로 당신이 성자의 위격 속에서 심판으로 스스로를 드러내시는 때, 당신의 왕국의 충만하고 온전한 면이 나타나게 되는 그때까지 당신의 영광에 저항하는 모든 힘과 높음이 던져지고 폐지되도록 허락하시옵소서.

그로 인해서, 당신의 하늘의 천사들이 당신의 명령을 지키는 데만 전념하는 것과 마찬가지로, 우리 또한 당신의 나머지 피조물들과 함께 당신께 온전하고 진정한 순종을 바치게 되어서 당신의 뜻만이 어떠한 반대도 받지 않고 완수될 수 있고, 모든 사람이 자신들의 뜻과 육신의 모든 집착과 욕망의 단절을 선포하면서 당신을 섬기고 기쁘시게 하는 일에만 골몰할 수 있도록 허락하시옵소서.

선하신 주님!

우리가 이처럼 당신의 거룩한 이름을 사랑하고 두려워하는 마음으로 행함으로써, 당신의 선함으로 말미암아 자양분을 얻고, 우리에게 편리하고 필요한 모든 것을 당신의 손으로부터 받을 수 있도록 하셔서, 당신의 선물을 다음과 같은 의도를 가지고 평화롭고 고요하게 사용할 수 있도록 허락하시옵소서. 그것은 우리가 당신이 우리를 돌보시는 것을 알 때, 당신의 손에 있는 모든 선한 선물을 추구할 수 있고, 피조물에 대한 우리의 모든 헛된 신뢰를 철회함으로써 당신이 우리의 아버지이심을 더욱 열정적으로 인정할 수 있으며, 당신을 전적으로 신뢰할 수 있게 되어, 당신의 지극히 풍성하신 긍휼에만 머물 수 있고자 하는 것입니다. 그리고 여기 이 일시적인 삶을 사는 한, 우리는 너무나 비참하고, 너무나 연약하며, 죄를 짓는 경향이 너무나 많아서 계속해서 타락하고, 당신의 계명의 바른길로부터 벗어나기 때문에, 우리가 당신의 심판과 유죄 판결의 위험 속에 빠지지 않도록 우리의 수없이 많은 범죄를 사해 주시고, 우리를 기꺼이 용서해 주셔서, 이제부터 사망과 죄가 우리에 맞서서 어떠한 자격도 가질 수 없으며, 우리 안에 항상 남아 있는 죄의 사악한 뿌리가 우리의 탓이 되지 않고, 다만 당신의 계명 때문에 우리가 다른 사람들이 우리에게 했던 잘못에 대한 복수를 추구하는 대신 그것을 잊게 하시고, 우리의 원수들이 진정으로 가치 있는 삶을 시작할 수 있도록 기도하는 것을 허락하시옵소서.

그리고 우리 스스로는 너무나 연약하므로, 한 시간 중 일 분도 똑바로 설 수 없고, 또한 우리는 그렇게 많은 원수의 무리로부터 항상 공격과 폭행을 당하며, 마귀와 세상과 죄와 우리 자신의 정욕은 우리에 맞서서 싸우기를 절대 중단하지 않기 때문에, 당신의 성령으로 우리를 강하게 하시고, 당신의 은혜로 우리를 무장시키셔서, 우리가 완전한 승리를 획득함으로써 마침내 우리의 대장(Captain)이시고, 우리의 통치자(Governor)이신, 우리 주 예수 그리스도와 함께 당신의 왕국을 의기양양하게 누릴 때까지, 우리가 끊임없이 모든 유혹을 견디고, 죄에 대항하는 이 영적 전투를 인내하여 하나님의 선한 기쁨이 되도록 하시옵소서.

¶ 다음의 기도는 공동 기도를 위해서 지정된 날 설교 후에 하는 것이다. 그리고 그것은 우리의 상태와 시간에 대해 우리를 진정한 회개로 움직이고, 여전히 우리를 위협하는 하나님의 날카로운 회초리를 돌이키기에 매우 적절하다.

전능하신 하나님!

하늘에 계신 아버지!

우리는 진실로 우리의 눈을 하늘로 들어 올릴 자격이 없으며, 당신 앞에 나오기는 더더구나 자격이 없음과 그리고 만약 하나님이 우리 안에 있는 것을 보신다면, 우리의 기도를 들으실 것으로 생각하는 것이 얼마나 뻔뻔한지를 또한 우리의 양심이 인정하고 고백합니다.

왜냐하면, 우리의 양심이 우리를 고발하고, 우리가 지은 죄가 우리에게 맞서서 증언하기 때문입니다. 그렇습니다. 당신은 죄인을 의롭다고 여기시지 않고, 당신의 계명을 범한 사람들에게 벌을 내리시는 의로운 재판관(Judge)이시라는 사실을 우리는 알고 있습니다.

그러므로 주님, 우리의 일생을 숙고할 때 우리는 마음속으로 당황스럽고 압도당할 수밖에 없으며, 심지어 사망의 깊은 골짜기가 이미 우리를 삼켜버린 것처럼 절망적입니다. 그런데도, 지극히 자비로우신 주님, 당신의 긍휼은 무한하시므로 우리가 죄로 인해 지옥의 밑바닥에 있을지라도 당신께 구원의 도움을 구하는 것을 당신은 기뻐하십니다.

그러기에 우리는 우리 안에 있는 결핍과 잘못들을 발견할 때 당신의 너그러우심을 더욱더 의지해야 합니다. 또한, 당신은 우리의 요청과 간청을 들으시고 우리의 자격 없음에도 불구하고 우리의 중보자이시며 대언자이신 우리 주 예수 그리스도의 이름과 자격을 위해 우리를 받아 주시겠다고 약속하셨기에, 우리는 인간의 도움을 의지하는 모든 헛된 생각을 버리고 우리 자신을 낮추며 당신이 허락하신 긍휼의 구원만을 바라며 죄의 사면을 얻기 위해 당신의 거룩한 이름 앞으로 나아옵니다.

오, 하나님!

당신은 땅 위에 있는 모든 인간에게 부여하신 보편적 은혜의 유익 외에 우리에게는 우리의 언어와 마음으로 표현하거나, 심지어 우리 마음에 품기에도 불가능할 정도로 특별한 은혜를 주셨습니다. 다시 말하자면, 마귀의 발톱 속에 있었던 우리를 그 비참한 속박으로부터 끌어 내셔서 당신의 거룩한 복음에 대한 지식으로 부르시고, 우리가 빠졌던 가장 저주받은 우상 숭배와 사악한 미신으로부터 해방하심으로써, 당신의 진리의 빛으로 우리를 인도하셨으며 하나님은 이것을 기뻐하셨습니다.

그런데도, 우리의 완고함과 비정함은 당신의 너그러우신 손에서 받았던 이런 유익을 잊어버렸을 뿐만 아니라, 또한 당신에게서 벗어나고 당신의 율법으로부터 돌아서서 우리의 욕망과 정욕을 추구했고, 당신의 거룩한 말씀에 합당한 존귀와 당연한 순종을 드리지 않았으며, 우리에게 요구하신 우리의 의무로서 당신의 영광을 진전시키지도 않았습니다. 그리고 당신은 계속해서 당신의 말씀으로 지극히 신실하게 우리를 훈계했음에도 불구하고, 우리는 당신의 자애로운 훈계에 귀를 기울이지 않았습니다.

오, 주님!

우리는 죄를 지었고, 당신께 대적해서 엄중한 범죄를 저질렀습니다. 그래서 우리는 부끄러움을 당했고, 혼란스러워졌습니다. 그리고 당신의 심판 앞에 우리 전부 유죄라는 사실을 인정합니다. 그리고 만약 당신이 우리의 잘못에 따라서 우리를 다루신다면, 우리는 사망과 영원한 저주 외에는 다른 아무것도 기대할 수 없습니다. 왜냐하면, 비록 우리가 결백을 밝히고 변명을 하려 하지만, 그런데도 우리 자신의 양심이 우리를 고발하고, 당신이 우리에게 선고하기 전에 우리의 사악함이 나타날 것이기 때문입니다.

오, 주님!

사실상, 당신이 우리에게 이미 사용하셨던 그 바로잡으심으로 인하여, 우리는 당신이 우리에게 심히 불쾌해 하실 근거를 드렸다는 사실을 알고 있습니다. 왜냐하면, 우리는 당신이 정당하고 올바른 재판관이신 것과 근거 없이 당신의 백성을 벌하실 리가 없다는 것을 알기 때문입니다. 따라서 당신의 채찍 자국을 느꼈기 때문에, 우리가 당신을 분노하게 했으며 당신의 진노를 일으켰다는 것을 인정합니다. 그렇습니다. 그리고 또한 우리를 다시 치기 위해서 당신의 손이 높이 올라간 것도 알고 있습니다. 왜냐하면, 당신의 복수를 행하시는 데 익숙한 회초리와 무기들이 이미 당신의 손에 있고, 사악한 죄인들에 맞서서 사용하는 당신의 진노 위협들이 만반의 준비를 하고 있기 때문입니다.

우리가 비록 한 번의 채찍을 받았지만, 우리의 죄에 상응하는 벌을 받아야만 한다면 우리는 당신이 이미 우리에게 행하신 채찍보다 더 엄중한 벌을 우리가 받아야 하며 구약에 당신의 이스라엘 백성에게 내리셨던 저주를 우리에게 내리신다면 우리는 백 번의 채찍질을 맞았을 것입니다. 그렇습니다. 당신은 너무나 당연하게 그렇게 하셔야만 하고, 우리는 당연히 그것을 받을 짓을 했다는 것을 부인할 수 없습니다.

그런데도 주님, 당신이 우리의 아버지이시고, 우리는 다만 흙이고 진흙이기 때문에, 당신은 우리를 만드신 분(Maker)이시고, 우리는 당신이 만드신 자라는 것을 알기 때문에, 당신은 우리의 목사(Pastor)이시고 우리는 당신의 양 떼기 때문에, 또한 당신은 우리의 구속자(Redeemer)이시고, 우리는 당신이 사셨던 백성이라는 사실을 알고 있으므로, 마지막으로 당신은 우리의 하나님이시고 우리는 당신이 택하신 유업이기 때문에, 당신의 화가 우리에 맞서서 그렇게 불을 붙여 당신의 진노로 우리를 벌하지 말게 하시고, 우리의 사악함에 복수하기 위해서 그것을 기억하지 않도록 하시며, 차라리 당신의 긍휼하심에 따라 우리를 부드럽게 꾸짖어 주시옵소서.

오, 하나님!

우리의 잘못된 행동이 우리에 대한 당신의 진노에 불을 붙인 것은 사실입니다. 그런데도 우리가 당신의 이름을 부르고, 당신의 표시(mark)와 표(badge)를 가지고 있는 것을 생각하셔서, 당신이 우리의 하나님이시고 구주라는 사실을 온 세상이 알 수 있도록 오히려 당신의 값없는 은혜로 우리 안에서 시작하셨던 그 일을 유지하시옵소서.

당신은 무덤에 있는 죽은 자, 곧 당신이 멸하시고 혼란하게 하신 자들은 당신을 찬양하지 못할 줄을 아십니다. 그러나 마음이 무겁고 위로해야 하는 자, 겸손한 마음을 가진 자, 억압과 무거운 짐을 진 자 그리고 겸손한 마음과 억눌리고 죄로 인해, 또 무거운 짐을 지고 있는 양심으로 인해 당신의 은혜에 목마른 사람들은 당신께 영광과 찬미를 드릴 것입니다.

당신의 백성 이스라엘은 종종 자신들의 사악함으로 당신을 분노하게 했으며 당신은 당신의 공의로 그들에게 벌을 내리셨습니다. 그러나 그들이 자신들의 범죄를 인정하고 당신께 돌아올 때마다, 당신은 항상 그들을 자비로 받아들였습니다. 그리고 그들의 악독함과 죄가 중함에도 불구하고, 당신은 당신의 종 아브라함, 이삭 그리고 야곱과 맺었던 당신의 언약을 위해서 그들의 기도를 절대 거절하지 않으심으로써 항상 준비되었던 회초리와 저주들을 그들에게서 철회하셨습니다.

우리는 당신의 선하심으로 인하여 우리가 주장할 수 있는 것보다 훨씬 더 탁월한 언약을 얻었습니다. 그 언약은 당신이 처음에 우리 구주 예수 그리스도의 손에 의해서 만드시고 세우셨으며, 또한 당신의 거룩한 섭리 때문에 그분의 피로 기록되었고, 그분의 죽음과 수난으로 인침을 받은 것입니다.

사랑의 주님!

우리는 우리 자신과 인간의 도움에 대한 모든 헛된 신뢰를 포기하면서 당신의 이런 가장 송축받으실 언약에만 우리의 피난처를 둡니다. 그 언약에 의해서 우리 주 예수님이 자신의 몸을 제물로 바치심을 통하여 우리를 하나님과 화목하게 만드셨습니다. 따라서 주님, 그분의 중보로 당신의 진노가 완화될 수 있도록 우리의 얼굴이 아니라, 당신의 그리스도 얼굴을 보시옵소서. 그리고 당신의 얼굴의 밝은 빛줄기가 우리의 큰 위로와 확실한 구원이 될 수 있도록 우리에게 비추게 하시옵소서.

그리고 지금부터 계속해서 당신의 거룩한 가르침으로 우리를 받아 주시고, 우리가 훨씬 나은 삶으로 중생될 수 있도록 성령님으로 우리를 다스려 주시기를 허락하시옵소서. 그리하시면, 당신의 이름이 거룩히 여김을 받으시고, 나라가 임하시며, 뜻이 하늘에서 이룬 것같이 땅에서도 이루어질 것입니다. 오늘 우리에게 일용한 양식을 주시고, 우리가 우리에게 죄 지은 자를 사하여 준 것같이 우리의 죄를 사하여 주시옵소서. 그리고 우리를 시험에 빠지게 하지 마시옵고, 다만 악에서 구하옵소서. 나라와 권능과 영광이 아버지께 영원히 있사옵니다. 아멘.

그리고 우리 스스로는 우리 입을 열어서 당신께 우리의 필요를 간청하기에 지극히 합당하지 못하지만, 그런데도 당신께서 우리에게 서로 기도하라고 명령하시는 것을 기뻐하셨기 때문에, 당신이 찾으시고, 회초리와 바로 잡으심으로써 징벌하셨던 우리 불쌍한 형제자매들과 지체들을 위해서, 그들로부터 당신의 노여움을 즉시 돌이키시기를 갈망하면서 우리는 겸손하게 기도합니다.

사랑의 주님!

우리가 당신의 자녀인 것처럼, 그들도 당신의 자녀라는 사실을 기억하시기를 요청합니다. 비록 그들이 존엄하신 당신께 범죄했지만, 그런데도 당신의 택함받은 자들을 향한 당신의 너그러우신 자비를 중단하지 않으실 것을 약속하셨고 그것을 당신은 기뻐하십니다. 그러므로 선하신 주님, 지금 악성 전염병이나, 전쟁 혹은 병, 투옥 혹은 가난 혹은 양심과 마음의 어떠한 고통과 같은 당신이 내리는 회초리로부터 징벌을 받는 모든 교회와 당신의 모든 백성에게 당신의 연민을 확장해 주시옵소서.

그리고 그들에게 부단함과 인내심을 주시고, 또한 당신의 화를 누그러뜨리시며 계속해서 그들을 바로 잡으시고 모든 환란으로부터 해방하심으로써 그들에게 당신의 자비를 기뻐할 수 있고, 당신의 거룩한 이름을 찬양할 수 있는 지극히 충분한 기회를 주시옵소서. 그래서 당신의 회초리가 그들에게 당신의 호의를 보장하기 위한 가르침이 될 수 있도록 하나님이 아시기에 그들에게 가장 편리한 것으로 그들을 위로하는 것이 당신을 기쁘게 하실 것입니다.

오, 주님!

특별히, 당신의 진리를 유지하기에 헌신하는 모든 사람과 또한 각자에게 연민을 가지고 계셔서 꺾을 수 없는 부단함으로 그들을 강화하시고, 모든 곳에서 그들을 보호하시며 도와주시옵소서. 당신과 그들의 원수의 교활한 행위들과 음모를 전복시켜 주시고, 원수들의 분노를 꺾어 주시며, 당신과 당신의 아들 지체에 맞서서 진행하는 그들의 뻔뻔한 사업이 혼란에 빠지게 하시옵소서.

그리고 그리스도인들의 왕국이 완전히 황폐해지지도, 진멸되지도 않게 하시고, 당신의 거룩한 이름에 대한 기념이 사람들로부터 무관심하게 되거나 땅에서 소멸하지 않게 하시며, 그들 사이에서 당신을 찬양하는 것이 당신의 기쁨이 되는 사람들이 멸망되거나, 파멸되도록 내버려 두셔서, 터키족과 이방인, 가톨릭교도들 그리고 다른 불신자가 자만하고 당신의 이름을 모독하는 일이 없도록 해 주시옵소서.

¶ 여기에 목사는 578쪽에 (*)로 표시한 이전에 나왔던 기도에 있는 그 부분을 첨가한다.

스코틀랜드 교회에서 사용된 기도

¶ 프랑스인들에게 핍박을 받았던 시기에, 주로 주의 만찬이 집례되기 전에

영원하시고 영존하시는 하나님!

우리 주 예수 그리스도의 아버지, 당신의 피조물이고 당신이 직접 만드신 우리는 한때 죄로 죽었고, 죄로 인해 사탄에게 속박되었지만, 이제 오로지 당신의 긍휼로, 당신의 복음 선포에 의해서 자유와 생명으로 부르심을 받았습니다. 우리는 두려움으로 억압받고, 슬픔으로 상처받은 괴로운 우리 마음의 간청과 불평을 당신 앞에 쏟아낼 수 있는 이 담대함을 (우리 자신이

아니라, 당신의 사랑하시는 아들 우리 주 예수 그리스도의 명령으로) 받아들입니다.

오, 주님!

우리의 수많은 범죄로 인하여 우리는 당신의 존전에 나타날 자격도 없고, 우리 안에 있는 어떠한 의 때문에 당신의 손에 있는 어떠한 위로를 받을 자격도 없는 것이 사실입니다. 그러나 주님, 당신으로부터 돌아서는 것과 우리가 괴로울 때 당신의 지원을 요청하지 않는 것이 사망으로 들어가는 길이요, 절망으로 가는 명백한 길임을 알기 때문에, 우리는 어찌할 바를 몰라(사방으로부터 슬픔으로 급습당한 사람으로서) 존엄하신 당신 앞에 나와서 최고의 대장(Captain)이시고, 구속자(Redeemer)이신 예수 그리스도가 우리에게 명령하셨던 대로, 그분의 이름과 그분의 순종 덕분에 신앙의 문제와 또한 우리의 삶과 대화에서 범했던 우리의 이전 죄를 사해 주시기를 겸손하게 갈망합니다.

자신들의 필요에서 당신께 요구했던 우리와 비슷한 다른 사람의 예들이, 당신은 우리를 거절하지 않으시고 우리를 영원히 혼란스럽게 내버려 두시지 않으실 것이라는 소망을 우리에게 주기 때문입니다.

당신의 백성 이스라엘은 종종 당신의 율법을 거부하고, 미신과 우상 숭배라는 허황함을 따랐습니다. 당신은 종종 그들을 고치시고, 날카롭게 벌하셨지만, 그들이 비참함 속에서 진심으로 당신께 돌이켰을 때, 결코 그들을 철저하게 멸시하지 않으셨습니다. 당신의 유대인 교회는 죄인들이었습니다. 주님 그리고 그들의 대부분은 당신의 사랑하는 아들 우리 주 예수 그리스도의 죽음에 동의했습니다.

그런데도 당신은 그들이 자신들의 극심한 박해의 시간에 당신의 도움을 요청했을 때, 그들의 기도를 경멸하지 않으셨습니다.

오, 주님!

당신은 우리에게도 그들에게 행하셨던 것에 못지않을 정도로 약속하셨습니다. 따라서 우리는 당신 자신의 명령과 우리 주 예수 그리스도의 약속에 의한 담대함으로 당신께 지극히 겸손하게 간청합니다. 부분적으로, 당신의 송축받으실 복음의 빛으로 우리의 무지와 무분별을 제거하시는 것이 당신의 자비하심을 기쁘시게 했던 것과 마찬가지로, 당신이 우리를 모든 재앙과 환란으로부터 해방할 때까지 그 동일한 빛을 우리에게 계속 비추시는 것이 당신을 기쁘시게 할 것입니다.

오, 주님!

이런 목적을 위해서 이 스코틀랜드 왕국 안에서 당신이 추수하실 때 충실한 일꾼들을 보내시는 것이 당신의 기쁨이 되실 것입니다. 로마가톨릭과 미신의 그렇게 긴 어둠 후에, 당신은 이 왕국에 완전한 순수함과 단순함으로 당신의 복음의 진리를 제공하셨습니다. 오 주님, 이 은혜로 우리와 계속 함께하시고, 모든 가짜 교사, 멍청한 개, 가장된 위선, 잔인한 이리들 그리고 당신의 진정한 개신교에 자신들이 원수임을 드러낸 자와 같은 모두를 이 왕국에서 숙청하시옵소서.

¶ 여기에 (*) 앞의 행정 장관을 위한 기도가 첨가될 수 있다.

오, 주님!

그러나 이제 나타나는 위험들과 거짓 맹세했던 이방인들의 잔인한 폭정에 의해서 증가하는 골칫거리들이 우리가 당신의 긍휼 보좌 앞에서 항변하게 하며, 그들의 지극히 불의한 핍박에 맞설 당신의 보호와 방어를 갈망하도록 강요합니다. 주님, 우리는 다른 나라의 기쁨과 그 나라의 방어를 위해서 존엄하신 당신께 범죄했고, 종종 우리 왕들과 통치자들이 우리 이웃들과 계약했던 연합과 조화의 동맹을 깨뜨리면서 우리의 믿음을 깨어버렸습니다. 그 나라들과의 동맹을 위해서 우리 조상들과 전임자들이 자신들의 피를 흘렸고 우리(그들이 지금 폭력으로 억압하는)는 종종 전투의 어려움을 견뎠습니다.

마지막으로, 우리가 항상 충실했던 그 나라는 이제 오랜 속임수 후에 명백한 폭정에 의해서 우리의 멸망을 추구합니다. 주님, 당신이 이런 압제자들에게 우리를 노예로 주신 것은 합당하고 마땅합니다. 왜냐하면, 그들과의 우호를 유지하기 위해서 우리는 당신의 거룩한 이름에 큰 불명예가 될 정도로 다른 이들에게 했던 엄숙한 맹세를 깨뜨리는 것을 두려워하지 않았기 때문입니다. 그리고 그 나라의 기쁨을 위해서 우리가 거룩하고 존귀하신 당신께 범죄하는 것을 두려워하지 않았으므로, 당신이 그 동일한 나라로 우리에게 벌을 내리시는 것은 당연합니다. 주님, 당신의 존전에서 우리를 위한 어떠한 종류의 변명도 늘어놓지 않고, 다만 당신의 사랑하는 아들 예수 그리스도 덕분에, 우리는 긍휼과 용서와 은혜를 소리쳐 구합니다.

오, 주님!

당신은 많은 일에서 그들의 교활한 기지들이 우리의 순박함을 악용한 것을 알고 계십니다. 왜냐하면, 우리의 자유를 유지한다는 구실하에, 그들이 자신들의 영원한 속박으로 우리를 끌어들이는 길을 구했고, (하나님 홀로 그들의 공의회들을 혼란스럽게 하시지 않는다면) 그것을 찾아냈기 때문입니다. 오 주님, 날마다 당신 성도들의 피를 흘림으로써 자신들의 왕국을 수호하는 로마가톨릭의 적그리스도를 우리가 거부했기 때문에, 이제 그들은 더욱더 우리의 멸망을 추구합니다. 오 주님, 우리 안에는 그들의 간교, 많은 수와 그들의 혹독함을 견디기 위한 힘도, 지혜도, 가망도, 그들의 폭력, 통찰력도 없습니다.

오, 주님!

당신의 자비로 우리를 돌보시옵소서. 우리의 불쌍한 형제자매들에게 행사했던 폭정을 보십시오.

그리고 당신은 끊임없이 당신의 영원한 진리에 대항해서 내뿜는 저 악의적인 모독을 고려하고 계십니까?

하나님 아버지!

당신은 당신의 교회(Church)가 시작할 때조차 도와주셨습니다. 그리고 교회의 해방을 위해서 당신은 때때로 잔인한 박해자를 괴롭게 하셨습니다. 당신의 손은 바로를 익사시키셨고, 당신의 칼은 아말렉을 삼키셨습니다. 당신의 권세는 산헤립의 교만을 격퇴시켰고, 당신의 천사는 헤롯을 괴롭혀서, 벌레와 이가 그의 교만을 징벌했습니다. 주님 당신은 영원히 동일하시고, 당신의 본성은 바뀔 수 없으십니다.

당신은 우리가 절대 공격하지 않았던 자들이 우리에 맞서서 행하는 잔인함과 교만과 억압과 살인을 증오할 수밖에 없습니다. 그렇습니다. 더 나아가서 무슨 수를 쓰든지 그들은 당신의 사랑하는 아들 우리 주 예수 그리스도와 그분의 말씀의 진정한 선포와 그 말씀의 신실한 목사들을 이 왕국으로부터 추방하려고 시도합니다. 그리고 그들은 폭정에 의해서 지극히 가증한 우상 숭배와 저 로마가톨릭이라는 적그리스도의 화려함을 유지하려고 합니다. 따라서 주님, 당신의 한량없는 긍휼 속에서 우리를 지켜 주시옵소서. 당신의 팔을 펴시고 당신이 당신의 진리의 보호자(Protector)임을 선언하시옵소서.

교만을 억압하시고, 이런 잔인한 박해자의 맹위를 꺾으시옵소서. 그들이 우리를 압도하게 되어서 당신의 말씀의 빛남이 이 왕국에서 결코 꺼지는 일이 없도록 해 주시옵소서. 당신의 영원한 계획 안에서 우리의 몸이 되게 하시려고 작정하셨던 것은 무엇이라도, 당신의 아들 예수 그리스도를 위해 이 왕국 안에서 당신의 복음의 순전함을 유지하셔서, 우리와 우리의 후손들이 당신의 거룩한 이름의 찬양과 영광과 우리의 영원한 위로를 위하여 그 결실을 즐길 수 있기를 지극히 겸손하게 요청합니다.

그리고 우리는 이것을 당신과 성령과 더불어 이제로부터 영원히 모든 존귀와 찬양과 송축을 받으실 우리 주 예수 그리스도의 공로와 중보에 의해서, 당신의 자비로부터 지극히 간절하게 바랍니다. 아멘.

¶ 이것은 주의 만찬이 집례될 때 자주 첨가된다.

이제 마지막으로, 여기 있는 우리는 당신의 아들이신 우리 주 예수 그리스도의 만찬을 기념하기 위해서 모였습니다. 그분이 십자가 위에서 자신의 몸을 단번에 바치시고 자신의 피를 흘리신 것은 우리의 완전한 구속을 위한 것일 뿐 아니라, 또한 그분의 몸과 피가 우리 영혼의 자양분이 되도록 하기 위함이었으며, 또한 우리가 그분이 주신 그렇게 큰 유익에 대한 생생한 기억을 유지하기 위함이었습니다.

그렇습니다. 지금 그분의 지극히 거룩한 식탁의 참여자가 되기 위해 모인 우리는 진실한 마음과 참된 믿음으로 그리고 열렬하고 진심 어린 열정을 가지고 그분으로부터 그렇게 큰 유익을 받을 수 있도록, 다시 말하자면, 그렇습니다. 세상에 생명을 주시는 하늘의 떡이신 분, 참 하나님이시고 참 인간이신, 예수 그리스도 그분, 그분의 몸과 피를 우리가 취해서 결실을 맺을 수 있도록 지극히 겸손하게 요청합니다.

아버지 하나님!

우리에게 그분의 몸을 먹고, 그분의 피를 마시는 은혜를 허락해 주셔서, 이제부터 계속해서 우리가 더 이상 우리 자신 안에서, 우리의 타락한 본성에 따라서 살지 않고, 다만 우리를 영원히 지속되는 가장 복받은 삶으로 이끄시고 안내하시도록, 그분이 우리 안에 살 수 있도록 해 주시옵소서.
　하늘에 계신 아버지!
　오늘 당신의 사랑하는 아들에 대한 송축받으실 기억을 기념하는 것을 허락해 주셔서, 우리를 향한 당신의 호의와 은혜를 확신할 수 있도록 해 주시옵소서. 우리의 믿음이 그렇게 사용되게 하셔서 우리가 그 믿음의 증가에 답할 뿐만 아니라, 그로부터 나오는 선한 행위와 더불어 그것을 명확하게 고백하는 것이 사람들 앞에 영원히 송축받으실 영원한 하나님이신 당신의 거룩한 이름의 찬양과 영광이 되도록 해 주시옵소서. 아멘.

¶ 프랑스인들의 폭정으로부터 우리를 해방시키신 후에 하나님께 드리는 감사. 영국과 스코틀랜드 왕국 사이에 평화의 지속을 위해서 드리는 다음과 같은 기도와 더불어.
　오, 하나님!
　우리가 철저하게 압도당한 것처럼 보였던 지극히 절망적인 우리의 고통 후에, 육체와 영혼 모두에서 안락함을 즐기는 것은 당신의 긍휼하심이 우리에게 주셨던 이 평화로움에 기인한 것이라는 사실을 알기 때문에, 스스로 어찌할 바를 몰랐을 때 우리를 측은하게 보셨던 당신의 자비와 선하심을 우리는 찬양하고 영화롭게 합니다.
　오, 주님!
　당신의 손에 있는 유익들을 받는 것과 그리고 그것을 감사해 하지 않는 것은 심판의 날에 단지 우리에게 불리한 인침일 뿐이라는 사실을 알기 때문에, 우리에게 과거의 재앙들을 유념할 마음을 허락하셔서, 우리가 당신의 공의를 자극하여 유사하거나, 혹은 더욱 나쁜 역병들로 우리를 벌하실 것을 끊임없이 두려워할 수 있게 되기를 지극히 겸손하게 간청합니다.
　우리의 능력으로는 이방인의 폭정과 우리에 대적하는 속박과 포로 상태로부터 완전히 벗어날 수 없었을 때, 당신은 당신의 특별한 선하심으로 우리 이웃의 마음을 움직이셔서(우리는 그들로부터 이런 호의를 받을 자격이 전혀 없었습니다), 그들에게 우리와 공동의 짐을 짊어지게 하시고, 우리의 해방을 위해서 많은 이의 목숨을 지불하셨을 뿐 아니라, 그들의 왕국과 영연방의 영토와 평온을 위태롭게도 하셨다는 것을 알기 때문에, 주님 우리에게 이런 경건한 마음으로 우리가 받은 당신의 유익들을 기억하도록 하시고, 이 이후에 우리의 잘못으로 우리가 결코 영국이라는 왕국과 국가에 맞서는 적의를 품지 않도록 해 주시옵소서.

오, 주님!

우리가 우리를 무자비한 이방인의 폭정으로부터 해방하기 위해서 당신이 도구로 쓰셨던 사람들의 멸망과 죽음을 추구하는 저런 배은망덕과 감사를 모르는 가증함으로 절대 떨어지지 않도록 하시옵소서. 한 왕국 거주자들의 마음을 다른 왕국에 대적하도록 자극하면서 속임수로 옮겨 다니는 자들의 공의회를 해산시켜 주시옵소서.

그들의 악한 행위들이 그들 자신을 교란하게 만드시고, 당신의 자비로부터 사랑과 조화 그리고 평온이 이 섬의 거주자들 사이에서, 심지어 우리 주 예수 그리스도가 오시기까지 계속되고 증가하도록 허락하시옵소서. 그분의 영화로운 복음에 의해서, 당신은 당신의 자비로 우리를 연합과 평화 그리고 그리스도인의 조화로 부르십니다.

또한, 모든 범죄가 제거되고, 죄악이 진압되며, 택함받은 당신의 자녀들이 그 온전한 영화를 충만하게 부여받게 될 때, 우리는 당신의 완성된 왕국을 그 온전한 충만함으로 소유할 것입니다. 이제 그 왕국에서 당신과 성령님과 더불어 모든 존귀와 찬양과 영광이 이제로부터 영원하실 우리 주 예수께서 다스리십니다. 아멘.

특별한 교회 집회뿐만 아니라 일반적 교회 집회에서 모두 사용된 기도

영원하시고 영존하시는 하나님!

우리 주 예수 그리스도의 아버지!

당신은 당신의 한량없는 선하심으로 당신 자신을 위해서 한 교회(a Church)를 선택하셔서, 인간의 타락 이후에도 그 교회에 당신 자신을 드러내심을 멈추지 않으셨습니다. 먼저 당신 자신의 목소리로 아담에게, 다음으로 아브라함과 그의 씨에게, 그다음에 모든 이스라엘에게 당신의 거룩한 율법을 선포하심으로써 그리고 마지막으로 우리에게 당신의 거룩하신 뜻을 가르치고, 모든 계시와 예언의 종지부를 찍기 위해서 당신의 천상회의의 위대한 천사(great Angel of your Council)이신 당신의 독자 우리 주 예수 그리스도를 이 세상에 보내시고, 우리의 본성을 입히셨습니다.

그분은 또한 사도들을 선택하시고, 부활 후에 이 세상 끝까지 함께 계시겠다고 약속하시면서, 그들에게 모든 왕국과 열방에 그분의 복음을 알리고 가르치라고 명령하셨습니다. 그렇습니다. 그리고 그 외에, 두세 사람이 예수님의 이름으로 모이는 곳에는 어디나 그들을 지도하고 가르칠 뿐만 아니라, 그들이 당신의 말씀으로 선언하고 선포하는 것과 같은 일들을 비준하고 확신시키기 위해서 그분도 그들 가운데 계시겠다고 약속하셨습니다.

오, 주님!

당신은 교회를 세우셨고, 당신의 성령과 송축받으실 말씀 때문에 그 안의 선택받은 자들을 다스리시고 인도하셨을 뿐만 아니라, 또한 교회의 외면이 오염되고 가시적인 몸이 타락했을 때, 당신의 자비로 그것을 깨끗하게 하시고 교리는 물론 방식에서 이전의 순전함으로 회복될 수 있도록 준비하시며, 그로써 당신은 모든 시대의 충분한 문서를 제공하셨던 것이 당신의 교회(Church)를 향한 당신의 사랑과 자애로운 돌보심이었다는 사실을 보았습니다.

오, 주님!

우리의 선조들과 우리가 저 로마가톨릭이라는 적그리스도와 그가 찬탈한 권위 안에서 봐 왔던, 당신의 진리와 송축받으실 규범들로부터 이 공개적인 변절의 이후인, 특별히 이때 내 말은, 주님, 지금 당신은 또한 당신의 자비로 스코틀랜드라는 이 왕국 안에 있는 우리에게 제공된 그분의 송축받으실 복음의 진정한 선포 때문에, 당신 자신과 당신의 사랑하시는 아들 예수 그리스도를 세상에 또다시 명확하게 드러내셨고, 동일한 것에 의해서 당신의 자비가 우리를 목사로 만드시고 우리에게 당신의 교회(Church) 안에서 책임을 지우셨습니다.

그러나 주님, 당신의 진리에 반대하는 수많은 원수와 사탄의 행위들과 당신의 왕국에 저항하는 그들의 힘과 더불어 우리 자신의 연약함과 적은 수와 그리고 수많은 불완전함을 고려할 때, 우리는 당신의 이 위대한 유익이 갑자기 제거될까 두려워질 수밖에 없습니다.

따라서 모든 세상의 위로가 결핍된 우리는 다만 당신의 자비와 은혜 안에 피신하고, 당신의 아들이신 그리스도 예수님을 위해서 당신의 영원한 진리를 모독하는 것을 멈추지 않는 우리 원수의 교만에 당신 자신의 권세로 대항하실 것을 지극히 겸손하게 요청합니다.

오, 주님!

지금 당신의 이름으로 모인 우리에게 우리가 이 비뚤어지고, 완고한 세대 한가운데서 당신의 영광이 전진하기 위해서 편리할 것들을 이해할 수 있을 정도로 당신의 성령을 풍부하게 부어 주시옵소서.

오, 주님!

우리 사이에 보편적 은혜를 주셔서 우리가 진정한 교리의 일치에 동의할 수 있도록 해 주시옵소서. 우리를 지독한 잘못으로부터 지켜 주시고, 우리가 당신의 송축받으실 복음에 가증스럽지 않도록 우리에게 삶의 순전함과 청결함을 허락해 주시옵소서. 우리의 연약한 노동자들에게 복을 주셔서 예수 그리스도로 말미암아 그들의 열매가 당신의 거룩한 이름을 찬양하고, 이 현재 세대와 앞으로 올 후손들의 유익이 되도록 해 주시옵소서. 당신과 성령님과 더불어 예수 그리스도께 이제로부터 영원까지 모든 존귀와 찬양이 있기를. 아멘.

『기도의 형식』(1556)과 『공동 규범서』(1564)

주의 만찬의 방식

¶ 보통 한 달에 한 번, 혹은 회중이 편리하다고 생각하는 대로 자주, 주의 만찬이 기념되는 날 사용된다. 목사는 다음과 같이 말한다.

사랑하는 형제자매 여러분!

바울이 고린도전서 11장에서 말한 것에 의해서 예수 그리스도께서 우리에게 어떻게 그분의 거룩한 만찬을 정하셨는지에 주의를 기울이고, 숙고합시다.

『제네바 망명자들의 예전』

주님 안에서 너무나 사랑받는 여러분, 우리는 지금 우리 구주 그리스도의 몸과 피의 성찬(Holy Communion)을 기념하기 위해 모였기 때문에, 성 바울의 이런 말, 즉 바울이 모든 사람에게 감히 그 떡을 먹고 그 잔을 마시기 전에 자신들을 부지런히 시험해 보고 살피기를 어떻게 권면하는지를 숙고해 봅시다. 진정으로 회개하는 마음과 살아 있는 믿음으로 우리가 저 거룩한 성례전을 받는다면(그럴 때 우리[143]는 영적으로 그리스도의 몸을 먹고 그분의 피를 마시게 되어 우리는 그리스도 안에서, 그리스도는 우리 안에 거하시며; 우리는 그리스도와 하나가 되고, 그리스도는 우리와 하나가 됩니다) 그 유익이 그렇게 큰 것처럼, 만약 우리가 동일한 것을 합당하지 않게 받는다면(그렇다면 우리는 우리 구주 그리스도의 몸과 피에 죄를 짓게 되고, 주의 몸을 분별하지 못하면 우리는 우리 자신의 저주를 먹고 마시게 되고, 우리에 대한 하나님의 진노에 불을 붙이며, 다양한 병과 각양각색의 죽음으로 우리를 괴롭히시도록 그분을 화나게 할 것입니다) 위험도 그만큼 클 것입니다.

따라서 이 거룩한 성례전을 취한 후에 마귀가 유다의 마음에 들어갔던 것처럼[144] 여러분의 마음에 들어가서 여러분을 모든 범죄로 가득 채워서 몸과 영혼을 모두 멸망시키지 않도록, 여러분 중 누구든지 [145] 하나님을 모독하고, 그분의 말씀에 대한 중상과 방해를 한 자, 간음한 자, 혹은 악의, 시기, 지독한 범죄에 빠진 자는 자신의 죄에 대해 통곡하고 이 거룩한 식탁에 나오지 마십시오. 그러므로 형제 여러분 주님이 여러분을 심판[146]하시지 않도록, 스스로를 판단하고, 여러분이 과거에 지었던 죄를 진정으로 회개하십시오. 오직 여러분의 구원을 예수님의 죽음과 수난[147]의 공로에서 찾고, 이제부터 계속해서 여러분의 여생 동안 형제애와 경건한 삶으로 살아갈 완전한 목적을 가지고 모든 악과[148] 논쟁을 거부하고 잊어버림으로써 우리 주 그리스도 안에서 살아 있는 견고한 믿음을 가지십시오.

『공동 규범서』(1564)

내가 여러분—모든 우상 숭배자, 살인자, 모든 간음한 자, 악의 시기 속에 있는 모든 자, 혹은 아버지와 어머니, 군주들 혹은 행정장관들, 목사들 혹은 설교자들에게 불순종하는 사람들, 모든 도둑과 이웃을 속이는 자들—에게 전하는 것은 주께 받은 것입니다. 마지막으로 하나님의 뜻에 맞서서 직접적으로 싸우는 삶을 사는 모두는 그들이 의로운 재판관이신 그분 앞에서 설명해야 할 것이라고 비난하는 것과 그들이 감히 이 가장 거룩한 식탁을 모독하지 못할 것이라는 사실입니다. 그렇지만 나는 그가 전에 지었던 죄가 얼마나 엄중할지라도 참회하는 어떤 사람도 배제하지 않기 위해서 이것을 선포합니다. 그 결과 그는 마음으로 자신이 지었던 죄에 대해 진심으로 회개의 마음을 느끼게 될 것입니다. 그러나 회개하지 않고 계속해서 죄를 짓는 사람들에게나, 이 현재의 삶에서 얻을 수 있는 것보다 더 큰 완전함을 갈망하는 사람들에 대해서는 이것이 선포되지 않을 것입니다.

---

144 롬 7.d.
145 갈 5.c.
146 히 8.d; 렘 31.f; 사 59.d.
147 엡 2.a; 눅 18.c.
148 롬 7.c.d; 빌 1.a; 고후[인쇄된 부분은 없지만 아마도 1:21].
149 눅 10. c.

『제네바 망명자들의 예전』
(이어서)

 그리고 비록 우리의 믿음이 우리가 마땅히 해야 되는 것과 같이 그렇게 완전하고 일정하지 못하다는 점에서 우리 스스로 취약함과 비참함을 느끼고, 우리의 부패한[149] 본성으로 말미암아 여러 번 하나님의 선하심을 불신하며, 하나님을 섬기기 위해 그렇게 완전히 헌신하지도 않고, 우리의 의무가 요구하는 것만큼 하나님의 영광을 제시할 그런 뜨거운 열정도 없어서 여전히 우리 스스로 날마다 우리 육체의 정욕에 맞서서 싸울[150] 필요가 있는 것과 같은 반역을 느끼지만, 우리 주님이 우리를 이처럼 자비롭게 다루셨으며, 그분의[151] 복음을 우리 마음에 새겨서 절망과 불신앙으로부터 우리가 보존되도록 하신다는 것을 알고, 또한 그분이 우리 자신의 감정을 포기하고 저항할 수 있는 의지[152]와 욕구 그리고 우리가 그분의 의로움을 사모하고 그분의 계명을 지키는 마음을 주셨다는 것을 알기 때문에, 우리는 이제 우리 안에 있는 그런 잘못과 수많은 불완전함이 그분이 그분의 영적 식탁에 우리를 받아들이지 않고, 받을 만한 가치를 우리의 책임으로 돌리시도록 하면서 우리에 대항하는 방해가 결코 될 수 없다는 사실을 너무나 잘 확신할 수 있습니다. 우리가 이 식탁에 오는 목적은 우리의 삶이 곧거나 정당하다는 것을 주장하기[153] 위한 것이 아니라, 반대로 그러는 동안 우리 스스로 진노와 저주의 자녀들[154]임을 인정하면서 예수 그리스도 안에서 우리의 삶과 완전함을 찾기 위한 것이기 때문입니다.

『공동 규범서』
(이어서)

 그리고 비록 우리의 믿음이 우리가 마땅히 해야 하는 것과 같이 그렇게 완전하고 일정하지 못하다는 점에서 우리 스스로 취약함과 비참함을 느끼고, 우리의 부패한 본성으로 말미암아 여러 번 하나님의 선하심을 불신하며, 하나님을 섬기기 위해 그렇게 완전히 헌신하지도 않고, 우리의 의무가 요구하는 것만큼 하나님의 영광을 제시할 그런 뜨거운 열정도 없어서 여전히 우리 스스로 날마다 우리 육체의 정욕에 맞서서 싸울 필요가 있는 것과 같은 반역을 느끼지만, 우리 주님이 우리를 이처럼 자비롭게 다루셨으며, 그분의 복음을 우리 마음에 새겨서 절망과 불신앙으로부터 우리가 보존되도록 하신다는 것을 알고, 또한 그분이 우리 자신의 감정을 포기하고 저항할 수 있는 의지와 욕구 그리고 우리가 그분의 의로움을 사모하고 그분의 계명을 지키는 마음을 주셨다는 것을 알기 때문에, 우리는 이제 우리 안에 있는 그런 잘못과 수많은 불완전함이 그분이 그분의 영적 식탁에 우리를 받아들이지 않고, 받을 만한 가치를 우리의 책임으로 돌리시도록 하면서 우리에 대항하는 방해가 결코 될 수 없다는 사실을 너무나 잘 확신할 수 있습니다. 우리가 이 식탁에 오는 목적은 우리의 삶이 곧거나 정당하다는 것을 주장하기 위한 것이 아니라, 반대로 그러는 동안 우리 스스로 진노와 저주의 자녀들임을 인정하면서 예수 그리스도 안에서 우리의 삶과 완전함을 찾기 위한 것이기 때문입니다.

---

150 요 6.f.
151 가톨릭 신자들이 사용하는 것처럼 화체설(transubstantiation), 변화(transelementation), 변성(transmutation)은 귀신들의 교리이다.
152 딤전 6.d.
153 성례전에서 그리스도를 진정으로 먹는 것.

『제네바 망명자들의 예전』 (이어서)	『공동 규범서』 (이어서)
그다음에 이 성례전이 모든 불쌍한 병든 피조물을 위한 단 하나의 약이고, 연약한 영혼을 위로하는 도움이라는 사실과 우리 주님이 우리에게서는 다만 진심으로 우리의 사악함과 불완전함을 인정하는 것 외에 다른 어떤 합당함도 요구하지 않으신다는 사실을 숙고합시다. 그다음에, 그분의 합당함과 가장 기분 좋은 혜택들(그것은[155] 그분의 몸을 진정으로 먹고, 그분의 피를 진정으로 마시는 것입니다)에 합당한 참여자가 될 수 있도록, 마치 예수님이 떡과 포도주 안에 갇혀 계신 것처럼 혹은 이 떡과 포도주가 그분의 살과 피의 실체로 바뀌는 것처럼[156] 그들 안에 육체로 계신 그리스도를 찾기 위해서 이런 땅과 썩을 것들(우리 눈앞에 제시된 것을 우리가 보는 것과 우리의 손으로 느끼는 것)을 숙고하면서 우리의 마음이 방황하지 않도록 합시다. 왜냐하면, 우리의 영혼이 자양분과 구조를 받을 마음이 생기고, 그분의 실체를 촉진시키는 단 하나의 길은 세속적이고 감각적인 모든 것보다도 믿음으로 우리의 마음을 높이는 것이기 때문입니다. 이로써 우리는 그리스도께서[157] 이해할 수 없는 성부의 영광 안에서 의심할 여지없는 참 하나님과 참 인간으로 거하시는 하늘로 들어가서,[158] 그리스도를 발견하고 받을 수 있을 것입니다. 성부 하나님께 이제로부터 영원히 모든 찬양과 존귀와 영광이 있으시기를. 아멘	그 다음에 이 성례전이 모든 불쌍한 병든 피조물을 위한 단 하나의 약이고, 연약한 영혼을 위로하는 도움이라는 사실과, 우리 주님이 우리에게서는 다만 진심으로 우리의 사악함과 불완전함을 인정하는 것 외에 다른 어떤 합당함도 요구하지 않으신다는 사실을 숙고합시다. 그다음에, 그분의 합당함과 가장 기분 좋은 혜택들(그것은 그분의 몸을 진정으로 먹고, 그분의 피를 진정으로 마시는 것입니다)에 합당한 참여자가 될 수 있도록, 마치 예수님이 떡과 포도주 안에 갇혀 계신 것처럼 혹은 이 떡과 포도주가 그분의 살과 피의 실체로 바뀌는 것처럼 그들 안에 육체로 계신 그리스도를 찾기 위해서 이런 땅과 썩을 것들(우리 눈앞에 제시된 것을 우리가 보는 것과 우리의 손으로 느끼는 것)을 숙고하면서 우리의 마음이 방황하지 않도록 합시다. 왜냐하면 우리의 영혼이 자양분과 구조를 받을 마음이 생기고, 그분의 실체를 촉진시키는 단 하나의 길은 세속적이고 감각적인 모든 것보다도 믿음으로 우리의 마음을 높이는 것이기 때문입니다. 이로써 우리는 그리스도께서 이해할 수 없는 성부의 영광 안에서 의심할 여지없는 참 하나님과 참 인간으로 거하시는 하늘로 들어가서, 그리스도를 발견하고 받을 수 있을 것입니다. 성부 하나님께 이제로부터 영원히 모든 찬양과 존귀와 영광이 있으시기를. 아멘

¶ 권면이 끝나면, 목사는 강단으로부터 내려와서 식탁에 앉고, 모든 남녀는 비슷한 형태로 그 행사에 가장 도움이 될 자리를 잡는다. 그런 후에 목사가 떡을 집어서 다음과 같은 말로 혹은 비슷한 취지의 말로 축사한다.[154]

---

154 마 26.a; 막 14.c; 눅 22.b; 고전 11.c.

오, 긍휼하신 아버지!

모든 위로의 하나님, 모든 피조물이 당신을 통치자(Governor)와 주님(Lord)으로 인정하고 고백하는 것을 보고, 당신의 손으로 만드신 바인 우리가 항상 거룩하고 존귀하신(Majesty)[155] 당신을 너무나 숭배하고 찬양하는 것이 합당합니다. 왜냐하면, 우선 당신은 우리를 당신 자신의[156] 형상과 모양으로 만드셨기 때문입니다. 그러나 주로, 사탄이 인류에게 죄를 짓게 함으로써 끌고 들어갔던 영원한 사망[157]과 저주로부터 그리고 인간이나 천사도[158] 자유롭게 해 줄 수 없었던 속박으로부터 우리를 해방했기 때문입니다.

오, 주님!

자비에 풍성하시고 선하심이 한량없으신 당신은 당신의 사랑하는 독생자께서 대신 하실 우리의 구속을 준비하셨습니다. 바로 그[159] 사랑으로 당신은 그분을 죄 외에는[160] 모든 점에서 우리와 같은[161] 인간으로 만드셔서 우리의 범죄 때문에[162] 받을 벌을 그분의 몸으로 받게 하셨습니다. 그분의 죽음으로 당신의 공의를 만족하게 하시고[163] 그분의 부활로 사망의 창시자였던 자를 파멸시켜서,[164] 그곳으로부터 아담의[165] 모든 후손이 지극히 정당하게 추방당했던 세상을 진압시키고, 세상에 다시[166] 생명을 가져왔습니다.

오, 주님!

우리는 당신의 지극히 고귀한 사랑의 길이와 넓이, 깊이와 높이를 어떠한 피조물도 이해할[167] 수 없다는 사실을 인정합니다. 그 사랑이 당신을 감

---

155 계 5.c.
156 창 1.d.
157 엡 2.b; 갈 1.a; 창 3.c
158 행 4.c; 히 1.d; 계 5.a.
159 요 3.c.
160 히 4.d; 7.d.
161 히 8.d.
162 벧전 2.d; 사 43.d; 53.a.
163 마 3.d; 17.a; 렘 31.f; 히 8.d; 롬 5.a.
164 히 2.d.
165 창 3.d; 롬 5.b.
166 요 6.c.
167 엡 3.c.

동하게 해서 그 누구도 자격이 없는[168] 곳에 자비를 베푸시고, 사망이 승리한 곳에 약속하신 생명을 주시며,[169] 우리가 당신의 공의에 대항해서 오직 반역밖에 할 수 없었을 때,[170] 우리를 당신의 은혜 안으로 받으시도록 했습니다.

오, 주님!

우리의 타락한 본성으로 인한[171] 맹목적 아둔함은 이런 지극히 풍부한 혜택들을 우리가 적절하게 심사숙고하도록 내버려 두지 않을 것입니다. 그런데도 우리 주 예수 그리스도의 명령에 따라,[172] 우리는 그분이 다시 오실 때까지 그분의 죽음을 기념하는데[173] 사용되도록 그분이 남기셨던 그분의 이 식탁에 나와서 다음과 같은 사실을 세상 앞에서 선포하고 증언합니다.

그것은 그분 홀로 이루신 우리의 구원에 의해서 자유와 생명을 받았다는 사실,[174] 그분 홀로에 의해서 당신은 우리를 당신의 자녀와 상속자로[175] 인정하신다는 사실, 그분 홀로에 의해서 우리는 당신의 은혜의 보좌로 들어간다는 사실,[176] 그분 홀로에 의해 우리는 영적 왕국을 소유하게 되어,[177] 그분의 식탁[178]에서 먹고 마시며 현재 천국에서 그분과 함께 대화를 하고,[179] 그분에 의해서 우리의 몸이 먼지로부터 부활한다는 사실입니다.

오, 자비의 아버지!

세상의 기초가 놓이기 전에 당신이 택하신 자들을[180] 위해서 준비하셨던 저 무한한 기쁨 안에서 그분과 함께 있게 될 것이라는 사실을 세상에 선포하고 증언합니다. 그리고 당신의 사랑하시는 독생자 예수 그리스도에 의해

---

168 엡 2.b.
169 요 6.d; 17.a; 엡 2.b.
170 창 6.b; 롬 3.b; 사 64.b; 시 5.b; 14.a; 롬 7.c.
171 마 16.c; 고전 2.d; 눅 11.e; 마 10.
172 마 26.c; 눅 22.b.
173 고전 11.c.
174 요 8.d; 갈 5.c.
175 롬 8.d; 벧전 1.b; 엡 1.d.
176 엡 2.d; 히 4.c; 롬 3.
177 마 5.a; 요 14.a; 눅 12.d.
178 눅 22.b; 계 2.a.
179 빌 3.d; 엡 2.b.
180 엡 1.b; 계 17.b.

서 당신의[181] 값없는 자비와 은혜로부터 우리가 받았던 이런 지극히 측량할 수 없는 유익들을 인정하고 고백합니다. 따라서 그로 인하여 당신의 회중인[182] 우리는 성령님에 따라 감동하여 항상 당신께 모든 감사와 찬양과 영광을 올려드립니다.

¶ 이것이 끝나면, 목사는 떡을 떼어서 그것을 사람들에게 전달하고,[183] 그들은 그것을 우리 구주 예수 그리스도의 명령[184]에 따라서 자신들끼리 분배하고 나눈다. 마찬가지로 목사는 잔을 주고, 그러는 동안 성경의 어떤 부분이 낭독된다.[185] 성경의 낭독은 우리의 눈과 감각들이 가시적 말씀이라고 불리는 떡과 포도주라는 이런 외면적 표지에 사로잡힐 뿐만 아니라, 우리의 마음과 정신이 이 거룩한 성례전에 의해서 대변되는 주님의 죽음을 완전히 집중해서 고찰할 의도를 가지고, 그리스도의 죽음을 생생한 방식으로 제시한다. 그 행위가 끝나고 나면, 목사는 다음과 같이 말하면서 감사를 드린다.

지극히 자비로우신 아버지!

비참한 죄인인 우리에게 초월적인 사랑의 선물을[186] 허락하셔서, 당신의 사랑하는 아들 우리 주 예수 그리스도와의 친교와 교제로 우리를 받아 주신 것에 대해서 당신께 모든 찬양과 감사와 영광을 올려드립니다. 당신은[187] 우리를 위해 그분을 죽음에 넘기셨고, 우리에게 필요한 영생의 음식과 자양분을 위해 그분을 우리에게 주셨습니다.[188]

오, 하늘의 아버지!

지금 당신께 구하오니 당신의 은혜를 잊어버릴 정도까지 우리를 비참함에 내버려 두지 마시고, 오히려 우리의 마음에 그것들을 새기고 붙잡게

---

181 롬 3.c; 엡 2.b; 딛 3.b.
182 롬 8.d.
183 마 26.c; 막 14.c.
184 눅 22.b; 고전 10.d.
185 고전 11.e; 요 13.14.
186 고전 10.d. 본문에는 이 인쇄된 각주에 일치하는 표지가 없다. 우리는 그 위치에 따라 추론했다.
187 롬 4.d.
188 요 6.f.

하셔서 우리의 진정한 믿음이 날마다 더욱 깊어지고 더해지며[189], 온갖 선한 일로 계속해서 그 믿음을 행할 수 있도록[190] 하십니다.

오, 주님!

당신의[191] 영광의 전진을 위하여 우리가 동일한 것을 고백할 때 부단하게 견디고 계속할 수 있도록, 이런 위험한 시대와 사탄의 분노 속에서 오히려 그만큼 당신의 은혜로 우리를 확증시켜 주시기를 요청합니다. 당신은 모든 것 위에 계신 하나님이시고, 영원히 송축받으실 분입니다. 아멘.

¶ 그 행위가 이렇게 끝나면 사람들은 시편 103편인 "내 영혼아 여호와를 송축하라" 등, 혹은 감사를 드리는 다른 것을 노래한다. 찬송이 끝나면, 앞에서 언급했던 축복들 중 하나가 낭송되고, 사람들은 식탁에서 일어나 자리를 떠난다.

독자에게

만약 성례전을 기념하는 데 있어서 우리가 다른 어떤 것보다 왜 이 규범을 따르는지 누군가 기이하게 여기는 사람이 있다면, 그로 하여금

첫째, 우리가 가톨릭교도들의 오류를 철저하게 폐기하려는 것과
둘째, 성례전에는 그 본질을, 그리고 그리스도께는 그분의 합당한 위치를 회복시키려는 것을 부지런히 숙고하도록 하십시오.

그리고 주의 만찬의 단어들에 관해서는, 가톨릭교도들이 멋대로 믿는 것처럼 그 단어들이 떡과 포도주의 본질을 변화시키고, 제물의 의도로써 그것들을 반복하는 것이 성례전을 이루기 때문에 우리는 그것들을 말하지 않습니다. 다만 그분 자신의 입으로 우리의 영적 용도와 위로를 위해서 이런 표지들을 명하셨다는 사실을 말씀하셨던 그대로, 그것들은 이런 행위에서 우리가 어떻게 행동할 것인가를 가르치고, 그리스도께서 우리의 믿음에 대

---

189 눅 17.b.
190 딤전 4.a; 엡 5.d; 벧후 3.a.
191 마 5.b; 벧전 2.b.

해 증언하시도록 낭독되고 선포됩니다.

　따라서 우리는 우선, 성 바울이 규정한 것을 따라서, 이런 고귀한 신비들에 합당한 참여자가 될 수 있도록 우리 자신을 살피고, 우리의 마음을 준비합니다. 그런 후에 우리의 구주이신 그리스도께서 우리에게 가르쳐 주셨던 대로[192] 떡을 취해서, 축사하고, 그것을 떼어서 분배합니다. 마지막으로 집례가 끝나면, 그분의 말씀과 보증이 없다면 이 거룩한 행위에서 어떤 것도 시도되지 않도록 우리는 그분의 예를 따라서 다시 감사를 드립니다.

---

[192] 마 26.c; 고전 11.c; 눅 22.b.

제16장

팔츠 교회 예전
다윗의 시편

피터 다테누스

> 네덜란드 교회 예전은 그 기원이 독일이다. 그것은 스트라스부르에 있는 프랑스 교회(French church in Strasbourg)와 런던에 있는 네덜란드 교회(Dutch church in London), 뷔텐베르크의 루터파 교회(Rutheran church in Württemberg)로부터 취한 요소들로 구성되고, 신학적 경향이 압도적으로 츠빙글리 식(Zwinglian)이었던 편집자에 의해서 엮어졌다.[1]

명문대학과 반 폐허가 된 영광스러운 성으로 유명한 독일의 도시 하이델베르크는 독일과 네덜란드 개혁파 전통이라는 복잡한 역사에서 중심 역할을 했다. 16세기에 하이델베르크는 팔츠 선거구(Kurpfalz)의 하반부 수도였다. 그리고 또한 독일의 일곱 군주 중의 한 사람인 선제후의 근거지로서 신성로마 제국의 황제를 뽑을 경우가 생겼을 때 투표하는 것이 그의 역할이었다.

선제후 프레데릭 2세(Elctor Frederic II, [r. 1544-1556])는 루터파의 사상들을 팔츠주에 도입했고, 그의 계승자인 선제후 오토 헨리(Otto Henry, [r. 1556-1559])가 후에 그것을 강화했다. 그렇지만 선제후 프레데릭 3세[Frederic III, [r. 1559-1576])의 통치하에서 팔츠주는 이후에 루터파로 알려진 개혁 신앙으로 방향을 바꾸었다.

프레데릭의 통치는 논쟁으로 시작하여 순응으로 끝났다. 팔츠주 내에 있는 긴급한 신학적 이슈들은 주의 만찬에서 그리스도의 임재 방식과 주의 만찬에 진정으로 참여하기 위해서 신앙이 요구되어야 하는지 아닌지에 관한 것이었다.

아우구스부르그(Augusburg, 1559) 의회에서 프레데릭은 엄격한 루터파인 틸레만 헤슈시우스(Tilemann Heshusius)가 강단에서 칼빈파 집사인 윌리엄 클레비츠(William Liebitz)를 비난하고, 이후 성찬 중에 클레비츠로부터 잔을 뺏으려고 하는 것을 목격했다. 다음 해에는 하이델베르크에서 그 주제에 대한 공개적 논쟁이 벌어졌고, 프레데릭은 다른 개혁파 신학자들을 그 도

---

1 Howard Hageman, "The liturgical Origins of the Reformed Church." in *The Heritage of John Calvin: Heritage Hall Lectures, 1960-70* (Grand Rapids: Eerdmans, 1973), 136.

시로 초청할 만큼 칼빈파의 설명에 충분히 감명을 받았다.

순교자 피터 마터 버미글리(Peter Martyr Vermigli, 1499-1562)와 볼프강 무슈루스(Wolfgang Musculus, 1497-1563)는 초청받았지만, 자신들의 나이 때문에 거절했다. 그렇지만, 플랑드르 지방 사람인 피터 다테누스(Peter Dathenus, 1531-88)가 프랑크푸르트로부터, 캐스퍼 올레비아누스(Casper Olevianus, 1536-87)도 고향인 트리어(Trier)로부터 왔다.

다음 해에 위대한 히브리 학자 임마누엘 트레넬리우스(Immanuel Tremellius, 1510-80)와, 재능 있는 브레슬라우(Brsalu)의 젊은 종교개혁자 자카리아스 우르시누스(Zacarias Ursinus, 151534-83) 또한 하이델베르크로 왔다. 이런 개혁파 신학자들을 총망라한 팀이 팔츠주 전체 교회에 변화의 바람을 가져왔다. 제단은 식탁으로, 웨이퍼(wafer)는 떡으로, 성배는 나무잔으로 대체되었으며, 교회력은 의미 있게 다시 회복되었다. 프레데릭은 새로운 교리 문답과 예전을 승인했고, 1563년 『팔츠 교회 예전』(Palatinate Church Order)이 간행되었다.

『팔츠 교회 예전』은 팔츠 예전, 다양한 다른 예전 형식과 기도들 그리고 오늘날 하이델베르크 요리 문답(Heidelberg Catechism)으로 더 잘 알려진 교리 문답으로 구성되어 있다. 프레데릭은 서문에서 감독관들, 교회 임원들 그리고 기타 학자들로 이루어진 신학자 팀이 예전의 저자라고 했지만, 우르시누스가 그 책의 주 저자였다.[2] 비록 커플의 약혼 발표, 신부와 신랑에 대한 권면 그리고 수감자들의 방문을 포함하기는 했지만, 예전 형식은 아주 전형적이었다.[3]

---

2 Karla Apperoloo-Boersma and Herman J. Selderhuis, eds., *Power of Faith: 450 Years of the Heidelberg Catechism* (Göttingen: Vandenhoeck & Ruprecht, 2013), 21-22.

3 주의 만찬 예전에 관한 번역을 제시했지만, 완전한 목록은 다음과 같다. 말씀 예전에 대한 소개// 설교 예전에 대한 준비 기도// 교육과 설교에 관하여// 거룩한 세례에 관하여// 세례의 형식// 교리문답에 관하여// 하이델베르크 요리 문답// 모든 형태의 인간에 대한 성경적 훈계// 교리 문답의 짧은 요약// 준비 예전// 성찬에 관하여// 성찬의 형식// 그리스도인의 회개에 관하여// 구호금에 관하여// 교회 기도에 관하여// 아침 기도를 뒤따르는 주일 기도// 오후 설교를 뒤따르는 주일 기도// 교리 문답 설교 후에 기도// 근무일에 열리는 예배들을 위한 것// 아침 기도// 저녁 기도// 공휴일을 위한 예전// 결혼 예전// 커플의 약혼 발표// 신부와 신랑을 위한 권면// 교회 음악과 의복들에 관련된 법규서// 수감자들의 방문에 관하여// 죽은 자의 매장에 관하여.

『팔츠 교회 예전』의 이면에 있는 다음과 같은 다양한 출처를 발견하는 것이 가능하다. 오토 헨리(Otto Henry)의 1556년 교회 규범에 영감을 준 비텐베르크 예전과 프랑스인 피난민 목사 발레랑 뿔랑(Vallerand Poullain)의 『성례』(Liturgia Sacra), 존 아 라스코(John à Lasco)의 『형식과 방법』들은⁴ 루터파, 츠빙글리파, 칼빈파라는 재료들을 개혁파의 틀 안에 굳힌 혼합물이었다. 아마도 아 라스코를 통해서 그리고 하이델베르크 요리 문답에서 확실하고 명백한 영감을 받은 위로라는 주제가 예전을 통해서 엮어졌다.

사실상, 매월 주의 만찬을 기념하는 명백한 목적 중의 하나는 "우리의 위로"를⁵ 위한 것이었다. 이것은 시적으로 작업된 회상을 통해서 반영되는데, "또한 그분은 그분의 축복으로 우리를 채우시기 위해서, 그분 스스로 우리의 저주를 입으셨다"와 같은 아름다운 용어로 그리스도의 역사하심을 묘사했다.

주의 만찬 예전의 다른 주목할 만한 특징들은 성찬 제정사 안에서 예수님의 일인칭 목소리("너희를 위해서 내 몸을 주고 내 피를 흘렸다")로의 원활한 전이와 수찬자들 마음의 성령 임재 기도("성령님의 권능을 통하여 우리의 지치고 고통받는 마음을 먹일 수 있도록") 그리고 예배를 끝내기 위해서 사용된 풍성하고 경건한 찬양의 말들(따라서, "내 입과 마음이 지금부터 영원히, 주의 찬양을 선포합니다")을 포함했다.

비록 『팔츠 교회 예전』의 예전이 전체 독일 개혁파 교회에서 사용되었지만, 그중 가장 깊은 영향을 끼친 것은 명백히 피터 다테누스(Peter Dathenus)의 네덜란드식 개작을 통해서였다. 1531년경 몽-카셀(Mont-Cassel)에서 태어난 다테누스는 갈멜회의 수사(Carmelite friar)로서 사역을 시작했다.

그는 1550년에 개혁 신앙으로 개종했고, 복음주의 교리를 전파하기 시작했다. 그 직후, 그는 런던으로 가서 존 아 라스코가 감독관(superintendent)으

---

4 Bard Thompson, "The Palatinate Church Order of 1563," *Church History* 23:4 (1954: 348. 또한 Bryan Spinks, *From the Lord and "The Best Reformed Churches": A Study of the Eucharistic Liturgy in the English Puritan and Separatist Traditions, 1550-1533* (Rome: C.L. V.-Edizioni liturgiche, 1984), 136 을 보라.

5 1583년의 『팔츠 교회 예전』은 주의 만찬을 큰 도시와 시에서는 매월, 마을에서는 격월로 그리고 모든 곳에서 성탄절, 부활절 그리고 성령강림절에 기념하기로 규정했다.

로서 그리고 같은 플랑다르 지방 출신의 목사와 동료인 마틴 미크로니우스(Martin Micronius)가 목사와 동료로 있는 네덜란드인의 "이방인"교회에 합류했다.

1553년 메리 튜더가 즉위하자, 다테누스는 프랑크푸르트로 몸을 피했고, 그곳에서 1555년부터 1562년까지 플랑다르인 회중에 목회했다. 루터파와 개혁파 사이의 점증하는 긴장은 플랑다르인 회중에 너무 힘든 것이었기 때문에, 다테누스와 그 교회의 60가구는 프레데릭 선제후의 초청으로 하이델베르크의 외곽인 팔츠주의 프랑켄탈로 이주했다.

다테누스는 자신의 『다윗의 시편과 다른 찬송가들 … 기독교 교리 문답, 의식들과 기도들과 더불어』(Psalms of David and Other Hymns … Together with the Christian Catechism, Ceremonies and Prayers)를 1566년 하이델베르크에서 처음 출간했다.[6] 성시들과 찬송가는 프랑스어로 된 1562년판 『제네바 시편 찬송가』(Genevan Psalter)로부터 번역되었다. "의식들과 기도들"은 팔츠 예전의 예전 부분으로부터 개작되었으며, 더불어 최초의 네덜란드 예전인 "다테누스 예전"을 구성했다. 의식들은 세례의 형식, 회중의 새로운 지체들을 위한 점검, 성만찬 기념을 위한 형식 그리고 결혼의 형식을 포함했다.

이런 의식 중에서 대부분이 팔츠 예전으로부터 아주 약간의 수정을 하여 번역되었다. 하지만, 새로운 지체에 대한 점검은 마틴 미크로니우스(Martin Miceonisus)의 『기독교 조례』로부터 나온 것이었고, 기도는 대부분 팔츠 예전으로부터 취한 것이었다. 일부 예외는 교리 문답 교육의 전후에 하는 기도였다. 그것은 미크로니우스의 『기독교 조례』와, 아침과 저녁 기도(Morning and Evening Prayer) 그리고 네덜란드 종교개혁자이자 런던 "이방인" 교회의 공동 멤버인 얀 유텐호프(Jan Utenhov)의 식사 전후의 기도들로부터 온 것이었다.

설교 전의 기도들과 병자와 환란을 겪는 자들을 위한 두 개의 기도 그리고 죽은 자의 매장을 위한 기도는 다테누스의 저작이었다.[7] 설교 전후의 기

---

6   본서의 번역은 1566년판과 유사한 1567년판 『다윗의 시편』을 따른다.
7   Daniel James Meeter, *"Bless the Lord, O My Soul": The New-York Liturgy of the Dutch Reformed Church, 1767* (Lanham, MD/London: Scarecrow Press, 1998), 3-7.

도들은 주일을 위한 말씀 예배를 구성했다.[8] 예배는 죄("우리의 죄는 우리의 머리털보다 더 많다")와 위로하는 은혜("우리는 도움을 받기 위해 이런 송축받을 은혜의 언약으로 나아갑니다") 둘 다의 실재를 가르쳤다.

하지만, 예배는 그 근원인 팔츠 예전보다 더 참회하는 경향이었다. 다테누스는 칼빈의 1542년 "역병, 전쟁 그리고 다른 이런 역경들" 동안의 탄원들로부터 왔던 가끔 있는 팔츠의 회개 예배("기도일", Bettag)를 수정하고, 그것을 주일 설교 후의 정기적 기도로 포함시켰다.[9] 주일 예배의 정기적 형태는 이처럼 네덜란드 망명자 집단의 비정기적 경험을 반영했다. 이제 정기적으로 된 이런 비정기적 경험은 미래의 네덜란드 개혁파 예배 경향을 특징지을 것이다.

다테누스의 작업은 곧 네덜란드 개혁파 교회의 예전적 기반으로 간직되었다. 다테누스는 1566년 안트워프 교회 회의(Synod of Antwerp)와 1568년 베젤 종교 회의(Convent of Wesel)를 주재했다. 그리고 그곳에서 그의 시편 찬송가와 교리 문답이 채택되었다. 1574년 홀랜드(Holland)와 질랜드(Zeeland)의 지방 교회 회의가 도르트레흐트(Dordtrecht)[10]에서 만나서, 다테누스의 기도의 형식을 명시적으로 수정하고, 승인했다.

유명한 도르트 전국 교회 회의 (Synod of Dordt)는 하이델베르크 요리 문답, 벨직 신앙 고백(Besic Confession) 그리고 도르트 신조(Canon of Dordt)가 공통된 교리 기준이 되어야만 한다고 결정했고, 마찬가지로, 다테누스 예전의 수용된 형식을 비준했으며, 그것이 네덜란드 개혁파 교회 전체에서 사용되도록 규정했다.[11] 이처럼 "다테누스의 예전"은 남아프리카로부터 아메리카, 인도네시아 그리고 그 너머로 네덜란드 식민지가 정착된 곳에는 어디나 수출되었다.

---

8   Meeter, "Bless the Lord," 183.
9   이런 포함에 관한 완전한 토론은 Meeter, "Bless the Lord," 193-97에서 찾을 수 있다. 또한, Charles W. Baird. *Eutaxia, or The Presbyterian Liturgies: Historical Sketches* (Eugens, OR: Wipf and Stock, 2006[1853]): 217n을 보라.
10 도르트레흐트(Dordrecht)와 도르트(Dordt)는 동일한 도시의 다른 이름이다.
11 Meeter, "Bless the Lord," 10-13; Christopher Dorn, *The Lord's Supper in the Reformed Church in America in Transformation* (New York: Peter Lang, 2007), 37.

1. 예배 순서

1) 『팔츠 교회 예전』(1563)[12]

말씀 예전	주의 만찬 예전
인사(Greeting)	인사(Greetin)*
죄의 고백(Confession)	죄의 고백(Confession)
조명을 위한 기도(Prayer for illumination	조명을 위한 기도(Prayer for illumination
주기도문(Lord's Prayer)	주기도문(Lord's Prayer)*
성경 낭독(Scripture)*	성경 낭독(Scripture)*
설교(Sermon)*	설교(Sermon)*
짧은 고백(Short Confession)	짧은 고백(Short Confession)
죄 사함의 선언(Declaration of Forgiveness)	죄 사함의 선언(Declaration of Forgiveness)*
심판에 대한 경고(Warning of Judgement)	심판에 대한 경고(Warning of Judgement)*
중보 기도(Intercession)	중보 기도(Intercession)*
주기도문 혹은 주기도문의 해설 (Lord's Prayer or Paraphrase)	주기도문 혹은 주기도문의 해설 (Lord's Prayer or Paraphrase of Lord's Prayer)*
불특정의 시편 / 찬송가 찬양 (Singing, Psalms/Hymn unspecified)	성찬 제정사(Word's of Institution)
축도(Benediction)	자아 성찰(Self-Examination)
	권면과 출교(Exhortation and Excommunication)
	위로의 말씀(Words of Confort)
	초청(Invitation)
	주의 만찬의 의미(Meaning of the Lord's Supper)
	언약과 떡을 뗌(Covenant and Breaking of Bread)
	성령 임재 기도(Prayer of Epiclesis)
	주기도문(Lord's Prayer)
	사도 신경(Apostles' Creed)
	마음을 고양시키기 위한 권면 (Exhortation to Lift Hearts)
	분배(Distribution)
	찬송 혹은 성경(singing or Scripture)
	시편 103편 혹은 감사 기도 (Psalm 103 or Prayer of Thanksgiving)
	축도(Benediction)*

---

12 제시되었을 것으로 추정되는 항목들(그러나 원래 예전에서 말하지 않은 것)은 *로 표시된다.

2) 『다윗의 시편』(1567)

말씀 예전	주의 만찬 예전
십계명(Decalogue)	십계명(Decalogue)*
죄의 고백에 대한 권면(Exhortation to Confession)	죄의 고백(Confession)*
회개하는 자에 대한 약속과 회개하지 않는 자에 대한 경고의 선포 (Declaration of Promises to the Penitent and Warnings to the impenitent)	주기도문(Lord's Prayer)*
죄의 고백(Confession)	사도 신경(Apstle's Creed)*
주기도문(Lord's Prayer)	성경(Scripture)*
사도 신경(Apostle's Creed)	설교(Sermon)*
성경(Scripture)*	확장된 고백(Extended Confession)
설교(Sermon)*	중보 기도(Intercession)*
확장된 고백(Extended Confession)	제정사(Word's of Institution)
중보 기도(Intercession)	자아 성찰(Self-Examination)
주기도문(Lord's Prayer)	권면과 성찬 배제 (Exhortation and Excommunication)
축도(Benediction)	위로의 말씀(Words of Comfort)
	초청(Invitation)
	성례전의 의미(Meaning of Sacrament)
	제정사와 개인적 약속들(Words of Institution and Personal Promises)
	성령 임재 기도(Prayer of Epiclesis)
	주기도문(Lord's Prayer)
	사도 신경(Apostle's Creed)
	성령 임재 기도(Prayer of Epiclesis)
	주기도문(Lord's Prayer)
	마음을 들기 위한 권면 (Exhortation to Lift Hearts)
	분배(Distribution)
	찬송 혹은 성경(singing or Scripture)
	시편 103(Psalm 103)
	감사 기도(Prayer of Thanksgiving)
	주기도문(Lord's Prayer)
	축도(Benediction)*

2. 『팔츠 교회 예전』(1563) - 하이델베르크, 자카리아스 우르시누스 외 -

공동 기도에 관하여[13]

¶설교 전 아침에, 특히 주일과 공휴일은 물론 기도의 날에도, 다음과 같은 기도가 사람들에게 낭독되어야 한다. 그것으로 말미암아 그리스도인 회중은 특히 인간의 비참함을 상기하고, 마음을 겸손하게 하며, 은혜의 말씀을 더욱 열심히 받을 수 있도록 하나님의 유익한 은혜를 구하게 된다.

은혜, 평화, 자비 …

하늘에 계신 아버지!
영원하고 자비로운 하나님!
거룩하고 존귀하신(Divine Majesty) 당신 앞에 우리는 모든 사악함과 부패함 속에서 잉태되고 태어나, 모든 악에 취약하며, 선한 일은 어떤 것도 할 수 없는 불쌍하고, 비참한 죄인이라는 사실과 그리고 우리 악한 삶으로 당신의 거룩한 계명들을 끊임없이 위반한다는 사실을 고백하고 인정합니다. 우리는 이것으로 인하여 우리를 향한 당신의 진노를 일으키고, 당신의 의로운 심판에 따라 영원한 정죄를 초래합니다.
오, 주님!
우리는 당신의 진노를 일으켰던 것을 마음 아파하고 후회하며, 우리 스스로와 우리의 악을 고발하고, 당신의 은혜가 우리에게 임하여 비참함과 슬픔을 돕기를 바랍니다. 그러므로 오 지극히 은혜로우신 하나님 아버지, 당신의 사랑하는 아들이신 우리 주 예수 그리스도의 거룩한 고난으로 말미암아, 우리에게 자비를 베풀어 주시고, 우리 죄를 사하여 주시며, 그런 다음에 당신의 성령님의 은혜를 허락하시어 우리가 전심으로 우리 불의를 인정하고, 스스로에게 불만을 느끼도록 가르치셔서, 죄가 우리 안에서 죽임을 당하고, 우리를 거룩함과 공의의 의로운 열매를 맺을 새 생명으로 부활

---
[13] 문자 그대로, 교회의 기도

할 수 있도록 하시옵소서. 그것이 그리스도를 위하여 하나님께 기쁨이 될 것입니다.

또한, 당신의 거룩한 말씀을 당신의 거룩한 뜻에 따라 이해하도록 허락하셔서, 우리가 그로 인해서 다른 모든 피조물에 대한 신뢰를 단절하고, 오직 당신만 신뢰하는 것을 배우도록 하시옵소서. 그 외에, 또한 우리의 옛사람이 그의 모든 정욕과 더불어 날마다 점점 더 십자가에 못 박히며, 그리고 다음과 같이 기도하도록 가르치셨던 우리 주 예수 그리스도로 말미암아, 당신의 거룩한 이름의 영광과 우리 이웃의 덕을 세우기 위해서, 우리 자신을 산 제물로 당신께 드릴 수 있도록 해 주시옵소서.

우리 아버지, 등등.

¶ 주일날 아침 설교 후에 목사는 다음과 같이 말해야 한다.

주 안에서 사랑하는 자들이여!

우리는 하나님의 계명 안에서 거울을 보는 것처럼 우리 죄가 얼마나 중하고 다양하며, 이에 대하여 일시적이고, 또한 영원한 벌을 받아 마땅하다는 것을 압니다. 그러므로 동일한 죄를 우리 신실하신 아버지께 전심으로 고백합시다. 다음과 같이 나와 함께 기도하십시오.

불쌍한 죄인인 나는, 나의 하나님이시고 창조주이신 당신께 맞서서 외적인 심한 죄뿐만 아니라, 또한 타고난 맹목, 불신, 의심, 심약함, 성급함, 교만, 악한 탐욕, 은밀한 질투, 증오, 시기 그리고 다른 악한 감정으로 내적으로 더욱더 많은 엄중하고 다양한 죄를 지었음을 당신 앞에서 고백합니다, 내 주이신 하나님, 당신은 내 안에 있는 이것을 너무나 잘 아시지만, 애석하게도 나는 그것들을 충분하게 인식할 수 없습니다. 나는 슬프고, 그것들을 후회하며, 전심으로 당신의 사랑하는 아들 예수 그리스도로 말미암는 은혜를 바랍니다.

¶ 이것 후에 그는 신자들에게 죄에 대한 사함과 회개하지 않는 자들에 대한 하나님의 심판을 다음과 같이 선포한다.

이제 하나님의 은혜의 확고한 위로를 들으십시오. 이것은 하나님이 그분의 복음을 모든 신자에게 다음과 같이 약속하시는 것입니다.
주 그리스도께서(요한복음 3장에서) 이처럼 말씀하십니다.

> 하나님이 세상을 이처럼 사랑하사 독생자를 주셨으니 이는 그를 믿는 자마다 멸망하지 않고 영생을 얻게 하려 하심이라.

스스로와 자신들의 죄를 불쾌해하고, 자신들이 오직 예수 그리스도의 공로로 말미암아 완전히 죄 사함을 받았다는 사실을 믿고, 점점 더 죄에 대해서 죽고, 참된 거룩함과 의로움으로 주님을 섬기려 결심했던 여러분 중의 많은 이에게(왜냐하면, 그들은 살아계신 하나님의 아들을 믿기 때문에), 하나님의 계명으로 (하나님이 그분의 거룩한 복음에서 약속했던 것처럼), 우리 주 예수 그리스도의 지극히 거룩한 고난과 죽음의 완벽한 충족으로 말미암아, 나는 그들의 모든 죄가 하늘에서 풀린다는 사실을 나는 선포합니다. 아멘.

그러나 자신들의 죄를 즐기거나 혹은 자신들의 양심에 맞서서 죄를 고집하는 여러분들 중의 많은 자에게, 하나님의 계명으로, 나는 하나님의 진노와 심판이 그들에게 있고, 그들의 모든 죄가 하늘에서 유지되며, 그들이 회개할 때까지 영원한 정죄로부터 면죄받지 못할 것이라는 사실을 선포합니다.

우리와 우리 기도가 예수 그리스도의 고난으로 말미암아 성화되고 하나님께 기쁨이 되실 것을 의심하지 않기 때문에, 다음과 같이 말하면서 하나님께 전심으로 요청합시다.

설교 후의 주일 기도

하늘과 땅의 창조주이신 전능하신 하나님!
당신이 우리를 만드셨다는 사실을 마음속 깊이 감사드립니다. 그 외에도, 당신은 우리와 우리 자녀들을 오늘까지 지키시고, 먹이시며, 양육하셨고 그리고 지금부터도 계속해서 우리를 지키시고 통치하실 것입니다.

그러나 우리는 특히 당신이 낙원(paradise)¹⁴에서 약속하셨던 당신의 아들 예수 그리스도를 우리에게 알게 해 주시고, 그분의 극심한 고난과 죽음으로 말미암아 우리의 죄를 사해 주신 것을 감사드립니다. 당신의 말씀과 성령의 능력으로 우리를 당신의 아들의 형상으로 새롭게 하셔서 우리의 몸과 마음으로 당신과 함께 거하며 영원히 당신을 찬양할 수 있도록 간구합니다. 이를 위하여 우리가 창세에 지음을 받았습니다.

또한, 사탄을 물리쳐 주셔서, 그가 우리 첫 조상인 아담과 하와에게 그랬던 것처럼 우리 마음으로부터 당신의 거룩한 말씀을 떼어 내지 않게 해 주시옵소서. 그리고 당신이 또한 이 삶에서 정부의 손에 의해 우리를 다스리시기를 원하시기 때문에, 자신들의 마음이 당신의 손안에 있는 당신의 종들을 요청합니다.

그들 모두에게 즉, 제국과 왕 폐하와 모든 통치자, 군주들, 특별히 우리의 가장 지혜로운 선제후 프레데릭 팔스그레이브 대공과 더불어 선제후 전하의 부인(Electoral Prince Duke Frederick Palsgrave, together with the spouse of his Electoral Majesty)과, 대공의 아들들인 젊은 신사들(young gentlemen) 그리고 모든 고문과 관리(또한, 이 도시의 존귀하고 현명한 의회에)에게¹⁵ 은혜와 하나됨을 허락하시옵소서.

그들이 온 나라를 다스릴 때, 당신이 하늘과 땅의 모든 권세를 주셨던 우리 주 예수 그리스도께서 그들과 그들의 신하들을 다스리시는 방법으로 통치하도록 하셔서, 당신의 손으로 만드신 피조물이며, 당신의 양 떼 중의 양들이며, 또한 우리 주 그리스도께서 그들을 위해 피 흘리신 불쌍한 백성들이 모든 거룩함과 의로움으로 다스림을 받을 수 있도록 허락하시옵소서.

또한, 우리가 당신을 위해서 그들에게 마땅한 모든 존귀와 충성을 바치고, 그들의 통치하에서 우리가 명예롭고 평안한 그리스도인의 삶을 영위할 수 있도록 허락하시옵소서. 땅의 열매를 위한 당신의 강복과 축도를 허락하셔서, 그로 인해 우리가 당신을 아버지와 모든 자비와 선한 일의 샘으로서 알게 하시옵소서. 그 외에, 우리 자신뿐만 아니라, 온 세상의 모든 인간

---

14 에덴에서처럼(창 3:15).
15 혹은 이 마을의 명예로운 공동체(방주).

을 위해서 간청합니다. 그들 모두에게, 특별히 그리스도의 몸인 우리의 동료 지체들이고, 당신의 진리를 위하여 터키족과 교황의 핍박으로 고통을 받는 자들에게 자비와 긍휼을 베풀어 주시옵소서.

오, 모든 은혜의 아버지!

그분의 지체 안에서 당신의 아들 예수를 핍박하는 당신의 원수들 분노를 억제해 주시고, 정복할 수 없는 인애와 당신의 성령님의 권능으로 핍박받는 자들을 강건하게 해 주셔서, 그들이 당신의 손으로부터의 이런 핍박을 감사함으로 받고, 자신들의 역경 속에서 모든 이해를 능가하는 그런 기쁨을 느낄 수 있도록 하시옵소서. 모든 가난한 자, 수감자, 병자, 과부와 고아들, 임신한 여자들과 괴로워하고 걱정하는 마음들을 위로하시고 강건하게 하시옵소서.

우리에게 "내가 진실로 진실로 너희에게 이르노니 너희가 무엇이든지 아버지께 구하는 것을 내 이름으로 주시리라"[16]라는 확고한 약속을 주셨던 우리의 사랑하는 주 예수 그리스도로 말미암아, 그들에게 당신의 평화를 허락하시옵소서. 그리고 그다음에 그분은 다음과 같이 기도하도록 우리에게 명령하셨습니다.

우리 아버지, 등등.

혹은 다음과 같은 방식으로.
전능하신 하나님!
하늘에 계신 아버지!
당신은 당신의 사랑하는 아들 예수 그리스도의 이름으로 우리가 당신께 구하는 것은 무엇이든지 우리에게 주실 것이라고 약속하셨습니다.[17]

---

16 요 16:23.
17 요 16:23.

[이름이 거룩히 여김을 받으시오며]
　당신의 성령님이 우리 마음에서 역사하시기를 구합니다. 그래서 우리가 당신의 전능하심, 지혜, 선하심, 의로움과 자비와 진리가 밝게 드러나는 당신의 모든 역사하심에서 당신을 제대로 알고, 거룩하게 하며, 영화롭게 하고, 찬양할 수 있도록 하옵소서. 또한, 우리가 평생—생각, 말, 행동을—을 그렇게 행하여, 우리로 인하여 당신의 이름이 모독받지 않고, 오히려 존귀와 찬송이 되도록 허락하옵소서.

[나라가 임하옵시며]
　또한, 당신의 말씀의 홀과 당신의 성령님의 권능으로 우리를 다스리셔, 우리와 모든 인간이 날마다 더욱더 존엄하신 당신의 주권에 항복하고 복종하도록 해 주옵소서. 당신의 교회를 지키고, 증대시켜 주시옵소서. 마귀의 모든 일과 당신의 거룩한 말씀에 맞서서 잉태된 모든 거짓과 사악한 모략을 파멸시켜 주옵소서.
　당신의 존귀하심에 대항해서 자신을 높이는 모든 권세가 매일 점점 더 말살되고 궤멸할 수 있도록 당신의 진리와 의로움의 권능으로 당신의 원수들을 멸망으로 이끌어 주시옵소서. 그리하시면 당신의 나라가 충만해지고, 마지막 날에 당신의 영광을 우리 안에 드러내실 것이고, 당신이 영원히 만유의 주가 되실 것입니다.

[당신의 뜻이 이루어지이다, 등등]
　또한, 우리와 모든 인간이 우리 자신의 의지와 모든 육신의 정욕을 거부하고, 어떠한 불평도 없이 홀로 선하신 당신의 뜻에 순종하도록 허락해 주옵소서. 모든 사람이 하늘에 있는 천사들처럼 기꺼이 그리고 신실하게 자신의 직무와 소명을 수행할 수 있도록 허락하옵소서.

[오늘 우리에게 일용할 양식을 주시옵소서]
　또한, 우리 몸의 모든 필요, 평화 그리고 좋은 정부를 제공하셔서, 우리가 당신은 모든 선한 것의 단 하나의 샘이시고, 그분의 자녀들을 돌보시는 신실한 아버지이시라는 사실과 또한 우리의 관심사와 노동 그리고 또한 당

신의 선물들이 당신의 축복 없이는 아무 소용도 없다는 사실을 인정할 수 있도록 해 주시옵소서. 따라서 모든 피조물로부터 우리의 신뢰를 철회하여 오직 당신만 신뢰할 수 있도록 허락해 주시옵소서.

[우리의 죄를 사하여 주시옵소서, 등등]
그리고 또한 우리가 당신의 은혜의 이런 증거들을 마음속에서 발견하여, 이웃을 전심으로 용서하고 그에게 유익을 더하기를 바라는 것처럼, 그리스도의 피 흘리심으로 인하여, 우리의 어떠한 범죄함이나 죄도, 우리에게 여전히 붙어 있는 악도 불쌍한 죄인인 우리에게 돌리지 마시옵소서.

[그리고 우리를 시험에 들게 하지 마시옵소서, 등등]
그리고 우리 스스로는 너무나 연약하므로 우리는 단 한 순간도 견딜 수가 없습니다. 더욱이, 우리의 철천지원수인 마귀, 세상, 우리 자신의 육신은 우리를 끊임없이 공격합니다. 그러므로 당신의 성령님의 권능으로 우리를 지키시고 강건하게 해 주셔서, 우리가 그들에게 굳건하게 저항하고, 이 영적 전투에서 패배하지 않으며, 다만 우리가 완전한 승리를 최종적으로 획득하고 당신의 아들, 우리의 주님이시며 보호자(Protector)이신 예수 그리스도와 함께 당신의 나라에서 영원히 다스릴 때까지 계속해서 견딜 수 있도록 해 주시옵소서.

우리가 아니라, 당신이 영원히 찬양받으실 수 있도록, 이 모든 것을 당신으로부터 구합니다. 그리고 이는 당신이 전능하신 하나님으로서 그렇게 하실 수 있고, 또한 신실한 아버지로서 우리가 우리 주 예수 그리스도로 말미암아 이런 것을 당신으로부터 전심으로 바라는 것만큼 확실하게, 그렇게 기꺼이 하실 것이기 때문입니다.

우리 아버지, 등등.

여러분의 찬송으로 주님을 찬양하십시오.

¶ 찬양 후에, 목사는 다음과 같이 말한다.

여호와는 네게 복을 주시고 너를 지키시기를 원하며,
여호와는 그의 얼굴을 네게 비추사 은혜 베푸시기를 원하며,
여호와는 그 얼굴을 네게로 향하여 드사 평강 주시기를 원하노라.
아멘.

3. 『팔츠 교회 예전에서 성만찬 기념을 위한 형식』(1563) - 하이델베르크 -

주의 성만찬에 관하여(On the Holy Supper of the Lord)

만찬이 기념되는 날들에는, 주님의 죽음과 만찬에 관한 설교가 행해진다. 그 설교에는 성만찬의 제정, 순서, 근거, 유익 그리고 열매가 다루어진다. 후속 행위에서 만찬이 충분히 설명되기 때문에, 목사는 이 설교를 간단히 하려고 노력해야 한다. 그리고 설교와 주일 기도가 끝난 직후(아래에서 언급된 대로), 찬양 전에, 말씀을 맡은 목사―만찬이 열릴 식탁에 서 있는―는 명확하고 분명하며 엄숙한 방식으로 다음과 같은 권면을 소리 내어 읽어야 한다.

성만찬 기념을 위한 형식

주 예수 그리스도 안에서 사랑받는 여러분!
우리 주 예수 그리스도의 성찬 제정사를 들으십시오. 그것은 거룩한 사도 바울이 고린도전서 11장에서 우리를 위해서 진술한 것입니다.

> 내가 너희에게 전한 것은 주께 받은 것이니 곧 주 예수께서 잡히시던 밤에 떡을 가지사 축사하시고 떼어 이르시되 이것은 너희를 위하여 내 몸이니 이것을 행하여 나를 기념하라 하시고 식후에 또한 그와 같이 잔을 가지시고 이르시되 이 잔은 내 피로 세운 새 언약이니 이것을 행하여 마실 때마다 나를 기념하라 하셨으니 너희가 이 떡을 먹으며 이 잔을 마실 때마다 주의 죽으심을 그가 오실 때까지 전하는 것이니라 그러므로 누구든지 주의 떡이나 잔을 합당하지 않게 먹고 마시는 자는 주의 몸과 피에 대하여 죄를 짓는 것이니라 사람이 자기를 살피고 그 후에야 이 떡을 먹고 이 잔을 마실지니 주의 몸을 분별하지 못하고 먹고 마시는 자는 자기의 죄를 먹고 마시는 것이니라(고전 11장).

이제 우리의 위로를 위하여 주의 만찬을 기념할 수 있도록, 우리가 미리 우리 자신을 제대로 살피는 것이 무엇보다도 필요합니다.

첫째, 그것[즉, 만찬의 거행]이 주 그리스도께서 지정하신 것, 즉 그분을 기념하기 위한 목적을 지향하도록 하는 것이 필요합니다.

참된 자아 성찰은 다음과 같은 세 부분으로 구성됩니다.

1. 모든 사람이 자신의 죄와 정죄에 관해 숙고하도록 하여, 그가 자신에 대한 자신의 괴로움에 의해서, 하나님 앞에서 자신을 낮출 수 있게 되는 것입니다. 왜냐하면, 죄에 대한 하나님의 진노가 너무나 커서, 그분은 죄가 벌 받지 않게 내버려 두지 않으시고, 오히려 그분의 사랑하시는 아들 예수 그리스도 안에서[18] 극심하고 수치스러운 십자가의 죽음에 의해서 그것을 벌하셨기 때문입니다.

2. 모든 사람이, 그가 또한 하나님의 이 확고한 약속, 즉 그의 모든 죄가 오로지 예수 그리스도의 고난과 죽음 덕분에 사함을 받는다는 사실 그리고 그리스도의 온전한 의가[19] 마치 그 자신의 몸으로, 그가 직접 자신의 모든 죄를 갚고, 모든 의를 성취한 것처럼, 참으로 그렇게 온전하게, 그 자신의 것으로 그에게 돌려지고, 아낌없이 주신 바 된 사실을 믿는지 아닌지에 대해 자신의 마음을 살피도록 합시다.

3. 모든 사람이, 그가 또한 자신의 평생에, 이제부터 진실로 주 하나님께 감사함을 보여드리고, 하나님의 면전에서 바르게 행할 마음이 있는지와 그가 전심으로 진지하게 모든 증오, 시기 그리고 적대감을 단절하고, 이후부터 자신의 이웃과 참사랑과 하나됨으로 살아갈 진지한 소망이 있는지에 대해 자신의 양심을 살펴보게 하십시오.

그렇게 하는 모든 사람을 하나님은 반드시 은혜로 받으실 것이고 그분의 아들 예수 그리스도의 식탁의 합당한 참여자로 인정하실 것입니다.

---

18 롬 8:32.
19 롬 7:24; 고후 5:21.

그렇지만 자신들의 마음에 이런 증언을 인지하지 않는 자들은 자신들에 대한 심판을 먹고 마시는 것입니다. 그러므로 그리스도와 사도 바울의 명령에 따라서, 우리는 자신들이 다음과 같은 악으로 오염되었다는 사실을 아는 자들 모두에게 주의 식탁을 삼가도록 경고합니다. 우리는 다음과 같은 자들에게 그리스도의 나라에서 어떠한 지분도 없다는 것을 선포합니다. 다시 말하자면, 그들은 모든 우상 숭배자, 죽은 성자이나 천사 혹은 다른 피조물에 구하는 모든 자, 형상, 모든 마법사, 점쟁이들을 경배하는 자, 짐승과 사람과 또한 다른 것을 축복하는 자 그리고 이런 축복을 믿는 자 모두, 하나님을 경멸하고 그분의 말씀과 거룩한 성례전을 멸시하는 모든 자, 모든 신성 모독자, 교회나 세상 정부에서 분당과 반역을 꾀하고자 하는 모든 자, 모든 위증자, 자신들의 부모와 정부에게 불순종하는 모든 자, 모든 살인자, 자신들의 이웃에 대해서 시기하고 증오하면서 사는 호전적이고, 다툼을 좋아하는 사람, 모든 간음하는 자, 사통하는 자, 주정뱅이, 도둑, 고리대금업자, 강도, 도박자, 탐욕자, 역겨운 삶을 영위하는 모든 자입니다.

저런 모든 사람이 이런 악들을 고집하는 한, 그들은 이런 일들을 생각하고 이 양식으로부터 삼가야 합니다. 그것은 그들의 심판과 정죄가 더욱 심해지지 않도록, 그리스도께서 오직 그분을 믿는 자들을 위해서만 지정한 것입니다.

그러나 사랑하는 그리스도인들이여, 이것은 마치 어떠한 죄도 없는 자들을 제외하고는 아무도 주의 만찬에 참여할 수 없는 것처럼, 신자들의 통회하는 마음을 협박하기 위하여 우리에 맞서서 행해지는 것이 아닙니다. 이는 이 만찬에 우리 스스로가 온전하고 의롭다는 사실을 증언하기 위해서 오는 것이 아니기 때문입니다. 오히려, 우리의 생명을 우리 밖의 예수 그리스도 안에서 구하기 때문에, 우리는 우리가 죽음의 한 가운에 놓여 있다는 사실을 고백합니다,

따라서 비록 우리가 우리 안에는 온전한 믿음도 없고, 우리가 당연히 해야 하는 것과 같은 그런 열정으로 하나님을 섬기는데 헌신하지도 않으며, 다만 우리 믿음의 연약함과 우리 육신의 악한 정욕으로 날마다 몸부림쳐야 하는 그런 허약함과 비참함을 여전히 발견합니다.

그렇지만 성령님의 은혜에 의해서, 우리가 이런 연약함을 깊게 후회하고 전심으로 우리의 불신에 저항하고, 하나님의 모든 계명에 따라서 살기를 바라기 때문에, 우리는 우리의 의지에 반해서 우리 안에 남아 있는 어떠한 죄나 약함도 하나님이 우리를 은혜로 받아 주시는 것과 이처럼 우리를 하늘의 양식과 음료에 합당한 참여자로 만들어 주시는 것을 막을 수 없다는 사실을 확신하고, 또 확신할 것입니다.

둘째, 또한, 주께서 우리를 위해서 그분의 만찬을 제정하신 목적, 다시 말하자면 우리가 그분을 기념하기 위하여 이 일을 행하는 것을 숙고합시다. 그러므로 우리가 이것을 행할 때, 우리는 주님을 다음과 같은 식으로 기념해야 합니다.

우선, 우리 마음에 다음과 같은 사실에 대해 완전한 확신함으로써입니다. 그것은 우리 주 예수 그리스도께서는 창세로부터 족장들에게 주셨던 약속에 따라 성부에 의해서 이 세상으로 보내심을 받았다는 사실, 그분의 성육신으로부터 시작해서, 이 땅에서 그분의 생명이 끝날 때까지, 주님은 우리와 같은 육신과 피를 취하셨고, 우리가 영원히 빠져 있어야만 했던 우리에 대한 하나님 진노의 잔을 담당하셨다는 사실 그리고 주님은 주로 동산(in the garden)에서 우리 죄에 대한 부담과 하나님의 진노가 주님의 피땀을 흘리게 하셨을 때, 우리를 풀어주실 수 있도록 그분이 묶이셨을 때, 우리가 결코 부끄러움을 당하지 않도록 그분이 엄청난 수치를 당하셨을 때, 우리를 대신하여 거룩한 율법과 의를 완전한 순종으로 성취하셨다는 사실입니다. 그리고 우리가 하나님의 심판으로부터 방면될 수 있도록 죄가 없으심에도 사형 선고를 받으셨다는 사실입니다. 참으로, 주님은 우리 죄의 필적을 십자가에 못 박으실 수 있도록 자신의 송축받으실 몸이 십자가에 못 박히도록 하셨고, 또한 그분의 축복으로 우리를 가득 채우실 수 있도록 우리의 저주를 담당하셨습니다.

그리고 주님이 큰 소리로 "내 하나님이여, 내 하나님이여, 어찌하여 나를 버리시나이까"라고 소리 지르실 때, 십자가에서 그분은 겸손하게 몸과 영혼의 가장 깊은 굴욕과 지옥 같은 몸과 영혼의 고통으로 자신을 낮추셔서 우리가 하나님께로 인도되고, 하나님께 절대 버림받지 않도록 하셨습니다. 최종적으로 주님은 피 흘리심과 죽음으로 "다 이루었다"고 말씀하신 것처럼 은혜와 화목의 영원한 새 언약을 확립하셨습니다.

그러나 우리가 이 은혜 언약에 속한 줄을 우리가 굳게 믿게 하시기 위해 주 예수께서는 최후의 만찬에서 떡을 가지사 축사하시고 떼어 제자들에게 주시며 "받아먹으라 너희를 위하여 주는 내 몸이니 이를 행하여 나를 기념하라"고 말씀하시고, 이처럼 만찬 후에 잔을 가지사 축사하시고 "이것을 다 마시라 이 잔은 죄 사함을 얻게 하려고 너희와 많은 사람을 위하여 흘리는 내 피로 세운 새 언약이니 마실 때마다 이것을 행하여 나를 기념하라"라고 이르셨습니다.

다시 말하자면, "너희가 이 떡과 잔을 마실 때마다 이로써 너희는 너희를 향한 나의 이런 따뜻한 사랑과 신실함을 상기하고 확신하게 될 것이다. 그 사랑과 신실함으로써 나는 영원히 죽어야만 했던 너희를 위하여, 확실한 기념과 약속으로서 십자가에서 내 몸을 죽음에 내 주었고, 내 피를 흘렸으며 그리고 너희 모두의 눈앞에서 이 떡이 떼어지고, 이 잔이 너희에게 주어지며, 너희가 나를 기념하여 동일한 것을 너희의 입으로 마시는 것만큼 확실하게, 내가 십자가에 못 박힌 동일한 내 몸과 흘린 피로써 너희 굶주리고 목마른 영혼을 영생에 이르도록 먹이고 양육했다"라고 말씀하셨습니다.

주 예수 그리스도의 이런 성찬의 제정이 우리에게 알려 주는 것은 그리스도께서 굶주리고 목마른 우리 영혼들을 위한 영생의 참된 양식과 음료가 되셨다는 것과 십자가에서의 그분의 온전한 제물되심은 구원을 향한 우리의 믿음과 신뢰의 단 하나의 근거와 토대가 되어 우리를 인도하신다는 것입니다. 왜냐하면, 그분의 죽음에 의해서, 그분은 우리의 영원한 굶주림과 비참함의 원인, 즉 죄를 가져가셨고, 우리를 위해서 생명을 주시는 영(life-giving Spirit)을 획득하셔서, 머리(Head)이신 그리스도 안에서 그리고 지체인 우리 안에 거하시는 동일한 성령님에 따라서, 우리는 그분과 참된 교제를 하고, 그분의 모든 혜택, 영생, 의 그리고 영광에 참여자가 될 수 있도록 하셨기 때문입니다.

그 외에, 거룩한 사도가 "우리가 모두 한 떡의 참여자이기 때문에, 떡이 하나인 것처럼, 많은 우리도 한 몸이니라"라고 말한 것처럼, 우리는 또한 동일한 그 영에 의해서 한 몸의 지체로서 참된 형제의 사랑에 합류할 수 있게 되었습니다.

이는 많은 낟알로부터 한 밀가루가 갈리고, 한 덩이가 구워지며, 함께 압착된 많은 열매로부터 하나의 포도주와 음료가 흘러서 혼합되는 것과 마찬가지로, 참된 믿음으로 그리스도께 연합된 우리 모두도, 먼저 우리를 그렇게 사랑하셨던 우리의 사랑하는 구주 그리스도를 위하여, 형제애를 통하여 한 몸이 될 것이기 때문입니다. 그리고 이것을 말로써 뿐만 아니라, 서로를 향한 행동으로써도 보여 주어야 하기 때문입니다. 그리고 우리 주 예수 그리스도의 아버지, 전능하시고 자비로우신 하나님이 그분의 성령님에 따라서 우리를 도와주시기를 기원합니다. 아멘.

다음과 같이 기도합시다.

자비로우신 하나님 아버지, 당신의 사랑하는 아들 예수 그리스도의 쓰라린 죽음을 영광스럽게 기억하는 이 만찬에서 당신의 성령으로 우리 마음에 역사하시기를 청하오니, 우리가 참된 믿음을 가지고 당신의 아들 예수 그리스도께 나아가게 하셔서 우리의 지치고 괴로운 마음이 성령의 능력으로 그의 참 몸과 피로 공급되고 소생하게 하시옵소서.

그래서 참 하나님이시오, 참사람이시오, 유일한 하늘의 떡이신 그가 우리와 함께 계시므로 우리는 더 이상 죄 가운데 살지 아니하며, 또한 그가 우리 안에 계시고 우리는 그 안에 있으므로 새롭고 영원한 언약과 은혜의 언약에 참여합니다.

당신은 영원히 우리의 은혜로우신 아버지가 되기를 원하시며 다시는 우리 죄를 우리에게 전가하지 않으시고 당신의 사랑하는 자녀와 상속자를 위해 몸과 영혼을 위해 모든 것에서 우리를 보살피실 것을 우리는 의심하지 않습니다.

오, 주여!

우리에게 당신의 은혜를 주시옵소서. 그래서 우리가 담대히 우리의 십자가를 지고 우리 자신을 부인하며 우리 구주를 고백하고 모든 환난 가운데서 머리를 들고 하늘에서 내려오실 우리 주 예수 그리스도를 기다리도록 당신의 은혜를 허락하시옵소서. 그때 그분은 우리의 죽을 몸을 주님과 같은 영화로운 몸으로 변화시켜 영원히 그분에게로 데리고 가실 것입니다. 아멘 우리 아버지, 등등.

이 성만찬을 통하여 우리를 또한 보편적이고, 의심의 여지가 없는 기독교 신앙으로 강화해 주시옵소서. 우리는 이처럼 마음과 입으로 고백합니다.

나는 하나님을 믿습니다, 등등.

우리가 이제 참 하늘의 떡이신 그리스도로 양육될 수 있도록, 우리 마음을 외면적인 떡과 포도주에 집착하지 말고, 우리의 마음과 믿음을 우리의 대언자이신 그리스도 예수께서 하늘 아버지의 오른편에 계시고, 또한 우리 기독교 신앙 조항이 우리에게 가리키는 곳인 하늘로 들어 올립시다. 또한, 우리가 그분을 기념하면서 진실로 거룩한 떡과 음료를 받는 것과 같이, 성령님의 역사하심으로 말미암아 우리의 영혼이 그분의 몸과 피로 먹여지고 양육받는다는 사실을 의심하지 맙시다.

¶ 여기서 목사는 각자를 위해서 주님의 떡의 한 조각을 쪼개고, 다음과 같이 말하면서 그것을 집례한다.
우리가 뗀 떡은 그리스도의 몸과의 친교입니다.

¶ 그리고 다른 목사는 다음과 같이 말하면서 잔을 집례한다.
우리가 감사를 드리는 감사의 잔은 그리스도의 피와의 친교입니다.

¶ 수찬자의 수와 각 교회의 관례에 따라, 성찬(Communion) 중에 찬양을 하거나, 혹은 요한복음 14, 15, 16, 17, 18장과 이사야 53장과 같이 그리스도의 죽음을 기념하는 데 유익한 몇 개의 장들을 읽을 수 있다. 그리고 여기서 모든 교회는 가장 적절하고 덕을 세울 수 있을 것으로 보이는 것은 무엇이든 사용해도 좋다.

¶ 성찬이 끝난 후, 목사는 다음과 같이 말해야 한다.
주 안에서 사랑하는 이들이여, 주님이 그분의 식탁에서 우리 영혼을 먹이셨습니다. 이제, 감사함으로 그분의 이름을 찬양하고, 모든 사람은 마음으로 다음과 같이 말합시다.

오 내 영혼아 여호와를 송축하라. 그리고 내 속에 있는 것들아 다 그분의 거룩한 이름을 송축하라. 오 내 영혼아, 주님을 송축하라. 그리고 그분이 내게 행한 선하심을 잊지 말지어다. 주님은 여러분의 모든 죄를 사해 주시고, 여러분의 모든 연약함을 치료하시는 분이십니다. 주님은 여러분의 생명을 멸망으로부터 구속하시고, 여러분을 은혜와 자비로 관 씌우십니다. 주님은 자비롭고, 오래 참으시며, 그분의 선하심은 크고 위대하십니다.

그분은 우리의 죄를 따라 우리를 처벌하지 아니하시며 우리의 죄악을 따라 우리에게 그대로 갚지 아니하셨으니 이는 하늘이 땅보다 높음같이 그분을 경외하는 자에게 그분의 인자하심이 크심이로다. 동이 서에서 먼 것 같이 우리의 죄과를 우리에게서 멀리 옮기셨으며, 아버지가 자식을 긍휼히 여김 같이 여호와께서는 자기를 경외하는 자를 긍휼히 여기시나니 주님은 또한 그분의 아들을 아끼지 않으시고, 다만 우리 모두를 위해서 그분을 내주셨고, 그분과 함께 모든 것을 우리에게 주셨습니다.

여기에서 하나님은 우리를 향한 그분의 사랑을 보여 주십니다. 그리스도는 우리가 아직 죄인일 때 우리를 위해 죽으셨습니다. 이제 우리가 그분의 피로 말미암아 의롭다 하심을 받았으니, 더욱 그분으로 말미암아 진노하심에서 구원을 받을 것입니다. 곧 우리가 원수 되었을 때 그분의 아들의 죽으심으로 말미암아 하나님과 화목하게 되었은즉 화목하게 된 자로서는 더욱 그분의 살아나심으로 말미암아 구원을 받을 것입니다. 따라서 내 입과 마음은 이제부터 영원히 주님의 찬양을 선포할 것입니다. 아멘.

¶ 혹은 다음과 같이 이런 방식으로.

전능하시고 자비로우신 하나님 아버지!

헤아릴 수 없는 자비하심으로, 당신의 독생자를 중재자(Mediator)로서, 우리 죄를 위한 제물로써 그리고 영생의 양식과 음료로써 우리에게 값없이 주셨던 것과 우리에게 그 믿음으로 말미암아 이런 당신의 유익에 참여자가 될 수 있는 참된 믿음을 주신 것에 대해 전심으로 당신께 감사를 드립니다.

더욱이, 당신은 당신의 사랑하시는 아들 예수 그리스도가 동일한 것을 강화하도록 성찬을 제정하게 하셨습니다. 우리는 신실한 하나님이시고 아버지인 당신께서 당신의 영의 역사하심을 통하여, 우리 주 예수 그리스도의 이 기념과 그분의 죽음 선포 때문에 우리의 믿음이 번성하고 날마다 증대되게 하시고, 동일하신 당신의 사랑하는 아들 예수 그리스도로 말미암아 그리스도와 함께하는 우리의 복받은 친교가 번성하게 하시기를 요청합니다. 아멘.

¶ 그러나 그것은 성례전의 올바르고 거룩한 집행과 의식에 관한 것이기 때문에, 성례전은 하나님이 정하신 방법과 그가 임명하신 목적에 따라 지켜져야 할 뿐만 아니라 하나님이 허락하지 말라고 하신 그러한 사람들에게는 집례되지 않아야 한다. 따라서 말로써 뿐만 아니라, 행동으로써 기독교의 출교(Christian excommunication)가 교회에서 실천되는 것이 필요하다.

다시 말하자면, 만약 회중 속에 신성 모독적 교리나 혹은 심한 악으로 더럽혀진 어떤 이가 있다면, 그들은 변화를 보일 때까지 주의 만찬에 받아들여져서는 안 된다. 그리고 기독교 교회(Christian Church)는 교황과 그의 무리가 모든 것을 교황의 발아래 두는 수단인 파문(papal ban)이라는 참을 수 없는 해악과 가혹한 폭정으로부터 자유로운 것을 요구한다. 마찬가지로, 우리는 악한 것을 지우고, 부숴버릴 뿐만 아니라, 그 자리에 선한 것을 심고 세우지 않으면 안 되기 때문이다.

마태복음 18장에 있는 주님의 명령 때문에 그리고 교회의 안녕과 필요를 위해서 기독교의 합법적 출교가 그리스도인 회중들 안에서 유지되어야 하는 것도 불가피하다. 그러나 이런 성례전 의식으로부터의 이런 제외가 교황 제도하에서처럼 남용과 혼란으로 빠지지 않도록, 그리스도와 성 바울이 규정한 것과 같은 이런 질서와 온건함이 그 안에서 지켜져야 한다.

무엇보다도, 그것은 한 명이나, 몇 명의 목사 혹은 다른 사람들에게 맡겨져서는 안 되며, 교회의 가장 겸손한 지체뿐만 아니라, 목사들이 복종하는 전체 기독교 회중에 맡겨야 한다. 왜냐하면, 만약 모든 설교자가 임의로 자신이 원하는 사람 누구든 출교(ban)하에 둔다면, 이것은 그리스도에 의해서 제정된 출교(ban)가 아니라, 적그리스도에 의해서 고안된 것이기 때문이다.

따라서 모든 지역에서, 그 지역의 편의와 필요에 따라, 몇 명으로부터 존경받고, 하나님을 두려워하는 사람들이 회중으로부터 지명받아야 한다. 회중을 대신해서, 전체 회중의 이름으로 그리고 목사들과 함께, 그들은 신실하고 진지하게 신앙에 대한 위험한 오류나 혹은 사통자, 구두쇠, 우상 숭배자, 중상자, 주정뱅이같이 자신들의 삶으로 불쾌하게 하는 이런 자들이나, 다른 방식으로 혼잡한 삶을 영위하는 자들에게 자신들의 방식을 바꾸도록 훈계(상황에 따라서 한 번, 두 번, 혹은 세 번)해야 한다.

그리고 만약 이런 사람이 이것을 조심하지 않는다면, 그들은 자신들이 변화를 약속하고 보일 때까지, 거룩한 성례전에 대한 거부에 의해서 기독교 회중으로부터 분리되어야 한다. 그리고 또한 이 문제의 절차에 관련해서 더 이상의 법령이 있어야 한다.

4. 『프랑스어로부터 네덜란드어로 번역된 다윗의 시편과 다른 찬송가들』
(1567) - 피터 다테누스 -

설교 전 주일 기도

¶ 주일 아침, 그리스도의 회중 속에서 십계명이 낭송되거나 불린 후, 교회 목사는 그 기회를 이용하여 회중에 자신들의 범죄에 대한 회개와 고백[20] 그리고 그리스도의 복음적 약속을 믿도록[21] 권면한다. 그는 성경의 증명으로 둘 다를 입증한다. 그는 회개하지 않는 자에 대한 하나님의 벌과 회개하는 신자에게 그리스도 안에 있는 하나님의 은혜를 선포하고,[22] 그 다음에 다음과 같은 방식으로 기도한다.

오, 영원하신 하나님!
지극히 자애로운 아버지!
높으시고 존엄하신 당신 앞에 진심과 경비함으로 고백합니다. 우리는 당신께 맞서서 너무나 자주 그리고 끔찍하게 죄를 지었고, (만약 당신이 우리를 심판하기를 바라신다면) [23]죽음만이 우리에게 합당한 벌입니다. 원죄로 인하

---

[20] 롬 3:20; 7:7.
[21] 요 3:16; 마 9:6.
[22] 겔 3:18; 18:21; 33:9; 사 3:10; 요 3:19.
[23] 시 143:2; 욥 9:14.

여, 우리는 모두 죄의 씨앗으로 잉태되고, 불의에서 태어난 더러운 분노의 자녀들입니다.[24] 따라서 모든 종류의 악한 정욕이 당신과 우리 이웃에 맞서서 전쟁을 벌이면서 우리 안에 거하고 있습니다.[25] 이 외에도, 우리는 당신이 명령하신 것을 무시하고 당신이 분명히 금지했던 것을 행하면서 우리 행동으로 당신의 계명들을 자주, 끊임없이 위반했습니다.[26] 우리는 양처럼 길을 잃고,[27] 당신에게 맞서서 큰 죄를 지었습니다.

우리는 이것을 고백하고, 그것을 진심으로 회개하며, 참으로 우리의 무익함을 고백합니다. 그리고 우리를 향한 당신의 자비를 찬양하기 위해, 우리 머리털보다 우리 죄가 더 크다는 것과[28] 우리가 갚을 수 없는 일만 달란트(pounds)의 빚을 지고 있음을[29] 고백합니다. 따라서 우리는 당신의 자녀로서 불릴 자격[30] 또한 없고, 당신 앞에 기도하기 위해 하늘로 우리 눈을 들어 올릴 자격도 없습니다.[31]

오, 주 하나님!
자비로운 아버지!

당신은 죄인의 죽음을 바라지 않고, 다만 그가 돌이켜 살기를 바라신다는 것과,[32] 당신께로 돌이키는 자들에게 보여 주신 당신의 자비가 무한한 것을 알기 때문에,[33] 우리 마음속 깊은 곳으로부터, 세상 죄를 지고 가시는 하나님의 어린양(Lamb of God)이신 우리 중재자 예수 그리스도(Mediator Jesus Christ)를[34] 향한 믿음으로 당신께 요청합니다. 우리의 연약함에 대한 연민을 가지시고 그리스도를 위해서 우리 모든 죄를 용서해[35] 주시기를 간청

---

[24] 엡 2:3.
[25] 롬 7:23; 갈 5:17; 마 15:19.
[26] 마 12:7; 15:3; 갈 5:17.
[27] 사 53:6; 벧전 2:25.
[28] 시 40:14.
[29] 마 18:24.
[30] 눅 15:21.
[31] 눅 18:13.
[32] 겔 18:23.
[33] 롬 2:4; 10:12.
[34] 요 1:29.
[35] 요일 1:7.

합니다.

그분의 피의 순전한 샘에서 우리를 씻어 주셔서,[36] 우리를 눈과 같이 깨끗하고 희게 해 주시옵소서.[37] 당신의 이름의 영광을 위하여 그분의 결백하심과 의로써 우리의 벌거벗음을 덮어 주시옵소서.[38] 맹목으로 가득한 우리 생각과 모든 나쁜 짓과 고집으로 가득한 우리 마음을 정화해 주시옵소서.[39]

그리고 이제 당신 종의 입을 여시고,[40] 당신의 지혜와 지식으로 그를 가득 채우셔서, 그가 당신의 말씀을 순전하고 솔직하게 선포할 수 있도록 해 주시옵소서. 그리고 우리 모두의 마음을 준비시키셔서, 우리가 당신의 말씀을 듣고, 이해하며, 지킬 수 있게 하시옵소서.[41]

당신의 약속에 따라서, 당신의 율법을 우리 마음 판에 기록해 주시고,[42] 당신의 이름의 찬양과 영광 그리고 당신의 교회 덕을 세우기 위하여 우리가 그 율법 안에서 행할 수 있는 성향과 강건함을 주시옵소서.

오, 자애로운 아버지!

우리는 다음과 같이 기도하라고 가르쳐주셨던 예수 그리스도의 이름으로 이 모든 것을 구하고 요청합니다.

우리 아버지, 등등.

또한, 참된 기독교 신앙(Christian Faith)에서 우리를 강건하게 하셔서, 우리가 그 안에서 항상 날마다 자랄 수 있게 해 주시기를 기원합니다. 이 신앙을 우리는 입과 마음으로[43] 다음과 같이 말하면서 고백합니다.

나는 하나님을 믿습니다, 등등.

---

[36] 슥 13:1.
[37] 사 1:18.
[38] 고후 5:3.
[39] 고후 3:14; 히 4:11.
[40] 엡 6:19; 마 10:19.
[41] 엡 6:19; 마 10:19.
[42] 렘 31:33; 고후 3:3; 겔 11:19.
[43] 롬 10:10.

일반적인 죄의 고백과 기독교 국가의 모든 필요성에 대한 기도

전능하고 자비로운 하나님!

우리는 만약 당신이 우리의 공로와 가치를 고려하기를 결정하신다면, 우리는 눈을 하늘로 들 자격도,[44] 그리고 당신 앞에 기도를 드릴 수 있는 자격도 없다는 사실을 당신 앞에서 자인하고, 고백합니다. 이는 우리의 양심이 우리를 고발하고,[45] 우리 죄가 우리에 맞서서 증언하기 때문입니다. 당신은 당신의 계명을 위반하는 자들의 죄를 벌하시는 의로운 재판장이시라는 사실을 우리는 또한 알고 있습니다.[46]

오, 주님!

당신은 우리에게 모든 환란에서 당신을 부르라고 명하셨고,[47] 우리의 공로[48]는 아무것도 없으나, 다만 우리의 중재자(Mediator)와 대언자(Advocate)[49]로 보내신 우리 주 예수 그리스도의 공로로 말미암아 말할 수 없는 자비로써 우리 기도를 들으신다고 약속하셨기 때문에, 우리는 모든 다른 도움을 버리고, 우리의 피난처를 오직 당신의 자비에 구합니다.

오, 하나님!

당신이 땅 위의 모든 인간에게 일반적으로 제공하시는 셀 수 없는 은혜들 외에도, 우리가 그 모든 것을 생각하거나 말할 수도 없을 정도로 당신은 우리에게 특별히 너무나 많은 은혜를 보여 주셨습니다.[50] 다시 말하자면, 우리가 포로 되었던 마귀와 우상의 비참한 노예 상태로부터 우리를 구속하셨습니다.[51] 그리고 당신의 진리의 빛과 거룩한 복음의 지식으로 우리를 인도하셨지만,[52] 그런데도 우리는 배은망덕으로 당신의 이런 은혜를 잊었습

---

44 눅 18:13; 단 9:7.
45 롬 2:15
46 출 20:5.
47 시 50:15.
48 단 9:18; 사 64:5.
49 요일 2:1; 롬 8:34.
50 엡 1:5, 18.
51 사 51:2; 출 20:2.
52 요 17:6, 26.

니다. 우리는 당신으로부터 떠나서, 우리가 당연히 해야 하는 대로 당신을 명예롭게 하지 않으면서, 우리의 정욕을 좇았습니다. 이처럼, 우리는 가증스럽게 죄를 지었습니다.

오, 주님!

그리고 당신의 진노를 엄청나게 유발했습니다. 만약 당신이 우리가 마땅히 받아야 하는 대로 우리를 다루신다면, 우리는 영원한 죽음과 정죄에 직면해야 할 것입니다.

오, 주님!

당신이 날마다 우리에게 보내시는 환난으로부터,[53] 참으로, 당신이 우리에게 분노하시는 것이 당연하다는 것을 깨닫습니다. 이는 당신은 의로우시고, 근거 없이 아무도 벌하지 않기 때문입니다. 그리고 우리는 또한 심지어 더 많은 벌을 우리에게 가하시기 위해서 올리신 당신의 손을 봅니다. 그러나 설사 지금까지 하셨던 것보다 훨씬 심하게 우리를 벌하시더라도, 참으로 설사 당신의 백성 이스라엘의 죄를 갚으셨던 그런 모든 역병이 우리를 공격한다 해도, 여전히 당신은 우리에게 어떠한 부당함도 행하시지 않는 분이라는 사실을 우리는 고백해야만 할 것입니다.

오, 주님!

당신은 우리의 하나님이시고, 우리는 단지 흙과 티끌일 따름입니다.[54] 당신은 창조주(Creator)이시고, 우리는 당신의 손으로 만드신 바 된 것입니다.[55] 당신은 우리의 목자(Shepherd)이시고, 우리는 당신의 양입니다.[56] 당신은 우리의 구속자(Redeemer)이시고, 우리는 당신이 구속하셨던 자들입니다.[57] 당신은 우리 아버지(Father)이시고, 우리는 당신의 자녀이고 상속자입니다.[58]

---

53 고전 11:32; 눅 23:31; 벧전 4:17.
54 창 18:27.
55 롬 9:20.
56 시 23:1; 79:13.
57 출 32:11.
58 시 103:13.

따라서 당신은 결국 당신의 진노로 우리를 벌하시지 않고, 다만 우리를 자애롭게 징계하십니다.[59] 사실상, 당신의 자비로 우리 안에서 당신이 시작하셨던 일을 유지하셔서,[60] 당신이 우리 하나님(God)이시고, 구주(Savior)라는 사실을 온 세상이 알고 고백할 수 있게 될 것입니다.[61]

여러 번, 이스라엘 백성은 당신의 분노를 일으키고, 당신은 그들을 당연히 벌하셨습니다.[62] 그러나 그들이 당신께 돌아올 때마다, 당신은 항상 그들을 은혜로 받아 주셨습니다.[63] 그들의 죄가 얼마나 무거운지에 관계없이, 당신의 종 아브라함, 이삭 그리고 야곱과 맺었던 언약을 위해서,[64] 당신은 그들에게 준비되었던 역병들을 돌이키셨습니다.

그리고 이처럼 당신은 당신의 백성의 기도를 절대 거부하지 않으셨습니다. 당신의 은혜로, 우리에게는 이제 당신과 당신을 믿는 모든 자 사이의 바로 이 동일한 언약이 있습니다. 그것은 당신이 우리 중재자이신 예수 그리스도의 손으로 제정하셨던 것입니다.[65] 그리스도께서 그분의 거룩한 고난과 죽음 그리고 그분의 영원한 영광으로 들어가심과 더불어 확증하시고 성취하신 후에, 이제 그것은 참으로 훨씬 영화롭고 강력합니다.

오, 주님!

우리는 자신과 모든 인간적 소망을 버리고, 오직 이런 송축받을 은혜의 언약에서만 우리의 피난처를 찾습니다. 이 언약으로 말미암아, 우리 주 예수 그리스도는 십자가에서 그분의 몸을 온전한 제물로써 영 단번에 내주심으로써[66] 우리를 당신과 하나됨으로 화목시키셨습니다.

오, 주님!

---

59 시 6:1.
60 빌 2:13.
61 시 79:10.
62 출 16:4; 32:6.
63 미 21:7; 요 7장
64 출 32:13.
65 창 3:19.
66 히 8:3; 10:10.

당신의 기름 부음 받으신 분(Anointed)의[67] 얼굴을 보시고, 우리 죄를 보지 마시옵소서. 그럼으로써 당신의 진노가 그분의 중보로 만족하고, 당신의 얼굴이 우리의 기쁨과 구원을 위해서 우리 위에서 빛날 수 있도록 하시옵소서. 또한, 우리를 계속해서 당신의 거룩한 돌봄과 보호 안으로 받아 주시고, 당신의 성령님으로 우리를 다스려 주시옵기를 원합니다.[68]

성령님이 날마다 더욱더 우리의 육신을[69] 그 모든 정욕과 더불어 죽여주시고,[70] 더 나은 삶으로 우리를 새롭게 하시며[71], 우리 안에서 참된 믿음의 열매를 맺을 수 있도록 해 주시옵소서. 그로 인해 당신의 이름이 영원히 찬양받고 영광을 받으시며, 그리고 우리는 모든 일시적인 것들을 경멸하고, 열정적인 소망을 품고 단지 하늘의 것만 추구할 것입니다.[72]

그리고 우리가 모든 사람을 위해서 기도하는 것이 당신을 기쁘시게 하므로,[73] 우리는 당신께 당신의 거룩한 복음을 가르치는 것에 복 주시기를 간구합니다. 그리하시면 모든 곳에서 복음이 선포되고 받아들여지고, 온 세상이 당신의 구원하는 지식으로 가득 차며[74] 그리고 무지한 자가 회심하고, 연약한 자가 강해지며,[75] 모든 사람이 말로써만이 아니라, 행동으로써 당신의 거룩한 이름을 영화롭고 거룩하게 할 수 있게 될 것입니다.[76]

이런 목적을 위해서, 신실한 종들을 당신의 추수로 보내 주시고,[77] 그들이 신실하게 섬길 수 있도록[78] 그들을 준비시켜 주시옵소서. 다른 한편, 오직 당신의 거룩한 이름이나, 불쌍한 사람들의 안녕과 구원이 아니라, 자신들의 영광과 유익을 추구하는 모든 거짓 선생, 맹렬한 이리와 삯군을 철저

---

67 시 84:9.
68 롬 14:17.
69 갈 5:16, 22.
70 골 3:5.
71 엡 4:23.
72 빌 3:14; 골 3:1.
73 딤전 2:1.
74 요 17:20.
75 벧전 2:2.
76 시 115:1; 행 4:29.
77 마 9:28.
78 마 24:45; 벧전 5:2.

하게 파멸시켜 주시옵기를 바랍니다.⁷⁹

또한, 당신이 모든 곳에서 참 신앙과 삶의 경건으로 하나됨으로 부르셨던 당신의 모든 기독교 교회를 자애롭게 지키고 다스려 주셔서, 당신의 왕국이 완전해지고, 당신이 만유의 주로서 만유 안에 계실 때까지,⁸⁰ 당신의 나라가 날마다 증대되고,⁸¹ 사탄의 나라는 파멸되게 하시옵기를 기도합니다.

우리는 또한 세상 정부를 위해서,⁸² 로마 황제(Roman Emperor)와 왕(King)을 위해서, 모든 다른 왕과 통치자와 영주와 특별히 우리의 가장 자애로운 팔스그레이브의 선제 왕 프레데릭 대공(Electoral Prince Duke Frederick Palsgrave)을 위해서, 선제후 폐하(Electoral Majesty)의 부인과 더불어, 그의 아들들인 젊은 신사들과 모든 고문, 관리 그리고 이런 어느 도시(N)의 명예롭고 현명한 의회를 위하여 간구합니다. 왕 중의 왕(King of kings)께서⁸³ 그들과 그들의 신민들을 다스리시는 방식으로 그들의 모든 통치가 맞추어지고, 모든 수치와 신성 모독의 나라인 마귀의 나라가 당신의 종인 그들에 의해서 더욱더 방해받고 멸망되며 그리고 그들의 지배하에서 우리가 경건하고 품위 있게,⁸⁴ 평화롭고 고요한 삶을⁸⁵ 영위할 수 있도록 허락하시옵소서.

그 외에, 우리는 교황이나 터키족⁸⁶하에서 박해받고 있는 우리 모든 동료 형제들을 위해서 간구합니다. 당신의 성령님으로 그들을 위로하시고, 그들을 핍박으로부터 자애롭게 해방해 주시옵기를 기도합니다. 그리고 당신의 진리에 대한 원수들이 당신의 수치와 신성 모독을 자랑하지 못하도록, 당신의 기독교 국가(Christendom)를 완전히 황폐해지게 하지 마시고, 당신의 이름에 대한 기억이 땅 위에서 지워지도록 내버려 두지 마시옵소서.⁸⁷

---

79 행 20:29; 요 10:12; 겔 24:2; 렘 23:1.
80 고전 15:28.
81 시 2:8; 110:2.
82 딤전 2:2.
83 시 2:11; 단 4:34.
84 눅 1:75.
85 딤전 2:2.
86 히 13:3; 요 16:20; 마 10:20.
87 시 79:10.

그러나 만약 수감된 그리스도인들이 진리와 당신의 이름의 찬양을 위하여 자신들의 죽음으로써 증언하는 것이 당신의 뜻이라면, 고난 중에 있는 그들에게 위로를 허락하시옵소서. 그리하시면 그들이 당신의 자애로운 손으로부터 그것을 받아서, 당신의 영광과 당신의 교회 덕을 세우는 것과 자신들의 구원을 위해서[88] 살든지, 죽든지,[89] 당신의 뜻을 따르면서[90] 견고함을 유지할 수 있게 될 것입니다.[91]

우리는 또한 당신이 가난, 투옥, 몸의 병 혹은 영의 고통으로 징계하시는[92] 모든 자를 위해서 간구합니다.

오, 주님!

그들 모두를 위로해 주시옵소서. 이는 당신은 그들이 고통 속에서 무엇을 필요로 하는지 아시기 때문입니다. 그들의 징계가 죄를 자각하고 그들의 삶을 증진하는 데 도움이 될 수 있도록 허락하시옵소서. 그들에게 또한 견고한 인내를 주시옵소서.[93] 그들의 고통을 경감시켜 주시고, 종국에는 그들을 해방해 주셔서, 그들이 당신의 선하심을 기뻐하고, 당신의 이름을 영원히 찬양할 수 있도록 해 주시옵소서.

오, 주님!

마지막으로 우리와 우리에게 속한 자들과 더불어서 우리를 염려하는 모든 자를 지키시고 보호하여 주시옵소서. 우리가 당신의 뜻에 따라 우리를 부르신 소명 안에서 살 수 있도록 허락하시고, 당신의 축복으로 받은 은사가 우리의 신앙생활을 방해하지 않고 오히려 우리를 영생으로 인도하는 방식으로 사용되게 하시옵소서.

모든 역경에서 우리를 강건하게 해 주셔서 믿음의 싸움에서 우리가 그것들을 극복하고,[94] 이후에 그리스도와 함께 영생을 소유할 수 있도록 해 주

---

88 마 24:13.
89 마 26:39.
90 빌 1:20.
91 계 3:5.
92 시 50:14; 107:10.
93 고전 7:17.
94 엡 6:16.

시옵소서.⁹⁵
　우리 신실한 주님이자 구주이신 예수 그리스도께서 우리에게 가르쳐주신 것 그대로 이 모든 일을 당신께 간청합니다.

　우리 아버지, 등등.

¶ 그 후에, 통상적인 축도와 함께 회중이 해산된다.⁹⁶
　다음과 같은 주님의 축복을 받으십시오.

　여호와는 네게 복을 주시고 너를 지키시기를 원하며,
　여호와는 그의 얼굴을 네게 비추사 은혜 베푸시기를 원하며,
　여호와는 그 얼굴을 네게로 향하여 드사 평강 주시기를 원하노라.
　아멘
　가난한 자들을 기억하십시오.⁹⁷

성만찬의 기념을 위한 형식

　주 예수 그리스도 안에서 사랑받는 자들이여!
　우리 주 예수 그리스도의 성찬 제정사(Words of Institution)를 들으십시오. 그것은 거룩한 사도 바울이 고린도전서 11장에서 우리를 위해 다음과 같이 묘사한 것입니다.

　　내가 너희에게 전한 것은 주께 받은 것이니 곧 주 예수께서 잡히시던 밤에 떡을 가지사 축사하시고 떼어 이르시되 이것은 너희를 위하여 내 몸이니 이것을 행하여 나를 기념하라 하시고 식후에 또한 그와 같이 잔을 가지시고 이르시되 이 잔은 내 피로 세운 새 언약이니 이것을 행하여 마실 때마다 나를 기념하라 하셨으니 너희가 이 떡을 먹으며 이 잔을 마실 때마다 주의 죽으심을 그가 오실 때까지 전하는 것이니라 그러므로 누구든지 주의

95　딤후 2:10; 요 12:32; 17:24.
96　민 6:24.
97　고전 16:2.

떡이나 잔을 합당하지 않게 먹고 마시는 자는 주의 몸과 피에 대하여 죄를 짓는 것이니라 사람이 자기를 살피고 그 후에야 이 떡을 먹고 이 잔을 마실지니 주의 몸을 분별하지 못하고 먹고 마시는 자는 자기의 죄를 먹고 마시는 것이니라.

이제 우리의 위로를 위하여 주의 만찬을 기념할 수 있도록, 우리가 미리 우리 자신을 제대로 살피는 것이 무엇보다도 필요합니다. 그리고 둘째로, 그것(즉, 만찬의 기념)이 주 그리스도께서 지정하신 것, 즉 그분을 기념하기 위한 목적을 지향하도록 하는 것이 필요합니다.

참된 자아 성찰은 다음과 같은 세 부분으로 구성됩니다.

첫째, 모든 사람이 자신의 죄와[98] 정죄에[99] 관해 숙고하도록 하여, 그가 스스로에게 괴로움을 느끼고, 하나님 앞에서 자신을 낮출 수 있게 되는 것입니다.[100] 왜냐하면, 죄에 대한 하나님의 진노가[101] 너무나 커서, 그분은 죄가 벌 받지 않게 내버려 두지 않으시고, 오히려 그분의 사랑하시는 아들 예수 그리스도 안에서[102] 극심하고 수치스러운[103] 십자가의 죽음에 의해서 그것을 벌하셨기 때문입니다.

둘째, 모든 사람이, 그가 또한 하나님의 이 확고한 약속,[104] 즉 그의 모든 죄가 오로지 예수 그리스도의 고난과 죽음 덕분에 사함을 받는다는 사실[105] 그리고 그리스도의 온전한 의가[106] 마치 그 자신의 몸으로, 그가 직접 자신의 모든 죄를 갚고, 모든 의를 성취한 것처럼, 참으로 그렇게 온전하게,[107] 그 자신의 것으로 그에게 돌려지고, 아낌없이 주신 바 된 사실을 믿는지의 여부에 대해 자신의 마음을 살피도록 합시다.

---

98 롬 5:8.
99 엡 2:3.
100 마 18:4.
101 출 20:5; 신 32:22.
102 롬 8:32.
103 신 21:23; 갈 3:13.
104 롬 3:22.
105 행 4:12; 10:43.
106 롬 7:24; 고후 5:21.
107 시 16:9; 행 2:26.

셋째, 모든 사람이 그가 또한 자신의 평생에,[108] 이제부터 진실로 주 하나님께 감사함을 보여드리고, 하나님의 면전에서 바르게 행할[109] 마음이 있는지의 여부와 그가 전심으로 진지하게 모든 증오,[110] 시기 그리고 적대감을 단절하고, 이후부터 자신의 이웃과[111] 참사랑과 하나됨으로 살아갈 진지한 소망이 있는지 여부에 대해 자신의 양심을 살펴보게 하십시오.

그렇게 하는 모든 사람을 하나님은 반드시 은혜로 받으실 것이고 그분의 아들 예수 그리스도의 식탁의 합당한 참여자로 인정하실 것입니다.

그렇지만 자신들의 마음에 이런 증언을 인지하지 않는 사람들은 자신들에 대한 심판을 먹고 마시는 것입니다. 그러므로 그리스도와 사도 바울의 명령에 의해서,[112] 우리는 자신들이 다음과 같은 악으로 오염되었다는 사실을 아는 자들 모두에게 주의 식탁으로부터 삼가기를 경고합니다. 우리는 다음과 같은 자들에게 그들은 그리스도의 나라에 어떤 지분도 없다는 것을 선포합니다.

그들은, 다시 말하자면, 모든 우상 숭배자, 죽은 성자들이나 천사들, 혹은 다른 피조물에 구하는 모든 자, 형상들,[113] 모든 마법사[114] 그리고 점쟁이들을 경배하는 자들, 짐승과 사람들과 또한 다른 것들을 축복하는 자들 그리고 이런 축복을 믿는 자 모두, 하나님을 경멸합니다.[115]

그리고 하나님의 말씀과 거룩한 성례전을 멸시하는 모든 자,[116] 모든 신성 모독 자, 교회나 세상 정부에서 불일치와 분당과 반역을 꾀하고자 하는 모든 자, 모두[117], 모든 위증자,[118] 자신들의 부모와 정부에 불순종하는 모

---

108 시 116:12; 롬 6:4.
109 시 15:2.
110 엡 4:31; 갈 5:20.
111 마 5:44; 롬 12:18; 엡 4:32.
112 고전 6:9; 갈 5:21; 엡 5:5.
113 출 20:5.
114 신 18:11; 레 20:6.
115 눅 7:30.
116 출 4:24.
117 갈 5:20.
118 시 15:3.

든 자,[119] 모든 살인자, 자신들의 이웃에 대해서 시기하고 증오하면서 사는 호전적이고, 다툼을 좋아하는 사람들,[120] 모든 간음하는 자,[121] 사통하는 자들, 주정뱅이들, 도둑들, 고리대금업자들, 강도들, 도박자들, 탐욕자들, 역겨운 삶을 영위하는 모든 자[122] 입니다.

저런 모든 사람이 이런 악을 고집하는 한,[123] 그들은 이런 일들을 생각하고 이 양식으로부터 삼가야 합니다. 그것은 그들의 심판과 정죄가 더욱 심해지지 않도록, 그리스도께서 오직 그분을 믿는 자들을 위해서만 지정한 것입니다.[124]

그러나 사랑하는 형제들이여!

이것은 마치 어떠한 죄도 없는 자들을 제외하고는[125] 아무도 주의 만찬에 참여할 수 없는 것처럼, 신자들의 통회하는 마음을 협박하기 위하여 우리에 맞서서 행해지는 것이 아닙니다.[126] 이는 이 만찬에 우리 스스로가 온전하고 의롭다는 사실을 증언하기 위해서 오는 것이 아니기 때문입니다.[127] 오히려, 우리의 생명을 우리 밖의 예수 그리스도 안에서 구하기 때문에, 우리는 우리가 죽음의 한가운에 놓여 있다는 사실을 고백합니다.[128]

따라서 비록 우리가 우리 안에는 온전한 믿음도 없고[129], 우리가 당연히 해야 하는 것과 같은 그런 열정으로 하나님을 섬기는 데 헌신하지도 않으며, 다만 우리 믿음의 연약함과 우리 육신의 악한 정욕으로[130] 날마다 몸부림쳐야 하는 그런 허약함과 비참함을 여전히 발견합니다.[131]

---

119 롬 1:30.
120 시 50:19; 사 1:15.
121 히 13:4; 고전 6:9.
122 고후 6:3.
123 겔 18:26.
124 롬 7:13
125 마 9:24; 눅 17:6.
126 고전 10:21.
127 시 32:1; 롬 4:11.
128 엡 2:1.
129 갈 5:17.
130 마 9:24; 눅 17:6.
131 롬 7:3; 갈 5:16.

그런데도, 성령님의 은혜에 의해서 우리가 이런 연약함을 깊게 후회하고 전심으로 우리의 불신에 저항하고,[132] 하나님의 모든 계명에 따라서 살기를 바라기 때문에,[133] 우리는 우리의 의지에 반해서 우리 안에 남아 있는 어떠한 죄나 약함도[134] 하나님이 우리를 은혜로 받아 주시는 것과 그리고 이처럼 우리를 하늘의 양식과 음료에 합당한 참여자로 만들어 주시는 것을[135] 막을 수 없다는 사실을 확신하고, 또 확신할 것입니다.

또한, 주님이 우리를 위해서 그분의 만찬을 제정하신 목적, 다시 말하자면, 우리가 이것을 행함은 그분을 기념하기 위한 것이라는 것을 또한 숙고합시다. 그러므로 우리가 이것을 할 때, 우리는 주님을 다음과 같은 식으로 기념해야 합니다. 우리 마음에 다음과 같은 사실에 대한 완전한 확신함으로써입니다. 그것은 창세로부터 구약에서 족장들에게 주신 약속에 따라 우리 주 예수 그리스도께서 성부에 의해서 이 세상으로 보냄을 받으셨다는 사실,[136] 그분이 우리의 육신과 피를 취하셨고,[137] 그분의 성육신으로부터 시작해서 땅 위에서 그분의 생명이 끝날 때까지, 우리를 위해 우리가 영원히 그 아래 빠져 있어야만 했을 하나님의 진노를 담당하셨으며[138] 그리고 주로 우리의 죄에 대한 짐과 하나님의 진노가 동산에서 그분으로부터 이런 피땀을 흘리게 하셨을 때,[139] 우리를 풀어 주실 수 있도록 그분이 묶이셨을 때, 우리가 결코 부끄러움을 당하지 않도록[140] 그분이 엄청난 수치를 당하셨을 때,[141] 우리를 대신하여 완전한 순종으로 거룩한 율법과 의를 성취하셨다는 사실 그리고 죄가 없으심에도, 그분이 사형 선고를 받으셔서[142] 우

---

132 막 9:24.
133 빌 3:12.
134 롬 7:19; 8:20.
135 요 6:32.
136 창 3:15; 22:18; 갈 3:16.
137 히 2:14.
138 히 4:15; 롬 8:3; 사 53:4.
139 마 26:42.
140 사 53:8.
141 고후 8:9.
142 사 53:8.

리가 하나님의 심판으로부터 방면되도록 하신 사실[143]입니다. 참으로, 주님은 자신의 송축받으실 몸이 십자가에 못 박히도록 하셔서 우리 죄의 필적을 십자가에 못 박으실 수 있도록 하셨고,[144] 또한 우리의 저주를 담당하셔서 그분의 축복으로 우리를 채우실 수 있도록 하셨습니다.[145] 그리고 주님이 큰 소리로 "내 하나님이여, 내 하나님이여, 어찌하여 나를 버리시나이까"라고 소리 지르실 때[146], 십자가에서 그분은 겸손하게 몸과 영혼의 가장 깊은 굴욕과 지옥 같은 몸과 영혼의 고통으로 자신을 낮추셔서[147] 우리가 하나님께로 인도되고, 하나님께 결코 버림받지 않도록 하셨습니다.[148] 최종적으로 주님의 죽음과 피를 흘리심으로써, "다 이루었다"[149]라고 그분이 말씀하신 것처럼, 그분은 새롭고 영원한 언약인[150] 은혜와[151] 화목의 언약을 확립하셨습니다.

그리고 우리가 이 은혜 언약에 속한 줄을 우리가 굳게 믿게 하시기 위해 주 예수께서는 최후의 만찬에서 떡을 가지사[152] 축사하시고 떼어 제자들에게 주시며 이르시되 "받아 먹으라 너희를 위하여 주는 내 몸이니 이를 행하여 나를 기념하라"라고 말씀하시고 이처럼 만찬 후에 잔을 가지사 축사하시고 "이것을 다 마시라 이 잔은 죄 사함을 얻게 하려고 너희와 많은 사람을 위하여 흘리는 내 피로 세운 새 언약이니 마실 때마다 이것을 행하여 나를 기념하라"라고 하셨습니다. 다시 말하자면, 너희가 이 떡과 잔을 마실 때마다 이로써 너희는 너희를 향한 나의 따뜻한 사랑과 신실함을[153] 기억하고 확신하게 될 것을 말씀하셨습니다.

---

143 롬 8:1.
144 고전 2:14.
145 신 21:23; 갈 3:13.
146 빌 2:8.
147 시 22:2; 마 27:46.
148 사 53:11; 엡 1:5.
149 요 19:30.
150 히 10:16.
151 갈 3:18.
152 마 26:26; 막 14:22; 눅 22:19.
153 요 13:34; 15:13.

그 사랑과 신실함으로 나는 영원히 죽어야만 했던[154] 너희를 위하여, 확실한 기념과 약속으로서[155] 십자가에서[156] 내 몸을 죽음에 내 주었고, 내 피를 흘렸으며 그리고 너희 모두의 눈앞에서 이 떡이 떼어지고, 이 잔이 너희에게 주어지며, 너희가 나를 기념하여 동일한 것을 너희의 입으로 마시는 것만큼 확실하게, 내가 십자가에 못 박힌 동일한 내 몸과 흘린 피로써 너희 굶주리고 목마른 영혼을 영생에 이르도록[157] 먹이고 양육했다고 말씀하셨습니다.

주 예수 그리스도의 성만찬의 이런 제정으로부터, 우리는 그분이 굶주리고 목마른 우리 영혼들을 위한 영생의 참된 양식과 음료가 되셨을 때[158] 우리의 믿음과 신뢰를 우리 구원의 단 하나의 근거와 토대로서 십자가에서의 그분의 온전한 제물 되심으로[159] 인도하신다는 사실을 알 수 있습니다.[160] 왜냐하면, 그분의 죽음에 의해서, 그분은 우리의 영원한 굶주림과 비참함 원인, 즉 죄를[161] 가져 가셨고, 우리를 위해서 생명을 주시는 영(life-giving Spirit)을 획득하셔서,[162] 머리(Head)이신 그리스도 안에서 그리고 지체인 우리 안에[163] 거하시는 동일한 성령님에 따라서,[164] 우리는 그분과 참된 교제를 하고, 그분의 모든 혜택, 영생, 의 그리고 영광에 참여자가 될 수 있도록[165] 하셨기 때문입니다.

우리는 또한 거룩한 사도가 "떡이 하나요 많은 우리가 한 몸이니 이는 우리가 다 한 떡에 참여함이라"라고 말한 것처럼[166], 동일한 그 영에 의해

---

154 롬 5:6.
155 출 12:14.
156 요 3:14.
157 요 6:35.
158 요 3:15.
159 히 10:14; 갈 6:14.
160 요 6:51.
161 창 3:17.
162 고전 1:30; 골 2:10.
163 요 6:63.
164 고전 12:13; 엡 5:9.
165 요 15:5; 시 133:2.
166 롬 12:4.

서 한 몸의 지체로서 참된 형제의 사랑에 합류할 수 있을 것입니다.[167] 이는 많은 낱알로부터 한 밀가루로 갈리고, 한 덩이가 구워지며, 함께 압착된 많은 열매로부터 하나의 포도주와 음료가 흘러서 혼합되는 것과 마찬가지입니다.

참된 믿음으로 그리스도께 연합된 우리 모두도[168] 먼저 우리를 그렇게 사랑하셨던[169] 우리의 사랑하는 구주 그리스도를 위하여, 형제애를 통하여 한 몸이 될 것이고, 이것을 우리는 말로써만이 아니라, 서로를 향한 행동으로써 보여 주어야 하기 때문입니다.[170] 그리고 우리 주 예수 그리스도의 아버지이신, 전능하시고 자비로운 하나님이 그분의 성령님으로 우리를 도와주시기를 기원합니다. 아멘.

다음과 같이 기도합시다.

자비로우신 하나님 아버지!
당신의 사랑하는 아들 예수 그리스도의 쓰라린 죽음을 영광스럽게 기억하는 이 만찬에서 당신의 성령으로 우리 마음에[171] 역사하여 주실 것을 간구합니다. 그러므로 우리가 참된 담대함으로 아버지의 아들 예수 그리스도께 더욱 헌신하게 하셔서 성령의 능력으로 말미암아 우리의 피곤하고 근심하는 마음이[172] 그분의 참된 몸과 피로써 사실상 참 하나님이시고 참사람이시며, 하늘의 유일한 떡(Bread of Heaven)[173]이신 그분으로 공급되고 소생되어, 이제 우리는 더 이상 죄 가운데 살지 않으며 그분이 우리 안에, 우리가 그분 안에 살게 되는 새롭고 영원한 은혜 언약[174] 안에 참여하고 있음을 기

---

167 고전 10:17.
168 롬 12:5; 15:5.
169 요 13:34.
170 갈 5:6; 약 2:14.
171 요 6:29.
172 마 11:28.
173 요 6:33.
174 렘 31:31.

억하게 하시옵소서. 우리는 우리의 자애로운 아버지가 되기 원하시는[175] 주님을 믿습니다. 당신의 사랑하는 자녀와[176] 상속자인 우리에게 다시는 우리의 죄를 우리에게 돌리지 마시고[177] 우리의 몸과 영혼을 위한 모든 것을 채워 주시옵소서.

또한 우리에게 담대히 자신의 십자가를 지고,[178] 우리 자신을 부인하며, 우리 구주를 고백하고, 모든 환란에서 머리를 높이 들고[179] 하늘로부터 오실 우리 주 예수 그리스도께서 우리의 죽을 몸들을 그분의 변화된 영화로운 몸처럼 만들어 주시고, 우리를 영원히 그분에게로 데려가실 때를 기다릴 수 있는 은혜를 허락하시옵소서.[180] 아멘.

우리 아버지, 등등.

이 성만찬을 통하여 우리를 또한 보편적이고, 의심의 여지가 없는 기독교 신앙(Christian Faith)에서 강화해 주시옵소서. 그것은 우리가 입으로, 그리고 마음으로 다음과 같이 말하면서 고백하는 것입니다.

나는 하나님을 믿습니다, 등등.

우리가 이제 참 하늘의 떡이신 그리스도로 양육될 수 있도록, 성령님의 역사하심으로 말미암아, 우리가 참으로 그분을 기념하면서 거룩한 떡과 음료를 받는 것과 같이, 그분의 몸과 피로 우리 영혼이 양식과 자양분을 공급받는다는 사실을 의심하지 맙시다. 그리고 우리 마음을 외면적인 떡과 포도주에 두지 말고, 다만 우리의 마음과 믿음을 우리의 대언자이신 그리스도 예수께서 그분의 아버지의[181] 오른편에 계시고, 또한 우리 기독교 신앙

---

[175] 롬 8:17.
[176] 고전 6:18.
[177] 롬 4:8.
[178] 마 10:38; 16:24.
[179] 눅 21:28.
[180] 빌 3:21; 고전 15:33; 살전 4:13.
[181] 골 3:1; 롬 10:9.

의 조항들이 우리에게 가리키는 곳인 하늘로 들어 올립시다.

¶ 목사가 떡을 떼고 떡을 집례 할 때, 그는 다음과 같이 말한다.

우리가 떼는 떡은 그리스도의 몸에 참여하는 것입니다.[182]

¶ 그리고 그가 다음과 같이 잔을 집례 한다.

우리가 축복하는 바 축복의 잔은 그리스도의 피에 참여하는 것입니다.[183]

¶ 성찬(Communion) 중에 덕을 세우는 찬송이[184] 있거나, 혹은 이사야 53장, 요한복음 13, 14, 15, 16, 17, 18장 또는 그와 같은 것으로서 그리스도의 죽음을 기념하는 데 유익한 몇 장을 낭독해야 한다.

¶ 성찬이 끝난 후, 목사는 다음과 같이 말한다.

주 안에서 사랑하는 여러분!

주께서 우리 영혼을 그분의 식탁에서 먹이셨습니다. 이제 우리 모두 함께 감사함으로 그분의 이름을 찬양합시다.[185] 그리고 모두가 마음으로 다음과 같이 말합시다.

오, 내 영혼아 여호와를 송축하라!

내 속에 있는 것들아 모두 그분의 거룩한 이름을 송축하라.

오, 내 영혼아!

주님을 송축하라. 그리고 그분이 내게 행한 선하심을 잊지 말지어다. 주님은 여러분의 모든 죄를 사해 주시고, 여러분의 모든 연약함을 치료하시는 분이십니다. 주님은 여러분의 생명을 멸망으로부터 구속하시고, 여러분을 은혜와 자비로 관을 씌우십니다.

주님은 자비롭고, 오래 참으시며, 그분의 선하심은 측량할 수 없이 크십니다. 그분은 우리의 죄를 따라 우리를 처벌하지 아니하시며 우리의 죄악

---

[182] 고전 10:16-17.
[183] 고전 10:16.
[184] 고전 14:26.
[185] 시 116:17.

을 따라 우리에게 그대로 갚지 아니하시니 이는 하늘이 땅보다 높음같이 그분을 경외하는 자에게 그분의 인자하심이 크심이로다.

동이 서에서 먼 것같이 우리의 죄과를 우리에게서 멀리 옮기셨으며, 아버지가 자식을 긍휼히 여김같이 여호와께서는 자기를 경외하는 자를 긍휼히 여기시나니 그분은 자기 아들을 아끼지 아니하시고 우리 모든 사람을 위하여 내어 주셨을 뿐 아니라 모든 것을 그와 함께 주셨느니라.[186]

이처럼 하나님은 우리가 아직 죄인이었을 때에 그리스도께서 우리를 위하여 죽으심으로 우리에 대한 자기의 사랑을 확증하셨습니다.[187] 그러므로 우리가 그분의 피로 말미암아 의롭다 하심을 얻은 후에는 더욱 그로 말미암아 진노하심에서 구원을 얻을 것입니다. 즉, 우리가 아직 원수 되었을 때 그의 아들의 죽으심으로 인해 하나님과 화목하게 되었으니 그와 화목한 자들에게 그의 부활로 말미암은 구원의 축복이 더욱 클 것입니다. 따라서 내 입과 마음은 이제부터 영원히 주님의 찬양을 선포할 것입니다. 아멘.

¶ **그리고 모두가 경건한 마음으로 다음과 같이 말해야 한다.**

전능하시고 자비로우신 하나님 아버지!

우리는 헤아릴 수 없는 자비하심으로, 당신의 독생자[188]를 중재자(Mediator)로서, 우리 죄를 위한 제물로서 그리고 영생의 양식과 음료로서[189] 우리에게 값없이 주신 것과 또한 우리에게 진실한 믿음을 허락하셔서[190] 당신이 주신 이런 축복에 참여자가 되게 하시니 감사합니다. 그 외에도, 당신은 당신의 사랑하시는 아들 예수 그리스도를 통해 우리에게 주신 구원의 축복을 우리가 더욱 깨닫고 누리도록 성찬을 제정하게 하셨습니다.

우리는 신실한 하나님이시고 아버지인 당신께 당신의 영의 역사하심을 통하여,[191] 우리 주 예수 그리스도의 이런 기념과 그분의 죽음에 대한 선

---

186 시 103:1-5, 10-12, 15.
187 롬 5:8; 요 3:16.
188 요 3:16; 롬 8:32.
189 요 6:45.
190 엡 2:18; 3:6.
191 요 6:63.

포가 우리의 믿음을 성장하게 하고[192], 날마다 증대되게 하며, 그리스도와 함께하는 우리의 축복받은 친교가, 그분의 이름으로 우리의 기도를 끝맺는 동일한 예수 그리스도로 말미암아 번성하게 될 수 있기를 요청합니다. 아멘.

   우리 아버지, 등등.

---

[192] 요 15:16.

제17장

미들버그 예전

미들버그의 영국 청교도들

> 그리고 아직도 많은 가톨릭의 요소가 남아 있는 개혁을 우리가 좋은 개혁이라고 어떻게 말할 수 있겠습니까?
> 또한, 투옥되거나 생명을 잃을 위기에 처한 사람들이 이 가톨릭의 요소들에 동의하고 허용해야 하는 이유는 무엇입니까?
> 하나님의 자비로 말미암은 영광스러운 복음의 잔이 우리 눈앞에 있는 이유는 무엇입니까?
> 그러나 우리는 개혁을 자랑하는 영국 국교회의 얼굴에서 이 모든 교황의 얼룩을 없애야 합니다. 하나님이 자비를 베푸사 우리가 그 안에서 올바른 개혁을 한번 보게 하소서.

엘리자베스 1세 여왕(Queen Elisabeth I, r. 1558-1603) 치세의 시작은 심각한 종교적 분열로 특징지어진다. 영국 국교회에는 메리 여왕의 가톨릭 지지자들, 메리 여왕하의 복음주의 비밀 신자들(evangelical Nicodemites) 그리고 예전적 노선을 따라 이미 분열되어 있었던 쇄도하는 메리 여왕 시대의 귀환 망명자들 여러 분파로 뒤섞여 있었다.

청교도 운동(Puritan movement)이 나타난 것은 이런 팽팽한 종교적 분위기 안에서였다. '청교도'라는 용어의 정확한 뜻은 논쟁의 여지가 있지만, 단언컨대 영국 국교회에 남아 있는 로마가톨릭 예전 요소를[1] 정화하기 위한 그들의 열정적 노력들로 인하여, "보다 격렬한 종류의 개신교"로서 가장 잘 정의된다.

청교도들은 1563년 평의회(Convocation)[2] 기간 동안 공식적으로 예배 개혁들을 제안했다. 이들 중의 하나인 성직자 의복의 제거는 케임브리지(Cambridge)의 세인트 존(St. John)의 선임 연구원인 윌리엄 풀크(William Ful-

---

1 청교도주의에 대한 훌륭한 소개는 John Coffee an Paul C. H. Lim. eds., "Introduction," in *The Canbridge Companion to Puritanism* (Cambridge: Cambridge University Press. 2008), 1-15; Patrick Collinson, *The Elizabethan Puritan Movement* (Oxford: Oxford University Press, 1990), 27-28을 보라.

2 개혁들은 성찬을 위해서 무릎 꿇는 것의 제거, 교회 오르간의 제거, 교회력의 축소, "긴급 세례"의 제거, 그리고 제의의 폐지를 포함했다.

ke)가 대학 예배당에서 대학 예복 혹은 중백의를 입지 않고 설교한 후에 전면적 논란으로 번졌다.

대주교 파커(Archbishop Parker)는 일련의 교회 조항들인 『공고』(Advertisements)를 출간했다. 그것은 다른 것들 사이에서 공적 기도와 성만찬(Holy Communion)을 위해서 "소매가 있는 알맞은 중백의"를 입도록 명령했다.[3] 1566년에 하인리히 불링거는 청교도 분파 회원들에게 순응하도록 격려했고, "양심이라는 이름으로 논쟁적인 영"을 숨기는 것에 맞서서 그들에게 경고했다.[4]

다음 주요한 논쟁의 촉발은 교회 통치라는 주제를 중심으로 이루어졌다. 성직자의 의복에 대해 오랫동안 반대해 왔던 토마스 카트라이트(Thomas Cartwright, 1535-1603)는 1570년에 사도행전 전체를 강의했고, 장로교 개요를 교회 통치의 사도적 모델로써 묘사했다. 이 일로 인해서 그는 1571년 신학대학원의 권위 있는 레이디 마가렛 체어에서(Lady Margaret Chair of Divinity) 해직되었다.

존 필드(John Field, 1544/5?-88)와 토마스 윌콕스(Thomas Wilcox, 1549-1608) 또한 이 일로 영국 장로교를 위해서 인쇄된 최초의 호소인 『의회에 대한 훈계』(Admonition to the Parliament, 1572)를 출판하게 되었다. 『훈계』는 "개혁된 교회의 진정한 강령"(true platform of a church reformed)을 제안했다.

이것은 『공동 기도서』(1559)에 대한 필수적 수정을 포함했다.

> 이([T]his) 책은 가증스러움으로 가득한 성무일도서(Portuise)와 미사 책인 가톨릭의 오물 더미로부터 골라낸 불완전한 책이다. 왜냐하면, 일부 그리고 그 안의 많은 부분이 하나님의 말씀에 반하기 때문이다.[5]

---

3   H. Gee and W. J. Hardy, *Documents Illustrative of English Church History* (London MacMillan ab Co,: 1896). 471.

4   H. Robinson. de., *The Zurich Letters*, 2 Vols. (Cambridge: Parker Society, 1842; 1845): 1:355.

5   John Field and Thomas Wilcox. *An Admonition to the Parliament* (Hemel Hempatead?: J. Shroud?, 1572), RSTC 10858, siegs. A.2ʳ, A.8ᵛ. Portuise 는 성무일도서(Breviary)를 언급하는 것이다.

이 출판은 "훈계 논쟁"(Admonition Controversy)으로 알려진 중대한 논쟁의 발단이 되었다. 여기에는 카트라이트와 그의 대학 동급생이었던 존 위트기프트(John Whitgift, 1530-1604) 사이에 있었던 격렬하고, 공개적 소책자(tract) 전쟁이 포함되었다. 1573년에 일부 지도자급 청교도의 체포 영장이 발부되었고, 필드와 윌콕스는 뉴게이트(Newgate)에 수감되었다.

카트라이트는 이미 제네바로 피했고, 그는 그곳의 아카데미에서 테오도르 베자(Theodore Beza)와 함께 가르쳤다. 후에, 1574년 두 번째로 망명한 카트라이트는 하이델베르크대학교(Heidelberg University)의 저명한 칼빈파 집단에 합류했다.

1576년 루터파 루트비히 6세(Ludwig VI)가 선제후 프레데릭을 계승했을 때 카트라이트는 하이델베르크를 떠나서 (바젤을 경유하여) 앤트워프(Antwerp)로 향했고, 그곳에서 상인 모험가 상사(Company of Merchant Adventurers: 15세기에 런던에서 창립된 독점 무역 회사로서 지도자급 상인들을 길드의 형태로 모아 네덜란드[이후에 서북부 독일과]와 주로 영국 모직 산업으로부터 생산한 직물, 특히 흰색 천을 수출했다: 역주)의 본부에서 일했다.

1578년 4월, 카트라이트의 장로교 동료인 월터 트래버스(Walter Travers, 1548?-1635)가 앤트워프에 도착했고, 한 달 후에 그는 지역 종교개혁자들로부터 비성공회의 안수(non-episcopal ordination)를 받아서 새로 생긴 이 영국인 장로교 교회의 목사가 되었다. 1580년 트래버스가 고향인 영국으로 돌아갔을 때, 카트라이트는 회중들의 지도자직을 맡았는데, 그는 이것을 진정한 영국 국교회의 목회로 간주했었다.

1582년 상인 모험가 성사가 미들버그(Middelburg)로 옮겼을 때, 카트라이트와 그의 회중들도 그곳으로 옮겨갔다. 고향인 영국에서는 1583년 대주교 그린달(Archbishop Grindal)이 사망했고, 이전 카트라이트의 대화 상대였던 존 위트기프트가 계승했다. 즉위식 직후, 위트기프트는 세 가지 종교 조항에 대한 동의를 강요했다. 그중 하나는 『공동 기도서』가 하나님의 말씀에 반하는 것은 아무것도 포함하고 있지 않다는 사실의 선포였다.

이런 요구에 대한 청교도 응답 중의 하나로서 피터 터너(Peter Terner)는 1584/5년 의회에 하나의 법안을 발의했다. 그것은 공 예배를 위해서 녹스(John Knox)의 『기도의 형식』(1536)에 대한 승인을 추구하는 것이었지만 성공하지는 못했다. 이 예전은 출판자인 로버트 왈드그레이브(Robert Waldegrave)의 이름을 따서 왈드그레이브 예전(Waldegrave Liturgy)으로 알려지게 되었다. 비록 저자 미상이기는 하지만, 일반적으로 '훈계자들'(Admonitioners)들의 필진 중 한 사람이 쓴 것이라고 추정된다.

1586년 6월 23일 성실청 법원(Star Chamber, 星室廳法源)이 더 엄한 출판 규정을 강요했을 때, 영국에서는 청교도주의(Puritan cause)가 방해를 받았고 무게의 중심은 미들버그의 청교도들에게로 옮겨졌다. 『미들버그 예전』(Middelburg Liturgy)이 1586년 출판된 것은 바로 이곳 네덜란드였다.

『미들버그 예전』은 주로 존 녹스에게서, 다음으로 피터 다테누스(Peter Dathenus)로부터 가져온 영국 예전을 대표한다. 그것은 "하나님의 말씀에 합당한" 예전을 제시하기 위한 것이었고, 따라서 "순전한 하나님의 말씀"에 근거했으며, 성직자의 의복, 결혼 반지, 성만찬을 위해 꿇어앉음 그리고 세례에서 십자가의 표지 같은 모든 불필요한 격식으로부터 정화되었다. 집회에서 공적 실천들을 위한 초기 법규서가 녹스의 예전에 추가되었다.

회중은 이전처럼 천천히 모이고, 성경 낭독과 성시 찬송과[6] 더불어 정화된 아침 기도회(Matins)가 거행되었다. 『공동 규범서』(Book of Common Order)와 유사한 다니엘 9장으로부터의 고백 기도는 제거되었고, 『공동 규범서』와 다테누스의 예전 둘 다와 유사한 칼빈의 1542년판 "역병, 전쟁 그리고 다른 이런 역경"을 위한 특별한 경우의 기도가 설교 후의 정규 기도에 첨가되었다. 주의 만찬 집례 방식에서 녹스 예전으로부터의 일부 다른 수정들을 감지할 수 있다.

『미들버그 예전』은 다테누스의 예전으로부터 출교(excommunication)에 대한 부분을 확장했고, 또한 분배사를 첨가했다("받아서 잡수십시오. 이 떡은 우리를 위해 떼어진 그리스도의 몸입니다. 그분을 기념하면서 이것을 행하십시오. ⋯ 이

---

6 Bryan Spinks, *From the Lord and "The Best Reformed Churches": A Study of the Eucharsitic Liturgy in the English Puritan and Separatist Traditions, 1550-1633* (Roma: C. L. V.- Edizioni liturgiche, 1984), 114; 또한 Daniel James Meeter, *"Bless the Lord, O My Soul": The New York Liturgy of the Dutch Reformed Church, 1767* (Lanjam, MD/London: Xcareccrow Press, 1998), 193-95를 보라.

것을 모두 마십시오. 이 잔은 많은 이의 죄를 위해서 흘리셨던 그리스도의 피로 된 새로운 언약입니다").[7]

미들버그 청교도들은 녹스가 선호했던 성찬에서 앉는 방식을 따랐던 것이 분명하다. 왜냐하면, 법규서의 결론이 "그들은 식탁으로부터 일어선다"라고 진술하기 때문이다. 하지만, 엘리자베스 여왕을 위한 비정상적으로 긴 기도가 녹스를 따르지 않았던 한 곳을 보여 준다. 실제로, 그것은 반대 방향으로 울렸던 나팔이었다.

"우리의 가장 고귀한 여왕"을 위한 간청에 덧붙여서, 이 기도는 아마 "하나님이 크신 자비로 우리 위에 세우셨던" 여왕 폐하에 대한 그들의 헌신에 대한 선포 역할을 했을 것이다, 그런데도, 왕은 청교도의 포부를 승인하지 않았다. 사실상, 영국의 예배 개혁에 대한 그들의 비전은 웨스트민스터 『예배 모범』(*Directory of Public Worship*, 1645)[8]과 더불어 **수년** 후에야 실현되었다.

1. 예배 순서

『미들버그 예전』(1586)[9]

말씀 예전	주의 만찬 예전
준비의 성경과 시편들 (Preparatory Scripture and Psalms)	준비의 성경과 시편들 (Preparatory Scripture and Psalms)*
기도, 시편 124:8(*Votum Ps.* 124:8)	기도, 시편 124:8(*Votum Ps.* 124:8)*
죄의 고백(Confession)	죄의 고백(Confession)*
시편(Psalm)	시편(Psalm)*
조명을 위한 기도(Prayer for illumination)	조명을 위한 기도(Prayer for illumination)*
주기도문(Lord's Prayer)	주기도문(Lord's Prayer))*
성경 낭독(Scripture)	성경 낭독(Scripture)*

---

7   Spinks, *From the Lord*, 120-21.
8   *A Directory for the publique worship of God, throughout the three kingdoms of England, Scotland and Ireland...* (London, 1644[1645]), Wing D1544.
9   제시되었을 것으로 추정되지만, (원래 예전에서 진술되지 않은)항목들은 *로 표시했다.

설교(Sermon)	설교(Sermon)*
중보 기도(Intercession)	중보 기도(Intercession)*
시편(Psalm)	성찬 제정사(Word's of Institution)
축도 혹은 축복(Benediction or Grace)	권면(Exhortation)
해산(Dismissal)*	감사 기도(Prayer of Thanksgiving)
	분배(Distribution)
	성경 낭독(Scripture)
	감사 기도(Prayer of Thanksgiving)
	시편 103 혹은 다른 감사 기도 시편 (Psalm 103 or another Psalm of Thanksgiving)
	축도 혹은 축복(Benediction or Grace)

2. 『하나님의 말씀과 개혁파 교회의 의식에 합당한 공동 기도 형식, 성례전의 집례 등등에 관한 책』(1586) - 미들버그 -

집회에서의 공적 실천

¶ 말씀의 선포를 위해 정해진 날들에, 자신들의 출석으로 열매를 맺을 수 있는 적합한 숫자의 회중이 함께 모일 때, 집회가 가득 찰 때까지, 장로직 중 지명된 한 명이 그의 재량에 따라서 그 사이에 성시를 부르면서 성경 정경서의 일부 장들을 낭독해야 한다. 그리고 이 낭독은 때때로 거룩한 성경이 처음부터 끝까지 낭독될 수 있도록 책과 장들의 순서를 따라야 한다. 그러나 특별한 경우에는 특별한 장들이 정해질 수 있다. 설교를 위해 정해진 시간이 되면, [목사는] 다음과 같은 말들로 시작한다. "우리의 도움은 하늘과 땅을 모두 창조하셨던 주님의 이름에 있습니다." 이것은 다음과 같은 고백 혹은 효과가 유사한 것 후에 사용된다. 이 때 사람들에게 "겸손하게 우리 죄를 고백하면서 전능하시고 존귀하신 하나님 앞에 엎드립시다. 그리고 여러분의 마음으로 내 말의 취지를 이해하십시오"라고 말한다.

설교 전에 사용되는 우리 죄의 고백

오, 영원하신 하나님!
지극히 자비로우신 아버지!
우리는 비참한 죄인들이며 죄와 불신앙 가운데 잉태되고 태어나서 우리 안에는 선함이 하나도 없음을 거룩하고 존귀하신(Divine Majesty) **당신** 앞에서 고백하고 인정합니다. 우리의 육신은 항상 성령을 대항하고 거역하며 당신의 거룩한 법도와 계명을 계속해서 위반함으로써 주의 공의로우신 심판 앞에서 우리는 죽음과 정죄를 자초했습니다. 그런데도 오 하늘에 계신 아버지여, 당신은 당신의 아들 예수 그리스도의 이름으로 회개하는 모든 사람에게 용서를 약속하셨습니다.

당신의 은혜로 말미암아 우리는 당신께 지은 죄를 깨달아 괴로우며 우리 자신을 부끄럽고 추하게 생각합니다. 진정으로 우리 죄를 회개하며 겸손한 마음으로 용서를 구하오니 예수 그리스도를 위하여 우리에게 자비를 베푸시고, 우리의 모든 죄를 사하시며, 우리 안에 계신 성령을 더욱 풍성하게 하시옵소서. 그래서 우리의 불의를 마음 깊은 곳에서부터 자백하여 이제부터 우리의 정욕과 죄성을 죽이고 또한 당신을 기쁘게 하는 열매를 맺도록 하시옵소서.

그러나 당신을 기쁘시게 하는 것은 우리의 어떤 합당한 행위 때문이 아니라, 오직 당신의 지극히 사랑하는 아들 곧 우리 죄를 위하여 제물과 희생으로 주신 바 되신 우리 구주 예수 그리스도의 공로 때문입니다. 우리는 그분 덕분에 당신의 뜻에 따라 그분의 이름으로 구하는 것은 어떤 것도 당신이 거부하지 않으신다는 사실을 확실히 믿습니다. 왜냐하면, 당신의 영이 당신은 우리의 자비로운 아버지라는 사실, 그래서 그분으로 말미암아 당신의 자녀가 된 우리를 사랑하시며, 우리로부터 당신 하늘의 은혜와 호의를 뺏어갈 수 있는 것은 아무것도 없다는 사실을 우리의 양심에 보증하기 때문입니다.

오 아버지!
모든 존귀와 영광이 성자와 성령과 더불어 당신에게 영원히 있기를. 아멘.

¶ 이런 고백을 한 후에, 사람들은 목사가 정하는 대로 성시 하나를 불러야 한다. 그것이 끝나면, 목사(pastor)는 하나님의 성령님의 도우심으로 말씀이 신실하게 해석되어 하나님의 이름의 영광이 되고 교회의 덕을 세우며, 말씀이 교회에 속한 겸손과 순종으로 받아들여질 수 있도록 기도한다. 그리고 주기도문으로 끝낸다. 그다음에 그는 항상 정경의 일부분으로부터 취해진 본문을 낭독한 다음에 설교로 진행한다. 설교가 끝나면, 목사는 다음과 같은 기도 중 하나를 사용해야 한다.

그리스도의 교회 전체를 위한 기도

전능하신 하나님!
지극히 자비로우신 아버지!
우리는 마음 깊은 곳으로부터 이제 우리 사이에 뿌려진 당신의 이 말씀의 씨앗이 뿌리를 깊게 내려서 핍박의 뜨거운 열기에 의해 시들지 않게 하시고, 이생의 괴로운 가시들이 그것을 질식시키는 원인이 되지 않게 하시며, 다만, 좋은 땅에 뿌려진 씨앗과 마찬가지로, 당신의 하늘의 지혜가 정하신 것처럼 30배, 60배, 100배의 결실을 구하면서 존귀하신(Majesty) 당신 앞에 겸손하게 복종하고 엎드립니다.

그리고 우리는 계속해서 당신의 손에 있는 많은 것을 갈망합니다. 오 하늘에 계신 아버지, 당신의 성령님을 허락해 주셔서, 우리의 청원들을 인도하게 해 주시고, 그것들이 당신의 지극히 송축받으실 뜻에 합당할 수 있는 열렬한 마음으로 전진할 수 있도록 당신께 겸손하게 구합니다.

우리는 당신의 도움 없이 할 수 있는 일이 없는 연약한 존재임을 알기에, 또한 당신은 사방에 둘러싸인 유혹들로 인해 갇힌 불쌍하고 비참한 상황에 부닥친 우리를 아시기에, 오, 주님, 당신의 강건하심으로 우리의 연약함을 지탱시키셔서, 두루 다니며 우리를 삼키려고 찾는 우는 사자 같은 사탄의 모든 공격에 맞서서 당신의 은혜의 능력으로 보호를 받은 우리가 안전하게 보존될 수 있도록 하시옵소서.

오, 자비로운 아버지!

우리의 믿음을 증진하셔서, 우리가 당신의 하늘 말씀으로부터 언제든 방향을 바꾸지 않도록 해 주시고, 다만 당신의 모든 계명을 지킬 수 있도록 돌보심과 더불어 우리 안에 소망과 사랑을 더 부어 주셔서, 어떠한 마음의 완고함이나, 위선이나, 안목의 정욕이나, 세상의 유혹도 당신께 순종하는 것으로부터 우리를 데려갈 수 없도록 해 주시옵소서. 그리고 우리가 이제 가장 위험한 이런 시기에 살고 있다는 것을 알기에, 당신의 자애로운 섭리로 사방에서 따라다니는 우리의 모든 원수의 폭력에 맞서서 우리를 보호해 주시되, 주로 로마라는 적그리스도의 사악한 분노와 맹렬한 소란에 맞서서 우리를 방어해 주시옵소서.

나아가서, 당신의 거룩한 사도에 의해서 모든 사람을 위한 기도와 간구를 하도록 배웠기 때문에, 우리는 여기 출석한 우리 자신뿐만 아니라, 아직 무지한 모든 자도 맹목과 오류라는 비참한 포로 상태로부터 당신 하늘의 진리에 대한 순전한 이해로 이르게 되기를 구합니다. 그리하시면 우리가 모두 한 마음의 일치로 단 한 분 우리 하나님이시고 구주이신 당신을 예배하고, 당신의 거룩한 말씀의 나눔과 당신의 택하신 백성에 대한 책임을 위탁하신 모든 목사(pastors), 목자 그리고 목회자(ministers)이 자신들의 삶과 교리에 있어서 모두 신실할 수 있으며, 자신들의 눈앞에 오로지 당신의 영광을 두면서, 방황하고 길을 잃은 모든 불쌍한 양을 모아서 본향인 당신의 우리로 데려갈 수 있게 될 것입니다.

그 외에, 통치자의 마음이 당신의 손에 있으므로, 당신이 검을 맡기셨던 모든 왕과, 군주 그리고 치안 판사의 마음을 인도하시고 다스리시기를 요청합니다. 특별히, 오 주님, 우리의 의무에 따라서, 우리의 가장 고귀한 엘리자베스 여왕의 번성한 영지를 유지하고 증대시켜 주시기를 요청합니다. 당신의 크신 자비로 여왕이 우리를 통치하게 하셨고, 당신의 능하신 능력으로 그녀를 보존하셨기 때문입니다.

오, 주님!

동일한 자비로 성령님의 탁월한 은사들을 그녀에게 배가시키시고, 당신이 그녀를 항상 보존하셨던 것과 마찬가지로, 동일한 능력으로 여전히 그녀를 보존하시기를 요청합니다. 그리고 당신이 비정상적 반역과 사악한 행위를 발견한 것처럼, 그것들을 여전히 발견하셔서, 당신의 모든 다른 은혜와 마찬가지로 또한 이런 위대한 자비로 인해, 왕(Prince)과 백성이 모두 당신의 위대한 이름을 기뻐하고 찬양할 수 있도록 해 주시옵소서.

또한, 우리는 여왕 폐하의 올바르고 명예로운 평의회를 위해서 당신의 선한 영이 그들 모두에게 자신들의 소명에 적합한 지혜와 강건함과 탁월한 은사들을 주시기를 기도합니다. 나아가서, 다른 모든 치안 판사를 위해서 그리고 전체 왕국을 위해서, 모든 사람이 자신들의 소명에서 당신의 영광을 제시하고, 온 땅의 경건한 평화와 번영의 획득을 추구하는 데 신실할 수 있게 해 주시도록 기도합니다.

그리고 당신의 자애로운 호의가 그들을 보존하시고, 당신의 성령님이 그들의 마음을 다스리셔서, 그들이 당신의 거룩한 말씀의 정확한 법칙에 의해서 당신의 종교가 순전하게 유지되고, 방법이 개혁되며, 죄가 벌을 받을 수 있는 방식으로 자신들의 직무를 수행하도록 해 주시옵소서. 그리고 우리는 그리스도 예수의 신비로운 몸의 지체이기 때문입니다.

오, 하늘에 계신 아버지!

그리고 어떤 종류의 십자가나 혹은 전쟁이나 역병이나 기근, 병, 가난, 투옥, 박해, 추방 같은 환란이나 혹은 몸의 슬픔이든지, 마음의 불안이든지 어떤 종류든 당신의 회초리로 고통을 받는 모두를 위해서 당신께 요청합니다. 당신이 그들을 모든 환난으로부터 완전히 구해내실 때까지, 그들에게 인내와 신실함을 주시는 것이 당신을 기쁘시게 할 것입니다. 이는 우리가 그리스도 예수의 신비로운 몸의 지체이기 때문입니다. 마지막으로, 오 주님, 우리는 당신의 진리에 대한 증언 때문에 박해받고, 투옥 중이며, 날마다 사형 선고를 받는 우리 형제들에게 당신의 크신 자비를 보여 주실 것을 지극히 겸손하게 요청합니다.

그리고 비록 그들에게 모든 인간적 도움이 닿지 않지만, 그런데도 당신의 친절한 위로가 결코 그들을 떠나지 않게 하시고, 당신의 성령님으로 그들의 마음을 불타게 하셔서, 그들이 담대하고 기운차게 이런 시련을 견딜 수 있도록 하시옵소서. 그리고 때가 차면, 그들의 삶과 죽음을 통하여 당신의 경건한 지혜는 당신의 아들 예수 그리스도의 나라가 온 천하에 흥왕하여 빛나게 세우실 것입니다.

설교 후에 사용될 수 있는 또 다른 기도

전능하신 하나님!
하늘에 계신 아버지여!
우리가 당신의 사랑하는 아들이신 우리 주 예수 그리스도의 이름으로 당신께 구하는 것을 들어 주시겠다고 약속하셨고, 우리도 예수님과 그분의 사도들로부터, 그분의 이름으로 모여서 그분의 이름으로 기도할 때 그분이 우리 가운데 계실 것이고, 우리가 이 땅에서 합의한 것을 얻을 수 있도록 그분이 우리를 위하여 중보해 주신다는 것을 배웠습니다.

따라서 우리는 (먼저 주께서는 우리 위에 세우신 통치자들과 관원들을 위해서, 또한 주의 백성과 모든 사람에게 필요한 것들을 위하여 기도하라는 명령을 주셨습니다. 왜냐하면, 우리의 믿음이 당신의 거룩한 말씀과 약속에 근거를 두고 있고, 우리는 당신의 아들 우리 주 예수님의 이름으로 당신의 면전인 여기에 함께 모였기 때문입니다) 지극히 자비로우시고 풍성하신 아버지이신 당신께 간절히 청합니다. 우리의 죄를 값없이 사해 주신 당신의 무한하신 자비로, 우리의 유일한 구주이시며 중보자이신 예수 그리스도를 위하여, 우리의 마음과 사랑이 당신을 향하여 끌어올려지고 고양되어서, 우리의 열렬한 마음의 요청이 당신의 지극히 송축받으실 뜻과 기쁨에 합당함으로 당신께 받아들여지기만을 원합니다.

오, 하늘에 계신 아버지!
그러므로 당신의 공의를 집행하도록 맡기셨던 모든 군왕과 통치자를 위해서, 즉 여왕 폐하의 훌륭한 영지와 그녀의 모든 명예로운 평의회, 더불어 여왕의 나머지 장관들과 왕국의 평민들을 위해서 요청합니다. 아버지께서 하늘과 땅의 모든 권세를 예수님께 주신 것과 같이 여왕이 순전한 믿음으로 당신의 아들 우리 주 그리스도를 왕 중의 왕(King of kings)으로서, 모든 통치자 중의 통치자(Governor of governors)로서 인정할 수 있도록, 여왕에게 당신의 성령님을 허락하시고 때때로 그녀 안에 성령님을 증대시키시는 것이 당신의 기쁘심이 될 것입니다.

그리고 그렇게 해서, 그녀가 주님께 완전히 헌신하고, 당신의 피조물이며, 당신의 초장의 양들이고, 그녀의 신민들인 우리가 평강과 고요함으로 유지되어서 당신을 모든 거룩함과 덕으로 섬길 수 있으며, 최종적으로 원

수들에 대한 모든 두려움으로부터 해방되어 우리 평생 당신께 감사를 드릴 수 있게 될 것입니다.[10]

지극히 사랑하는 아버지!

또한, 아버지께서 아버지의 신실한 백성의 봉사자로 임명하시고 영혼의 책임과 거룩한 복음의 사역을 맡기신 자들을 위하여 청하오니, 당신의 성령으로 그들을 지혜롭고 충직하며 주의 영광을 위해 열심이 있게 하시며, 그들의 모든 연구가 항상 백성들을 위한 것이 되어서 주의 양 떼에서 떠나간 불쌍한 양들을 다시 찾아 목자들의 왕이신 주 예수님께로 인도하여, 그들이 그분 안에서 날마다 자라가며 모든 의와 거룩함에 이르게 하시옵소서.

또한, 모든 교회를 탐욕스러운 이리의 위험과 자기의 야망과 이익을 구하는 일꾼들에게서 건져내 주시고 주의 영광만 세우시며 주의 양 떼를 보호하여 주시옵소서. 그것이 당신의 기쁘심이 되실 것입니다.

오, 하나님!

지극히 자비로운 아버지, 그 외에 모든 사람을 위해서 기도드립니다. 당신이 모든 종류의 인간을 진리의 지식에 이르도록 구원하셨던 것과 마찬가지로, 당신의 복음에 대한 지식의 무지로 인하여 지금까지 어둠과 무지 안에서 포로 상태로 잡혀 있는 그런 자들이 당신의 복음과 거룩한 성령님의 명확한 빛의 전파를 통하여 구원의 바른길, 즉 단 한 분 진정한 하나님이신 당신과 당신이 보내신 예수 그리스도를 아는 것으로 인도될 수 있도록 하시옵소서.

마찬가지로, 이미 당신의 은혜를 입고, 당신의 말씀 지식으로 마음의 조명을 받은 자들이 계속해서 거룩함이 증대되고, 영적 유익들로 풍부하게 되어서, 그들이 마음과 입으로 모두 함께 당신을 경배하고, 우리 주 그리스도께 합당한 존귀함을 드리고 섬길 수 있게 하시옵소서.

모든 것에 참되신 위로의 주님!

또한 우리는 기도로써 당신께 맡깁니다. 당신이 무엇이든 십자가와 시련으로 찾으시고 징계하셨던 이런 모든 사람, 역병, 전쟁 혹은 기근으로 벌하

---

10 Luke 157.[이 인쇄된 방주는 누가복음 15장을 언급한 것으로 보이지만, 인쇄상의 실수를 포함한다.]

셨던 이런 모든 사람, 가난, 투옥, 병, 추방 혹은 몸의 역경 같은, 아니면, 영적으로 고통을 받은 다른 모든 사람으로 하여금 그들을 향한 당신의 자애로운 사랑을 느끼게 하시고, 그들로 하여금 이런 십자가들이 자신들을 고치기 위한 징계라는 사실을 알게 하시며, 마침내 그들이 진실로 당신께 돌이켜 완전한 위로를 받고 자신들의 악으로부터 해방될 수 있는 것이 당신의 기쁘심이 될 것입니다.

그러나 우리는 특별히 적그리스도의 폭정과 그리고 생명의 양식인 말씀 전파가 결핍되고, 또한 공개된 집회에서 당신의 이름을 부를 자유를 가지지 못한 이런 모든 사람, 주로 당신의 복음에 대항하는 원수들에 의해서 투옥되고 핍박받는 불쌍한 우리 형제들과 같은 사람들을 당신의 거룩한 보호에 맡기기를 구합니다.

오, 위로의 아버지!

당신의 거룩한 성령의 능력으로 그들이 절대 움츠러들지 않고, 다만 끊임없이 자신들의 거룩한 믿음을 견딜 수 있도록 그들을 강건케 하시고, 당신이 알고 계시는 것과 같이 그들에게 가장 도움과 위로가 되는 것으로 그들을 도우셔서, 고난 속에서 그들을 위로하시고, 당신의 보호 안에서 원수의 분노에 맞서 그들을 유지하시며, 그들 안에서 성령의 은사들을 증대시키심으로써 그들이 삶과 죽음에서 모두, 자신들의 주 하나님이신 당신을 영화롭게 하도록 하시옵소서.

마지막으로, 오 주 하나님. 지극히 사랑하는 아버지.

당신의 아들 주 예수 그리스도의 이름으로 여기 함께 모인 우리에게 또한 그분의 말씀의 전파를 듣는 것을[11] 허락해 주시옵소서. 그리하시면 우리가 본질적으로 얼마나 비참하고 저주의 상태에 있는지와, 우리 본성에는 선함의 어떠한 불꽃도 남아 있지 않고, 우리 안에는 아무것도 없을 정도로 우리의 악하고 죄 많은 삶으로 말미암아 때때로 우리에 대한 당신의 가혹한 벌을 유발시키고 영원한 죽음을 자초한 것이 얼마나 합당한지를 위선 없이 진정으로 인정할 수 있게 될 것입니다.

---

11 만약 주의 만찬이 집례된다면, "그분의 성만찬을 기념하도록"라는 절이 첨가된다.

또한 우리의 첫 출생과 마찬가지로 우리가 당신의 나라의 유업을 즐길 수 있고, 당신의 사랑하는 아들이자 우리의 단 한 분 구주(Savior)이시고, 대속자(Redeemer)이신 우리 주 예수 그리스도께서 우리 안에 거하시면서 우리의 옛 사람과 죄된 감정들을 죽이실 것이라는 것을 확실히 신뢰함으로써 우리가 더욱 경건한 삶으로 새롭게 되어서 당신의 거룩한 이름이 우리 안에서 증진되고 찬양받으실 수 있게 될 것입니다.[12]

마찬가지로 당신은 우리를 가르치시고 다스리시며, 우리는 날마다 더욱 겸손함을 배우고, 존귀하신 당신께 복종하여서 당신을 만유의 왕(King)과 통치자(Governer)로 여길 것입니다. 이는 당신은 말씀의 홀로 당신의 백성을 인도하시고[13] 성령의 능력과 당신의 진리와 의의 능력으로 말미암아 당신의 모든 원수를 교란시키시기 때문입니다.

그리고 당신은 당신의 아들의 위격으로 심판하심으로써 당신을 드러내시고, 당신의 나라의 완전하고 온전한 면이 나타날 때까지 당신의 영광에 저항하는 모든 권세와 높음이 이런 방식으로 계속해서 전복되고 폐지될 수 있도록 하시며, 또한 하늘의 천사들이 오직 당신의 명령들을 수행하는데 전념하는 것과 마찬가지로, 우리로 하여금 당신의 나머지 자녀들과 더불어 당신께 온전하고 참된 순종을 드릴 수 있도록 하십니다.[14]

그 결과, 당신의 뜻이 어떠한 반박도 없이 이루어지고, 모든 사람이 자신들의 의지와 육신의 모든 감정과 욕구들을 단절함으로써 당신을 섬기고 기쁘시게 하는데 전념할 수 있을 것이기 때문입니다. 선하신 주님, 이와 같이 사랑과 당신의 거룩한 이름에 대한 두려움으로 행함으로써 우리가 당신의 선하심으로 양육받고, 우리에게 편리하고 필요한 모든 것을 당신의 손에서 받을 수 있도록 허락하시옵소서.[15]

당신이 우리를 돌보신다는 사실을 알 때, 당신의 손에 있는 모든 좋은 선물을 구하고, 피조물에 대한 우리의 모든 헛된 신뢰를 철회하고 취소하며, 전적으로 당신만 신뢰하고, 그렇게 당신의 가장 풍성한 자비 안에서만 안

---

12 당신의 이름이 거룩히 여김을 받으시옵소서.
13 당신의 나라가 임하시옵소서.
14 뜻이 하늘에서 이루어진 것같이 땅에서도 이루어지이다.
15 오늘 우리에게 일용할 양식을 주시옵소서.

식할 수 있도록 우리가 당신을 우리의 아버지로서 더욱 바르게 인정하며 당신이 주신 선물들을 고요함 속에서 평화롭게 사용할 수 있도록 또한 허락하시옵소서.

그리고 여기 이 덧없는 삶을 계속하는 동안, 우리는 너무나 비참하고, 너무나 연약하며, 죄에 대한 경향이 너무나 많아서, 계속해서 넘어지며, 당신의 계명들의 옳은 길에서 벗어납니다. 당신의 공의로운 심판과 정죄를 받아 마땅한, 우리의 헤아릴 수 없는 범죄를 용서해 주시고,[16] 이후부터 죽음과 죄가 우리에 대항할 것이 아무것도 없고, 우리 안에 항상 남아 있는 저 사악한 죄의 뿌리를 우리의 책임으로 돌릴 수 없을 정도로, 우리를 그렇게 값없이 용서해 주시기를 요청합니다.

그리고 당신의 계명으로 인해, 다른 사람들이 우리에게 잘못한 것을 잊어버리고 복수를 구하는 대신 그들의 악을 선으로 갚을 수 있게 하소서. 그리고 우리 자신에 관한 한, 우리는 연약하여 완전히 서 있을 수 없고,[17] 이런 다수의 가장 위험한 원수들, 마귀, 세상, 죄 그리고 우리에 맞서서 끝없이 싸우려는 우리 자신의 난잡한 욕구로 항상 공격을 받기 때문에, 당신의 성령님으로 우리를 강건하게 만드시고, 당신의 은혜로 우리를 무장시키시는 것과 이로써 우리가 완전한 승리를 쟁취하고, 마침내 당신의 나라에서 우리의 대장(Captain)과 통치자(Governor)이신, 그분의 이름으로 그분이 가르쳐 주셨던 대로 우리가 기도하는 우리 주 예수 그리스도와 함께 의기양양하게 다스릴 수 있는 그럴 때까지, 우리가 모든 유혹을 끊임없이 견딜 수 있고, 죄에 대항하는 영적 전투에서 인내할 수 있게 되는 것이 당신의 선하신 기쁨이 되도록 하시옵소서.

¶ 다음 기도는 설교 후에 공동 기도로 지정된 날에도 사용할 수 있다. 그리고 여전히 우리를 경각시키시고 우리를 진정한 회개로 이끄시는 하나님의 날카로운 가르침의 회초리는 이 시간에 매우 적절하다.

오, 전능하신 하나님!

---

16 우리의 죄를 용서해 주시옵소서.
17 그리고 우리를 시험에 들지 말게 해 주시옵소서.

하늘에 계신 아버지!

만약 당신이 우리 안에 있는 모든 것을 보신다는 것을 안다면, 우리는 눈을 하늘로 들어 올릴 자격이 없고, 당신의 임재 안으로 들어가서 당신이 우리의 기도를 들으신다고 생각할 만큼 뻔뻔할 수는 더더욱 없다는 것을 우리 양심으로 인정하고 사실대로 고백합니다. 왜냐하면, 우리의 양심이 우리를 고발하고, 우리 자신의 죄가 우리에 맞서서 증언하기 때문입니다. 그렇습니다. 그리고 우리는 당신이 당신의 계명을 범하는 자들의 잘못을 벌하시는 의로운 재판장이라는 사실을 알기 때문입니다.

오, 주님!

우리 평생을 숙고할 때, 우리의 마음이 혼란스럽고, 죽음의 깊은 소용돌이에 삼켜진 것은 우리가 자초한 것입니다. 그런데도, 지극히 자비로운 주님, 당신의 무한하신 자비로 인하여 심지어 지옥의 심연으로부터도 당신에게 도움을 구하라고 명령하시는 것이 당신을 기쁘시게 했기 때문에, 우리 안에서 더 많은 결핍과 부족을 느낄수록 우리는 그만큼 당신의 자애로운 풍성하심에 기대야만 합니다.

또한, 당신은 우리의 자격에 어떠한 고려도 하지 않으시고, 우리의 유일한 중재자(Mediator)와 대언자(Advocate)로 임명하셨던 우리 주 예수 그리스도의 공로 때문에 우리의 요구와 간청을 들으시고 받아 주신다고 약속하셨기 때문에, 우리는 인간의 도움에 대한 헛된 신뢰를 거부하면서 당신 앞에 겸비하고, 우리의 죄 사함을 받기 위해 당신의 거룩한 이름을 부르면서, 오로지 당신의 자비에 기댑니다.

오, 하나님!

모든 인간에게 보편적으로 수여하신 헤아릴 수 없는 유익들 외에도, 당신은 우리가 그것들을 말하는 것도, 아니, 그것들을 우리 마음에 충분히 품기도 불가능할 정도의 그런 특별한 은혜들을 주셨습니다. 마귀의 종이었던 우리를 그의 비참한 속박으로부터 끌어내심으로써 당신의 거룩한 복음의 지식으로 부르시는 것과 우리가 빠져 있었던 지극히 저주받을 우상 숭배와 사악한 미신으로부터 해방하심으로써 당신의 놀라운 진리의 빛으로 데려오시는 것이 당신을 기쁘시게 했습니다.

그런데도 우리는 배은망덕 때문에, 당신의 풍성하신 손으로부터 받았던 유익들을 잊어버렸을 뿐만 아니라, 당신에게서 멀어지고, 또한 당신의 율법으로부터 돌이켜 우리 자신의 욕망과 정욕을 추구했으며, 우리의 의무가 요구하는 대로 당신의 거룩한 말씀에 합당한 존귀와 당연한 순종을 하지 않았고, 또한 당신의 영광을 증진하지도 않았습니다. 그리고 당신의 말씀이 계속해서 지극히 신실하게 우리에게 경고하시는 것을 멈추지 않으셨음에도 불구하고, 우리는 여전히 당신의 자애로운 경고에 귀를 기울이지 않았습니다.

오, 주님!

우리는 죄를 지었고 당신에 맞서서 중한 범죄를 저질러서, 부끄러움과 혼란이 우리의 것이 되었고, 우리는 모두 당신의 심판 앞에 유죄라는 것을 인정하며, 만약 당신이 우리의 잘못에 따라 우리를 다루신다면 우리는 단지 영원한 죽음과 정죄밖에는 구할 수 없습니다. 왜냐하면, 비록 우리는 변명할지라도, 우리 자신의 양심이 우리를 고발하고, 우리의 악함이 당신 앞에서 우리를 정죄하려 나타날 것이기 때문입니다.

오, 주님!

우리는 당신이 행하신 가르침과 고치심에 의해서, 우리가 당신의 진노하심을 너무나 많이 일으켰다는 사실을 압니다. 왜냐하면, 당신은 공의롭고 의로운 재판장이시고, 당신의 백성을 아무런 이유 없이 벌하실 리가 없다는 사실을 알기 때문입니다. 따라서 당신의 채찍을 느꼈기 때문에, 우리가 당연히 우리에 대한 당신의 분노하심을 유발했다는 것을 인정합니다. 네, 그렇다 하더라도 우리를 다시 치시려고 올리신 당신의 손을 봅니다.

왜냐하면, 당신이 복수를 수행하실 때 당신에게 익숙하신 회초리와 무기가 이미 당신 손에, 완전히 준비되어 있기 때문입니다. 따라서 비록 당신이 이미 하셨던 것보다 훨씬 엄중하게 우리를 벌하셔야 하지만, 그것도, 우리는 한 번 받았던 반면에, 당신은 천 번을 벌하셔야 합니다.

네, 맞습니다. 만약 당신의 율법에 기록된 모든 저주를 우리에게 내리시고, 당신의 백성 이스라엘을 벌하셨던 그 엄중한 벌을 우리에게 내리신다고 해도, 우리는 당신이 이렇게 하시는 것이 지극히 정당하다는 것을 고백하고, 우리가 전적으로 그런 것을 받아 마땅하다는 사실을 부정할 수 없습니다.

오, 주님!

하늘에 계신 우리 아버지!

당신은 우리를 만드신 분(Maker)이시고, 우리는 당신의 손으로 만드신 작품임을 알기 때문에, 당신은 우리의 목자(Pastor)이시고, 우리는 당신의 양떼임을 알기 때문에, 또한 당신은 우리의 대속자(Redeemer) 이시고 우리는 당신이 사셨던 백성임을 알기 때문에, 마지막으로, 당신은 우리의 하나님(God)이시고 우리는 당신의 택하신 유업이기 때문에, 당신의 진노로 우리를 벌하지 마시고, 당신의 노하심으로 우리에 맞서서 불붙이지 않도록 하시며, 그에 대해 복수를 할 정도로 우리의 사악함을 기억하지 않도록 하시고, 다만 오히려 당신의 자비에 따라 우리를 징계하시옵소서.

오, 주님!

우리의 악행이 우리에 대한 당신의 진노에 불을 붙였음을 고백합니다. 그런데도, 당신의 은혜로 우리가 당신의 이름을 부르고 당신의 진리를 고백한다는 것을 생각해서서, 당신이 우리의 하나님이시고 구주라는 사실을 온 세상이 알 수 있게 할 목적으로 당신이 우리 안에서 시작하셨던 역사를 유지하시기를 요청합니다.

당신은 당신이 파멸시키고 혼란으로 이끄셨던 자들은 당신을 찬양하지 않지만, 무거운 영혼들, 겸손한 마음들, 억눌리고 자신들의 무거운 죄를 지은 억눌린 양심들은 당신의 은혜에 목말라서 당신의 찬양과 영광을 나타낼 것을 아십니다.

당신의 백성 이스라엘은 그들의 사악함으로 인하여 그렇게 자주 당신의 진노를 유발했고, 그 때문에 당신은 당연히 그들에게 벌을 내리셨습니다. 그러나 그들이 자신들의 범죄를 인정하고 당신께로 돌이키자마자 당신은 그들을 항상 자비로 받아 주셨고, 그들의 악독함과 죄악이 이같이 중한 적이 없었음에도, 당신의 종들인 아브라함, 이삭 그리고 야곱과 맺으신 언약 때문에, 당신은 결코 그들의 기도를 듣는 것을 거부하지 않으셨으며 그들에게 준비하셨던 당신의 회초리와 저주를 항상 철회하셨습니다.

당신의 선하심으로 우리는 훨씬 더 탁월한 방식으로, 그분의 피로 기록되고 그분의 죽음과 수난으로 인침을 받으며, 우리 주 예수 그리스도에 의하여 수립된, 동일한 언약을 얻었습니다.

오, 주님!

우리는 스스로와 인간의 도움에 대한 헛된 신뢰를 포기하고, 이 지극히 송축받을 언약에 우리의 유일한 피난처를 가지고 있습니다. 그 언약에 의해서, 우리 주 예수 그리스도께서 그분의 몸을 제물로 드리심으로써 우리를 당신과 화목하게 하셨습니다.

오, 주님!

당신의 기름 부음 받으신 그리스도의 얼굴에서 우리를 보셔서, 그분의 중보에 의해서 당신의 진노와 분노가 완화될 수 있고, 우리가 당연히 받아야 할 엄중한 역병과 심판들이 우리로부터 제거될 수 있으며, 우리의 큰 위로와 확실한 구원을 위하여 당신의 얼굴의 밝은 광선이 우리 위를 비출 수 있도록 하시옵소서.

그리고 이 시간부터, 당신의 거룩한 가르침으로 우리를 받아 주시고, 당신의 성령님으로 우리를 다스리셔서, 그로써 우리가 지금보다 훨씬 나은 생명으로 새롭게 다시 태어날 수 있도록 허락하시옵소서.

그리고 우리는 입을 열어 우리의 필요를 간청합니다. 우리에게 서로 기도하라고 명령하신 당신의 기쁘신 뜻에 따라, 당신이 회초리와 교정으로 찾아가시고 징계하셨던 우리 불쌍한 형제들을 위하여 그들로부터 당신의 분노를 돌리시기를 가장 즉각적으로 원하면서, 또한 당신께 겸손하게 기도드립니다.

오, 주님!

우리를 기억하시옵소서. 그들은 우리와 마찬가지로 당신의 자녀입니다. 그리고 그들이 비록 당신의 존귀하심을 거슬렀지만, 그런데도 우리는 당신이 약속하시고 늘 주셨던 풍성하심과 자비를 당신의 택하신 자들을 향해 지속해서 베푸시는 당신의 기뻐하심을 요청합니다.

오, 주님!

당신의 연민을 당신의 모든 교회와 지금 당신이 역병이나 전쟁이나 혹은 병, 감옥, 가난 혹은 다른 어떤 몸이나 마음의 고통과 같은, 당신이 늘 사용하신 그런 회초리로 징계하시는 당신의 모든 백성에게 확장하시는 것을 허락하셔서 그들을 위해서 당신이 생각하시는 대로 가장 합당한 방법으로 그들을 위로하옵소서.

그리하시면 당신이 고치심을 보류하실 때 그들은 끈기와 인내심을 배우며, 모든 환난으로부터 그들을 해방하실 당신의 때에 당신의 자비를 기뻐하고 당신의 거룩한 이름을 찬양할 정당한 이유를 찾을 것입니다. 이렇게 당신의 가르침의 회초리를 통해 그들은 자신들의 바른 삶의 교정을 위한 당신의 호의를 배우게 될 것입니다.

오, 주님!

당신의 진리를 지키기 위해 삶의 고난을 겪는 사람들을 불쌍히 여기시고, 아무도 꺾을 수 없는 끈기로 그들을 강건하게 하옵소서. 그들을 방어해 주시고 도와 주시옵소서. 그들의 원수들의 교활한 행위와 음모를 전복시켜 주시고, 원수들의 분노를 제지해 주시옵소서. 그리고 당신과 당신의 아들의 지체에 맞서서 그들이 시작한 뻔뻔한 계획들이 혼란에 빠지게 하시옵소서.

그리고 당신의 나라가 완전히 황폐해지지 않도록 하시고, 당신의 거룩한 이름을 기념하는 것이 완전히 폐하여지지 않도록 해 주시며, 주께 영광 돌리는 일을 기뻐하는 자들이 멸망치 않게 해 주시고, 그들이 멸망하는 경우에 터키족, 이교도 그리고 다른 불신자들, 로마교회(Church of Rome) 혹은 다른 이단들이 그 결과로서 자만하고 당신의 이름을 모독하지 않도록 하시옵소서.[18]

¶ 그다음에 사람들은 목사가 정해 준 대로 성시를 하나 불러야 한다. 그 성시가 끝나면, 목사는 이런 축도 중의 하나를 선포하고, 회중은 떠난다.

여호와는 우리에게 복 주시고 구원하시기를 원하느니라.

여호와는 그 얼굴을 우리에게 비추사 자비를 베푸시기를 원하며,

여호와는 그 얼굴을 우리에게 향하여 드사, 우리에게 평강을 허락하시기를 원하노라.

우리 주 예수 그리스도의 은혜와 하나님의 사랑과 성령님의 교통하심이 우리 모두와 함께 있을지어다. 아멘.

---

18 인쇄된 주석은 다음과 같다. "여기에 목사는 이전의 기도에서 표시되었던 부분을 첨가한다."

¶ 목사는 이전에 언급했던 이 모든 것을 매일 반복할 필요가 없다. 그러나 일부 유사한 고백으로 시작하여 설교로 진행한다. 설교가 끝나면, 그는 이전에 언급했던 모든 일상의 삶을 위한 기도를 하든지, 혹은 하나님의 영(Spirit of God)이 자신의 마음을 움직이시는 대로 시간과 그가 간구하는 일에 따라 같은 구성으로 기도해야 한다. 그리고 만약 어떤 때 명백한 하나님의 진노의 징표인 어떤 현재의 역병, 기근, 전염병, 전쟁 혹은 등등이 있다면, 우리의 죄 때문에 그렇게 된 것을 인정하는 것이 우리 몫이기 때문에, 성경에서 지정된 대로 하나님의 진노하심을 돌이킬 방도로써 애통하고, 금식하며 기도에 전념해야 한다. 그러므로 그 시간 동안 목사는 그곳 사람들을 훈계할 뿐만 아니라, 현재의 필요가 요구하는 것에 따라서 어떤 형태의 기도도 합당할 것이다. 그는 설교 며칠 후에 장로 직분의 동의를 받아 편리한 곳에서 매주 지켜지도록 그것을 정할 수 있다.

주의 만찬 집례 방식

¶ 보통 매달 한 번, 혹은 회중이 편리하다고 생각하는 만큼 자주, 주의 만찬이 기념되는 날에 목사(minister)는 다음과 같은 것을 사용한다.
사랑하는 형제들이여!
예수 그리스도께서 그분의 성만찬을 우리에게 어떻게 제정하셨는지, 성 바울이 고린도전서 11장에 다음과 같이 말하면서 묘사한 데 따라서, 나타내고, 숙고합시다.

> 내가 너희에게 전한 것은 주께 받은 것이니 곧 주 예수께서 잡히시던 밤에 떡을 가지사 축사하시고 떼어 이르시되 이것은 너희를 위하여 내 몸이니 이것을 행하여 나를 기념하라 하시고 식후에 또한 그와 같이 잔을 가지시고 이르시되 이 잔은 내 피로 세운 새 언약이니 이것을 행하여 마실 때마다 나를 기념하라 하셨으니 너희가 이 떡을 먹으며 이 잔을 마실 때마다 주의 죽으심을 그가 오실 때까지 전하는 것이니라 그러므로 누구든지 주의 떡이나 잔을 합당하지 않게 먹고 마시는 자는 주의 몸과 피에 대하여 죄를 짓는 것이니라 사람이 자기를 살피고 그 후에야 이 떡을 먹고 이 잔을 마실지니 주의 몸을 분별하지 못하고 먹고 마시는 자는 자기의 죄를 먹고 마시는 것이니라.

¶ 이것이 끝나면, 목사(pastor)는 다음과 같이 말하면서 훈계로 진행해야 한다.

주 안에서 지극히 사랑받는 여러분!

지금 우리는 우리 구주 그리스도의 몸과 피의 성만찬을 기념하기 위해 모였기 때문에 모든 사람이 그 떡을 먹고 그 잔을 마실 수 있도록 인정되기 전에 자신들을 부지런히 시험하고 살펴보라고 성 바울이 어떻게 권면하는지, 그의 말들을 숙고해 봅시다. 왜냐하면, 만약 참으로 회개하는 마음과 살아 있는 믿음으로 저 거룩한 성례전(Holy Sacrament)을 받는다면, (그렇다면 우리가 영적으로 그리스도의 몸을 먹고, 그분의 피를 마시며, 그다음에 우리가 그리스도 안에 거하고, 그리스도가 우리 안에 거하시며, 우리는 그리스도와 하나이고, 그리스도는 우리와 하나이기 때문에) 그 유익이 큰 것과 마찬가지로, 만약 우리가 이 성례전을 합당하지 않게 받는다면 (그렇다면 우리는 우리 구주 그리스도의 몸과 피에 죄를 짓는 것이고, 이 성례전에서 합당한 수찬자에게 제공된 주님의 몸을 고려하지 않음으로써, 우리 자신의 죄를 먹고 마시는 것이기 때문이고, 우리에 대한 하나님의 엄한 진노에 불을 붙이고, 우리에게 역병이나 혹은 다양한 질병이나 각종 죽음으로 징계하시도록 그분을 자극하는 것이기 때문에), 그 위험 또한 너무나 크기 때문입니다.

따라서 만약 여러분 중의 누군가가 하나님에 대해 무지하고, 신앙을 부정하는 자, 이단, 혹은 분파, 우상 숭배자, 천사, 성자, 혹은 다른 어떤 피조물을 숭배하는 자, 마녀, 마법사, 점쟁이, 혹은 그들에게 어떤 신뢰나 확신을 가진 자, 하나님을 예배하는데 형상이나 인간의 고안품을 지지하는 자, 하나님을 무시하는 자, 비난하는 자, 방해하는 자, 혹은 중상자, 주님의 안식일(Lord's Sabbath)을 모독하는 자, 부모, 치안 판사, 목사, 혹은 다른 상관에게 불순종하는 자, 혹은 여러분 중에 누군가가 살인자, 혹은 악에 빠져 있거나 시기하는 자, 혹은 자비가 없고 잔인한 자, 혹은 박해자, 고리대금업자, 혹은 사통자, 간음한 자, 근친상간자, 동성애를 실행하는 자, 혹은 도둑, 거래, 혹은 그와 유사한 어떤 것에서 거짓된 업자, 중상자, 뒷담화하는 자, 혹은 가짜 증언자, 혹은 다른 엄한 범죄를 저지르는 자들은 여러분의 죄와 불법을 비통해하고 탄식하십시오.

그리고 유다 안에 들어간 것처럼 마귀가 여러분 안에 들어가서 여러분을 불법으로 가득하게 하고, 여러분의 몸과 영원 모두를 파멸로 이끌지 않도록, 이 거룩한 식탁에 와서는 안 될 것입니다.

따라서 주님의 판단을 받지 않도록, 여러분 스스로 판단하고, 여러분의 마음을 살피고 시험하십시오. 여러분의 과거의 죄를 진실로 회개하고, 여러분의 구원을 오로지 그분의 죽음과 수난, 그분의 순종 공로에서 찾고, 이제부터 계속해서 여러분의 평생에 형제애와 모든 경건과 정직한 대화로 살려는 완전한 목적과 숙고로 시기와 악을 거부하고 잊어버림으로써 우리 구주 그리스도를 생생하고 확고하게 믿으십시오.

그리고 비록 우리 스스로는 많은 연약함과 비참함을 느끼지만, 우리의 타락한 본성으로 인해 여러 번 하나님의 선하심을 불신하면서 우리의 믿음은 우리가 해야 하는 것처럼 그렇게 완전하고, 일정하지도 않았으므로, 우리의 의무가 요구하는 대로 또한 그렇게 철저하게 하나님을 섬기지 않고, 하나님의 영광을 제시하는 데 그렇게 열정을 가지지도 않으며, 날마다 우리 안에서 우리 육신의 정욕에 맞서서 싸워야 할 필요가 있는 그런 반역을 여전히 느끼지만, 그런데도, 우리 주님은 우리를 자비롭게 대하셨습니다.

우리가 절망으로 빠지는 것으로부터 보호받을 수 있도록 그분의 복음을 우리의 마음에 새기셨다는 사실을 알기 때문에, 그리고 또한 그분이 우리에게 그분의 의와 계명을 지키려는 갈망과 더불어 우리 자신의 감정을 단절하고 견디기 위한 의지와 욕구를 부여하셨다는 것을 알기 때문에, 우리를 그분의 영적 식탁에 오는 것에 합당한 자로서 여기고, 받지 않으실 원인이 될 우리 안에 있는 저러한 태만과 다양한 불완전이 우리에 맞서는 어떠한 방해도 되지 않을 것을 우리는 이제 제대로 확신할 수 있습니다.

왜냐하면, 우리가 여기 오는 목적은 우리 삶에서 우리가 올바르고 의롭다는 것을 주장하기 위한 것이 아니라, 반대로 우리 스스로는 분노와 저주의 자녀라는 사실을 인정하면서, 다만 우리 삶과 온전함을 예수 그리스도 안에서 찾기 위해 오기 때문입니다.

그다음에 성례전이 모든 불쌍하고 병든 피조물을 위한 탁월한 약이라는 사실과 연약한 영혼들에 안락한 도움이며, 우리 주님이 우리로부터는 어떤 다른 가치도 요구하지 않으시고, 다만 우리의 악함과 불완전을 진정으로 인정하기만 요구하신다는 사실을 숙고합시다.

그런 다음, 참으로 영적으로 그분의 육신을 먹고, 그분의 피를 마심으로써, 우리가 그분의 공로와 지극히 안락한 유익의 합당한 참여자가 될 수 있도록, 마치 그리스도께서 떡과 포도주에 갇혀 계시는 것처럼, 혹은 이런 요소들이 그분의 육신과 피의 본질로 바뀌고 변화하는 것처럼, 그리스도가 그 요소들 안에 몸으로 임재하는 것을 찾으려고,[19] 우리의 마음으로 하여금 이런 세속적이고 오염된 것들(지금 우리의 눈으로 현재 보고, 우리의 손으로 느끼는)에 대한 생각으로 방황하지 않도록 합시다. 이는 우리 영혼이 그분의 본질의 영양분, 안도, 활력을[20] 얻도록 할 수 있는 유일한 방법은 우리 마음을 세속적이고 감각적인 모든 것보다도 믿음으로 높이 올리고, 이것으로 인해서 우리가 그리스도를 발견하고 받을 수 있도록 하늘로 들어가는 것입니다.

그곳에는 지금 그리고 영원히 모든 영광과 존귀와 영광을 받으실 성부의 이해할 수 없는 영광 속에서 그분이 의심의 여지없이 참 하나님과 참 인간으로 거하십니다. 아멘.

¶ 훈계가 끝나면, 목사는 다음과 같은 말들이나 효과가 유사한 말들로 감사를 드려야 한다.

오, 자비의 아버지!

그리고 모든 위로의 하나님, 모든 피조물이 당신을 통치자(Governor)와 주님(Lord)으로 인정하고 고백하는 것을 알기 때문에, 당신의 손으로 직접 만드신 작품인 우리는 항상 경건한 위엄이신 당신을 경배하고 찬양하는 것이 당연합니다.

먼저, 당신이 우리를 당신 자신의 형상과 모양대로 만드셨기 때문이며, 또한 무엇보다 중요한 것은 사탄이 인류에게 죄를 짓게 해서 끌고 갔던 저 영원한 죽음과 저주로부터 당신이 우리를 해방하셨기 때문입니다. 사람이나 천사도 그 죽음과 저주의 속박으로부터 우리를 자유롭게 만들 수 없었습니다.

오, 주님!

---

19 인쇄된 주석은 다음과 같다. 가톨릭 신자들이 그들을 사용하는 것처럼, "Transubstantiation, Transelementation, Transmutation, Transformation"은 마귀의 교리이다.

20 인쇄된 주석은 다음과 같다. "성례전에서 그리스도를 진실로 먹는 것."

자비가 풍성하시고 선하심이 무한하신 당신만이 당신의 너무나 사랑하시는 독생자 안에서 세우신 우리의 구속을 준비하셨습니다. 당신은 바로 그 사랑으로, 그분을 모든 점에서 우리와 같지만, 죄는 없는 인간으로 만드셔서, 그분의 몸으로 우리의 범죄에 대한 벌을 받으시고, 그분의 죽음으로 당신의 공의를 만족시키시며 그래서 아담의 모든 후손이 당연하게도 추방되었던 세상에 다시 생명을 가져오시도록 하셨습니다.

오, 주님!

어떤 피조물도 당신의 지극히 뛰어난 사랑의 길이와 넓이와 깊이와 높이를 가늠할 수 없다는 사실을 인정합니다. 그 사랑은 받을 가치가 있는 자가 아무도 없는 곳에서 당신이 자비를 보여 주시고 죽음이 승리했던 곳에서 약속과 생명을 주시며, 우리가 당신에 대항해서 반역 이외에는 아무것도 할 수 없었던 때에 우리가 당신의 은혜를 받도록 당신을 움직였습니다. 오 주님, 우리의 타락한 본성의 눈먼 둔감함은 이런 당신의 가장 광대한 혜택들을 충분히 숙고하도록 내버려 두지 않을 것입니다.

그런데도 우리 주 예수 그리스도의 명령에 따라, 우리는 그분이 다시 오실 때까지 그분의 죽음을 기념하면서 우리가 세상 앞에서 다음과 같은 사실들을 선포하고 증언하는 데 사용되도록 남겨 주셨던 그분의 이 식탁에 왔습니다.

오, 자비의 하나님!

그것은 우리가 그분 홀로에 의해서 자유와 생명을 얻었다는 사실, 그분 홀로에 의해서 당신은 우리를 당신의 자녀와 상속자로 인정하신다는 사실, 그분 홀로에 의해서 우리가 당신의 은혜 보좌에 들어왔다는 사실, 그분 홀로에 의해서 우리는 하늘에서 현재 우리가 함께 대화하고, 그분에 의해서 우리의 몸이 먼지로부터 다시 살아날 것이라는 사실입니다. 또한 당신이 세상의 기초가 놓이기 전부터 당신의 택하신 자들을 위해서 준비하셨던 저 끝없는 기쁨 안에서, 그분과 함께 있게 될 그분의 이 식탁에서 먹고 마시는 우리의 영적 왕국을 소유하게 되었다는 사실들입니다. 그리고 우리는 이런 가장 헤아릴 수 없는 유익들을 당신의 값없는 자비와 은혜로부터, 당신의 사랑하는 독자 예수 그리스도에 의해서 받았다는 사실을 인정하고 고백합니다. 따라서 당신의 회중인 우리는 당신의 성령님에 따라 인도되어 당신께 모든 감사와 모든 찬양과 영광을 영원히 드릴 것입니다.

¶ 이것이 끝나면, 목사는 설치된 식탁으로 와서 떡을 떼고, 다음과 같이 말하면서 그것을 사람들에게 전달한다. "받아서 잡수십시오. 이 떡은 우리를 위해서 떼어진 그리스도의 몸입니다. 이것을 행하면서 그분을 기념하십시오." 사람들은 우리 구주 그리스도의 명령에 따라서 자신들 사이에서 그 떡을 분배하고 나눈다. 마찬가지로, 그는 잔을 주고, "여러분 이것을 모두 마시십시오. 이 잔은 많은 사람의 죄 때문에 흘리신 그리스도의 피로 세운 새 언약입니다"라고 말한다. 그 동안에, 우리의 눈과 감각이 가시적 말씀(visible Word)인 이런 떡과 잔이라는 외면적 표지에 전념하지 않을 뿐만 아니라, 우리의 마음과 정신이 또한 이 거룩한 성례전에 의해서 나타나는 주님의 죽음에 대한 묵상에 완전히 고정될 수 있도록 그리스도의 죽음을 생생한 방식으로 제시하는 성경의 어떤 곳이 낭독된다. 그리고 그 행위가 끝나면, 그는 다음과 같이 말하면서 감사 기도를 드린다.

지극히 자비로운 아버지!
우리는 당신께 모든 찬양과 감사와 영광을 드립니다. 왜냐하면, 비참한 죄인인 우리에게, 당신의 크신 자비로서 우리를 위해서 죽음에 내 주신 바 되고, 우리에게 영생을 위해 필요한 양식과 자양분으로 주셨던 당신의 사랑하는 아들 우리 주 예수 그리스도의 교제와 동반자로 우리를 받으실 정도로 그렇게 탁월한 선물과 보물을 허락하시는 것이 당신을 기쁘시게 했기 때문입니다.

오, 하늘에 계신 아버지!
우리는 이제 또한 당신에게 이것을 허락해 주시기를 요청합니다.
우리가 이런 가치 있는 유익들을 잊을 정도로 그렇게 가증스럽게 되지 않도록 하시고, 다만 우리가 모든 선한 일에 항상 힘쓰는 참된 믿음에서 날마다 더욱 더 자라고 증대될 수 있도록, 그들을 우리의 마음에 정말로 새기고 고정하도록 해 주시옵소서.

오, 주님!
오히려 이런 위험한 나날과 사탄의 분노 속에서 우리를 확신시켜 주셔서, 영원히 송축받으시고, 모든 것 위에 하나님이신 당신의 영광을 증진시키기 위해서 우리가 동일한 믿음의 고백으로 부단히 견디고 계속할 수 있도록 해 주시옵소서, 아멘.

¶ 그와 같이 행위가 끝나면, 사람들은 "내 영혼아 찬양하라"는 시편 103편 등등, 혹은 감사하는 다른 어떤 것을 불러야 한다. 그것이 끝나면, 앞에서 언급된 축도 중의 하나를 말하고 그들은 식탁으로부터 일어나서 떠난다.

¶ 만약 누군가가 이 성례전을 집례하는 데 있어서 다른 어떤 것이 아니라, 왜 이런 순서를 따라야 하는지 기이하게 여긴다면, 우선 우리는 가톨릭 신자들의 오류를 철저하게 폐기한다는 사실과, 둘째, 우리는 성례전을 그 본질과 그리스도 그분 본래의 위치로 회복시킨다는 사실을 그로 하여금 숙고하게 하라. 그리고 주의 만찬의 말들에 관해서, 우리는 그들이 떡이나 포도주의 본질을 변화시키기 때문이거나, 혹은 가톨릭 신자들이 가짜로 믿는 것처럼 희생물이 성례전을 만들기 위한 의도로 그것들을 반복하는 것이 아니라, 다만 그 행위에서 우리에게 어떻게 바르게 행동할지를[21] 가르치고, 그분이 우리의 영적 용도와 위로를 위해서 이런 표지들을 정하셨다고 그분 자신의 입으로 직접 말씀하신 것처럼, 그리스도가 우리의 믿음에 증인이 되도록 그 말들이 낭독되고 선포된다.

첫째, 우리가 이런 고귀한 신비에 합당한 참여자가 될 수 있도록 성 바울의 법칙에 따라서 우리 자신을 살피고, 우리의 마음을 준비한다.
둘째, 우리 주 그리스도가 우리에게 가르쳐 주셨던 것처럼 떡을 쥐고, 축사하며, 그것을 분배한다. 마지막으로 집례가 끝나면, 그분의 말씀과 보증이 없이는 이 거룩한 행위에서 아무것도 시도되지 않도록 그분의 모범을 따라서 다시 감사한다.

---

21 인쇄된 주석은 다음과 같다. "왜 다른 어떤 것이 아닌, 이런 순서가 준수되어야 하는지 입니다."

부록

예배 순서[1]

『중세 로마 예식에서 말씀 예전과 주의 만찬 예전』
(Service of the Word and Service of the Lord's Supper in the Medieval Roman Rite)[2]

말씀 예전(Service of the Word)	주의 만찬 예전(Service of the Lord's Supper)
개인 기도 (Private Prayer)	식탁의 준비(Preparation of the Table)
입당송(Introit)	성가(Chant)
키리에(Kyrie)	봉헌 기도(Offertory Prayer)
영광송(Gloria)	성물에 대한 기도(Prayer over Gifts)
인사(Greeting)	기도[미사전문](Prayer[Cannon of the Mass])
본기도(Collect)	주기도문(Lord's Prayer)
찬송가(Psalmody)	평화의 인사(Peace)
서신서 낭독(Epistle)	분배(Distribution)
환호(Acclamation)	성찬후 본기도(Post-Communion Collect)
복음서 낭독(Gospel)	해산(Dismissal)
주께서 여러분과 함께하시기를(Dominus vobiscum)/ 기도합시다(Oremus)	축도(Benediction)

말씀 예전(주의 만찬이 매주 기념되지 않는 곳)

츠빙글리(1525)	파렐(1533)	불링거(1535)
일반 기도	훈계	인사
조명을 위한 기도	통치자를 위한 기도	조명을 위한 기도
중보 기도	조명을 위한 기도	중보 기도

1　제시되어 있을 것으로 추정되지만(원래 예전에서 진술되지 않은) 항목들을 *로 표시된다.

2　John F. Baldovin, S. J., "The Empire Baptized," in *Oxford History of Christian Worship*. eds. Geoffrey Wainwright and Karen B. Westerfield Tucker (Oxford: Oxford University Press, 2006), 97.

츠빙글리(1525)	파렐(1533)	불링거(1535)
주기도문	주기도문	주기도문
성경 낭독	성경 낭독	성경 낭독
설교	설교	설교
죽은 자에 대한 기념	십계명	죽은 자에 대한 기념
죄의 고백	죄의 고백	죄의 고백
죄 사함을 위한 기도	주기도문	죄 사함을 위한 기도
	사도 신경	주기도문
	강건함을 위한 기도	아베 마리아 (전반부)
	해산	십계명
		사도 신경
		가난한 자를 위한 기도
		축도
		해산

덴마크 교회 예전(1537)	칼빈(스트라스부르 1545)	칼빈(제네바 1542와 1566)
조명을 위한 기도	기도(시 124:8) (Votum[시 124:8])	기도(시 124:8) (Votum[시 124:8])
성경 낭독	죄의 고백	권면(1562년부터)
설교	죄 사함을 위한 기도	죄의 고백
중보 기도	위로의 말씀	죄 사함을 위한 기도
주기도문	용서의 선언	시편
본기도와 함께 찬송가 혹은 연도	십계명(자비송과 더불어)	조명을 위한 기도
	조명을 위한 기도	성경 낭독
	주기도문	설교
	성경 낭독	중보 기도
	설교	주기도문의 해설
	중보 기도	축도
	주기도문의 해설	
	시편	
	축도	

아 라스코(1555)	미크로니우스(1554)	녹스(1536과 1564)
조명을 위한 기도	조명을 위한 기도	죄의 고백
주기도문	주기도문	시편
시편	시편	조명을 위한 기도
성경 낭독	성경 낭독	성경 낭독

아 라스코(1555)	미크로니우스(1554)	녹스(1536과 1564)
설교	설교	설교
가끔의 특별한 알림 (Occasional Special Reminders)	강건함을 위한 기도	중보 기도
강건함을 위한 기도	십계명	주기도문
십계명	훈계	사도 신경
신앙 고백	죄의 고백	시편
용서의 선언	용서의 선언	축도
회개하지 않는 자에 대한 경고	회개하지 않는 자에 대한 경고	
사도 신경	사도 신경	
중보 기도	중보 기도	
주기도문	주기도문	
시편	시편	
가난한 자에 대한 권고	평화에 대한 바램	
축도	가난한 자에 대한 권고	
해산	축도	
구호금 수집		

라바터(1539)	팔츠교회 예전(1563)	다테누스(1567)
공고	인사	십계명
인사	죄의 고백	죄의 고백을 위한 권면
조명을 위한 기도	조명을 위한 기도	회개한 자에 대한 약속 선언과 회개하지 않은 자에 대한 경고
중보 기도	주기도문	죄의 고백
주기도문	성경 낭독*	주기도문
성경 낭독	설교*	사도 신경
설교	짧은 죄의 고백	성경 낭독*
죽은 자에 대한 기념	죄 사함의 선언	설교*
죄의 고백	심판에 대한 경고	확장된 죄의 고백
죄 사함을 위한 기도	중보 기도	중보 기도
주기도문	주기도문 혹은 그 해설	주기도문
사도 신경	찬송 (명시되지 않은 시편/찬송가)	축도
천사의 인사	축도	
가한한 자에 대한 위탁		
축도		
해산		

미들버그(1586)
준비의 성경 낭독과 시편
기도(Votum[시편 124:8])
죄의 고백
시편
조명을 위한 기도
주기도문
성경 낭독
설교
중보 기도
시편
축도 혹은 감사 기도
해산*

주의 만찬 예전(매주 기념되는)

루터(1523)	외콜람파드(1523)	슈바르츠(1524)
입당송	고백의 기도(Confiteor)	기도(Invocation)
자비송	입당송(빌 2장)	죄의 고백
영광송	성경 문장(롬 8:32)	용서의 선언
본기도	평화의 인사	**자비송**
서신서 낭독	본기도	**영광송**
층계송 혹은 알렐루야	서신서 낭독(고전 11:18-29)	인사(Salutation)와 본기도
연속송 혹은 운문(가끔)	층계송(벧전 2:21-25)	서신서 낭독
복음서 낭독	평화의 인사	복음서 낭독
니케아 신경	복음서 낭독(요 13:1-17)	니케아 신경
설교	평화의 인사	탄원
마음을 드높이	봉헌	인사
서문경	목사가 낮은 목소리로 하는 기도 (Secret)	서문경
성찬 제정사	서문경	**삼성송과 송축받으실**
삼성송	**삼성송**	세수식(洗手式)
송축받으실(Benedictus) 혹은 거양	주기도문	중보 기도
주기도문	미사전문	성찬 제정사(거양과 함께)
평화의 인사	기도	감사 기도
선택적 기도	분배	주기도문
분배(와 하나님의 어린양)	평화의 인사	짧은 기도
본기도	감사 기도	하나님의 어린양

루터(1523)	외콜람파드(1523)	슈바르츠(1524)
송축합시다(Benedicamus)	해산	훈계
축도		분배
		마치는 기도
		인사(Salutation)와 축도

루터(1526)	부처(1539)	크랜머(1549)
시편 혹은 찬송가	죄의 고백	시편
자비송	용서의 선언	주기도문
본기도	시편 혹은 찬송가	준비 기도
서신서 낭독	인사(Salutation)	시편
독일어 찬송가	조명을 위한 기도	**자비송**
복음서 낭독	시편	**영광송**
신경	복음서 낭독	인사(Salutation)
설교	설교	본기도
주기도문 해설	주의 만찬에 대한 설명	서신서 낭독
권면	권면	복음서 낭독
성찬 제정사	신경 혹은 시편 혹은 찬송가	니케아 신경
거양과 분배 (하나님의 어린양 혹은 다른 찬송가와 함께)	인사(Salutation)	설교
삼성송 해설 혹은 찬송가	중보 기도	권면
본기도	주기도문	봉헌 문장
축도	권면	봉헌
	성찬 제정사	**마음을 드높이**
	믿음과 찬양으로의 부름	서문경
	분배	**삼성송**
	찬송가 혹은 시편	교회를 위한 기도
	감사 기도	성별 기도
	축도	봉헌 기도
	해산	주기도문
		평화의 인사
		하나님의 어린양
		초청
		죄의 고백
		용서의 선언
		위로의 말씀
		겸손한 접근을 위한 기도

		분배
		하나님의 어린양
		성경 문장들
		감사 기도
		축도

크랜머(1552)
주기도문
준비 기도
십계명
죄의 고백
본기도들
서신서 낭독
복음서 낭독
신경
설교
봉헌 문장들
봉헌
중보 기도
권면
초청
죄의 고백
용서의 선언
위로의 말씀
서문경
삼성송
겸손한 접근을 위한 기도
성별 기도
분배
주기도문
감사 기도
영광송
축도

주의 만찬 예전(매주 기념되지 않는)

츠빙글리(1525)	외콜람파드(1526)	파렐(1533)
준비 기도	성경	준비 기도
서신서 낭독[고전 11:20-29]	설교	권면
찬양에 대한 응답	권면	성찬 배제
영광송	사도 신경	죄의 고백
인사(Salutation)	성찬 배제	죄 사함을 위한 기도
복음서 낭독[요 6:47-63]	중보 기도	주기도문
용서의 선언	주기도문	사도 신경
사도 신경	죄의 고백	죄 사함의 선포
권면	시편[130:1-8]	성찬 제정사
주기도문	**자비송**	**마음을 드높이** 의역
강건함을 위한 기도	용서의 선언	분배
성찬 제정사	이사야[53:1-7]	감사 기도 (중보 기도와 권면과 함께)
분배	마태복음[27:35-50]	축도
시편 113편	**아남네시스**	해산
감사 기도	성찬 제정사	
평화와 함께 해산	주기도문	
	짧은 권면	
	분배	
	해산	

불링거(1535)	덴마크 교회 예전(1537)	칼빈(스트라스부르1545)
복음서의 강해와 주의 만찬	입당송 혹은 시편	기도(Votum)[시 124:8]
죄의 고백	**자비송**	죄의 고백
죄 사함을 위한 기도	**영광송**	죄사함을 위한 기도
삼위일체에 대한 간구	인사(Salutation)	위로의 말씀
찬양 기도	본기도	용서의 선언
서신서 낭독[고전 11:20-29]	서신서 낭독	십계명(**자비송과** 함께)
영광송	할렐루야	조명을 위한 기도
인사(Salutation)	성경 혹은 층계송	주기도문
복음서 낭독[요 6:47-63]	복음서 낭독	성경 낭독
죄 사함을 위한 찬양과 기도	사도 신경	설교
사도 신경	설교	중보 기도
권면	권면	주기도문 해설
주기도문	주기도문	사도 신경

불링거(1535)	덴마크 교회 예전(1537)	칼빈(스트라스부르1545)
강건함을 위한 기도	성찬 제정사	준비 기도
성찬 제정사	선택적 거양	주기도문
합당한 기념을 위한 기도	찬송가	성찬 제정사
분배	분배	긴 권면
요한복음 13-17장.	인사(Salutation)	분배
짧은 감사 기도	감사 기도	시편
시편 113 혹은 감사 기도	축도	감사 기도
권면과 위로의 말씀	찬송가	이제 주의 종을 떠나게 하시옵소서 (Nunc Dimittis)
감사 기도	의복을 벗음과, 목사의 낮은 목소리 기도(secret)	축도
해산		

칼빈(제네바 1542, 1566)	덴마크 교회 예전(1548)	녹스(1550)
기도(Votum)[시 124:8]	노래로 불리는 "우리 아버지" (Pater Noster)와 시편들	성경
권면(1566년도만)	인사(Salutation)	설교
죄의 고백	조명을 위한 기도	삼위일체에 대한 간구
죄사함을 위한 기도	**오소서 성령님** (Veni Sancte Spiritus 등등)	준비 기도
시편	성경 낭독	서신서 낭독 [고전 11:20-29]
조명을 위한 기도	설교	사도들의 뜻에 대한 선언
성경 낭독	죄의 고백	성찬 배제
설교	중보 기도	죄의 고백
중보 기도	용서의 선언	용서의 선언
주기도문 해설	평화의 인사	교회를 위한 기도
준비 기도	신경	(여왕을 위한 기도)[3]
사도 신경*	긴 권면	성찬*
성찬 제정사	주기도문 해설	
긴 권면	복음서 낭독(주의 만찬에 대한 어떤 공관복음으로 부터든)	
분배	서신서 낭독(고전 11:23-25)	
시편(들) 혹은 성경	시편(들)	
감사 기도	분배	
축도	감사 기도	
	축도	

---

3   녹스의 예전에 자중에 삽입된 것; 역사적 소개를 보라.

아 라스코(1555)	미크로니우스(1554)	녹스(1556과 1564)
주의 만찬에 대한 설교	주의 만찬에 대한 설교	죄의 고백*
중보 기도	중보 기도	시편*
시편	시편	조명을 위한 기도*
짧은 소개	주의 만찬 제외에 대한 공지	성경 낭독*
준비 기도	짧은 소개	설교*
성찬 제정사	준비 기도	중보 기도*
자아 성찰과 준비에 대한 권면	성찬 제정사	주기도문*
공고[고전 5]	자아 성찰과 준비에 대한 권면	사도 신경*
분배[요 6:13-15 등 낭독]	공지 [고전 5장]	시편"
감사 기도 이전의 권면	분배[요 6, 13-15장 등등 낭독]	성찬 제정사
감사 기도	권면	긴 권면
짧은 훈계	감사 기도	감사 기도
시편	가난한 자에 대한 위탁	분배
가난한 자에 대한 위탁	시편	성경 낭독
축도	해산	감사 기도
해산	구호금 수집	시편 103편, 혹은 유사한 것
구호금 수집		축도
		해산

라바터(1539)	팔츠 교회 예전(1563)	다테누스(1567)
설교*	인사*	십계명*
짧은 권면*	죄의 고백*	죄의 고백*
삼위일체에 대한 간구	조명을 위한 기도*	주기도문*
준비 기도*	주기도문*	사도 신경
성경 낭독[고전 11장]	성경 낭독*	성경 낭독
영광송	설교*	설교*
인사(Salutation)	짧은 죄의 고백*	확장된 죄의 고백*
복음서 낭독[요 6장]	죄 사함의 선포*	중보 기도*
사도 신경	심판에 대한 경고*	성찬 제정사
격려와 경고의 말씀	중보 기도*	자아 성찰
주기도문	주기도문 혹은 주기도문의 해설*	권면과 성찬 배제
준비 기도	성찬 제정사	위로의 말씀
성찬 제정사	자아 성찰	초청
분배(와 요 13장부터 낭독)	권면과 성찬 배제	성례전의 의미
시편 113편	위로의 말씀	성찬 제정사와 개인적 약속 (Personal Promises)
위로의 말씀	초청	**성령 임재** 기도

라바터(1539)	팔츠 교회 예전(1563)	다테누스(1567)
축도	주의 만찬의 의미	주기도문
감사 기도	언약과 떡을 뗌	사도 신경
해산	**성령 임재** 기도	마음을 고양시키기 위한 권면
	주기도문	분배
	사도 신경	찬송 혹은 성경
	마음을 고양시키기 위한 권면	시편 103편
	분배	감사 기도
	찬양 혹은 성경 낭독	주기도문
	시편 103편 혹은 감사 기도	축도*
	축도*	

미들버그 예전 (1586)
준비성경과 시편*
기도(*Votum*)* [시 124:8]
죄의 고백*
시편*
조명을 위한 기도*
주기도문*
성경 낭독*
설교*
중보 기도*
성찬 제정사
권면
감사 기도
분배
성경 낭독
감사 기도
시편 103편 혹은 다른 감사의 시편
감사 기도

원저의 출처
(본서의 순서에 따라)

제4장
마틴 루터(Martin Luther)

Luther, Martin. *Formula Missae et Communionis pro Ecclesia Vuittembergensi* (1523). 205-26, in vol. 12, *D. Martin Luthers Werke*. Kritische Gesamtausgabe. 73 vols. Weimar: Hermann Böhlaus Nachfolger, 1883-2009 [vol. 12:1891].

Luther, Martin. *Deutsche Messe und Ordnung Gottesdiensts zu Wittemberg fürgenommen*. Augsburg: Heinrich Steiner, 1526.

제5장
요하네스 외콜람파드(Johannes Oecolampadius)

Oecolampadius, Johannes. *Das Testament Jesu Christi, das man bißher genent hat die Meß verteüscht durch Joannes Oecolampadion, Ecclesiasten zu Adelnburg, zu hayl allen Euangelischen*. Augsbuug, 1523.

Oecolampadius, Johannes. *Form und gstalt wie das Herren Nachtmal, der kinder Tauff, der Krancken haymsuchung zu Basel gebraucht vnd gehalten werden*. Augsburg: Ulhart, 1526.

제6장
디볼트 슈바르츠(Diebold Schwarz)

Schwarz, Diebold. "Deutsche Messe." Republished in Julius Smend, "Die älteste Straβ burger Deutsche Messe." *Monatsschrift für Gottesdienst und kirchliche Kunst 1* (1897): 4-8.

제7장
홀드리히 츠빙글리(Huldrych Zwingli)

Zwingli, Huldrych. *Action oder Bruch des Nachtmals, Gedechtnus, oder Dancksagung Christi, wie sy uff Osteren zu Zürich angehebt wirt, jm jar als man zalt M.D.XXV*. Zürich: Froschauer, 1525.

Zwingli, Huldrych. *Ordnung der christenlichenn Kilchenn zu Zürich. Kinder zetouffen. Die*

Ee zebestäten. Die Predig anzefahen und zu enden. Gedächtnus der abgestorbnen. Das Nachtmal Christi zu begon. Zürich: Froschauer, 1525.

제8장
기욤 파렐(Guillaume Farel)

Farel, Guillaume. *La maniere et fasson quon tient es lieux que Dieu de sa grace a visites: Première liturgie des Églises réformées de France de l'an 1533 publiée d'après l'original*, 50-77. Edited by Jean-Guillaume Baum. Strasbourg: Treuttel & Wurtz, 1859.

제9장
하인리히 불링거(Heinrich Bullinger); 루드비히 라바터(Ludwig Lavater)

Bullinger, Heinrich. *Christennlich Ordnung und Brüch der Kilchen Zürich*. Zürich: Froschauer, 1535.

Lavater, Ludwig. *De ritibus et institutis ecclesiae Tigurinae opusculum*. Zürich: Froschauer, 1559.

제10장
요한 부겐하겐과 피터 팔라디우스(Johann Bugenhagen and Peter Palladius); 밀스 카버데일(Miles Coverdale)

Bugenhagen, Johann, and Peter Palladius. *Ordinatio ecclesiastica regnorum Daniae et Norwegiae et ducatuum Sleswicensis Holtsatiae etc* et. Haffnia (Copenhagen): Jo. Viniter, 1537.

Coverdale, Miles. *A faythful and moost Godlye treatyse concernynge the most sacret sacrament of the blessed body and bloude of oure sauioure Christe, co[m]piled by Iohn Caluyne, Wherunto the order that the Churche and congregation of Christ in Denmarke doth vse at the receiuinge of Baptisme, the Supper of the Lorde, and Wedlocke: is added. Myles Couerdale*. London: John Day and William Seres, 1548.

제11장
마틴 부처(Martin Bucer)

Bucer, Martin. "Vons herren nachtmal oder mess und den predigen (1539)." 90-114, in *Die Straßburger liturgischen Ordnungen im Zeitalter der Reformation*. Edited by Friedrich Hubert. Göttingen: Vandenhoeck und Ruprecht, 1900.

원저의 출처
(본서의 순서에 따라)

제4장
마틴 루터(Martin Luther)

Luther, Martin. *Formula Missae et Communionis pro Ecclesia Vuittembergensi* (1523). 205-26, in vol. 12, *D. Martin Luthers Werke*. Kritische Gesamtausgabe. 73 vols. Weimar: Hermann Böhlaus Nachfolger, 1883-2009 [vol. 12:1891].

Luther, Martin. *Deutsche Messe und Ordnung Gottesdiensts zu Wittemberg fürgenommen*. Augsburg: Heinrich Steiner, 1526.

제5장
요하네스 외콜람파드(Johannes Oecolampadius)

Oecolampadius, Johannes. *Das Testament Jesu Christi, das man bißher genent hat die Meß verteüscht durch Joannes Oecolampadion, Ecclesiasten zu Adelnburg, zu hayl allen Euangelischen*. Augsbuug, 1523.

Oecolampadius, Johannes. *Form und gstalt wie das Herren Nachtmal, der kinder Tauff, der Krancken haymsuchung zu Basel gebraucht vnd gehalten werden*. Augsburg: Ulhart, 1526.

제6장
디볼트 슈바르츠(Diebold Schwarz)

Schwarz, Diebold. "Deutsche Messe." Republished in Julius Smend, "Die älteste Straβburger Deutsche Messe." *Monatsschrift für Gottesdienst und kirchliche Kunst 1* (1897): 4-8.

제7장
훌드리히 츠빙글리(Huldrych Zwingli)

Zwingli, Huldrych. *Action oder Bruch des Nachtmals, Gedechtnus, oder Dancksagung Christi, wie sy uff Osteren zu Zürich angehebt wirt, jm jar als man zalt M.D.XXV*. Zürich: Froschauer, 1525.

Zwingli, Huldrych. *Ordnung der christenlichenn Kilchenn zu Zürich. Kinder zetouffen. Die*

Ee zebestäten. Die Predig anzefahen und zu enden. Gedächtnus der abgestorbnen. Das Nachtmal Christi zu begon. Zürich: Froschauer, 1525.

제8장
기욤 파렐(Guillaume Farel)

Farel, Guillaume. *La maniere et fasson quon tient es lieux que Dieu de sa grace a visites: Première liturgie des Églises réformées de France de l'an 1533 publiée d'après l'original*, 50-77. Edited by Jean-Guillaume Baum. Strasbourg: Treuttel & Wurtz, 1859.

제9장
하인리히 불링거(Heinrich Bullinger); 루드비히 라바터(Ludwig Lavater)

Bullinger, Heinrich. *Christennlich Ordnung und Brüch der Kilchen Zürich.* Zürich: Froschauer, 1535.

Lavater, Ludwig. *De ritibus et institutis ecclesiae Tigurinae opusculum.* Zürich: Froschauer, 1559.

제10장
요한 부겐하겐과 피터 팔라디우스(Johann Bugenhagen and Peter Palladius); 밀스 카버데일(Miles Coverdale)

Bugenhagen, Johann, and Peter Palladius. *Ordinatio ecclesiastica regnorum Daniae et Norwegiae et ducatuum Sleswicensis Holtsatiae etc* et. Haffnia (Copenhagen): Jo. Viniter, 1537.

Coverdale, Miles. *A faythful and moost Godlye treatyse concernynge the most sacret sacrament of the blessed body and bloude of oure sauioure Christe, co[m]piled by Iohn Caluyne, Wherunto the order that the Churche and congregation of Christ in Denmarke doth vse at the receiuinge of Baptisme, the Supper of the Lorde, and Wedlocke: is added. Myles Couerdale.* London: John Day and William Seres, 1548.

제11장
마틴 부처(Martin Bucer)

Bucer, Martin. "Vons herren nachtmal oder mess und den predigen (1539)." 90-114, in *Die Straßburger liturgischen Ordnungen im Zeitalter der Reformation*. Edited by Friedrich Hubert. Göttingen: Vandenhoeck und Ruprecht, 1900.

제12장
존 칼빈(John Calvin)

Calvin, John. "La Forme des prieres et chantz ecclesiastiques." 173–84 and 193–202, in *Ioannis Calvini opera quae supersunt omnia*, vol. 6. Edited by Guilielmus Baum, Eduardus Cunitz, and Eduardus Reuss. Brunswick: Schwetschke, 1867.

제13장
토마스 크랜머(Thomas Cranmer)

Cranmer, Thomas. *The booke of the common prayer and administracion of the sacramentes and other rites and ceremonies of the churche: after the vse of the Churche of England*. London: Edward Whitchurch, 1549.

Cranmer, Thomas. *The boke of common praier and administracion of the sacramentes, and other rites and ceremonies in the Churche of Englande*. London: Edward Whitchurch, 1552.

제14장
존 아 라스코(John à Lasco); 마틴 미크로니우스(Martin Micronius)

À Lasco, John. *Forma ac Ratio Tota Ecclesiastici Ministerii in peregrinorum, potissimum uero Germanorum Ecclesia: instituta Londini in Anglia, per Pientissimum Principem Angliae etc. Regem Edvardvm, eius nominis Sextu[m]: Anno post Christum natum 1550. Addito ad calcem libelli Privilegio suae Maiestatis*. Emden, 1555.

À Lasco, John. *De Christlicke ordinancien der Nederlantscher ghemeynten Christi die vanden Christelicken Prince Co. Edewaerdt van VJ. in't iaer 1550. te Londen inghestelt was. De welcke met de bewillinghe der Dienaren ende ouderlinghen de feluer, te trootse ende nutte aller ghelooughen, ghetrauwelick met alder nersticheit t'samen gheuoecht ende wtghestelt sijn. Doer Marten Microen*. Emden: N. Hill and E. van der Erve, 1554.

제15장
존 녹스(John Knox)

Knox, John. *The Practice of the Lord's Supper Used in Berwick-UponTweed by John Knox, Preacher to That Congregation in the Church There (1550)*, in Peter Lorimer, *John Knox and the Church of England: His work in her pulpit and his influence upon her liturgy, articles, and parties*. London: Henry S. King, 1875.

Knox, John. *The forme of prayers and ministration of the Sacraments, &c. vsed in the Englishe*

Congregation at Geneua: and approued, by the famous and godly learned man, Iohn Caluyn. Geneva: John Crespin, 1556.

Knox, John. *The forme of prayers and ministration of the sacraments &c. vsed in the English Church at Geneua, approued and receiued by the churche of Scotland.* Edinburgh: Lekprevik, 1564.

제16장
자카리아스 우르수누스(Zacharias Ursinus et al.); 피터 다테누스(Peter Dathenus)

Ursinus, Zacharias, et al. *Kirchenordnung, Wie es mit der Christlichen Lehre, heiligen Sacramenten, vnnd Ceremonien inn des Durchleuchtigsten Hochgebornen Fürsten vnnd Herren, Herrn Friderichs Pfaltzgraven bey Rhein, des heiligen Römischen Reichs Erzdruchsessen vnnd Churfürsten, Hertzogen inn Bayrn etc. Churfürstenthumb bey Rhein, gehalten wirdt.* Heidelberg: Maier, 1563.

Dathenus, Peter, *De psalmen Davids: ende ander lofsangen wt den Franscoyschen Dichte in Nederlantschen ouerghesedt.* [No place], 1567.

제17장
영국 청교도(The English Puritans)

English Puritans. *A book of the forme of common prayers, administration of the sacraments, &c. agreable to Gods word, and the vse of the reformed churches.* Middelburgh: Richard Schilders, Printer to the States of Zealand, 1586.